U0754341

戴笠

黑暗时代里最黑的人

杨帆 著

台海出版社

图书在版编目（CIP）数据

戴笠：黑暗时代里最黑的人 / 杨帆著 . -- 北京：
台海出版社，2017.5（2025.2 重印）
ISBN 978-7-5168-1412-3

Ⅰ . ①戴… Ⅱ . ①杨… Ⅲ . ①传记文学—中国—当代
Ⅳ . ① I25

中国版本图书馆 CIP 数据核字（2017）第 133544 号

戴笠：黑暗时代里最黑的人

著　　者：杨　帆

责任编辑：俞滟荣

出版发行：台海出版社
地　　址：北京市东城区景山东街 20 号　　　邮政编码：100009
电　　话：010-64041652（发行，邮购）
传　　真：010-84045799（总编室）
网　　址：www.taimeng.org.cn/thcbs/default.htm
E - mail：thcbs@126.com

经　　销：全国各地新华书店
印　　刷：嘉业印刷（天津）有限公司
本书如有破损、缺页、装订错误，请与本社联系调换

开　　本：710 毫米 ×1000 毫米　　　　　1/16
字　　数：860 千字　　　　　　　　　　印　　张：41.5
版　　次：2017 年 11 月第 1 版　　　　　印　　次：2025 年 2 月第 2 次印刷
书　　号：ISBN 978-7-5168-1412-3

定　　价：168.00 元

版权所有　翻印必究

目 录

前 言 解读：真实的戴笠 / I

引 子 / 001

第一章 青葱岁月，碰得头破血流 / 005

窗外的天空明了暗，暗了明，不知道过了多少个日夜，戴春风已奄奄一息，即使有士兵给他端过来一碗"泔水"，他咬着牙也咽不下去了……冥冥中，戴春风的意识在一点点消失，唯有一个念头萦绕不散，那就是：吉人自有天相。

第二章 打流经年，迎来曙光乍现 / 023

杜月笙面带微笑，温文尔雅："听说你有一手绝活——掷骰子，可否在这里表演一下？"杜月笙报出点数，戴春风举起摇缸，双臂在空中划过几道弧线，双手轻轻转动，动作轻盈娴熟，一气呵成，待掀开缸盖，果然是杜月笙所要的点数。

第三章 搭上末班车，又成无根浮萍 / 048

戴春风忽然间为自己多年来的不顺找到了注脚，那就是自己命中缺水，却一直没有改名字！于是，他给自己的名又加了字：雨农，姓戴名笠字雨农。改名字后重新报考黄埔军校，这次果然一路顺畅，发榜之日，不仅榜上有名，而且名列前茅。

第四章　韬光养晦，忍辱负重"跑单帮" / 072

戴笠手举着情报不顾一切地冲出来，直奔蒋介石刚刚停下的汽车。侍卫们一见，果真以为他是刺客，立刻有人举枪瞄准。戴笠已经豁出去了，对侍卫的一切行动视而不见，只顾向前冲去……戴笠高举着情报大喊："我是校长的学生戴笠，是来给校长送情报的！"

第五章　招兵买马，特务处开张 / 089

4月1日，也就是特务处成立之日，特训班补办开学典礼。全体学员起立，面对悬挂在正面墙上的孙中山与蒋介石肖像，跟随蒋介石宣读誓言："余誓以至诚，奉行三民主义，服从领袖命令，遵守团体纪律，尽忠职守，严守秘密。如违誓言，甘愿受最严厉制裁。谨誓。"

第六章　拥蒋与反蒋，把兄弟殊死搏杀 / 111

王亚樵冷笑一声说："道不同不相为谋，昔日的结拜兄弟，如今已分道扬镳，我们之间没什么好说的了。"任凭戴笠怎样分析形势，王亚樵均不为所动。不过，王亚樵拒绝归顺南京政府，却在第一时间毫不客气地收下了4万元巨款，以为其暗杀活动充实经费，令戴笠颇有些哭笑不得。

第七章　培训杀手，南北开杀戒 / 127

走进胡继业的卧室，看着那张熟悉的脸，沈醉知道这是下手的最佳时机。握着竹刀，沈醉的手在发抖，其实他的整个身体都在筛糠般地瑟瑟抖动着。当断不断反受其乱，胡继业随时可能醒来，沈醉不敢再犹豫，伸出一只手倏地掀开胡继业身上的薄被，另一只手举起竹刀向胡继业的屁股刺去……

第八章　平津告急，两大杀手走麦城 / 147

1934年春的一个夜晚，王天木带下属外出冶游，一名部下醉酒后情绪失控，顺手抄起酒瓶向那个嫖客砸去，酒瓶在那人头上开了花，那人当场倒地，气绝而死。王天木对部下一向宽容，对这些从河南带过来的部下更是视如兄弟，当下便找老鸨要来一只大木箱，将嫖客尸体放进去，出门叫了辆黄包车，抬上箱子，直奔城门。

第九章　平息"闽变"，特务处鸟枪换炮 / 172

1933年10月，一封绝密情报传进南京鸡鹅巷五十三号，正在上海的戴笠闻讯，火速回京。情报是潜伏在十九路军的情报员发来的，内容极其简单，却足以令南京政府为之震惊：十九路军有异动。福建有变！

第十章　出手两广，再战盟兄 / 197

郑介民哪里会想到，陈卓林胃口大得不得了，张口就把郑介民吓了一跳："我可以说服黄光锐，将整个空军的飞机全部开走，每架飞机2万！"如此算下来，100多架飞机全部北飞，那就是200多万！这实在是个天文数字，郑介民听完心里一下子凉了大半截。

第十一章　古城赴死，对校长忠心可鉴 / 232

正当戴笠兴致勃勃准备改编这支队伍的时候，特务处的一封密电打乱了他的整个计划。电文中的寥寥数语，让他瞬间从天堂掉到地狱，他的整个精神支柱，也在瞬间轰然倒塌，他当时的心情可用四个字来形容：天塌地陷。

电文称，今晨华清池方向发生枪战，委员长下落不明……

第十二章　拉起队伍，沪战显身手 / 266

三艘驳船在码头靠岸后，王兆槐等人上了岸，为了不惊动周围日军的岗哨，他们用湿毛巾裹住锁环，轮流用钢锯锯。大家心里都捏着一把汗，万一被敌人发现，他们将四面受敌，插翅难飞。半个多小时后，仓库门锁终于被锯断。40个人马不停蹄地往外搬运，先搬手枪，再搬轻机枪，最后搬步枪、器材。大家踮起脚尖，一路小跑，将武器搬出仓库，装上驳船。

第十三章　截了杨虎城，抓了韩复榘 / 283

韩复榘一直以为大敌当前，蒋介石不至于把他怎样，最多撤职查办。上海、南京，失守的城市多了，有哪个受到了查办？没料到蒋介石会拿他开刀，杀鸡给猴看。他说了句"我回去换双鞋"，便立马转身向回走。就在他刚刚转过身去的一刹那，身后的特工一甩手就是几枪……

第十四章　叫板陈仪，赔了夫人又折兵 / 296

"你回来！你怎能如此粗暴无礼，目无尊长！"被蒋介石指着鼻子斥责，戴笠一肚子火气无处发泄，一肚子冤屈无处申诉，"扑通"一声跪在蒋介石面前哭诉："恳请校长为死者伸冤，让生者性命有保障，否则将无法开展工作！"蒋介石被戴笠突如其来的这一跪吓了一跳，不禁怒责道："你这是干什么？真是下贱！"

第十五章　升级军统，转战汉、长 / 309

其时日军已抵近武汉，市内秩序早已大乱，法租界封锁了与华界相通的道路，紧闭栅门，禁止任何人通行。戴笠被困在法租界，已是上天无路入地无门，却没事人似的坐在楼下，对急匆匆进来的郭斌说:"我当初化装成小贩进出安庆,可谓如鱼得水。大不了再化装成小贩混出去。"

戴笠这样说,也是为了让郭斌冷静下来,着急是解决不了问题的。

第十六章　河内刺汪,"误中副车" / 331

王鲁翘断定这个人就是汪精卫。显然,这个断定有先前的侦察结果做依据:在汪精卫夫妇的卧室,夜半三更,这个男人除了汪精卫还能是谁?"砰!砰!砰!"三声枪响过后,床下那个人一动不动了。王鲁翘目睹粒粒子弹射入"汪氏"的腰背……

第十七章　日伪勾结,沪上风声紧 / 366

1939年7月14日上午,毛万里和王鲁翘几人的方城大战兴味正浓时,电话铃响了,王鲁翘率先抓起话筒,电话是王天木的女儿王因子打来的,约他出去见面。毛万里忍不住了,直接阻拦说:"王天木形迹可疑,还是不要去。"

"不过见见女朋友,芝麻大点小事,不会有问题的。"王鲁翘执意要去,毛万里只得放行,叮嘱快去快回。孰料,王鲁翘这一去再也没有回来。

第十八章　后院失火,贻笑天下 / 402

戴笠召集电讯处和稽查处的各科室负责人开会。会上,拿出从张蔚林住所搜出的那几张写有绝密情报的便条,让大家辨认笔迹。这一辨认不得了,牵出的不仅仅是一两人,而是五六人!便条内容均与陕甘宁边区中共组织有关。显然,这几人是暗藏在局本部的中共地下党员,而且是藏在军统局最核心、最机密的部门。

第十九章　调兵遣将，充实上海区 / 416

戴笠一听，这还了得，要是找唐生智商量，这事保准"黄"！从头到尾戴笠都绕开了两个字——汉奸。这个时候去上海，去南京，去见汪精卫一伙，明摆着是去当汉奸。你自己知道是去卧底，可这是绝密，泄露了就要掉脑袋。当汉奸，被千夫指万人骂，且不说唐生明同不同意，唐老大这一关就过不去！

第二十章　扩张势力，打造谍战利器 / 445

雅德利将每次报文按顺序排列，发现相似之处非常明显。而在48个日文假名中，只有10个被用到。为什么只用到10个假名？当他把这些代码转换成数字后，发现每份报文打头的数字都是027。这组打头的数字很可能代表的是重庆，从重庆发出的电报。

第二十一章　区长叛变，沪一区沦陷 / 471

在距楼梯三五步的地方站住，陈恭澍依照约定按下电铃——两短一长。随即，门缝里伸出一只纤细的手，快速地摇了两摇又缩回去了。陈恭澍猛地打个寒噤，意识到大事不好，立即转身跳跃下楼。就在他跑过兰心戏院门口，正准备拐进一条弄堂之际，两名日本宪兵已经追了过来。惊慌失措中陈恭澍的大衣被电线杆子挂了一下，日本宪兵就扑上来了。

第二十二章　太平洋战起，英美争合作 / 504

很快从日本海上的军事调动与空军军事部署的密电中得到证实，日本空军正拟向太平洋地区活动，有袭击美国珍珠港的迹象。戴笠将日军一系列异动向蒋介石做了汇报，经蒋介石批准，通知军统美国站站长、中国驻美使馆副武官萧勃，让他想办法将此信息转告美国国防部。

第二十三章　送走女友，迎来准夫人 / 527

这是胡蝶第一次走进戴笠的卧室，她完全没有想到，戴笠举办宴会一掷千金了无吝色，且将漱庐装修得豪华考究，他自己常住的公馆却是另一番景象。如果说客厅的布置还说得过去的话，那么卧室就太过简单了，只有一张写字台、一把椅子和一张床。

第二十四章　巡视东南，驻扎淳安 / 554

尽管只是就近调动了区区数百人参加军事表演，这个表演还是让蒋介石暗暗吃了一惊。如今军统不仅队伍庞大，而且装备的大多是美式武器；再加上军统组织严密，号令迅捷严明，又调动灵活迅速，其实力不亚于任何一支正规部队，这不能不使蒋介石多了份疑虑和戒备。

第二十五章　接收京沪，军统捷足先登 / 583

戴笠下令将带来的100多张空白委任令填上职务姓名，发放给包括京沪杭在内的各地被策反汉奸、伪军头目。别小看这张看似填写随意的"委任令"，由于有军事委员会的大印，对大势已去的汉奸们无异于救命稻草。至此，一场由军统特务、日伪汉奸、帮会成员组成的接收"大军"，率先在京沪杭拉开了抢夺抗战成果、联合反共的序幕。

第二十六章　平津肃奸，生命倒计时 / 604

戴笠左臼齿上镶有六颗金牙，贾金南将所有尸体的嘴掰开查看，最后在山腰上一条叫"困雨沟"的山沟里找到了戴笠的遗体。其实这具遗体只是一截烧缩了的"黑炭棒"，右手和两条小腿已不知去向。

主要参考资料 / 639

前　言
解读：真实的戴笠

　　在大量的半文半史类书刊与各类"揭秘"不断的大传野史中，戴笠不仅被冠以"中国的希姆莱""蒋介石的佩剑""中国最神秘人物"，同时被描写成混世魔王、杀人不眨眼的刽子手，生活腐败堕落，风流成性，出入女特工左拥右抱；他领导的军统被称为"中国的盖世太保"，军统的游击队也被描写成乌合之众。

　　真实的戴笠是怎样的呢？

　　在1942年美国海军部派梅乐斯前往中国寻求情报合作时，梅乐斯特地去美国国务院和陆海军情报署查阅有关戴笠的资料，结果这些资料记载的细节不尽相同，结论却如出一辙：戴笠是一个出名的刺客，是一个与"盖世太保"类似的神秘组织头目。情报还说他非常不喜欢外国人，绝少有外国人能够见到他，甚至说他曾杀害（未遂）自己的母亲两次之多。

　　结果仅仅见面几天之后，戴笠严谨干练、雷厉风行的工作作风和对美国人彬彬有礼而又不失身份的热情，彻底颠覆了梅乐斯对戴笠由那些资料先入为主的印象。随后为期五十多天的东南沿海考察，让他看到了军统潜伏各沦陷区包括东南亚各国的情报组织与活动在江浙一带的游击队——忠义救国军的实力。这些情报组织和游击队完全可以成为他达成任务的可利用资源，即配合美国海军在太平洋作战提供气象情报，装备和训练一支在中国沦陷区进行爆破、侦察等作业的突击队，并准备迎接美军在中南沿海登陆。

　　那么，美国国务院和陆海军情报署那些丑化戴笠的资料从何而来？梅乐斯认为是英国人捣的鬼（因英国人要求掌握作业控制权，中英合作失败），戴笠的黄埔六期同窗乔家才认为是渗透到美国政府的共产党所为。

　　其实，国民党内部的派系之争未必不是这些"资料"的发源地。当初蒋介石在"人才济济"的复兴社选了戴笠这个黄埔六期的晚辈任特务处长，戴笠就已经成为复兴社那些一二期黄埔老大哥的眼中钉;而戴笠一上任就越过复兴社的"高干"们直接听命于蒋介石,更让他四面树敌。戴笠原本草根出身,最初招致麾下的也鲜有高学历者乃至海归,加上人们对特务工作的偏见,认为特务工作就是爬墙头、溜墙根、跟踪盯梢、打打杀杀,为正人君子所不齿,而且当时特务处并无公开身份,从一开始就坏了名声。

正因为如此,在"八一三"会战中,戴笠组织的苏浙别动队由于有帮会弟子参加,被一些人称为乌合之众。不可否认的是,这支"乌合之众"在淞沪抗战中发挥了正规军不可替代的作用。

值得肯定的是,在八年全面抗战中,戴笠领导的军统无论是潜伏沦陷区的情报组织还是游击队,在锄奸、纵火、爆破,震慑日伪汉奸,破坏日伪经济,扰乱日伪金融等方面,都为抗战做出了不可磨灭的贡献。尤其军统对日密电破译取得的进展,不仅为中国军方提供了大量军事情报,也使盟军获益匪浅。正因为掌握了对日情报,军统才得以赶在日军切断滇缅公路之前组织抢运进口抗战物资和国际援华物资,使损失降到最低。

也是由于控制了缉私署、运输统制局监察处、特检处、水陆交通统一检查处、货运管理局等部门,军统才得以在抢运抗战物资、查处走私、从沦陷区抢购并运输棉纱等方面发挥作用。而这些,无疑是对抗战的有力支援,台湾"国史馆"《经济作战》的解密档案中印证了军统在经济作战中做出的贡献。戴笠也因插手多个领域,与多个部门产生利益之争而遭诟病。

但无论怎样,将这样一个组织比作"盖世太保",将它的掌门人比作"希姆莱",显然不恰当。戴笠曾表示,既不可以学德国纳粹,也不可以学克格勃,要走出自己的路;他称自己不是"希姆莱",只是"服从委员长的戴笠"。

当然,说戴笠是"蒋介石的佩剑"并不为过,从被任命为特务处长之日起,他就表示"一手接收命令,一手提着头颅",西安事变中他敢于舍身赴死,就是鲜明例证。他对蒋介石的效忠,是蒋的嫡系亲信中任何人都无可比拟的。蒋搞独裁,他便镇压民主;蒋抗日,他便在隐形战场上积极参战;蒋反共,他便破坏中共组织,迫害共产党人和民主进步人士。国民党能赶在共产党之前接收沦陷区各大城市,正是得益于戴笠提前策反汉奸与伪军,在日本投降前与日伪接洽并调集军统各路人马驰赴京沪杭等大城市控制局面。直到被蒋介石猜忌面临"端锅"风险做着避走美国的打算时,戴笠仍在平津部署指导对共情报工作,在"死到临头"的归途中又赴青岛与美国海军第七舰队司令柯克商量借用军舰为国民党向东北运送军队与给养。倘若不是蒋介石逼得太紧,他不可能在明知沪宁大雨的情况下强行起飞。不知蒋介石在偏居东南一隅念叨"若雨农不死"时,会不会后悔当初的欲卸磨杀驴操之过急?

由于戴笠对蒋介石的愚忠,"个人无政治立场,唯秉承领袖旨意,体念领袖苦心",使出身劳苦大众的他站到了人民的对立面。也因为意识形态的原因,戴笠在两岸原军统人员的口述、回忆录及其他文字中,成为截然不同的两种形象。

乔家才在《为戴笠辩诬》中对沈醉的《我所知道的戴笠》和文强的《戴笠其人》中的具体内容逐条予以批驳，他本人所著《戴笠将军和他的同志》《铁血精忠传——戴笠史事汇编》以及王蒲臣、良雄等人所作相关传记回忆录等，都对戴笠极尽褒扬。

此外，还有见仁见智的原因。沈醉在《我所知道的戴笠》中大曝戴笠铺张奢侈；陈华看到沈醉写的《国特头子——戴笠》（内容同《我所知道的戴笠》）后，对其中有关内容大批特批。因为在陈华看来，戴笠"自奉极俭，从不搞钱"，甚至认为称赞他两袖清风也不过分。

戴笠出身农家，吃喝并不讲究，这在许多人的回忆中都有提到。即使是款待陈华的"家宴"，在陈华这个洋派女人眼里也是粗劣的，所以她常讽刺他是"铁公鸡"。其实这只是戴笠的一面。戴笠历来讲究"中国式"排场，在外国人面前更是不能掉价，宴请美国人极尽奢侈，挥金如土，这一点不仅沈醉有写，唐纵在日记中也曾为此抱怨。戴笠的这一面陈华不会看不到，但在军事将领大吃空饷各部门靠山吃山的乱象中，像杨虎那样明目张胆地大笔捞金也只不过靠边站了一段时间，戴笠的铺张浪费自然也就算不了什么了。

沈醉说戴笠的公馆里存有大量"奢侈品"，在陈华看来并不是他自己"奢侈"。他能让陈华脱下貂皮大衣、长筒皮靴、长筒丝袜等全套洋装，裹着棉被从重庆飞回香港，而用这些舶来的洋货去送礼，就足见那些奢侈品的去向。这在陈华眼里显然是"为公"，所以陈华一边讽刺他"小气鬼"，一边说他即使用起钱来左手进右手出，也绝大部分是"为公"。显然，戴笠的无所不能与这些大手笔的请客送礼不无关系，招致诟病也就不足为奇了。

陈华出身风尘，毫不讳言戴笠追女人，作为妻妾成群的杨虎的姨太太，她对此早已见怪不怪。但"出入女特工左拥右抱"似乎并不现实。自打成立特务处，戴笠便四处奔波，跟在身边的几乎是清一色的男性，到抗战爆发时得了唯一一位女秘书（后成为女友），出入并不带在身边。另外他将"浙警"女学生叶霞翟介绍给胡宗南当老婆，沈醉说他曾与叶发生关系，并无资料佐证。当时沈醉中断中学学业参加特务处上海区情报组不久，戴笠兼任"浙警"特派员，叶霞翟先读"浙警"后在上海三极无线电学校工作，不知沈醉的"信息"从何而来。

正由于以上种种，加之特务工作的隐秘性，戴笠本人从不在公开场合曝光，更不会让他的真实姓名与照片见诸报端，作为"杀手如云"、实力强大、在隐蔽战线呼风唤雨的国民党最大的特务组织头目，戴笠成为"中国最神秘人物"也是顺理成章，以致有人说他是天才，有人说他是魔鬼。即使在当时，舆论对他也是褒贬不一。章士钊送他的挽联倒是颇令人玩味：

生为国家，死为国家，平生具侠义风，功罪盖棺犹未定；
誉满天下，谤满天下，乱世行春秋事，是非留待后人评。

也由于可资运用的信史极少，仅以原军统人员回忆录为依据，难免真相被歪曲，以致捕风捉影之作屡见不鲜，戴笠的形象也就越发神秘、神奇，真伪难辨。

尽管是为戴笠作传，笔者仍以严谨的学术考据的态度，研究了大量两岸原军统人员回忆录与台湾"国史馆"出版的《戴笠先生与抗战史料汇编》以及相关档案资料，对每一个历史事件乃至每一个细节，均以两种以上资料相互对比印证，不以单一资料为依据。如此，历时五年写就此书。

此书以戴笠的生平为主线，客观而全面地讲述了戴笠起伏跌宕的一生，并从侧面揭示了国民党各派系之间的相互倾轧与国民党政治的黑暗、国民政府的腐败堕落。

引　子

　　浙江西南的仙霞山脉，地处闽、浙、赣三省边界，绵延逶迤百余里，奇峰峻岭，层林接岫，峰峦间云雾缭绕，苍莽壮观。岭上仙霞关，素有"东南锁匙""八闽咽喉"之称，为历代兵家必争之地。

　　仙霞关下的保安村，背靠青山翠岭，田连阡陌，风景如画。

　　1902年10月，正是遍野金黄的收获季节，一支送葬队伍缓缓行进在山间小路上。伴随着如泣如诉的哀乐声，雪花般的"纸钱"纷纷扬扬，撒落在道路两旁，亲属们的哭号声撕心裂肺。

　　尽管送葬队伍看上去颇为庞大，但紧跟在死者灵柩后面身戴重孝的打幡之人——死者的长子，却是一个未及幼学的髫龄小儿，个头甚至没有幡杆高，被长辈抱在怀里，双手紧抱着幡杆，号啕大哭。

　　硕大的孝帽遮住了他的大半个脸，只露出一张一翕的小嘴和涕泗横流的下巴。

　　他就是年仅五岁的戴春风，也就是后来的戴笠、戴雨农。

　　死者戴士富，是戴春风的父亲，时年41岁，武秀才出身，曾赴衢州府衙任职，却因受不了约束，置功名于不顾，弃职回家，从此坐吃山空，将父辈创下的不菲家业折腾殆尽，被乡人视为十足的败家子。

　　小完戴士富的后事，空旷的家中，只剩了五岁的戴春风、三岁的戴春榜，以及他们的母亲——27岁的蓝月喜。

　　蓝月喜是同村太学生蓝炳奎之女，受家庭熏陶，自幼熟读《三字经》《女儿经》《增广贤文》《朱子家训》等，秉性聪慧，颇有见识，为人处事不同于一般农村妇女。看着两个年幼的孩子，她很快擦干眼泪，开始料理家务，侍弄农桑。她把希望寄托在孩子身上，对两个儿子严加管教，尤其对长子戴春风寄予厚望。

　　同样是娘身上掉下的肉，蓝月喜为何更看好长子呢？这要从戴家人迷信风水先生、算命先生说起。

戴氏祖籍安徽休宁县，后迁徙浙江龙游，又迁徙江山龙井村。有一年戴春风的曾祖父戴启明听说仙霞山麓有一块风水宝地，四面环山，宛若屏障，苍翠之色，直接天光。即使狼烟四起，那里也永远是战火烧不到的世外桃源。

"得此地者昌。"这是风水先生的断言，戴启明对此深信不疑，很快就把家搬到了仙霞岭下保安村。果然，戴家很快勤劳创业，家道振兴。

从此，戴家人对风水先生、算命先生推崇备至，凡有大事必定要算卦问卜。

戴春风的祖父戴顺旺育有二子，次子戴士富先后娶两妻，只有前妻所生一女春凤；其继妻蓝月喜好不容易生子春江，却不幸夭折，直到蓝月喜再度怀孕，戴顺旺父子才算松了一口气，可也紧张得不得了，生怕送子观音打盹再送个女娃。

1897年5月27日，蓝月喜临盆，谢天谢地，是个男婴，戴士富这一脉终于香火有续了！最高兴的莫过于年过古稀的戴顺旺，孙子出生第三天，便忙不迭地请来了算命先生，为孙子测字算命。

算命先生紧闭眇一目的双眼，掐指测算良久，铁口直言：

"此儿干支八字为丁酉、乙巳、丙辰、丁酉，乃'双凤朝阳格'，将来必定大贵无疑。"

正是这个"双凤朝阳格"，成了戴春风出生时衔在口中的"通灵宝玉"，让他在戴家有了贾宝玉的福分，"双凤朝阳格"也成了他在家中特有的"标志"。

戴春风果然不负母亲厚望，他六岁入学保安乡塾，表现出不凡的天赋；

12岁遍涉经史，文笔一流，在乡塾被誉为一枝挺秀；

13岁，以戴徵兰学名考入江山县（今江山市）文溪高等小学堂，很快成为校内有名的"江山才子"。

文溪高小四年，戴春风一直担任班长，学习成绩优秀。民国诞生后结社风盛行，他登高一呼，在校内发起组织了"青年会"，联络同学感情，宣传讲卫生，反对吸食鸦片和女人缠足，一时风光无限。

然而，天资聪颖的戴春风却生性顽皮，处处逞强好勇，尤其好打抱不平，常常招惹是非，令蓝月喜十分头痛，每每严加管教，甚至常常给予答责。多年后戴笠常在部下面前提起这段往事，称"慈母有败子而严家无格虏"，骄子不孝，赞叹多亏了母亲当年的管教，并说："我自六岁（虚岁）死了父亲，以至14岁离开家庭，整整受了近十年的严格母教，经数百次痛苦的答楚，才成为今天的我。"

事实上，戴春风受母亲严厉管教远不止十年，进入文溪高小后每学期都要回家数次，每次回到家自然都免不了受到母亲责罚。因为比起少年时代，这一时期的戴春风越发狂放不羁。

由于身为班长，成绩优秀，能言善辩；又天生善交游，不矜小节，虽好逗口舌之能，理屈时也大咧咧认错，有争执也不易结怨，这让戴春风在孩子堆里有一种天生的号召力，入校不久便很快成为名副其实的"孩子头"，身边常常围着一群要好的朋友和追随者。

有号召力，有追随者，对一向逞强好胜爱出风头的戴春风来说，未必是好事。他常带着一帮追随者四处游玩，江山城内的酒楼菜馆无一家不曾涉足；仙霞岭上的军事要冲、仙霞古道，以及关帝庙、观音阁等风景名胜，无一处不曾留下他们的身影。

但是，吃喝也好，游玩也罢，都是要花银子的。

其父戴士富去世后，上代创下的家底仅剩了十几亩薄田和一座竹山，养家糊口已很勉强，其母蓝月喜不得不做些小儿鞋帽服装等赶墟出售，以贴补家用。为了让"双凤朝阳格"的戴春风完成学业，蓝月喜早早让次子戴春榜辍学，去江山县城当了学徒工。

偏偏戴春风是个"家无四壁不知贫"的角色，明明囊中羞涩，却是借钱也要带同学们下馆子，访仙霞，大把花钱了无吝色。每次回到家，几乎只有一个目的：要钱。

儿子欠债，母亲不能不还，可是周而复始地还了欠，欠了还，让蓝月喜伤透了脑筋，笞责惩罚在所难免。

尽管如此，当时的戴春风并未真正体会到母亲的良苦用心，后来远离了母亲的管束，便犹如脱缰的野马，连连闯祸，不仅学业中断，而且早早踏入社会，开始了长达十年之久的打流生涯……

当戴春风破茧成蝶蜕变为军统掌门人戴笠之后，常常在"四一"纪念日与"总理纪念周"上讲起早年的种种坎坷，然后说：

"天将降大任于斯人也，必先苦其心志，劳其筋骨，饿其体肤，空乏其身……一个人在最恶劣的环境中，才可能取得最大的成就。"

那么，作为一个中断学业流浪大城市的"小混混"，戴春风是如何成为蒋介石的亲信、军统掌门人，攀上他事业峰巅的呢？

第一章
青葱岁月，碰得头破血流

莫名的新仇旧怨

又是金秋十月，一支披红挂绿的迎亲队伍打破了保安村的宁静。在欢快的鼓乐声和震耳欲聋的鞭炮声中，迎亲队伍缓缓行进，最后停在戴家宅院门口。

戴家张灯结彩，大红灯笼高高挂，大红"囍"字贴满宅院内外，前来贺喜的亲友乡邻挤得水泄不通。当蒙着红盖头的新娘被搀扶进门时，人们也跟着涌进院子。

胸前戴着大红花的新郎却一脸的不高兴。当司仪高喊"新郎新娘拜堂成亲"的时候，他很不情愿地跟随傧相走进正房厅堂，与新娘一起，随着司仪的喊声，一拜天地，二拜高堂……

这个黑着脸的新郎，就是17岁的戴春风。

看得出，戴春风不满意这门亲事。蓝月喜是明事理的家长，不会强迫儿子和不喜欢的女子成亲。既没有母亲强迫，戴春风因何勉为其难呢？

这一年，正是戴春风参加升学考试，升入浙江省立一中的时候。

这是1914年，中国政局正处于蜩螗沸羹的混乱之中。

袁世凯在解散国会、制定《约法》、改责任内阁制为总统制之后，又率文武官员着朝服天坛祭天，行跪拜大礼，进行称帝"预演"。而日军已于9月初在胶东半岛登陆，先后侵占济南、青岛，控制了胶济铁路全线。袁世凯对外妥协，对内调动20万重兵，镇压了历时两年之久的、中国历史上最后一次大规模农民起义——白朗起义。

但反袁斗争从未停止，"二次革命"失败后，孙中山在日本成立中华革命党，以图重新集结革命力量，进行反袁活动。

这一切，似乎与戴春风的生活很遥远，事实上却不无影响。戴春风的堂兄戴春阳，早年留学日本，曾加入同盟会，民国元年出任南京临时国民政府内务部秘书，后来参加反袁活动，"二次革命"失败后四处躲藏。蓝月喜看在眼里，急在心上，生怕不安分的戴春风跟着"胡闹"。

为了让戴春风收心，踏踏实实读书，走仕途之路，也为了给家里添个帮手，也就在戴春阳四处躲藏的时候，蓝月喜开始为戴春风张罗婚事。

有道是肥水不流外人田，毕竟戴春风的命相昭示着未来的大富大贵，而且"江山才子"之称也是对戴春风学业的肯定。尽管眼下戴家的生活不宽裕，但蓝月喜相信那只是暂时的，一旦儿子蟾宫折桂，戴家必定会家道中兴。

蓝月喜的娘家就在保安村，其父育有七男五女，蓝月喜在五姐妹中排行第四。二姐蓝月爱嫁到了三卿口乡，膝下一女王秋莲，比戴春风小两岁。正巧二姐带小女回娘家，蓝月喜眼前一亮，决定与二姐做个儿女亲家，亲上加亲。二姐听了表示赞同。

适逢戴春风暑假在家，去找他的小伙伴张冠夫玩耍，一路小跑又蹦又跳，不承想，一拐墙角，迎面与一个人相撞，这一撞，结结实实撞了个满怀。

戴春风并没有看清来人是谁，凭感觉，知道是一个女孩。为了避免对方被撞倒，也是凭着一刹那间的本能，他伸手抱住了对方。但由于跑步的冲击力，只听"咕咚"一声，不仅将女孩撞翻在地，而且紧紧抱着女孩，将她重重地压在了地上。

"你混蛋！"

一个尖厉的声音从身下传来，由于近在咫尺，戴春风被震得耳膜嗡嗡响。他一个鲤鱼打挺从地上跳起来，然后伸手拉起女孩。

原以为四目相对之际女孩会害羞，殊不料，女孩尚未站稳，便抡起了胳膊，朝戴春风的脸上打来，"啪"的一声脆响，戴春风结结实实挨了一个耳光。

尽管这一掌打得并不疼，但却打出戴春风一股无名火，他怒目圆睁，冲着女孩大吼：

"你混蛋！"

这一吼，女孩更是怒不可遏，指着戴春风的鼻子，又哭又喊：

"你这个大坏蛋，你占我便宜，你玷污我的清白！我今天跟你没完！"

"你想怎么办？"戴春风毫不示弱。

"我找你家长去！"

这句话让戴春风气焰全无。长这么大，他最怕的就是母亲生气。尽管他一向轻狂自负，行为不羁，在母亲面前则是十分乖顺。顺为孝，这是他一生遵奉的信条。

"我不是故意的。"戴春风的语气明显软了下来。

"结果还不是一样！"女孩不依不饶。

"如果你真的认为我玷污了你的清白，办法倒是有一个。"

"什么办法？"

"嫁给我。"

"白日做梦！"

女孩用手指着戴春风，仿佛受了更大的侮辱。这让戴春风试图缓和的心情一廊而空，立马反唇相讥，并夸夸其谈：

"你以为你有什么了不起，嫁给我还亏了你不成？你可知道，我外公是国子监生员，我爷爷创下了在保安的偌大家业，我父亲是榜上有名的武秀才，我本人虽年龄不大，却也是大名鼎鼎的江山才子……"

"我知道你是谁了。"女孩打断戴春风的话。

"你知道我？我都没见过你，你肯定不是保安村的！"

"告诉你吧，你外公也是我外公，你母亲就是我姨妈，你祖父创下了偌大家业不假，你父亲是武秀才也不假，可是你武秀才的父亲坐吃山空，把你祖父创下的偌大家业差不多挥霍光了，你还给我吹什么牛！"

这一串连珠炮把戴春风击得晕头转向。他怎么也没想到，面前这个小女孩竟是他的姨表妹。他有四个姨妈，只有住在外村比较远的不常见面，按年龄算，这个小表妹应该是二姨妈家的王秋莲。

戴春风最后一次见到王秋莲大约在入乡塾之后，当时王秋莲也就五六岁的样子。由于戴春风的表兄弟姊妹和堂兄弟姊妹众多，王秋莲又住在外村，即使到保安，也是住在外婆家，戴春风忙于学业，便一直没有再见到。

真是女大十八变，王秋莲刚过豆蔻之年，便已出落得面若桃花，虽然个头还没长成，却身材苗条，俏丽可爱，宛若一个大姑娘的模样了，难怪戴春风认不出了。

望着如此俊秀又鬼灵精怪的小表妹，想到刚才的情形，戴春风不由得脸红心跳。若真能把表妹娶进家门，这辈子当牛做马也心甘情愿了！

可是，王秋莲对认出这个表兄似乎并无兴趣，还在戴春风想入非非的时候，她"哼"了一声，一跺脚转身走了。

戴春风一向自我感觉良好，在他看来，王秋莲是因为害羞逃避了，心中还在沾沾自喜，认为这一撞，撞出了他与小表妹的缘分。要促成这桩好事并不难，毕竟是姨表亲，打断了骨头还连着筋呢！

新娘另有其人

当天下午回到家里，戴春风就听母亲说起了这桩亲事，母亲特意询问他的意见，并说次日中午姨妈和表妹来家吃饭，让他们兄妹见个面，没意见的话就选个日子订亲。

戴春风没料到母亲想到了自己前头，心里直偷着乐。不料第二天一直等到正午，姨妈才姗姗来迟，但身边并没有表妹的影子。见姨妈一脸的"官司"，戴春风这才感到大事不妙。

事后戴春风才知道，正是他那一撞，撞散了这桩亲上加亲的好姻缘。原以为这一撞是缘分，没想到是祸根。其实他终究不了解表妹，数年后他流落上海住到表妹家，方才明白表妹拒绝他的真正原因。

原来，王秋莲对戴春风的脾气秉性早有耳闻，认为戴春风好交游，花钱大手大脚，好招惹是非，这样的男人过日子靠不住，但一开始尚在犹豫之中。后来那一撞，把她仅存的一点希望撞飞了——当然她在意的不是那一撞，而是戴春风的一番夸夸其谈，印证了她对戴春风的担忧。

姨表亲联姻告吹后，戴母很快为戴春风订下一门婚事，女方是凤林乡毛应升之女毛秀丛，比戴春风年长两岁。

相亲之后，戴春风十分失望。在他眼里，毛秀丛的相貌比表妹差了一大截。

正是情人眼里出西施，有了认定表妹的先入之见，再看别人怎么都不顺眼。事实上毛秀丛相貌并不丑，眉清目秀，温雅端庄，也是俊秀受看的女子。但与王秋莲不是一个类型，她属于朴实厚道的农家劳动妇女，一看就知道勤劳能干、善良贤惠。蓝月喜独撑门户十几年，正需要这样一位帮手，因此对毛秀丛的喜爱胜过王秋莲。

戴春风虽然不喜欢，却也说不出什么，毕竟是王秋莲本人拒绝了他。

带着种种的不如意，戴春风迎娶了毛秀丛。

古人称人生有四大喜事：久旱逢甘霖，他乡遇故知；洞房花烛夜，金榜题名时。虽说考上省立一中与高中状元不可同日而语，却也预示着未来前程似锦，毕竟能考上这所全省顶尖中学的只是凤毛麟角。如今戴春风在考上省立一中后迎娶新娘，可说人生四大喜事占了两项。

本应开心庆贺双喜临门的时候，戴春风却在纠结之中，纠结红盖头下的那张脸上，再也找不到表妹活泼俏皮甚至有点霸道的神情，再也看不到那双神气活现的双眼，再也见不到面若桃花的容颜。

整个婚礼过程，戴春风一直心情沮丧，闷闷不乐，将新娘牵引入洞房之后，便抽身离去，一去不归。直到所有宾客散尽，整个宅院里安静下来，他才被母亲催促着回到新房。

"洞房花烛明，燕余双舞轻。"古人将新婚燕尔洞房花烛描述得无限美妙，而此时毛秀丛的洞房内，却是彩烛空照明，滴滴烛泪似奴情。毛秀丛已自己揭去红盖头，独坐床边，暗自垂泪。

戴春风表面上看去大大咧咧，却也是粗中有细，一进屋，他便发现了与新婚氛围极不相称的这一幕，心里也觉得过意不去，很抱歉地说：

"我不是故意冷落你，都是造化弄人。"

"你不喜欢我，干吗要娶我？"毛秀丛说着，抽抽搭搭地哭起来。

看着新娘哭得梨花带雨，戴春风扯过一块毛巾递过去，这才有意无意地打量起这个将要与自己共度一生的女人。

毛秀丛的脸的确不像王秋莲的脸那样圆润玲珑，也没有那种吹弹即破的细嫩与白皙。由于长期下地干活，风吹日晒，她的皮肤略显粗糙，微黑透红。眼睛也不像王秋莲的杏核眼，亦没有黑葡萄般晶莹透亮的眸子——她的眼睛不大，目光柔和温顺。

终究是二九金色年华，含苞欲放。比起尚未长成的表妹，19岁的毛秀丛已是亭亭玉立，身材凹凸有致，像熟透的果子，浑身散发着女性特有的馨香。戴春风终归是17岁的青春少年，面对这样成熟可人、明媒正娶的新娘，内心的纠结很快烟消云散，当夜便与毛秀丛圆了房。

婚后，毛秀丛没做几天新娘，回门归来后就开始上竹山，下农田，进厨房，担当起繁重家务。当时蓝月喜39岁，毛秀丛从此成为婆母的得力助手，与婆母一起撑起了戴家门户。

相比之下，戴春风倒是过得逍遥自在，离开学还有一段时间，他将这段空当变成了快意"江湖"的潇洒时光，隔三岔五便约三五好友小聚，正是"人生得意须尽欢，莫使金樽空对月"，虽说酒桌上既无金樽，亦无好酒，甚至以水代酒，却是喝得畅快淋漓。作为考入省立第一中学的高才生，年少轻狂的戴春风更是趾高气扬，在一帮同学与发小的崇拜中大吹大擂，洋洋自得。

正所谓少年不知愁滋味，初出茅庐的戴春风完全不会想到，通向成功彼岸的航船会在中途触礁，他放荡不羁的个性会令他前程尽毁。

第二年春天，戴春风负笈北上，进入省立一中读书。

戴春风离家后，婆媳俩一边打理竹山、农田，一边开始了充满希望的等待，等待戴春风的暑假归来，等待新生命的降临——此时毛秀丛已怀有身孕。

然而，暑假戴春风没有回家，亦无任何音信。

9月15日，戴春风的儿子戴藏宜降临人世。家里给戴春风去信报喜，仍如石沉大海。

戴母心急如焚，四处托同乡打听消息，方得知戴春风早在几个月前被学校开除，去向不明。

去向不明，这个结果令戴母与毛秀丛急得像热锅上的蚂蚁，添丁进口的喜悦早已荡然无存。

戴春风究竟去了哪里？

入学之前，蓝月喜对戴春风千叮咛万嘱咐，一遍遍地谆谆教诲，生怕他一旦脱离了管束，会变成脱缰的野马。

结果不出戴母所料，入学刚刚三个月，这位桀骜不驯的"江山才子"，便闯下一场塌天大祸。

那一夜闯了大祸

浙江省立一中集中了全省各地的高才生。戴春风入校后，一心想在众多优秀学子中脱颖而出，像在文溪高小一样，在同学中形成众星捧月之势，能够呼风唤雨。因而他利用善交游的特长，使出浑身解数与同学交往，甚至不惜为他人两肋插刀。

就在入学刚刚三个月的时候，寝室里发生了一件事，这件事让戴春风找到一个为室友"露一手"的机会。

戴春风的寝室在二楼楼梯对面，由于距离楼梯太近，所有上下楼梯的脚步声都会清晰地传进室内，尤其在夜深人静之时，踩踏在木质楼梯上的脚步声带着重重的回音，"咚咚咚"地仿佛敲击着寝室里每一位同学的心。

这种重重的脚步声，每晚要响两次，那是舍监在执行查房任务，每晚一去一回，雷打不动。

又是一个寂静的夜晚，沉重的脚步声将戴春风和室友们从睡梦中惊醒。黑暗中，大家牢骚满腹，嘟嘟哝哝：

"这个讨厌的舍监，故意把楼梯踩得这么响！"

"我的老天，没法睡了！"

"明天又要在课堂上打瞌睡了。"

"等着瞧吧，我非好好教训教训他！"

最后一个说话的是戴春风。接着，戴春风跳下床，从床底下摸出一副木制哑铃，悄无声息地溜出门去，将哑铃放在楼梯口舍监返回的必经之路上，想把舍监绊个跟头，给室友们出口气。

戴春风返回室内后，一切又归于宁静。

当沉重的脚步声再次响起的时候，同学们还没来得及抱怨，便听到杀猪般一声嚎叫：

"嗷——"

原来，舍监并没有被哑铃绊倒，而是一脚踩在哑铃上，顺着楼梯滚到楼下去了。

戴春风一个激灵从蒙眬状态中清醒过来，"腾"地跳下床，跑到门口，从门缝中向外望去，只见外面光线昏暗，楼梯口空荡荡的，早已不见了舍监的身影。戴春风这才知道闯了大祸，霎时惊出一身冷汗。

第二天，被摔得鼻青脸肿的舍监找到校长，要求严惩肇事者。校长派人下来调查，戴春风倒是敢作敢当，为了不连累室友，不等查办者追问，就主动站出来承担责任。

"是我干的，我愿意承担一切后果。"在校长室，戴春风直言不讳。

"年轻人，你想得太简单了。"校长看着戴春风，意味深长地说。

校长的态度让戴春风暗暗吃了一惊，他原以为不过是赔偿医疗费，或者给个处分什么的，而校长此言显然超出了他的想象范围。校长接着说：

"有一种后果你是无法承担的，比如道德缺失，校风被破坏。"

这句话令戴春风头上直冒冷汗。随后，他被要求停止上课，回寝室等候处理。

尽管戴春风认错态度较好，但戏弄师长非同小可，校方考虑再三，最终决定将戴春风开除学籍，杀一儆百，以正校风。

望着校方送达的处分通知，戴春风吓得魂飞天外。他虽然已预感到校方会给他严厉处分，虽然已有思想准备，却怎么也没有想到会被开除。对一向争强好胜的他来说，这个处分无异于世界末日来临。

省立一中，寄托着母亲多年对他的殷切希望，母亲倾其所有供他读书，进入省立一中，等于已登上通往成功彼岸的航船，如今入学仅三个月便中途搁浅，这让他如何面对母亲那充满希望的目光？

想到当初被省立一中录取后，在乡友、同窗面前那样高傲自负，不可一世，如今更觉无颜面对家乡父老！

提着行李卷孤独地走出校园，戴春风不知何去何从，一个人漫无目的地来到西子湖畔，面对湖光山色，号啕大哭。哭过之后，心情总算好了一些。接下来怎么办？不能回家，还能去哪里呢？

经过一番苦思冥想，戴春风终于想到一个老乡，说起来拐弯抹角还有点沾亲带故。正由于这点沾亲带故，入学前毛秀丛特地叮嘱他记住一个地址，说万一有什么事可以去杭州城里找他帮忙。当时戴春风心高气傲，哪里想到还会找别人帮忙？根本没把毛秀丛的话当回事。

现在仔细想想，还能依稀记起那个地址。

真是天无绝人之路，这个地址让戴春风绝处逢生，阴沉了好几天的心情一下子光风霁月。他立刻离开西湖，前往杭州城里投靠这个沾点亲戚的同乡。

同乡开着一间豆腐坊，戴春风决定暂时留在豆腐坊里做帮工。

磨豆腐是重体力活，戴春风虽出生在贫寒之家，且父亲早逝，家中无壮劳动力，但自幼基本没做过农活，母亲里里外外一把手，对他的要求只是读好书出人头地。如今干起重体力活，开始时确实吃不消。好在年轻有力气，一两个月之后，他便渐渐适应了。也正是这段时间的体力锻炼，使他在此后长达十年的岁月蹉跎中，有了经历各种苦难的准备。

但豆腐坊是小本生意，戴春风起早贪黑地干活，也只是聊以栖身糊口，基本无工钱可拿。如此大半年干下来，他觉得终究不是长久之计。都说时间是医治创伤的良药，此言不无道理，半年多的磨炼让戴春风渐渐接受了被开除的现实，眼看年关将至，他终于改变了主意，决定回家。

想到回家，戴春风顿时归心似箭，立刻告别同乡，遄返江山老家，一进保安村，就听说母亲在四处托同乡打听他的消息，顿觉大事不好，赶紧三步并作两步地往家跑，一进门便"扑通"一声跪在母亲面前……

18岁的戴春风，竟像憋了一肚子委屈的孩子，呜呜哇哇地大哭起来。

高中"榜眼"，溜了

倘使戴春风被开除后随即返乡，母亲一定会盘问到底，痛加斥责。但如今，戴春风的平安归来令母亲大喜过望，一时间高兴得泪如泉涌，母子俩抱头痛哭。

哭过之后，戴春风向母亲道出了实情。母亲当时没有责备他，过后说起来还是惋惜得直掉眼泪，让他难过了好几天。毛秀丛也没说什么，她对丈夫历来百依百顺，如今丈夫平安归来，她高兴起来不及呢！

整个春节，一家人其乐融融，尽享天伦之乐。

年后不久，传来衢属五县联合师范招考的消息。考师范，戴春风觉得委屈了自己的才华，当孩子王不是他的志向，他不想去参加考试。但母亲说：

"去考吧，有书读就好，书读多了就会有机会。就算你命相再好，整天待在家里，也不会有天上掉馅饼的好事。"

戴春风不敢违拗母亲，只好点头答应。毛秀丛听说后也非常高兴，她知道丈夫不是种田的材料，尤其他"自视读书人，不屑与农夫为伍"，长此下去，必将一事无成。她对丈夫说：

"俺不指望你大富大贵，只要将来能有个正经事做，一家人平平安安就好。"

"妇人之见。"

戴春风不敢顶撞母亲，对妻子的"不理解"却不能不"回敬"。迈过了被开除的那道坎，铩羽而归的他仍然是心高气傲，在亲友乡邻面前的难为情也仅仅就那么几天，他相信条条大路通罗马，是真金到哪里都会发光。

很快，母亲筹足了川资，经过了疗伤之痛的戴春风又一次"仰天大笑出门去"。

来到衢州，他选了一家比较洁净的旅馆——集贤旅馆住下。他一向爱干净，即使不吃不喝也要穿干净的衣服，睡干净的床铺。

与他同龄、比他低一届的文溪高小考生姜超岳，住在睡通铺的建国旅馆。考试前一天，姜超岳带着几位新结识的考生来找戴春风。由于考生多，录取名额少，大家在谈话中都表示压力很大。姜超岳说：

"徵兰兄肯定没压力。"

姜超岳的话并非恭维，戴春风十分清楚这个考试对他来说小菜一碟。而姜超岳当着几位新同学的面如是说，他觉得很有面子。姜超岳是低一届文溪高小毕业生中的佼佼者，因而戴春风说：

"彼此彼此。"

说完，戴春风又补充一句：

"我敢保证，你我必定名列前茅。"

此言一出，满室皆惊。几位新同学面面相觑，都觉得戴春风太狂傲了。

戴春风却不以为然，哈哈大笑着拍拍姜超岳的肩膀，非常自信地表示：

"如果没有你姜超岳在，第一名肯定非我莫属。有你在，我只好屈居第二了。"

这话莫说几位新结识的同学，就连姜超岳都深感吹得太离谱。他本人虽功课不错，可考场情况变化莫测，谁都不敢保证临场发挥正常，于是赶紧补充说：

"徽兰兄，你是江山才子，我可不是，我若能榜上有名就已经万幸了。"

"超岳老弟，过度的谦虚就是骄傲。我的话保准靠谱，不信走着瞧。"

说来也巧，考试后发榜，戴春风果然名列第二，令姜超岳与几位新同学不得不心服口服，戴徽兰果然是"牛人"，吹得起。只是第一名非姜超岳，而是另有其人。这也是姜超岳本人的预料结果。

此间，戴春风曾去抽签算命。当时考试过后等待发榜，闲极无聊，他便约姜超岳及几位新同学一起上街游玩。路过一个算卦摊时，一向相信问卦占卜的戴春风站住了，未假思索就去抽了一副签，打开一看乐了，洋洋得意地对左右同学说：

"上上签！哈哈，一朝遇雷雨，绝非池中物……"

戴春风念了其中两句，然后将签递给算命先生，请算命先生解签。算命先生摇头晃脑，说得云山雾罩，但不管他绕多大圈子，不管他如何故弄玄虚，字面上的意思戴春风等人都是非常明白的，那就是遇到"机会"，戴春风必将出人头地，大富大贵。

这个"机会"就是他生命中的"雷雨"。可是，这场"雷雨"在哪儿呢，什么时候才会出现？

令人不可思议的是，新生报到入学之日，戴春风却不见了踪影。这个高中第二名的江山才子，从此销声匿迹了。

投笔撞进学兵营

1916年的中国政局，可谓风云多变，上年末袁世凯复辟帝制，旋即引发反袁的护国战争。在做了83天皇帝梦后，袁世凯被迫取消帝制，并于6月初病逝。袁世凯的离世，虽使护国战争宣告结束，却从此拉开军阀混战的序幕。

6月7日，黎元洪出任大总统后，皖系军阀段祺瑞出任国务总理，开始了长达一年的"府院之争"；而雄踞东南的直系军阀冯国璋虎视眈眈，大有问鼎中原之势；长江巡阅使张勋在徐州连续召开各省督军会议，为复辟清廷摇旗呐喊；北洋军阀内部各派系纷纷独霸一方，西南各地方军阀也都拥兵自重，各地军阀多呈割据状态。

戴春风对全国局势不甚了解，但这个局势的变化却对他产生了巨大影响，尤其长江巡阅使张勋的大名，令他如雷贯耳。

民国都进入第五个年头了，张勋和他的军队仍旧沿用前清旧制，人人身着长袍马褂，拖着一条大辫子，仍行跪拜大礼。张勋所部因此号称"辫子军"，他本人也以"辫帅"而著称。

"辫帅"张勋没读过一天书，更没进过北洋武备学堂，尽管曾入天津小站跟随袁世凯练兵，但远非袁世凯嫡系。袁世凯在世时对他无可奈何，袁世凯逝世后他成为各派势力的拉拢对象，原因就在于，他手里握有一支凶猛彪悍的辫子军！

戴春风由此得出一个结论：乱世出英雄，有枪便是草头王！

自从被省立一中开除，戴春风就一直琢磨着他"双凤朝阳格"的命相。人在失意时往往更加迷信命运，他相信命运在为他关闭一扇门的时候，必定会为他打开一扇窗子，如今又抽得上上签，因而他时刻关注时局，寻找着命运中的那场"雷雨"。

报考师范原非他的本意，虽然高中"榜眼"，看榜之后却心情沮丧，认为躲进温室里，哪还有什么遇"雷雨"的机会？在这个风云变幻的年代，只有驰骋疆场，方有机会借雷雨之势跳龙门。

偏偏事有凑巧，就在张榜那天晚上，集贤旅馆里来了一位穿灰色军装的军人，住进了戴春风住宿的四人房间。

一见进来位军人，萎靡不振的戴春风登时来了精神，他原本就是个见面熟的角色，很快便与军人攀谈起来。军人听说戴春风考上了衢州联合师范，不由得上下打量着他，啧啧叹息：

"可惜，可惜了老弟这副身板！"

"此话怎讲？"

"凭老弟这副身板，是块当兵的好材料，读师范当孩子王，没劲！"

"有道是，好男不当兵，好铁不打钉。"

戴春风如是说。他想投笔从戎不假，但是不想当大头兵。

"老弟，那是老皇历了。如今你看这阵势，还能少得了仗打。一仗下来，你要是能立功，立马能弄个排长、连长的干干，再几仗下来，提升营长、团长不成问题。和平时期提升看出身，打起仗来还管你是不是读过武备学堂？火线立功才是硬道理，这可是提着脑袋打天下！"

军人这番话，说得戴春风热血沸腾。

戴春风年方19岁，身材虽说不上高大魁梧，却是结实硬朗，虎虎生风。黝黑的皮肤透着一种铁打般的刚毅，一张棱角分明的脸虽没有成为"特工王"后那种凌厉逼人的气势，却也有了几分英武与威严。

"面带马相"是这张脸的突出特点。戴春风得势后，不仅相信他"双凤朝阳格"的命相，同时迷信"面相肖动物是主大贵之相"。而此刻，军人的话可谓"一语惊醒梦中人"！他立刻说：

"家父正是武秀才出身，也正是在衢州考中了武士。"

"那你还犹豫什么，当兵去吧，如今是武人的天下！"

军人的话坚定了戴春风投笔从戎的决心，尽管他清楚父亲当年在衢州府衙以武士身份当差，不同于入伍当兵，然而在特殊时期，一切约定俗成的东西都可另当别论。

于是，戴春风毅然放弃入读衢师的机会，未与任何人打招呼，便离开了衢州，按照军人的指点，怀揣所剩无几的川资，再次来到杭州。

此时浙军第一师潘国纲部正在杭州招收学生兵，组织学兵营。戴春风理所当然地认为，学兵营自然都是学生出身，与其他当兵的相比，会有更多的深造或提升机会。当时，他穿着省立一中的学生服，爽性称自己是省立一中二年级学生。

鼎鼎大名的省立一中学生投笔从戎，立刻惊动了学兵营营长李亨。李亨走过来打量戴春风一番，满意地点点头问：

"你为什么放弃读书来当兵呢？"

戴春风"啪"的一个立正，向李亨行了个举手礼，大声回答道：

"报告长官，大丈夫效命疆场，马革裹尸，这是我的志向！"

"好，我收下你了，明天来报到吧。"

"谢谢长官！"

戴春风弯腰90度，给李亨深深鞠了一躬，随后连蹦带跳地跑出学兵营报名站，直奔杭州南星桥码头。有了上次的教训，这次他不敢再隐瞒母亲，何况他认为选择当兵是对的，是读师范无法相提并论的。他在码头上找到一个往来杭州与江山运货的老乡，给母亲带个口信，说自己已经到杭州参加了学兵营。

出乎意料的是，进入学兵营不到一个月，戴春风便大呼上当了。这些所谓的"学兵"，不过是一群乌合之众，像戴春风这样学生出身的没有几个。而学兵营既没有严格的训练和管理，也没有应有的武器装备。当官的更是一盘散沙，除了轮流对学兵进行列队练习外，整天就是酗酒、赌博、外出嫖娼。

戴春风虽秉性放荡不羁，却是抱着人生梦想而来，一心想要接受正规训练，驰骋沙场，建功立业，以达出人头地光宗耀祖之目的。而眼下看来，在这个混乱的群体中，哪里有什么前程可言？

就这样浑浑噩噩混了几个月。翌年国内形势急剧变化，总统黎元洪与总理段祺瑞的"府院之争"愈演愈烈，黎元洪邀请"辫帅"张勋入京调停，张勋却趁机率"辫子军"入京，与"文圣人"康有为大搞复辟，拥溥仪"重登大宝"。

浙一师奉命出兵平叛，尚未开赴到京，张勋的"辫子军"已被段祺瑞组织的"讨逆军"击败，为期12天的复辟以失败而告终。旋即，黎元洪引咎辞职，副总统冯国璋出任代总统，段祺瑞复任国务总理，"府院之争"结束，战事平息。殊不料，重掌中枢的段祺瑞拒绝恢复国会和"临时约法"，孙中山在广州召开国会非常会议，成立护法军政府，当选大元帅，发起护法战争。

这一场战火终于烧到了浙一师。

孙中山派曾在民初担任浙江都督的蒋尊簋返浙参与护法之役。在蒋尊簋授意下，浙三师师长周凤岐在宁波宣布独立。浙江督军杨善德闻报，立刻指派浙一师前往宁波镇压，浙一师所属学兵营随即被拉上战场。

对戴春风来说，形势的急剧变化令他兴奋不已，被一种急切建功立业、出人头地的愿望激励着，巴不得立马杀上前线，大展身手，完全顾不上去想，战场上既可立功升官，亦可丧命掉脑袋。

何况学兵营是一支没有接受过正规训练的乌合之众！

梦碎沙场，下了大狱

在宁波郊外，浙三师固守城垣；浙一师盘马弯弓，拉开进攻架势。

战争一触即发。

这是戴春风第一次上战场，怀抱一杆几乎拉不开栓的老枪，加上几乎没有接受过正式射击训练，即使朝密集的人群开枪，也不定能否击中一人。而老枪又是那种一弹一瞄，发一弹装一弹的破旧武器，在发完一弹再装一弹这个过程中，说不定有十个脑袋也早已被对方射开了花。

但戴春风的乐于冒险却是与生俱来的，临战前的火药味给了他一种莫名的好奇与兴奋。尽管子弹不长眼，一向大咧咧的戴春风却从未想过自己会那么背运，尤其他相信自己"双凤朝阳格"的命相，本就是大富大贵之命，"一朝遇雷雨，绝非池中物"，这战场的枪林弹雨，不就是命中的"雷雨"吗！

战争很快拉开序幕。

面对浙三师固守城池，严密防备，浙一师成立"敢死队"，对浙三师发起猛烈进攻。

敢死队一拨一拨冲上去，一方面寻机爆破，打开突破口；一方面企图潜入城内，里应外合。然而，在浙三师密集的火力防守中，敢死队员一拨一拨地倒在敌人的枪口下。

城墙下尸横遍地，血流成河。

强攻不成，浙一师只好鸣金收兵。师长潘国纲决定改变战术，从长计议。

岂料，浙三师抓住机会反守为攻，出其不意攻其不备，在万籁俱静的夜晚，向浙一师悄悄包抄而来。

浙一师官兵在睡梦中被骤然响起的枪声惊醒，一个个仓皇披挂上阵，像没头的苍蝇到处乱撞，既无招架之力，更无还手之功，只有一哄而散各自逃命。

戴春风完全没有想到战争会打成这个样子，从黑暗中爬起来，便懵懵懂懂地随着大伙向外跑，被一群乱兵裹挟着，四处逃窜，很快被浙三师一群士兵挡住逃路。

没有反抗，只有束手就擒，一群人低头耷拉脑袋地，被押进了牢房。命中的"雷雨"尚未出现，已然成为阶下囚，这让戴春风情何以堪！

被关进浙三师的牢房，仿佛被打入了十八层地狱。二三十平方米的空间，塞进足有二三十人。黑洞洞的屋子里，只有在接近屋顶的地方开了两个一尺见方的小窗。小窗上的铁条和屋里的铁门，都昭示着被关在这里的人插翅难飞。

地上铺着稻草，二十多人的吃喝拉撒睡全部在这个空间里解决，屋子里弥漫着呛人的恶臭。

戴春风一向爱清洁，衣服两天不洗就感觉浑身不自在，仿佛生了虱子。如今住在如此恶劣的环境中，让他连死的心都萌生了。

其实，不管他想不想死，死神都在一步步向他逼近。

原本同为浙军，如今同室操戈，浙三师官兵对浙一师恨之入骨，将一腔怒火全都发泄到了俘房身上，每天的饭菜不仅如同喂猪的泔水，而且少得可怜，且每天只送一次。由于僧多粥少，每次"泔水桶"一放进屋里，便很快被分抢一空。

戴春风虽当了大头兵，骨子里仍然是自命清高，从未将自己当作普通士兵中的一员，跟他们去争抢"食物"，他还抹不下脸来；加上泔水般的饭菜根本无法下咽，也往往懒得去抢，如此几乎连剩"泔水"都很难喝到了。

吃不到东西令他浑身无力，没有力气也就越发懒得去抢，如此一来二去，渐渐地开始变得厌食，再没有吃东西的欲望。

窗外的天空明了暗，暗了明，不知道过了多少个日夜，戴春风已奄奄一息，即使有士兵给他端过来一碗"泔水"，他咬着牙也咽不下去了……

冥冥中，戴春风的意识在一点点消失，唯有一个念头萦绕不散，那就是：吉人自有天相。他相信自己"双凤朝阳格"的命相，相信自己不会这么容易就死去。这最后一点意识将他牢牢抓住，令他不肯睡去……

昏迷中，他听到嘈杂的声音由远而近，一阵高过一阵。那是牢门洞开的声音，是被俘士兵重获自由的欢呼雀跃声。

原来，浙一师兵败后，浙江督军杨善德立即派兵驰援，很快攻陷宁波城，浙三师官兵或倒戈，或投降，师长周凤岐连夜出逃，亡命日本。浙一师占领了宁波城，第一件事就是解救被关押的士兵，昏迷中的戴春风也神奇地睁开了双眼。

可是，大难不死的戴春风在吃饱喝足缓过劲来之后，又做出一个超乎寻常的举动——就在这些归队俘房像打了胜仗的功臣大肆庆贺的时候，戴春风悄悄离开了。他对这群虾兵蟹将已彻底失去信心，又一次不告而别。

当初高中"榜眼"不辞而别，虽未考虑后果，未作长远打算，总归还选定了一个去向，如今离开浙一师去哪里呢？青年时代的戴春风就是这样，轻率任性，随心所欲，不计后果，不作长远打算，甚至不会考虑下一步怎么走。既已放弃读师范，若没个着落，就无法向母亲交代。因此家是不能回的，那还能去哪里呢？

当然，他不愿面对的还有家乡父老、朋友同学。一个堂堂的江山才子，总不能一而再再而三地落魄而归！

为了避免母亲担忧，他给母亲写了一封信，陈述了离开部队的原因，并发誓说，若不混出个人样，决不返乡！

可他面临的不是能不能混出个人样，而是如何生存。他在宁波举目无亲，又身无一技之长，找到一份糊口的营生并不容易。宁波是通商口岸，商家店铺自然不少，但是一般老板都不会轻易雇用一个不知根底的外地人。戴春风跑遍码头、闹市区和大街小巷，几乎踩遍所有商家店铺的门槛，也只能找到一些临时性的散活。

这些散活一天有一天无，没活的时候挣不到工钱，口袋里不多的积蓄很快花光了，接下来的日子便是饥一顿饱一顿，吃了上顿没下顿，饿肚子成了家常便饭。渐渐地天气越来越冷，眼看着北风吹、雪花飘、天寒地冻，戴春风腹内空空衣衫单薄又居无定所，心里越来越害怕，生怕哪天晚上躺在什么地方不会再醒来。

"当初不肯嫁春风，无端却被秋风误。"事到如今，戴春风肠子都悔青了。早知如此，他会在离开牢房后第一时间返乡，与其冻饿而死，那点颜面又算得了什么！如今醒悟已为时过晚，既无川资又无体力，如何返乡？

天气越来越冷了，街上许多店铺的生意也变得萧条起来，再也找不到活干的戴春风躲进破败的关帝庙，钻进稻草堆里再也不愿意起来……

慈母千里赴宁波

都说儿行千里母担忧，戴春风正是吸取了上次的教训，为了让母亲放心，才先后两次"报告行踪"，却压根儿不了解母亲真正担忧的是什么。在母亲心中，望子平安远比望子成龙更重要！戴春风的不安分、朝秦暮楚、听见风就是雨，怎能让母亲放心？

自从接到儿子投笔从戎的口信，蓝月喜的心就提到了嗓子眼。倘若儿子在身边，她宁可让他一辈子株守田园，也绝不允许他如此心血来潮去当什么大头兵！

从此蓝月喜整个心思都放到了浙江的战局上，随时打听哪里在打仗，时刻关注着浙一师的动向。保安村里，供职浙军者大有人在，蓝月喜随时与他们的家属保持联系，及时得知了浙一师开赴宁波战场的消息。

那些天，蓝月喜寝食难安，度日如年，时刻担心子弹不长眼，儿子遭遇不测。战争结束后，有参战士兵返乡，却无人知道戴春风的下落，这更让蓝月喜与儿媳毛秀丛急得火烧眉毛。好在戴春风的家书及时送到，婆媳俩总算松了一口气。但信中一句"若不混出个人样，决不返乡"，又让婆媳俩焦急万分。

"离开部队，不回家去哪儿？在一个远离家乡人生地不熟的地方，又无一技之长，他凭什么混出个人样！"蓝月喜越说越担心。

"他不一定就留在宁波吧？"毛秀丛猜测说。

戴母蓦然一惊，恍然道：

"对呀！万一他离开宁波，再找他就大海捞针了，说不定又会闯出什么大乱子。不行，得赶紧把他找回来，晚了就来不及了！"

时至秋末冬初，蓝月喜将没有料理完的农活交给儿媳打理，凑齐盘缠就上路了。

这一年蓝月喜42岁。42岁正值壮年，又是上山下坡的农家妇女，按说长途跋涉不成问题。但那时妇女缠足，迈着三寸金莲远赴千里之外，又从未出过远门，其间的困难可想而知。

蓝月喜水陆兼程，从保安步行赶到江山县城，从江山县城乘船到杭州，再从杭州辗转到宁波。一下船，便被码头上的一片喧嚣景象惊呆了。

作为农家妇女，蓝月喜最远到过江山县城。对没出过远门的她来说，宁波城与江山县城没有什么大的区别，完全没想到宁波城竟然如此热闹，如此繁华，码头上车水马龙，商贾云集，临街店铺鳞次栉比，茶楼酒肆毗连相接。蓝月喜哪里见过这种景象，直看得眼花缭乱，晕头转向。

她估计不出宁波城到底有多大，不知道这么多商家店铺要花多少日子才能走一遍，她甚至已经感到，在这样一个人生地不熟的城市找一个人，无异于大海捞针。但是，任何困难都无法阻挡一个母亲对儿子的舐犊之爱。

蓝月喜来不及休息，立刻迈着小脚开始了走街串巷，进店铺，出客栈，拿着戴春风的照片，一家一家地挨着问。

她知道儿子手里没钱，要活命就要找个事由做，要睡觉就要找家客栈栖身，可没想到，整个宁波城的大街小巷、茶楼店铺、旅馆客栈，不知来来回回走了多少遍，连戴春风的踪影也没打听到。

戴春风去了哪里？莫不是已经离开宁波？尽管有这样的猜想，蓝月喜仍不会放弃在宁波的寻找。

日子一天天过去，在蓝月喜近乎绝望的时候，有人提醒她说：

"会不会住在寺庙里？"

"寺庙已经找过。"

"城外还有废弃的寺庙。"

一语惊醒梦中人，蓝月喜又迈着小脚遍访宁波城外大小残庙破寺，第三天早晨，来到距城里最远的一座破败的关帝庙中。

这是一个夜雪初霁的清晨，宁波城外一片肃杀景象，呼啸的北风卷着雪花发出阵阵刺耳的哀鸣，整个破庙仿佛都伴随着风声瑟瑟发抖。

墙上的蛛网在抖动，地上的枯叶草屑在滚动，连泥塑关帝圣像身上暴起的皮，也在颤动。供桌下有一堆稻草，也在筛糠般地颤抖着……

蓝月喜弯下身去，扒开稻草，稻草堆下躺着一个人，不用看她也能猜到他是谁！蓝月喜霎时泪如雨下，撕心裂肺地叫了一声：

"春风——"

差点儿丢了小命

躺在稻草堆里的正是戴春风，他并没有睡着，严寒与饥饿让他彻夜难眠。但他整个人都沉浸在蒙蒙眬眬、昏昏沉沉的状态中，母亲那一声呼唤，如来自荒漠的尽头那样遥远，他没有动。

他已经两三天没有进食，似乎已无力气动弹。

蓝月喜扳起他的肩膀摇晃着，拍打着，呼喊着，戴春风终于睁开了双眼。眼前的情景让他难以置信，母亲远在千里之外的保安，怎会突然出现在这荒郊野外的破庙里？他使劲揉着眼睛，只觉着这是饿昏了，根本不能相信从未出过远门的母亲，会迈着一双小脚，一个人千里迢迢赶到宁波。

可眼前的情形又让他不能不信，母亲那一声声泣血的呼唤，和那张老泪纵横的脸，这一切会假吗？

戴春风怔怔地看着母亲，然后像受尽委屈的孩子，号啕大哭。

蓝月喜对儿子一向管教严厉，唯当儿子落难，一切的管教便由母亲的慈爱与宽容所取代。她为儿子拂去泪水，端详着这张"面带马相"的脸，原本长方形的"马脸"变成了瘦削的"羊脸"，两腮瘪瘪的几乎就要贴到了一起，凸显出一双黑洞洞的眼睛大而迷茫。一向干净整洁的儿子，如今蓬头垢面，衣服破烂。

戴家虽属贫寒之家，却从来不曾苦着戴春风，没想到他一旦离开了家，便每每陷入困境，几乎沦落到生死边缘。这怎能不让蓝月喜心痛？

她从小包裹中摸出两个烧饼，递给儿子。戴春风接过烧饼便是一阵狼吞虎咽，母亲让他慢慢吃，又从包裹里摸出一瓶水递给他。

吃饱喝足之后，蓝月喜这才问起戴春风因何考中师范又去当兵，因何当兵之后又离开部队，戴春风只好一一如实道来。

对于成年后的戴春风，母亲的责罚少了答责，更多的是开导和启发。苦难是人生的教科书，对于戴春风这种性格，经历一些磨难未尝不是好事。只是一次次的闯祸、涉险，一次次的犹如盲人骑瞎马，夜半临深池，濒临险境而不知，让蓝月喜实在担惊受怕。

她让戴春风双膝跪地，面朝关帝圣像发誓："一定要遵从母训，吸取教训，决不重复以往的错误，决不在同一个地方摔倒两次……"

由于蓝月喜所带盘缠也将告罄，母子俩只好一路乞讨着返乡，回到保安已是冬去春来。

回家之初，戴春风尚能遵从母训，整天待在屋里读书，也是出于面子的考虑，不好意思出门。无奈时日一久，又开始耐不住寂寞了，悄悄约三五同伴去仙霞岭一带游玩。然而时过境迁，物是人非，常常会触景生情，想起当年带领同学们畅游仙霞岭的情景，难免黯然神伤。

戴春风在浙一师当兵时，下级军官赌博成风，渐渐地耳濡目染，掌握了一些赌技。沮丧之中，他开始混迹赌场，寻求刺激。

母亲发现后，对他严加管束，限制外出。他也曾一度收敛，用心看山打柴、打理竹山和田地，却又打心眼里不屑从事农桑，渐渐地故态复萌，隔三岔五便悄悄溜出去，或游逛玩耍，或饮酒赌博，免不了酗酒闹事，惹是生非。

在乡人眼里，戴春风成了与其父一样的浪荡公子哥，大事做不来，小事又不做，一个十足的败家子。

其实他内心十分痛苦，眼看着昔日同学或进大学读书，或中学、中专毕业后寻到好的出路，一个个日新月异向前发展，唯有他这个当年的高才生，成为与农夫为伍的一介草民，一向争强好胜的他，如何面对这个现实？每每想到这些，便禁不住借酒浇愁，沉迷赌博，麻醉自己。

如此浑浑噩噩，一晃就是两年。

醉倒在哥们儿的婚礼上

1920年春天，戴春风的儿时玩伴张冠夫回乡娶亲，给了他双重的沉重打击。

张冠夫（字衰甫）比戴春风小两岁，是戴春风在保安村最铁的兄弟，也是他多年来的忠实追随者。戴春风在学兵营练兵的时候，张冠夫考取了杭州商专。在以往的戴春风眼里，这实在是一所不值一提的学校，但如今张冠夫从商专毕业，在上海商务印书馆谋到一个职位，这无疑是一个令人称羡的正当职业，在乡邻眼中自然是学有所成修成正果了。

办完喜事之后，张冠夫将携新娘子一起去上海定居。而张冠夫的新娘子，正是戴春风的表妹王秋莲。也是王秋莲独具慧眼，几年前就看出戴春风难成大器，终于选定本分务实、有责任心的张冠夫，结果慧眼识珠。

尽管参加这个婚礼让戴春风有着太多的尴尬，但无论作为新郎的朋友，还是作为新娘的表兄，他都不能不参加。更让他难堪的是，他在婚礼上邂逅了昔日文溪高小同窗好友姜绍谟！

姜绍谟，字次烈，与戴春风同庚，江山县（今江山市）廿八都人，后迁居峡口镇。文溪高小毕业后，姜绍谟考入省立衢州第八中学，如今姜绍谟正在北京大学读预科，很快就会正式成为北大学子！

姜绍谟告诉戴春风，与他同时报考衢州联合师范的姜超岳，虽然成绩比他差，如今却以优异成绩毕业留校！这个消息令戴春风吃惊不已，他原以为师范毕业只能回江山当一名乡村教师，没想到姜超岳如此幸运。虽然几年前他对师范这个层次的学校并不放在眼里，如今经过一连串挫折，终于低下了他那高昂的头，开始用敬畏的目光重新审视周围的一切。

令戴春风最为震惊的，是另一位同窗好友周念行的消息！

周念行是江山吴村乡青塘尾人，不仅是戴春风最要好的朋友之一，更是他同班中的忠实追随者。戴春风考入省立一中时，周念行考了衢州第八中学。由于看不起衢州八中，戴春风几乎敢肯定，周念行这个好友，或许这一生都是他最忠实的追随者。

殊不料，周念行中学毕业后，考入东京名牌大学——日本明治大学，如今已浮槎东渡，前程一片光明；而他自己则可能一辈子株守田园，终老牖下！

如此天壤之别，令他痛彻心扉。

他记不清自己是怎么离开婚宴的，记不清是怎么向姜绍谟告辞的，他并没喝多少酒，而他的酒量也非比寻常，据他后来回忆年轻时代的酒量，曾笑称千杯不倒，可见婚宴上的心情晦暗到了极点。

尽管不曾贪杯，他还是"大醉"了一场，又哭又闹，"醉话"连篇。但蓝月喜知道，醉酒不醉心，儿子是心里憋屈。

第二天醒来，戴春风犹如醍醐灌顶，大彻大悟，他对母亲说：

"书，不一定非要在学堂里读，村里在省城人多，我想去省城闯闯。"

都说"知儿莫如父"，在戴家则是"知儿莫如母"。蓝月喜知道戴春风不甘侍弄农桑，她苦心培养儿子多年，也不甘心让他在家打理山场，她相信儿子"双凤朝阳格"的命相，相信儿子只有走出去，才会出现"一朝遇雷雨"的命运转机。

"出去闯荡一下也好，你刚年过弱冠，时间还来得及，去找个事由，边干边读书。外面世界大，眼界开阔了，书念得多了，自然就会有出路。"

戴春风自知没有李密牛角挂书那样的勤奋，也知不会有杨素那样的大人物欣赏他，但他相信母亲的话，眼界开阔了，书念得多了，自然就会有出路。渔者走渊，木者走山，离开了学堂，同样可以到达成功的彼岸。

戴春风重拾信心，心境豁然开朗，像等待出场的斗牛士，做好了迎接一切苦难的准备。

母亲东挪西借，为戴春风筹足了川资。

1920年的春天，戴春风再次上路了。

第二章
打流经年，迎来曙光乍现

神交杜月笙

20世纪20年代初的中国，正处于大动荡大变革的时代。北方，直皖战争、直奉战争相继拉开序幕；南方，伴随着两次粤桂战争的爆发，孙中山统一两广，重组军政府，再举护法大旗。在南北两政府的对峙中，各地军阀割据，大小战争连绵不断。

位居东南的上海滩，则以其租界的特殊地位远离炮火。而上海自开埠以来，即以十里洋场的花花世界，成为声色犬马醉生梦死的天堂；中西并存，五方杂处，各路英雄麋集，亦使这里成为冒险家的乐园。

戴春风的目光很快投向上海滩。

他离乡后第一个落脚点是省城杭州，由同乡介绍在杂货铺里当伙计。一年多后，他怀揣不多的积蓄，在初冬凛冽的寒风中由水路抵达上海。

第一次来到上海，戴春风立刻被这片土地上的繁华所吸引，从大东门码头到外白渡桥，沿江停泊着各种外国轮船与运货的木船，各大码头附近都是商贾云集，人来车往，一派繁忙兴盛的景象。

沿着江岸向前走，栉比相邻的店铺，穿街而过的马车、自行车、汽车，以及外滩林立的高楼，令戴春风目不暇接。

早就听说上海遍地是黄金，如今亲眼看到它的风貌，真是百闻不如一见，戴春风更是相信这里蕴藏着无尽生机，说不定那场转变命运的"雷雨"就在这里……

正在做着"遇雷雨"的春秋大梦，一辆黑色轿车戛然而止，在戴春风前边不远处停下。车上下来一个人，一个令他一辈子难以忘怀的人——几年后即成为威震四方的海上闻人、青帮大亨杜月笙。

此时的杜月笙作为三鑫公司的实际掌门人，已在上海滩，尤其在法租界崭露头角，正以绝对强势在这个冒险家的乐园中迅速崛起。

戴春风自然不认识杜月笙，但杜月笙的形象令他过目难忘：

瘦高的身材，清癯的面容，高高的颧骨，一对大大的招风耳，一袭绸料长袍，一副温文尔雅的绅士派头。

其间，突然出现的一个场面，对戴春风震动颇大。

当杜月笙刚刚走下汽车的时候，不知从什么地方钻出一群流浪儿，一个个衣衫褴褛，蓬头垢面。他们围住杜月笙，纷纷嚷着：

"杜先生好！"

"杜大爷好！"

竟然有的像老朋友一样，对杜月笙嘿嘿笑着，说：

"杜先生来了，我们有饭吃了。"

一副绅士派头的杜月笙已是三十出头的人，在这群流浪儿面前却没有一点儿架子，他微笑着环视一下大家，然后示意身边一个保镖模样的人拿钱，保镖立刻从口袋里掏出大把零钞，向流浪儿人群中撒去。

随后，杜月笙走向一座高级酒楼。

询问路人，戴春风得知了杜月笙的大名与其基本情况。杜月笙自幼失去父母，流落街头，十三四岁便从高桥镇孤身闯入上海滩，发达之后对乡人、乞丐多有布施。

望着杜月笙的背影，戴春风感触尤深：一个自幼失怙的流浪儿，都能混到这般光景，自己作为有名的江山才子，为什么屡战屡败？他自忖自己天资不低，与没进过学堂的杜月笙相比，只差一个机遇。在风云变幻的上海滩，"遇雷雨"的机遇定然不会少。

他暗暗发誓：一定要在这个冒险家的乐园闯出一番天地，最低限度，也要混到杜月笙这个地步，要与那些读书入仕的昔日同窗一较高低。

当天下午，他来到位于闸北宝山路的商务印书馆，找到了在这里当会计的铁杆兄弟张冠夫。

多年来，戴春风与张冠夫情同手足，吃用不分彼此，无话不谈。所以一见面，戴春风就谈起了杜月笙，并向张冠夫询问杜月笙的详细情况。张冠夫听说他遇到了杜月笙，不由得大吃一惊，立刻提醒说：

"你刚到上海，千万不要和帮会人物搅到一起。"

"帮会人物？"戴春风同样感到错愕。

"你有所不知，杜月笙是青帮中人，他投靠的是法租界华人巡捕黄金荣，他主持开办的三鑫公司，做的是鸦片生意。"

张冠夫之所以如此告诫戴春风，是因为深知这位兄长的能量，他不仅与杜月笙一样善交游，出钱大手，更比杜月笙多了些桀骜不驯，一旦和杜月笙混到一起，说不定真的就迎来了"咸鱼翻身"之日。但是，帮会毕竟带有黑社会性质，他不希望这位兄长从帮会起家，更不希望他与黑社会有染。

当时的戴春风并不知道，自从英帝国主义以大炮轰开上海，上海便成了外商倾销鸦片的市场，外滩的洋行，无一不是靠鸦片走私暴富；十里洋场的冒险犯难，无不与烟、赌、娼紧密相连。在这个罪恶的渊薮中，帮会，起到了推波助澜的作用，得到了畸形的发展与昌盛。

对于张冠夫的提醒，戴春风并未在意。以他当时的情况，结识杜月笙并混到一起，尚属天方夜谭。然而后来多次承蒙杜月笙救助，直至结拜为异姓兄弟，他仍然不肯拜到杜月笙门下，不肯加入青帮，则完全出于他本人的意愿。

张冠夫知道戴春风没有落脚之地，特地邀请他到自己家住宿，这其实正是戴春风此行目的。张冠夫的家就在宝山路宝光里，离商务印书馆很近，但是面积狭小，仅仅八个平方米，他不好意思地对戴春风说：

"只是一个亭子间，你老兄得将就着点。"

"你以为我还是当年的江山才子呢！出门在外，风餐露宿都习惯了，要不是天冷，随便找个屋檐下就能过夜。只是你老弟能做得了这个主吗？"戴春风说完"哈哈"笑起来。

张冠夫也跟着"嘿嘿"地笑，然后抓抓脑门说：

"做不了主也得做，老虎不发威她还真以为我是病猫呢。走！"

"行啊，一年多没见你老弟有长进。"

两人提着行李走出来，张冠夫又摇摇头说：

"你表妹的脾气你不是不知道，反正你是她表哥，她能怎么样？大不了不理她就是了。"

"以为你真是老虎呢，闹了半天还是只病猫！"

狭路逢表妹

当戴春风走进八平方米亭子间时，王秋莲惊异的程度绝不亚于看到了外星人！

目睹了毛秀丛长年累月在山场农田劳作、风里来雨里去的情景，王秋莲在庆幸自己选对了人摆脱了农妇命运的同时，对戴春风也由反感到厌恶再到鄙视，认为姨妈生了这么个不争气、没责任感的儿子，纯粹就是上辈子欠他的，这辈子讨债来了！

她大概从未想到，这辈子还会与这个好高骛远一事无成的表哥打交道；更不会想到，表哥会在如此落魄之中走进她的家门。在她看来，任何一个有自尊有血性的男人，都不会以如此失败的形象出现在曾经拒绝他的女人面前。

王秋莲还是那样伶牙俐齿，且比少女时代更多了些泼辣，一开口便有了些"不客气"：

"表哥，什么风把您这大才子吹到我们这寒舍来了？"

张冠夫一听，朝戴春风使个眼色，意思是说，看见了吧，你自己想办法对付吧。这点小动作怎逃得过王秋莲的眼睛，她狠狠瞪了张冠夫一眼，对戴春风说：

"表哥您是大忙人，此番光临寒舍，是顺道来看衮甫呢，还是有何见教？我们这地方窄别，两个人都掉不过身子，您这一来，连下脚的地儿都没了。"

这明摆着是在下逐客令。虽说戴春风做好了被奚落的准备，却也没想到，一进门便被表妹来了个下马威。如在早前，他会扭头就走。但如今经历了太多磨难，遭冷眼被挖苦早习以为常，人在矮檐下怎能不低头，他尴尬地笑笑说：

"秋莲，我就临时住几天，找到事做我会立马搬走。再说，我也是冲着衮甫来的。"

在经历了一些挫折之后，戴春风不服输不服软的性格是有所改变，可表现在嘴上，也往往是镜破不改光，兰死不改香，不自觉地就会逞一时口舌之能。此话一出口，立时就捅了马蜂窝，王秋莲一跺脚，指着戴春风说：

"好，你找衮甫，你们是兄弟，你住这，我走！"说完就开始翻箱倒柜收拾行李。

这下戴春风傻眼了，张冠夫只好拉着王秋莲，赔着笑脸说好话。王秋莲不依不饶，连哭带数落，最后总算停下来不再收拾行李，戴春风这才长出了一口气，说起来也是大开了眼界。

张冠夫惧内，戴春风早就知道，可也没料到是这样一幅情景。在他看来，一个杏眼桃腮的娇俏少女，有点"小霸道"尚属可爱；而一个成年女子如此泼辣乖戾，实在破坏了那副花容月貌。戴春风不得不暗自庆幸，庆幸未与表妹成亲。表妹虽非金枝玉叶，却也是自幼娇生惯养，哪里担得起他那个贫寒的家？以她的个性，恐怕家里早已是鸡飞狗跳，永无宁日了。

戴春风最终留了下来。终归张冠夫是一家之主，又是养家的男人，王秋莲见事情已无法改变，也只好作罢。

无奈八平方米空间有限，戴春风只能在张冠夫夫妇的床下打地铺。而这一上一下两个铺毕竟离得太近，床上的人翻个身，床板就会发出咯吱咯吱的响声，被子也会发出窸窸窣窣的声响，这在戴春风听来近在耳畔。

戴春风倒是不怕"吵"，床上的人却是十分拘束，生怕闹出什么响动，更不用说夫妻俩例行房事了。几天下来，王秋莲憋了一肚子火，动不动就拿戴春风出气，冷言冷语，指桑骂槐。

戴春风倒也识趣，每天早出晚归，尽量给张冠夫夫妇多一些单独相处的时间。事实上他压根儿就没想过多打扰这两口子，只想尽快找到个正当事搬走。可是身无专长，想找一份像样的事又谈何容易？为了糊口，只好暂时为人司笔札。

这期间，有一天路过三马路，戴春风被一片喧嚣声所吸引。抬头望去，只见上海证券物品交易所大楼前热闹非凡，人们进进出出，摩肩接踵，喧闹的场面绝不亚于大世界游乐场。

向旁人一打听才知道，这里面做的是玩命的大买卖。很多人一夜暴富，也有很多人转眼赔脱了底。进出交易所的人，既有坐汽车来的阔佬，也有坐黄包车来的小商人。阔佬们带着穿黑色短打的保镖，小商人带着穿粗布短装的伙计。

戴春风天生好奇，虽然他没本钱去"赌"一把，却也想去看个究竟，弄明白是怎么回事。于是跟着人流向交易所大厅走，没想到里面比外面更热闹。大厅正前方有个高台，台子上站着三个身穿制服的人，他们一边冲着台下的人大喊，一边在身后的黑板上写写画画。

台下可谓人头攒动，如海浪般波涛汹涌。他们头戴清一色的白帽子，上面写着各自的号码，一个个面对高台挥舞着手臂，声嘶力竭地叫喊着，却听不清他们在喊什么。

戴春风第一次见到如此如火如荼的场面，骨子里那种与生俱来的冒险犯难的激情被唤醒，完全忘记了今日外出的目的。他兴致勃勃地沉迷于火爆场面之中，仿佛在寻找着介入其中的突破口。

忽然觉得有点奇怪，那些身穿长袍外套玄狐坎肩的大佬在哪里呢？那都是有身份的人物，不可能纡尊降贵在这汹涌的人群中受苦。他绕过人群向里走，就看到了股东休息室的大门。顺着进进出出的人往里一看，里面真是别有洞天。

不知深浅的戴春风竟然东张西望地走了进去……

初识蒋志清

股东休息室，听起来似乎比交易大厅小很多，实际上同样是一个宽敞的大厅。与外面大厅不同的是，这里摆着一排排整齐的桌椅，那些衣着光鲜的股东围坐桌边，或吸烟、品茶、嗑瓜子、聊天，或围在一起展开"方城大战"，看上去悠闲自在，如同在茶馆或赌场等休闲娱乐场所。实际上，他们是在等候外面大厅里的经纪人进来通报信息。

戴春风好奇地向里走，竟也没人阻拦。走过一张麻将桌时，忽然被一位先生叫住：

"后生囝，帮忙去买两包烟。"

戴春风愣了一下，知道这位先生将他当作跑堂的伙计了。但见这人慈眉善目，说话和气，心中倍感亲切，便随手接过那人的钞票，大步流星地跑出去，按吩咐买了两包香烟，又一溜小跑返回，将香烟和找回的钱一起交到那人手上。

"先生，您的烟，这是找回的零钱。"

"零钱你收着吧。"那位先生只拿了烟。

"不，这怎么行！"

戴春风并不知道这里的跑堂没有工钱，他们挣的是雇主的赏钱。那位先生惊诧地看看戴春风，问：

"你不是这里的伙计？"

"不是，我刚来到上海。"

"听你的口音也是浙江人？"

"是的，我是江山保安的。"

"哈哈，小老乡啊！"

既然是同乡，两人便聊了起来。这位先生自我介绍姓戴名传贤，字季陶，浙江吴兴人。五年之后戴春风报考黄埔军校，才知道戴季陶是老同盟会员，中国国民党创始人之一，也是国民党著名理论家，笔名天仇。

戴季陶看上去不过30岁，言谈举止温文尔雅。当他得知戴春风此时尚无事可做时，便建议戴春风先在这里当伙计。

正说话间，一位西装革履的先生走过来，不屑地看了戴春风一眼，训斥道：

"哪来的小瘪三，去去去，一边去！"

"小瘪三"三字让戴春风感到受了莫大侮辱，他抬起头，怒不可遏地看着对方。只见他鸠形鹄面，气喘吁吁，一副痨病鬼的模样。

就在这时，坐在戴季陶身边的一位先生说话了：

"果夫，怎能以衣帽取人？"

此人语气和蔼，却带着明显的责备之意。戴春风回头看去，发现这位先生不过三十多岁，威严英武，器宇轩昂，不由得肃然起敬。

他就是时年34岁的蒋志清。

戴春风做梦都不会想到，这个器宇轩昂的年轻人，就是他日后为之奋斗终生的"真命天子"蒋介石！

他也不会想到，那个歧视他的"痨病鬼"陈果夫，在以后的岁月中对他打压多年，最终成为他的手下败将。

在交易所做了跑堂伙计后，戴春风每天为这些股东与经纪人端茶倒水，买烟送茶点。当然，他的主要服务对象是戴季陶等人。渐渐地，他对这些人有了一个大概的了解。

陈果夫时年29岁，浙江吴兴人，是陈其美的侄子。

戴春风虽未参加革命，却也久仰陈其美大名，知道陈其美是老同盟会员，深得孙中山先生器重，辛亥革命后曾任沪军都督，后被袁世凯派人杀害。

但此时戴春风并不知道蒋志清与陈其美的关系。而陈其美之于蒋志清，既为尊长，又是义结金兰的好兄弟，蒋志清参加同盟会，参加辛亥革命、二次革命，每一步都有陈其美的引导与提携。蒋志清得以赴日本谒见孙中山，也是在陈其美的精心安排和引荐下达成心愿的。陈其美遇难后，蒋志清作为陈其美的得力助手，受到孙中山先生重用。

此时，蒋志清正在粤军中任职。由于粤军中派系纷争，蒋志清自己无一兵一卒，处处受到排挤与挟制，便时常请假，或回奉化溪口陪侍母亲，或回沪与戴季陶、张静江、陈果夫等人打理交易所生意。

上海交易所开业之初，由于在社会上获得信用，营业十分火爆，蒋志清等人也因此大获其利。这部分利润，除一部分用于支援粤军充作军费外，其余便用于各自开支。

而戴春风毕竟肉眼凡胎，不识蒋志清将是日后"一统江山"之人；也由于一笔写不出两个"戴"字，同乡加同姓，因而与戴季陶走得比较近，戴季陶对他也多有照拂。

然而好景不长。1921年冬，上海交易所出现"信交风潮"，大批交易所先后倒闭，蒋志清等人的股票生意也发生危机，苟延残喘到1922年春天，最终被迫停止交易。

当戴春风最后一次见到戴季陶时，戴季陶告诉他：

"我们就要离开这里了，你有什么打算？"

戴春风没想到变化这么快，顿觉大失所望，呆呆地望着戴季陶，半晌说不出话。

失风大赌场

对于戴季陶等人股票生意的失败，戴春风不是没有察觉，只是没想到他们会这么快离开。尽管他自己也说不清与他们交往的目的，但冥冥中似乎有一种希望，相信与他们在一起会寻到一个改变命运的契机。如今契机尚未出现，便已吹灯拔蜡，就地散伙，让他感到万分失落，刚刚燃起的一点希望之光，瞬间灰飞烟灭。

戴季陶等人走了。蒋介石返回了广东，戴季陶留在上海继续主编《星期评论》，戴春风垂头丧气地离开了交易所。

重新流落于社会，戴春风顿觉生活失去了坐标，一种曾经沧海难为水的感觉，使他对任何事再也提不起兴趣，整个人变得心灰意懒，浑浑噩噩。漫无目的地行走在街头里弄，不知不觉中来到了法租界"公兴记"赌场门口。看着车水马龙门庭如市的景象，戴春风头脑一热，几乎想都没想就迈步走了进去。

四年前戴春风落魄返乡，曾一度沉溺赌场自暴自弃。尽管乡村赌场都是小打小闹，但戴春风的赌技却操练得非同一般。如今又逢失意，戴春风再次于赌场中寻求解脱，每日早出晚归，甚至彻夜不归，任凭张冠夫磨破嘴皮，好言相劝，任凭王秋莲冷言冷语，指桑骂槐，皆不为所动。

"公兴记"是当时法租界最大的赌场之一，出入该赌场的都是身家不菲、非富即贵的大赌客。他们个个华冠丽服，腰缠万贯，大都带有随从保镖，派头十足，正是"手谈皆豪富，进门无白丁"。唯有戴春风，一介流落沪上的乡下草民，一身粗布裤褂，手捏几个小钱，以一副初生牛犊不怕虎的模样，闯进赌场。

好在戴春风赌技娴熟，常常是有进有出，有输有赢，也算赌得心平气和。但在如此大赌场里，戴春风从身家、身份到衣着打扮、言谈举止，均属另类。几个小开见他实在有碍观瞻，暗中联手，决定将他逐出赌场。

那一晚，戴春风被几名小开拉到了麻将桌旁，搓麻不是他的强项，他本不想在此恋战，无奈那几人软硬兼施，死磨硬泡，令他身不由己。赌注又下得出奇地大，戴春风只觉得冷汗涔涔，惊骇得两眼直冒金星，不出两个时辰，他所有的积蓄一廓而空，全部消失在了麻将桌上。

走出公兴记赌场，戴春风越想越觉得咽不下这口气，他在乎的倒不是钱，而是被别人算计，不能平白无故让这些人算计了！

他倏地转身，折回赌场，找到那几名小开，非要拉着他们换一种赌法：摇摊。

所谓摇摊，就是掷骰子。一口摇缸，三枚骰子。由赌客报点数，庄家摇缸，点数押准了赌客赢，点数押错了庄家赢。

掷骰子是戴春风的拿手赌技，他不仅要赢回被算计的钱，更要给几名富家公子一点颜色看看，也扬一下自己的赌场威风。

几名小开早已见识过戴春风的赌技，自然不会就范。其中一个瘦高个嘿嘿笑着说：

"掷骰子，没问题，哥几个奉陪到底。请问，你有多大的赌本？"

赌本，这是戴春风的死穴。他只好说：

"各位也知道，小弟所带赌资已经输光，烦请各位借给百八十块钱做赌本，小弟若是扳回败局，必定当场奉还。若是输了，就请各位跟随小弟回家去取。"

戴春风自然不会带几名赌徒去张冠夫家中取钱，也压根儿没想过让张冠夫替他还赌债，他自己有十分的把握扳回败局。

几名小开又岂肯借给他赌资。戴春风却理所当然地认为，赌场翻本本属正常，现场借赌本也是司空见惯的事，何况自己的钱就是输给了他们几位，他们没有理由不借。

一个要借，一个不借，双方发生争执，越吵越凶，其他赌客纷纷停下手观望。

负责赌场安全的一名"抱台脚"蹿了过来，冲着戴春风一声怒吼：

"哪来的小瘪三，给我滚！"

一看"抱台脚"拉偏架，且口出恶言，戴春风顿时火冒三丈，二话不说，冲着"抱台脚"就是一拳。

这一拳结结实实地打在"抱台脚"的左胸上，只听"噢"的一声尖叫，"抱台脚"蹲在了地上。

戴春风年方25岁，身材不算魁梧，却身胚结棍，一拳出击，力不可当。好在戴春风自知这一拳的分量，未敢使足力气当胸出击。

尽管如此，戴春风仍不可避免地招来一场塌天大祸。

旋即，赌场中十多名"抱台脚"从各个角落聚集而来，一个个身穿黑色短打，目露凶光，如凶神恶煞，将戴春风团团围住。

"但凡租界赌场，无不以洋人做靠山。既是开在租界，首先的既得利益者便是洋人。洋人分润抽成，自然也会为赌场撑腰。在法兰西这个地界的赌场里，打死个把没有背景的外来赌客，无异于踩死一只蚂蚁。即使抬出去抛进黄浦江'种荷花'，在其他赌客看来也是不足为奇的。"

这一刻，戴春风想起了张冠夫说的这番话，心中暗暗叫苦不迭。

不容他多想，"抱台脚"们的拳头、棍棒已雨点般落了下来。

戴春风毕竟没有武术功底，对付一个可以，对付一群就只有挨打的份儿了，很快就被打得趴在了地下。

他十分清楚地意识到：完了！自己这辈子就这样完了！即使不被打死，也是抛进黄浦江里"种荷花"！

做客杜公馆

或许是命不该绝，在戴春风的意识还算清醒的时候，拳头棍棒骤然停止了。

"起来吧。"

一个声音从头顶上传来，这个声音不愠不怒，不软不硬。

不管怎样，只要没有被拖出去"种荷花"，一切就都是好兆头。戴春风一咬牙，使足全身力气，倏地从地上一跃而起，将各位"抱台脚"惊得目瞪口呆。

面前站着一个人，看穿着打扮也是一个当差的，但与那些"抱台脚"相比，则显得面善了许多。

"走吧！"

当差的面无表情，令戴春风无法判断等待他的是吉是凶。反正是福不是祸，是祸躲不过，死都不怕，还有啥可怕的！戴春风乜斜着眼，扫视一遍各位"抱台脚"与那几名小开，用鼻子哼了一声，大步走了出去，只听那个被打的"抱台脚"在背后咬牙切齿地骂：

"小赤佬，算你走运！"

走出公兴记大赌场，冷风一吹，戴春风头脑清醒了许多。跟着当差的往前走，拐弯抹角地走进一条弄堂，走进一幢两上两下的宽敞房子。

后来戴春风才知道，这里是钧福里，是法租界巡捕房华人巡捕黄金荣的物业，整条弄堂里住的都是出自黄门的大亨，或者黄老板的朋友，都是法租界有头有脸的人物。

戴春风被带进小客厅，迎面见到一张似曾相识的面孔。清癯的面容，高高的颧骨，一对大大的招风耳，令戴春风陡然一惊，三个字从脑子里倏然跳出：

杜月笙！

不错，此人正是杜月笙。杜月笙面带微笑，温文尔雅：

"听说你有一手绝活——掷骰子，可否在这里表演一下？"

见杜月笙态度和蔼，平易近人，戴春风紧绷的神经放松了许多。

桌上放着一副骰子，一口摇缸，戴春风走过去，将三枚骰子放进摇缸，轻轻摇晃几下，然后放下。

杜月笙报出点数，戴春风举起摇缸，双臂在空中划过几道弧线，双手轻轻转动，动作轻盈娴熟，一气呵成，待掀开缸盖，果然是杜月笙所要的点数。

如此这般连续表演多次，竟无一次差错，看得杜月笙连连称赞：

"高手！高手！要不是亲眼所见，真不知天外有天，人外有人！"

"杜先生此话怎讲？"

"不瞒你说，我有个开山门弟子江肇铭，是上海滩数一数二的摇缸能手。要不是看你表演，真不敢相信有人能超得过他。"

"杜先生过奖了。"

杜月笙向来交游广阔，上至名公巨卿、权贵名流，下至闾巷布衣、贩夫走卒，无不与之往来。尤其他爱才惜才，如此赌场奇才，更是愿意倾心结纳。

原来，公兴记赌场是杜月笙出道时接手执掌的第一爿"生意"。杜月笙原在黄金荣府上当差，1915年结婚后自立门户，接手了黄金荣拨给他的这爿赌场。

拨给他这爿赌场，并不是叫他去经营赌场，经营赌场的是拥资巨万的广东大老板，而是叫他去负责这个赌场的安全。这个负责，不像抱台脚、当保镖那么简单，不仅要管着赌场里的保镖，随时应对突发事件，还要把上至法租界衙门，下至流氓瘪三、亡命之徒、三教九流，统统摆平，避免被人找碴儿、讹诈、惹是生非。

杜月笙甫一接手，便很快消除了影响赌场收入的两大隐患——"剥猪猡"和"大闸蟹"，一时干得风生水起。

此后，杜月笙在黄金荣的支持下，组建"小八股党"，与英租界"大八股党"相抗衡。"大八股党"与军警联手，为洋人及潮州土商走私烟土保驾护航，分润抽成，独霸烟土财路，法租界"小八股党"便从"抢土"入手，令"大八股党"的鸦片走私生意连遭重创。

杜月笙又在黄金荣的默许下开办三鑫公司，大做烟土走私生意，最终将"大八股党"击垮，将英租界土商尽数招至法租界，纳入自家掌控之中。加上杜月笙交游广阔，用钱大手，如今在法租界，已大有直追黄金荣之势。

尽管生意越做越大，但对公兴记这爿赌场，杜月笙仍爱之如初。即使不再亲自出面执掌全局，对赌场的一切动态也是了如指掌，戴春风掷骰子的赌技，自然也逃不过他的耳目。

杜月笙又询问了戴春风的家世出身等情况，然后吩咐府上总管万墨林从账房取来200块大洋，对戴春风说：

"这点钱你先拿着，权当你在赌场被算计的补偿吧。"

"我在赌场没输这么多钱。"戴春风赶紧推辞。

万墨林在一旁说：

"戴先生，杜先生想结交你这个朋友，你就收下吧。杜公馆有个不成文的规矩，就是送出去的钱，从不收回。"

盛情难却，戴春风只好收下。杜月笙点点头说：

"你先拿去置办几套像样的行头，后天下午再来找我。"

"谢谢杜先生。"

戴春风以为杜月笙欣赏他的赌技，会在赌场给他安排个差事。想到终于可以搬出张冠夫的亭子间，再也不用看表妹的冷脸了，不由得心花怒放。

他知道张冠夫对杜月笙有看法，因此回去之后对这桩事只字未提。由于事情尚未尘埃落定，搬家之事也未提起。

然而，第三天下午，当戴春风面貌焕然一新地出现在杜公馆的时候，杜月笙却给他递过来一张船票。

"这是明天上午的船票。"

"杜先生要我去哪里？"

"江山，保安。"

戴春风一听急了：

"为什么要让我回家？你知道我的赌技，我想在你的赌场里谋个差事！"

杜月笙哈哈大笑：

"赌场，这就是你的抱负吗？"

"抱负"二字，令戴春风凛然一惊，然后他嗫嚅道：

"抱负原是有的，可是我屡屡碰壁，一事无成。"

"好，如果你真想到赌场当差，我这里求之不得。你想入青帮，我愿意为你开香堂。"

戴春风又是吃了一惊，入青帮，他可从来没有想过。到赌场当差，也不过是暂时找个饭碗，慢慢再从长计议。但这些若说出口，实在愧对杜月笙的一番好意。

不料，杜月笙却话锋一转，说：

"你要想清楚，赌场终究非正当职业，青帮也不再是以前的青帮。辛亥年以前，上海滩的青帮以'大'字辈当家。这些'大'字辈的老头子，都是身份地位极高的。如袁克文是袁世凯最喜爱的二公子，是清末民初的名士，文采风流更是一时无人可比；徐朗西和陈其美都是孙中山的得力干将；张树声是冯玉祥西北军中的著名将领；张仁奎做了几十年的通海镇守使，威望一直很高。但自从'大'字辈以下，则是泥沙俱下了。帮会在上海滩势力的确很大，可在这个洋人的地界里，又怎能不涉及烟、赌、娼呢？一涉及这些，必然就和'黑'字沾了边……"

杜月笙说着，戛然而止。

戴春风吃惊地望着杜月笙，想不到这位志得意满的青帮大亨，也有不为人知的苦衷。

"你是读书之人，又家有薄田，倘若好生经营，也算得上乡绅之士。况且令堂对你寄予厚望。所以你暂且回家，好好做一番定夺。"

戴春风不得不承认，杜月笙不仅独具识人慧眼，更具古道侠风。

多年后，杜月笙谈起初次见面时说：

"当时雨农兄虽处于落魄之中，但面相肖马，嘴阔容拳，双目炯炯放光，一看便知非等闲之辈，我哪敢让你到赌场去摇缸呢！"

追随"暗杀大王"

杜月笙的一番话，算是一语惊醒梦中人。戴春风从来没觉得家有几亩薄田、一片竹林山场算什么，经杜月笙这么一点拨，他立马和"乡绅"这个身份联系起来，"乡绅"这个形象头一回在他脑子里高大起来。

在离开杜公馆之前，他已做出决定：回乡，做一名乡绅，韬光养晦，等待时机。

仍然是失败而归，此时的戴春风，已是一身牢落识乾坤，心境与先前已大不相同，面对乡人不屑的目光，有了一蓑烟雨任平生的淡定。

他开始踏踏实实地上山下田，协助妻子打理地里的庄稼和山上的竹林。不久，经人推荐，担任了仙霞乡学务委员，开始参与乡里一些社会事务。

1924年年初，浙江督军卢永祥所部浙江纵队招兵买马的消息传来，有乡人跃跃欲试，准备报名入伍。

戴春风有过上次参加浙一师学兵营，稀里糊涂被拉上战场的经历，对北洋军阀混战已无兴趣。尤其戴季陶、蒋介石等人都是属于广州孙中山的军政府的，他从心底对南方的革命政府有了一种向往和企盼。

但出乎意料的是，浙江纵队司令是大名鼎鼎的上海"斧头党"党魁、安徽帮首领王亚樵！

戴春风在乡里听到这个名字的时候，不由得怦然心动。在上海打流期间，他对这个名字已是如雷贯耳。

王亚樵，字九光，1887年出生于安徽合肥，江湖人称王老九。早年加入同盟会，辛亥革命中曾奔走呼号，在合肥组织军政府，宣布独立。后辗转上海，组织"安徽旅沪同乡会"，形成安徽帮，在上海声名鹊起。又在徽帮中拉起一支敢死队，其成员个个腰插利斧，遇事出手之快，横劈竖砍，凶猛异常，人称"斧头党"。

王亚樵本人是行侠仗义之人，对手下弟兄也是多有照顾。

但是王亚樵如何成了浙江纵队司令，戴春风百思不得其解。

戴春风虽与王亚樵素昧平生，但他在上海认识的一个朋友胡抱一，便在王亚樵手下当差，与王亚樵关系密切。戴春风决定由胡抱一引荐，投奔王亚樵，再次参加浙军。

此时，王亚樵已在湖州盘马练兵。戴春风辞别母亲、妻儿，水陆兼程赶赴湖州，找到位于湖州白雀寺的浙江纵队司令部。说来也巧，戴春风刚打听着来到司令部门口，就见到胡抱一从另一个方向走来。

"这么巧！"戴春风高兴得咧着嘴直乐。

胡抱一却愣住了，使劲地揉揉眼睛，然后拊掌大笑：

"徵兰老弟，我没看错人吧？"

戴春风自进入文溪高小，多年来一直用学名戴徵兰与人交往。戴春风说：

"还说呢，你老兄来到湖州练兵，也不说给我捎个信。"

"正想着给你写信呢。这不，还没写，你人就到了！"

胡抱一刚从练兵基地回来，正要向王亚樵汇报练兵情况，正好拉着戴春风一起去见王亚樵。在向王亚樵介绍戴春风时，胡抱一特地强调戴春风也是读书人，江山才子，为人仗义，有着路见不平拔刀相助的侠肝义胆，也曾在战火中摸爬滚打。

王亚樵一向喜结侠义之士，经胡抱一这么一说，自然对戴春风另眼相看。再看戴春风，面色微黑，浓眉阔脸，尤其脸上棱角分明，尽显刚毅之色。加上戴春风有过从军经历，王亚樵认定他是一个不可多得的人才。

而戴春风由浙西南不远千里之遥慕名来到浙北，也足见他追随决心之坚定。

当晚，王亚樵在司令部摆酒，为戴春风接风洗尘。

当酒席摆上之后，一个熟悉的身影从外面走进来。来人个头不高，着一身旧军装，当他看到戴春风的时候，倏然止步，满脸疑惑地打量着戴春风。

戴春风也是惊诧不已，因为来人从身材到模样，都太像他的一个朋友，一个有过一面之缘的朋友。

那是1920年，戴春风最为落魄最为彷徨的时候。那一年他离家之后在省城杭州打流，当过杂货铺伙计，做过豆腐坊苦力。为了节省开销，他平时就在人家屋檐下或庙宇中过夜，身上也只有一套行头，是在学兵营时的旧军服，找裁缝做了改造，穿上也还算体面。

偏偏他天生爱干净，衣服洗得勤，只好经常光顾西湖，一边洗澡，一边洗衣服，然后将衣服晾在岸边，待衣服干了才从水里钻出来，穿上衣服离去。

有一天他正泡在水里，等着湖滨草地上的衣服晾干，忽然一群小学生从灵隐寺入口处跑过来，在草地上欢呼雀跃，争相捡起地上的石子，向湖中抛掷。戴春风的衣服用小石块压着，学生们只顾捡走小石块去玩，完全没有理会衣服被风吹起来，在草地上翻滚。

泡在水里的戴春风急了，他挥着胳膊冲着岸边的小学生大喊：

"小同学，我的衣服！我的衣服！"

喊声惊动了跟在后边的老师，他跑过来一看，立刻就明白了：这位泡在水里不肯出来的仁兄，一定是个"浪里白条"。他捡回衣服，放回原处，重新用石块压好，然后招呼学生们离开了。

戴春风对这位年轻老师顿生好感，见四周已无人，赶紧钻出水面，穿上衣服，去追赶这位老师，向他道谢。

"谢谢你帮我捡回衣服。"戴春风真诚地说。

"举手之劳，何足挂齿，何况是我的学生淘气在先。"

老师见戴春风气喘吁吁跑来，只是为了道谢，连忙自我介绍说：

"我叫胡宗南，在孝丰县立高等小学教书，今天是特地带学生到杭州游西湖的。"

"幸会，幸会，我叫戴徵兰，来自江山保安。"

两人互通姓名之后，便谈起了各自的情况。

胡宗南生于1896年，比戴春风年长一岁，别名琴斋，字寿山，浙江镇海人，母亲早逝，年幼时跟随父亲迁居孝丰，中学毕业后受聘于孝丰县立小学，虽有一份高等小学教员的工作，但身为客籍，处处受排挤。况且他志不在此，不过暂做蛰伏，等待一展宏图之机。

戴春风虽落魄潦倒，一文不名，却口不言贫，犹有一番壮志在胸，谈吐间直抒胸臆，带有一股与生俱来的豪放之气。胡宗南深感此人不可小觑，不可以"乘车轻戴笠"。

孔夫子以貌取人失子羽，胡宗南洞悉落魄之人得挚友。两人当下席地而坐，从各自境遇，到军阀割据、天下时局，海阔天空，越谈越投机，越谈越深觉相见恨晚。

然而一别近四年，音讯断绝，真会在这里邂逅故人吗？

四兄弟义结金兰

原来，胡宗南在孝丰高小竞选校长失败，愤而辞职，赴上海图谋发展，寄居在同乡开办的毛竹行内，此间结识了王亚樵。之所以追随王亚樵来到湖州，要从浙江督军与江苏督军争夺上海地盘说起。

上海原本隶属江苏省，袁世凯在世时，为扼制当时的江苏都督冯国璋的势力扩张，划淞沪地区为中央直辖特别军区。袁世凯逝世后，皖系军阀卢永祥于1917年出任淞沪护军使，1919年署理浙江督军。卢永祥赴杭州走马上任后，由其心腹大将何丰林继任淞沪护军使，继续坐镇上海滩。

淞沪地区为全国最大商埠，税收之大，居全国之冠。江苏督军齐燮元眼看着属于江苏的一大块肥肉被浙江督军卢永祥吃掉，心中很是不服气；加上两人分属直皖两系，在直皖两系矛盾不断激化的大背景下，齐燮元决定收回上海管辖权。自1920年直皖战争爆发至1922年第一次直奉战争期间，齐卢两军多次发生冲突。

1923年10月，直系曹锟贿选总统成功，此时直系军阀已控制苏、皖、赣、闽四省，对皖系卢永祥形成三面包围态势（另一面临海），齐燮元收回上海地盘已势在必得。

卢永祥为了争取主动，免除后患，决定使用暗杀手段，将齐燮元在上海的亲信——淞沪警察厅长徐国梁除掉。徐国梁拥有数千名武装警察，一旦齐卢之战爆发，他会第一个就近攻击卢永祥的大本营——杭州。

卢永祥买通王亚樵，行刺徐国梁，除许以重金犒赏外，还将任命王亚樵为浙江纵队司令，以湖州地区为军事基地，拨给武器弹药、粮草军饷，由其组建部队。

王亚樵果然出手不凡，1923年11月10日，徐国梁在上海英租界遇刺身亡，卢永祥立即兑现承诺。1924年年初，王亚樵出任浙江纵队司令，赶赴湖州，安营扎寨，招兵买马。

出于保卫家乡的目的，胡宗南决定投笔从戎参加浙军，于是跟随王亚樵来到湖州练兵。

听完此一番讲述，戴春风感慨万千：

"久旱逢甘霖，他乡遇故知，寿山兄，你我弟兄今生有缘哦！"

不等胡宗南开口，胡抱一"不乐意"了：

"瞧瞧，一见面就'你我兄弟'，把我胡某摆哪儿去了？"

戴春风听了哈哈笑起来，兴奋地说：

"看来上天冥冥中早有安排，让我们兄弟几个在此相遇，共同为司令效力。"

王亚樵虽身为司令，对手下弟兄却向来不摆架子，听了戴春风的话，当即嗔怪说：

"你们兄弟几个？难道我不是你们的大哥吗？不行，罚酒！罚酒！"

"小弟认罚就是。"

戴春风还没喝酒，高兴得就醉了，不知不觉中，已与王亚樵称兄道弟起来。当他意识到这一点时，不由得惊出一身冷汗。毕竟王亚樵是长官，又比他年长十岁，而且两人并没有熟识到可以如此开玩笑的程度。

不料，王亚樵却哈哈大笑，连声说：

"好，戴徵兰，罚酒三杯，只要你一口气喝下，我就认了你这个小老弟。"

胡抱一一听，赶紧站起来给戴春风斟酒，连斟三大杯端到戴春风面前。

戴春风嘿嘿一笑，想当初在家乡与朋友饮酒，号称千杯不倒，区区三杯，小菜一碟。只见他端起酒杯，脖子一扬，一杯接一杯，三杯酒一口气饮下。

"痛快！痛快！"

胡宗南与胡抱一大为惊叹，鼓掌叫好。王亚樵向来喜结豪侠之士，见戴春风如此敞快，当即提议说：

"我们哥几个何不就此义结金兰，来个桃园四结义，从今后有福同享有难同当。"

在座三人自然求之不得，一致表示赞同。

酒席撤下之后，大厅里摆上了香案，香案两端点起蜡烛，香炉里燃起三支线香，大厅里顿时香烟缕缕，香雾缭绕。

四人按年龄长幼，一字排开，跪在香案前，先拜天地，后饮血酒，跪拜盟誓：

"我等四人，义结金兰，同心协力，报效国家。不求同年同月同日生，但愿同年同月同日死。背信弃义者，天诛地灭！"

王亚樵时年37岁，年龄最长，为大哥；胡抱一34岁为二弟；胡宗南28岁为三弟；戴春风27岁，排行老四。

结拜之后，王亚樵开始封赏，三位小兄弟分别就任分队长，自次日开始，每人带一队人马进行操练。

同为王亚樵手下的分队长，戴春风与胡宗南朝夕相处，感情日渐深厚。两人谈理想、谈抱负，畅所欲言，常常通宵达旦。可惜没过多久，胡宗南接到黄埔军校上海招生点的通知，通知他去广州参加黄埔军校复试。

原来胡宗南在上海时，听说中国国民党将在广州创办一所军官学校，便到设于法租界的国民党办事处军校招生点报名，并在上海参加了入学考试。如今考试已顺利通过，只等到广州复试入学了。

听说胡宗南另有高就，王亚樵虽心中不舍，但为了小兄弟的前程，也只好摆酒为胡宗南饯行。

最难过的是戴春风，他用李、杜同游蒙山"醉眠秋共被，携手日同行"的深厚友谊，形容他与胡宗南这段短暂相处的时光。胡宗南返回上海那天，他一直送出很远。胡宗南这一走，他感觉心被掏空了。

事实上，让戴春风感到被掏空了心的，不仅仅是胡宗南的离开，更因为胡宗南的去向。黄埔军校是广州革命政府创办的，戴季陶、蒋志清、陈果夫，他们都是属于那个政府的人，如今胡宗南也要投奔那里，而他还留在北洋军阀的阵营里，难免有种被遗弃或者说曲终人散的凄凉之感。

"从今后，我们就是属于两个政府的人了。你属于南方政府，我属于北方政府。"

戴春风喟然长叹，心事重重，胡宗南却不以为然：

"什么南方北方的，要想上南方那还不容易？"

"话是这么说，可是黄埔军校下次招生不知什么时候呢。再说，群雄逐鹿，最终鹿死谁手，眼下还很难说。"

"不管怎样，我们兄弟无论谁先得志，都不可忘记对方，一定要互相提携。"

"好，一言为定！"

两人击掌盟誓，挥泪告别。

此时戴春风还想不到，他最后能够在众多比他资格老的"前辈"中脱颖而出，得以执掌复兴社特务处，并一步步登上军统局掌门人的宝座，在很大程度上得益于这位仁兄——黄埔军校一期老大哥的提携。戴、胡两人从此结为终生不渝的挚友。

好一场文雅大战

当年9月上旬，齐、卢双方军队在距上海20公里的望亭附近开火，酝酿已久的江浙战争终于拉开序幕。

战争的主战场在沪宁路沿线与浙江省边沿地带，浙江督军卢永祥拥兵九万，江苏督军齐燮元拥兵八万。就兵力而言，双方尚属旗鼓相当；就援军而言，卢永祥显然处于劣势。但在王亚樵看来，卢军稳操胜券，齐燮元必败无疑。他给戴春风、胡抱一等人分析战局称：

首先，就战斗力而言，齐军就差了一截。齐燮元根本不是战将出身，打起仗来只能是纸上谈兵；其部队久居江南繁华之地，常言说骄兵必败，这骄、娇二字都占了又何谈胜利呢？而卢永祥毕业于北洋武备学堂，久经沙场，是皖系军阀的骨干，其部号称北洋劲旅。且皖系与奉系及广州的孙中山早已结成反直三角同盟，战争爆发之前，卢永祥已派人北上南下，谋求奥援。

战争开始后，王亚樵的部队奉命镇守湖州地区。戴春风天生乐于冒险，战争的火药味令他心潮澎湃，急切盼望大展身手，建功立业。

七年前跟随浙一师攻打浙三师的时候，戴春风虽没有参加"敢死队"攻城，说起来也是亲历过战场炮火的洗礼，有过刀尖上舐血的经历。而当时，他不过是一名小小的学生兵，如今作为堂堂的浙江纵队分队长，他更渴望轰轰烈烈地大干一场。

然而，这场战争却是打得"温文尔雅"，在戴春风看来十分憋屈。开战以后，双方均不主动出击，只是进行阵地战或壕堑战，每日拂晓开炮，中午休息；午后三点继续开炮，傍晚结束。双方公布战绩，均为"阵地没有变化"。

戴春风所处的湖州阵地，由于阴雨连绵，士兵们不得不在泥泞的战壕里摸爬滚打。戴春风冒雨四处巡查工事，给士兵打气。眼见战争进展缓慢，他心里急得像一团火。

可他与王亚樵一样，只看到了齐军多为"骄兵"与"娇兵"，却没看到号称北洋劲旅的卢军，早已刀枪入库，马放南山，如今拉上战场，也是死气沉沉。因此，无论是齐燮元企图一鼓作气直捣杭州，还是卢永祥企图拿下金陵，都不是轻而易举之事。

战争一开始，卢军还稍占优势，在黄渡、浏河一带几经反复，打退齐军的进攻。但到9月中旬，齐、卢两军的江浙之战演变成了五省之战，直系苏、皖、赣、闽四省联手，先后向浙江发起进攻，形势急转直下。

皖系的反直三角同盟虽亦有行动，尤其奉系张作霖提兵入关，通电讨直，令卢军一度士气高涨，然而对江浙之战最终鞭长莫及。

而直系孙传芳以闽浙联军总司令名义，强势出兵，对卢永祥构成巨大威胁。

孙传芳所部由闽入浙，必走仙霞古道，要过仙霞关，逾仙霞岭，方可进入江浙战场。仙霞古道系1000多年前黄巢起义军入闽时，沿仙霞岭开山伐岭修造而成，全长700里，设有九道关卡，其中仙霞关历来被誉为"东南锁钥""八闽咽喉"，其天险处仅容一马。"至关，岭益陡峻。拾级而升，驾阁凌虚。登临奇旷，蹊径回曲，步步皆险"，成为历代兵家必争之地。

为截击孙传芳的部队，卢永祥早已在仙霞岭布下重兵，对仙霞关严加防守。

而保安就在仙霞岭下，更与仙霞关近在咫尺。

眼看一场大战就要在仙霞岭打响，保安难免兵燹之灾。一时间，仙霞乡风声鹤唳，乡中父老忧心忡忡，胆颤心惊，纷纷商议防范措施。

戴春风对仙霞岭的战略地位了如指掌，时刻关注着这一带的动向，当他听到孙传芳的部队将由闽入浙的消息后，在湖州再也待不住了，立刻找到王亚樵，要求返乡，一来湖州战事不紧，二来回乡组织自卫团，既可保卫家乡父老，亦可协助卢军抵抗孙传芳的部队。

"只要孙传芳的部队越不过仙霞关，齐燮元就难以获胜。"戴春风如此分析。

"好，你放心回去吧，保土安民，造福桑梓，大哥支持你！"王亚樵一口答应。

戴春风旋即离队，日夜兼程，遄返保安。

此时，仙霞地区各村都在组织自卫团，以保护家园免受乱兵骚扰。戴春风一到家，立即倡议发起组织自卫团，在村里可谓一呼百应，很快便拉起一支百余人的队伍。他自任团总，以刀矛、鸟枪为武器，每日操练备战，查缉防堵，慨然负起护卫保安的责任。

然而，孙传芳所部孟昭月旅抵达仙霞岭后，并没有开火。卢军第二师四旅炮队团团长张国威为其做内应，放孟旅顺利通过仙霞要隘。孟旅进入仙霞关后，于17日占领江山，又因卢军内变轻而易举占领了衢州。仙霞、保安一带也因此免遭战火。

孙传芳的部队进入浙江，一路长驱直入，直捣卢永祥的老巢杭州。卢永祥腹背受敌，寡不敌众，迅疾逃往上海，于10月12日宣布下野，次日逃亡日本。

王亚樵没有想到，卢永祥的北洋劲旅竟如此不堪一击，仅仅40多天时间，便兵败如山倒。他只好收拾残部，返回上海，重操旧业。

戴春风在江山闻讯，更是无比沮丧。孙传芳的部队越过仙霞岭后，他就料到形势对卢永祥已不容乐观，却没想到局势变化如此之快，转眼之间，浙江便由皖系卢氏天下，变成了直系孙传芳的天下。

王亚樵那里是不能回了，尽管王亚樵够义气，可戴春风既然不加入杜月笙的青帮，就断不会加入王亚樵的徽帮，更不会加入"斧头党"。

戴春风又一次回到了起点，只是这次比任何一次都失败得更惨。

当初他振臂一呼，组建自卫团，地方人士为求得生命财产安全，纷纷响应与支持。只是他没有想过如何落实经费问题，时过境迁之后，他才发现早已债台高筑。母亲蓝月喜面对一堆债务愁眉不展，但她不能责备戴春风，在受到战火威胁的危急时刻，他能站出来保护乡邻，是为人称道的一件好事。让她苦恼的是，"双凤朝阳格"的戴春风为什么步步坎坷，即使做好事也不会有好的结果！

戴春风更是痛苦不堪，他少年时代的好大喜功、轻狂任性，已在多年的磨难中逐渐改变，他实际上已经开始脚踏实地地做事情，却仍然屡屡碰壁。但他不是怨天尤人的性格，在此后一年多的时间里，他蛰伏在家，一面帮助母亲和妻子打理竹山农田，一面时刻关注着时局的变化，准备随时寻找机会"再次出山"。

蒋中正和蒋志清

戴春风的弟弟戴春榜在县城一家店铺当伙计，为了及时掌握时局变化，戴春风让弟弟随时往家中捎报纸，他本人也隔三岔五去县城办事、购物，乘机浏览各种报纸，并向南来北往的旅客打探消息。

1926年春季的一天，戴春风从戴春榜拿回的报纸中，看到了蒋中正的照片，不由得大吃一惊。他做梦也没有想到，报上经常提到的广州政府的蒋中正，竟是他在上海交易所认识的蒋志清！尽管报纸的印刷有些模糊不清，但他断定这个人就是蒋志清。时隔五年，蒋志清的模样几乎没有改变。

"难怪当初就觉得他与众不同，说不定他就是那个独步天下之人。"

戴春风喃喃自语，戴春榜赶紧凑过来问怎么回事，戴春风说：

"在上海认识的一位先生，也是浙江人，如今在广州政府已经成了一位大人物。"

"你何不去投奔他，谋个差事？"

"我记得他，他未必还记得我。"

即便如此，这个消息仍然让戴春风激动不已。蛰居家中一年多时间里，中国政局的瞬息万变，对戴春风来说既目不暇接，又困惑迷惘。

北方的北洋政府，自齐卢之战爆发，奉系张作霖率17万大军入关，虽对江浙战场鞭长莫及，却直接导致第二次直奉战争的爆发。又因直系将领冯玉祥暗通奉系，战场倒戈，回师北京囚禁总统曹锟，与奉张联制直，北京政府瞬间易主，无军事实力的皖系段祺瑞被推出做了临时执政，实权掌控在实力强大的奉系手中。

冯玉祥心有不甘，于1925年末密约奉系将领郭松龄倒奉，致使奉系张作霖联合直系吴佩孚，将冯玉祥逐出北京，败退西北，北京政权再度落入奉、直两系之手。

江浙一带仍在局部经受着战火的荼毒。由于奉系势力已扩张到长江流域，浙江督办孙传芳不宣而战，将奉军及其直鲁军赶往徐州以北，随即成立闽浙苏皖赣五省联军，一时称霸东南。

南方的革命政府则在1925年3月孙中山逝世后，出现了动荡重组的局面。7月1日广州国民政府成立，旋即发生了国府委员、财政部长廖仲恺遇刺，国府常委、外交部长胡汉民出走，国府委员、军事部长许崇智逃往上海的变故。

蒋中正则由黄埔军校校长，升任广州卫戍司令、党军第一军军长，并在1926年春升任军事委员会主席，逐步进入国民党高层领导集团。

尽管戴春风对广州国民政府的情况知之甚少，对蒋中正的任职情况也不甚了了，然而随着时局的发展，广州政府越来越多的信息，使他渐渐从混乱的时局中捋出头绪，意识到广州的革命政府完全不同于北京的军阀政府，已有了南下广州的打算。如今看到蒋志清的照片，心里更是生出一种亲切之感。

戴春风自幼相信命相，对算命师、占卜师的话深信不疑，纵使他至今未见"双凤朝阳格"命相中的大富大贵，也没见"遇雷雨"的上上签兑现；纵使"雷雨"遇到不少，却年近三十仍为"池中物"，但他仍然相信冥冥中一切自有定数。

偶遇蒋志清，就在这个定数之中！

对超自然力量的迷信，是与社会环境分不开的，这在当时比较普遍，只是迷信程度各有不同。人们迷信其昭示的大吉大利、大富大贵，却也不会等着天上掉馅饼，正如戴春风。

几天后戴春风去县城办事，又从朋友那里打听到一些昔日文溪高小同窗的情况：原任小学教师的毛人凤，早已南下广州报考黄埔军校；在衢州师范教书的姜超岳，也已放弃那份不错的工作只身南下；就连在日本留学的周念行也去了广州！想到好友胡宗南早已成为黄埔军校资格最老的学生，戴春风再也坐不住了。

4月中旬，戴春风到县城联系销售毛竹、春笋事宜，准备趁机找朋友借钱筹措盘缠，并打听南下广州路线等。当天办完事已近黄昏，他像往常一样住进了距文溪河码头不远的悦来客栈。

悦来客栈是一幢二层木质结构的楼房，前厅是旅客吃饭喝茶聊天打牌的场所，后厅与二楼是客房。这个供旅客休闲娱乐的前厅，就成为南来北往的客人谈天说地的地方。由于靠近文溪河码头，往来客人大多是走南闯北的乡绅、商贾乃至在军队、政府里做事的人物，无意间就将天南海北的各类新鲜事，在这里进行了翻炒、传播，这也是戴春风每次到县城都下榻此处的原因。

这次，戴春风在这里遇到了一位远道而来的神秘人物。

小客栈遇同窗

戴春风是悦来客栈的常客，与茶房伙计已经很熟。在前厅落座后，伙计便按照惯例给他送来了本省报纸和《申报》。看完报纸，他正准备上楼，恰逢一个身材瘦高的青年走进来。回眸间，忽然觉得此人有些面熟。

只见他身着长衫，手提藤条箱，一副风尘仆仆的模样，一看就是从码头上赶过来的旅客。几乎与此同时，对方也注意到了戴春风。

就在四目相对的一刹那，两人几乎同时喊出了对方的名字：

"徵兰兄！"

"善馀兄！"

善馀，即戴春风在文溪高小的同班同学毛人凤。毛人凤谱名毛善馀，字齐五，江山吴村乡水晶山底人，与戴春风同年考入浙江省立第一中学，毕业后曾在江山县新塘边镇嘉湖小学任教，1925年年底考入黄埔军校潮州分校第一期（相当于黄埔军校第三期）。

说他是远道而来的神秘客人，是因为他来自广东潮州，而在直系军阀统治的这块地盘上，他的身份是不宜公开的。

偶遇毛人凤，让戴春风喜出望外。

"你不是报考黄埔军校了吗？快说说黄埔军校的情况，广州国民政府的情况！对了，你怎么在这个时候回来了？你是不是已经毕业了？"

一进客房，戴春风便迫不及待地提出一连串的问题。毛人凤笑了：

"多年不见，你还是那个急脾气。放心吧，今晚有的是时间，我们慢慢聊。"

"好，你先洗把脸，我去去就来。"

戴春风说完，出去叫了一桌酒菜。待两人洗漱完毕坐到桌前，酒菜也端上来了。两人边吃边聊。

戴春风这才知道，毛人凤考入黄埔军校潮州分校不久，即大病一场，如今基本康复，又传来父亲病故的消息，只好离校肄业，返乡奔丧。

毛人凤将他所知道的广州国民政府的情况，向戴春风做了详细介绍，又介绍了黄埔军校的招生、考试、训练，以及学生军参加二次东征的情况等等，然后说：

"依我看，革命的希望在广州，革命的朝气在黄埔。蒋校长已升任军事委员会主席，听说很快就要举行北伐。"

"你见过蒋校长吗？"

"见过。他也是潮州分校校长，只是平时由何应钦先生代理校长，管理学校事务。"

"蒋校长，还有个名字叫蒋志清吗？"

"这个没听说过。"

"他是不是身材笔挺，相貌英俊，气宇不凡，和蔼中带着一种与生俱来的威严，讲一口宁波话？"

"没错，他也是浙江人。咦，你怎么知道这些，好像你见过他一样？"

"如果他是蒋志清，那我的确见过他。对了，有位戴季陶先生你见过没有？"

"没见过，但听说过，他是黄埔军校政治部主任。"

"这样看来就没错了，看来真的是他们。"

"你是怎么认识他们的？"

"几年前在上海交易所认识的。不过，他们地位那么高，恐怕早把我这个小人物忘了。"

"微兰兄，你也去报考军校吧！"

"我是有这个打算，就是不知道能不能考上。"

"报考军校的，既有留学生，也有小学文化程度的，你是响当当的江山才子，一定能考上。"

毛人凤说完，拿出20块钱交给戴春风：

"这点钱你拿着，你再筹措一些，最好尽快去。"

戴春风正为赴粤盘缠犯愁，见毛人凤如此心细，如此慷慨相助，内心感激不已。可他一向大大咧咧，对至亲挚友很难说出感谢的话，这份雪中送炭的情谊也只好埋藏在心。也正是由于这份深厚的友谊，多年后他对并不得志的毛人凤施以援手，先后将毛人凤的弟弟毛万里和他本人安排到特务处重要位置，从此改变了毛氏兄弟俩一生的命运，也为毛人凤后来成为戴笠的继承人埋下了契机。

第二天两人分手后，戴春风又在县城的朋友、熟人那里，东拼西凑了80元钱。

路费是有了，但是两次从军的失败，加上组织自卫团给家里带来的债务，戴春风已使母亲伤透了心。十年的岁月蹉跎，母亲对戴春风的"双凤朝阳格"和那个"遇雷雨"的上上签，已经不抱希望，她老人家明确告诉戴春风：

"不要再想着什么'雷雨'，什么'绝非池中物'。你是家中长子，高堂在不远游，从今往后就在家踏踏实实过日子吧。"

戴春风是孝子，自幼不敢违背母亲的意愿，这次他将怎么通过母亲这一关呢？

那一夜别妻告友

回到保安后，戴春风没有回家，而是直接来到他的朋友柴鹿鸣家中。

柴鹿鸣比戴春风年长十多岁，是江山县清湖乡路村人，在江山县政府保卫团任班长，管辖十多名团丁，驻扎在仙霞乡，即乡治所在地保安村。他粗识文墨，为人仗义，在戴春风失学从军一事无成、被乡人嘲笑的时候，只有柴鹿鸣站出来为他说话：

"你们莫要小瞧他，他一旦运气好转，早晚会有出人头地的那一天。"

正如古人所说"泛驾之马，跅弛之士"，皆在可驾驭可掌控之中。正因为有其不凡之处，才有"千里之足，多出于泛驾之马"之说。柴鹿鸣对戴春风的看法，一如蓝月喜早前的看法，相信戴春风就是这种难以驾驭的"野马"，一旦被戴上嚼子，就会跑出好成绩。

戴春风善交游，重义气爱面子，花钱大手大脚，因此手头拮据便是常有的事。柴鹿鸣往往会敲打他几句，也会慷慨解囊。遇到困难，戴春风也习惯找柴鹿鸣商量，两人可说是多年的莫逆之交。

戴春风走进柴鹿鸣家门的时候，柴鹿鸣正坐在屋里抽旱烟，看到戴春风进来，吐着烟圈说：

"你老弟无事不登三宝殿，是不是罗锅子上山，又前（钱）短了？"

"比钱短更难办。"

这倒让柴鹿鸣奇怪了：

"你还能有什么其他的事？"

"大哥，要是连你也把我看扁了，我这辈子就真完了。这次是真有正事。"

戴春风将悦来客栈遇同窗、准备投考黄埔军校的打算，大体说了一遍。柴鹿鸣听完一拍大腿说：

"好！这是个好机会，我要是年轻十岁，保准跟你一块去！"

"你也知道，我母亲已经对我死心了，她老人家那一关不好过。"

"这好办，你只管走，蓝老太太是明事理的人，我来和她慢慢说，不会有问题。"

"老兄，要是能瞒过老太太走出去，这事就好办了。问题是，怎么能瞒过她？"

两人经过一番商量，决定由戴春风先做通妻子毛秀丛的工作，然后悄悄将行李拿出来，放在柴鹿鸣家里，上路的时候由柴鹿鸣送出去，这样便可暂时瞒过蓝月喜。

当天晚上，戴春风一直守在母亲身边，很晚才回到自己房里。毛秀丛正在油灯下做针线，以往戴春风往炕上一躺，就会自顾自地睡去，今晚却坐在妻子身边，看着她飞针走线。毛秀丛觉得奇怪，抬头看看戴春风说：

"怎么还不睡？"

戴春风正盘算着怎么开口，因为毛秀丛一直不同意他外出，对她的说服工作并不好做。好在毛秀丛怕他，或者说迁就他。从19岁嫁给他，毛秀丛就像大姐姐一样，对他关心照顾，处处忍让，百依百顺。

"有个事想和你商量。"

"商量"二字更让毛秀丛感到意外，结婚多年，任何事都是戴春风说了算，何曾用得着"商量"！

"今儿日头打哪边出来的？"

"你这叫啥话？真是牵着不走打着倒抽抽。"

毛秀丛不再说话，低下头继续做针线。戴春风又缓和一下语气说：

"我想去广州报考黄埔军校。"

"你又要走？"毛秀丛的语调变了，眼里涌上泪水，接着抽抽搭搭地哭起来。

戴春风最见不得女人掉眼泪，女人一哭他就头大，立刻心烦气躁，尤其怕母亲听到，他强忍怒火压低声音恶狠狠地说：

"实话告诉你，你要是惊动了母亲，或者告诉了母亲，我这辈子跟你没完！"

这一招果然奏效，毛秀丛立刻捂住嘴，止住了哭声。

第二天，戴春风以为毛秀丛会乖乖地为他整理行装，却不料，除了在饭桌上，毛秀丛一整天都在躲着他。他忽然意识到大事不好，赶紧跑回卧房，打开橱柜的抽屉。果然如他所料，100块钱不翼而飞。

戴春风又气又急，恨不能将毛秀丛揪住狠狠一通胖揍，可当着母亲的面，他什么都不敢说，什么都不敢做。好不容易等到晚上母亲睡下，他关好卧房的门，一把揪住毛秀丛，低吼道：

"你乖乖给我把钱拿出来，我今天不和你计较。不然的话，今晚有你没我！"

"你打吧，打死我这辈子就解脱了。"毛秀丛说着，闭上了双眼。

结婚12年来，这个一向温顺柔弱的女人，第一次做出对戴春风反抗的举动。

看到毛秀丛如此绝望的表情，戴春风大为错愕，举起的拳头没有落下，当胸抓住妻子衣服的手，无力地松开了。

扪心自问，他深感对不住妻子。这么多年来，这个家他想回就回，想走就走，随时把一个家和老人、孩子扔给妻子，妻子毫无怨言，默默地支撑着这个家。她没有别的要求，只要求他留在家里，不再为他担惊受怕。可她怎能理解，株守田园终老牖下的生活，对戴春风来说，生不如死。

"这些年我一事无成，对自己都快没信心了。可这次不一样，毛人凤、姜超岳他们都进了黄埔军校，就连在日本留学的周念行都回国南下了，我在家里怎么能待得下去！这是最后的机会了，失去这个机会，我这辈子再也没指望了！"

戴春风颓唐地坐在炕边上，头一回对毛秀丛说出自己掏心窝子的话。

毛秀丛第一次发现丈夫强硬不羁的外表下，原来还有如此的痛楚与脆弱。

"秀丛，结婚这么多年，你应该了解我，我已经30岁（虚岁）了，以后不会再有机会了，你就忍心看着我空有一番抱负，不死不活地过下去吗？"

戴春风的哀求比他的怒吼更有作用，毛秀丛心软了。如果说丈夫的强硬对她是一种压服的话，那么丈夫的脆弱让她感到无比心痛，她宁可苦着自己，也不愿让丈夫受半点委屈。她扯开枕套，拿出那100块钱，递到戴春风手上。

戴春风接过钱，眼望着毛秀丛，泪水滚出了眼眶。

看到丈夫掉眼泪，毛秀丛更是心痛不已。她从橱柜里拿出一只首饰盒，从里面取出一个用刺绣手帕包着的小包，对丈夫说：

"娘家陪嫁的首饰原本不少，这些年都为你变卖了，只剩了这支金簪。常言说穷家富路，你带上吧，在外边不能苦着自己。"

毛秀丛将金簪递给戴春风，又哽咽着说：

"俺不希图什么荣华富贵，只要你平平安安就好，无论怎样都惦记着回来。"

戴春风早已止不住地泪流满面，他仿佛第一次发现，这个女人在他的生命中是何等重要；第一次发现，他这一生其实早已离不开这个女人。他将金簪放在桌上，一把将妻子紧紧搂进怀里。

这一晚，戴春风对妻子极尽温柔。他知道以往要么忙于个人奋斗，要么颓废沉沦，完全忽略了身边这个女人，就连床第之事，也是呼之即来挥之即去。而毛秀丛对他的一切粗鲁、冷漠、忽冷忽热，都默默地承受着。在她接受的教育里，就是床上床下伺候好自己的男人。

　　唯独这一晚，毛秀丛第一次领略了水乳交融的和谐，第一次领略到，做女人原来还有这般快乐。直到第二天早上从床上爬起来，31岁的毛秀丛，还面带一脸的娇羞之色。

　　毛秀丛为丈夫缝制了两套新衣服，赶做了两双新鞋，打点好外出的铺盖和生活用品，让戴春风分几次悄悄送到柴鹿鸣家中。

　　就要启程了，这一晚夫妻相拥而卧，大半夜不曾合眼。两人有说不完的话，道不完的叮咛。鸡叫头遍过后，两人悄悄起床。毛秀丛轻轻打开门，将丈夫送到大门外。

　　街上清凉如水，一弯下弦月静静地悬挂在东方天际。戴春风走到村头，看到了早已等候在那里的柴鹿鸣。

　　柴鹿鸣将戴春风送到村外，再次叮嘱说：

　　"春风老弟，这次你一定要争口气，扛面红旗回来！"

　　"大哥，我记住了！大恩不言谢，小弟就此告辞了。"

　　戴春风接过行李，很快消失在夜幕之中……

第三章
搭上末班车，又成无根浮萍

难兄难弟相助

5月的广州繁花似锦，到处是红红绿绿的革命标语，随处可遇三三两两身着军装的年轻人。更有无数投考军校的青年，一个个热情洋溢，聚集在旅馆、街头与军校门口。戴春风一踏上这片热土，便被一种充满生命活力、洋溢着革命热情与蓬勃生机的气氛所感染。

不巧的是，第五期的考试已经结束，新生刚开始入校。第六期的考试时间尚未确定。

由于手头旅费有限，戴春风不免暗暗着急。他按照毛人凤给的地址去找周念行，得知前三期黄埔军校毕业生，已经被拉到野外接受训练，准备参加北伐战争，连姜超岳也没找到。胡宗南是第一期，更是无处打听他的消息了。

戴春风到广州当天，下榻一家较为舒适的旅社，如今一看不会像想象的那么顺利，第二天便从旅社搬出，住进一家专门接待穷学生的小客栈——宏信学旅。

该客栈设在广州司后街一条经营水鲜海味的小巷里，巷子里终年潮湿腐败，臭味扑鼻。客栈里四壁肮脏，桌、凳、床铺均破旧不堪。客房里空间狭小，两张上下铺的床将屋里塞得满满的，几乎透不过气来。5月的广州天气已经很热，客房里憋闷得令人窒息。

好在价钱便宜，每天只收住宿费两角，加上吃饭不过三四角钱。为了节省费用，一向爱干净的戴春风只好在此将就。尽管如此，他口袋里的钱也撑不了多少时日。

一个多月后，戴春风即将囊中金尽，他几次拿出那支金簪想去卖掉，又几次放回包裹，他实在不舍。每次看到这支金簪，他就会想到妻子那张泪流满面的脸，想到妻子对他的牵挂与希望，想到在这个世界上，除了母亲，还有一个弱女子在牵挂着他。

想到为人子、为人夫、为人父的责任，戴春风再也坐不住了。他收好金簪，放下正在复习的数理化课本，走出小客栈，准备找份零活干。

然而光阴似箭，弹指一挥间，他已不再是那个沪杭打流时放浪形骸的小青年。年届三十的他面容清癯，身材瘦削，又多了一些饱经风霜的沧桑，看上去更像一名儒雅乡绅。他走遍大街小巷，码头上的重活没人找他干，到店铺当伙计没人敢雇他。加上投考军校的青年成千上万，大多是20岁上下的年轻后生，囊中羞涩者大有人在，哪个不想找个活干，打零工的机会便再也光顾不到他了。

没钱交食宿费，客栈老板停止了他的伙食。他只好默默地咬牙挺着，实在挺不住了，就去小摊上花两个铜板买一包荷叶饭或腊味饭充饥。这天他正要外出继续找活干，刚走到客栈门口，就被一身肥肉的老板娘堵住了去路。老板娘双手往腰间一叉，气势汹汹地说：

"戴先生，你已经欠下店里五块毫洋了，今天再不清账，就别想从这里走出去！"

"老板娘，请你再宽限几日，钱我一定会还的。"戴春风只好低声求告。

"你以为这里是济贫院吗？今天交不上钱，就用你的行李抵押了，你立马从这里给我出去！"

老板娘的吵嚷声招来一群住店的年轻人，她的用意就是杀鸡给猴看，以免这些穷学生欠账。

戴春风历来爱面子，在一帮年轻后生面前被老板娘羞辱，一时觉得无地自容。他决定立刻上街把金簪卖掉，于是对老板娘说：

"好吧，你现在让我出去，我一会儿给你还钱。"

"你想溜？没那么便宜！现在就把钱拿来，不然别想站着出去！"老板娘见人越聚越多，爽性把声音提高了八度。

"你不要吵了，不就五块钱吗？我替他付了！"

这时从门口传来一个声音。接着，一个身材瘦小的青年从人群中挤过来，当即拿出五块钱朝老板娘面前的桌上一拍。

戴春风当众受辱，狼狈不堪，他原本是个火爆脾气，这会儿简直给气蒙了，连给那位青年道谢都忘了，竟然一甩袖子气哼哼地走了。

卖掉簪子，戴春风返回客栈，这才想起刚才的失礼，他竟然连男青年的相貌都没有记住，赶紧向同屋的人打听，原来那个青年就住在隔壁。

当晚，戴春风叩响了隔壁的房门，开门的正是那个小个子青年。他热情地将戴春风迎进屋里，自我介绍说：

"我叫徐亮，浙江人。"

一听是老乡，戴春风一肚子的烦恼烟消云散：

"哈哈，真是天涯何处无芳草！我也是浙江人，老家衢州江山县。"

老乡见老乡两眼泪汪汪，虽然没找到周念行、姜超岳，也没有胡宗南的消息，不过总算遇到一个老乡，让戴春风心里有了些踏实的感觉。徐亮又向戴春风介绍了与他同住一室、结识不久的青年王孔安，三人分别自报家门，很快了解了相互情况。

徐亮字为彬，浙江青田人，生于1903年，时年23岁。

王孔安别号敬宣，陕西咸阳人，时年24岁，毕业于武昌师范大学外文系，曾在成都大学任助教。

虽然徐、王两人都比戴春风年轻了五六岁，但三人聊起来却是十分投机，从此一见如故，几乎形影不离。

7月上旬国民革命军誓师北伐后，一路势如破竹，捷报频传。受此影响，前来报考黄埔军校的青年更是激增，军校终于决定于9月初招考第六期第一批学员。

终于就要考试了，三个人兴奋不已。尤其是戴春风，从1915年失学到现在，11年岁月的蹉跎，使他有一种前所未有的紧迫感。对于这唯一一次正确的选择，他寄托了后半生全部的希望。金簪已经卖掉，所得银两也已所剩无多，妻子那张泪流满面的脸时时在他眼前晃动，他必须给出一张满意的答卷，才能对得起母亲、妻子，以及柴鹿鸣大哥……

为了勉励自己，他在填写报名表时，没有用学名"戴徵兰"，而是启用了一个新的名字：戴立。

三十而立，这是戴春风对自己的要求。这一年他刚好虚岁三十，他要从此建功立业，开始新的人生。

考试的日子很快到了，考场设在中山大学，考试分口试、笔试两步进行。

口试题目因人而异，戴春风凭着自己对革命的理解，对答如流，顺利过关。笔试科目有作文、数学、物理、化学等。虽然戴春风做了一些复习，心中仍不免忐忑，毕竟他只念了三个月的中学。

从考场出来，戴春风自我感觉考得不错，一颗悬着的心总算稍稍安定了一点。

张榜那天，三人一起去看榜。当徐、王找到各自的名字欢天喜地又蹦又跳的时候，戴春风的头正在嗡嗡作响。

他将榜上的名字从头到尾看了两遍，也没有发现那两个熟悉的字：戴立。

中榜的考生都在欢呼雀跃，现场一片喧嚣，这一切都已远离了戴春风的世界，猝然降临的打击令他感到一阵天旋地转，席卷了他的全部意识……

改名，再考一次

木然地走回客栈，看看跟在身后的两位朋友，戴春风有些不好意思。他们本该开心快乐的，却因为自己名落孙山，让他们跟着沮丧。事情已经这样，沮丧又有什么用呢？如此大的打击也不是第一次经历，反正天塌不下来。在朋友面前，戴春风历来不愿意丢面子，只好强打精神，对两位朋友说：

"干吗都这么低头耷拉脑袋的？走，今晚大哥做东，为你们俩庆贺。"

这倒让两位小兄弟弄不懂了，满怀希望而来，结果榜上无名，这事搁谁身上一时半会儿都接受不了，哪还有心思给别人庆贺！徐亮提议说：

"徽兰兄，我们还是一起想想办法吧。"

"是啊，徽兰兄，还有那么多刚来的没参加考试……"

王孔安的话说了一半，猛然意识到了什么。几乎与此同时，三个人异口同声喊出了一句话：

"还会有第二批考试！"

原来，黄埔军校实行分批考试，最后再按录取时间分期。由于考生激增，在第六期第一批刚刚考完之后，军校伍生部已决定9月底10月初招考第六期第二批学员。这个消息，戴春风等人是知道的，但由于都把希望寄托在第一批的考试中，根本没在意第二批的考试。

真是山重水复疑无路，柳暗花明又一村，戴春风当时的大喜过望，似乎并不亚于范进中举。但他随即想到落榜的原因，即使再考一次，文化课能过关吗？面对两位诚挚的朋友，他终于抛开面子，说出自己的担忧：

"不瞒二位兄弟，我在文溪高小是有名的江山才子，因此也就自命不凡，心比天高。可事实上，我只读过三个月的中学……"

"这没关系，我们可以帮你补课，凭你的聪明，肯定没问题！"王孔安说。

"从明天开始，我们轮流帮你补课，月底上考场，保你过关！"徐亮也鼓励说。

戴春风一肚子的晦气终于烟消云散，由衷地说：

"常言说在家靠父母，出门靠朋友，遇见你们两个，真是我的福气。"

"大家彼此彼此，以后我们兄弟无论谁有困难，都要互相帮衬。"

听徐亮如是说，戴春风收敛笑容，郑重表示：

"我们兄弟以后无论哪个发达了，都不要忘了提携大家。"

这话，在浙江纵队四兄弟结义时王亚樵说过，在战场送别时胡宗南说过，如今戴春风说出口，连自己也是陡然一惊。四兄弟各奔前程，尤其胡宗南音讯皆无，难免令戴春风心生黯然。好在巧遇徐、王二人，给了他莫大安慰与帮助，甚至可以说，是他们给他带来了绝处逢生的契机。

也正是由于这种患难见真情的友谊，五年后戴春风成立特务处，首先将两位旧友招致麾下，两人也从此成为戴春风一生的亲信。

不过在徐、王面前，戴春风由小弟变成了大哥。经过多年的摔打，戴春风看上去已不乏老成持重，但骨子里那种敢为人先的不羁，那种与生俱来的豪气与霸气，在两位小弟面前，不时会有所流露。两人既尊重他，又愿意与他互为知己。

没了心事，戴春风又恢复了活力，一贯的豪侠本性又显露出来：

"走，去酒馆，为你俩金榜题名，也为我的峰回路转，喝一杯！"

此时戴春风变卖金簪所得银两已将告罄，但他仍是少年时代那副"家无四壁不知贫"的样子，只图一时花钱痛快，完全不去考虑下顿饭饿肚子怎么办，不去考虑万一再次落榜的后果。

接下来，在徐、王二人的轮流辅导下，戴春风开始踏踏实实地复习功课。10月初转眼即到，再次报名时，因担心被考官认出对考试不利，戴春风决定再次改名。他想起《太平御览·风土记》中的几句话：

> 卿虽乘车我戴笠，后日相逢下车揖。
>
> 我虽步行卿乘马，后日相逢卿当下。

言朋友相交不以贵贱相论，不因贵贱而渝，其中"戴笠"者指贫贱之人。

宋代孔平仲也有诗言朋友之交不分贵贱，诗云：

> 万事倏忽如疾风，
>
> 莫以乘车轻戴笠。

回想当初与挚友胡宗南相识，胡是教书先生，戴春风是杭州打流的"浪里白条"，而胡宗南并没有因身份差别看不起他；眼下徐、王二人"金榜题名"，也没有因他落榜而疏远他；还有家乡的柴鹿鸣、高小同窗毛人凤等人，他们都不以戴春风一事无成而小看他……

因而戴春风决定，改"戴立"为"戴笠"。

尽管从字面上看，他本人成了"戴笠之人"，但他的用意就是纪念与这些朋友的友谊；同时警醒自己，交友不可有贵贱之分。

当年戴春风沦落宁波郊外关帝庙，母亲千里迢迢寻子，曾在宁波街头算卦摊上为他算卦，算命先生按五行八字推算，说他命中缺水：

"双凤朝阳格乃大富大贵之命，然五行中金、木、火、土齐备，唯命中缺水，呈偏枯之象。补救方法也很简单，即在名字中加入含水之字便可。"

戴春风原本迷信命相，迷信摇卦、占卜、抽签、看风水之类，如今想来，忽然间为自己多年来的不顺找到了注脚，那就是自己命中缺水，却一直没有改名字！

于是，他给自己的名又加了字：雨农，姓戴名笠字雨农。

改名字后重新报考，这次果然一路顺畅，发榜之日，不仅榜上有名，而且名列前茅。

戴春风庆幸这个名字改对了，认为这个含水的名字的确是他的福星。后来他一步步走向"辉煌"，一直没有忘记"命中缺水"说和这个名字带给他的好运，在近30个化名中，时不时会用到带"水"的字，如"金水""淼""涛""雨""雷云""江汉清"等。然而巧合的是，20年后他乘坐的专机一头撞上岱山，他本人则葬身"困雨沟"，"命中缺水"的戴雨农，最终的归宿也是"水"中。倘若他地下有知，不知对自己所改的这个名字做何感想。

从入校第一天起，戴春风开始使用新名字：戴笠、戴雨农。

军校第六期原计划招收一个团，下辖三营12连。后由于报考人数远远超出预计，增为四营16连，仍不能容纳，最后增为19连，共招收4400人。按录取时间顺序，徐、王二人被编入第六期入伍生团二营七连，戴笠被编入直属团第17连。

穿上苏式黄色咔叽布军服，戴上大壳帽，配上宽皮带，往镜子前一站，看到的那个戴笠，煞是英姿飒爽。而今天的戴笠，已不是11年前的戴春风，不仅没有了当初考中浙一中时的趾高气扬，及此后高中衢师榜眼的狂傲，就连当年那种争强好胜与出风头，在今天看来也有了些幼稚可笑。

看着那些十七八岁、20岁上下的学生娃，一个个兴高采烈、欢蹦乱跳，戴笠在冷静地思考一个严峻的问题：年届三十，自己的优势在哪里？

古人云，"莫言三十是年少，百岁三分已一分"，30年光阴倏忽而过，与这些年轻后生相比，他白白蹉跎了十多年岁月。倘使毕业后与他们一起从见习官做起，从排长到连长，何时才能有出人头地之日？

想好友胡宗南，第　期黄埔生，尽管戴笠此时并不知胡宗南在两次东征及北伐等一系列战争中屡立战功，已升为上校团长，并在不久后的1927年5月升任少将副师长，成为"天子第一门生"，但仍佩服胡宗南独具政治眼光，抓住了最佳时机。

值得庆幸的是，戴笠最终乘上了黄埔军校"末班车"。

遗憾的是，"末班车"与"首班车"相比，失去了太多机会与优势。扛一面红旗回去，谈何容易！

转折，在那天清晨

乘坐"大南洋"轮船抵达黄埔长洲岛，戴笠踏上码头，迎面便看到了悬挂在黄埔军校大门门楣上的校牌——中央军事政治学校。

终于踏进了黄埔校园，带着时不我待的紧迫感，戴笠全身心地投入到紧张的学习和训练中。

此时北伐前方捷报频传，戴笠既心急如焚，又心情沮丧。作为30岁的他，只有战场立功，火线升迁，才有出人头地的机会。但是作为第六期学员，他已与北伐无缘。

常言道，失之东隅，收之桑榆。正当戴笠为错失了诸多机会而焦急的时候，一个人的出现，给他的命运带来了另一种转机，将他一生的军人生涯引向另外一个方向——隐形战场。

尽管这主要取决于他本人的追求与奋斗，且通往成功之路荆棘密布，但那个人的出现，无异于为他打开了另一扇窗户，让他看到了另一片天空和另一条通往成功彼岸的捷径。

这个人就是胡靖安。

胡靖安，字中道，江西靖安人，生于1903年。虽比戴笠年轻六岁，却资格甚老，曾在江西都督李烈钧卫队充马弁四年，由李保荐入广东警卫军讲武堂学习，于1924年考入黄埔军校第二期步科，毕业后加入孙文主义学会，成为该学会骨干分子，时任黄埔军校国民党特别党部候补干事，黄埔同学会办公处主任。

1927年年初，由于前几期学员大都开赴前线，第六期入伍生肩负起了广九沿线的治安，戴笠所在十七连奉命开往东莞，边维持治安边进行军事训练。

有一天连长带着两个人来到营房，向大家介绍说：

"这二位是军校入伍生部监察干部，特地下连队走访，同学们有什么建议和想法，都可以向他们反映。"

这两人一高一矮，高个的叫陈超，矮个的就是胡靖安。胡靖安虽个头矮小，却看上去结实有力，干起工作来也是雷厉风行。与同学们见面后，两人立刻分头找同学谈话。

戴笠自进入军校后，总结屡次碰壁的教训，一改过去的张扬与外露，开始韬光养晦，不露圭角。他平日里缄默寡言，处处谦退，给人留下了朴讷敦厚的印象，甚至有人觉得他像一个没见过世面的乡下人。

暗地里，他却在密切注视着校园内的一切动静。因为入校伊始，他便敏锐地嗅到一场尖锐的政治斗争，正在表面红火的训练背后波涛暗涌。

从国共合作开始，孙中山先生的联俄容共政策，在国民党内部便产生了极大分歧。孙中山先生逝世后，国民党内部更是急剧分化。随着廖仲恺遇刺，胡汉民、许崇智相继出走，蒋介石逐步掌握了国民党党权与军权。1926年6月，蒋介石就任国民革命军总司令，7月，国民革命军誓师北伐。1927年春，随着北伐战争的节节胜利，国共的合作关系也濒临破裂，黄埔学生中亦是壁垒分明。

戴笠表面不动声色，内心却是从个人感情出发，本能地站到了蒋介石一边，尤其听说戴季陶是蒋介石坚定的支持者，对这两人的好感，以及出于同乡的观念，完全左右了他的政治立场。

胡靖安、陈超到来后，由于不知其根底，戴笠一如既往地保持沉默，公开场合绝不发表个人看法。胡靖安找他谈话，开始时他只是恭恭敬敬地听这位学长发表见解，或者提出一些较为敏感的问题，寻求答案。

渐渐地，他听出了其中端倪。

胡靖安与陈超赴粤之前，蒋介石正坐镇南昌，恰是羽檄旁午之时。而雪片般飞来的情报中，不仅有军事战场上的，更有政治战场上的。3月中旬，国民党二届三中全会在汉口召开，蒋介石被免除国民党中央执行委员会常务委员会主席、军事委员会主席、军人部长等职务。在此情况下，蒋介石为控制广东局面，控制他借以起家的大本营，特派胡靖安与陈超返回军校，调查情况，联络忠实于蒋的军校学生，为清党做准备。

这一切情况都使戴笠感到政治斗争的严峻与严酷，也坚定了他站在蒋介石一边的立场。

当胡靖安谈到"校长派我们回来……"时，戴笠蓦然感觉，他离校长其实并不遥远，从上海交易所偶然邂逅之日起，冥冥中似乎早有定数。

而胡靖安看上去不过二十四五岁，却已是第二期老大哥，成为校长身边的人，令戴笠这位年届三十真正的老大哥自愧弗如，崇拜得五体投地。

戴笠开始敞开心扉，在胡靖安面前畅所欲言，将了解的情况毫无保留地告诉胡靖安。然后按照胡的吩咐，留心搜集连队中中共党员的情报，随时上报。

4月15日清晨，各连队入伍生像往常一样，跑步到操场集合。

与往常不同的是，学员们在操场排好队列后，并没有像往常一样开始训练，操场四周有武装士兵在走动。灰蒙蒙的晨雾笼罩着操场上空，犹如沉重的阴霾压在每个人的心头。

山雨欲来风满楼。在死一般的沉寂中，骤然响起连长的声音：

"共产党在东莞成立了军事委员会，密谋暴动。奉校长指示，进行全面'清党'，凡共产党员，请自动出列！"

透过浓雾，连长的声音沉重而冷峻，令每个人如雷贯耳。

在难捱的沉默中，没有一个人站出队列。

"谁是共产党员，在场各位心里都清楚，最好是自己站出来，免得连累大家！"

连长软中带硬的话发挥了作用，平时已经暴露身份的几名共产党员相继走出队列。

"还有，请主动站出来，不要等我点名！"

见大家无动于衷，连长拿出名单，点了十几人的名字。连同原先站出队列的，一共二十几人，被武装士兵带走。

这二十几人的名单，就是戴笠提供给胡靖安的。

连队"清党"之后，戴笠结束蛰伏状态，开始积极参加政治活动，公开发表旗帜鲜明的政治言论。

时值北伐军所向克捷，进展极速，很快将北洋军阀吴佩孚所部消灭殆尽，将统辖东南五省的孙传芳打得落花流水，控制了长江下游各省，转向中原挺进，直逼奉系军阀张作霖及其直鲁联军。为适应平原作战需要，蒋介石命令黄埔军校成立骑兵营，戴笠被选入该营，由上等兵晋升为中士。

这时军校政治部主要领导已在"清党"后调整，改由拥蒋的国民党人士担任，黄埔一期毕业、赴苏留学归来的邓文仪为政治部主任，胡靖安任入伍生部政治部主任，各级党部也重新改组，戴笠当选骑兵营党部执行委员。

不久，骑兵营奉命开往苏州驻防。一路北上中，戴笠已然是"春风得意马蹄疾"。

他是有理由对前途充满希望的，营党部执行委员虽不是什么重要官职，但他毕竟迈出了第一步；他本人又极受营长沈振亚赏识与器重；而骑兵营亦是国民革命军中一支独一无二的队伍，必然会深受总司令蒋介石的偏爱；他作为营党部执行委员，又与蒋有着上海交易所的渊源，加之胡靖安已赴南京，任军事委员会委员长侍从室副官，自然也会替他美言……

天时地利与人和这种种的因素凑到一起，倘若在战场上再小露身手，那结果岂不是：好风凭借力，送我上青云！

部队驻扎苏州后，戴笠沉浸在美好的遐想中，企盼着早日开赴前线。不料就在这时，营长沈振亚告诉大家一个意外的消息：

"校长下野了。"

当时戴笠正在营部，营长的声音并不高，在他听来却犹如五雷轰顶。

"为什么会这样？"

愣怔半晌之后，戴笠瞪着血红的眼睛反问营长。在他看来，蒋介石已经成功清党，并已在南京建立政府，北洋军阀已是强弩之末，蒋氏已坐稳江山，怎么会突然下野？

"8月13日，校长在上海通电下野。"

营长又重复说。这对刚刚见到一线曙光的戴笠来说，无异于晴天霹雳。由此带来的打击，较之他本人任何一次铩羽而归，更为蚀骨锥心。

他颓然地跌坐在椅子上……

雪窦寺，校长可识戴徵兰

当时，像戴笠这一级的黄埔军校学生，包括第三期毕业的营长沈振亚，并不了解国民党高层的复杂内幕。

蒋介石在南京建立政权后，即形成宁汉对立的局面。汪精卫为达到倒蒋目的，既同意与宁方合作，又不放弃承认武汉为国民党中央与国民政府的"正统"地位。

为此，一方面兵分三路东征讨蒋，一方面与桂系暗通款曲，以达内外夹击逼蒋下野之目的。

在宁方，桂系李宗仁、白崇禧，与蒋介石的嫡系将领第一军军长何应钦达成一致，双方为各自目的，在军事上拒绝出兵抵制汉方进攻，形成逼宫之势。

蒋介石腹背受敌，被迫下野。

在饱尝国民党派系纷争之苦后，下野，不失为避开各派锋芒以退为进的权宜之计。

事实也正是如此，没有了共同的敌人，宁、汉、沪三派，即南京的李宗仁、武汉的汪精卫、上海的西山会议派，由同一战壕的战友旋即反目，互相倾轧，开始了重新洗牌。

尽管宁汉合流已经拉开序幕，但无可否认的是，桂系李宗仁绝不会让汉方汪精卫坐上第一把交椅；胡汉民、吴稚晖也以反共"先进"身份，借口武汉"清共"无诚意，反对汪精卫以"正统"自居；上海的西山会议派更是以反共"先进之先进"的资格，要求重新在国民党中央占有重要席位……

蒋介石下野后，北伐战争陷入停顿状态，孙传芳组织残部，联手直鲁联军张宗昌，伺机反扑。奉系张作霖已于当年6月在北京建立安国军政府，自封陆海军大元帅，加紧了对冯玉祥部，乃至阎锡山部的进攻。

黄埔学生一片呼声，吁请蒋校长复职，继续北伐。戴笠自然是其中最积极者之一。然而人微言轻，这呼声是否有作用也未可知。

正在苦无良策中，营长沈振亚交给戴笠一项重要任务：

"校长下野后已回奉化溪口，你挑选几人同行，速去溪口，向校长请命！"

沈振亚的话，令戴笠豁然开朗，急问：

"什么时候启程？"

"越快越好。你知道骑兵营在校长心中的位置，此行代表着骑兵营300人的心愿，见不到校长不能回来！"

"好！保证完成任务！"

戴笠深知此行的重要性，不仅代表骑兵营300名官兵当面恳请校长复职，更代表全体官兵向校长陈情，国民革命军中这唯一的骑兵部队，已面临弹尽粮绝的境地。

自蒋介石下野后，骑兵营便成了没娘的孩子，经费补给无处落实。与黄埔军校校总部联系，得到的答复是骑兵营已经离校，所需经费不在军校计划之中。与总司令部联系，更是无处接洽。眼看全营官兵就要断炊，沈振亚急得像热锅上的蚂蚁，特地挑选他认为骑兵营学生中能力最强、口才最好的戴笠，前往溪口晋见蒋介石。

与戴笠同行的，有骑兵营的刘艺舟与赖云章。

蒋介石的老家奉化县（今奉化市）溪口镇，位于宁波西南39公里处。当戴笠三人赶到溪口蒋氏老宅丰镐房时，蒋介石已去了附近的雪窦寺。

雪窦寺是浙东第一名刹，位于雪窦山山顶平地。雪窦山是四明山脉在奉化七十峰中最负盛名的一座山峰，因高于诸峰正中的乳峰，下面有一石窦，喷薄而出的泉水色白如雪，故称乳窦或雪窦，此山、此寺之名，盖源于此。

蒋介石母亲王氏与发妻毛氏均是虔诚的佛教徒，他本人也是礼佛甚恭，每次返乡游雪窦，都要去寺中与太虚法师长谈。此次下野后，更准备在那里休憩一些时日。

戴笠原本担心，他们几人皆为黄埔军校普通学生，万一校长不接见怎么办？但见到校长同父异母的兄长蒋介卿后，心里一块石头落了地。蒋介卿不仅热情地安排他们在丰镐房住宿，而且答应派人带他们去雪窦寺晋见。

第二天一早，蒋介石的一名卫士便带领戴笠三人，赶往11公里外的雪窦寺。

这是自上海交易所相识后，戴笠第一次面见蒋介石。卫士通报后，戴笠三人穿过大雄宝殿，走进一间方丈室。三人向蒋介石行过军礼后，恭恭敬敬站在一旁。

蒋介石身着便装，端坐在香案的一侧，正在翻阅手中文件。时隔五年，看上去几乎没有什么变化，只是略显清瘦与憔悴，但英武凛然之气依旧，器宇轩昂如初。那种不怒自威、不彰自刚的神情，令戴笠一目了然：校长绝不会因下野而消沉。

当蒋介石放下手中文件，将目光移向三名黄埔学生的时候，戴笠双手捧着沈营长及全营学员给蒋介石的陈情信，毕恭毕敬地递到蒋介石面前，然后"啪"的一个立正，向蒋介石举手行礼，朗声说道：

"报告校长，骑兵营全体官兵恳请校长收回成命，尽快复职，带领我们继续北伐！"

蒋介石看着戴笠，微笑着点点头。

戴笠心中一阵激动，但他无法判断，蒋介石是否能认出站在他面前的，就是上海交易所的戴徵兰。

蒋介石仔细地看完陈情信，然后问：

"现在骑兵营情况怎么样？"

戴笠如实汇报了骑兵营的困境，表示了对骑兵营前景的担忧。蒋介石听后说：

"回去转告沈营长，困难是暂时的，一切很快会好起来。"

蒋介石的话给三人吃了定心丸，大家都相信蒋介石很快就会复出。三人兴致勃勃地离开雪窦寺，返回苏州。

向沈营长汇报晋见校长的情况后，沈营长同样深受鼓舞。尽管他们皆不知校长下野内幕，不知宁汉对峙以及桂系李、白联手何应钦与汉方呼应逼宫内情，仍一致认为，校长复出指日可待。无奈远水不解近渴，兴奋过后，沈营长还是免不了发愁：

"眼下难关怎么渡过？营里已经揭不开锅了。"

为了营里不至于断炊，沈营长已让妻子变卖了全部首饰，但对300人来说，那点钱无异于杯水车薪。

"不如让大家暂且自谋生路，待校长复出后，立即归队。"戴笠提议说。

"话虽如此，只是此事责任重大……"

沈营长最终不敢下令遣散学员，只是无以糊口，学员们不得不自谋生路，纷纷离开了骑兵营。

戴笠本不愿在部队如此困难的情况下离去，尤其觉得对不住沈振亚的信任，但留下来也是于事无补，白白增加一张嘴。正在左右为难之际，忽而接到家中来信，说他的族侄女戴学南因涉嫌加入共产党，在杭州被捕，随时有生命危险，让他赶快想办法营救。

戴笠立即向沈营长请假，遄赴杭州。

然而连他本人也没有想到，此一别，他便再也没有返回骑兵营。

当年11月黄埔军校迁往南京，更名为"中央陆军军官学校"，暂时离队的骑兵营学员全部返校，继续完成学业，唯独戴笠未归。

直到第六期学员举行毕业典礼，仍未见戴笠身影。

戴笠去了哪里？对他来说，还有什么事情比完成军校学业更为重要？

老同学出手救援

戴笠知道，族侄女因"共产党嫌疑"被抓，要营救她只能到浙江省党部清党委员会找关系。可是省党部那个级别对戴笠来说，实在是架起云梯也够不着的高层机构。作为黄埔军校未毕业的学生，戴笠充其量只能算个大头兵，到哪里去找这么高层的关系呢？

涉嫌加入共产党，是个很严重的"罪名"，随时会有生命危险。戴笠心急如焚，一到杭州就在同乡中打听，有没有在省党部认识的人。事情还真有凑巧，浙江省党部不仅有江山籍老乡，而且不用任何人介绍戴笠便可直接登门求助，他就是戴笠的同窗好友姜绍谟。

自从在张冠夫的婚礼上与姜绍谟邂逅，转眼七年过去了，有关姜绍谟的消息戴笠知之甚少。姜绍谟从北京大学预科到升入北大政法系直至毕业，一共要读六年，这是戴笠早就知道的。至于姜绍谟北大毕业后去了哪里，戴笠报考黄埔军校前没有听说，进入军校后就更无从知晓了。

姜绍谟没有南下广州，这一点是可以肯定的，为此戴笠还曾为姜绍谟感到遗憾，如今一打听才知道，姜绍谟在北京时就已加入国民党，毕业后回到浙江，如今已经是浙江省党部委员、省防军政治部主任、省党部清党委员会委员。可以说，姜绍谟已是名副其实的成功人士，是浙江青年中独一无二的领军人物，可谓前途无量！

令戴笠如释重负的是，姜绍谟正好在"清党"委员会负责情报和审查工作，看来族侄女有救了！

但转念一想，若族侄女真的加入了共产党，姜绍谟能为他网开一面吗？这毕竟是个原则问题。再说，如今两人地位悬殊，姜绍谟是否顾念旧情也未可知。怀着忐忑的心情赶到省党部，找到姜绍谟之后，戴笠却被眼前这位衣冠楚楚的青年干部惊呆了——

　　姜绍谟身着中山装，身姿挺拔，温文儒雅，俊朗帅气逼人，哪里还有当年那个胖乎乎的腼腆少年的影子！

　　姜绍谟正与两位同事谈论着什么，偶然回头，看到了站在门口的戴笠，惊喜地大叫起来：

　　"徵兰兄！"

　　他随即迎过来，紧紧握住戴笠的双手。

　　戴笠激动万分，面对这位年轻的省党部高级官员，当年一起畅游仙霞岭形影不离的岁月恍如隔世。亲不亲故乡人，尽管两人地位已是云泥之别，不变的乡情与同窗友谊让姜绍谟同样"不以乘车轻戴笠"。

　　"次烈兄，你的变化太大了，要是在街上碰到，我真不敢认你了！"戴笠无限感慨。

　　"你的变化也不小，看上去虎虎生风。"

　　姜绍谟当即与同事打个招呼，与戴笠一起来到附近茶楼，两人边饮茶边聊天，小半天时间倏忽而逝。当戴笠准备告辞返回临时住宿的黄埔同学会时，姜绍谟说什么也不同意，非要戴笠住到他的家里不可。

　　"反正骑兵营也散了，你在这里先住些日子，然后看看安排个什么事做。"

　　盛情难却，戴笠便暂时在姜绍谟家住了下来。三天后，族侄女的事情有了消息。姜绍谟经调查认定，这个北师大毕业的女生只是一时"糊涂"，并非真正的"共党分子"，于是亲自下令释放戴学南，并购买船票将她送回江山老家。

　　姜绍谟又征求戴笠的意见，是否愿意在他管辖的部门任职。戴笠考虑再三，他的确需要一份差事，聊以糊口，只是他不愿轻易依附朋友。他认为只有自己闯出一条路子，才有资格与朋友平起平坐。他心中已有一个打算，那就是追随胡靖安。

　　早在骑兵营开赴苏州之初，胡靖安因与代理校务的方鼎英不和，便已返回南京总司令部，任侍从室副官。戴笠知道胡靖安的工作离不开情报，必然需要擅长情报工作的助手，在广东他与胡靖安相处不错，也颇得胡靖安赏识，投靠胡靖安是一个不错的选择。只是溪口之行未见胡靖安，也打听不到他的消息，心里十分担忧和牵挂。

　　有天晚上吃饭，姜绍谟告诉他：

　　"听说蒋先生已离开奉化，经杭州到上海去了。"

　　"什么时候？"戴笠急问。

　　"就在今天。"

　　正是说者无意，听者有心，戴笠当即决定：

　　"我明天去上海。"

　　尽管胡靖安没有去溪口，但作为擅长情报工作的侍从室副官，戴笠断定他不会离蒋介石太远，说不定就在上海。第二天一早，戴笠即动身赶往上海。

　　在上海拉都路二十号蒋介石下榻的公馆外，戴笠连续蹲守三天，眼见校长的汽车进进出出，却没有发现胡靖安的身影。他自知无资格晋见校长，而又无其他线索寻找胡靖安，只好继续在此蹲守。

第四天晚上，随着蒋介石的汽车驶进公馆，四周归于宁静，戴笠也愈发疑虑重重：难不成胡靖安真的不在校长身边？这样一想，心中不由得茫然懊恼起来。

他垂头丧气地向回走，在灯光昏暗的弄堂中，差点儿与一个人撞个满怀，就在猝然一惊间，一个足以令他振聋发聩的声音当头响起：

"戴雨农！"

这个声音太熟悉了！戴笠登时喜出望外，一肚子的忧急沮丧瞬间烟消云散……

甘当义务情报员

来人正是胡靖安。

在此处邂逅戴笠，胡靖安也是一脸的讶异：

"戴雨农，你怎么会在这里？"

"主任，我是来找你的。"

"找我？"胡靖安愣了一下，接着笑起来，"刚还提到你呢，只是没人知道你的下落，没想到，说曹操曹操就到了！"

"主任有何事，尽管吩咐。"

"校长明天东渡日本，要我留下来组织一个情报联络组。"

"情报联络组？"

戴笠激动得眼珠子都瞪圆了，心里更是庆幸不已，幸亏自己在这个时候赶来了。但是胡靖安说：

"我知道你有做情报工作的特长，是联络组的最合适人选，只是……"

胡靖安斟酌着，因为蒋介石尚未复职，联络组实际是一个"黑"单位，除了他本人有地方领取薪水外，其他成员以及活动经费，都要各自负担。他既欣赏戴笠的才干，又担心戴笠生活无着，不愿接受这份工作。

听胡靖安说明情况后，戴笠当即表示：

"为校长效力，有无报酬无关紧要，生活的问题我自己想办法解决，这一点主任尽管放心。"

胡靖安听了非常高兴，当即递给戴笠一张名片，让他明天上午按照名片上的地址到联络组报到。

可是戴笠说过大话之后，面临的困难却无法解决。由于手头拮据，食宿无着，他到上海后，仍然硬着头皮住到张冠夫家里。张冠夫自然没有二话，只是表妹王秋莲，对他的态度比上次更差。这也难怪，王秋莲原本因为他"不务正业"而拒婚，上次流落上海已证实王秋莲没看错他；如今好不容易考上军校有了点起色，不料再次回落到原点，这让王秋莲对他更加蔑视，与他似有不共戴天之仇，轻则冷嘲热讽，重则直接把难听的话说到他脸上。

当然，这里面还有一个更为重要的原因：钱！

张冠夫在商务印书馆做会计，是普通的小职员，收入有限。王秋莲精打细算，日子总算还过得去。可她这位表哥一而再再而三地来蹭饭打地铺，让她觉得无端地增加了一份负担，她本人又狷急任性，自然冷言冷语不断。

这不，戴笠一进门，就听到她又在数落：

"别人考上黄埔，哪个出来不是呼风唤雨，最差也能混个连排长当当。他倒好，还是打流混日子，这样的人，你接济他，啥时是个头？"

"连排长！"这话让戴笠恨得牙根疼：燕雀安知鸿鹄之志哉！若在姜绍谟手下任职，又岂是连排长能望其项背的？他虽屡遭失败，又何曾看得上连排长？惟眼下，马瘦毛长，人穷志短，只得厚着脸皮住在这里，任凭表妹挖苦奚落。

他闷声不响地走进屋，在地板上拉开铺盖，倒头便睡。心里暗暗盘算着，明天到胡靖安那里领了任务，然后就离开这里。他原本也是打算住三五天，工作的事有了着落就离开。即使下一步没有地方住宿，也不会再打扰表妹。

第二天，戴笠按照胡靖安名片上的地址，来到拉都路二十号胡靖安主持情报工作的住所。当时胡靖安已联系了多名黄埔学生，其中有蔡劲军、成希超、许宗武、王兆槐、东方白等人，后来第六期的乔家才也加入其中。

戴笠在黄埔军校期间交友极为慎重，往来较多的同学除徐亮、王孔安外，就是乔家才。戴笠当选营党部执行委员后，需经常到黄埔特刊党部去接洽党务，由此结识了担任特刊党部常务委员的乔家才。乔家才是山西人，后来戴笠出任复兴社特务处处长，乔家才被派往山西，出任山西情报站站长。其他在军校期间有往来的，还有河南的刘艺舟、湖南的劳建白、广西的何我芳、江苏的东方白等。

联络组成员的任务是利用亲戚、朋友、同学等关系，搜集共产党与一切反蒋势力的情报，交到胡靖安手中，由胡靖安整理后寄给蒋介石。

戴笠多年打流，都是在沪杭一带活动。考虑在杭州同学同乡比较多，又有姜绍谟那样身处高层的好友，因此他决定先去杭州，由姜绍谟给介绍一些朋友，他觉得来自高层的信息应该更有价值。

返回张家后，戴笠将张冠夫叫到一边，向他说明情况。

张冠夫对戴笠的看法与王秋莲相反，他一向认为戴笠非等闲之辈，佩服他敢闯敢干、敢于冒险犯难，相信他"一朝遇雷雨，绝非池中物"。在张冠夫看来，凭着戴笠的善交游，头脑灵活，办事执着，一定能干好这份情报工作。又是给蒋介石搜集情报，说不定这就是那个"遇雷雨"的好机会，因此极力支持戴笠的选择。

有无报酬不要去计较，这也是张冠夫的观点。只是张冠夫囊中羞涩，倾其所有，也仅能凑出几块钱，悉数交给戴笠权作川资。

随后，戴笠跑到楼上，向他的另一位好友——文溪高小同学王蒲臣告辞。

戴笠与王蒲臣并非同窗，王蒲臣比戴笠小五岁，两人在文溪高小交叉时间仅一年，这样一头一尾两个年级的同学，犹如两条永不交叉的平行线，照常规连相识都无可能，偏偏戴笠爱管闲事，这一管就管出了个莫逆之交。

王蒲臣是江山县城关人，出生于1902年，进入文溪高小后，由于在新生中年龄最小，常常被人欺负。有天被一个叫姜润才的同学当马骑，在地上边爬边哭，恰巧被戴笠看到。戴笠一个箭步冲上去，一把将姜润才从王蒲臣背上揪下来，痛加斥责。当时戴笠是毕业班的优等生和班长，在全校同学中有一定影响。从此有戴笠保护，再也没人敢欺负王蒲臣，两人也成为好朋友。

为此，王蒲臣的姐姐王蕉梅与戴笠的妻子毛秀丛拜了干姐妹，两人的友谊变成了两个家庭的友谊，后来王蕉梅嫁给了戴笠的同窗好友，两个家庭的往来更加密切。

巧合的是，王蕉梅随夫移居上海后，与张冠夫同住一幢楼，王蕉梅住楼上，张冠夫住楼下。戴笠每次到张冠夫家，王蕉梅都会在经济上给予接济。戴笠发迹后时时不忘报答救济之恩，直到退居重庆，仍由回沪人员给王蕉梅带送礼物。

时逢王蒲臣来上海找工作，就住在楼上姐姐家；戴笠在楼下张冠夫家打地铺的这几天，王蒲臣正在楼上姐姐家打地铺。

见到王蒲臣，戴笠告知了自己的情况，王蒲臣当即拿出20块银元交给戴笠。

与王蒲臣告别后，戴笠遄赴杭州，仍然住在姜绍谟家。次日上午，戴笠骑着姜绍谟提供的脚踏车，赶往位于昭庆寺的黄埔同学会，会见朋友，搜集信息。刚踏进寺院大门，忽然传来一个久违了的声音：

"徵兰兄！"

戴笠转身一看，一个个头矮小却精干威武的年轻军官，正笑吟吟地向他走来。

定睛一看，这不是他的结拜兄弟胡宗南吗？可是，他明明佩戴着少将军衔！

难不成，短短三年时间，寿山兄已晋升少将？

而他戴徵兰，还仅仅是个未毕业的黄埔学生，陆军中士！

浙省青年两精英

来人正是胡宗南。

正所谓山不转水转，在黄埔军校寻不到胡宗南，想不到在这里意外邂逅，戴笠一时乐得嘴巴都扯到了耳朵根，连声问：

"寿山兄，你怎么会在这里？快说说，你都参加了什么战役，什么时候晋升的少将？"

"徵兰兄，你还是这个急脾气。跟你说吧，我这个少将差点就胎死腹中。"

这句话让戴笠吃了一惊，他还以为是胡宗南的少将军衔胎死腹中呢，原来是胡宗南在黄埔军校的复试中差一点被拒之门外。

两人借用黄埔同学会的一间办公室，一边喝茶，一边叙起了别后各自的经历。

湖州一别，胡宗南赶往广州，在黄埔军校复试前参加体检时，由于他身高不到1.60米，被负责体检的考官刷了下来。

这太让他出乎意料了，倘若就此罢休，这个未来"天子第一门生"真的就胎死腹中了。如此满怀希望而来，岂有不进复试考场就给打回去的道理！胡宗南据理力争，当即与考官发生激烈争辩。恰在此时，军校党代表廖仲恺由此经过，听到胡宗南说话慷慨激昂，极富革命热情，又知其通文墨，有文化，便写了一张字条交给考官：

"国民革命，急需大批人才。只要成绩好，身体健康，个子矮一点是不应该不录取的。"

这张字条，让胡宗南的命运须臾之间峰回路转。虚惊一场之后，胡宗南参加了文化课复试，顺利考入黄埔军校第一期。

胡宗南虽个头矮小，却作战勇猛，不畏生死，在以后的东征、北伐中，屡次战场立功，火线升职。如今，胡宗南已是蒋介石的嫡系部队第一军第一师少将副师长代理师长职，驻扎杭州，并刚刚以代师长身份参加了龙潭大战。

听了胡宗南的经历，戴笠佩服得五体投地，更是感慨万千，连连笑称：

"寿山兄，我如今改名戴笠，字雨农，没想到真成了'戴笠之人'。我的朋友一个个都高升了，成了'乘车之人'。在浙江同乡中，最出人头地的，除了寿山兄，还有我在文溪高小的同窗好友次烈兄。"

"古人云：莫以乘车轻戴笠。戴笠者，必大器晚成，后来居上。"

"好，寿山兄，借你的吉言！"

说罢，两人哈哈大笑。

有胡宗南、姜绍谟这样来自军政界高层的朋友，戴笠相信，他这个情报员的工作，必会很快打开局面。对胡宗南如此这般一说，胡宗南连连叹息：

"哎，还想请你去我那里当个副官呢，看来没希望了。"

"你和次烈兄都想给我个饭碗，我心领了，还是先帮我把这个没报酬的工作做好吧。"

"那还用说。校长很快就会复职，这一点毋庸置疑。给校长做情报，说不定就是一个好机会。目前各派系争斗激烈，形势复杂，情报工作至关重要，雨农兄的工作，于公于私，我都义不容辞，定当全力支持。"

对眼下时局，胡宗南自然比戴笠掌握的情报更多。

当时抵制孙传芳反扑的龙潭大战结束之后，以桂系为首的南京政府却无意北进，只是一味地扩军，以备武力征讨武汉，打开南京与广西老巢的通道。武汉方面即使在刚刚结束的与北洋军阀的作战中，也并未用心，而是一门心思经营自己的地盘，扩充实力，随时准备与南京方面抗衡。

尽管宁、汉、沪三方终于合流，三个国民党中央于9月中旬组成国民党中央特别委员会，宁、汉两地国民政府也已合二为一，但由于特委会与南京政府被桂系与西山会议派把持，汪精卫被剥夺了"合法"领袖地位，不肯善罢甘休。而控制了南京政府的桂系，急于打通宁、桂通道，对两湖地盘虎视眈眈，巴不得立即发起进攻。于是，新的战争迅速在宁、汉之间酝酿与展开。

"如此混杂且瞬息万变的局势，对远在日本的校长来说，情报的准确性与及时性，直接关系到对时局的掌控，也关系到我们黄埔学生的命运。"

胡宗南这一番话，令戴笠大开眼界，大有"共君一席话，胜读十年书"之感，更感到自己肩负的使命远非有无报酬那么简单，但情报工作尚未打开局面，不由得有些着急：

"这个情报工作怎么做，我现在还没摸出门路。"

"会有办法的，介绍我见见次烈兄，我们一起商量一下。"

"对呀！我倒忘了，你们两人一文一武，堪称浙籍青年的楷模，若强强联手，必将事半功倍。"

胡宗南来黄埔同学会，就是为了联系同乡、同学，坚定地站在蒋介石一边，为蒋介石复出做准备，联络姜绍谟这样的省内高官是非常有必要的。

在浙江省党部，两位浙江青年中的佼佼者见面了，经戴笠一番介绍，两人都有相见恨晚之感。随后，三人到附近一家茶馆，边饮茶吃点心，边畅谈时局，并为戴笠的情报工作支招。

为了帮戴笠解决生活问题，胡宗南决定介绍他去南京黄埔同学会毕业生调查处工作。这项工作工作量不大，每月有十几元报酬，不仅可以解决基本生活费，同时也有了广泛联系黄埔同学的机会，便于他搜集各方面情报，对其情报工作大有裨益。

胡宗南强调说：

"南京毕竟是国民政府所在地，信息比较集中，尤其眼下桂系控制大局，相关情报更为重要。去南京，宜早不宜迟。"

戴笠不得不承认，胡宗南的政治嗅觉远比他敏锐得多。

"浙江这边军政界情报，我和次烈兄会及时传递给你，你就放心去吧。"

"好！两次杭州真是来对了！"戴笠不无感慨与庆幸。

第二天一早，戴笠便登上了北去南京的列车，下车后直接赶往黄埔同学会报到，从此一边工作一边广泛结交黄埔同学，搜集各方面情报。晚上，便将搜集到的情报，以及胡宗南、姜绍谟、张冠夫等人发自浙江和上海方面的情报，进行整理，抄写清楚，寄到上海胡靖安处，由胡靖安筛选后寄发给蒋介石。

由于结识的人越来越多，搜集的情报及有价值的情报也越来越多，戴笠的情报工作渐入佳境。但就在这个时候，胡靖安的一封来信打乱了他的计划。

"速回沪……"

看着胡靖安的寥寥数语，戴笠一头雾水，有什么事这么急，要打断他刚刚打开局面的工作？

元老与晚生

胡靖安并无特别紧要之事，而是他要离开上海返回家乡一段时间，联络组的工作需要有人负责。

尽管联络组成立时间不长，但戴笠在情报工作方面所表现出的天赋和他对情报工作的热衷与执着，以及所做出的成绩，都是其他人无可企及的。尤其他不计报酬的态度，深得胡靖安佩服。也正因为没有报酬，已有多人先后离开联络组。

胡靖安要找人代理组长职务，自然就想到了他最信任的戴笠。他对戴笠说：

"校长复职以后，联络组肯定要扩大，我会为你申请一个不错的职务。"

胡靖安言外，自然有提拔戴笠之意。戴笠何尝不明白胡靖安的意思，即使不被提拔，他也愿意做这个代理组长。

胡靖安又把组里仅剩的几名成员蔡劲军、许宗武、乔家才等人找来，向他们交代任务，答应以后为他们每人在总司令部申请一个正式职位，并在离去前给他们留下一笔生活费。

随后，戴笠辞去南京黄埔同学会的工作，与几名联络组成员一起，搬进拉都路二十号情报联络组住所。

戴笠知道，要想取得重要情报，首先需要与高层打成一片。他流落沪杭多年，对上海的熟悉程度并不亚于杭州，可以说每一条弄堂几乎都能叫出名字，唯独不知上海的庙堂大门朝哪开。按常规出牌是无法在上海打开局面的，只有剑走偏锋，他决定单枪匹马闯庙堂，直接去龙华拜见上海警备司令、上海清党委员会主任委员杨虎。

杨虎，字啸天，安徽宁国人，生于1889年，早年加入同盟会，先后追随陈其美、黄兴、孙中山、蒋介石，曾官拜护法军政府参军、非常大总统府参军、大元帅府参军，是国民党元老级人物。

杨虎与上海渊源甚深，早在同盟会时期便经常往来于租界，辛亥年曾追随陈其美攻打高昌庙江南制造局；后曾出任苏军总司令、海军陆战队司令兼代海军总司令，在护国战争中发起肇和兵舰之役，率部起义，干得惊天动地，其大名在上海滩无人不晓。而"四一二政变""清党"之役，杨虎、陈群等人借助帮会势力，捣毁了共产党领导的上海总工会，将3000工人纠察队全部缴械。由此可见，杨虎与帮会，亦是渊源甚深。

而杨虎，也是蒋介石义结金兰的把兄弟。

对杨虎这个元老级人物来说，戴笠这个黄埔军校第六期的学员，实在是晚辈中的晚辈。当卫兵进去通报后，他站在门外的台阶上足足等了有20分钟。无论怎样，他相信杨虎不能不见，因为他打出的第一张"王牌"足够分量：校长的学生！

果然，卫兵让他进去。

戴笠有礼有节，不卑不亢，郑重其事地对这位元老说明来意。杨虎听后放声大笑。

戴笠自然知道杨虎所笑为何。且不说自己辈分如何低，就目前身份，他不过是一个除胡靖安之外，没有任何人认可的义务情报员。但他相信，他的第二张王牌也足够分量，那就是：为校长搜集情报！

他相信，蒋介石这个交换过金兰帖的把兄弟，毫无疑问会为蒋介石的复出尽力。

他也了解过杨虎，自幼读书不多，不失为勇冠三军的赳赳武夫，为人坦荡豪爽，虽居上海警备司令高位，仍不改江湖犷悍之风。

他不动声色，依旧面容严峻，双目炯炯，执着地盯着杨虎等待答案。杨虎终于收敛笑容，走到戴笠身边，一巴掌拍在他的肩上：

"好，戴雨农，我为你开这个先例，这个忙我会一帮到底的。不过，在上海滩做情报，有一个人你不能不拜。"

"谁？"

"杜月笙！"

戴笠一下子愣住了。

"怎么，大名鼎鼎的青帮大亨杜月笙杜先生，你不会没听说过吧？"

戴笠一时不知该怎么回答。

他自然想到过拜访杜月笙，也知道杜月笙会有求必应，但杜月笙当年的话犹言在耳：

"辛亥年以前，上海滩的青帮以'大'字辈当家。这些'大'字辈的老头子，都是身份地位极高的。……但自从'大'字辈以下，则是泥沙俱下了。帮会在上海滩势力的确很大，可在这个洋人的地界里，又怎能不涉及烟、赌、娼呢？一涉及这些，必然就和'黑'字沾了边……"

连青帮起家的杜月笙都对这个"黑"字讳莫如深，极力在"四一二政变""清党"之役中卖力，以期将"黑"洗"白"，戴笠又怎能主动向帮会靠拢呢？

"杜月笙，他是我的结拜兄弟。"

杨虎的话，再次令戴笠大吃一惊。

说话间，一位文雅书生模样的中年人走进来，杨虎指着中年人对戴笠说：

"这位是我的搭档，陈群陈先生，大号陈人鹤，我们都是杜先生的结拜兄弟，也是杜先生介绍我们加入青帮的。"

这番话令戴笠更为震惊，堂堂的国民党要员，与帮会有来往也就罢了，为什么要加入青帮呢？杨虎却颇为得意，接着说：

"要知道，杜先生他本人才是青帮'悟'字辈，却介绍我和陈先生拜了威望极高的'大'字辈张仁奎老太爷，成了'通'字辈，说起来比杜先生还高一辈呢。"

见戴笠一脸惊愕的表情，细心的陈群笑着对戴笠说：

"革命，不以先后论资格，不以出身论贵贱。帮会是时代的产物，帮会中不乏仁人志士。我们加入帮会，就是为了团结帮会中的进步势力，将这部分人拉入革命阵营。"

戴笠头一回听到这样的理论，惊愕得半晌说不出一句话，陈群接下来的话，令戴笠更是大跌眼镜。

"租界巡捕房的黄金荣黄老板，称得上青帮教主了吧，他可是蒋先生的恩师；早年孙中山先生也曾登门拜访，并亲自书写扇面赠送黄老板，感谢黄老板在法租界对革命党人的保护。"

陈群时任国民革命军东路军政治部主任兼"清党"委员会副主任委员，他与杨虎这番话，令戴笠大长见识。戴笠当即决定登门拜访杜月笙，当他说出这个想法后，杨虎说：

"稍等，还是先打个电话预约一下，我陪你一道去。"

说罢，杨虎拿起了电话。

后来杨、戴、杜杭州三结义，谈起第一次见面，杨虎说：

"雨农一个军校后生，初次见我这总司令就不卑不亢，态度恭谨坦诚，说话得体，要言不烦，我哪还敢小看你呢，哈哈哈！"

春申门下三千客

1927年的杜月笙，正处在一生命运中由"黑"洗"白"的转折点，杜月笙及青帮与蒋氏政权的结合，正是开始于"四一二政变""清党"之役。此前，随着黄金荣的退休归隐，杜月笙在法租界的势力早已取黄金荣而代之，其影响也远远超出了黄金荣的鼎盛时期，势力也已由法租界扩展到公共租界、华界，涵盖了整个黄浦滩头。

两年前，杜月笙在华格臬路盖起一座中西合璧的豪宅，将已进门的一妻二妾，分别从钧福里、民国里两处住宅中，搬到新公馆居住。

华格臬路在大世界附近，与跑马厅隔两条街，地点适中，闹中取静，气派非凡。

杨虎的电话打到杜公馆的时候，杜月笙正在书房里练习写字，管家万墨林接电话后转告杜月笙，说杨司令要带一位朋友登门拜访。杜月笙一听，高兴地回答：

"杨司令的朋友就是我的朋友，让他们过来吧。"

说完，杜月笙放下笔，来到大厅恭候。当看到杨虎与一位年轻军官一前一后从天井里走进来的时候，杜月笙欣然迎出门外，朗声高喊：

"杨司令大驾光临，愚兄可是倒履相迎啊！"

"倒履相迎"，此情景确是十分贴切。戴笠默默打量着杜月笙，只见他满面春风，一脸的欢喜表情，想必杨、杜之交，并不亚于东汉人蔡邕与王粲吧。

杨虎哈哈大笑着说：

"月笙兄，自家兄弟，你还是直接喊我啸天吧，我听着顺耳。"

"好，啸天兄，这位是……"

杜月笙刚要请杨虎介绍戴笠，不料一看戴笠，猛然间就愣住了，这位英姿飒爽一表人才的年轻军官，不就是当年那个落魄的戴徵兰么！

戴笠则一脸微笑地看着杜月笙。

杨虎忙指着戴笠向杜月笙介绍说：

"这位是骑兵营党部执行委员、总司令部情报联络组负责人戴雨农先生。"

"戴雨农？哈哈哈，他明明就是戴徵兰！"

杜月笙哈哈笑着迎上去，热情地握住戴笠的手：

"戴先生，杜某果然没看错人！"

"承蒙杜先生当年指点迷津，慷慨相助。"

"哪里哪里，都是戴先生气度不凡，令杜某不敢小觑。"

两人一阵寒暄，倒把杨虎看得莫名其妙，好半天才弄明白。

"好，既然你们认识，事情就更好办了。"

三人在会客室落座，万墨林亲自侍奉茶点，然后屏室密谈，很快为戴笠拟定出一套搜集情报的方案。

此时的杜氏门人、弟子，上至上海警备司令部、"清党"委员会、上海市党部、社会局、工会，下至茶楼酒肆、烟馆赌场、戏院堂子等，可以说遍布上海滩的各行各业。上海滩的任何风吹草动，都会在最短时间内传进杜公馆。

而当时的上海，以其租界的特殊地位和水陆码头等有利条件，自民国以来，便成为微妙的政治中心，各派势力的头面人物、下野政客、过气军阀等等，无不聚集租界。在这里，几乎每天都在进行着政治军事的策划、交易，与各种情报的交换。蒋介石下野后，各反蒋势力更是云集租界，汪精卫也翩然抵沪，在这里与其同党策划、密谋与桂系及西山会议派等进行政治较量与交锋的各种方案。

因此，上海的情报，应该说是重中之重。而走进华格臬路杜公馆，就等于打开了获取重要情报的大门。遍布整个黄浦滩头的杜门弟子，会将各种情报从四面八方源源不断地汇集而来。

> 春申门下三千客，
> 小杜城南五尺天。

告辞离去时，戴笠看到了这幅悬挂在会客室两楹的对联。

上联写战国时期春申君，仗义疏财，交游广阔，以门下食客多达三千而著称；下联指唐朝京城长安南郊的杜曲地方，盛唐时为贵族住宅地。因簪缨世胄，门第高贵，大有去天尺五的显赫气势。以此典故暗喻杜月笙有如春申君仗义疏财，朋友、门生遍天下；杜公馆富埒王侯，财势熏天，往来皆权贵，门厅煊赫。

此联出自前总统黎元洪的秘书长饶汉祥之手。1923年6月黎元洪下野后抵沪，在杜美路二十六号杜月笙新购置的那幢美轮美奂的小洋楼中，一住就是三个月，一切饮食起居、出行警卫，全部由杜氏门生承担。

出于对杜月笙的感谢，黎元洪安然离沪时，其秘书长饶汉祥特地题写此对联，赠予杜月笙，以彰显他的慷慨好客，杜门的群贤毕集。

看看这副对联，再看看笑吟吟的杜月笙，戴笠心中暗自庆幸：结识如此挚友，实乃人生一大收获。当然还有这位杨司令，虽不免有些大而化之，却又极富热心，为人豪爽，有这些手眼通天的朋友相助，这个情报工作岂有做不好的道理！

在杜月笙、杨虎等人的帮助下，戴笠在上海的情报工作很快打开局面，得到了许多其他人难以得到的重要情报。乔家才多年后在台湾发表《为历史作见证》一文，回忆当时情况说："供给情报最多的，就是戴笠，每天都交给我很厚的一个信封。"并感慨称，"戴笠真有本事，不知从哪里找来那么多的情报，假如没有他帮忙，胡靖安每天的报告恐怕就成问题，无法交卷了。"

尤其在胡靖安离开上海、戴笠主持联络组工作期间，情报工作收获甚丰。

但是，胡靖安给情报联络组留下的生活费不多，没几天便花光了，几人的吃饭成了问题。尽管戴笠经常出入华格臬路杜公馆，却轻易不愿向杜月笙求助，最后还是在乔家才等人的劝说下，为了联络组不致解散，戴笠才不得不向杜月笙张口。

杜月笙听后，望着戴笠，半晌没有言语，然后摇摇头一声长叹，令戴笠一时摸不着头脑，却听杜月笙说：

"戴先生，你我相识这么久，我杜某人何曾把你当过外人？何况你是为蒋先生做事，为政府做事，做的都是大事！"

杜月笙的态度，令戴笠十分感动。在杜月笙的帮助下，联络组的困境迎刃而解。

此后不久，戴笠在拉都路二十号接到万墨林的电话，称杜先生已到杭州杜庄，约戴笠前往杜庄，有要事相商。

杜月笙在浙江曾建造两幢别墅，一幢在莫干山，一幢在西湖之滨。西湖之滨的别墅便是杜庄，是一幢两层楼的西式洋房，内部装修中西合璧，陈设考究，古董字画，琳琅满目。

戴笠料理好手头工作，旋赴杭州，来到位于西子湖畔的杜庄，一进门便看到了坐在大厅里的杨虎，既惊诧又惊喜：

"杨司令何时到此？"

"已经来两天了，专等着你老弟大驾光临呢！"

杨虎这声"老弟"，让戴笠着实吃了一惊。对于这位国民党元老，戴笠这辈子也不敢主动称兄道弟。原来上海"清党"不久，宁波方面为借鉴上海"清党"经验，时任宁温台防守司令的王俊，与宁波警察局长蒋鼎文，邀请杨虎与杜月笙等人赴宁波协助"清党"。如今宁波"清党"已告结束，又邀请二人前往宁波小聚，共商嗣后大事。去宁波不能不到杭州，两人决定在这里了却一桩大事。

这桩大事与戴笠有关，东道主杜月笙见戴笠发愣，神秘地一笑说：

"戴先生，我们今日在此相聚，是有几桩大事要办，只是事出匆促，没来得及与你商量。这头一桩要办的大事么，还需要先请你定夺。"

杜月笙说着，递过来几张兰谱，戴笠接过一看，立马就明白了，杨、杜要与他交换金兰帖。从今日起，他与这位上海滩大亨及这位国民党元老，将再无辈分之分。

杜月笙与杨虎，早在"四一二政变""清党"之役的前夜缔结金兰。当时是六兄弟结拜，是三大亨黄金荣、杜月笙、张啸林与三位国民党高层杨虎、陈群、王柏龄，在杜公馆一楼的大厅里，歃血为盟，结为异姓兄弟。

如今，为了结交戴笠这位新弟兄，杜月笙与杨虎又在杜庄一楼会客厅，于当天下午与戴笠焚香结拜，海誓山盟。三人按年龄长幼排列，杜月笙长杨虎一岁，为长兄；杨虎排行第二；戴笠排行第三。

三人结拜异姓兄弟，是戴、杜真正结合的开始，在此后戴笠一生的特工生涯中，都产生了深远影响，尤其在"八一三"抗战和此后上海锄奸中，都发挥了重要作用。

第四章
韬光养晦，忍辱负重 "跑单帮"

当了组长，成了光杆司令

就在戴笠负责的情报联络组工作顺利开展的时候，11月10日，蒋介石自日本回到上海。当时局势已渐趋明朗，蒋介石复出已是指日可待。

此前，桂系于10月20日以南京军事委员会的名义，宣布讨伐武汉唐生智，汪精卫见唐生智控制的两湖局势不稳，遂南下广州。桂、唐战争很快以唐生智战败而告终，两湖落入桂系之手。而桂、唐军事对抗结束之后，随着汪精卫的南下，又形成了宁粤政治对峙的格局。

蒋介石一到上海，立刻采取联汪制桂的策略，邀请汪精卫 "赴沪共商召集四中全会预备会议事宜"，表明与汪精卫合作反对 "特委会" 的立场，并很快与汪精卫达成默契。12月3日国民党各派在上海召开二届四中全会预备会，汪精卫首先提议请蒋介石复职。当时北方的冯玉祥、阎锡山正处于奉军与直鲁联军的威胁之下，急切盼望国民党内部结束纷争，尽快北伐，以解其危局，而能统一局面的只有蒋介石，故而联名通电请蒋介石复职。

在此情况下，请蒋介石复出的呼声一浪高过一浪。

而反蒋阵营的中坚力量——西山会议派，受 "一一·二二" 枪杀中央党务学校游行学生的南京事件影响，已陷入被动之中，无力再与蒋介石公开对抗。

反蒋阵营中只剩了桂系孤军奋战。李宗仁审时度势，立刻调转 "枪口"，将矛头对准另一个政敌汪精卫，向报界声明，汪精卫拥蒋反蒋无常，而桂系及他本人一贯拥蒋。

于是，二届四中全会预备会通过了蒋介石复职的决议。

1928年1月8日，蒋介石复任国民革命军总司令。

2月2日，二届四中全会在南京召开，蒋介石当选中央常务委员、军事委员会主席、中央政治会议主席等职。

在蒋介石归国之初，胡靖安已闻讯返回上海，联络组提供的重要情报，源源不断地送到蒋介石手中，为蒋介石复出提供了重要决策参考。而这些情报，主要出自戴笠之手。

蒋介石复出后，胡靖安带着情报联络组返回南京。胡靖安履行承诺，为戴笠申报并获批准为总司令部上尉参谋，同时正式任命戴笠为情报联络组组长。

在联络组的碰头会上，听到胡靖安宣布这两项任命后，戴笠激动的心情，绝不亚于在黄埔军校录取名单上看到"戴笠"二字的那一刻。

这是戴笠第一次名正言顺地任职政府军官，也是平生第一次有了定时领取薪水的地方。

然而他很快明白，联络组组长不过是个徒有虚名的职务，总司令部并没有"联络组"这个单位，他本人的薪水是从总司令部特勤处领取的。如同当初胡靖安一样，只有他一人是正式在编人员，其他人都没有正式身份。好在胡靖安仍任职侍从室副官，负责联络组情报的递交工作，答应继续找机会为大家解决身份问题，相信假以时日一切都会好起来。

偏偏天不遂人愿，胡靖安很快被派往德国留学。胡靖安是联络组与总司令部的唯一纽带，胡靖安一走，一切的工作联络都中断了。戴笠这个徒有虚名的组长连情报交给谁都不知道，更不用说为其他组员解决身份了！

组员们纷纷离去，最后蔡劲军、乔家才也走了，只剩了戴笠一个光杆司令。

恰在此时，戴笠接到骑兵营通知，通知他赴中央军校继续完成学业。此时黄埔军校已迁往南京，更名为"中央陆军军官学校"，第六期学员全体返校。

戴笠知道，他一走，"情报联络组"也就不复存在了，他为之奋斗四五个月的情报工作，也将前功尽弃。

走，还是留，让他伤透了脑筋。

十年打流，他蹉跎了太多的青春岁月，面对那些比自己年轻的同窗，一种时不我待的紧迫感，无时无刻不在鞭策着他；而胡宗南、胡靖安这些军校一二期毕业生，很多人已成为国民革命军的高级将领，或蒋介石身边的高级幕僚，对他更形成一种无形的压力。

人生不贵尺之璧，而重寸之阴，宝贵的光阴既已失去，他必须抓住一切机会，用超越常人的步伐赶上去，弥补流失的岁月。

从确认蒋介石即上海证券交易所的蒋志清那一刻起，他就抱定了追随蒋介石的决心，但作为黄埔军校第六期学生，他与蒋介石的距离太过遥远，胡靖安的出现，毫无疑问缩短了这个距离。如今胡靖安一走，连接他与蒋介石的那条路被隔断。若为此放弃学业，一旦情报工作无果，将会落得鸡飞蛋打。

返校完成学业，是稳妥的选择。无奈毕业后要从见习官做起，一步步按部就班地晋升，其结果，注定一生难有大的发展，因为国民革命军初创时期大批提升军官的机会已经错过。

疑事无功，疑行无名，他决定赌一把。情报工作是一项新兴职业，尤其直接为蒋介石服务，只要做出成绩，相信即可一步登天。

他最终放弃返校，从此开始了孤军奋战的艰难历程。

然而，纵是有思想准备，他仍然没有想到递送情报之难，难于上青天，他为此几乎搭上性命，差点丧身在蒋介石侍卫的枪口之下……

拦车投书险些丧命

以戴笠当时的身份，既没有资格将情报递交到总司令部，更没有资格直接递交给蒋介石。而且除了胡靖安，在总司令部根本无人知道这项秘密工作。

蒋介石复出后，各反蒋派的活动并未停止，有关此方面以及各反蒋派的军事动向，都是十分重要的机密情报，如果找陌生人递交，戴笠担心被搁置贻误时机，更担心被泄密，因此不愿假陌生人之手。而在总司令部，除去胡靖安，他既无熟人更无可靠之人，只好等候在总司令部门口，乘蒋介石的汽车进出之时递交。

递送情报，实际上成了整个情报工作的最困难环节。由于不了解蒋介石进出时间与规律，常常守候竟日不见蒋介石行踪。而一旦遇到蒋介石外出或归来，不等他上前，便被侍卫长王世和一通呵斥：

"闪开闪开，这里不是你来的地方，快走开！"

亲手递交没有机会，戴笠退而求其次，决定请侍卫长王世和转交。岂料，王世和一见到他就火冒三丈，根本不给他说话的机会，而是对他直接呵斥甚至辱骂：

"小瘪三，快滚开，再来捣乱休怪我不客气啦！"

戴笠也是年过三十的人了，为了递送情报被人当众羞辱，心里实在窝火，也曾想豁出去跟这个侍卫长一拼高低，说不定还能闯出一条"血路"。不过如今的戴笠不会再蛮干，动手之前他决定先调查一下王世和的来历。这一调查把他吓出一身冷汗，王世和的来头远远超出了他的想象。

原来王世和是蒋介石的表侄！

王世和出生于1899年，原籍奉化葛竹，是蒋介石母亲王采玉的娘家堂兄的嫡孙。

王采玉的堂兄年轻时在奉化溪口蒋肇聪的玉泰盐铺做账房，蒋肇聪的夫人病逝后，他牵线将堂妹王采玉嫁给了蒋肇聪。其子王良鹤也迁居溪口。二次革命时，王良鹤曾随蒋介石外出当兵，癸丑讨袁失败后回到家乡。蒋介石出任黄埔军校校长前，曾约王良鹤一同赴广州，王良鹤不想再离家，建议蒋介石带走他的儿子王世和。

赴粤之初，王世和在蒋介石身边当勤务兵，不久入读黄埔军校第一期。尽管不再是勤务兵，王世和仍每晚搬着铺盖卷睡在蒋介石的宿舍门口，说是要保卫"阿叔"，令蒋介石颇为感动，待北伐军进攻沪、宁，王世和已晋升为蒋介石的上校警卫团长。

对这样一位出身的"前辈"，戴笠自然不敢硬拼。何况王世和以保卫"阿叔"为使命，不让陌生人靠近蒋介石也在情理之中。可是情报不能不送，唯一的办法只有"拦车投书"了。

"拦车投书"极具生命危险，突然从暗处跑出来拦车，必然会引起侍卫们误会，误以为有人行刺，极有可能开枪射杀。但除此之外已无任何办法，戴笠决定冒死一搏。

在司令部附近守候一天，傍晚时分终于等来了蒋介石的汽车。当王世和开路走过去之后，戴笠手举着情报不顾一切地冲出来，直奔蒋介石刚刚停下的汽车。

侍卫们一见，果真以为他是刺客，立刻有人举枪瞄准。

戴笠已经豁出去了，对侍卫的一切行动视而不见，只顾向前冲去……

好在开路的王世和反应快，一个箭步"射"回，几乎与戴笠同时站在了蒋介石的车头前。一看是戴笠，王世和没有下令开枪。

也因为有侍卫近在咫尺，即刻扑上去将戴笠拦腰抱住，不由分说，便是一通拳打脚踢。

挨打，早在意料之中，未被射杀已实属万幸。戴笠不做任何反抗，只是高举着情报大喊：

"我是校长的学生戴笠，是来给校长送情报的！"

见此情景，王世和只好接过情报，转呈蒋介石。但蒋介石一进司令部，王世和便大声对部下说：

"这个小瘪三再来捣乱，立即押送宪兵部严惩！"

这话是说给戴笠听的，怎奈戴笠连死都不怕，还怕送宪兵部吗？

对于蒋介石来说，正在下车的时候，斜刺里骤然杀出个"亡命徒"，自是吃了一惊。

尽管戴笠被打得鼻青脸肿，蒋介石仍能认出这个学生似曾相识。他或许记不起上海交易所的戴徵兰，但对前往雪窦寺拜见的骑兵营学生戴笠不会没有印象，尤其那一份份署名"学生戴笠"的情报，其价值是不可否认的。只是他没想到，递交情报竟如此艰难。

戴笠的亡命之举，令蒋介石看到了这个学生的忠心可鉴，他正需要这种忠诚果敢又具有天赋的情报人员。

当戴笠正在为下一次"拦车投书"做准备的时候，传来了蒋介石召见的命令。

终于守得云开见月明，戴笠激动万分，却丝毫不敢喜形于色，侍卫们的厉害他已深有领教，深知蒋介石身边的人万万得罪不得。经侍卫通报，戴笠第一次走进蒋介石的办公室。虽晋见时间不长，所谈内容却令他精神振奋，蒋介石不仅对他的工作给予肯定，而且允许他随时进来递交情报。

侍卫长王世和就站在旁边，蒋介石对戴笠的突然召见，使他大出意外。他真没看出来，这样一个没有军衔的散兵游勇，竟然能受到蒋介石的青睐。不仅如此，蒋介石还当着戴笠的面特地吩咐他说：

"以后戴笠有事面报，准其随时来见。"

有总司令发话，王世和自然不敢怠慢。

戴笠对王世和也愈发恭谨有加。地低成海，人低成王，多年的磨难使他学会了隐忍、谦卑，纵然王世和一次次为他递交情报挡驾，纵是他心里恨得直骂"狗仗人势"，对这样一位身世的"前辈"，也不敢有半点造次。无论如何，王世和在看清是戴笠之后，没有下令开枪，戴笠在深感侥幸的同时，亦知应怀有一份感恩之心。

对蒋介石身边所有的人，戴笠都是恭恭敬敬，这为他以后的工作提供了诸多方便。

为了保证戴笠的情报及时送达，蒋介石又特地指定专人负责与戴笠接洽，这个人就是蒋的机要秘书毛庆祥。

毛庆祥更非一般人物，在奉化溪口，毛家与蒋家为世交，毛父毛颖甫与蒋父蒋肇聪关系甚笃，蒋介石对毛颖甫历来执子侄礼，尊称"毛老"。毛庆祥曾留学法国，资质甚高，北伐前应蒋介石之召赴广州，任总司令部机要秘书，工作严谨，深受蒋介石器重。指定这样一位重要人物与戴笠接洽，可见蒋介石对戴笠的情报工作之重视。

戴笠受宠若惊，自知其中深浅，工作愈发卖力。

马血还是人血

蒋介石复出之后，二次北伐随即进入紧锣密鼓部署之中；4月5日，南京国民政府发表《北伐宣言》；4月7日，蒋介石下达总攻击令，开始了针对奉鲁军阀的二次北伐。

作为总司令部情报联络组组长，戴笠已在3月末赶赴徐州，以徐州"戒严司令部上尉参谋"的名义，搜集军事情报。

为便于开展工作，总司令部为戴笠配备了一名勤务兵，名叫贾金南。

其时津浦沿线战事激烈，为掌握第一手资料，戴笠带着贾金南，冒着枪林弹雨，出入前沿阵地。他手提一只旧木箱，肩背一只旧挎包，贾金南扛着行军床，两人风雨无阻，往返于徐州总部与前沿阵地之间，常常一去就是数日，栉风沐雨，风餐露宿，忍饥挨饿更是家常便饭。

有次砀山前线发生激战，为及时了解战况，戴笠将贾金南留在某部营地，自己借了一匹战马，连夜骑马赶往砀山。因日夜兼程马不停蹄，到达砀山县城时，战马在骤然停下来之后几乎累趴在地上。看着战马难以站稳的样子，戴笠只好牵着战马进城，寻找驻军给战马喂料饮水。

说来也巧，一进县城，戴笠就遇到了黄埔军校第六期同窗好友徐亮。

自打戴笠随骑兵营开赴苏州驻防，便与徐亮、王孔安断了音讯。他们已在蒋介石复出后返校，并于二次北伐中开赴战场，此时徐亮正在砀山驻军某部任上尉副官。这天正好从街上走过，远远地看见戴笠牵着一匹疲惫的战马走过来，一时间恍若梦中。

戴笠望见徐亮，高兴地大喊：

"为彬老弟！为彬老弟！"

徐亮如梦方醒，喜出望外，一路小跑地迎过来，边跑边大声问：

"雨农兄，真的是你吗？返校的时候你怎么没回去，你去哪里了？怎么一个人到这里来了？"

"说来话长，先帮我找个地方喂喂马，它都快累趴下了。"

"好！好！"

徐亮接过缰绳，顺手拍了拍马鞍，不料黏糊糊地沾了一手鲜血，这才发现马鞍上一片殷红。

"雨农兄，你受伤了吗？"

"没有。"戴笠回头看看，也很惊讶，"这种木头鞍子太硬了，是不是把马背磨破了。"

"马背磨破血在鞍子下边，老兄，还是看看你的屁股吧！"

戴笠一摸屁股，果然裤子上黏糊糊的。低头一看，灰色军裤已经浸湿了一大片。

徐亮不由分说，拉起戴笠就走，戴笠急了：

"马还没喂呢，你拉我去哪儿？"

"放心，饿不着你的马。"

徐亮将戴笠拉进一家旅馆，吩咐伙计烧水。他知道戴笠爱干净，条件多么简陋都要先洗澡。然后他对戴笠说：

"饭我会让伙计送来，你吃完饭洗完澡先歇着。马我会找人喂，然后找个医生来给你疗伤。"徐亮说完就出去安排了。

这天晚上，戴笠总算痛痛快快洗了个热水澡，吃了顿热乎饭。医生又给他的伤口消了毒，敷上药。徐亮一直守在旁边，看着他睡下才离去。

徐亮知道戴笠这几天跑得太累了，想让他多睡一会儿，第二天早上特地九点多才去旅馆。可当他走进戴笠休息的房间时，发现早已人去床空。向茶房询问，才知道天没亮戴笠就骑马走了。徐亮又生气又无可奈何，后来与人谈起此事，他说：

"人称戴笠是英雄，我以为是怪物。他因连日骑马，臀部为马鞍磨破，血迹殷然，竟不自觉，我见他状至疲惫，强留他于旅社，为他延医治疗。他原答应为我暂留，以待伤愈。不料他乘我外出，黿夜离去，复往前线工作。这种人醉心工作，连皮肉痛苦都能忘却，非怪物而何？"

此说虽不乏溢美之词，但也在一定程度上说明戴笠当时的拼搏状态，戴笠身上确实有一种拼命三郎的劲头，这在其后（1929年）各地方军阀轮番上演的反蒋战争和1930年的中原大战中体现得淋漓尽致。为了掌握第一手资料，得到有价值的军事情报，他甚至不惜玩命，完全不计个人生死，蒋介石第二次复出后能在众多有资格的学生中，选中这个"晚辈"出任复兴社特务处处长，就足以说明他有其他学生所不具备的特点，其中就包括敢拼搏敢玩命的拼命三郎的拼劲。

徐亮也成为最早追随戴笠从事情报工作的同窗好友之一，在特务处成立之前的"十人团"时期，便已加入这个不为世人所知的秘密特工组织，成为戴笠特工组织最早的班底成员。

升迁，从候车室到办公室

事实上，那点皮肉之苦对戴笠来说实在微不足道，比起十年打流所遭受的磨难根本不值一提。当时对他来说最重要的是交通工具，交通工具决定了传递情报的速度，能骑马、骑自行车奔赴前线实在难得，他岂敢因为自己的一点皮肉之伤耽搁时间。

而更多的时候是靠自己的两条腿奔赴前线的，由于往返路途遥远，不仅延误情报的传送，而且途中十分艰辛。如能遇到村庄讨一餐热饭，住进遮风避雨的农舍，算是十分幸运了。更多的时候是走在荒郊野外，前不着村后不着店，两人实在走不动了，只好就地休息，有剩干粮还好，没有的话，只能饿着肚子睡觉。

即使返回徐州，到北伐军司令部参谋处递送情报，也没有休息和住宿的地方，司令部根本不会为他们这些流动的下级军官准备住处。

戴笠与贾金南在徐州均无亲友，无处投宿，戴笠的薪水每月只有十几元，没有专门的活动经费，他只好写信给母亲，由母亲寄钱予以补贴。即使如此，他的日子仍然过得十分紧巴，因此一般情况下不敢住旅馆，常常在火车站候车室支起行军床休息。

火车站候车室是一个云集各色过往行人的地方，肮脏、嘈杂，在这种地方根本无法得到很好的休息，尤其对一向爱干净的戴笠来说，比起野外的安静与清新空气，这里唯一的好处就是能够挡风遮雨。

有天晚上戴笠正蜷缩在车站的一个角落里看书，被途经这里的司令部参谋处上尉参谋王兆槐发现。

王兆槐，别号铁庵，别字恩贻，出生于1906年，浙江遂安（今淳安）人，毕业于黄埔军校第四期步科，与戴笠相识于胡靖安组建情报联络组初期。由于江山与遂安相距不远，两人在徐州相遇，自然是老乡见老乡两眼泪汪汪。王兆槐比戴笠年轻九岁，却是黄埔第四期老大哥，令戴笠自愧弗如。

王兆槐的任务是负责传递总司令部的命令，在戒严司令部有休息与办公的地方，各方面待遇比戴笠要好得多。在参谋处，王兆槐多次遇到戴笠前来递送情报，却压根没想到戴笠竟在这种地方休息，第一眼看到他时还以为认错了人，揉揉眼睛再看，没错！

"雨农兄，若不是你面相肖马，在这个地方，我可真不敢相信是你！"

见到王兆槐，戴笠也有些意外，只好故作轻松地说：

"这个地方是乱了点，不过，不像旅馆里有臭虫、跳蚤……"

戴笠爱面子，贾金南可不管那些，不等戴笠说完，就嚷嚷着说：

"什么臭虫、跳蚤，还不是罗锅子上山，前（钱）短。"

王兆槐当然明白，自费住旅店的话，那点薪水远远不够开销。他摇摇头对戴笠说：

"雨农兄，我一向佩服你身上那股子韧劲，可有一点我不佩服，就是什么事都闷在心里自己扛。人多点子多，说出来总会有办法解决。"

王兆槐如是说，是因为他对徐州比较熟，略一思忖便想到一个地方——一个空置的厂房。

"那是个早已关门的小印刷厂，厂房虽然破旧，但比这里强多了，起码能安安静静睡个囫囵觉。我和看门的认识，让他给房主打个招呼就行了。"

"兆槐兄，我要知道你如此神通广大，早就跟你说了。哈哈，承蒙关照，真是太感谢了！"

从这天开始，戴笠与贾金南在徐州有了固定落脚点，也为戴笠书写情报提供了方便。

不久，戴笠因所递情报重要、准确、及时，成绩卓著，被晋升为"徐州戒严司令部少校参谋"，并配给一间办公室，同时兼做住宿之用。

这个小小的晋升与待遇的改善，为戴笠开展情报工作解决了最实际的困难，这对戴笠来说无疑是莫大的鼓舞。多年后向下属提起这段经历，他总是鼓励大家说：

"一个人在最恶劣的环境中，才可能取得最大的成就。"

当然，对戴笠来说，改变命运的契机是追随了蒋介石。从上海交易所的偶然相遇，到奉化雪窦寺晋见，到上海总司令部门口"拦车投书"，冥冥中，似乎有一种力量的牵引，将他一步步带到蒋介石身边。

如今这一步小小的升迁，愈发坚定了他效忠蒋介石的信念。在他心目中，蒋介石就是中国革命独一无二的领袖，凡是追随蒋介石的人，他都视为同志、朋友；反之则是不共戴天的仇敌。

找了个私人助手

戴笠善交游，见面熟，个性豪爽，从报考黄埔军校到加入骑兵营，到从事情报工作参加二次北伐，一路走来他结识朋友无数，但渐渐地，他有了交友的标准，这个标准便是忠蒋与否。他与戒严司令部上尉副官邓展谟的相识，并结为好友，以致情同手足，便是由"忠蒋"开始的。

邓展谟字侃如，生于1905年，时年23岁，毕业于黄埔军校第五期炮科，曾以入伍生随师北伐，参加过湖南汀泗桥之役、湖北武昌之役、江西牛行车站之役，后服务于第六军第十九师。这天作为上尉副官到徐州戒严司令部报到，与到司令部汇报工作的戴笠相遇。

出于职业使然，见到一副新面孔，戴笠便想了解一二，于是主动上前打招呼，两人随即攀谈起来。对于这位年轻学长的经历，戴笠既钦佩又羡慕。

"侃如兄，你这么年轻就是我的学长，又有作战经验，为什么要离开第十九师呢？"

"说起来原因很简单，军长程潜对校长不恭，在纪念会上诽谤校长，我一气之下就离开了。"

邓展谟直言不讳，戴笠听后连声叫"好"。

"做得好！做得好！我们是校长的学生，就是要维护校长的威望。"见邓展谟连连点头，戴笠高兴地拍拍他的肩膀，问，"你还没找到住处吧？若不嫌弃，就住我那里去吧。"

邓展谟初来乍到，遇到戴笠热情相邀，当然求之不得，欣然答应。多年后邓展谟在《早年追随忆往事》一文中提起最初对戴笠的印象时称：

"我对戴先生的初步印象：两眼炯炯，蓄有神光，与人谈话或者独自寻思，头部常做偏状，遇事仔细精明，而气宇非凡，精神倍于常人。"

邓展谟所说的"精神倍于常人"，是指戴笠每天都工作到很晚。每当他半夜醒来，总会看到戴笠在灯下奋笔疾书，问他在写什么，总是回答两个字：情书。但见他那副严肃认真的样子，脸上一点表情都没有，哪里是在写情书？

为消除心中疑窦，邓展谟趁戴笠早晨起床后洗漱之机，突击检查了戴笠的文件。这一检查才发现，戴笠每天夜里写的，全部都是军事情报！原来他是以少校参谋的名义做掩护，秘密从事情报工作。

这一发现令邓展谟对自己的行为充满愧疚，待戴笠回到室内，立刻向戴笠说明情况，表示歉意。原以为会受到指责，不料戴笠并未在意，只是叮嘱说：

"即使在总司令部，除了接洽工作的相关人，亦无他人知晓这个事情，在这里就更需要注意保密。"

其实戴笠在见到邓展谟第一天起，就把他当作了自己的"同志"，之所以邀他同住，并如此"大意"，其实都是事出有因的。此时他奔波于津浦、陇海铁路沿线，经常十天半月回不来，在徐州一些需要接洽的工作无人打理，就想找一个可靠的人帮忙。他见邓展谟因"忠蒋"离职，政治上可靠，便决定做些考察，因此对他并不避讳。

如今事情说开，戴笠即邀请邓展谟做他的私人助手。邓展谟爽快答应，从此成为戴笠在徐州的全权代表，不仅帮助处理情报的接洽，一些事务性工作包括戴母从江山老家寄钱支应其工作之需等，亦由邓展谟负责收转。

戴笠每次从前线回到徐州，必做东道主，邀请邓展谟及同在司令部任少校副官的黄埔第三期高长发等人，外出聚餐，餐后一起去澡堂泡浴。

随着北伐军一路北上，相继占领保定、沧州，6月上旬，张作霖通电退出北京，在回奉途中被日本关东军炸伤殒命。6月中旬，北伐军相继占领北京、天津，北伐胜利大局已定，徐州戒严司令部宣布撤销。

这天晚上，戴笠自外面归来，静坐不语，仿佛心事重重。

邓展谟看在眼里，暗自思忖，恍然明白，此时戴母汇款日期未到，戴笠一定是急欲回南京而手头缺少川资。邓展谟将自己的余薪及编遣费连同一枚镌有"侃如"二字的金戒指拿出，递到戴笠面前，说：

"雨农兄，这钱你先拿去用吧，你的开销大。"

正所谓锦上添花无人记，雪中送炭情意长，这笔钱对戴笠来说无异于雪中送炭，戴笠接过钱，感激之情溢于言表，感谢的话却一句也说不出，最后叮嘱说：

"这里的工作处理完，赶快回南京找我。"

由于邓展谟在编遣人员之列，下一步的工作便成了悬念，戴笠因此决定将他推荐给结拜兄弟胡宗南。

二次北伐期间，戴笠的诸多重要军事情报，来自胡宗南所在部队前线。胡宗南时任第一军第二十二师师长，为戴笠搜集军事情报提供了诸多便利条件。徐州戒严司令部撤销后，南京政府为"统一军政""实行训政"，对全国军队进行缩编，胡宗南由第一军第二十二师少将师长改任第一师第二旅少将旅长。

戴笠返回南京后，首先与胡宗南联系，将邓展谟介绍到第一师第二旅任职。次年戴笠策反唐生智部周伟龙，由周伟龙与胡宗南部里应外合打击唐部，邓展谟在联络与接洽中发挥了重要作用。三年后复兴社特务处成立，邓展谟又转投特务处，负责总务工作兼副官，与戴笠由朋友成了长官与部属关系。

"富家公子"入信阳

1928年12月29日，张学良宣布东北易帜，服从南京国民政府，统治中国长达16年之久的北洋军阀时代从此结束，中国进入了南京国民政府统治时期。

然而，战争并未因此结束。

由于国民党内部派系纷杂，国民革命军内部四分五裂，在北伐战争中发展壮大的各地方实力派，对于南京政府的"统一军政"，明里暗里实施抵制，在1929年1月全国编遣会议召开之后，新的战争便在国民革命军内部拉开序幕。

首先打响的是蒋桂大战。当时桂系首领李宗仁的第四集团军总部设于武汉，李宗仁以"武汉政治分会"主席的名义，越权将南京国民政府任命的湖南省省长鲁涤平免职，同时派两师兵力由武汉进入长沙，将鲁涤平赶往江西，桂系随即控制了湖南省。

"湘案"，成了蒋桂战争的导火索。

蒋桂战争，亦成为1929年国民党内部各军事集团之间一系列战争的导火索。

在桂系败北之后，蒋冯（冯玉祥）战争、蒋张（张发奎）桂战争、蒋唐（唐生智）石（石友三）战争相继爆发。

在这一系列战争中，戴笠以"军事杂志社记者"的公开身份，带着贾金南，深入战争前线以及交战各方防区，秘密搜集军事情报。在这一年的情报生涯中，戴笠提供的最重要最有价值的情报，莫过于唐生智所部的异动及军事部署；最惊人之笔，亦为策反唐部周伟龙。

唐生智，字孟潇，湖南东安人，生于1890年，毕业于保定陆军军官学校，湘军将领，北伐初任国民革命军第八军军长，宁汉对立时期作为汉方军事实力派人物，出兵讨蒋。蒋介石下野后，桂系为占领两湖，打通南京至两广的通道，出兵讨伐唐生智。唐生智兵败下野，所部被桂系收编。

蒋桂战争爆发后，蒋介石起用唐生智，助其收回所部，并任命唐生智为第五路军总指挥，率部参加蒋冯战争。然而在蒋冯战争尚未结束之时，唐生智谋变倒戈，悄然加入反蒋阵营，与叛冯投蒋的冯部旧将石友三，约定举兵反蒋。

唐军发生异动时，戴笠正远在潼关，得到消息后，为掌握第一手情报，探清叛军虚实，侦察唐部兵力部署和内部情况，旋即从潼关出发，日夜兼程赶往信阳。

信阳为河南军事重镇，在唐生智所部控制之下，设有军警督察处，由第五路军总指挥部宪兵营营长周伟龙兼任处长。戴笠在启程之初便已做出决定：会会周伟龙。

周伟龙，字道三，湖南湘乡人，生于1899年，毕业于黄埔军校第四期政治科，北伐时加入唐生智的第八军。

戴笠与周伟龙并不相识，但有一个人与周伟龙私交甚好，这个人就是曾在胡靖安的情报联络组工作的东方白。胡靖安的情报联络组存在时间不长，却由于情况特殊，每个成员也都处于特殊时期，相互之间都相处不错，戴笠与东方白也建立了较为深厚的个人感情，因此透过东方白，戴笠对周伟龙的情况略知一二。

贸然登门拜访，打的就是东方白这张"王牌"。

但事情并没有想象的那么顺利，赶到信阳城外时戴笠才发现，信阳城已经实施戒严，城门口军警林立，逐一盘查每一位过往行人。

此时天近黄昏，戴笠没有冒险进城，而是带着贾金南来到城外小李庄，找到李庄小学。

贾金南很是不解，进不了城应该先找个地方住宿，然后再想办法，跑到城外的小学堂干什么，难不成戴长官在这远离沪杭的中原偏远小村，还会有同乡故旧、结拜兄弟？

戴笠在这里自然不会有同乡故旧，更不会有结拜兄弟，但却不乏新交契友，李庄小学的李校长，就是他前不久在徐州新结识的朋友。尽管尚无深交，戴笠对李校长却是非常信任的，那是因为李校长同样"忠蒋"。当然，李校长的"忠蒋"与戴笠不同，李校长的观点极为朴素，即反对地方军阀争夺地盘，占地为王，希望他们归顺中央，熄灭战火，让老百姓过太平日子。

李校长正在油灯下批改作业，忽听门扉轻轻响了一下，蓦然回首，发现戴笠悄无声息地走进来。

戴笠原本面色偏黑，又经年风吹日晒，皮肤愈发黝黑。屋里灯光昏暗，戴笠笑吟吟地站在面前，面黑齿白，令李校长错愕良久。

"雨农兄，你这样像幽灵一样，胆子小的真让你吓死了。"看清是戴笠后，李校长不无嗔怪地说。

"你老兄不信神不信鬼，想必吓不到你。"戴笠嘿嘿笑着，接着话锋一转，"听说信阳城里到处都在抓奸细。"

"岂止是城里，连城外都在挨家挨户清查户口，搜查过往旅客、行人，悬赏捉拿蒋军密探。"

"哦，有这么严重？"

"道路已经封锁了，你进来容易，出去就难了，还是先在这里避避风头吧。"

"避风头？等风头过后，再有价值的情报也是废纸一张了。"

"不管怎样，我先安排人给你们准备晚饭，有什么打算，吃完饭再计议。"

李校长说话干脆，办事利索，很快为戴笠准备好晚饭。当晚，戴笠与贾金南就住在了小学堂，并与李校长商量出一个混进城去的好办法。

第二天一早，戴笠打扮成在京城读书的富家公子模样，穿上绸面皮袍，戴上金丝眼镜，胸前别一枚清华大学校徽，坐上人力车，由贾金南拉着，直奔信阳城门而去。

李校长则先一步进城，化装成大户人家管家的模样，从里面接应。

在城门口，李"管家"对把守城门的士兵稍作打点，又与回家过年的"大少爷"一唱一和，"大少爷"便顺利通过了城门。

进得城来，发现气氛果然非同一般，四处军警林立，戒备森严。如果仅仅是侦察敌情，搜集情报，倒也不会有什么大的风险，偏偏戴笠要去会见周伟龙，这毫无疑问增加了危险系数，甚至吉凶难测，凶多吉少。

做过一番侦察后，戴笠叮嘱贾金南：

"天黑前不见我回来，你立即设法出城，连夜返回徐州，报告信阳城内部署情况与我的殉职经过。"

安排好后事，戴笠径直来到军警督察处，拿出预先准备好的东方白的名片，交给卫兵进去传报。须臾，里面传来兴奋的喊声：

"快请！快请！"

不等卫兵跑过来通报，一位身披大衣、与戴笠年龄相仿的军官已迎出门外。

军官看到戴笠，猝然止步，倏地拔出了插在腰间的手枪……

深入虎穴，策反唐军

常言说，不入虎穴，焉得虎子。只身入虎穴，凭的不仅仅是胆量，否则只能付出无谓的牺牲。

尽管周伟龙也是黄埔军校学生，与蒋介石有师生之缘，但周伟龙在入黄埔之前便已加入湘军，是由湘军保送进入黄埔军校第四期的。周伟龙与唐生智同为湖南人，本有乡党之谊，加上本人清高倨傲，根本不会将一个素不相识的小情报员放在眼里。

这一点戴笠早已想到，尤其他打着东方白的旗号混进来，相信会激怒周伟龙。而周伟龙的警惕性与防范意识也在情理之中。

眼见周伟龙拔出了手枪，戴笠坦然地两手一摊，表示自己并未带武器。

周伟龙迟疑片刻，收起手枪，返身回屋，戴笠跟着走进屋去。

"说吧，你是谁，为什么要冒充东方兄大名？"

周伟龙正襟危坐，一副审判犯人的架势。

"在下戴笠，字雨农，毕业于黄埔军校第六期，东方兄之挚友。"

听到这里，周伟龙紧绷的神经总算稍有松弛，严厉的面容也有所缓解。

"好，我暂且相信你。你现在哪里任职，来这里有何贵干？"

"我戴雨农明人不做暗事，既然来了，就跟你直说了吧，我的公开身份是军事杂志社记者，实际是总司令部秘密情报员。"

戴笠的坦荡反倒令周伟龙暗暗吃了一惊。他虽然没把这个黄埔六期的小学弟放在眼里，却也不得不佩服戴笠的胆量。

"你就不怕我把你抓起来治罪？"

"如果学长想拿我邀功请赏，这确实是个不错的机会。"

"你以为我不敢吗？是你自己送上门来的，不能怪我不客气！"

"好，既然学长追随唐司令如此坚决，学弟乐于成全。不过，学长可否想过，唐军有获胜的可能吗？"

这正是周伟龙的心结所在。戴笠此话一出，周伟龙气势骤减。他想反驳，却想不出恰当理由。这也在戴笠预料之中，于是他加大攻势，说：

"桂系背靠两广，盘踞两湖，触角延伸到华北，实力何其强大，结果还不是战败；西北军实力如何，结果又怎样？唐、石相约倒戈，石部也曾隔江炮轰总统府，扬言率十万大军直捣南京，结果怎样？还不是干打雷不下雨，然后发表通电，表示拥护中央政府。如今唐军孤军作战，大雪封路，请问唐军的补给能支撑多久呢？"

"别说了！"周伟龙猛地一擂桌子，恼怒地吼了一声。

"我们都是校长的学生，于公于私我都要把话说完。"戴笠趁热打铁，一口气说下去，"前几年学长分到唐部的时候，唐司令已归顺中央，如今他出尔反尔，作为黄埔学生，应该站在中央一边，不应为叛军服务，所以我个人认为，学长现在应该离开唐部。"

戴笠这最后一句话，令周伟龙陡然一惊，他抬起头定定地看着戴笠，深有感触地说：

"离开唐部，我何曾没有想过。可是，唐司令对我不薄；还有，即使离开，我的出路在哪里？"

"你是黄埔学生，何愁没有出路？至于唐司令那边，自然是大行不顾细谨，大礼不辞小让。"

见周伟龙已动心，戴笠随即将自己的打算和盘托出，那就是策反部分唐军，与胡宗南部接洽……至于周伟龙的去向，至少有两种选择：首先，蒋介石不会亏待这个为效忠自己战场倒戈的学生；其次，有胡宗南这样一个铁杆兄弟，戴笠还用担心周伟龙无处安排吗？

在戴笠的策动下，周伟龙将唐军部署情况悉数相告，并与戴笠一起，商定了策反唐军里应外合的计划。

当天，在周伟龙的亲自护送下，戴笠带着唐军的重要军事情报，与贾金南一起离开了信阳。

不久，周伟龙策反部分唐军成功，在戴笠的指点下，前往漯河与胡宗南的第二旅联络归顺及里应外合攻打驻马店事宜。当时胡宗南因故外出，接待他的正是在旅部担任警卫连长的邓展谟。邓展谟听说是戴笠介绍前来接洽的，料定事关重大，不能耽搁，遂将周伟龙直接带到师部，与第一师副师长徐庭瑶接洽。

驻马店战役打响后，中央军由于从周伟龙处得到准确情报，又有倒戈部队里应外合，一举取得成功。

战斗结束后，周伟龙赶往南京，由戴笠联络，晋见蒋介石。此后出任中央宪兵第一团第一营营长。1931年戴笠正式成立情报组织，周伟龙遂成为其"十人团"成员之一，以学长身份成为戴笠的部下，也由此奠定了他日后在军统中的地位。

后来回忆这段经历，周伟龙对戴笠十分佩服，他说：

"当时我见来访者，为一陌生人，冒东方白之名，甚为愤怒。继而见他和我亲切握手，自称是戴笠，英气逼人，令我极为惊异。及至听他一番说辞，正义凛然，又不觉肃然起敬。既佩其才气，又服其胆量，遂不由自主地听命于他。"

戴、张、吴北平三结义

1930年元月上旬，唐生智兵败下野，蒋唐战争落下帷幕。但更大的兵燹之灾，已呈山雨欲来风满楼之势。

在过去一年连续爆发的战争中，所有与中央军交战的地方实力派，都不同程度地大伤元气，唯有晋系例外。正是鹬蚌相争渔翁得利，阎锡山拿出"山西九尾狐"的看家本领，周旋于交战各方，不仅保存了实力，而且借机扩大了地盘，成为盘踞晋察冀绥和平津地区的北方巨枭。

而这一年的战争皆为南京政府编遣裁军统一军政而起，如今晋系一枝独秀，阎锡山深知，南京政府既不会允许晋系分去"半壁江山"，更不会允许晋系分庭抗礼。而阎锡山也自认为具备了分庭抗礼的实力，当然这个实力是以各反蒋派为后盾的。

于是，阎锡山登高一呼，以"和平统一"为口号，要求蒋介石下野，组建新的国民党中央。

各反蒋势力纷纷响应，冯玉祥的西北军率先出潼关，迅疾占领洛阳；阎锡山同时在辖区清除南京政府派驻机构。4月1日，阎锡山在太原宣布就任陆海空军总司令，冯玉祥、李宗仁分别在潼关、桂平宣布就任副总司令。

已元气大伤的西北军、桂军以及唐生智部、石友三部等，均与晋军摒弃前嫌旧怨，联合结盟，卷土重来，组成约70万兵力，向中央军发起进攻，准备最后杀进南京。

面对汹涌而来的反蒋大军，蒋介石沉着应战。5月1日，蒋介石就任讨逆军总司令。

5月中旬，声势浩大的中原大战拉开序幕。

在军事倒蒋的同时，各反蒋势力也加紧了政治倒蒋的步伐。早在3月，改组派便在北平与阎锡山频频接触；5月，在天津召开倒蒋会议，通过了由汪精卫起草的联合声明；8月4日，"国民党中央党部扩大会议"在北平召开，阎锡山被推为"国民政府主席"。9月9日九时，阎锡山在北平怀仁堂宣誓就职；阎锡山、汪精卫、冯玉祥、李宗仁等七人就任"国民政府"委员。——这就是人称"四九小朝廷"的短命"政府"。

这是一次反蒋政治势力与军事势力全面联合的倒蒋行动，其声势之浩大可谓空前绝后。

　　然而，"天下熙熙皆为利来，天下攘攘皆为利往"，原本为利益驱使大动干戈的各反蒋派，既会为各自利益统一到反蒋旗帜之下，亦会为各自利益而反目，乃至兵戎相见。为促使其分化瓦解，以达不战而屈人之兵之目的，情报工作便显得尤为重要。为加强情报工作，经蒋介石批准，戴笠雇请了多名助手，分别潜入各反蒋派内部搜集情报，同时进行策反活动。他的第六期同窗好友王孔安就是其中之一。

　　王孔安在黄埔军校第六期毕业后，入国民革命军第一师做见习官，旋升连长、营附、团指导员及政训主任。中原大战爆发后，王孔安受戴笠指派，潜入北平，打入反蒋集团内部，秘密参加"国民党中央党部扩大会议"，了解会议情况及各派政治态度，随时呈报蒋介石，成为蒋制订安抚与收买策略的重要参考。同时，戴笠又派出李丹符、柯玉珊等潜往冯军，策反冯部的邓宝珊与赵冠英……

　　而反蒋势力组建"四九小朝廷"之时，即召开"扩大会议"的8月，也正是他们走向衰败的开始。8月初，蒋军全面反攻。由于反蒋实力派们各怀异志，钩心斗角，以致配合不力难以协同作战，致使战局急转直下。

　　在胜败已趋明朗之后，9月18日，一直坐山观虎斗的张学良通电拥蒋，东北军主力入关。在中央军与东北军的联合攻势下，蒋方在各反蒋势力中进行的策反工作，旋即大见成效，晋军将领、西北军将领纷纷倒戈；其他杂牌军更是迅速易帜，掉转枪口；"倒戈将军"石友三在戴笠的策反下，迅疾投靠了张学良部。

　　10月下旬，历时半年之久的中原大战，以中央军的胜利而告结束。

　　东北军主力入关后，进驻平津，收编晋军，张学良接手华北地区政事，就任国民政府陆海空军副总司令，登时位高权重。为笼络张学良，同时掌握东北军情况，蒋介石指派戴笠作为他本人的私人代表，赴北平拜会张学良。

　　戴笠深知此行事关重大，张学良手握重兵，占据东北、华北，此行不仅要了解东北军情况，更要与东北军高层建立长期关系，以便随时掌握东北军动向，使南京政府在与东北军的关系中，始终掌握主动。

　　数年的情报生涯，使戴笠养成凡事必先掌握情报的习惯，因此到北平后，他首先对张学良身边的人做了一番考察，然后先去拜见在警卫旅任团长的张学良的亲信吴泰勋。

　　吴泰勋字幼权，张学良的警卫团团长，其父吴俊升是奉系军阀的主要头目之一，也是张作霖的忠实部属。在张作霖从北京退兵关外时，吴俊升前往山海关迎接，与张作霖一起在皇姑屯被炸身亡。为照拂其家人，张学良与吴泰勋缔结金兰，拜为异姓兄弟。正是父辈子辈的双重关系，使张、吴两人的关系非比寻常。

　　吴泰勋年仅19岁，当戴笠以总司令部少校参谋的身份出现在面前时，这位年轻的警卫团长甚为惊讶。并不是因为戴笠本身的职位有多高，而是因为戴笠以蒋介石私人代表的身份前来拜会张学良，竟然先来会见他这个警卫团长，令他深感戴笠此人为人低调、真诚，是个值得交往的朋友。

两人一见如故，畅谈甚欢。随后，由吴泰勋引见，戴笠前往拜见张学良。

蒋介石的私人代表由警卫人员引见，倒也不足为奇。奇的是，看上去成熟稳健的戴笠，竟与他十九岁的小兄弟如此谙熟，因而张学良颇有些诧异地问：

"雨农兄与幼权是故友？"

戴笠与吴泰勋相视而笑，继而回答：

"是刚结识的契友。戴某以区区少校参谋之职晋见少帅，自觉冒昧，故而请幼权兄代为引见。"

戴笠的坦诚低调与作为蒋介石私人代表毫无仗势骄矜的态度，令张学良顿生好感。在随后的接触中，两人逐渐热络起来。此时张学良与蒋介石的关系尚属蜜月期，张学良自然也想借戴笠之口增进与蒋的关系，消除蒋对他的戒备，因而张、戴关系急剧升温。

戴、张关系反过来又促进了戴、吴关系的发展。通过吴泰勋，戴笠很容易便掌握了大量东北军内部情况，返回南京后向蒋介石汇报，极得蒋介石重视，戴笠在蒋介石心中的地位也愈发重要，此后对东北军的工作，蒋介石基本交给戴笠去处理了。

不久，在戴笠的提议下，戴、张、吴三人结为拜把兄弟。戴笠比张学良年长四岁，张学良比吴泰勋年长十岁，戴笠为兄，张学良为二弟，吴泰勋为三弟。

三人缔结金兰，为戴笠的情报工作提供了诸多便利条件。戴笠的特工组织建立后，吴泰勋曾推荐多人到特务处任职，这些人都是其父吴俊升身边的人，乃至西安事变之后，戴、吴关系一直保持如初。

张学良本是豪爽之人，他既认定了戴笠这个朋友，对戴笠也就放松了防范。在明知戴是蒋介石耳目的情况下，一些事情对戴笠也并不避讳；戴笠对张学良也是留有分寸，只要不违反大原则，总是能够灵活变通，对有中共间谍嫌疑的张学良的谋士黎天才网开一面便是其中一例。而特务处草创之初办公场所紧张，张学良亦是慷慨相助，将洪公祠一号一幢老式花园平房交给戴笠无偿使用。

正是由于这种特殊的关系，或者说特殊的友谊，戴笠在"西安事变"发生后冒死赴西安，才得以在张学良的保护下安然无恙。

第五章
招兵买马，特务处开张

鸡鹅巷的"十人团"

从1927年追随胡靖安从事情报工作，到1930年末中原大战结束，戴笠从义务情报员到单枪匹马跑情报，可谓栉风沐雨，筚路蓝缕，凭着一股韧劲、一种豁出去的狠劲，在硝烟弥漫的战场上摸爬滚打，总算以卓有成效的业绩，赢得了蒋介石的信赖与器重。

1931年11月，蒋介石手令戴笠组建"密查组"，并称密查组作为正式情报组织，隶属于总司令部。

这道手令，预示着戴笠的情报工作即将迈上一个新台阶。带着手令，戴笠兴冲冲赶往鸡鹅巷五十三号。

南京鸡鹅巷五十三号，是胡宗南的第一师驻京办事处。中原大战结束后，胡宗南已晋升第一军第一师中将师长，此时正住在办事处中。

当戴笠将手令递到胡宗南手上后，胡宗南一个鲤鱼打挺从半躺着的椅子上跳起来。

"好！太好了！办公地点有了吗？"

"还没来得及找呢。"

"找什么呀，我这里这么宽绰，你在这里办公不是正合适嘛！"

"对呀！我还没想到呢。"

"正好可以把家眷接过来，过几天团聚日子。"

"那可不行，我自己单飞还没飞起来呢，怎能再受家小拖累。"

话虽如此，但经过一番商议，戴笠还是改变了主意。这主要在于他做的是秘密工作，密查组成员都是男性，第一师办事处的工作人员也都是男性，进进出出都是清一色的年轻男子，难免引起周围人注意。把家小搬来，倒可掩人耳目。

还有一层原因，那就是母亲操劳了大半辈子，他长到三十多岁还在由母亲资助，心中实在愧疚。将母亲接来，虽不能享受荣华富贵，却能享受天伦之乐，也算尽一点孝心吧。

都说男儿有泪不轻弹，但说到母亲的时候，戴笠的眼圈红了：

"一别五年，不知母亲身体是否安康，每一封给母亲的信，几乎都是要钱……"

胡宗南受了感染，想到自己自幼丧母，对戴笠幽幽地说：

"家有老母，惜福吧。更多的人是子欲养而亲不待。"

有了办公地点，密查组很快组建起来，成员有：戴笠、徐亮、周伟龙、唐纵、张炎元、郑锡麟、胡天秋、马策、王天木、王孔安。

这就是戴笠特工组织的最早班底——十人团。

对于十人团成员，沈醉的回忆中多了梁干乔和黄雍，少了王孔安和王天木。但沈醉作为戴笠的儿子戴藏宜的同龄人（比戴藏宜年长一岁），是在特务处成立之后由其姐夫余乐醒介绍加入特务组织的，且抗战前一直在上海，对于特务处成立之前的密查组成员情况，想必也是道听途说，不足为据。

乔家才的回忆中，没有王孔安，多了一个张筱高。乔家才作为戴笠早前的情报联络组同事，虽然没在第一时间参加密查组，却也很快加入了特务处，他的回忆当属可靠。但张筱高不知何许人也。

通过其他资料可以佐证，梁干乔与黄雍均不在十人团之列。梁干乔是在1932年特务处成立之后加入的；黄雍在密查组时期以及特务处成立后，一直在军校毕业生调查处工作，并为特务处推荐多名人选，唯他本人，始终没有加入特务组织。

王天木曾在河南一带收编地方武装及散兵游勇，并自任司令，他与戴笠在中原战场相识，给戴笠搜集情报帮了不少忙。中原大战结束后，他追随戴笠也是有案可查的。

从进入军校六期就一直与戴笠、徐亮形影不离的王孔安，在中原大战爆发之后便被戴笠指派潜入北平，打入反蒋集团内部搜集情报，此后追随戴笠亦在情理之中。

其实密查组时期，人员是在很短时间内迅速增加的，且远不止十人。以戴笠的个性与行事作风，自然不会拖拖拉拉。十人，只是一个象征数字而已。

比如张冠夫，在所有资料中都没提到他是"十人团"成员，或许因为他一直做内勤（财会），且始终难当大任而被疏忽了。但他确是最早加入密查组的。

应该说，戴笠身上那种与生俱来的号召力，是密查组得以迅速组建的主要原因。多年的坎坷，磨平了他青涩年华中粗糙的棱角，诸如争强好胜、好出风头、自命不凡、夸夸其谈、路见不平拔刀相助，甚至屡屡闯祸等，都或改变或收敛，以致磨炼得能屈能伸，能拿能放，能忍耐，能坚持，能吃苦，能拼命，这使同伴们对他充满信心，认定跟着他没错。

正因为如此，当他把电话打到商务印书馆，找到张冠夫的时候，张冠夫一听参加密查组，当即一口答应，放下电话就去辞职。

辞去那份养家糊口的小职员工作，对张冠夫绝不是一个轻松的决定。王秋莲与戴笠似有不共戴天之仇，而她衡量丈夫务实与戴笠不务正业的标准，就是张冠夫那个稳定的职业。如今张冠夫一声不响辞了职，王秋莲岂能善罢甘休？

不过，张冠夫虽一向怕老婆，大事上却一向有主张。他知道这种事商量是没指望的，只能先斩后奏，待生米煮成熟饭，她王秋莲不吃也得吃。

戴笠闭着眼也能想到，张冠夫回到家里，将面临怎样一场疾风暴雨的摧残，当然他本人也难脱干系。

事实果然不出所料，当王秋莲得知这一切后，指着张冠夫的鼻子大骂：

"衮甫呀衮甫，你怎么能跟着戴春风去混！戴春风长到三十多岁，什么时候给老婆孩子寄过一个大子儿！我姨妈不知哪辈子亏欠了他，这辈子讨债来了！三十多岁的大老爷们，还要让老太太给汇钱，你跟着他混能有什么出息！你让一家老小喝西北风去吗……"

张冠夫低着头，任凭老婆数落，决不辩解。这在他已经有了经验，等她骂够了气消了，事情也就过去了。但这次事太大了，王秋莲骂完并没有消气，反而一哭二闹三上吊，动了真格，张冠夫这才慌了手脚，赶紧认错赔不是，没完没了地说好话，直到把老婆哄得擦干眼泪，他这才松了一口气。当戴笠问起来的时候，张冠夫早已一身轻松，嘿嘿笑着说：

"你表妹什么样，你还不知道吗？"

"我这个表妹啊，比你表嫂差远了，你表嫂那才叫贤惠，幸亏当初……"

戴笠所说的"你表嫂"，是指他的妻子毛秀丛；他那句没说完的"幸亏当初"，是说幸亏当初王秋莲没同意嫁给他。在自家兄弟面前，戴笠向来说话直截了当，只是这句话说了一半，忽然意识到不妥，便哈哈大笑起来，然后说：

"夫妻之间，大概也是一物降一物吧。"

张冠夫有财务专长，到五十三号报到后，立刻着手操持密查组的"柴米油盐"。

密查组成员相继到位后，戴笠返回江山老家，将母亲、妻子、儿子接来，原先空空荡荡的五十三号登时热闹起来。

五十三号是一幢旧式平房宅院，分前后两个院子，共有20多间房。戴笠与家人住在后院，密查组人员与第一师办事处人员，食宿办公均在前院。后来工作人员逐渐增多，办公与住宿变得拥挤起来，原先的门房也改为了办公室。

这个时期的外勤工作，主要在京、沪、杭、苏等地活动，搜集国民党各派动向方面的情报。当时并无内外勤之分，从搜集情报、整理情报、撰写材料、翻译电报、传递文件，到打扫卫生等杂活，每个人都是遇到什么工作做什么工作，从不假手外人。

戴笠对属下要求极严，所有人每天都要工作十小时以上，工作完不成不得休息。而大家的薪金较一般机关要低。戴笠唯一能做到的，就是利用有限的经费，为大家搞好伙食，不仅菜蔬丰富，且三餐之外，另有宵夜。

这一时期，是戴笠的情报事业由个人活动发展为组织活动的开始。尽管这个组织很小，又在总司令部编制之外，但却是奉准设立，有额定人员与固定经费，又解决了办公及住宿场所，不再像以前那样东餐西宿，居无定所。尽管密查组成员身份秘密，没有名分地位，待遇低条件差，但大家对这个"新兴职业"充满兴趣，信心十足。

戴笠本人，既是这一组织的负责人，又是主要外勤人员，工作起来较以前更加拼命，常常夜以继日，甚至连续三天三夜不睡觉。尽管劳累艰苦，却是乐在其中，尤其每每外出归来看到一家老小，想到多年的打拼终于有了成功的征兆，欣慰和满足是不言而喻的。

岂料天有不测风云，就在密查组正式运行不久，12月中旬，蒋介石突然又一次下野了……

又一次风云突变

中原大战结束后，蒋介石以武力征服了各军事实力派。但国民党内部派系纷争并未停止，各反蒋派并不甘心失败。偏偏在这个时候（1931年年初），由于胡汉民反对制定训政时期约法，蒋介石一怒之下囚禁胡汉民，使矛盾迅疾白热化。

紧接着，各反蒋派纷纷云集广州。胡汉民派、汪精卫派、孙科派、西山会议派等联合两广地方军事势力，以两广为根据地，在广州另立政府，形成规模空前的反蒋阵营。

而蒋介石面临的压力，不仅仅来自国民党内部。

自1927年"四一二政变""清党"之役之后，尤其在国民党新军阀混战的两年中，共产党在多地建立了革命根据地，其军事武装——中国工农红军得以迅速发展壮大。中原大战之后，蒋介石已连续三次对中央苏区发动大规模"围剿"，但连遭失败。在第三次"围剿"期间，"九一八"事变爆发，蒋介石坚持"攘外必先安内"的方针，遭到全国舆论的反对。

10月，宁粤双方在上海召开和平会议，议定双方分别在南京和广州召开国民党"四大"，然后召开国民党四届一中全会，产生新的中枢机构。尽管粤方派中有派，钩心斗角，最终将一个"四大"开成了两个（分别在广州和上海召开），但对付宁方却出奇地一致，那就是：一致要求蒋介石下野。

在各方面压力下，蒋介石于12月15日通电下野。

就在当天上午，胡宗南已闻讯从驻地赶回南京，急匆匆来到鸡鹅巷五十三号，径直赶到后院，走进戴笠的办公室。

戴笠正在整理情报，见胡宗南一脸焦急地走进来，心中陡然一惊，急问：

"寿山兄，出了什么事？"

"天塌了！"

"什么意思？"

"校长辞职下野了。"

"下野了？"

戴笠瞠目结舌，大张着嘴巴半晌说不出话，然后颓然一声长叹，喃喃道：

"原来政治战场上的争斗，并不亚于军事战场上的搏杀！"

其实，此次蒋介石下野，是做了充分准备和安排的，国民政府的军政实权及财政大权，仍在其掌控之中。下野，不过是以退为进。但即使是"天子第一门生"的胡宗南，也并不了解蒋介石下野内幕，不了解蒋介石下野后是否能很快东山再起，因而急得火烧眉毛。

对戴笠来说，形势则更为严峻。除了胡宗南，几乎没有人知道密查组这个机构，倘若蒋介石复出无望，密查组的命运只有一个：树倒猢狲散。艰苦拼搏多年，好不容易柳暗花明，若落个竹篮打水一场空，这实在太恐怖太不敢想象了！所以戴笠听到这个消息后，既心急如焚又忧心忡忡。

他想像胡靖安在蒋介石第一次下野时那样，为蒋介石搜集和递送情报，可蒋介石并没给他什么指示，更未给他做什么安排。他甚至都不知道这一切是怎么发生的！不知道做些什么才能促使蒋介石复出。

当然，着急担忧的不仅仅是胡宗南与戴笠，还有许多追随蒋介石的黄埔学生，应该说是整个黄埔系。这些人大多是黄埔军校一二期毕业生，他们的目光，根本不会看到戴笠这个第六期的晚辈，更不会知道戴笠实际已成为蒋介石嫡系队伍中的一员。

正因为如此，当胡宗南说，他们准备去溪口晋见校长时，戴笠虽然万分地想去，也不得不遗憾地留在五十三号等消息。

从胡宗南启程前往溪口的那一刻起，戴笠就开始计算着他归来的时间，真可谓度日如年。本来算着这天胡宗南该回来了，却迟迟不见他露面。直等到午后，戴笠那块装在上衣口袋里的怀表，不知道掏出来看了多少遍，仍然不见动静。

难不成晋见校长不顺利？难不成校长复出无望？……就在戴笠胡思乱想的时候，远远地传来汽车的喇叭声。戴笠精神一振，几乎是一路小跑着赶到前院。这时候红漆大门已经打开，胡宗南已钻出汽车，大踏步地走进来。

"怎么样？"戴笠急不可待地问。

"进去说。"胡宗南一脸严肃地指指后院，又对迎出来的第一师驻京办事处留守人员挥挥手，"没你们的事，你们各自忙去吧。"

来到后院戴笠的办公室，胡宗南坐下之后忽然哈哈大笑起来。戴笠一愣，旋即恍然大悟，布满阴霾的心头瞬间云开雾散。他使劲拍着胡宗南的肩膀说：

"我说老兄啊，我都快急死了，你这还拿我寻开心！"

"你这个急性子，就该让你多急一会儿。"

胡宗南兴致勃勃地讲述了一个"伟大"的计划：组织黄埔学生成立"三民主义力行社"。

"力行社？是不是像孙文主义学会、黄埔同学会那样的组织？"

"大体相同。"

"可是，校长什么时候复出？"

"只要时机成熟，随时都有可能复出。"

"什么样的时机？"

"这个嘛，不用我们操心，反正时机很快就会到来。"

胡宗南这句话，让戴笠一颗悬着的心终于稳稳地落了下来。

"说吧，我们做什么？"

"就是组织力行社，为校长早日复职，共同努力！"

"好！"戴笠兴奋得大手一拍，"这个组织现在都有哪些人，是校长让成立的吗？"

"确切地说，是校长同意成立的。发起人是曾扩情、贺衷寒他们，目前已经联系了20多人。"

当胡宗南说出这20多人的名字后，戴笠脸上的笑容消失了。

力行社的晚辈

这20多人中，除了康泽、滕杰等为黄埔军校第三、四期外，其他人皆为一、二期毕业生。他们或身居高位，或在蒋介石身边担任要职。如曾扩情为中央党部主任秘书，贺衷寒为陆海空军总司令部宣传处长，邓文仪为侍从室秘书，康泽为陆海空军总司令部宣传大队大队长。

看看这些人的资历，戴笠这个第六期的"无名小辈"，显然是不够资格的。然而胡宗南却信心十足：

"放心吧，我已经给你报名了。有我在，看他们谁敢说个'不'字！"

这几句话，既包含了胡宗南与戴笠非同一般的关系，又包含了胡宗南在黄埔系中非同一般的地位。在这些人中，军界的只有胡宗南与桂永清，胡宗南的军衔又在桂永清之上，因此胡宗南的话具有举足轻重的作用。

胡宗南深知戴笠对校长忠心耿耿，又知他在情报方面的特殊才干，而力行社不可缺少情报人员，无奈戴笠的秘密工作性质不便当众明说，其他人又不了解情况，认为戴笠资历浅，不够格。特别是蒋介石身边那几个人，一个个狐假虎威，目高于顶，根本看不起小圈子以外的任何人。若非胡宗南"天子第一门生"的身份，戴笠想加入力行社，那纯粹是天方夜谭。

最终，戴笠的名字被写在了最后。

戴笠这一生都在庆幸的，就是西湖边上结识了胡宗南。正是有了胡宗南的鼎力相助，有了这个"天子第一门生"做后盾，他才能得以跻身力行社，才能在众多"前辈"的反对声中站稳脚跟，他的特务组织才有了长足发展的契机。

人员确定之后，力行社尚未正式成立，蒋介石的复出即已提上议事日程。

蒋介石下野后，孙科就任行政院院长，随即陷入经济困境之中，不足一月行政院便开始改组，汪精卫接替孙科出任院长，蒋系宋子文任副院长兼财政部部长。汪精卫十分清楚，只有与蒋介石合作，才能摆脱经济困境。时逢"一·二八"淞沪之战爆发，军事上的压力，也迫使他为蒋介石复出积极筹划。在3月1日召开的国民党四届二中全会上，汪精卫提议蒋介石出任军事委员会委员长。这之后形成了汪主政，蒋主军，蒋、汪合作共管的局面。

也是在3月1日这天，力行社宣布成立。

力行社以干事会为领导机构，干事会下辖六处：总务处、组织处、宣导处、军事处、训练处、特务处。

第一届常务干事五名，以滕杰为书记；胡宗南为12名干事之一；戴笠为11名候补干事之一，并任特务处处长助理。

然而当时除了胡宗南，任何人都不曾想到，就是这个资格最浅的特务处处长助理，后来竟成为这个组织中最有权势的人物。力行社耕耘数年，对戴笠工作的助力可谓无与伦比；也可以说，是这个组织成就了戴笠的特工事业。

力行社成立之后，为保密起见，随即建立了二级外围组织——"革命军人同志会"与"革命青年同志会"；紧接着又建立了三级外围组织——"中华民族复兴社"。力行社作为核心组织，以原领导成员允任复兴社领导成员，对外假以复兴社之名，对二、三级外围组织中人，严守力行社机密。因此，力行社特务处，又称为复兴社特务处。

力行社成立一周后，担任特务处长的桂永清，因忙于筹办中央军校附设的军官干部训练班，辞去特务处长一职。关于新的处长人选，蒋介石曾要求说：只有知己知彼，才能做好一切工作，复兴中华民族精神与道德。因此情报工作不容忽视，负责情报工作的人选，一定要对党国绝对忠诚，并有搜集情报的经验。

蒋介石的要求，令戴笠怦然心动。因为在力行社所有人中，似乎只有他符合蒋介石的要求。但他毕竟资历浅，心中没底，只好去找胡宗南打探消息。

在蒋介石3月18日正式复出前后这段日子里，胡宗南一直留住南京。

来到胡宗南下榻的饭店，不等戴笠开口，胡宗南便笑着说：

"我正要去找你，没想到你先来了。"

"找我什么事？"

"你来什么事？"

说完这句话，两人相视而笑，几乎同时说：

"心有灵犀一点通！"

然后，胡宗南说：

"按校长所提条件，特务处长人选非你莫属。不过，其他人对你知之甚少，故而有人提出反对意见。但不管怎么说，我的保荐别人也不便反驳。但报上去的人选一共有六个，最后就看校长怎么定夺了。"

听说人选已经报上去了，而且自己名列其中，戴笠一时心花怒放。只是六选一，戴笠难免不为此担忧，而且做过情报工作的并非只有戴笠一人。但胡宗南说：

"放心吧，我了解你，也了解校长的用人方针，估计问题不大。"

当戴笠返回鸡鹅巷五十三号后，贾金南禀报说：

"长官，刚接到通知，让你到陵园别墅晋见校长。"

"什么时候？"

"明天下午。"

戴笠立即将这个消息转告胡宗南，两人一致认为，校长选中了戴笠。

受命中山陵

这是蒋介石第一次正式召见戴笠。

召见地点在位于中山陵右下坡松林、距明孝陵半公里的蒋介石的陵园别墅中。说是别墅，其实就是三间小平房，中间为会客室，西间为军事地图室，东间办公兼卧室。旁边一间小屋，为随从人员住所。由于简朴幽静，蒋介石常于假日到此"休息"；也因地处偏僻，宋美龄不愿在此留宿。当时小红山官邸尚未建造，宋美龄更喜欢住在设于黄埔路中央军校内的官邸。

戴笠跟随侍卫走进会客室，未几，蒋介石由东间来到会客室。如同几年前雪窦寺晋见，戴笠毕恭毕敬地站在蒋介石面前，"啪"的一个立正，向蒋介石举手行礼，朗声说道：

"报告校长，学生戴笠奉命前来晋见校长。"

蒋介石打量一下戴笠，点点头，开门见山地说：

"特务处长人选，干事会保举了六人，这六人中，只有你能负起这个责任。"

蒋介石选中戴笠，已在戴笠意料之中；而蒋介石如此直接地对他表示肯定，却是戴笠没有想到的。即便如此，他仍不敢相信这一切会顺利实现，他再次"啪"的一个立正，恭恭敬敬地说：

"感谢校长的信任与栽培！只是……团体中，很多人都是我的学长，由我担任这个职务，好像不太合适。"

戴笠并非故作谦逊，他深知自己资历浅，力行社那些持反对意见的人，都是黄埔毕业生中元老级人物，在蒋介石身边说话都有着举足轻重的作用，正所谓三人成虎，众口铄金，说不定未等任命，蒋介石就会改变主意。

而且更重要的一点，在力行社中，直接或间接从事过情报工作的大有人在。

桂永清曾担任过特务营长，自不必说；

郑介民在蒋桂战争中策反桂系将领非常成功，已初步显示出特工才能；

康泽虽毕业于黄埔三期，却在留苏期间便义务做起秘密情报工作，将同学中的中共党员活动情况源源不断地报告蒋介石，归国后即进入蒋的亲信幕僚行列，在出任侍从参谋的同时，以负责《中国日报》文化宣传之名，秘密搜集各方面情报，供蒋决策之用；

邓文仪毕业于黄埔一期，一直从事政治工作，1928年任侍从室秘书后，以对各类情报的独具慧眼与独到的政治眼光，深得蒋介石信赖，也是竞争力极强的人选。

戴笠尚有自知之明，怎敢掉以轻心。

蒋介石自然心中有数，之所以选择戴笠，是由于戴笠本身有着其他人所不具备的优势。

首先，戴笠自逆境中走来，身上有股拼命三郎能吃苦敢玩命的拼劲，有股直面挫折百折不回的韧劲；同时沉毅谨慎，孜孜以求，不慕浮荣，正是"处近要，负重任，共机密"的特工首脑不可或缺的素质。

其次，戴笠身上有种对情报工作与生俱来的才略与胆识。或者说，有种天生的特工潜质：机敏睿智，考虑问题精细周密，处事果断，行动雷厉风行。在条件并不成熟的情况下，以极快的速度建起了密查组，这无疑是其他人难以企及的；而这个现成的密查组，正是组建特务处不可多得的班底。

更重要的一点，是戴笠对领袖的绝对忠诚。他"自负有才，且多少有些英雄主义倾向"，"而十年潦倒，怀才不遇，上无以报慈母，卜尤以塞乡里悠悠之口"，一旦从人才济济的黄埔生中被拔擢，为报知遇之恩，以其个性，即使蒋介石要其项上人头，相信他也决不会犹豫。

因此蒋介石鼓励戴笠说：

"革命不分先后，岂能论资排辈。一切有我，你不必担心，现在是你有没有决心做好这个工作。"

见蒋介石态度如此明确，戴笠当即表示：

"报告校长，就黄埔的关系讲，您是校长，我是您的学生。就革命的关系讲，您是领袖，我是您的部下。既如此，我当然只有绝对服从命令，尽全力做好这项工作。"

几天后，蒋介石正式颁发对戴笠的任命，同时再次召见戴笠，谈了对特务处建制的初步设想。即特务处成立之初，暂设两科一室若干股，由郑介民任副处长兼第一科科长，邱开基任第二科科长，唐纵任书记室书记。

这样的人事安排令戴笠大为震惊。

郑介民何其了得，仅他的学历就足以令戴笠汗颜！

郑介民，广东文昌（今属海南省）人，字耀全，号杰夫，原名庭炳，生于1897年，与戴笠同庚；不同的是，郑介民在进入黄埔军校之前，就已读过广东警卫军讲武堂，1924年考入黄埔军校第二期步科，1925年年底赴苏联入莫斯科中山大学学习政治经济学专业，1927年8月回国后，又拿了个南京陆军大学将官班乙级第一期的"文凭"。

相比之下，戴笠那张黄埔六期肄业的唯一"文凭"，实在是楚楚可怜了。

就经历而言，郑介民早在十几岁的时候，就秘密参加了孙中山组织的民军，后避捕更名亡走马来亚，入黄埔后又参加了两次东征。

莫小看这两次东征，这比戴笠当年"刀尖上舔血"的学兵经历更为残酷，意义自然也大相径庭。戴笠参加的是军阀混战，或可说是狗咬狗一嘴毛的战争，郑介民参加的则是意义深远的正义之战。正是子弹没长眼，不管你是"天子门生"，还是马夫、勤务兵，一弹击中要害，都将一命呜呼。也就是说，在两次东征中，学生兵都有大量牺牲。即使在早期学生兵已成为中下级军官的北伐中，牺牲概率仍然很高。

正是"一将功成万骨枯"，这些挺过了东征、北伐的黄埔学生几乎个个都得到了快速提升。郑介民虽未参加北伐，收获却不可谓不丰，曾任中央军校政治教官，后出任蒋介石侍从室秘书，复兴社成立后，又进了复兴社的"领导层"——干事会，成了复兴社干事。

如此资深的"老革命""海归"，给草根出身的戴笠当助手，是戴笠做梦都不敢想象的。

而蒋介石安排的第二个人选邱开基，毕业于黄埔三期并曾留学日本，学历、资历也令戴笠望尘莫及。

蒋介石如此破格擢升戴笠，怎能不令他感激涕零，甘愿肝脑涂地以死相报？他当即郑重表示：

"从今日起，学生这颗脑袋就拿下了。这就叫一手接受命令，一手提着头颅。"

"此话怎讲？"

戴笠知道自己没把话说明白，咧着嘴笑笑，解释说：

"这是我的决心，这个工作做得好，我的头一定会给敌人杀掉；若做不好，当然要给领袖杀掉。再者，积劳成疾，所谓'鞠躬尽瘁，死而后已'，岂不外只有这三种情形。"

"士为知己者死"，在戴笠的辞典里是天经地义的。豫让漆身吞炭报智伯，戴笠为回报蒋介石，岂能在意项上人头！

这种必死的决心，印证了蒋介石对戴笠的判断。作为领袖，蒋介石需要下属的绝对忠诚，乃至不惜献出生命。戴笠的态度，使蒋介石认定没有选错人。

蒋介石安排的第三个人选唐纵，是戴笠的第六期同窗，早已被戴笠拉进"十人团"，因此戴笠对这项安排，也是心悦诚服乐于接受的。

蒋介石给特务处初定编制100余人，其他人员的安排，以及每月2000元的活动经费，均由戴笠全权负责。

至于办公地址，此前胡宗南已主动提出，将第一师办事处搬出，鸡鹅巷五十三号全部交给戴笠使用。但由十余人猛增到百余人，五十三号显然不够用，蒋介石特地调拨徐府巷二号作为特务处正式办公地点；并另外调拨三道高井洪公祠后院的一幢二层小楼，为特务处首批干部训练班的教室及宿舍。

如此规模，戴笠心里清楚，特务处绝不仅仅是负责情报工作，他的特工人员，也不仅仅是情报员，他们有着更重要的责任与使命，有着更为广阔的舞台……

从"洪公祠特训班"起步

1932年4月1日，是戴笠一生中最重要的日子。

这一天，蒋介石在力行社全体成员大会上郑重宣布了特务处及其两科一室负责人人选。尽管这个人事安排所有人早已知晓，但对戴笠来说，只有正式公布之后，特务处才能名正言顺地正式运行。

随后，蒋介石"移驾"三道高井洪公祠后院，主持特训班开学典礼。

特训班全称为"参谋本部特务警员训练班"，因设于洪公祠，又称为"洪公祠特训班"。

洪公祠特训班专为培训特工人员而设，学员选自"中央军校特别研究班"，研究班学员大多为黄埔军校毕业生。在选拔过程中，每个人都曾到鸡鹅巷五十三号谈话，与他们谈话的正是戴笠本人。戴笠化名"马行健"，在不告知对方谈话目的的情况下，对未来学员进行思想政治考察。

第一期学员已于3月下旬入校并开课，3月31日上午，戴笠亲临特训班，公开了自己的真实身份，并言明奉校长之命，创办该特种工作人员训练班。

4月1日，也就是特务处成立之日，特训班补办开学典礼。全体学员起立，面对悬挂在正面墙上的孙中山与蒋介石肖像，跟随蒋介石宣读誓言：

"余誓以至诚，奉行三民主义，服从领袖命令，遵守团体纪律，尽忠职守，严守秘密。如违誓言，甘愿受最严厉制裁。谨誓。"

戴笠与特务处的其他负责人郑介民、邱开基、唐纵分别站在讲台两旁，与学员们一起跟随蒋介石举手宣誓。宣誓完毕，戴笠将发到每个学员手中的誓词稿纸逐一收起，当场焚毁，随后聆听蒋介石对全体学员的训示。

回到鸡鹅巷五十三号，戴笠将所有人员召集到饭厅开会，传达力行社会议精神和特训班开学典礼上蒋介石的讲话。

此时特务处虽尚未大规模招兵买马，但对戴笠情报工作有过支持的同窗故旧已陆续来到，包括刚到不久的邓展谟与乔家才等人。

这些昔日的朋友，如今都成为戴笠的左膀右臂，私底下彼此把臂论交，无话不谈；正式场合以"革命同志"相处，而戴笠那张肖马的长脸一绷，所有人都会感到一种威严与凛然的震慑。

今天是个喜庆日子，戴笠心情愉快，却表情严肃。因为他除了传达会议精神，更要主持一场宣誓，一场与特训班开学典礼上相同的宣誓。他把这个宣誓看作对领袖至高无上的忠诚，任何的随意都是对领袖的不敬与亵渎。

与特训班一样，饭厅的正前方墙上挂上了孙中山先生遗像与蒋介石的肖像，餐桌早已被搬开，全体人员站在餐厅跟随戴笠举手宣誓，宣誓之后，戴笠按照蒋介石对特务处工作的指示，发表讲话：

"特种工作是一项新兴的工作，目前许多人还不了解它的性质与重要性。校长明确指出，特种工作人员是国家民族的灵魂，是领袖的耳目。这是一项非同寻常的工作，它需要我们具备坚韧不拔的精神，抱定不成功便成仁的决心，甘当无名英雄……"

最后宣布：将以每年的4月1日，作为特务处成立纪念日。

散会后，戴笠吩咐勤务人员多炒几个菜，再备两瓶酒，说要隆重聚餐，以示庆贺。

聚餐，是戴笠入住五十三号之后养成的习惯。由于工作繁忙，利用进餐时间研究工作，边吃边谈，可谓一举两得。只要不外出，只要能放下手头的工作与大家一起吃饭，戴笠都不会放过这个机会。许多的情报、计划、决策，是在餐桌上交流汇总和制订下来的。从此，聚餐这个习惯，跟随着戴笠由密查组到特务处，到军统局，一路沿袭下去。

今天是特务处成立之日，意义非同一般，正因为此，这顿聚餐，亦可称为"十人团"进驻五十三号后的第一次"宴会"。

虽说菜算不上丰盛，酒也少得可怜，更无像样的餐具、酒具，但对特务处这些创始人来说，已经是十分豪华的宴席了。

环视着这些曾经支持帮助过自己，跟随自己艰苦奋斗打天下的同窗故旧，回想十年打流、报考黄埔，在这些朋友的帮助下，一步步走到今天的艰辛，戴笠的眼圈红了。他高举酒杯，动情地说：

"我戴雨农，从入住宏信学旅报考黄埔，到参加情报组、出入中原战场，再到成立密查组入驻鸡鹅巷、成立特务处，每一步都离不开各位弟兄的鼎力相助。都说打虎亲兄弟，上阵父子兵，我们大家虽非同胞兄弟，却是情同手足，日后还要仰仗大家，齐心协力，完成校长交给的各项任务。这杯酒，我敬各位仁兄，干！"

整个聚餐过程中，所有人都欢欣鼓舞，兴致勃勃。大家献计献策，为特务处的发展，提出了诸多设想与策划。

平心而论，戴笠从报考黄埔军校一路走来，确实有股不甘于命运安排的拼搏精神，这种精神感染着他身边的每一个朋友。而这些追随他的年轻人，当年都是满怀革命热忱进入黄埔军校的。如今面对崭新的特种工作，自然而然地认为这是一项充满挑战的"革命"工作，认为特务处是一个特殊的"革命"团体。为做好这个工作，迎接挑战，个个摩拳擦掌、干劲十足，而且甘当无名英雄。大家的朝气、信心和精神状态，令戴笠深受感动，十分欣慰。

特务处宣告成立后，徐府巷特务处本部旋即开张。鸡鹅巷五十三号作为处理机要的特定机构，称为甲室；徐府巷特务处本部称为乙室，各项工作随之有序展开。

9月，军事委员会成立调查统计局，陈立夫出任局长，特务处同时成为调查统计局第二处。此前，由于力行社为秘密组织，隶属于力行社的特务处也成了不为人知的秘密机构。如今同时隶属于调查统计局后，特务处便有了公开对外的正式身份：调查统计局第二处。

而在特务处成立之初，由于脱离力行社在外独立办公，曾引起力行社常务干事贺衷寒等人的不满。又因诸多任务为蒋介石直接交办，戴笠坚持只对蒋介石一人负责，只有干事处交代的工作才对干事处负责，贺衷寒等人不满却也无可奈何，因此确立了特务处在力行社的特殊地位。如今隶属调查统计局后，陈立夫同样无权干涉和过问二处的工作。

如此一来，小小特务处（二处）成了通天机构，戴笠这个小小的少校处长，也成为蒋介石身边炙手可热的人物。

10月，洪公祠特训班第一期学员结业，30名学员除中途三人退学外，结业的27人均分配到各地建立情报站、组，这些人后来大多成为军统将军级骨干力量。其中几个最为响当当的人物，一个是军统"三大杀手"之一陈恭澍，一个是"三大杀手"之一赵理君，另一个就是大半辈子都在看守张学良的刘乙光。其他较为有名的还有戚南谱、杨英、赵世瑞、翁光辉、喻耀离等。

"洪公祠特训班"在军统历史上意义深远，它是戴笠通过举办特训班培训特工人才的开始。从此，各种各样的特训班，成为特务处乃至后来军统局的主要人才来源。

毛万里与"浙警"擦肩而过

也是在1932年10月，戴笠被任命为浙江警官学校政治特派员，旋即着手"接管"浙江警校。所谓"接管"，实际是将浙江警校纳入特务处管辖之下，作为培养特工人才的重要培训基地。

浙江警校是1928年朱家骅任浙江省政府民政厅长时创办的，是当时全国仅有的两所专业警官学校之一。戴笠任特派员后，为利用现成的机构、设施与批准在案的巨额经费培训特工人才，同时借机培养亲信打入警界，特保举胡宗南推荐的亲信赵龙文出任警校校长兼杭州警察局长。

赵龙文，字华煦，生于1901年，浙江义乌人，毕业于广东高等师范学校，曾在胡宗南的第一师任职，与胡宗南关系甚笃。赵龙文出任校长后，戴笠又保荐更换了教务处主任、训练处主任等负责人，将该校各队队长、政治指导员等等，全部换成特务处成员。同时在警校内设立特派员办公室，任命王孔安为办公室书记长，常驻警校主持工作，代为行使特派员职权。

戴笠本人只要抽得出时间，便会亲自到警校坐镇。有天到警校检查特训班工作，王孔安送来一封信，信封上写着"戴雨农先生亲启"，地址为"江山县吴村乡水晶山底"。

看到这个地址，戴笠心头骤然一热：这不是毛人凤家乡的地址吗？

只是字迹陌生。

打开信一看，落款为"毛善高"。毛人凤谱名"毛善馀"，这"毛善高"若不是毛人凤的同胞兄弟，便是其同族兄弟。

一看内容，果然是毛人凤的胞弟，名毛万里，谱名毛善高。

"……久闻先生大名，甚为仰慕，今与同乡结伴报考浙江警校，临行前，家兄毛人凤告之，先生为警校主事。故寄函问候，望能前往拜访……"

此时毛万里已参加浙江警校的考试，正住在警校附近的旅馆里，等待发榜。为了不错过机会，得以一展宏图之志，特效仿李白上书韩荆州，投书戴笠，表示景仰之忱。

戴笠值此用人之际，也曾想过联络同窗好友毛人凤，以报当年慷慨相助之恩。但一打听，毛人凤正在衢州行政督察专员公署任秘书，混得不错，便打消了这个念头。如今其弟毛万里报考警校，正在自己职权范围之内，岂有不关照之理？

戴笠当即吩咐贾金南去旅馆，将毛万里请到警校见面。

毛万里身着一袭青布长衫，看上去简洁朴素，精明干练。举手投足、言谈举止之间，又见成熟稳重。经过一番交谈，戴笠得知，毛万里毕业于衢州第八中学，曾远赴湖北黄陂任县政府文牍，也曾在浙江开化县党部做文书。这番工作经历，使戴笠当即决定，让毛万里直接到特务处工作，因此对毛万里说：

"善馀兄与我同庚，我知道他排行第五，你是六兄弟中的老小吧？"

毛万里点点头，脑子里却是一头雾水，不明白戴笠为何要确认他的排行。

其实戴笠要说的是毛万里的年龄，毛万里出生于1903年，前六期黄埔军校毕业生中，很多人与他年龄不相上下，甚至比他更年轻。戴笠自己错过了军校前几期，以年届三十的"高龄"入读第六期，饱尝"晚辈"之苦。如今毛万里也是而立之年，与其同那些小青年一起入读警校，不如直接参加特务处工作。

他以自己与胡宗南为例，说明机遇的重要性。

"眼下特务处正是急需人才的时候，善高啊，机不可失。"

"可是，我对这个工作一点都不了解，也没有这方面特长。"

"你有文化基础，又有工作经验，至于这方面特长，在实际工作中学习，比先进警校再参加特训班要直接得多。"

话虽如此，毛万里仍然心里没底。他报考警校的目的，是毕业后入职警官行业，并不知道戴笠主持警校工作，是为了给特务处培养人才。对特务处的工作性质，他一点都不了解，只好答应试试看。

第二天，毛万里便赶赴南京，到鸡鹅巷五十三号报到，被安排担任洪公祠参谋本部特训班少尉书记，不久又晋升为甲室机要秘书。

而毛万里报考的这批警校新生，录取入学后，成为浙江警官学校正科二期，毕业后，戴笠从中挑选43人进入在警校举办的第一期特训班甲班，接受为期半年的特工培训。这些人后来大多成为军统局的骨干力量，如毛森、姜毅英、阮清源、石仁宠、章微寒、叶霞翟、王清、丁继曾等。其中来自江山县界牌乡和仁村的毛森，后来成为陆军中将；来自江山县新塘边的姜毅英，后来成为军统局唯一女少将；后来成为胡宗南夫人的叶霞翟，不久被送到美国深造……

随着浙江警校第一期特训班的开学，戴笠相继开设了甲乙丙三种特训班，并在不久后开设了无线电培训班。甲班以警校优秀正科生与各地特务骨干为培训对象，专门培训高级特工人才；乙班以江山、嵊县（今嵊州市）初中毕业生为招收对象，训练骑马、射击、驾驶、拳击、擒拿等技能，专门培训行动打手和充当警卫的特工人员；丙班以十五六岁女初中生为招收对象，训练项目除武功外，还有女佣等方面技能，如烹饪、缝纫等，以备以后打入敌方内部做内线策应工作。

浙江警校是特务处大规模培训特务的开始。在特务处时期，除了洪公祠特训班毕业的几期学员外，浙江警校为特务处培训了大批人才，在军统历史上占有重要地位。

为扩大特工组织，迅速建立起一张覆盖全国的特工网络，戴笠又将特训班向各地延伸。当年12月，察哈尔北部张北分校特务训练班开办，20名学员全部来自中央军校，由军官训练班200名学员中精选而来，培训后被派往北平、天津、石家庄、唐山、邢台等地开展情报工作。

特务处在各地的秘密情报组织，分别以"区""站""直属组"以及直属通讯员的形式，在各地相继建立。外勤的公开机关，亦开始向警界渗透。

特务处本部的内勤组织，也由原来的十多人增加到100多人。随着业务的不断拓展，各科、股亦不断增加、扩大与完善。事实上，特务处一经建立，便迅疾开始了快速扩张与发展。

拉小兄弟"入伙"

除了办特训班外，特务处人才来源的另一条渠道，是由特工人员通过亲朋好友及熟人介绍与引荐。但必须符合两条标准：一是政治上可靠；二是有一技之长。

戴笠对自己的同乡故友，合适的盛情邀请，不合适的同样拒之门外。只是在条件上，有一把灵活掌握的尺度。

当年在沪杭打流时，戴笠在往返途中，结识了兰溪人胡子萍。

胡子萍别名聘卿，字国宾，浙江兰溪人，生于1908年，比戴笠整整小了11岁。戴笠从杭州乘船往返江山老家，要在兰溪留宿一晚。结识胡子萍后，每到兰溪，便借住胡子萍家中。自1924年齐卢战争中回乡组建自卫团，到1926年报考黄埔军校，这段时间戴笠没有外出，而赴广州是从江山一路南下，从此再没有途经兰溪，与胡子萍的联系就中断了。

特务处成立不久，有一天戴笠看报纸，无意中发现一则结婚启事，当事人竟是胡子萍。为感谢这位小老乡当年的慷慨相助，戴笠随即寄出20元礼金，并写信邀请胡子萍到南京一叙。

20元在当时是一笔不小的数目，一般职员月薪也只有十几元。胡子萍收到礼金后，知道今天的戴雨农，已不是昨天的戴春风，料定戴笠已经发达，蜜月后即来到南京，前往鸡鹅巷五十三号拜访戴笠。

戴笠并不知道胡子萍的具体情况，毕竟一别八九年，当年的胡子萍还是一名十五六岁的青葱少年。只是觉得这个乐善好施的小老乡，若到特务处任职，一定会有用武之地。

当胡子萍站在戴笠面前的时候，戴笠笑了。

当年那个瘦小的男孩，如今已是身材挺拔面容俊朗的青年，从个头、相貌，到穿着打扮、言谈举止，都仿佛变了一个人，却又透着戴笠熟悉的质朴与真诚，更多了一层深邃的内涵。

这个"内涵"，戴笠称之为"成长"，就像他从打流青年成长为特务处长，是那段岁月的结晶。

经过一番交谈，戴笠才知道，胡子萍也是黄埔军校毕业，也是1926年10月参加考试，与他同期。不同的是，黄埔军校搬迁南京后，因蒋介石下野而散落社会的第六期学生，重聚南京继续完成学业，戴笠因情报工作错过了这一机会，胡子萍则按部就班于1929年2月正式毕业于中央军校。

戴笠拍着胡子萍的肩膀，感慨万千：

"子萍，你今年是24岁吧？你这么年轻，没想到我们是同一期的军校生。"

"大哥，你也是第六期？"胡子萍不无惊愕。

"是啊，总算赶上了末班车，好在校长对我们后期的学生一视同仁。"

话虽如此，戴笠心里明白，后期黄埔生失去了太多的晋升机会，甚至有的失业赋闲工作无着。这是因为北伐中入校的第五、第六期黄埔生，在蒋介石下野后大多散落社会。尽管蒋介石复职后这些人大多返校，但在1929年的军阀混战与1930年的中原大战中，又有很多黄埔生因部队被打散而不知所终。中原大战之后，蒋介石在南京中央军校特设"军校毕业生调查处"，登记查找这些失业学生，但由于通讯设施等条件所限，很多人并不知情或者没有得到妥善安置，胡子萍便是其中之一。

令戴笠庆幸的是，他抓住了做情报的机遇。倘若当初返校，很难说他能打出一片属于自己的天下。当然，有胡宗南、姜绍谟这样的朋友，他还不至于失业。

"虽然都是第六期，可大哥事业有成，我还是闲人一个，不知大哥这里有没有我能做的工作？"

当年戴笠屡经兰溪，走南闯北的见识、阅历，和他口若悬河的述说，为胡子萍打开了一扇大千世界之窗。从相识起，胡子萍就对戴笠充满了崇拜。戴笠对胡子萍也是直来直去，从无客套：

"子萍，我约你来，正有此意。不过，有些情况你需要考虑清楚，特务处尚在初创时期，工作艰苦，待遇微薄；由于工作性质特殊，组织纪律更是比一般部队严格。"

"大哥，你放心，我知道这里是革命团体，我们兄弟归兄弟，工作归工作，我会服从领导，严守纪律。至于条件与待遇，我也是校长的学生，怎会计较个人得失？"

"好，子萍，就这么定了！"

胡子萍毕业于第六期交通科，特务处正缺少这方面的人手，戴笠当即任命胡子萍为交通、人事股长。

拒同窗之"门外"

胡子萍上任不久，另一位第六期同窗叶彦世上门谋职。

说起来，叶彦世与戴笠不过是泛泛之交，只是叶彦世在第六期中也属于年长者，与戴笠在一起就有了诸多共同话题和感慨。当时戴笠在"蛰伏"状态，不可能与不知根底的人袒露心扉，因而这些话题和感慨不过是远离政治的"家长里短"。但在叶彦世看来，他与戴笠交情不浅。而且在叶彦世眼中，戴笠不过是一个没见过世面的乡下人，蚁众如蛆，蛹化成蝶者无几，何况这个在芸芸众生中最不起眼的一分子。

此时叶彦世赋闲上海，听说戴笠当了处长，虽然小有惊愕，却也没把戴笠当回事，不过一个小小处长。只是这个小小处长对他来说可解燃眉之急——给他安排个

"饭碗"，为此特地赶到南京。

一见面，叶彦世便拍着戴笠的肩膀大笑着说：

"哎呀老戴，真是士别三日当刮目相看。当初返校复课，不见你踪影，我心说，完了，老戴这辈子没机会了。谁知你老兄塞翁失马，没拿到文凭，却当上了处长，佩服！佩服！"

戴笠对工作历来一丝不苟，对特务处的纪律要求更是板上钉钉，没有通报并得到他的允许，任何局外人（胡宗南等人自然不属于局外人）不得进入他的办公室。他正在处理机要文件，叶彦世就直接闯了进来，连文件都来不及收起，就不得不面对这个不速之客，自然是气不打一处来。当然这个"气"不是对叶彦世，而是对在外院办公的唐纵等人。

毕竟是老同学，况且物色人选扩大团体是戴笠当前一项重要工作，心中的不快也就一刹那，旋即被邀请这位老兄"入行"的想法所替代。可这位老兄一开口，就让戴笠心中产生了极大的不快。

平日里，他并不讳谈自己军校肄业，第六期举行毕业典礼时也曾通知他参加，当时他正出入前线跑情报，毫不犹豫地放弃了。对此他并不后悔，而且恰恰相反，正是由于当初的放弃，才有了今天的得到。但是这话从叶彦世嘴里说出来，味道怎么就变了？

正尴尬之际，唐纵急匆匆赶来，一见叶彦世在此，即对戴笠说：

"戴先生，既然彦世兄已经来了，那我先去忙了。"

言外之意，叶彦世在前院已见过唐纵，唐纵知道戴笠正忙，未予通报，是叶彦世自己跑到后院来的。不料，戴笠尚未来得及答话，叶彦世却先开口了：

"戴先生？哈哈哈，老戴呀，看来你这里规矩不少哇，唐乃健比我们年轻不假，可到底是同期兄弟……"

唐纵听了直皱眉头，赶紧打断叶彦世的话，告辞说：

"彦世兄，你们聊，我先去忙了。"

唐纵字乃健，湖南酃县（今炎陵县）人，生于1905年，比戴笠年轻八岁。

虽同毕业于黄埔军校，且为同窗，但唐纵是一副文质彬彬的书生模样。其个性，亦是沉稳冷静，思虑周全，处事谨慎。他知道叶彦世是来谋职的，也知戴笠的用人标准，本来想给叶彦世一点提醒，怎奈这位老兄自以为与戴笠够朋友，根本没耐心听他说话。

特务处的骨干力量，都是戴笠的同窗同乡新老朋友，虽然私底下戴笠也与他们称兄道弟，但在工作场合、工作时间，没有哪个敢与他平起平坐，尤其在他工作忙碌或心情不好的时候，没人敢擅自打扰他，莫说第六期同窗，就是第二期的郑介民和第三期的邱开基，对他也是恭恭敬敬，言听计从。

这一方面是戴笠有意而为之，没有规矩不成方圆，何况是一个从事秘密工作的团体；另一方面也是性格使然，多年前黏住朋友的法宝就是逞强好胜、争强斗勇、为朋友两肋插刀，如今更懂得收买人心，宽严相济，恩威并重。

其实大家都清楚戴笠心中的尺度，朋友就是朋友，下属就是下属。做朋友就不要成为上下级，成为上下级就再也做不了平起平坐的朋友。当初戴笠不愿到姜绍谟的国民党浙江省党部谋职，亦不愿投身胡宗南帐下，就是不想由朋友变为下属。作为下属，必须摆正自己的位置，不得逾越。

在特务处，大家当面称戴笠为"戴先生"，背后称他为"戴老板"。私下里也有人称他为"雨农兄"，但那一般是外勤特工，或是非正式场合，或是他心情极好与极坏的时候。

叶彦世的来访，戴笠从心里是欢迎的，只是他的贸然闯入与"开场白"令戴笠心中不快，却也迅疾烟消云散。他呵呵笑着与叶彦世攀谈起来。

"一别四五年，彦世兄现在哪里高就？"

三句话不离本行，一开场就很自然地切入"主题"——探索一下有无可能招致幕下。只是叶彦世的回答令他十分意外。

"别提了，点儿背！如今正蹲在家里没事干，这不，听说你混得不错，特地来看看，有什么需要小弟帮忙的？"

戴笠显然一愣，既是来谋职的，怎可用这种口气？特务处再缺人手，也不会请人居高临下地来"帮忙"。关照同窗故旧本在情理之中，奈何一别数载，叶彦世的行为作派，依旧是自以为是，粗莽如初。这样的品性，如何做得好保密工作，又如何能甘居人下，听命于他人呢？他没有表态，笑着岔开了话题。

当晚，戴笠在饭厅摆酒，热情招待叶彦世。这天王孔安从浙江警校来特务处汇报，正好留下作陪，其他作陪的也都是与叶彦世熟悉的徐亮、唐纵等第六期老同学。

这次宴席，由于人少菜精，比特务处成立那天的聚餐要丰盛许多。加上老同学个个热情敬酒，戴笠亲自布菜，叶彦世觉得戴笠不愧是同窗好友，讲义气，够交情，几杯酒下肚，越发飘飘然起来，一口一个"老戴"地叫着，大赞老戴顾念旧情，说着说着就说起了"老戴"的过去：

"想当初，看到老戴这张长脸，还真是不敢恭维。有人说脸肖动物的人有福，我还不信。可如今，管着一百多口子人，官不大权力不小……"

如果说当初叶彦世对戴笠看走了眼，那么时至今日，即使求职上门，仍没把戴笠"当盘菜"。倘若是私底下说这番话，戴笠或许不会计较；可酒桌上也是个公共场合，当着一帮同学的面说这样的话，戴笠心里自然不是滋味，要是人人都像他一样，他这个处长就别当了。

唐纵赶紧打断叶彦世的话，说：

"彦世兄，我看你是喝多了。"

叶彦世却满不在乎：

"没有没有，老戴知道我的酒量。"

饭后，唐纵与王孔安送叶彦世去休息。戴笠吩咐徐亮去找交通、人事股长胡子萍，让胡子萍买一张到上海的火车票，再去财务另支20块钱赠予叶彦世，翌日一早送叶彦世回上海。

当徐亮找到胡子萍交代此事后，胡子萍十分惊讶，他知道戴笠向来对朋友多有关照，尤其对第六期同窗更是高看一眼，怎会将叶彦世拒之门外呢？

"他不是戴先生的同窗好友吗？"

"有些好友是做不了下属的。"

听了徐亮的话，胡子萍沉思良久……

得了位电讯高人

特务处初建时，最急需的是无线电通讯设备。当时国民党中央组织部党务调查科已经成立了几年，在各地相继建起分支机构，有较完善的通讯网络。特务处各地重要情报，只得借用组织部党务调查科的通讯网络和军政部门的电台代发代收。但往往不被对方重视，时间上难以保证。情报工作贵在时效，耽搁几分钟都可能影响大局；而且求人之事，总要看人脸色，仰人鼻息，这令戴笠十分窝火。

随着分布在各地的情报组织迅速增加，建立属于自己的无线电通讯网络，成为特务处的当务之急。

但建立通讯网络不仅需要资金设备，更需要人才！首先需要培养专业人才。有浙江警校在手，开设无线电培训班并不难，难的是需要聘请一位专家主持这项工作。

到哪里去聘请这样一位专家呢？

1933年春节过后，在春寒料峭中，戴笠赶赴位于杭州上仓桥的浙江警校，召集特派员办公室书记长王孔安、校长赵龙文，以及教务处主任、训练处主任等警校负责人，一起商量增设电讯班事宜。

正讨论到关键处，即如何寻找主持这项工作的专家人选时，只听房门一响，胡宗南一步跨了进来。

大家都知道戴笠与胡宗南是至交，胡宗南无论到南京鸡鹅巷五十三号，还是到杭州浙江警校戴笠的办公室，都无须通报。

赵龙文曾是胡宗南的亲信，一见胡宗南，立刻眉开眼笑，乐不可支：

"戴先生，这下有办法了！"

"寿山兄，好几个月不见，你总算回来了！"

胡宗南翩然而至，最高兴的自然莫过于戴笠。自从去年7月胡宗南率领第一师进驻皖西，参加对鄂豫皖根据地红四方面军的"围剿"，一去半年多未归。

"怎么，遇到什么麻烦了？"

"说起来还真是麻烦。"

戴笠如此这般一说，胡宗南听着听着呵呵笑起来。

"你笑什么？"

"我笑你运气好。"

"此话怎讲？"

"我这里正有一个现成的人选，是当今寻遍天下难得的电讯高手。"

"哈哈哈，寿山兄，莫非你我心有灵犀，我正为这事犯愁，你就送上门来了。"

戴笠兴奋得拊掌大笑，倏尔又收敛笑容，对胡宗南说：

"不行不行，寿山兄，你那里比我这更需要电讯人才。"

"这话不假，不过，他已为我们第一师培训了电台人员和管理电台通讯的专业人才。当然，更重要的是，第一师要开赴甘肃天水，他不愿意去西北，我只好忍痛割爱了。"

"第一师要开赴西北？这么说，以后我们兄弟见面的机会就少了？"

"那倒不会，部队开得再远，我总还有回京公干的机会。"

"哈哈哈，这我就放心了！"

胡宗南给戴笠介绍的电讯专家名叫魏大铭，原名魏金声，江苏金山（今属上海）人，生于1907年，毕业于交通部上海电报传习所，后入陆军大学甲级将官班学习，曾就职于交通部设于上海的无线电管理局，在局长温毓庆手下，创办短波无线电通讯网。"一·二八"淞沪抗战时，魏大铭参加了上海后援会前线电台组的工作，战事结束后，被胡宗南的第一师挖走。如今第一师要开赴大西北，魏大铭愿意留下，胡宗南正要给他找一个合适的用武之地。

"实话告诉你，我就是为魏大铭的事来的。"

"哈哈，你还真是能掐会算，知道我正为这事急得撞南墙。"

"我要是能掐会算，这个特务处就该我来操刀了。"胡宗南哈哈大笑起来，又说，"做情报是你的主业，用别人的网络发情报，黄花菜都凉了。你那么精明，还能想不到建自己的电讯网？可要找个能把这块给你顶起来的高手，还真不是件容易事。"

"这就叫有福之人不用忙，我这里正求贤若渴，你那里就雪中送炭。知我者，寿山兄也！"

两人无拘无束这一番谈论，虽说把其他人都晾在了一边，却也让他们听得一个个眉开眼笑。

3月初，魏大铭到浙江警官学校报到。

要建立无线电电台网，首先要培养报务人员。魏大铭到任的第一件事，就是开办无线电训练班。3月18日，第一期电讯班正式开课。

电讯班名称为"杭州电讯训练班"，又称"杭州特警班第六队"。戴笠亲任班主任，魏大铭任副班主任，教官都是魏大铭从外面请来的业内专家。管理上阵容强劲，队长、副队长、工作人员都是精挑细选的，这些人后来大多成为独当一面的军统高级技术特工。

12名学员中，十人为该警校正科毕业生，一人为特务处广东站保送，另一人是由戴笠保荐的其本家侄子戴永安。这些人后来都成了特务处在通讯方面的骨干。

第一期电讯班的圆满结业，令戴笠非常满意。为勉励魏大铭，除了奖励他200元奖金外，戴笠又特地差人买来一块上好的藏青色毛哔叽布料，送给魏大铭，让他去做一身中山装。因为在浙江警校，所有人的着装都是中山服或者警服，只有魏大铭是一袭长袍马褂。

在总结第一期电讯班办班经验后，考虑到警校毕业生专业性质所限，大多无从事无线电通讯专业的基础，又在上海设立三极无线电传习所，招收对无线电有兴趣的学生接受训练，毕业后从中挑选优秀学员，进入浙江警校电讯班学习。及至抗战爆发，浙江警校共开办电讯班11期，为特务处培养了大批从事无线电通讯的特工人才。

在魏大铭的主持下，特务处的情报电讯网，也很快在全国各大城市铺开。魏大铭还和请来做教官的无线电专家康宝煌，发明制造了特工专用小型发报机，令戴笠大喜过望。

而在第一期电讯班开班的3月下旬，胡宗南的部队也将开赴甘肃天水。胡宗南临行前，戴笠在南京设宴为其饯行，作陪的有魏大铭与赵龙文，这两人都曾是胡宗南的亲信，如今到了戴笠手下，自然处处备受重视。

宴席上洋溢着兄弟情谊，气氛随和融洽。就在大家推杯换盏兴致盎然的时候，贾金南从特务处急匆匆赶来，交给戴笠一封加急信件。

在座各位都了解情报工作的特点，这封加急信让宴席上的谈笑声戛然而止，所有目光都落在了戴笠打开的信笺上。

"发生了什么事？"见戴笠摇头叹息，胡宗南问。

戴、胡之间向来无秘密，特务处所有机密情报都是对胡宗南公开的，以致后来涉及胡宗南部队的情报，都要先经过胡宗南过目，然后才可以上报。

戴笠没说话，直接将信递给了胡宗南。胡宗南看罢，也是一声长叹：

"哎，我们这个九哥啊，真拿他没办法。"

胡宗南所说的"九哥"，就是他们的结拜兄弟王老九，王亚樵。

"好几次都让他从眼皮底下溜走了，这次，不能再让这位仁兄溜掉。寿山兄，看来我要中途退场了。"

"好，你去吧，公务重要，但愿这次能有所收获。"

"好好招待寿山兄。"戴笠向魏大铭、赵龙文交代一声，自己急匆匆走了。

第六章

拥蒋与反蒋，把兄弟殊死搏杀

是谁，刺蒋刺宋刺白川

王亚樵从什么时候开始反蒋的，戴笠与胡宗南并不知晓。湖州一别，三人各奔东西，戴笠若非考入黄埔军校，或许与胡宗南邂逅亦无机会，何况远在上海的徽帮帮主、"斧头党"首领王亚樵。

戴笠第一次听说王亚樵反蒋，是在1931年7月，因为6月下旬刚刚发生了庐山刺蒋案，尽管当时他并未介入此案调查，但职业使然，一向敏感的他还是悄悄弄清了刺蒋案始末——

6月，蒋介石前往庐山，准备策划发动对江西苏区的第三次"围剿"。

当时山上无公路，上下山的交通工具只有滑竿。一日，蒋介石身着长衫，坐在由两人抬着的滑竿上，在庐山山南太乙峰山麓，沿着登山古道悠然下山。

十多名侍卫，分布在滑竿周围，跟随警戒。

四周一片静谧，除了大自然的天籁之音，便是一行人沙沙的脚步声。

古人称"匡庐奇秀，甲天下山"，仲夏的庐山，更给人一种"嗒然白云外，巾舄得清凉"的超凡境界。蒋介石微闭双目，完全没有料到危险已经迫近。

忽然"砰"的一声枪响，一颗子弹从蒋介石耳边飞过，蒋介石蓦然睁开双眼。

立刻有数名侍卫冲到蒋介石身边，将蒋介石保护起来。

更有侍卫手疾眼快，不等杀手发出第二枪，当即朝着杀手的方向"砰砰砰"连发数枪。在一棵参天古树后面，杀手应声仆地，倒在血泊中……

戴笠秘密调查后得知，杀手名叫陈成，是王亚樵派出行刺蒋介石的数名杀手之一。尽管杀手已死，但王亚樵手下杀手众多，他的"斧头党"成员个个身手不凡，是一群地地道道的亡命徒、暗杀党。倘若王亚樵不肯罢手，那么处在明处的蒋介石将防不胜防，这令戴笠十分担忧。

果然，一个月后，另一桩行刺案在上海发生，不过这次行刺对象不是蒋介石，而是掌握国民政府财政大权的宋子文。

案发于7月24日，上海北站。

当天清晨八时左右，从南京开往上海的客车徐徐进入北站，在普通旅客下得差不多的时候，从卧铺车厢里下来几名身穿中山装的年轻人。这几人下车后，分别站在车门口两边，随后下车的是两名身着洋装的人。

这两人看上去35岁上下，都身着笔挺的白色西装，头戴太阳帽；都是中等身材，高矮胖瘦不相上下。

这两人就是时任国民政府财政部长的宋子文和他的机要秘书唐腴胪。

宋子文和唐腴胪下车后，身穿中山装的一群人便跟在他们身后，向出站口走去。

就在这时，枪声骤然响起，"砰砰"两枪，宋子文与唐腴胪几乎同时扑倒在地。不同的是，唐腴胪是中弹倒地；宋子文则是听到第一声枪响时当即倒地，就地十八滚，滚到站台的一根大柱子后面，躲过了随后飞来的子弹。

几乎与此同时，有杀手抛出烟幕弹，整个站台瞬间烟雾弥漫。

这是杀手为安全撤离放出的烟幕弹，他们以为刺杀目标宋子文已经被击毙，于是迅速撤离，宋子文因此侥幸逃过一劫。

连续发生的两起暗杀，矛头直指蒋介石集团，直接刺蒋失败后实施刺宋，使蒋介石极为震惊与震怒。而当局久未破案，令蒋、宋等人寝食难安。

1932年4月特务处正式成立不久，戴笠奉命接手两案，很快查出，两起案件均由王亚樵幕后策划与组织实施；王亚樵此举，与"西南派"密切相关。

早在1931年年初，胡汉民与蒋介石发生"约法之争"，2月28日，蒋介石一怒之下囚禁胡汉民。为此，西南派派人携26万元巨款到上海，找到王亚樵，想借王亚樵的"斧头党"，暗杀蒋介石。

随后，王亚樵对蒋介石组织了多起暗杀行动，均未得以顺利实施。直到庐山刺蒋失败，蒋介石加强了戒备，王亚樵更是难寻下手机会，只好退而求其次，遵照西南派"倒蒋必先去宋，乱其经济组织"的方针，改刺宋子文，却错杀了宋子文的机要秘书。

当时戴笠的密查组（十人团）尚未成立，戴笠身边除了贾金南一名勤务兵外，无正式特工人员，虽查出两案来龙去脉，却苦于势单力薄，一时抓不到证据。

考虑到与王亚樵是结拜兄弟，戴笠也想将王亚樵从"西南派"阵营中拉过来，因而在特务处成立之初，曾向蒋介石举荐王亚樵，但蒋介石说：

"这个人招摇，不能用。"

后来戴笠多次警示属下不要"招摇"。他对招摇的解释是：

"凡是好名好胜，不实在，不守本分，外表弄得很大，内容却很空虚，侈言标榜，而事实上没有做到，这些都是招摇。假特务工作之名，而以特务工作掩饰一切，也是招摇……非常时期的工作，切不可用流氓，就是因为流氓行为招摇，不切实际，用之未有不败也。"

然而，1932年4月发生的一场爆炸案，改变了蒋介石对王亚樵的态度。

4月29日是日本"天长节"——日本天皇诞辰之日，这天上午，上海派遣军司令官白川义则组织日军与日侨举行"祝捷大会"，地点在上海日租界虹口公园。白川大将亲任大会主持人，日本驻华大使重光葵、第三舰队司令官野村吉三郎、第九师团长植田谦吉、日本侨民行政委员长河端贞次、日租界商会会长岗村洋勇等军政要员皆在检阅台前排就座。

就在祝捷大会进入高潮的时候，一枚水壶炸弹飞向检阅台，随着一声震耳欲聋的巨响，检阅台上血肉横飞，哀号一片。

白川大将当即倒在血泊中，随后被送往医院，三天后不治身亡；

河端贞次、岗村洋勇等当场毙命；

重光葵、植田中将大腿被炸断；

野村中将眼球被炸飞……

整个检阅台上非死即伤，无一幸免。其中，白川义则是抗战期间被击毙的日军最高长官。

爆炸案发生后，国际舆论一片哗然，日本朝野为之惊骇，南京国民政府更是为之震惊，同时极大地鼓舞了中国人民的抗日斗志。

由于实施爆炸的"韩人爱国团"成员尹奉吉当场被捕，承担了全部责任，表面看来，这起由韩国人实施的爆炸案与中国无关。那么，事实又是怎样的呢？

对这起长中国人志气、灭侵略者威风的爆炸案，蒋介石尤其关注，为查清幕后策划人，当即命令已升任特务处处长的戴笠彻查此案。

戴笠亲赴上海，很快查出此案的幕后策划人，仍是他的结拜兄弟：王亚樵。

四兄弟分道扬镳

原来，"一·二八"淞沪抗战爆发后，国际联盟行政院于3月3日做出中日双方停战的决议。在英、美、法、意等国的调停下，中日双方代表开始进行停战谈判。但日方倚仗其军事优势，无理要求中国军队退出上海及周边地区，由日军驻守。

此要求激怒了一手创办十九路军的陈铭枢，以及参战的第十九路军将领蒋光鼐、蔡廷锴等人。为打击日本侵略者的嚣张气焰，几人商量后决定，在日军举行"祝捷大会"这天采取特别行动。

陈铭枢找到王亚樵，向他交代实施特别行动的计划。王亚樵与陈铭枢交往甚深，又素有爱国情怀，听说有行刺日酋的机会，当即一口答应。

然而，一了解情况才知道，白川义则为防不测，已经对外宣称，"祝捷大会"

严禁中国人入场，只有日本人和朝鲜人可进入虹口公园参加庆典。

不能进入会场，即意味着行动尚未开始，便已宣告失败。正为此寝食难安之际，王亚樵的弟弟王述樵忽然提醒说："大哥你想想，有没有熟悉的朝鲜人？"真是一语惊醒梦中人，王亚樵立即与流亡上海的韩国临时政府要员安昌浩联系，商议由安昌浩担此重任。

安昌浩是韩国独立运动的元老，多年来一直从事反日活动。接此任务后，连夜召集韩人爱国团成员金九与尹奉吉，在其寓所策划了周密的行动方案，并于"祝捷大会"这天由尹奉吉成功实施了爆炸。

戴笠了解此案来龙去脉后，向蒋介石做了详尽汇报。

尽管蒋介石认为王亚樵"招摇"，此时也不得不承认，王亚樵的活动能量与社交手段不可低估；尤其这起在国内外产生重大影响的爆炸案，南京政府的军警、宪兵、特务等，恐怕无人能做出如此壮举。

蒋介石决定改变初衷，即对戴笠说：

"听说你与王老九是结拜兄弟，可有此事？"

"是的，校长。"

戴笠不知蒋介石为何突然问起这个问题，以为蒋介石仍不能接受王亚樵，不满他与王的结拜。不料蒋介石却满意地笑了：

"好！既然这样，事情就好办了。"

蒋介石吩咐戴笠速去上海，登门拜访王亚樵，说服王亚樵归顺南京政府。

戴笠领命之后，即携带四万元巨款，与已在特务处任职的胡抱一赶往上海。

化敌为友，这不仅是戴笠的希望，也是胡抱一的希望。当年四兄弟结拜，如今三人在蒋介石手下任职，唯独王亚樵站在反蒋派一边，戴笠、胡抱一与胡宗南，都希望能将这位大哥拉到南京政府一边。

然而，事与愿违，当戴笠与胡抱一走进拉都路王亚樵的住宅，说明来意后，王亚樵冷笑一声说：

"道不同不相为谋，昔日的结拜兄弟，如今已分道扬镳，我们之间没什么好说的了。"

任凭戴笠怎样分析形势，分析追随"西南派"，即追随胡汉民等人没有前途，王亚樵均不为所动。

不过，王亚樵拒绝归顺南京政府，却在第一时间毫不客气地收下了四万元巨款，以为其暗杀活动充实经费，令戴笠颇有些哭笑不得。

戴笠铩羽而归，蒋介石以为戴、王关系不到，又派胡宗南前往说服。胡宗南专程从大西北赶回，前往上海劝说王亚樵，结果同样无功而返。

或许几位小弟辈分太低，王亚樵不肯屈就，考虑到照顾王亚樵的面子，蒋介石又派出重量级人物——杨虎。

杨虎已在"一·二八"事变后改任上海保安处处长，他不仅是国民党元老级人物、地方实力派，更是王亚樵的安徽同乡，两人久居上海，多有往来。只是后来杨虎追随了蒋介石，王亚樵追随了西南反蒋派，事实上两人业已分道扬镳。

杨虎给王亚樵带来的是中将官职，劝王亚樵到南京晋见蒋介石，以示与西南派脱离，从此为南京政府服务。

王亚樵乜斜着眼看着杨虎说：

"啸天，有道是人各有志，我王老九好歹也比你多吃两年咸盐，该走哪条路我心里有数！"

"九哥，我也是为你着想。唐生智实力怎样，李宗仁、白崇禧的桂军如何，冯玉祥的西北军、阎锡山的晋军，哪一个不是实力强大？还不是一个个败下阵来！常言说识时务者为俊杰，九哥你是个明白人。"

"啸天，你不要说了。我只能说，你走你的阳关道，我过我的独木桥。"

事实上，王亚樵并非看不清形势，也并非一意孤行反蒋到底，而是开弓没有回头箭，刺蒋、刺宋都是他一人所为，若是有一天被蒋介石抓住把柄，他岂不是在劫难逃？因此考虑再三，也只有一条道走到黑了。

王亚樵不肯归顺，蒋介石也无可奈何。偏偏事有凑巧，王亚樵又干出一件差一点引起国际纠纷的惊天大案，最终促使蒋介石下了必欲除之的决心。

这件惊天大案发生在1932年11月，地点仍在上海。

日军占领东北后，在国际舆论的谴责下，国际联盟行政院于1932年1月下旬成立国际调查团，以英国李顿爵士为团长，赴中国做实地调查。该团先到东北，再到上海，经过数月调查，李顿写出了一份调查《报告书》，报告中虽在一定程度上揭露和谴责了日本对中国的侵略行径，但也表现出对日本的袒护。

《报告书》一经发表，国内舆论一片哗然，爱国人士纷纷予以强烈谴责。王亚樵出于义愤，决定采取极端行动——刺杀李顿。他吩咐手下干将龚春蒲组织行动组，定于11月10日行刺李顿。

10日下午，行动组成员唐明、尤林、刘刚等五人，每人领到一支手枪，随后住进上海华懋饭店。李顿的国际调查团便下榻于华懋饭店。

但不巧的是，这天晚上上海市市长吴铁城、保安处处长杨虎宴请调查团，唐明等人到饭店的时候，李顿一行人已被接走前去赴宴。

行刺对象不在，几名杀手在客房里闲极无聊，便乘隙外出闲逛，恰遇四马路春茂钱庄打烊，几人自恃手中有枪，决定就地干一票——打劫钱庄。不料，抢劫之后未能顺利逃脱，被及时赶到的四马路巡捕房擒获。

尽管事前王亚樵一再叮嘱他们，事成之后有重赏，万一失手被捕不得招供，一切家事、后事王亚樵自会妥当处理。但这五人经不住用刑，很快供出枪支来源，供出预谋暗杀李顿的秘密，并供出王亚樵一手策划刺蒋、刺宋等一系列暗杀内幕。

消息传来，蒋介石怒不可遏。幸亏这个意外变故使李顿幸免于难，否则引起国际纠纷，后果将不堪设想。蒋介石不再姑息，立刻命令戴笠赶赴上海，坐镇指挥抓捕王亚樵，同时下令上海军警宪予以全面配合。

王老九两次逃脱

上海，以其租界的特殊环境，成为各派政治势力的聚集地，不仅有国民党内部反蒋势力的军政要角在这里聚集，也有中共的地下组织在这里活动。因此，戴笠对上海特别重视，早在特务处成立之前，便派毕业于黄埔军校第三期的浙江籍翁光辉、同期毕业的上海籍陈志强、第五期毕业的广东籍王昌裕等人，赴上海开展情报工作。特务处成立之后，又首先在上海建立外勤单位——上海区。

如今上海区已升为华东区（不久又改为上海特区），辖上海、浙江、福建、徐海等地区情报组织。上海区已有四个情报组及一个行动组，有特工60余人，另有直属通讯员30多人。

时任区长余乐醒，本名增生，字乐醒，1901年出生于湖南醴陵县（今改市）浦口镇一个普通农家，早年留法勤工俭学，攻读化学与机械专业。系中共党员，北伐时任叶挺独立团政委，兼任黄埔军校教官，后被派往苏联学习情报。"四一二"事变后脱党，赴西安在杨虎城创办的兵工厂任职。1932年特务处成立后，被戴笠招致浙江警官学校任特训班教官。

戴笠虽终生反共，但对共产党人的工作作风、道德情操和严明纪律十分佩服，对余乐醒这个有过中共背景、有专业技能、留过洋、当过军校教官、学过"契卡"（苏联情报组织"克格勃"的前身）的特殊人才，十分重视，很快又将他调到上海，接替翁光辉任第二任上海区长。

戴笠一到上海，立即通知余乐醒，部署全体特工，对王亚樵展开全面侦察，对已掌握的王亚樵的几处秘密住所进行紧急搜索。结果不出所料，王亚樵早已不见踪影，就连其弟王述樵、得力干将龚春蒲也早已不知去向。只有王亚樵的母亲、发妻王淑英和几个孩子，仍留在拉都路寓所中。

抓捕王亚樵，谈何容易！

王亚樵的"斧头党"长期从事暗杀活动，为了躲避官府追捕，王亚樵本人早已养成小心谨慎、机警善变的个性作风，仅在上海的秘密住所就有十几处之多，也很少在一个住所度过一整天。其穿着打扮、交通用车，更是一日数变，就连最得力的手下干将郑抱真、龚春蒲以及胞弟王述樵、妻妾王淑英、王亚瑛等人，也很难掌握他的行踪。

他到每一处住所后与亲信的联络方式，皆随机应变。如果情况允许，便以电话联络，通话用暗语，外人即使听到也不知所云。若风声紧，电话方式被取消，行踪更是飘忽不定。

戴笠也是有备而来，他一面联络杨虎统一组织军警宪严密封锁对外通道，防止王亚樵逃离上海；一面对已发现的王的秘密住所，派便衣特务严加监视；同时开展秘密查访，即调动大批特工与运用人员，广泛联络与王亚樵的心腹干将有接触之人，调查王亚樵可能藏身的秘密地点。

与此同时，在征得蒋介石同意后，公开悬赏百万元捉拿王亚樵；凡通风报信、带领警宪人员前往抓捕的，奖赏十万元。

重赏之下，必有勇夫。

王亚樵手下杀手云集，却也良莠不齐，见利忘义者大有人在。很快，各种密报纷至沓来，其中有个安徽同乡会的柏藏芗，原本知道王亚樵的一些底细，又经过一番打探，摸清王亚樵在郊外赵主教路有一处重要藏身之所，立即向军警机关告密。

戴笠闻报后，迅速派人前往调查，得知该住所系原军长刘志陆的新建公馆，刘志陆与王亚樵素有交情，新公馆建成后即交给王亚樵秘密使用。

戴笠令柏藏芗带上海区一个情报组在刘公馆周围布网监视。十天后的一个深夜，急促的电话铃声将戴笠从睡梦中惊醒，电话那头传来情报组长激动的声音：

"戴先生，目标出现了，已乘坐云飞汽车进入住宅！"

"好！继续严密监视，有情况及时报告！"

戴笠随即将电话打进杨虎位于环龙路的宅邸。杨虎当晚与妻妾们打麻将到很晚，刚睡下不久。接电话后，立即调兵遣将，由保安处会同市公安局、法租界巡捕房，调四辆红色卡车，载着百余名警务人员，驶向赵主教路刘公馆。

刘公馆楼上有窗口亮着灯，楼下停着王亚樵乘坐的那辆云飞汽车。

特工人员严密监视着所有门窗，警察、巡捕将住宅团团包围。无论是戴笠，还是杨虎，都理所当然地认为，这次王亚樵将插翅难飞。

然而，特务、警察进屋之后，从楼下搜索到楼上，均不见王亚樵的踪影。搜到王亚樵的卧室，被筒里还是温热的，王亚樵所穿的黑紫色羊皮袍就放在床边。一切迹象表明，王亚樵刚刚逃走。

毫无疑问，警车呼啸而来的声音惊动了王亚樵。原以为王亚樵在包围中无路可逃，顺着楼梯爬上四楼才发现，四楼晒台栏杆外，有一条隔壁新造房的千斤坠绳索；公馆后面是一片用竹片围起来的建筑工地。显然，王亚樵是顺着千斤坠的绳索滑下楼、进入建筑工地逃走的。

建筑工地后面是郊外一望无际的菜田，远处有一片乱坟岗子。这天夜里，王亚樵在乱坟岗子的一具棺材中躲过了追捕。

尽管王亚樵成功逃脱，但他的藏身之处越来越少。随着秘密地点一个接一个地被发现，他的活动范围也一步步在缩小，行踪也越来越清晰，甚至有时刚刚转移到一个地点，军警便追踪而来；有时刚离开一个地方，特务们便破门而入……

尤其手下队伍被分化瓦解，有的人在利诱下叛变，有的人在威逼中屈服，有的人悲观失望开始动摇，这让王亚樵的处境愈发艰难。十几年来在上海打遍天下无敌手，连赫赫有名的青帮三大亨黄金荣、杜月笙、张啸林都对他心存忌惮，如今却落得几乎无处藏身，他不得不承认：戴笠，绝非等闲之辈！当初，真是小看了这个拜把小兄弟。

戴笠却不敢掉以轻心，毕竟王老九神通广大。他在加紧破获王亚樵藏身地点的同时，也加紧了对陆海空通道的封锁。他相信，只要王亚樵不离开上海滩，一切便在掌控之中。

翌年3月初，正是春寒料峭的时节，王亚樵的藏身地点仅剩了其弟王述樵的一处秘密住宅和宠妾王亚瑛的秘密住所。

王亚瑛的住所位于赫德里，只是王亚瑛并没有发觉，已经有特务追踪而来，在这一带秘密侦察，并很快摸清这处住所的准确位置。为了避免打草惊蛇，戴笠悄悄在王亚瑛住所周围撒下一张大网，专等王亚樵进入网中。

3月上旬的一天清晨，在黎明前的黑暗中，王亚樵闪进赫德里，从后门进到了王亚瑛的家中。

王亚瑛本非等闲之辈，她不仅是王亚樵的宠妾，更是王亚樵手下一名重要杀手。王亚樵进屋之后，她立刻撩起窗帘观察弄堂里的动静。虽然没有发现可疑迹象，但还是不放心。安排王亚樵休息后，她提起篮子外出买菜，以观察周围动静。

不料，刚出门口，就看到弄堂那头有可疑身影，王亚瑛立刻折身返回，快步上楼，推醒刚刚入睡的王亚樵。

"快起来，有情况！"

王亚樵一骨碌爬起来，看到王亚瑛放在门口的菜篮子，急中生智：

"有了！把你的衣服脱下来。"

王亚瑛赶紧帮王亚樵换上自己的衣服，又找出一块头巾，给王亚樵扎在头上。

王亚樵原本个头不高，穿上一套女人衣服，提上菜篮子，佝偻着腰，活脱脱一个上海娘姨。下得楼去，迈着女人的碎步，跟在几位清晨买菜的娘姨身后，向弄堂口走去。

这个时候，戴笠的特工人员正一丝不苟地盯着王亚瑛的住宅，堵住了所有的外出通道，尤其看到"王亚樵"正斜靠在窗口旁边，更是咬住"目标"不放，等候军警到来实施抓捕。

而他们完全没有想到，斜靠在窗口的并不是王亚樵，而是王亚瑛。为了分散特务的注意力，让丈夫安全逃脱，王亚瑛穿上王亚樵的衣服，故意站在窗口特务能看到的地方。而王亚樵，就在特务的眼皮底下安然走出了弄堂。

刚出弄堂口，几辆红色卡车满载军警，呼啸而来。王亚樵回头看看，淡然一笑，若无其事地走了。

棋错一着，捅了娄子

王亚樵的再次成功逃脱，令戴笠三尸暴跳，七窍生烟。

为了这次行动，他放下杭州警校和特务处的多项工作，特地赶来上海，与杨虎研究抓捕方案，亲自指挥抓捕，却不料，再次以失败而告终。

在杨虎位于上海环龙路的宅邸，戴笠那张强颜欢笑的脸，使客厅里的气氛变得异常沉闷。

自从与杨虎缔结金兰，戴笠只要到上海，必会时常光顾杨公馆。杨虎的夫人和三位姨太太，对他都非常热情，照顾得十分周到，喝茶、用餐、吃水果、打麻将，都要亲自侍奉。只要进了这个门，戴笠就如同到了自己家。

尤其那位叫陈华的姨太太，对戴笠十分热络，虽比戴笠小了近十岁，却俨然一副长嫂的模样，操着吴侬软语，一口一个"雨农"，叫得甜甜腻腻，令戴笠听起来十分受用。

但是今天，杨家女眷都看出戴笠心情不好，又见杨虎朝她们使眼色，一个个都不敢多言，端上茶点，便都退下了。

杨虎哈哈一笑，安慰戴笠说：

"算了雨农，王老九他躲得过初一躲不过十五，我就不信他能插翅飞出上海滩！"

"啸天兄，我担心的正是这一点。如今老九在上海已无立锥之地，他唯一的出路就是飞出上海滩。"

"他要是能逃早就逃了，不会整天东躲西藏，弄得人不像人鬼不像鬼！如今他手下的队伍已经七零八散，他本事再大也跳不出如来佛的手心！"

"话是这么说，可一次次抓捕都让他溜了，真担心有一天他溜出上海，溜到西南，那可是巨蟒入大海，说不定会弄出翻江倒海的巨浪来，我们不得不防。"

"这倒是，你老弟有什么高招？"

"高招谈不上，笨法子倒是就有一个，就是把王亚樵的弟弟王述樵抓起来。"

杨虎一听，连连摆手：

"不妥不妥，王述樵是公开挂牌的律师，弄不好会节外生枝。"

"这我知道，所以我说这是个笨法子。"

尽管如此，戴笠还是解释了这个笨法子的可行性：

"王述樵比王亚樵小十几岁，是王亚樵唯一的弟弟。多年来王亚樵一直对他精心培养，供他读大学，学法律，当律师，对他十分疼爱。抓他，不过是为了做诱饵，引蛇出洞。再者，抓了王述樵，也等于断了王亚樵一只臂膀。"

杨虎不得不承认，这个办法有一定的可行性。两人经过一番研究后，戴笠派人持公文到法租界，逮捕王述樵。

当时，王亚樵的门徒也是其挚友洪耀斗正在王述樵家中，被同时逮捕。尽管这两人都没有供出有价值的情况，也没有起到引蛇出洞的作用，但他们的被抓，使王亚樵顿失左膀右臂，在其仅剩为数不多的亲信中，又失去两员大将。

戴笠知道，王亚樵既然不肯出面解救王述樵，那一定是在筹备出逃，好在陆海空各通道已加强封锁，不信他真能插翅飞出上海滩。

正所谓知己知彼，王亚樵已被追捕得走投无路，只得筹备远走高飞，而此时风声正紧，出走绝非易事。

就在这对昔日把兄弟一个志在必得、一个山穷水尽的时候，事情竟发生了意外逆转。这个逆转，登时使戴笠由主动变为被动，使王亚樵的危局得以缓解。

这个扭转局面的人，就是王述樵的恩师沈钧儒。

沈钧儒，浙江嘉兴人，是活跃于上海滩几十年的著名律师，全国律师公会会长。王述樵被抓后，沈钧儒以律师公会名义在报上发表文章，质问当局：

"王亚樵犯罪，其弟王述樵何罪之有？兄之罪不应罪及其弟。"

戴笠在第一时间看到报纸，顿时冷汗涔涔。

智者千虑必有一失，他竟然忽略了王述樵的老师沈钧儒，完全没有料到沈钧儒会站出来为王述樵说话！考虑到沈钧儒在社会上的影响，戴笠如坐针毡，立刻拨通了杨虎的电话。

杨虎已看过沈钧儒的文章，正在家中对着姨太太陈华大发牢骚：

"这个雨农，就是不听劝，这下好了，捅大娄子了！"

"不就一篇文章吗？"陈华不以为然。

"一篇文章，说得倒轻巧，你也太小看姓沈的了！他要是登高一呼，律师界还不闹个倒海翻江！蒋先生要是怪罪下来，雨农可要吃不了兜着走！"

陈华这才知道事情不像她想得那么简单：

"可当初也没听你怎么劝他呀。"

"我也没想到姓沈的会站出来。"

两人正说着，戴笠的电话打了进来。杨虎拿起话筒，电话那头传来戴笠急切的声音：

"啸天兄，你看报纸了吗？都怨我操之过急，一意孤行，这次要闯大祸了！"

一听这语气，杨虎就知道，戴笠这会儿已经是肠子都悔青了。杨虎到底是古道热肠，适才的牢骚话早已抛掷脑后，对着电话大声说：

"怕啥，小河沟里的泥鳅，他还能翻得起什么大浪！"

戴笠那边却是急得火烧眉毛：

"老兄，不管他翻多大浪，我们现在要赶紧想办法制止事态发展。"

"好！好！你赶紧过来，我们好好商量一下。"

杨虎说完，刚要挂电话，又补充一句：

"雨农，没啥大不了的，天塌下来有高个儿顶着，蒋先生那边，我豁上这张老脸，他还能把我咋样！"

杨虎在上海警备司令任上时，曾巧取豪夺，大肆敛财，可谓脑满肠肥，宦囊丰裕。曾一掷千金连讨三房姨太太；更在西湖之滨建起一幢豪华别墅，金碧辉煌，美轮美奂，因此引起物议，被黜丢官。直到1932年"一·二八"事变后，杨虎方才复出，改任上海保安处处长。

对杨虎来说，家有万贯，不怕丢官。更何况凭他的资历，凭他当年在永丰舰上与蒋介石一起护卫孙中山的交情，根本不用担心没有官做，所以也就有了一种死猪不怕开水烫的豪放。

杨虎的话，却令戴笠哭笑不得。

上庐山负荆请罪

事态的发展正如戴笠所料，沈钧儒登高一呼，即刻得到律师界的广泛声援。沈钧儒又亲自出庭为王述樵辩护，迅即引起社会舆论的广泛关注。

戴笠作为复兴社特务处一个小小的处长，尤其作为一个秘密机构负责人，尚不为外界所知，所有舆论矛头，直指当局最高领导人：蒋中正。

戴笠知道闯了大祸，又无办法遏制事态发展，只有负荆请罪。

尽管有杨虎全力承担责任，戴笠仍自知难脱干系，毕竟抓捕王亚樵是他全权负责，其他人只是配合，一人做事一人当，没有必要连累他人。

但是，当戴笠赶赴庐山负荆请罪时，蒋介石几乎没有责备戴笠。

究其原因，既非杨虎的开脱，亦非蒋介石对戴笠的谅解，而是从戴笠离开上海到赴庐山负荆请罪，这期间发生了太多更重要的事情——

1933年年初的中国现状，可谓兵连祸结，内忧外患。日军为了完成建立伪"满洲国"的计划，于2月下旬进犯热河。由于热河省主席汤玉麟放弃抵抗，仅仅十天时间，热河全省陷落。

而在元月初，日军已开始进犯山海关。中国守军奋起抵抗，揭开了长城抗战的序幕。日军占领热河后，继续向长城一线进犯，第二十九军在长城线上英勇拼杀，重创日军。

与此同时，以日本关东军特务机关长土肥原贤二为首的日本特务，已潜入华北，在平、津两地物色失意军阀政客，如前湖南督军张敬尧、前五省联军总司令孙传芳，以及齐燮元、石友三、王揖唐等人，以配合其密谋策动"华北五省自治"，进而为建立伪"华北国"铺路。

此时，蒋介石正集中兵力对江西红军进行第四次"围剿"，为全面掌握华北战况，蒋介石命戴笠选派重要干部主持华北情报工作。重要干部，莫过于特务处副处长郑介民。经报蒋介石批准，戴笠委派郑介民兼任华北区区长，以军事委员会北平分会上校参谋的名义，赴北平统一指挥华北各地情报组织，搜集战地情报。

然而郑介民根本没有深入前线跑情报的胆量，古北口战事发生后，远在江西的蒋介石得不到情报，严词斥责戴笠不分轻重缓急。戴笠急电郑介民，令其亲赴古北口了解军情，开展情报工作。郑介民这才携一个情报组，带一部电台，赶赴古北口。但他本人在古北口仅待了两三天，便悄悄返回北平。

戴笠知道郑介民持重有余，胆魄不足，担心贻误军机，立刻上报蒋介石，请求亲赴北平。相对长城抗战来说，王亚樵案等于芝麻与西瓜之对比。蒋介石"围剿"红军正焦头烂额，北方又战事吃紧，哪还顾得上纠缠王亚樵之事，立即批准戴笠驰赴北平。

戴笠放下王亚樵的烂摊子，偕已调任机要秘书的毛万里及译电员赶往北平，亲自组织华北各地情报站、组，深入长城抗战前线，全面开展对日情报工作。随后，他本人率领一个情报组，驻扎河北保定，通盘指挥，以确保战地情报的及时准确。同时组织平、津两站特工开展对日反间谍活动，部署平、津地区锄奸事宜。

待返回南京后，上海方面王述樵事件仍在沸沸扬扬之中，不仅抓捕王亚樵愈发艰难，仅王述樵事件就足以令人大伤脑筋。尤其人们纷纷指责当局，使蒋介石陷于被动之中，戴笠束手无策，只得硬着头皮赶赴江西，登上庐山，当面向蒋介石请罪。

虽是负荆请罪，戴笠却是做足了功课，有备而来，希冀能将功补过。这个"功"是多方面的，毕竟蒋介石对日方面的军事决策，其依据大多来自特务处的军事情报；戴笠返回南京后，平、津站又成功刺杀汉奸张敬尧；上海区也按照蒋介石指令，除掉了民权保障同盟副会长杨杏佛；而特务处在通讯技术上也取得了突破性进展。

特务处初建之时，没有特工专用的小型收发报机，最小的军用收发报机是5瓦特手摇发电机式，体积很大；一般用的15瓦特充电发电机式，体积更是庞大。戴笠指派魏大铭搞技术革新，自己动手研制特工专用袖珍收发报机。魏大铭领命后，和康宝煌商量，康宝煌说："把收报用的真空管的电压提高一倍，就可有讯号发出来，其电力虽微小，也可以试试看。"经过试验，果然制成了体积小巧的专用特工机，除电池、听筒、电键以外，机体只有两只小饼干筒大小，就是后来广泛应用于特务处乃至军统的2.5瓦特小型收发报机。

短短几个月时间，戴笠做了几大项卓有成效的工作，他希冀蒋介石能看在他唯领袖之命是从，拼死卖力的分上，将功补过，谅解他在抓捕王亚樵事件上的失误。

为加强军事准备，蒋介石于当年7月在庐山开办军官训练团。庐山与南京通报使用的是15瓦特充电收发报机。由于牯岭天气特别，常常大雾漫天，一切都埋在云堆里，电力损耗严重，发射十分困难，电报耽搁一两天是常有的事。

戴笠此行，是偕魏大铭一同上山的，其目的就是要魏大铭向蒋介石现场演示袖珍特工机的使用。但一上山就发现了收发报困难的问题，魏大铭帮助牯岭台改进了天线设备，提高了通讯效率与质量；又用2.5瓦特特工袖珍机向南京发报，果然又快又出错又少，解决了庐山通讯不畅通的问题。

几天后，蒋介石在芦林三十四号官邸召见戴笠与魏大铭，对袖珍特工机给予了肯定。戴笠随后令魏大铭编造预算，呈请开办无线电制造厂，得到蒋介石批准。当然这是后话。

谈完特工机，戴笠垂首恭立一旁，等候蒋介石的训斥。

正是此一时彼一时，蒋介石尚能明察，"不以一眚掩大德"，尤其戴笠一片忠心可鉴，又看到戴笠一副惴惴不安的样子，反倒有些于心不忍。于是，关于王亚樵案，仅就事论事地说了几句，称百胜难虑敌，三折乃良医，教诲戴笠吃一堑长一智，凡事要考虑周全，谋远不失，并安慰戴笠说：

"王老九非等闲之辈，在上海经营了十几年，又有西南派做奥援，不是朝夕之间就可以除掉的。眼下要做的事情很多，没时间再与他纠缠，只要他不再与政府作对，过去的一切可以不再追究。"

听到"不再追究"几字，戴笠立刻心领神会，知道下一步的策略将是变剿为抚。果然，蒋介石说：

"你们兄弟三个再去找他谈谈条件，看他有什么要求。"

蒋介石所说的"你们兄弟三个"，是指戴笠与胡宗南、胡抱一。胡宗南已从甘肃天水赶来，参加军官训练团，胡抱一也已来到庐山。

几天后，戴笠与胡宗南、胡抱一一同飞往上海。

较量中再次败北

三人抵达上海后，直奔法租界，分头找尚被关押的王述樵与洪耀斗谈话，表示和谈诚意。王述樵冷眼端详着戴笠说：

"本人已被关押数月，与外界隔绝，不知王亚樵下落，更无条件为此事奔走。"

"那么，通过谁可以联系到九哥？"

"如果你们真有诚意，可以去找常恒芳。"

常恒芳也是安徽人，出生于1882年，早年加入同盟会，是安徽辛亥革命的领导中坚，与王亚樵相识多年，素有乡党之谊，自1928年起，多次追随王亚樵反蒋。

根据王述樵提供的地址，戴笠与胡宗南、胡抱一一起来到甘世东路常恒芳的住所。

戴笠等人突然登门，令常恒芳着实吃了一惊。待戴笠说明来意，他才长长地松了一口气，答应尽快想办法与王亚樵取得联系，并一再强调：

"好久未与九光联系了，的确不知他现在何处，不过办法总会有的。"

戴笠自然不用担心常恒芳找不到王老九，于是留下胡抱一等候消息，他与胡宗南返回南京。果然，在胡宗南刚刚离开南京赴西北后，便传来了王亚樵的口信。王亚樵通过亲信郑抱真，将他的条件转达给常恒芳，表示愿意接受和谈，同时提出三个条件：

一、随我吃饭的人众多，要解散他们，非一百万元不可；

二、对南京、苏州、上海等地，凡因我被逮捕的人，一律释放；

三、如可保证办到上述两事，我将只身去南京向蒋先生请罪，用则用之，诛则诛之，表示我的诚意。

这些条件并不是十分过分，戴笠上报蒋介石后，根据蒋的指示，给王亚樵作出答复，称可以接受他的条件，但同时也提出三点要求：

第一，将其全家送往南京居住；

第二，请他对西南反蒋派胡汉民、李济深、陈铭枢、陈济棠、李宗仁等人，不管是谁任意打一枪，以表诚意；

第三，请他先出国，待国内空气缓和再行回国，必有重用。

通过常恒芳、郑抱真将这三点要求转达王亚樵后，得到的答复是接受全部条件。胡抱一立即赶赴南京鸡鹅巷，将这个好消息转告戴笠。戴笠听后却是满腹狐疑，盯着胡抱一问：

"三个条件全部答应了？"

"是的，全部。"

"没有附加什么？"

"没有。"

"这么干脆？"

"是啊……"这次轮到胡抱一疑惑不解了，紧盯着戴笠问，"有什么地方不妥吗？"

"以九哥的为人，与西南派合作多年，让他朝西南派打一枪，绝非易事。"

"此一时彼一时嘛，如今他陷入困境之中，西南派与他的徽帮、斧头党相比，自然是解救自家人更要紧。"

"祸莫大于轻敌，还是谨慎为好。你马上回上海去见杨司令，让他督促军警宪兵，海陆空封锁切不可放松，严防王老九乘机外逃。"

戴笠的担心没错，王亚樵用的正是缓兵之计。他将计就计，趁和谈期间对方放松警惕，一面抓紧联络出逃，托与日本人关系密切的朋友陈中孚，向日领事馆交涉，办理保险事宜，以乘坐日本轮船去港；一面着手解除后顾之忧，将全家老小送回了安徽乡下。

待家人安全离沪，王亚樵亲笔给戴笠写了一封信，信中称：

"……委员长礼贤下士，你就和颜悦色；委员长疾言厉色，你就疾恶如仇。我清楚你所提之条件均为委员长之旨意。其他条件尚能照办，但让我卖友求荣，我不能答应。如果你们因此而不释放我的人，我誓与之周旋到底。"

戴笠见信，虽心中恼怒，却也是不出所料，当即给王亚樵写了一封回信，严词称：

"你若敢伤害委员长，我必杀你！"

时值盛夏酷暑，烈日当头，戴笠持信遄赴上海，再次踏进常恒芳的宅邸，将回信与王亚樵的信一并交给常恒芳，不动声色地说：

"九哥这封信，请常先生看看。"

常恒芳正在吃饭，见戴笠突然来访，已预感到和谈进展不顺，看过王亚樵的信，登时脸色煞白，加上天气炎热，瞬间大汗淋漓，为故作义愤填膺之状，一把抄起桌上的饭碗，用力朝地上砸去，同时怒斥道：

"好你个王老九，真是不识抬举，让我们中间人为难，我发誓与你一刀两断！"

戴笠明白，常恒芳这番举动是为撇清关系，免受牵连。他既不是王亚樵的手下干将，自然没必要让他担惊受怕，赶紧安慰说：

"常先生不必多虑，此事与先生无关。"

事后，戴笠指示胡抱一，在报纸上刊登了一篇启事，题为《胡二问鼎》。由于胡抱一在四位结拜兄弟中排行第二，因而人称"胡二"；王亚樵曾化名王鼎，故为"胡二问鼎"。文曰：

"你如此下去，究竟怎么办？盼早日决定，不要罪及你的一班人。火速登报复我，以免我们老朋友担心。"

谈判不成，戴笠只得寄希望于王亚樵能够顾及众多属下弟兄的安全，适当妥协；同时加紧防范王亚樵出逃。

殊不知，王亚樵也加快了离沪准备，在通过陈中孚联络乘坐日本海轮赴港告败之后，又托上海华侨联合会会长许冀公与英国领事馆联络，最终以一万元保险费的价格，被允许乘坐英国海轮离沪赴港。

8月中旬是上海最闷热的一段时日，在一个暑气未尽的夜晚，一艘停靠在上海太古码头的英国海轮开始装船。在一群扛着货物的码头工人中，有一个身材瘦小的搬运工，肩扛货件，一步步走向轮船货舱。

朦胧的灯光下，没有人注意到他的相貌、年龄。

与其他搬运工不同的是，他肩扛货件直接进入了轮船底层货舱。

他就是乔装打扮的王亚樵。

在他之前已有两名"搬运工"进入该舱，之后又有数名"搬运工"肩扛货件陆续到来，最后锁上了舱门。

这几人便是王亚樵的秘书戚皖白，亲信郑抱真、许志远、蔡克强等人。

第二天清晨，海轮即将起航。照例，警特们持王亚樵的照片登船，逐一对照检查。全船通舱、房舱、官舱全部搜查一遍，唯独没有去底层货舱。

海轮很快启碇，徐徐通过黄浦江，驶离吴淞口，进入烟波浩渺的中国东海，直航香港。

王亚樵，终于跳出了"如来佛"的手掌心！

翌日，一封署名"九光"的来信送进南京鸡鹅巷五十三号，贾金南急忙呈送正在处理机要文件的戴笠。戴笠接过信，一看寄自上海，顿生不祥之感。展信阅读，只见信中言：

"亚樵与当局无归顺与否之存在，愿诸君代达。如执政当局苟能改变国策，从而停内战，释私怨，精诚团结，共赴国难，亚樵当只身抵阙，负荆请罪。亚樵何去何从，在于当局，否则誓必周旋到底，悬首都门，又何足惜。"

看罢信，戴笠勃然大怒，嘴里一声叱咤："真是一群废物！"顺手抓起桌上的杯子，一把向门口掼去，只听"啪"的一声脆响，杯子在地上开了花。

恰巧胡抱一进门，被这骤然一声脆响和迸飞的玻璃碎片惊得目瞪口呆。

第七章
培训杀手，南北开杀戒

两大杀手亮相

尽管招抚失败，王亚樵出走后果严重，但这次，蒋介石并没有责备戴笠。因为这一阶段，特务处南北大开杀戒，为蒋介石除掉了数名心腹之患。

特务处成立之初，主要任务是情报工作，从单纯的情报工作过渡到付诸"行动"，戴笠仅仅用了一年时间。而首先迈出这关键性一步的，是平、津两站。

也就是说，特务处的开山第一枪，是由平、津两站联合打响的。

北平站建于1932年11月，站长陈恭澍，福建龙海人，出生于1907年，自幼生活在北平，毕业于黄埔军校第五期，曾入"中央军校特别研究班"学习，由此被选入"洪公祠特训班"接受训练，同时担任班长。半年受训期满后，被指定为北平站负责人（站长），与同期学员戚南谱、杨英被派往北平建站。

陈恭澍时年25岁，能在众多军校生中脱颖而出，得到戴笠的器重，在毫无经验的情况下一步登天，成为北平站（北平站为大站）首任站长，在一定程度上得益于两个人的推荐。

这两人，一位是黄埔军校第二期毕业生张炎元，一位是第一期毕业生黄雍。

张炎元为"十人团"成员；

黄雍虽非"十人团"成员，却在特务处招兵买马之时出力甚多。

中原大战结束后，为查找战争中因部队被打散而散落社会的军校学生，蒋介石在南京中央军校特设"军校毕业生调查处"，负责这项工作的就是黄雍。

黄雍在密查组时期以及特务处成立后，一直在军校毕业生调查处工作，并为特务处推荐多名人选，唯他本人，始终没有加入特务组织。

陈恭澍由如此两位重要人物引荐，必然引起戴笠的重视。戴笠向来注重人才的选拔与培养，经考察，陈恭澍机智多谋，忠勇兼备，在戴笠看来，确是不可多得的青年才俊。

陈恭澍离京北上之前，戴笠特地为他举行饯别聚会，由徐亮、胡子萍、张冠夫、林桓等人作陪，目的是让他熟悉几位内勤主管，以方便日后与本部联络。

宴罢，戴笠将一支勃朗宁手枪赠予陈恭澍做纪念，同时叮嘱他先去天津拜访王天木。其目的，就是让他向王天木学习。

戴笠同时要求王天木，对陈恭澍这位小老弟，多给予帮助与提携。

王天木，天津站首任站长，原名王仁锵，曾化名郑士松，生于1891年，河北涿县（今涿州市）人，毕业于东北讲武堂，后浮槎东渡，就读于日本明治大学，获法学学士，回国后曾出任浙江高等检察厅检察长，也曾在河南一带收编地方武装及散兵游勇自任司令，在中原战场与戴笠相识，两人遂成莫逆。

这样一位"海归"人才，且官至省级高等检察厅检察长，在1931年11月密查组成立时，因有感于戴笠的"革命"激情，当然也是出于对戴笠的信任，遂投身戴笠麾下，成为"十人团"成员、特务处早期骨干、后来军统著名的"三大杀手"之一。

1932年4月特务处成立之初，王天木被派往天津，建立北方第一个特务处外勤组织——天津情报站。

作为老大哥，王天木的经验对陈恭澍毫无保留，并在以后的工作中，给了陈恭澍更为重要的帮助。

告别王天木，陈恭澍来到北平，在北长街十八号租下一所房子，以"军事杂志社北平分社"名义，与戚南谱、杨英一起在此安营扎寨，开展情报工作。

几个月后，即1933年春，正值长城抗战如火如荼之际，戴笠亲临北平，部署华北战地情报工作。之后驻扎保定，通盘指挥。战地情报工作告一段落后，戴笠返回北平，以"大老板"身份下榻北平饭店，约平、津两站站长前来述职。

然而，北平站除招收了几名内勤人员，并与华北区长郑介民取得联系外，其他工作均未捋出头绪。陈恭澍的汇报，也因此变得吞吞吐吐。不等汇报完毕，早已涨得满脸通红，急得额头冒汗，然后惶恐不安地站在一边，等候戴笠训斥。

在南京特务处本部，戴笠的严厉有目共睹。莫说训斥，只要他脸一沉，立刻会令所有在场的人噤若寒蝉。当然，对做错事的下属，训斥是难免的，尤其对年轻特工，训斥起来毫无情面。然而对陈恭澍、沈醉等年轻人，他历来爱护有加，及至后来陈恭澍为他闯下一连串祸端，他甚至没有对陈恭澍说一句狠话。

眼下，戴笠将目光转向了王天木。

王天木年过不惑，西装革履，风度翩翩。与陈恭澍初出茅庐的青涩相比，王天木完全是一副雍容闲雅世事练达的绅士派头，即使汇报工作，也是无拘无束，谈笑风生，对戴笠一口一个"雨农兄"，看上去既熟稔亲近，又十分融洽。轻松谈笑间，处处显示着对天津站的治理得心应手，措置裕如。

天津站工作开展顺利，早在戴笠预料之中。之所以任命王天木为天津站站长，正是因为他在平、津一带路子广，可以说上至庙堂人物、权贵名流，下至闾巷布衣、店员商贩，乃至八大胡同的姑娘，几乎都有他的熟人，他都搭得上话。

以陈恭澍的年龄阅历，自然无法与王天木相提并论，尽管他在北平长大，充其量也只是有几个发小，工作进展慢，也在情理之中。

为此，戴笠决定在北平多留几日，帮陈恭澍打开局面。为了节约开支，戴笠在东城区栖凤楼胡同租下一处民宅，一行人暂作停留之所。

王天木的家眷在北平，这段时间他便留在北平，随时听候戴笠差遣。

戴笠趁此机会，偕王天木与陈恭澍，拜访军政高层、社会名流，为平、津两站搜集情报拓展关系。拜访对象包括军事委员会北平分会代委员长何应钦、参加长城抗战的军事长官关麟征、黄杰，以及东北"四公子"之一吴泰勋等。

同时，召集两站相关人员，部署开展对日反间谍活动，加强对汉奸叛逆活动的监视。也就在这个时候，一条关于北洋皖系军阀张敬尧投敌的情报，送进了戴笠租住的民宅。

情报显示：

"皖系军阀张敬尧，已在津接受原奉天特务机关长板垣征四郎700万元活动经费，于4月底潜入北平，秘密联络策动旧部，企图配合日寇行动，在平、津发动武装暴动。侦得张敬尧已潜入东交民巷。"

白世维毛遂自荐

在谒见何应钦时，何曾提醒戴笠，旧军阀张敬尧、孙传芳等，均有投敌之嫌，一定要密切监视，防止他们充当日寇傀儡，在华北建立伪政权。

事关重大，戴笠不敢耽搁，立刻报告蒋介石。蒋介石当即命令：剪除首恶，以儆效尤。

戴笠指定由华北区区长郑介民指挥此次行动，并与郑介民研究决定，由平、津两站合作执行此项任务，随即召集王天木、陈恭澍等人研究行动方案。

行刺、充当杀手，对北平站的陈恭澍来说，既深感意外，又茫然无措。他原以为情报站的主要任务就是搜集情报，没料到还有暗杀行动，一时不知从何处入手。

倒是王天木见多识广，成熟老练，当即分析说：

"既然张敬尧进了东交民巷，不如先乔装入住六国饭店，摸清他的住所和行踪再做打算。"

东交民巷亦称使馆区，是当时北平的"化外"之地，六国饭店便坐落在这个不受中国政府管辖的特殊地带，又因受外国势力庇护，即成为一些达官贵人、身份特殊之人，乃至寻求临时庇护之人趋之若鹜的下榻之所。

然而张敬尧是否入住六国饭店，不得而知。但王天木认为：

"张敬尧在东交民巷可以藏身的地方，无外乎两处：一处是六国饭店；一处是日本公使馆。六国饭店更便于遮人耳目，如此看来，藏身六国饭店的可能性大些。"

戴笠对这个分析表示赞同，郑介民亦无异议，戴笠强调说：

"万一张敬尧不在六国饭店，到时可见机行事，另作安排。不入虎穴焉得虎子，这第一步，可从六国饭店开始。"

最后决定，由王天木以"日本大仓株式会社"买办的名义，携八大胡同的姑娘——韩家潭清吟小班"莳花馆"飞龙作掩护，一同入住六国饭店，侦察张敬尧行踪；陈恭澍则负责物色行动人员。

安排好北平锄奸事宜，戴笠启程回宁。临行前，将代人购买的一辆二手别克车暂时留在北平站，这部车在不久后的锄奸中发挥了重要作用。

但此时陈恭澍深感压力巨大，由于当时没有执行暗杀任务的准备，平、津两站均未成立行动组，临时寻找杀手，无异于大海捞针，一时间急得茶饭不思，夜不成寐。

就在陈恭澍一筹莫展之际，在北长街十八号北平站驻地，加入北平站不久的白世维走进陈恭澍的房间，毛遂自荐，主动请缨：

"让我试试吧。"

"你？"

陈恭澍大为错愕。他把目光投向外界，却忽略了眼皮底下的自家人，更没有注意到这位加入北平站不久的资料员。

不错，白世维在北平站做的是资料整理工作，可他也是响当当的黄埔军校毕业生！

白世维毕业于黄埔军校第七期，与戚南谱、杨英同期。所不同的是，他没有参加"洪公祠特训班"，而比"特训班"收获更大的，是他有着战场上出生入死的历练，接受过血与火的洗礼。

白世维，字子廉，出生于1909年，山东蓬莱人，在北平落户多年，自幼习武，黄埔军校毕业后，曾被派到河北省抚宁县从事党务工作，兼临榆、抚宁民团教官，也曾组织1000多人的民团，袭击长城沿线日军，又当了八个月无粮、无饷、无补给的东北义勇军第二十七路军司令。

白世维父母健在，父兄经商，本人已婚，其妻为前总统曹锟的长孙女。在一次回北平期间，白世维与同窗戚南谱不期而遇，由戚南谱介绍加入北平站，临时负责情报资料的整理工作。

白世维主动请命，陈恭澍自然求之不得。白世维镇定自若的表情，也给了陈恭澍足够的信心。但他还是叮嘱说：

"这不是执行一般任务，不可小觑。"

"我知道。我虽没受过专业训练，不过枪法还行。"

白世维枪法极佳，又有武术功底，人也沉稳机警、有胆有识，陈恭澍将这一情况做了汇报。经与郑介民、王天木商量，决定让白世维以随从身份，与王天木一起入住六国饭店。

又一名爱将登场

北平的暗杀锄奸进入侦察阶段后，戴笠明显感到，暗杀，也将在华东地区拉开序幕。果然不出所料，他刚从北平回到南京鸡鹅巷五十三号，蒋介石的指令便已秘密到达：

剪除杨杏佛！

一听"杨杏佛"三字，戴笠的头"嗡"的一声涨大了。

杀杨杏佛，绝不同于北国锄奸！

杨杏佛，名铨，字宏甫，江西清江人，出生于1893年，早年加入同盟会，曾出任中华民国临时政府总统府秘书，后赴美国学习。1924年以秘书身份随孙中山北上，孙中山逝世后，任孙中山葬事筹备处总干事。1928年起，任中央研究院总干事。1932年12月，与宋庆龄、蔡元培等人发起组织了"中国民权保障同盟"。

中国民权保障同盟以宋庆龄为会长，杨杏佛为副会长兼总干事，总会设于上海。

该组织以反对独裁、维护民权为宗旨，以营救被囚禁的共产党人及进步人士为己任，以争取言论、出版、集会、结社等自由权利为目标，调查和披露监狱内幕、政治犯待遇，公布剥夺民权的事实，以期唤起舆论的广泛关注。

因此，同盟自诞生之日起，便成为蒋介石的心腹之患。

也是从同盟诞生之日起，戴笠便奉命在上海区成立了一个特别小组——法租界情报组，专门负责监视同盟主要领导人的动向。

而同盟一经成立，便连出重拳，为营救因宣传抗日救亡运动而被捕的进步教授许德珩等人，杨杏佛亲赴北平，迫使当局释放许德珩。长城战事开始后，杨杏佛再次北上，视察华北地区，所到之处，或参加示威游行，或发表演讲，抨击政治黑暗，呼吁保障民权，宣传抗日救国。一时间，平、津等地抗日热情高涨，抗日民主爱国运动如火如荼，打乱了蒋介石"攘外必先安内"的计划。

戴笠在北平谒见何应钦时，何应钦对杨杏佛在北平进行的反蒋抗日活动不无抱怨。

紧接着，同盟强烈抗议和谴责上海市警察局逮捕共产党人陈赓、罗登贤、廖承志等人。4月5日，宋庆龄、杨杏佛等人亲赴南京，与国民政府交涉，要求释放一切政治犯。杨杏佛亲自为廖承志聘请律师，巧妙掩盖廖的真实身份，并为营救关押在北平的共产党人薄一波、刘澜涛等人奔走呼号。

为营救政治犯，同盟组织成立了"营救政治犯委员会"，一时间声势浩大，反响强烈，令蒋介石陷入被动之中。

"攘外必先安内"是南京政府的基本国策。"安内",在横扫国民党内部各反蒋军事集团后,最大的目标就是中国共产党。而同盟为营救被关押的共产党人不遗余力,令蒋介石忍无可忍,决定采取非常手段,杀一儆百。

选定杨杏佛,蒋介石是经过深思熟虑的。因为杀掉杨杏佛,可得一箭双雕之功效。

作为杨杏佛本人,早在民权保障同盟成立之前,便对中共中央苏区进行报道宣传,违反了国民政府禁令;出任同盟总干事后,为营救被捕的共产党人,杨杏佛四处奔走呼吁,宣传抗日反蒋,对当局形成巨大压力。

因此,除掉杨杏佛,少了一个反蒋先锋;杨杏佛作为民权保障同盟的中坚力量,没有他,同盟将陷于瘫痪,从此名存实亡。

然而,暗杀杨杏佛,对戴笠来说,实在是一项棘手的任务。

首先,杨杏佛与张敬尧不同——

张敬尧作为反水汉奸,可谓人人喊打,天下共诛之,若暗杀成功,必将得到国人一致喝彩。

而杨杏佛是爱国进步人士,有极大的政治影响力。作为民权保障的倡导者,他一旦被暗杀,必将在国内引起轩然大波。若行动失手或露出蛛丝马迹,将严重损害蒋介石与南京政府的威望。这一后果,绝不是戴笠本人身败名裂所能弥补的。

戴笠何尝不知"攘外必先安内"不得人心,但"唯领袖之命是从",是他追随蒋介石后至死不渝的信条。他也能"体念领袖苦心",理解蒋介石为何制定这条"国策"。因此,无论来自何方影响"安内"的活动与宣传,特务处都有责任奉蒋介石之命令予以制止,对当事人予以制裁。

他面临的困难是,如何执行这一命令,如何将这一暗杀行动,做得神不知鬼不觉,滴水不漏!

特务处成立以来,一向以情报工作为主,即使涉及行动,也不过是盯盯梢、秘密抓个把人而已,暗杀这一行从未干过,特训班迄今为止也从未培训过杀手。而且,也不是每个特工可以充当杀手的。

杀手,不仅需要技术、经验,更需要过人的胆量与机智。

无论如何,培训杀手,已经到了刻不容缓的地步!只是华东区开山第一枪,已迫在眉睫,如何才能在缺少杀手的情况下成功打响呢?

正在设想行动人选之时,贾金南敲门报告:

"戴先生,沈醉求见。"

戴笠眼前一亮:

"叫他进来!"

沈醉,字叔逸,湖南湘潭人,出生于1914年,1932年在长沙读中学时因参加学潮被开除,由其姐夫——上海区区长余乐醒推荐,加入上海特务组织,初任交通联络员,不久前提升为法租界情报组组长,带领七八个比他年长的组员,专门负责监视民权保障同盟负责人。

见沈醉进屋，戴笠说：

"你来得正好，正要找你了解一下同盟那边的情况。"

沈醉愣了一下，说：

"同盟那几人，无异常情况。"

"杨杏佛有什么动静？"

"最近一直在上海，似乎很忙的样子。"

见戴笠点点头没有说话，沈醉又说：

"戴先生，我来是为了胡继业的事。"

"胡继业有什么事？"

沈醉拿出一封信递给戴笠：

"这是区长让我带来的。"

信是余乐醒写的，详细报告了胡继业向日本人出卖情报，并住进千爱里附近日本人居住区的情况。看完后，戴笠问沈醉：

"胡继业是在你那个组吧？"

"是的，区长让我请示，怎么处置他？"

"向日本人出卖情报，是汉奸行为，你既是他的组长，就由你来处置吧。"

"怎么处置？"

沈醉显然没明白戴笠话中的含义，在他看来，胡继业向日本人出卖情报，是不能继续留在组里了，最严厉的惩罚就是开除。

但是在这极短的时间内，戴笠已经做出一个决定，既然要开杀戒，既然要培训杀手，那就先拿汉奸练练手吧。工欲善其事，必先利其器，让这位十九岁的情报组长历练一下也好，以他的才干与机智，说不定会成为一名不错的杀手。

戴笠用手在脖子上轻轻一划，对沈醉说：

"对汉奸的处置，只有这一个办法。"

沈醉显然吓了一跳，瞪大双眼望着戴笠，额头上浸出细密的汗珠。戴笠拍拍他的肩膀说：

"放心，用不到枪，我知道你打枪不行。不过，这一课要尽早补上。"

戴笠写了一张条子交给沈醉：

"你拿着去乙室技术股，他们会告诉你怎么行动。"

乙室，即设在徐府巷二号的特务处本部，技术股、情报股、译电股等均设在这里。以往，技术股主要负责研制书写情报的隐、显形药水，不久前又增加一项任务：配制暗杀用剧毒药物。

沈醉来到技术股时，股长已经接到戴笠的电话通知，身穿蓝大褂的工作人员从沈醉手中接过戴笠书写的字条，转身取过一把竹刀，小心翼翼地交到沈醉手上，说：

"刀尖上有剧毒，只需刺破一点皮，就能置人于死地。"

沈醉接过竹刀，抽掉牛皮套，看了看刀尖，果然锋利无比。虽是竹片做成，却打磨得光洁锃亮，小巧精致。

将竹刀装回牛皮套，沈醉朝"蓝大褂"点点头，转身离去。

胡继业，意外的靶子

戴笠虽然看好沈醉，有意栽培他，可他毕竟只有19岁，而且几乎没有接受过任何军事训练，更不用说暗杀方面的培训。这次行动能否成功，戴笠并无把握。

这个时候，北平锄奸已呈十万火急之势，军事委员会北平分会代委员长何应钦，已下令平、津两站，限于七日之内剪除投敌之汉奸张敬尧。可王天木、白世维入住六国饭店后，一直未寻到张敬尧行踪。

上海方面，虽已设立行动组，却苦于无暗杀经验，行动进展仍停留在侦察部署之中。上海的行动比北平的行动更为重要，不能出现一丝一毫的闪失，因此不敢有丝毫大意。

一南一北，南有军事委员会蒋委员长的催促，北有北平分会何代委员长的限令，倘若华东区、华北区迟迟打不响第一枪，特务处将无法向蒋介石交代。

虽火烧眉毛，戴笠却如老僧入定，稳坐鸡鹅巷五十三号办公室，淡定遥控全局。不经意间，忽然在上海的一份小报上，看到了胡继业遇刺身亡的消息，不由得为之一振：

"好一个陈沧，我果然没有看错人！"

陈沧，是沈醉的化名。沈醉仅仅比戴笠的儿子戴藏宜年长一岁，看上去还是个大孩子，表现出的能力却远在同龄人之上。否则，也不可能在短短几个月时间内，由交通员升任情报组长。

或许因为沈醉与戴藏宜年龄相仿，戴笠从看到他的第一眼，就打心眼里喜欢这个孩子，尽管他初中肄业，与军校无缘，戴笠却相信，他的能力不在一般军校生之下。

正所谓"智者睹未形"，沈醉的处事干练，言必信，行必果，都曾让戴笠为自己的识人慧眼自鸣得意。而如今的谋刺成功，又从另一个侧面证实了沈醉的能力。换句话说，沈醉才是特务处始"开杀戒"第一人，只不过胡继业本为无名小卒，又是内部人员反水，此事并不为局外人知晓而已。

后来沈醉未能名居军统"三大杀手"之列，纯属工作需要使然。他从事情报工作不久，很快转做公开工作，又同时兼任一些培训班教官，并在后来成为军统局本部总务处长。十多年后，戴笠终于把这个辍学中学生，成功培养为一名国民党少将。当然，此为后话。

眼下，戴笠的思绪正停留在特务处"开杀戒"这"第一刀"上，贾金南进来报告说，沈醉来了。

戴笠放下报纸，抬头看到了出现在门口的沈醉，不由得大吃一惊：

不过七八天时间，沈醉活脱脱变了一个人。原本偏瘦的他，如今又瘦了一大圈。那双闪着虎虎生气的眼睛，全无了往日的光彩，整个人蔫巴巴的像遭了霜打的茄子。

"怎么搞成这样？"

沈醉不好意思地挠挠头，使劲揉揉因失眠而发红的眼睛。

戴笠没再追问，他完全理解这几天之间，沈醉经历了怎样的心理挣扎。对一个单纯的19岁青年来说，突然让他去杀人，他所承受的沉重压力是可想而知的。

事实正是如此。尽管那把竹刀小巧灵便，对毫无防范的熟人出其不意地刺一下皮肤，并不是什么难事。但毕竟是杀人，而且是杀一个与自己朝夕相处的熟人，他如何下得了手！

尽管这个人是汉奸，沈醉仍无法说服自己心安理得地去杀掉他。

整整两天，他把自己关在屋里，抱着头，陷入痛苦的挣扎之中……

两天后的清晨，他摇摇晃晃地走出房门，他知道自己没有选择，只得前往千爱里附近胡继业的住所，以看望胡继业为名，进到他的家中。

胡继业还没有起床，尚在睡梦之中。

走进胡继业的卧室，看着那张熟悉的脸，沈醉知道这是下手的最佳时机。

竹刀很小，从腰间抽出这把小巧的竹刀却仿佛费了千钧之力。握着竹刀，沈醉的手在发抖，其实他的整个身体都在筛糠般地瑟瑟抖动着。

当断不断反受其乱，胡继业随时可能醒来，沈醉不敢再犹豫，伸出一只手倏地掀开胡继业身上的薄被，另一只手举起竹刀向胡继业的屁股刺去……

眼一闭，竹刀刺进胡继业的肌肤。

"嗷——"的一声尖叫随之响起，沈醉吓得一激灵，撒腿就跑，连竹刀也忘了拔出来。

逃出胡继业的家，沈醉跳上一辆洋车，直奔火车站。他一刻都不敢在上海停留，直到坐上开往南京的列车，才感到双腿发软，胸口"突突突"狂跳不止。

来到南京住下，沈醉仍在心惊肉跳中不能自拔，走到哪里都感觉有人在跟踪，感觉有无数双眼睛在暗中盯视着他。直到稍稍整理好情绪，才赶来谒见戴笠。

此时离暗杀行动已过去两天，沈醉的脸上仍流露着受了惊吓后的惶恐不安。戴笠知道他还未走出首次杀人的阴影，填了一张100元的支票，递给沈醉说：

"你去杭州玩几天，放松一下心情。不过，时间不能长，就两三天吧，要尽快回上海归队，情报组的工作不能耽误。"

正说着，情报科长徐亮兴冲冲赶来，将一纸电文递到戴笠手中：

"戴先生，好消息！"

戴笠一看，果然是好消息，只见电文云：

"张氏归天，家人平安。"

"太好了！特务处的第一枪终于打响了！我们成功了！"

戴笠激动得哈哈大笑，又拍着徐亮的肩膀说：

"为彬兄，你把乙室的弟兄们都喊来，中午聚餐，我们好好庆贺庆贺！"

接着吩咐贾金南通知厨房，又对发愣的沈醉说：

"陈沦，你还不知道吧，平、津两站合作，除掉了大汉奸张敬尧，你除掉了小汉奸胡继业，今天是双喜临门，你先别走，留下来一起庆贺。"

听戴笠如此一说，沈醉沉重的心情登时轻松了许多。

张敬尧，未见子弹飞

戴笠一直有个疑问，王天木与白世维一直未侦察到张敬尧下榻何处，怎会突然一举刺杀成功？

待北平锄奸经过的详细报告发过来，戴笠终于恍然大悟：这是一次偶然的巧合，也是白世维随机应变、当机立断的结果。

在何应钦下达限期令的时候，王天木与白世维尚未寻到张敬尧的行踪，连张敬尧是否下榻六国饭店都不得而知。尽管郑介民从北平军分会得到确切情报——张敬尧就住在六国饭店，但一连三日，两人在六国饭店始终未寻到张敬尧的蛛丝马迹。

直到第四天，仍未寻到突破口。

中午时分，两人正在六国饭店楼道里"闲逛"，忽然门口闪进一个熟悉的身影，王天木赶紧凑过去打招呼：

"应老板，好久不见，近来可好？"

"托您的福，一切都好！"

这位"应老板"，是东四南大街应元泰西服店的掌柜，王天木是应元泰的老主顾，在这里遇见老熟人，应老板也显得很热情。见他手里拿着包袱，王天木随口问：

"这是给哪个大主顾做的呀？"

"三楼，一位从天津来的大老板，要订做两套西装，今儿来试试样子。"

"天津"二字，令王天木蓦然一惊，随即佯作漫不经心地问：

"天津的大老板，没听说啊，说不定还是老朋友呢！"

应老板笑笑没说话，用手在上唇和下巴上比画了一下。

这个动作表达的意思显然是：八字胡、下巴上一撮黑毛。

这不正是张敬尧吗？

在天津的时候王天木见过张敬尧，印象深刻，当然不会有错！

此处不是说话之地，王天木没有细问下去。告别应老板，两人出了六国饭店，直奔北长街十八号，将这个情况转告陈恭澍。

在北平站吃过饭后，三人一起来到东四南大街应元泰西服店，装作要做西服的样子与应老板闲谈起来，得知那位天津大老板名叫"常石谷"，50岁出头的年纪，身材高大，长方脸，当然还有极富个性的八字胡和下巴上的一撮黑毛。

各种特征都与张敬尧相吻合，王天木悄悄朝陈恭澍、白世维使个眼色，陈、白心领神会，大喜过望。

据应老板介绍，张敬尧住在三楼的二三三号房间，他的参谋长和副官、保镖住在二三一号和二三五号。

回到北平站，三人又做了详细研究，认为张敬尧一共开了三个房间，说明保镖人数不多，对付起来应该问题不大。问题是，日本人不可能不对张敬尧实施保护，那么日本保镖住在何处呢？

返回六国饭店，经过一番查访得知，三楼东厢的12套客房全部被日本人包下来了，张敬尧及其随从只住了其中三套，另外九套住的都是日本人。也就是说，张敬尧置身于日本保镖的层层保护之中。

不仅如此，六国饭店是一座凹形的四层楼房，东厢的12套客房，紧挨着日本兵营和日本使馆，打开任何一扇窗户喊一声，都会惊动楼下兵营中的日本士兵。

此外，日本兵营的大门，就在六国饭店大门的东侧，六国饭店门口发生任何事，日本兵营门口站岗的士兵都能看到。

如此戒备森严，固若金汤，日本人自然认为万无一失。正是在这样严密的保护下，张敬尧以天津商人"常石谷"之名，在六国饭店深居简出，与一些前来造访的神秘人物接洽、密谋。

考虑到张敬尧的日本保镖人数众多，万一发生冲突，白世维一个人应付不过来，王天木提议将他的朋友——河南人老侯找来，给白世维做帮手。

为了安顿老侯，也为了便于行动，5月7日上午，王天木和白世维决定在三楼或者四楼再开一个房间。由于三楼四楼均已客满，只好订了二楼一个房间，随后两人跟着茶房去看房。

新订的客房在凹形建筑的正中间，也就是连接东西两厢的正面走廊上，看完房向回走的时候，路过一个半敞着窗户的房间，王天木扭头向里看去，一个人正面对窗户坐在床沿上，低头摆弄着什么。

长方脸，八字胡，下巴上一撮长长的黑毛——仅仅是打眼一扫，这张脸便过目难忘。

正是张敬尧！

本想在三楼开房，以便靠近目标，无奈三楼无空房，却在二楼歪打正着。真是踏破铁鞋无觅处，得来全不费工夫！

王天木按捺住内心的激动，朝跟上来的白世维使个眼色，低声说：

"就是他。"

白世维朝屋里瞅了一眼，同时握住别在腰里的勃朗宁手枪。在入住六国饭店之前，陈恭澍将戴笠赠予的勃朗宁手枪和六发子弹交给了白世维。

白世维示意王天木马上离开。王天木迅速撤退，快步走向楼梯口。

白世维拔出手枪，对准张敬尧的胸部，"砰砰砰"连发三枪。

眼看张敬尧向地上倒去，白世维扭头朝楼梯口跑去。途中遇到一个茶房迎面走来，白世维举举手枪，茶房吓得立马躲到一边去了。

楼下是铺着猩红色地毯的大厅，大厅里聚集着三三两两衣冠楚楚的客人。白世维冲下楼来，直奔旋转大门，将一厅人惊异的目光甩在了身后。

这个时候，王天木已经跳上一辆洋车，扬长而去。

早在王天木与陈恭澍入住六国饭店之初，陈恭澍便与戚南谱开始了接应的准备工作：侦察和选择撤退的最安全路线，随后将戴笠留下的别克车停在六国饭店对面隐蔽处，由戚南谱与司机在此恭候，随时准备应付突发事件。

因此当王天木从饭店出来时，戚南谱立刻迎上去，王天木却对他置之不理，看都不看一眼便径自走了。戚南谱料到情况紧急，准备进大厅查看。饭店门口有十几级台阶，戚南谱正沿着台阶向上走，就见白世维从旋转大门里面冲了出来。

白世维一眼看到戚南谱，二话没说，拉起他就向台阶下冲去。

别克车已经缓缓开了过来，两人一左一右跳上汽车，疾速撤离。

汽车经过日本兵营大门口时，白世维将勃朗宁手枪握在手里，随时准备对付日本士兵。然而，全副武装的日本士兵仿佛并未听到六国饭店的枪声，也未发现饭店门口有什么异常，依旧在岗哨位置上笔挺站立，一动不动。

就这样，汽车安全驶出了东交民巷。

当晚得知，张敬尧被击中两枪，并未当场毙命，随后被送往德国医院，于下午三时不治身亡。

而张敬尧之所以在二楼另开房间，据推测，因其素有烟霞癖，且烟瘾奇大，并嗜好小古董，当时坐在床边摆弄的，就是一件鼻烟壶之类的小玩意儿。正是为了有这样一片自得其乐的小天地，警惕性极高的张敬尧可谓千虑一失，为此招致灭顶之灾。

事后得知，张敬尧在北平的活动已非一日，不仅联络到一些军阀旧部，且在北平最高军政机关及作战部队中，拉拢到不少高级官员与军事将领，准备配合日军的军事行动，发动武装暴乱。

张敬尧的适时被剪除，使一场祸事消弭于无形。其时，与张同谋叛乱的前五省联军总司令孙传芳，也已入住六国饭店，见张遭遇不测，吓得魂飞魄散，赶紧悄悄溜走，返回天津。

用陈恭澍的话说，诛杀张敬尧，"不仅镇压住反水汉奸丧心病狂者制造暴乱的企图，而且粉碎了代表日本军方的板垣征四郎所拟订的阴谋计划。本案影响所及，立即缓和了极度紧张的华北局势，同时也稳定了平、津民众的惶恐心理。对未来四年得以从容部署长期抗战的准备工作，也产生了一定的作用"。

经此一案，北平站的白世维脱颖而出，令戴笠赞不绝口：

"处变不惊，当机立断，是个人才！"

确实，与沈醉行刺胡继业相比，白世维诛杀张敬尧，从心理素质到行动质量，完全表现出一个职业杀手的成熟与老辣。但白世维也只是在事后描述当时情景时，"显得相当兴奋"，以后就很少再提此事，甚至不愿再谈及任何行刺过程。

毕竟是杀人，白世维也有"属于心理上的一种死结，没有干过行动工作的人，没有亲自动手杀过人的人，很难体会到其中的况味"。

陈恭澍在谈到这个问题时说：

"相信一个心理正常的人，绝对不会视杀人如吃菜。所以我要郑重地强调一句，千万不能忽视'政治信仰'或'工作信念'这项因素，因为这才是动力。"

当年秋，北平站扩大编组，增补武器装备，正式建立行动组，擢升白世维为行动组长，组员有王文、张逢义等人。

上海滩的密谋

平、津站成功锄奸，使特务处及华东区全体特工受到极大鼓舞，华东区的开山第一枪也开始从策划阶段进入实施阶段。

6月初，戴笠亲赴上海，租住在法租界枫林桥附近一幢二层楼寓所中，并在此召集区长余乐醒、行动组长赵理君、副组长王克全等人开会，商议暗杀行动人选，部署行动计划。

上海行动组共有特工十余人，组部设在法租界迈尔西爱路一幢三层楼内，副组长王克全与其他组员均住在这里；组长赵理君单独一人住在法租界霞飞路中段巷内德丰俄国大菜馆楼上。

戴笠从行动组中挑选赵理君、王克全、李阿人、过得诚、施芸之五人，组成行动小组，由赵理君、王克全分别担任正副组长。

赵理君，字丽君，四川浦江人，生于1905年，毕业于黄埔军校第五期。参加特务处的经历，与陈恭澍、戚南谱等人基本相同，先入"中央军校特别研究班"，经选拔进入"洪公祠特训班"，特训班结束后被派往上海区，以"陶士能""赵士俊"等化名，从事情报工作。行动组成立后，出任行动组组长。

赵理君行动敏捷，处事果敢，临危不乱，是戴笠麾卜又一员深受赏识的爱将，也是后来与陈恭澍、王天木齐名的军统"三大杀手"之一。

王克全的出身则不相同，他是作为共产党的叛徒，加入复兴社特务处的。

王克全出生于1906年，安徽人，1924年加入中国共产党，后入莫斯科东方大学学习，回国后曾出任中共江苏省委负责人，被捕后叛变，加入特务处上海区。

当然，王克全也不是等闲之辈，他后来名列军统"四小杀手"，与白世维齐名。

他最大的特点是心思缜密，做事滴水不漏，给赵理君做副手，正可互为长短，相得益彰。

行动小组人选确定后，戴笠在行动组组部召集相关人员开会，沈醉作为法租界情报组组长被通知参加会议，在会上详细介绍了杨杏佛的近况及行动规律。

杨杏佛原住霞飞坊五号，一年前与夫人赵志道离婚，搬出原住宅，寄居在亚尔培路三三一号中央研究院内。他爱好骑马，在大西路马厩中养了两匹良种马，每逢周日都会早早起床，在大西路、中山路一带骑马锻炼一至两个小时。

根据杨杏佛这一生活习惯，赵理君认为，趁杨杏佛外出骑马之机，在大西路、中山路一带埋伏刺杀，下手机会多，成功把握大，也便于撤退。

戴笠也认同这一方案易于成功，但对此持反对态度，他分析说：

"大西路、中山路属于华界，虽易于得手，易于撤退，却不易善后。姓杨的身份非同一般，在华界发生问题，各界必然会追究政府责任，警方对这个案子是破还是不破？无论怎样都不好向舆论交代。"

赵理君不得不承认，戴笠的考虑不无道理：

"如此看来，只有在租界动手，不负破案责任，才能干净利索地抽身。"

"是的。其实在中央研究院附近动手，机会也很多，成功把握也不小，只是行动要干脆利落，撤退要快，否则一旦惊动巡捕，被纠缠住，后果将不堪设想。"

按照戴笠的想法，经过行动组实地考察，最终决定在法租界中研院附近执行这次暗杀行动。

6月17日晚，戴笠再次来到行动组组部。按事先安排，屋里已挂上蒋介石的肖像，戴笠用威严冷峻的目光将大家扫视一遍，简明扼要地阐述了这次暗杀行动的"重要意义"，然后话锋一转说：

"请大家记住：这次行动只能成功，不能失败！因为我们的行动对象身份特殊，他不是人人喊打的汉奸，而是打着民主、抗日旗号的亲共分子，他的所作所为，是以另一种形式破坏安定，制造混乱，严重损害了党国的利益，是一种反国家、反政府、反领袖的行为，对这种人，必须严惩不贷！"

嗣后，全体人员起立，面朝蒋介石肖像，举手宣誓：不成功则成仁，如若被捕，立即自杀，绝不泄露机密。

杨杏佛遇刺身亡

6月18日是星期日，清晨六时许，行动小组悄然出发。

此时租界的繁华地带已是熙熙攘攘，亚尔培路中研院一带却仿佛在睡梦中尚未醒来，偶有行人走过，也是脚步轻轻，越发衬托出清晨的静谧。

行动小组的轿车徐徐驶入亚尔培路，在向马斯南路的拐角处缓缓停下。车上下来四个人，随即分散走开，走向中研院大门附近的不同位置，分别埋伏在大树后或墙角等隐蔽处。

这四个人就是王克全、李阿大、过得诚、施芸之；组长赵理君则留在车上，负责指挥接应。

几人在中研院门口埋伏等候了足足两个小时，八时许，杨杏佛终于出现在院中。

他身着鹿皮上衣、骑马裤，头戴灰色呢帽，身边跟着一个男孩，是他正在大同大学附中读书的儿子——14岁的杨小佛。

杨小佛是昨晚被杨杏佛接到中研院的，今天的骑马路线也因此改变，不再是大西路、中山路一带，而是西郊兆丰公园，父子俩准备到公园骑马。

当时院中停着两辆车，杨杏佛先是带儿子登上一辆道奇牌轿车，等了一会儿不见司机福生的踪影，又换乘一辆篷车。

父子俩上车后，杨杏佛指示司机祥度去大西路马厩。

当汽车缓缓开出中研院大门时，埋伏在大门周围的行动人员从隐蔽处跳出，分别举起手中的驳壳枪，从不同的方位同时向车内猛烈射击。

司机祥度身中两枪，推门而逃。杨杏佛为了保护儿子，第一时间扑倒在杨小佛身上，身中三枪；杨小佛仅右腿被击中一枪。

枪声惊动了法租界巡捕，尖厉的警笛声随之响起。

王克全见杨杏佛倒在血泊中，立即招呼大家撤退。

赵理君已发动汽车，做好接应准备。

王克全、李阿大、施芸之飞奔着跑过来，跳上汽车。过得诚却在慌乱中跑错方向，向着相反的方向跑去，赵理君在车上急得大喊：

"混蛋，往这边跑！"

当过得诚调转方向，朝汽车方向跑来时，荷枪实弹的法国巡捕已经包抄过来。

来不及了！

赵理君瞬间做出一个决定，用力踩下了油门，汽车随之开动。身后传来过得诚声嘶力竭的喊声：

"等等我！等等我！"

赵理君蓦然回身，一抬手，朝着过得诚"砰"地甩出一枪，迅即驾车离去。

然而，这一枪并未击中要害，仅打在过得诚的右臂上。过得诚甚至没有停止狂奔，并在情急中跑进一条弄堂。

法国巡捕已经追踪而至，过得诚自知在劫难逃，只得"杀身成仁"，举起手枪朝着自己扣动了扳机。但这一枪仍未击中要害，他随即成为法国巡捕的俘虏，被送往金神父路广慈医院救治。

与此同时，枪声惊动了中研院对面利威汽车公司的俄国职员贝柯克，他从楼上看到了敞篷车上血淋淋的一幕，立时飞奔下楼，跑到敞篷车前。

当时杨杏佛尚未气绝，但已不能说话，他示意抢救被压在身下的杨小佛。

贝柯克立刻登上汽车，直接驾驶汽车开往广慈医院。杨杏佛终因伤势过重，于上午9时20分离世，杨小佛则在父亲的保护下幸免于难。

应该说，戴笠对这次行动总体是满意的，毕竟行动目的已经达到。遗憾的是，行动不够利索，撤退留下了尾巴，为法租界破案留下了"活口"。

过得诚在特务组织内化名高德臣，经抢救当天下午已苏醒，在巡捕房的审讯中，过得诚坚称与本案无关，他是路过此处被流弹所伤。虽未透露实情，但说出了他的化名高德臣。

这一消息，及时传到了枫林桥戴笠的住所。

行动前，戴笠组织行动人员宣誓，目的就是"不成功便成仁"，如今过得诚落入巡捕之手，却不肯"成仁"，成为一颗随时可能引爆的炸弹，不仅会将特务处炸个稀巴烂，更重要的是，会伤及政府，伤及最高领袖，戴笠就是有十个脑袋，也担不起这个责任。

戴笠当即下令法租界情报组组长沈醉：

"通知范广珍，立即采取强制措施。"

范广珍是法租界巡捕房华人探目，由杜月笙介绍给戴笠，加入法租界情报组。他多年在巡捕房供职，人际关系广泛，眼线众多，接到指令当晚，便以巡捕房华探身份进入医院，用一包毒药，助过得诚"杀身成仁"。对外则称，过得诚伤势过重，不治身亡。

过得诚一死，"刺杨案"断了线索，成为永久"悬案"。

事后，戴笠为抚恤过得诚的家属，除拨付一笔可观的抚恤金外，还从此由特务处及后来的军统局担负起对过得诚儿子的养育之责。军统成立后，戴笠又将过得诚树立为"杀身成仁"的特工典范，并特地将重庆"中美合作所"的一条道路，命名为"过得诚路"。

枪口瞄准史量才

在监视中国民权保障同盟主要领导人的同时，戴笠还奉命派沈醉的情报组监视一名非"同盟"进步人士，即报业巨子、《申报》总经理史量才。之所以监视史量才，这和他风生水起的报业"生意"以及与"同盟"成员的密切往来有直接关系。

史量才，名家修，字量才，出生于1880年，江苏江宁人，后移居松江（今属上海），早年从事教育工作，曾担任《时报》主笔。

1912年，史量才以15万银洋与张謇合资，盘下上海申报馆，出任总经理。经大刀阔斧，锐意改革，《申报》销量扶摇直上，很快跻身国内最具影响力的大报行列。1927年与1929年，史量才又相继购买了《时事新报》《新闻报》大部股权，他本人遂成为上海报界最大的资本家。

史量才有自己的办报"生意经"，认为"报纸是民众的喉舌，除了特别势力的压迫以外，总要为民众说些话，才能站住脚"。因此，在北洋政府统治时期和南京国民政府统治初期，史量才对政府采取若即若离的态度，"不敢公然反对，但有时又旁敲侧击地批评一下"。

随着史量才在报界地位的上升，尤其购买《新闻报》股权后，成为报界权威的他，自恃其报业机构设在租界，南京政府对它奈何不了，开始愈来愈大胆地与南京政府对抗。

"九一八"事变后，史量才的政治态度趋向进步，针对蒋介石"攘外必先安内"的政策，公开提出"安内必先攘外"。并在《申报》上全文刊载宋庆龄关于《国民党不再是一个革命集团》的宣言。

1932年6月，南京中央大学发生学潮，《申报》在如实报道学潮起因后，又特地发表《中大学潮平议》，称"外患之刺激，政治之混乱，生活之不安，实为学潮之根因"，在批评教育日益败坏的同时，矛头直指国民政府政治、军事的黑暗。

教育部长朱家骅与上海市教育局长潘公展，分别向蒋介石报告了《申报》种种危害党国的行为，蒋介石遂下令"申报禁止邮递"。

蒋介石奈何不了租界的申报机构，却能在上海华界与其他地区封杀《申报》，这是史量才始料不及的。

租界弹丸之地，"禁邮"等于置《申报》于死地。史量才毕竟是商人，经济利益不能不考虑，于是赶紧托人，向蒋介石缓颊。

蒋介石提出"解禁"条件，史量才答应撤换总编辑陈彬和，坚决不同意中宣部派员指导《申报》编辑和发行。

对此，蒋介石没有坚持，总算放史量才一马，《申报》"禁邮"35日后被解禁。

但史量才并没有屈服。1932年年底，中国民权保障同盟成立后，史量才在《申报》上广为宣传，极力拥护其政治主张，并发表同盟领导人宋庆龄、杨杏佛、鲁迅等人支持抗日与抨击国民党统治的言论，反对蒋介石"围剿"苏区红军。此后，又详尽报道了杨杏佛的华北之行，以及宋庆龄、杨杏佛在南京营救政治犯的活动。

也正因为史量才与同盟关系密切，戴笠在奉命监视同盟主要领导人时，史量才也被列入其中。当时也只是监视而已，蒋介石并未打算除掉史量才。最终令蒋介石动了杀机的，是有情报显示，史量才不仅同情共产党，而且曾对中共上海地下党组织给予经济援助。

杨杏佛遇刺一年后，即1934年夏初，戴笠得到暗杀史量才的指令。

然而史量才不同于杨杏佛，他不仅行踪不定，难以掌握其生活规律，而且出门必坐防弹保险汽车，身边跟随保镖，警惕性极高。

史量才处处提防，开初并非防备政治暗杀，而是防备因财而遭报复；直到杨杏佛遇刺，才开始对南京方面有了防患于未然的准备。但对因财而结下的仇家，一直未敢放松警惕。

提起史量才因财结仇，还要从清末官员陶保骏说起。

陶保骏，江苏镇江人，上海光复前任南京军务要职。辛亥革命时，携贪污所得巨额军饷数十万逃到上海，寄居于名妓沈秋水处。未几被沪军都督陈其美逮捕枪决，沈秋水顺手牵羊，拿走了陶保骏带来的巨额财富。

岂料，沈秋水妇道人家担不得事，还没来得及享用这天上掉下的馅饼，便因担惊受怕搞得寝食难安，一日数惊。她将此事告诉了往来密切的史量才，史为保护沈秋水，纳她为如夫人，史量才也因此瓦块翻身，有了购进《申报》的巨额资金。

再说陶保骏，其家中有一兄一弟，兄为津浦路南段局长，弟为军官，他们很快发现陶保骏的巨额钱财落入史量才之手，扬言要找史量才算账。史量才得此讯息，处处小心提防，甚至为此学习拳术、技击，以防不测。

纵使多年来陶家兄弟并未成功付诸行动，史量才仍不敢掉以轻心，尤其随着陶保骏的儿子长大成人，史量才的警惕性也越来越高。

鉴于史量才的高度警惕与防范，以及"刺杨案"的经验教训，考虑到史量才在上海的影响，戴笠接受任务后格外谨慎，并不急于行动，只是寻找机会，以求一举成功，不留痕迹。

沪杭路，赵理君出手

"刺史"行动小组由"刺杨"原班人马组成，由于没了过得诚，又增加了行动组组员许建业和司机张秉午，仍以赵理君与王克全为正副组长。

最初的行动方案，仍将暗杀地点定为法租界，首先在申报馆和哈同路史量才宅邸周围布控，但一直寻不到下手机会。

10月初，一个人的出现，给这次行动带来转机，这个人就是史量才的司机黄锦才。

通过上海帮会的关系，行动小组结识了黄锦才，黄不经意间透露了一个信息：史量才因患胃病将去杭州私宅——秋水山庄度假疗养一个月。

10月6日，史量才果然携家眷乘坐保险汽车前往杭州，入住秋水山庄。

戴笠随机应变，与行动小组同期抵达杭州，经过一番勘察后认为，在秋水山庄附近动手，成功几率可为百分之百，只是会给省会警察局带来麻烦，尤其警察局长正是特务处成员赵龙文。

赵龙文在出任浙江警校校长不久，即被指派兼任杭州警察局长。他是特务处打入警界以及其他公开机构最早的人员之一，也是特务处利用公开身份掩护秘密行动的开始。赵龙文出任局长后，很快将整个警察局几乎全部收入特务处囊中。

在赵龙文的辖区实施狙击，赵龙文破不破案都将不好交代。

最后研究决定，将暗杀地点选在远离杭州市区的返沪必经之路——海宁县（今海宁市）博爱镇附近。这里非杭州管辖，又地旷人稀便于行动，且附近便是特务处控制的杭州笕桥机场，万一发生不测也便于接应。

在杭州布置好一切，戴笠先行返回南京。

11月13日下午三时许，在沪杭公路上，一辆黑色轿车从杭州向上海方向行驶。车上坐的正是五十多岁的史量才。他看上去面容瘦削，精神略显疲惫。

与他同行的，有他的如夫人沈秋水、内侄女沈丽娟、儿子史泳赓及其同学邓祖询，开车的是他最信任的司机黄锦才。

当汽车行驶到海宁县境内博爱镇附近，距翁家埠两公里的地方时，被一辆老式别克敞篷汽车挡住了去路。敞篷车挂着京字七十二号车牌，仿佛失控抛锚，横在公路中央。有人在检修，有人在一旁静候。

看到史量才的汽车驶来，有人示意司机减速。

史量才的汽车随即放慢速度，缓缓前行，眼看离抛锚汽车越来越近，突然，围在车边的人齐刷刷拔出手枪，并有人向史的座驾射击，一枪打爆车胎，汽车立时失控，像喝多了酒的醉汉，摇摇晃晃地冲了出去。

与此同时，六名男子对着汽车玻璃一阵猛烈射击，他们使用的是洞穿力很强的驳壳枪和强力手枪，似乎专为射击保险汽车所配。

前面厚厚的玻璃被击透，司机黄锦才与史泳赓的同学邓祖询当场被击毙。

后门的玻璃与钢板一时未被击穿，史泳赓打开车门，用车门挡住密集的子弹，与其父史量才一前一后狂奔出逃。

杀手误以史泳赓为史量才，立即有三人紧随其后，穷追不舍，边追边开枪射击。好在史泳赓年轻体健，在学校又是一名运动健将，跑起来有如"飞毛腿"，三名杀手连发20多枪都没有击中，史泳赓最终从田野中逃脱。

史量才则不然，他原本瘦削体弱，又年过五旬平时缺少锻炼，跑起来跌跌撞撞，慌乱中闯进附近一家农舍，眼看后面两名杀手追踪而至，又赶紧从农舍后门逃出，躲进屋后一个干涸的池塘中。

处于低洼处的池塘岂是藏身之所，他早已毫无遮拦地暴露在另一个人的目光之下。这个人正站在池塘前方的大路上，居高临下，对他举起了手枪。

这个人就是此次暗杀行动的负责人赵理君。

"在这里！"

赵理君看到行动小组成员李阿大已从史量才后面追过来，一边对李阿大高喊，一边对准史量才扣动了扳机。

史量才头部被击中，霎时血流如注，当即倒地。

李阿大随后赶来，对史量才头部又补了一枪，确定死亡后，方转身离去。

任务完成，赵理君招呼另外五人，跳上敞篷车，呼啸而去。

案发现场只剩了史量才的如夫人沈秋水与其侄女沈丽娟。在史量才父子跳车逃跑之后，两名女眷也相继跳车逃生，好在两人不是杀手目标，除受到惊吓外，沈丽娟的腿被乱弹击中受伤，但无大碍。

史泳赓逃脱追杀后，在当地乡民的帮助下赶到航空学校，向航校相关负责人诉说被袭击经过。航校当即派人赶到案发地点，用专车将沈秋水与沈丽娟送回杭州。又联络杭州市政府，派车将史量才、邓祖询、黄锦才的遗体运回杭州。

案发后，举国震惊，这显然又是一起无法侦破的"悬案"，唯一可查的线索肇事车辆京字七十二号车牌根本就是伪造的。毫无疑问，该车正是特务处的二手别克牌敞篷车。案发前10月底，该车从南京开抵杭州，一直停放在浙江警官学校车库内。11月13日行动前，该车挂上伪造车牌，在成功刺杀史量才后，于当天深夜驶回南京，在进入南京前换回原有牌照，在夜幕掩映下悄然驶进鸡鹅巷五十三号。

第八章
平津告急，两大杀手走麦城

扑朔迷离箱尸案

在特务处时期，戴笠最重视的外勤组织，除了华东的上海特区，便是华北的北平站、天津站。

北平站站长陈恭澍，是戴笠一手栽培，不次拔擢，已初步显示出不俗才干的特情人员。天津站站长王天木，正值春秋鼎盛，治理一个天津站更是若烹小鲜，处处得心应手，游刃有余。

平、津两站联合刺杀张敬尧后，于当年秋同时成立了行动组，天津站行动组组长由王天木兼任，组员有七八人，全部是王天木在河南收编的地方武装及民团中亲信，这些人文化不高，却个个都是神枪手。

就暗杀行动来说，天津站的实力远在北平站之上。

1934年，在戴笠接到暗杀史量才的指令时，同时接到对爱国将军吉鸿昌，反水汉奸石友三、张璧等人的"制裁"令。这几人均在天津，这一系列"制裁"行动，本应由王天木负责完成。然而，出乎意料的是，天津站突发意外，王天木莫名其妙地卷进一桩迷雾重重的案件中，转瞬之间锒铛入狱。

王天木究竟犯了什么事，因何进了大牢，官方一直讳莫如深，除王天木本人、戴笠、蒋介石外，其他人均无从探寻真相。

就连北平站站长陈恭澍，对此事也是一头雾水。

而在事发之初，戴笠也完全被蒙在鼓里。

事发于1934年春，蒋介石突然责令戴笠，立即抓捕王天木归案。这个消息对戴笠来说，不啻晴天霹雳，在万分惊异的同时，又如坠五里云雾。

了解案情后，戴笠一方面为王天木用人不察对下属太过纵容，痛心疾首；一方面为蒋介石欲对王天木进行严厉制裁，万分担忧。

戴笠将约见王天木的地点选在北平，想先听听他本人的解释，希望这一切只是一个误会。他亲自发电报给北平站长陈恭澍，让他预订一个房间，并叮嘱他绝对保密。

戴笠只身北上，连一个随从人员都没带，让接站的陈恭澍深感意外。陪同戴笠来到预订的东长安街中央饭店，两人随便吃了点东西，便来到四楼的房间。

戴笠一直阴沉着脸，一副心事重重的样子，进屋后也是来回踱步，不时自言自语：

"人家为谁辛苦为谁忙嘛！"

陈恭澍知道他有事，却也不敢多问，只好看着他在屋里徘徊。直到他终于停下来，坐在沙发上，陈恭澍才长吁了一口气。他猜测戴笠要说出召他前来的目的了。不料，戴笠却突然问：

"天木兄最近可曾来过北平？"

"半月前来过，随后去了张家口，现在还没回来。"

陈恭澍很是摸不着头脑，戴笠要找王天木，尽可以直接问天津站，为什么要来问北平站？

戴笠又询问天津站的情况，对行动组那几人显得特别"关心"。陈恭澍将自己所知道的情况毫无保留地向戴笠做了介绍，最后戴笠说：

"等天木兄从张家口回来，我有事要和他商量。什么时候离开北平，我会打电话通知你。"

直到离开中央饭店，陈恭澍仍不明白戴笠此行所为何事。

其实戴笠通知陈恭澍，只是出于保密的目的，由他亲自接送站并安排住所，以免走漏风声事情闹大，对王天木不利。

第二天王天木便从张家口赶回北平，走进了中央饭店四楼戴笠下榻的房间。对戴笠所指案件，王天木供认不讳，尽管下属所为，他本人愿意承担全部责任，表示愿意随戴笠赴京，向蒋介石请罪。

仅仅时隔不到一天，陈恭澍便接到了戴笠的电话，通知他去送站，令他惊诧不已。他想不出戴笠是如何与王天木取得联系的，又如何使王天木在如此短的时间内返回了北平。当他赶去送站时，蓦然发现，王天木就在戴笠身边，而且与戴笠同时登上了南下的列车。

这一切，看得陈恭澍呆若木鸡。

陈恭澍不知戴笠与王天木商量了什么，更不知王天木因何赴京，直到王天木一去不归，陈恭澍方知天津站出了大问题。

其时，北平一桩"箱尸案"正被媒体炒得沸沸扬扬，后来陈恭澍才得知，天津站及王天木竟然被卷入其中。

据称，有天晚上王天木带下属外出冶游，在八大胡同一青楼喝花酒，一名部下醉酒后情绪失控，与一名嫖客发生争吵。该部下顺手抄起酒瓶向那个嫖客砸去，酒瓶在那人头上开了花，那人当场倒地，气绝而死。

闹出人命，该部下酒醒了一大半，只好求助于王天木。

王天木对部下一向宽容，对这些从河南带过来的部下更是视如兄弟，当下便找老鸨要来一只大木箱，将嫖客尸体放进去，出门叫了辆黄包车，抬上箱子，直奔城门。

原打算运出城外，扔进护城河了事，不料此时城门已关，当天已无法出城。几人在黄包车后面一商量，索性扔下箱子走人。于是，几人悄悄溜走，直奔火车站，当夜逃回了天津。

后来车夫发现箱子的主人不见了，打开箱子一看，这才知道大事不好，立刻报警。

此案在北平风传一时，还有人以该案为蓝本，出了一本纪实小说《箱尸案》。

然而，此案却疑点颇多，特情人员向来心思缜密，做事不留痕迹，尤其王天木老谋深算，怎能将一桩命案处理得如此草率？如此不计后果？何况他学过法律，当过检察官，怎会没有一点反侦察常识，并让媒体迅速得知，大肆炒作？

一份决定生死的报告

事实上，当年北平侦缉队很快侦破此案，其结果显示，所谓"箱尸案"，实乃一桩假案。

未几，又有传闻，称王天木的行动组人员在天津意租界闯祸，绑架了原热河省主席汤玉麟的孙女，向汤家敲诈五万银洋，因而激怒天津众多下野政客、达官显贵。蒋介石得知此讯愤怒不已，勒令戴笠严查此案。

究竟是案发北平青楼，还是案发天津意租界，如今已随着当事人的作古湮没在历史长河中，不争的事实是，王天木的天津站闯了大祸。

只是赴京途中，王天木并未想过，蒋介石的严惩将严到什么程度。他乐观地认为，无论怎样，戴笠都会保他性命无虞。

以戴、王的关系，以戴笠的为人，以戴笠对手下弟兄对外的一贯袒护，这一点毋庸置疑。

自"十人团"开始，王天木的贡献在特务处有目共睹；而就在半年前，戴笠还与王天木议做儿女亲家，只因儿子戴藏宜执意不愿娶王女为妻，此事方才作罢。于公于私，王天木都有理由相信，戴笠会全力保他生命安全。

问题是，戴笠的"全力"再大，也大不过蒋介石的"权力"。

戴笠知道，蒋介石这次是真的动了怒气，只有"全力"顺应蒋介石的"权力"，巧妙化解其中"症结"，方有峰回路转之机。

回到南京，蒋介石不仅严词拒绝接见王天木，而且对戴笠严加训诫：

"国有国法，家有家规，无规矩不成方圆，情报部门是一个特殊的团体，这个团体尤其要有铁的纪律。你回去拟订一个处罚方案，对所有涉案人员必须严惩不贷！"

蒋介石这番话，吓得戴笠额头直冒冷汗。

蒋介石的命令不能不执行，王天木的性命也不能不救，如何才能两全呢？

回到鸡鹅巷五十三号，简单吃了点东西，戴笠便坐到办公桌前，开始绞尽脑汁书写这份决定王天木生死的"处罚报告"。

他亲自研墨，端笔恭书，写了一遍又一遍，扔了一次又一次，一遍遍地斟酌内容，一遍遍地遣词造句……

初春的气温，乍暖还寒，夜里寒气袭人。加上戴笠一向生活简单，屋里不铺地毯，只铺了几张芦席，越发透出丝丝寒意。

毛秀丛心疼丈夫，亲手做了姜汤送进屋来，却被他一声呵斥：

"端出去，不要来打扰我！"

这个晚上，他特地嘱咐副官贾金南，不允许任何人进入办公室。但对毛秀丛，贾金南不好阻拦，何况，他也担心戴笠着凉。后来见毛秀丛流着眼泪退出来，他也很难过。

在鸡鹅巷五十三号后院——戴笠的工作区兼生活区内，所有人都知道，每当戴笠遭遇压力，首先受"株连"的就是身边人和家人，无论谁"招惹"了他，都会成为他的出气筒，且以贾金南与毛秀丛首当其冲。

每当戴笠大为光火的时候，只有两个人出面可以扭转局面：一个是戴母蓝月喜；一个是结拜兄弟胡宗南。

蓝月喜一现身，必会成为受训一方的保护伞，戴笠只有保证下不为例；胡宗南一上门，戴笠会立刻转怒为喜，一场"光火"弹指间烟消云散。

今晚对毛秀丛的"呵斥"，他自己根本没意识到，因为他满脑子里都是这份报告。这数百字小文，整整折腾了他一个通宵，直到第二天黎明，这篇"处罚报告"才总算写完。

报告中内容，先简明扼要地交代了事情经过，然后写了王天木的才干与功绩，最后提出三点处罚意见，请蒋介石定夺。这三点意见的排序，戴笠也是煞费苦心：

第一，处死刑；

第二，处无期徒刑；

第三，戴罪立功。

第一条是为了迎合蒋介石"严惩"的要求。以当时蒋介石的愤怒之情，大有不杀王天木绝不罢休之势，这第一条不得不写。如若戴笠顶风而上袒护部下，必会更加激怒蒋介石，结果将适得其反；

第三条根本无此可能，其作用意在冲淡第一条；

第二条才是戴笠的希望所在，前后两条一折中，正是第二条的结果。

戴笠希望的，是为王天木争取到一个无期徒刑的惩罚。留得青山在，不怕没柴烧，只要保住王天木一条性命，日后就会有翻身之日。

报告上交后，戴笠度日如年。其实蒋介石并没有考虑太久，很快就做出批示，正是戴笠希望的第二条！

戴笠大喜过望。都说戴笠会揣摩蒋介石的心思，由此可见一斑。

于是，王天木被关进南京老虎桥监狱，即特务处监禁违纪特工的"丙地"。事实正如戴笠所料，王天木实际服刑仅两年多，在1936年对日形势日趋紧张、特务处急需用人之际，戴笠报呈蒋介石并获批准，释放王天木，允其戴罪立功。

王天木下狱后，涉案的天津站书记即王天木的助手，不久被"护送"到京归案。天津站行动组成员或受处罚或另行安置，整个行动组无形中遭遇解体。

王子襄之死

王天木入狱后，天津站站长出现空缺，戴笠考虑再三，选择了一位与黄埔军校、力行社、复兴社毫无关系的医学博士，出任第二任天津站站长。

这位医学博士名叫王子襄。

王子襄的家世颇有些背景，即使算不上簪缨世家，却也称得上朱门绣户。戴笠看重的，虽非王子襄的家世出身，而结识王子襄，却是因了这个背景。

王子襄于1904年出生于北平，毕业于北平协和医科大学，在天津英租界执照行医。相貌英俊挺拔，潇洒飘逸，年届三十，尚单身一人。

当时在北平上流社会，有四位出色的名媛闺秀，她们出入各类社交场合，以不凡的才貌气质备受瞩目，在北平社交界风云一时，被封为"四大金刚"。这其中之一，便是王子襄的妹妹王玉梅。

戴笠为帮助陈恭澍打开局面，每到北平，便有意带陈恭澍参加一些上流社会活动，结交权贵名流。在随结拜兄弟、东北"四公子"之一吴泰勋参加的聚会上，戴笠结识了王玉梅，成为颇谈得来的朋友。

王子襄时常在周末回北平度假，也会随妹妹参加一些社交活动。在这样的聚会上，戴笠、陈恭澍等人由王玉梅介绍，与王子襄相识。

随着交往日渐增多，王子襄对陈恭澍等人的"团体"逐渐有所了解，并对此表现出极大的热情与向往。这个情况，很快引起戴笠的关注。

戴笠爱才，在特务处尽人皆知。由于他本人仅读过几个月初中，军校第六期亦未正式毕业，因此对各类饱学之士，不遗余力力求纳入"彀中"。其麾下不乏各类大学学子乃至各类留洋"海归"，前三期老大哥更是不知凡几，但医学博士不曾有一人。

医学，尤其西医，在特务处大有用场。

经考察，王子襄忠诚可靠，性格沉稳，做事严谨认真，一丝不苟，戴笠特批王子襄加入特务处天津站；又逢王天木下狱，戴笠爽性直接任命王子襄为天津站站长。

也就在这个时候，天津站相继接到对吉鸿昌、石友三等人的"制裁令"。考虑到王子襄初来乍到，素无情报工作经验，且天津站行动组尚在重建之中，戴笠便将这一系列暗杀任务，交由北平站负责，天津站予以协助。

戴笠特地嘱咐陈恭澍，多与王子襄交流，帮助他打开局面。

陈恭澍抽调北平站行动组组员王文，参加到天津站的暗杀行动中；天津站则以情报组长吕一民，负责此案的侦察工作，由老情报员、庶务吴萍予以配合。

陈恭澍一人主管平、津两站，往返于平、津两地，忙得不可开交。王子襄对他的工作给予全力支持与配合，多次留陈恭澍住在他的家中——位于英租界的诊所。

由于没有家室之累，王子襄工作、住宿都在诊所，一切都很随意。只是陈恭澍不愿过多打扰，最后还是请王子襄帮忙，在"小白楼"租到一间公寓式的小房间。

小白楼位于天津特一区，该地区是德租界旧址，隶属天津市政府管辖，仍保留了若干德租界原有形态，其显著特点便是聚集了众多无国籍的外国人。出租这类公寓式房间的，主要是犹太人与白俄。他们往往租下一幢房子自己住，将多余的房间分租出去，雇用一名中国佣人，负责楼内卫生、烧饭等杂务。

租住这样一个房间，不仅比住旅馆便宜许多、有佣人照顾饮食，更重要的是，房东不问客人姓名、身份，无须登记，只要付清房租，来去自由。

尽管陈恭澍住在"小白楼"，王子襄仍经常将他接到家中，一起探讨行动方案。

王子襄的诊室也是会客室，每次进到会客室，陈恭澍都会看着靠墙那几只玻璃柜若有所思。里面大大小小的药瓶子，总让他想到南京特务处乙室研究的那些暗杀工具——毒药。

这是特务工作必不可少的工具，甚至比手枪用起来更为便利。

又一次站到玻璃柜前，陈恭澍向王子襄请教说：

"有没有这样一种药物，无色，无味，入水即化，不留痕迹，只需一点点，放进茶里、汤里，喝下去，立马让人翘辫子？"

王子襄会心地笑了：

"有一种药物很接近这些特点，是一种白色霜状粉末，只是还不够完美，稍稍有点杏仁的味道。"

"效果怎样？"陈恭澍兴致勃勃。

王子襄拿出一小瓶白色粉末交给他说：

"你可以拿小猫小狗试验一下，效果不错的。"

陈恭澍接过药瓶，忽然想到王子襄有"试药"的习惯，心中陡然一紧，赶紧叮嘱说：

"你以后不要再拿自己做实验，太危险，而且容易被人误会，不知情的，以为你给自己打吗啡呢。"

王子襄听后只是笑笑，并没有往心里去。

王子襄的"不经意"和作为一名医生的敬业，为他的罹难留下了隐患。

这时陈恭澍已报特务处批准，将第一个暗杀目标锁定为吉鸿昌，吕一民的情报组正围绕吉鸿昌的住址、行踪，展开侦察。

转眼到了9月，月末的一天，陈恭澍正在北平，王子襄出事了！

这天傍晚五点半左右，吴萍来到诊所，发现王子襄躺在二楼会客室的沙发床上，原以为他在小憩，却看到旁边凳子上放着几个药瓶和一支针筒。他知道王子襄经常"试药"，便轻轻喊了几声，王子襄毫无反应。

屋里光线昏暗，吴萍打开台灯，近前查看，只见王子襄脸色煞白，双目紧闭。伸手去摸他的脉搏，感到胳膊冰凉，脉搏还有，只是微弱得几乎觉不出来。

吴萍吓坏了，惊慌失措地跑到门口，朝楼下大喊：

"不得了啦，老郭！老郭！"

老郭是负责烧饭的佣人，他听到喊声从厨房里跑上来。两人将王子襄抬到楼下，抬进王子襄的车里，由吴萍驾驶，火速赶往距离最近的马大夫医院。

起初医院不肯收治，好话说了半天，又言及患者本人也是医生，才被抬进急诊室。医生护士忙活一阵子，终告回天无术，不治而亡。

事发当天，戴笠刚刚从上海返回南京，走进办公室屁股还没坐稳，机要秘书毛万里便"闯"了进来。戴笠诧异之余，锋利的目光一下落到他手中那一纸电文上。

"王子襄意外殒命……"

这一行字，足以让戴笠如遭五雷轰顶。

王子襄，一个尚未进入角色的站长，既不会得罪什么人，也不会在行动中遇险，怎会意外殒命？

尤其，王子襄那样品学兼优的人才，那样年轻有为，亲和正直，怎会猝然离世？

如今阴阳两隔，音容笑貌犹在眼前，戴笠难抑心中悲痛，不由得泪眼模糊。

电报是天津站庶务吴萍发来的，戴笠让毛万里马上通知陈恭澍，遄赴天津，调查事情经过，料理善后。

陈恭澍赶到天津后，方知王子襄是为研究暗杀毒药"试药"身亡，睹物思人，更是痛悔莫及，自责不已："我不杀伯仁，伯仁却因我而死……"

王子襄死后，王玉梅认定其兄之死，是吴萍延误抢救时机所造成。

10月中旬，戴笠正在杭州部署暗杀史量才事宜，王玉梅亲赴杭州浙江警校，向戴笠状告吴萍。

王玉梅不怀疑王子襄因"试药"身亡，那几个药瓶与针筒里的剩余物，经化验已证实有毒，王子襄因公殉职已成定论。但她认为，倘使吴萍及时送医，王子襄不至于殒命。

这一点，戴笠虽不敢苟同，却不能不安抚死者家属。无论如何，王子襄是因为加入天津站而导致英年早逝，戴笠与王玉梅也是私交不错的朋友，于公于私都应满足家属的要求，只好委屈一下吴萍了。只是"制裁"吉鸿昌的行动已经启动，正值用人之际，对吴萍的"处罚"只能延期到"吉案"结束。

一年之内，天津站两任站长接连出事，一时找不到合适人选，站长一职只好暂时悬空。天津站下属"情报组"和两名"直属员"，暂由北平站站长陈恭澍统一指挥，其他人员由南京特务处本部直接领导。

关键的"运用人员"

"制裁"吉鸿昌，与行刺杨杏佛、史量才一样，面临着巨大的政治压力。作为爱国抗日将领，吉鸿昌在民众中享有极高的声望，万一"处置"不当，将会造成极其严重的后果。这一点，戴笠对陈恭澍反复强调。

而谋刺吉鸿昌，面临如"张敬尧案"同样的难题——吉鸿昌在哪里？

吕一民的情报组侦察数月，一直未寻到吉鸿昌的行踪。倒是王文找到了剪除石友三的内线。考虑到吉鸿昌的影响力，陈恭澍决定先针对吉鸿昌展开行动。

吉鸿昌，字世五，出生于1895年，河南扶沟人，初在冯玉祥手下当兵，从士兵逐渐升至军长。中原大战中冯玉祥兵败下野，西北军被中央军收编，吉部被编为第二十二路军，吉鸿昌任总指挥，被调往鄂豫皖苏区"围剿"红军。

由于吉鸿昌对"剿共"持敷衍对策，1931年8月被撤职，9月奉命出国考察。1932年2月，在未得蒋介石允许的情况下，吉鸿昌返回国内，与中共地下组织取得联系，之后潜入湖北宋埠联络旧部，策动起义，被国民党军队镇压而失败。

此后，吉鸿昌加入冯玉祥的察哈尔抗日同盟军，抗日同盟军结束后，吉鸿昌按照中共的决定，转入河北，组织抗日讨蒋军，但军事行动再次遭遇失败。随后吉鸿昌潜回天津法租界，加入中国共产党，在中国共产党组织的协助下，联络下野军人，组织"中国人民反法西斯大同盟"。

吉鸿昌知道自己上了复兴社特务处的黑名单，因而小心防范，行踪不定。

其实，吉鸿昌在天津的固定住所只有两处：一处称为"红楼"，位于法租界花园道一号，是红砖砌墙的三层楼房。另一处在英租界四十号牛津别墅三号。

北平站情报员范行曾提供情报称，"吉某以大红楼为基地"，而吕一民的情报组一直没有侦察到吉鸿昌的宅邸，因而对"大红楼"茫然无知。

事实上，吉鸿昌先是住在法租界红楼，不久搬到英租界牛津别墅。为安全起见，又在法租界国民饭店开了一个房间，作为组织"反法西斯大同盟"的联络之所。

这一切，吕一民的情报组一无所知。

南京特务处本部虽未给平、津两站限定实施"制裁"时间，但数月时光倏忽而逝，连行动目标都不曾寻到，戴笠终于沉不住气了，一次次询问和催促进展。

也就在这个时候，两个重要人物出现在吕一民的视线中，给此次行动带来决定性的转机。

这两人就是曾出任过高级军职的郑恩普与傅丹墀。

郑恩普是河南人，与吉鸿昌是同乡，早年曾参加樊钟秀的建国豫军，1930年出任新编第三军军长；傅丹墀是河北人，曾任襄樊镇守使。两人服职军政多年，均在河南时间较长，均有旧部、旧属散落在河南各部队乃至草莽中。

正因为如此，他们成为吉鸿昌的统战对象。

而吕一民注意到他们，正是因为他们有可能与吉鸿昌有联系。

此时这两人均赋闲在津，住在法租界，虽不急于谋个差事找个饭碗，却也是以旧部为资本，处于寻寻觅觅之中。

吕一民在法租界找到他们，在试探性的交谈中，郑恩普无意中透漏说：

"前几天在旅馆和吉鸿昌接谈过一次。"

这个消息令吕一民喜出望外，后又经过几次谈话，了解到吉鸿昌有意邀请他们去豫北、冀南一带策动旧部，从事抗日反蒋军事活动，因而这段时间与二人来往密切，经常会面。

在这种情况下，陈恭澍决定亲自出面，会会郑、傅二人。

由于复兴社特务处为保密单位，郑、傅只知吕一民是为南京政府服务的，具体属于哪个部门、什么组织并不清楚。陈恭澍自然也不会说出"复兴社特务处"这一具体名称，但对吉鸿昌"背叛中央"的种种行为，陈恭澍如数家珍，娓娓道来。

作为站长，陈恭澍的嘴皮子功夫还是不错的，做起人的工作，也是能言善辩，能说会道，而且"和风细雨"，润物细无声，直说得吉鸿昌这两位"故旧"面面相觑，连连表示，愿意效命于"中央"。

为了争取郑、傅，陈恭澍特地向戴笠请示，在天津成立一个"军事组"，由郑、傅两人负责。其基本任务，类似于联络民间武装力量、策动伪军反正等。而当时这类工作并无议程。只是因郑、傅二人不屑于从事情报工作，才不得已而为之，不过是个名义而已。

戴笠清楚陈恭澍的意图，很快回复批准，并将"军事组"暂交北平站统一指挥。

11月8日，郑恩普告诉陈恭澍：

"吉约我与丹墀兄，明天下午三点在法租界交通旅馆见面，要介绍我们认识两位新朋友，研究有关出发前后的问题。"

陈恭澍并未将"制裁"吉鸿昌的行动计划告知郑、傅，二人对此是否有所察觉也未可知，但二人无意去冀南、豫北却是事实。陈恭澍由此推测郑恩普所言属实，于是问：

"新朋友是哪位？"

"没说。"

"哪个房间？"

"四三七号。"

陈恭澍立即召集吕一民、吴萍、王文等人开会，做出行动部署：由王文负责执行暗杀，吴萍掩护与接应撤退；由情报组女联络员杨玉珊负责与郑、傅保持联系，随时传递消息。

来了"一家三口"

王文，原名王文翰，生于1909年，天津宝坻人，是吕一民的表弟，熟悉天津情况。陈恭澍特地将他从北平站调来，参加此次行动。

王文曾在西北某干部学校受训，当过下级军官，1933年秋北平站扩大编组时，加入行动组，在白世维手下任职。"吉鸿昌案"是他特务生涯中的第一个行动。

当晚，王文与吴萍入住法租界交通旅馆，秘密侦察位于五楼的四三七号（一楼不设客房，客房号从二楼始，依次上排）。然而这一夜，四三七号悄无声息，仿佛无人居住。

第二天，即11月9日下午二时半，按事先安排，陈恭澍来到交通旅馆附近的紫竹林咖啡室，这是预先商定的联络枢纽，他本人在此坐镇指挥。

咖啡室与交通旅馆在同一条街上，中间只隔了十来家门店。

此处位于天津繁华的闹市区，下午与晚上正是万人活跃的黄金时段，这个环境十分有利于撤退。但为了预防遭遇巡逻警，之前陈恭澍通知吕一民临时增加一个人，到交通旅馆附近巡视，专门负责监视巡逻警。

吕一民增加的这个人，是联络员杨玉珊的亲弟弟，名叫陈国瑞。陈过继亲族，因而姐弟为异姓。

陈国瑞长得高大粗壮，皮肤黝黑，看上去浑身是劲。他这个特点，在本案中派上了大用场。也是因为这一点，这个一向不喜欢念书的小伙子，极向往特务工作。吕一民希望他锻炼一下，事后能向上级推荐加入"团体"。

这个时候，陈国瑞早已到了交通旅馆附近，正在人流中巡视。陈恭澍透过窗户，就能看到陈国瑞的身影。

最紧张的是王文与吴萍。两人躲在交通旅馆五楼四二二号房间，从门缝里盯着斜对面的四三七号，却始终没有发现任何动静，甚至房门从未打开过一次，就连郑恩普、傅丹墀的身影也一直没有出现。

下午三点已到，四三七号仍房门紧闭，没有任何人光临。

三点二十分，四三七号仍悄然无声。

王文与吴萍沉不住气了，两人找到茶房，以同住一间房不方便为由，要求再开一个房间。由于五楼已无空房，便单刀直入，直点四三七号为空房。茶房无奈地表示：此房虽无人入住，但已收了人家的定钱。

两人由此确定情况有变，遂由王文在此守候，万一有情况亦可见机行事；吴萍则去咖啡室向陈恭澍报告。

直到这时，陈恭澍方知策划失误，当初若派人跟踪郑、傅，绝不会断了线索。

正无计可施时，吕一民与杨玉珊来了，告知郑、傅二人已于四点回到家中。

原来，郑、傅如约赶到交通旅馆，刚要上电梯时被一陌生人拦住，带到交通旅馆对面的国民饭店二楼一三八号房间。当时里面已有一屋子人，吉鸿昌将他们带入套间，与一位四十来岁的矮瘦子见面。两人离开时，其他人均未离开。

这正是亡羊补牢之机，机不可失。陈恭澍一眼看到杨玉珊领着一个五六岁的小女孩，那是她的外甥女，杨玉珊带着她就是为了作掩护。

陈恭澍当机立断，由杨玉珊与其弟陈国瑞带小女孩扮作一家三口，入住国民饭店，侦察情况。

吴萍立即返回交通旅馆，通知王文速来咖啡室，伺机行动；然后吴萍再去把停在劝业场后面夹道里的汽车，开到国民饭店门口，负责接转陈国瑞的侦察信号，同时做好接应撤退的准备工作。

吕一民则再去傅家，牵绊住郑、傅二人，以防节外生枝。

众人分头行动之后，时间已是下午四点四十五分，吉鸿昌是否还在国民饭店，是否还在一三八号，尚未可知。

未几，国民饭店迎来一户三口之家，男主人提着一个沉甸甸的帆布手提包，女主人牵着女儿，女儿抱着一个玩具皮球，一家三口登上二楼，住进一三〇号房间。

这一家三口，正是杨玉珊姐弟与他们的小外甥女。

一三〇号与一三八号房间距离不远，杨玉珊正要近前观察，忽见三三两两的人转入对面走廊，赶紧示意陈国瑞跟上去。她自己带着孩子，拍着皮球，向一三八号靠近。

一三八号房门紧闭，里面阒然无声。用皮球朝门上拍了几下，里面仍无反应。

证实一三八号无人后，杨玉珊带着孩子回到一三〇号。这时陈国瑞也已转了一圈回来，告诉杨玉珊那些人进了一四五号。杨玉珊对陈国瑞说：

"我去一四五号看看，如果他真在那里，我直接带孩子下楼，你跟着下去，不要和我说话，按照规定信号，去通知门口汽车上的吴先生。"

吴先生就是吴萍。这个时候，吴萍已经将汽车停在国民饭店门口，等候传递信息。

随后，杨玉珊哄着孩子走向一四五号，未到门口，便听到里面传来"噼噼啪啪"的麻将撞击声。可是，怎样才能知道里面有没有吉鸿昌呢？

这有两个难题：

第一，怎么打开这扇门，向里看看？

第二，开门的一刹那，怎样确认哪位是吉鸿昌？

事实上她根本来不及考虑，就已经带着孩子来到一四五号门口，且不能在此久留。情急中一抬头，看到房门上面的气窗是开着的，她一弯腰抓起孩子手中的皮球，一抬手，将皮球从气窗里扔了进去。

室内，搓麻声骤然停止，霎时变得鸦雀无声。

杨玉珊立刻伸手敲门。少顷，房门打开了一条缝，出现了一名大汉怒气冲冲的脸。

杨玉珊拉着孩子的手，忙不迭地道歉：

"不好意思，小孩子贪玩，把皮球丢进您房里了。"

或许是看到一个女人带着一个小孩，屋里的人放松了警惕，门缝一下子被拉大，大汉将皮球扔了出来，随即关上了房门。

从开门到关门，前后不过几秒钟，且开门之初只是拉开一条缝，并被一个大脑袋堵着，杨玉珊在赔礼道歉的同时，如何能看清屋里的情况呢？

何况，她从未见过吉鸿昌！只是听郑恩普说过，吉鸿昌是高个子，大胡子。

国民饭店的枪声

作为情报组的联络员，杨玉珊没有接受过正规专业训练，然而她所表现出的机敏、机智，绝不亚于任何一个训练有素的特情人员。几秒钟，对她来说已经够了；高个子，无论站、坐，都会比别人高出一截。即使扫一眼，也能看清那个"大胡子"坐在哪个位置。

杨玉珊果然看清了房内的情况：除了开门的大汉，屋里还有四个人，正围着桌子打麻将，坐在左边的一个男子显然比其他人高出一截，四方大脸络腮胡子，不正是吉鸿昌吗？

杨玉珊拉起孩子的手，向楼梯口走去。

陈国瑞见状，紧跟着下楼，出了饭店。

这时杨玉珊朝北走，陈国瑞反其道向南，来到吴萍的车前。

吴萍摇下车窗，听陈国瑞说完，便下车检查轮胎。这是给咖啡室里陈恭澍与王文发出的暗号。

与此同时，陈国瑞顺原路返回饭店，准备接应。

随后，王文若无其事地从咖啡室走出来，又若无其事地向国民饭店走去。

在饭店大厅，陈国瑞见王文走进来，径自转身上楼，来到二楼一四五号门口。

王文紧随其后，拔出腰间的驳壳枪，朝陈国瑞使个眼色。

陈国瑞的作用，不仅仅是将王文引到一四五号门口。尽管他没有受过专业训练，在这关键时刻，也会骤然明白，王文需要他这个助手，而且他的作用相当关键。

试想，由王文一人开门、踹门、射击，这一连串动作很难在瞬间，甚至仅仅数秒钟之内顺利完成。很可能，在他踹开房门尚未看清里面的人时，对方的子弹已经飞了过来。

陈国瑞上前扭动门球，发现门从里面锁住了，随即退后一步，飞起一脚朝门上端去。到底是身大力不亏，动作干脆利索，脚落门开。

王文一步跳进房内，高喊一声：

"吉总司令！"

只见其中的高个子抬起头来，王文举枪便射，"砰砰砰"连发三枪，眼见高个子与另一人应声倒下，王文认为任务已经完成，立即跳出房间。

王文举着枪飞奔下楼，被惊动的客人与茶房纷纷躲避。

跑出国民饭店，因担心被人盯上，暴露吴萍的车牌，王文没有乘坐吴萍接应的汽车，而是混入人流溜走了。

陈国瑞在踹开房门后，早已迅速离开。

成功射杀，顺利撤退，不留痕迹，令陈恭澍喜不自胜。这是他出任北平站站长以来，第一次成功组织的暗杀行动。当晚，报喜的电报便发到了南京特务处本部。

岂料，第二天一看报纸，陈恭澍傻眼了，死者只有一人，却不是吉鸿昌！而是前来参加"反法西斯大同盟"的国民党西南执行部代表刘绍勷！吉鸿昌只是受了点伤。

案发后，吉鸿昌与另外三人被法租界捕房带走。由于吉鸿昌肩部受伤，随后被转入天主堂医院治疗。

另外三人中还有一个重要人物，就是"中国人民反法西斯大同盟"的另一骨干人物任应岐。任应岐与吉鸿昌一样，也是原国民革命军将领，后加入中国共产党。

这个结果，戴笠显然不满，却也无可奈何，只好迅速与军事委员会北平分会联系，由北平军分会出面对吉鸿昌采取"制裁"措施。北平军分会与天津法租界交涉，于11月14日将吉鸿昌、任应岐由法租界引渡到天津市公安局，于22日押解到北平。23日，北平军分会对吉鸿昌、任应岐进行"军法会审"。

审判中，吉鸿昌坦然承认："我是中国共产党党员……我能够加入革命的队伍，能够成为共产党的一员，能够为全人类解放事业而奋斗，是我毕生最大的光荣。"

会审结束，吉、任二人以"危害民国罪"被判处死刑。

24日临行前，吉鸿昌口占五言绝句一首："恨不抗日死，留作今日羞。国破尚如此，我何惜此头！"

任应岐则在遗书中称："大丈夫有志不能伸，有国不能报，痛哉！"

事后，王文为自己的失手自责不已，为挽回影响，很快与"制裁"石友三的内线取得联系，以期在"石案"中扳回一局。

而陈国瑞那一脚，在踢开吉鸿昌房门的同时，也如愿以偿踢开了特务处的大门，被保送到南京接受培训。

杨玉珊作为情报组联络员，抛开政治立场不说，就情报业务而言，她在整个过程中所表现出的机敏冷静、随机应变，都使她不失为一名出色的特情人员。

她当时二十出头，尚待字闺中。经此一案，与郑恩普在接触中互生好感。郑恩普年逾不惑，仍是个快乐的单身汉。两人一个愿娶，一个愿嫁，不久即缔结良缘。1949年国民党大撤退时，因种种原因，郑恩普赴台，杨玉珊留在了大陆，从此牛郎织女隔海相望。郑恩普不久剃度出家，直到1980年，以近九十岁高龄"圆寂"；杨玉珊则不知所终。

吕一民作为天津站情报组长，是为本案唯一"买单"之人。新中国成立后，吕一民和由他介绍加入特务处天津站的侄子吕问友（比吕一民小八岁）一起，以反革命罪被判处死刑，于1951年3月31日执行枪决。

吴萍，作为天津站的内当家，在"吉案"结束后，很冤屈地被关禁闭一个月。他本人倒没感觉冤，王子襄那么出色的人才，无缘无故地死了，总要给家属一个交代。他很理解戴笠履行对王玉梅的承诺，他是天津站庶务，只能由他来承担。

然而这一个月的禁闭，改变了他整个后半生的命运。

为酬庸他的无端受罚，在一个月期满后，戴笠特意将他留在南京，介绍到行政院总务科工作。他在天津站原本也是处理内务，也算是从事本行，但从此由暗转明，离开了特务工作这个行当。

1939年，吴萍在重庆升任行政院总务科长，1949年赴台后仍任原职。

出乎意料的是，到台后仅仅两年，正值四十余岁盛年之际的吴萍，不意遭遇三轮车过桥翻覆车祸，身负重伤而辞世。

王文"另辟蹊径"

"吉案"总算落下了帷幕，戴笠虽不满意，却也没说什么。他相信这对陈恭澍是一个历练，期待在对石友三、张璧的"制裁"中，陈恭澍能出手漂亮，挽回影响。

与爱国抗日将领吉鸿昌相比，"制裁"石友三、张璧，没有政治影响的压力。石友三正与日本人打得火热，张璧也已反水投敌，做了日本人的走狗，制裁这两人均属名正言顺。

不料，戴笠在未接到任何侦察报告、行动报告的情况下，于1934年12月下旬，突然接到陈恭澍发来的紧急电报，称毒杀石友三失败！

戴笠惊诧万分，因为他对此次行动一无所知！

国民饭店枪击案刚刚过去一个多月，戴笠在没有得到任何报告的情况下，以为平、津两站对石友三的"制裁"尚在侦察之中，万没想到陈恭澍未曾报备，便擅自行动，并旋即失败！

在"吉案"结束之后，本可以有充足的时间，对行刺石友三进行策划部署。虽说"制裁"石友三名正言顺，但难度却是不容忽视的。作为老牌"倒戈将军"，石友三多年来防范严密，行踪诡秘，狡兔三窟。没有周密严谨的计划与随机应变的能力，极有可能满盘皆输。但从陈恭澍陈述的本案过程中，似乎看不到这一点。甚至在整个过程中，陈恭澍都没有去过天津一次；而陈恭澍提出的三项请求，更令戴笠无法接受。这三项请求分别为：

一、对先鸿霞、褚某，生则尽力营救，死则从优抚恤；

二、保送史大川赴京受训；

三、准予执行本案已支付的各项费用实报实销。

这里面涉及的三个人，戴笠闻所未闻。而这三个人，恰恰是毒杀石友三的"行动人员"！

这实在太让人震惊了！让三个与特务处毫不相干、没有接受过专业训练，甚至并不是很知根底的人，单独执行特务处的命令，这样的成功率能有几何？

何况，他们面对的是一个老奸巨猾的反水汉奸，是臭名昭著的"倒戈将军"石友三！

石友三，字汉章，生于1891年，吉林长春人，出身行伍，初投吴佩孚，后在冯玉祥麾下由马夫升至军长。冯玉祥本有"倒戈将军"之称，石友三则"青出于蓝而胜于蓝"，先后多次在冯玉祥、阎锡山、蒋介石、汪精卫、张学良以及日本人之间改换门庭，朝秦暮楚，反复无常，后来甚至联共又反共，把"有奶便是娘"这一混蛋逻辑演绎到了极致。

1932年，石友三潜往天津，寓居日租界，随即与天津日本特务机关接洽，与张璧等人受日本特务头子土肥原贤二指使，组织汉奸武装，在冀东一带活动。

1934年，石友三参与土肥原筹建华北伪政权活动，准备为伪政权组织军队"定武军"。

实际上，"制裁"石友三原本有一个十分有利的先决条件，那就是王文找到的直通石友三身边的内线，这个内线就是陈恭澍报告中提到的先鸿霞。

先鸿霞是石友三的侍从副官。

而王文与先鸿霞，既是小同乡，又是好朋友。因此当王文得知先鸿霞在石友三身边当差时，几乎对这次暗杀行动有了百分之百的把握。因刺杀吉鸿昌失手，王文耿耿于怀，"吉案"甫一落定，即向陈恭澍请缨，要求前去联络先鸿霞。

有如此直接的内线，对比当初对吉鸿昌连一点线索都寻不到，石友三案似乎一开始就光明一片，陈恭澍岂有不同意之理？

王文遄返天津，很快与先鸿霞见面。先鸿霞深明大义，愿意参加到剪除汉奸石友三的行动中，并向王文详细介绍了石友三的情况。

石友三住在天津日租界秋田街东头，那一带都是深宅大院，邻里老死不相往来，平时街上异常安静，连商贩都极少涉足。

石宅更是高墙垒筑，黑漆大门终日紧闭，大门内有两个门房，一个是警卫室，一个是传达室。往里走是二门，二门内是一个长方形的大院子，东厢房住着两名日本宪兵，西厢房住着五名侍从副官，先鸿霞便是其中之一。

正房是一栋坐北朝南的两层小楼，是石友三与家人的住所。

楼后面是一个小院，佣人、厨子、车夫等都住在后院的房子里，后院的小门上着锁，从未见过开启。

石宅来访客人极少，石友三也很少出门，即使出门，也是当时通知司机与侍卫，汽车启动后才指示司机行车路线，从不告知目的地。而他的活动范围，也仅限于日租界，华界从不敢涉足。

石友三的五名侍从副官，可以说个个都是亲信，但只有一位姓贺的参谋平时不离左右，其他几位包括先鸿霞在内，都是随时喊来跟随外出，因此想在外面实施埋伏射杀，机会几乎为零。

在石宅行刺，可行性也极小，一方面先鸿霞很少有单独接触石友三的机会，即便有，他一个人势单力薄，没有接应，纵是刺杀成功，也绝无可能逃脱。

根据这个情况，先鸿霞与王文商量后，决定再从石友三周围吸收一名搭档，这个人就是史大川，也是石友三的侍从副官。

先鸿霞返回石府后，很快说服了史大川。但与史大川商量来商量去，仍觉得对石友三实施枪杀成功几率极小。

首先，只有石友三同时带他们二人外出，其中一人实施暗杀，一人对付贺参谋，才有可能成功逃脱，而这样的机会极少；在石府，两人同时接近石友三的机会也极少。

因此，先鸿霞又想到一个办法——毒杀。即拉拢烧饭的厨司务老褚，在石友三的饭菜里下毒。先鸿霞将这个方案告诉王文，王文不置可否，返回北平向陈恭澍汇报。

在先鸿霞策动史大川时，王文曾回北平报告情况，陈恭澍要求王文拿出一个较为具体的行动方案。王文在讲了石友三的特殊情况后，用先鸿霞的话说，石友三防范太严密，事先很难制订行动方案，只能随机应变。陈恭澍对这个"随机应变"很是担忧，却又想不出更好的办法。

如今王文拿回一个"毒杀"措施，仍没有具体行动方案，陈恭澍心中更是没底。

首先，陈恭澍对"毒杀"并不十分赞成；其次，将一个如此重要的"制裁"行动，交由三名没有经过特工训练的非"团体"人员，即交给三个"局外人"去执行，总感觉有些不靠谱。

因此，陈恭澍提出见见先鸿霞，对这个人亲自做一番考察，王文表示返津之后安排这次会面。考虑到先鸿霞已经联络了他的同事史大川，陈恭澍拿出2000块钱交给王文，作为此次行动的活动经费。

照理，陈恭澍应该与王文一起或者随后赴津会见先鸿霞、史大川，制订行动计划，坐镇指挥。但此时陈恭澍头脑一热，将王子襄给他的那瓶白色粉末状药物拿出，交给了王文。

却不料，这瓶毒药引发了一系列严重后果，也使陈恭澍错失了去天津会见并考察先鸿霞的机会，正所谓大意失荆州。

毒杀石友三，搞砸

陈恭澍将那瓶白色粉末交给王文的时候，潜意识里显然存有侥幸心理，说不定王文没有行动方案的"随机应变"，也能像白世维一样出其不意，因此特地叮嘱王文说：

"这个东西我没用过，并没有把握，你先在猫狗等动物身上试试，不行再另想办法。"

这句话，是王子襄给陈恭澍药物时说的，陈恭澍没有做这个实验，王文拿到药后也没有做这个实验，直至毒杀石友三失败，所有人都不知道这个药是否真能毒死人。

王文接药的时候表示：

"我联系好后，三四天之内回来复命。"

这不能不说是陈恭澍的失误，既然要等王文回来复命，就不该把毒药交给他。正因为王文拿到了这瓶药，三四天之内未能回来复命，整个"制裁"石友三的行动，也因此骤然逆转。

王文再次来到天津时，先鸿霞已成功策动了第二个"搭档"——厨司务老褚。

老褚提出的条件是，事成之后给他凑点本钱，开一家小餐馆，这是他一生的心愿。具体什么时候行动，要看机会。

王文毕竟不像白世维，读过军校，正经带过兵，打过仗；更不像陈恭澍，既读过军校又正式接受过特工训练；他充其量只是个有基层部队经历的毛头小伙子，考虑问题比较简单。听先鸿霞如此一说，便乐观地认为，即将大功告成，当下便将那瓶药交给了先鸿霞，并约定次日见面。

王文与先鸿霞的见面地点，是天津西"三益成"杂粮店。店主是王文的宝坻县（今天津市宝坻区）老乡，店里大管事刘兆南是老掌柜的亲侄子，也是王文从小在一起念过书的同学，两人与先鸿霞都是年龄相仿、关系不错的小老乡。王文为本案每次来津，都是住在店里。

说好第二天见面，但先鸿霞爽约了。

第三天，第四天，仍不见先鸿霞的踪影。

本来应三四天之内回北平复命，不见先鸿霞，如何向陈恭澍复命？

第五天，先鸿霞依旧没有出现，王文已预感到大事不好。

第六天，一个与王文年龄相仿的陌生青年来到"三益成"杂粮店，点名要找"王文翰"。柜上伙计将他带到王文的房间。王文一见到他，凭直感，脱口而出：

"你是史老弟？"

"是我，文翰大哥！"

陌生青年这一声呼叫，可谓声泪俱下。他果然是先鸿霞的同事——石友三的另一位侍从副官史大川。先鸿霞果然出事了！

先鸿霞拿到毒药后，当天回去就交给了老褚。老褚看看药瓶说：

"如果今晚趁手，今晚就干。"

先鸿霞也没料到，老褚真的就在当天晚上行动了。老褚平日里胆小怕事，或许是为实现他一生的梦想破釜沉舟了。

晚餐时分，老褚把毒药下到火锅里，就给石友三端了上去。

虽然下毒时老褚不假思索，颇有气势，但当他端着火锅走进正房一楼大厅时，却不由得双腿发抖双手颤动起来，火锅在他手上摇摇晃晃，汤汁随之晃荡出来，泼洒在托盘上。

石友三何等警觉，立时看出不对劲，随即拔枪怒吼：

"你想干什么！"

老褚被这一声怒吼吓破了胆，以为事情败露，腿一软瘫倒在地，石友三用枪口顶着他的脑袋吼道：

"说，谁指使你干的？"

见老褚哆哆嗦嗦已说不出话，石友三朝门外大吼：

"贺参谋，把他们都给我带过来！"

他们，指贺参谋以外的四名侍从副官，包括先鸿霞与史大川。

五名侍从副官所住的西厢房，距离一楼大厅只有十几步远。贺参谋走在最前，进入大厅，另外四人排成一队，齐刷刷站在大厅门口。

一见瘫在地上的老褚，先鸿霞与史大川都惊呆了，两人都没料到老褚竟弄得如此一败涂地，不可收拾！

石友三举着手枪，手指扣在扳机上，一副随时准备开枪的样子，对着老褚吼道：

"是哪一个，给我指出来！有半句假话，小心你的脑袋！"

老褚哆嗦着抬起头，向排在门口的四人看去，似乎就要举手指认。

先鸿霞见状，伸手去拔插在腰间的手枪，但他仿佛迟疑了一下。

正是"死生之穴，乃在分毫"，当断不断反受其乱，先鸿霞一愣神的刹那间，让贺参谋那双鹰隼般的眼睛捕捉到破绽，抓住先发制人的千钧一发之机，飞起一脚，狠狠踢在先鸿霞的要害部位。先鸿霞一声闷哼，顷刻间被制服。

先鸿霞和老褚被捆起来，拖到东厢房。

东厢房住的是日本宪兵，贺参谋说先鸿霞与老褚是南京派来的抗日分子，让日兵宪兵把他们带回宪兵队，严加审讯。两人最后结果如何，不得而知。

由于一直是先鸿霞一人与老褚接触，老褚并不知史大川也加入其中，史大川因此逃过一劫。在石宅苦苦挨过数日之后，史大川终于寻到机会，逃出石宅，直奔津西"三益成"杂粮店。

听完史大川的叙述，王文只觉得脑子里一片空白，纵是他有过不祥预感，也完全没有想到事情会弄到这个地步。尤其好友先鸿霞，转眼之间生死未卜，急得他不知如何是好，却又想不出任何营救办法，只好决定先回北平，向陈恭澍汇报。

他将史大川安排住在杂粮店，告诉他已在柜上存了2000块钱，需用时可向刘兆南支取，其他一切，等他从北平回来再做安排。

王文回到北平向陈恭澍汇报后，陈恭澍让王文带司机陈国治开车去天津，先将史大川接到北平，然后再设法了解先鸿霞与老褚的情况，可能的话再实施营救。

王文返回天津后，陈恭澍这才想起向特务处本部打报告，提出三点善后要求。他压根没有想过，戴笠对这样一个毫不知情的事件将持什么态度，更没想到结果会怎样。

陈恭澍吓跑了

看完陈恭澍的报告，戴笠大失所望。陈恭澍是他一手栽培，不次拔擢，已初步显示出不俗才干的特情干部，没想到竟如此缺少组织观念，如此处事草率。

刺杀汉奸绝非儿戏，作为指挥官竟躲在另一个城市遥控，在无具体行动计划的情况下，让几名与特务处毫不相干的人员相机行事，岂有不败之理！

何况，王文与史大川素不相识；在"史大川"所言未查实之前，这一切都是"雾里看花"。

戴笠未作任何批示，便将陈恭澍的报告转交相关部门，照一般事例按规定做出回复，大意是：

"所称各节，查无前案可稽，希检具实证再核；可酌发史大川旅费来京报到。"

这个回复，等于让北平站提交证据以资证明。可陈恭澍到哪里去找证据呢？正在大伤脑筋之时，又一个节外生枝的变故接踵而来——史大川失踪了！

当王文再次回到天津，赶到"三益成"杂粮店后，史大川不见了。刘兆南告诉他说，史大川从柜上支走2000块钱，一去不归。

这话让王文真假难辨，毕竟他与史大川素昧平生，倘若史大川为钱而来，那么他所叙述的整个毒杀石友三失败经过，都将另当别论。

然而令王文心生疑窦的，恰恰是刘兆南。自打这次走进"三益成"，他再也没有了以前那种热情，更忘了同乡之亲、同窗之谊，对王文总是躲躲闪闪，说话吞吞吐吐。

为了弄清事情真相，晚上王文坐在柜房迟迟不肯离去，对刘兆南旁敲侧击。恰巧史大川打来电话，王文率先拿起话筒。史大川原是找刘兆南的，一听接电话的是王文，张口便是一通指责：

"好你个王文翰，我提着脑袋来给你报信，你反倒诬陷我是日本人的奸细，要把我抓起来送军部！先鸿霞真是瞎了眼，相信你这种狼心狗肺的东西，他白白为你送了命！"

史大川这一番痛斥，让王文恍然大悟：刘兆南嗜赌，肯定是他赌输了王文存在柜上的2000块钱，然后骗走史大川，让王文查无对证。

再与刘兆南理论，刘兆南爽性撕破脸，直接对王文下了逐客令：

"我们开的是杂粮店，不是杀人的指挥站，你若还念同乡之情，就不要把小店拉进杀人的勾当中，你现在就给我走，以后不要再来！"

刘兆南翻脸，再追问无益。要想弄清真相，做好善后，只有将刘兆南带回北平。王文与司机陈国治商量后，决定当夜启程。那部"老爷车"性能不算太差，夜间行动，三四个小时便可抵达北平。

汽车就停在离柜房不远的院子里，王文去柜房向刘兆南辞行，说着一些表示歉意的话。刘兆南不好意思地送出来，并亲自为王文打开了车门。却不防陈国治从背后突袭，瞬间便将他拖进车内。

汽车一路通达驶回北平，驶进位于西城卧佛寺街的北平站。

这里是北平站新租用的站址。随着1933年秋扩大编组，1934年上半年陆续增加一些新成员，北平站内外勤已有20多人，北长街的房子已不敷使用，便改作联络处，另租这一处四进大宅门院落办公兼住宿。

宅院大门临街，进大门后过二门，进了二门才是第一进院子。

第一进院子有四间北房（正房），三间南房，陈恭澍结婚后和妻子住在北房，其中一间做卧室，一间做会客室兼餐厅，一间最大的做办公室，一间最小的住女佣。白世维一家四口住在南房。这一进院子中另有东厢房三间，用作两家的厨房与储藏室。

从西边的甬道往里去，是第二进院子。院里只有四间北房，住着戚南谱夫妇与岳家。

第三进院子里也是四间北房，住着北平站的其他成员，包括交通员陈国栋、司机陈国治和大司务李怀章等人。

第四进院子也是一排房子，只堆放了一些杂物，没有住人。

王文将刘兆南带到北平站后，安置在第四进院子的一间空房里，既没捆绑，也未将房门上锁，更没有派人看守。

王文本意是把他带来说明情况，以便能找回史大川，了解事发经过，设法营救先鸿霞与老褚。事已至此，陈恭澍本应立即审问刘兆南，一方面要摸清情况向特务处本部提交证据，一方面要制订善后方案。却不知为何，出了这么大的纰漏陈恭澍仍未提起重视，将刘兆南放在后院便不予理睬了。

王文也理所当然地认为，如此深宅大院，纵是刘兆南插上翅膀，谅他也飞不出去。

却不料，刘兆南原非等闲之辈，高墙深院挡得住他的人，却挡不住他与外界的联络。由于地处偏僻，宅院里没有自来水，用水全靠外面送水的人用手推车送进来。刘兆南瞅准机会，悄悄写了一封求救信，托送水人带了出去。

陈恭澍、王文尚在高枕无忧之中，完全没料到，一场衔橛之变正在降临。

时值寒冬腊月，屋外的气温已是滴水成冰。这天早上七时许，陈恭澍正要起床，忽闻外面响起一片嘈杂声。他一骨碌爬起来，抓起一件皮袍子裹在睡衣外，光着脚趿拉着一双布鞋跑出去查看。刚出门口，迎面走来一个陌生人，劈头就问：

"你姓周？"

陈恭澍一听，料定大事不妙，因为他此时所用化名就是"周仁风"，于是随手一指保姆的房间说：

"姓周的住那儿。"

那人果然去了保姆屋里，陈恭澍乘机向后院奔去。在二进院与三进院之间有个小跨院，院里围墙较矮，他一翻身跳了出去。

跑出胡同，他叫了一辆洋车，直奔北平站书记王云孙家中。

王云孙是在北平建站不久，由特务处本部王兆槐推荐加入北平站的。他负责在办公室处理文牍，即任书记工作。

王云孙家住按院胡同，与北平站很近，坐洋车约五分钟路程。陈恭澍赶到时，王云孙已穿戴整齐，正准备到站里办公。见陈恭澍光着脚踩着单鞋，穿着睡衣裹着皮袍，赶紧出去买回一套棉衣。

陈恭澍穿戴整齐后，又去了东四牌楼北大街"德元成"棉花店。该店的刘老伯是陈恭澍的父执，也是其兄长的岳父。陈恭澍的姨妈有2000块钱存在这里，陈恭澍自认为有难，已打算出逃，取出了姨妈的2000块钱。

做好这一切，他给王云孙去电话，得知王已被接到北平督察室。

这时特务处已全面建立督察制度，北平督察室与北平站平级，实为监督北平站而设。陈恭澍一向反对督察制度，与特务处派来的督察王平一接触甚少。

电话打到督察室，接电话的正是王平一。王平一一听是陈恭澍，顿时如释重负，让他马上去督察室，说有人检举他绑架勒赎，到北平站搜查的便衣是北平侦缉队和宪兵三团的人。刘兆南已被他们救出，白世维、王文以及陈恭澍的妻子都被带走了。

作为接受过正规训练的特情人员，陈恭澍应该立刻明白，这一切均由刘兆南引起；作为北平站负责人，他有责任前去澄清事实，保出被带走的下属，带回刘兆南，为"石案"善后。

说到底这一切不过是一个误会，消除这个误会非常简单，却不知陈恭澍出于什么想法，竟然如惊弓之鸟，放下电话便直奔火车站，当晚便登上火车，一头扎到归绥，投奔他的家兄陈恭治去了。

王平一久等不见陈恭澍前来，只得向特务处本部报告。

回归，患得患失

如果说陈恭澍在"刺石案"中所表现出的目无组织、处事草率，已令戴笠大失所望，那么在"刘兆南告密事件"中的拖沓怠惰、不负责任、无担当，则令戴笠及所有知情人大跌眼镜！戴笠做梦也不会想到，他一直看好并精心栽培的外勤干部，竟会做出如此弱智之举。堂堂北平站站长，在同为兄弟单位的军警面前仓皇出逃，不啻天方夜谭，令特务处贻笑天下，颜面尽失！

震怒之余，戴笠下令王平一，即刻动身赶赴归绥，追拿陈恭澍，带到南京归案！同时电令绥远站站长高荣，对王平一予以配合。

之所以认为陈恭澍必在归绥，是因戴笠知道陈恭澍的兄长在归绥任军职。归绥地处偏远，是逃亡的理想去处。

不过戴笠最终还是失望了，陈恭澍不知从何处听到风声，在王平一赶到归绥，刚刚与高荣碰面后，陈恭澍便望风而逃，去了更偏远的乌兰华。

事已至此，戴笠遂决定放弃陈恭澍，命王平一返回北平。

与此同时，戴笠与宪兵三团取得联系，将刘兆南、王文、陈恭澍的妻子押解到南京。为优待陈妻，将其关在"甲地"，将王文、刘兆南关进了"丙地"。

又调白世维、王云孙到南京受训，调戚南谱赴天津站工作，调杨英进入天津电信局。北平站只剩下直属通讯员范行和在北长街看门的老尹。

接着对北平站进行重建，并成立北平区，由复兴社骨干、华南区负责人张炎元出任区长，戴笠的机要秘书毛万里出任区书记，北平站改由北平区直接领导，站长由范行代理。同时派吴赓恕出任天津站站长。

在北平区工作进入正轨之后，戴笠也将不愿回归的陈恭澍抛到了脑后。

却不料，1935年10月，一封从邮局投递来的平信寄到了鸡鹅巷五十三号，收信人直接是"戴雨农先生"。由于涉嫌泄密，特务处严禁任何人从邮局投递信件，也从未有人敢违反这项规定。是谁这么大胆，竟敢冒大不韪？

抽出信笺一看，落款竟是陈恭澍！信中称：

"我愿意回来接受处分，唯一的要求，是请派连谋兄到北平接我。如蒙允诺，良顺兄抵平后，在《世界日报》上登一小启即可。"

陈恭澍自然知道，戴老板是绝不容许犯了错误的部属接受处分前还要讲什么条件，尤其是指定报纸公开登广告，以及违禁邮寄信件且不留地址等等。他猜想会惹戴笠生气，甚至会有更严重的后果，所以后来在回忆中说："我写这封信给戴先生，实在斗胆之至……可是我终于作了一次尝试。"

之所以斗胆尝试，是他的处境已十分艰难。逃匿一年半，整日无所事事，精神无所寄托，生活断了来源，囊中"弹尽粮绝"，靠亲友接济过日子，与乞讨无异，其落魄窘状可想而知。但是贸然赴南京请罪，又担心遭遇不测，所以要求派连谋到北平接他。

连谋是陈恭澍的福建同乡，与陈恭澍同龄，也是生于1907年，两人关系非同一般。

连谋字连顺，又名连良顺，毕业于黄埔军校第四期，由陈恭澍推荐加入特务组织，被派往福建，任闽南站站长，不久前被调至武汉警备司令部任职，极受戴笠器重。

陈恭澍点名要连谋赴北平，就是想知道戴笠将给他何种处罚，万一被处以极刑，相信连谋会对他网开一面。

放眼整个特务处，乃至后来的军统局，有哪个犯了错的下属敢与戴老板提条件、讲斤斗？唯独陈恭澍！

即使穷途末路，也不能铤而走险，却又不舍放弃，只有斗胆一试。

其实戴笠就是不怕"叫板"，叫板的结果只会适得其反。但凡事都有例外，也算陈恭澍幸运，因为戴笠爱才，尤其对他眼中的青年才俊，更多了一份偏袒和呵护，对沈醉如此，对陈恭澍更是如此。尽管陈恭澍的一系列表现使他在戴笠心中的形象已大打折扣，却并未影响戴笠对他的偏爱。

戴笠本人曾打流十年，深知流落社会的艰辛，而逃匿，将更加艰难。他完全能想到陈恭澍眼下的处境，若非山穷水尽，也不敢冒违禁之险从邮局寄信。

戴笠几乎没有考虑，就通知连谋回京，作过一番交代之后，连谋只身北上。

而陈恭澍在"斗胆一试"之后，又陷入了患得患失的煎熬，生怕招致更严重的后果。直至过了八九天，在《世界日报》看到连谋发布的小广告之后，仍然在疑神疑鬼。广告称：

"仁风兄：弟已抵平，现住花园饭店，盼速来晤，良顺。"

周仁风，正是陈恭澍的化名。陈恭澍在兴奋之余，又担心是有人冒名顶替，于是打电话到花园饭店，一听果然是连谋的声音，这才雇了一辆人力车赶往花园饭店。

关押"乙地"无惊险

在得知无性命之虞后，陈恭澍跟随连谋乘坐蓝钢列车来到南京。

走进鸡鹅巷五十三号，陈恭澍恍如隔世。当初走马上任北平站站长，戴笠在这里为他摆酒饯行，不过时隔两年余，竟落得如此狼狈而归，让他如何面对一手提携他的戴老板？往日的种种担惊受怕、担忧顾虑，全部一扫而空，取而代之的是羞赧愧疚，无地自容。

低头垂手站在戴笠面前，他在等候一场暴风雨般的痛责。

但是没有。戴笠脾气暴躁，大多是对身边勤务兵、副官以及老婆孩子；对一般下属，多是不怒自威，恩威并施；对外勤人员，更是极少动怒。

他像往常一样招呼两人坐下，脸上不喜不愠，看不出任何表情。他其实想听陈恭澍说点什么，起码对"逃跑"这个愚蠢的懦夫行为做出一点解释。

陈恭澍却认为，事到如今，一切已不容自己置喙。

陈恭澍不说，戴笠也不询问，更无责难，只是平静地说：

"国有国法，家有家规，一个团体，必有它维系存在的团体纪律，这个纪律，对所有成员一视同仁……"

然后吩咐说：

"你去找刘乙光报到吧。"

这倒令陈恭澍大惑不解了。这么大一个"连环案"，自己为此逃到大西北，颠沛流离一年半，受尽磨难，这么几句话就完了？就这么简单地去找刘乙光报到？

刘乙光是陈恭澍在"洪公祠特训班"的同学，陈恭澍知道找他报到是一个并不严厉的惩罚。

刘乙光是湖南永兴人，生于1903年，师范毕业后，入读黄埔军校第四期，后入"洪公祠特训班"，时任特务处本部特务队长。

特务队是特务处的便衣警卫队，除负责处本部及戴笠本人的安全外，并专设行动人员，执行秘密行动任务，同时监管犯错误的同志，即看守"甲地"和"乙地"。

特务处对违纪或工作失误造成严重后果的特务，惩罚手段是关禁闭，令其"反省"。禁闭地点有三处，分为"甲地""乙地""丙地"。

"甲地"条件最好，处罚最轻，关押的是犯错误最轻的"同志"及"要犯"家属，实行家庭式管理，除了不允许外出，其他均可自由，生活上亦能得到特殊优待。陈恭澍从北平站逃跑后，他的妻子被押到南京就关在"甲地"。

至于"甲地"地址，诸多军统资料及军统特工回忆录均少有言及，也有特务称"甲地无固定场所"。陈恭澍关到"乙地"后，常由看守给其妻传递纸条，由此看来，甲乙两地相隔不远。

"乙地"设在南京羊皮巷一所平房院落中，关押案情较轻、刑期一般不超过一年的违纪人员。这里的处罚较"甲地"严厉许多，禁忌较多，被关押者以代号相称，不得互通姓名。戴笠给陈恭澍指定的关押地点就是"乙地"。

甲乙两地都设在特务处单位内部，唯丙地例外。

"丙地"设在南京老虎桥三十二号老虎桥监狱内。老虎桥监狱为"江苏第一监狱"，特务处在监狱内专辟牢房，特派看守，羁押特务处重刑犯。这里的惩罚最严厉，是名副其实的蹲大牢。王天木、王文、刘兆南都先后关押到这里。

也就是说，陈恭澍所受的惩罚不轻不重，关押时间不会超过一年。

说起来也是陈恭澍头大无脑，对他的戴老板几乎就是不了解，尤其他的"小心眼"，用在戴老板身上，完全是南辕北辙。戴笠对他的偏爱暂且不说，戴笠的护犊子，在特务处无人不知。莫说只是个误会，是刘兆南倒打一耙、栽赃诬陷，就是陈恭澍真犯了什么大事，也还轮不到北平侦缉队和宪兵三团乱插手。戴笠能在蒋介石盛怒中救王天木一命，陈恭澍这点事，谁敢把他怎么样！

直到这时陈恭澍才明白，这一年半的逃亡生涯，颠沛流离，担惊受怕，完全是他自找苦吃，自作自受。不仅如此，还让下属以及他的老婆都受到了牵连。

从戴笠的办公室出来，陈恭澍的肠子都悔青了。

这时刘乙光已等在门外。老同学在这种场合相逢，令陈恭澍十分尴尬。

岂知，更尴尬的还在后边。

陈恭澍任北平站站长时发展的一名情报员侯子川，因身份暴露，被推荐到特务处本部工作。当陈恭澍被带到"乙地"羊皮巷的时候，站在门口迎接他的，正是侯子川！

侯子川是"乙地"看守长，刘乙光的下属。

而侯子川手下的一名看守，正是陈恭澍保荐到南京接受培训的陈国瑞，培训结束后，陈国瑞被分配到"乙地"做了看守。

尴尬归尴尬，有这么多熟人在，陈恭澍的禁闭生活处处得到关照，不仅能时不时地被带到办公室撮一顿，还能偷偷给关在"甲地"的妻子递纸条。

实际上，陈恭澍只被关了五个月零七天，便于1936年夏初被释放，同时被派往天津，出任天津站站长。他的妻子本是受牵连被关押的，也被放出跟他一起去了天津。

复职之初，陈恭澍首先想到要回他的两员爱将——白世维与王文。白世维在南京受训后已返回北平站，陈恭澍与北平站协商，将白世维调到了天津站。王文仍在"丙地"蹲大牢，陈恭澍请示要人，戴老板立即下令释放。

至于王文的同乡——"三益成"杂粮店大管事刘兆南，只有把牢底坐穿了。

第九章
平息"闽变"，特务处鸟枪换炮

警报，福建要"出事"

特务处成立以来，一直肩负着一项最基本的重要任务，即分化瓦解各反蒋派武装实力，以达不战而屈人之兵之效。

早在特务处成立之前，戴笠单枪匹马深入战争前线跑情报之时，便已开始了战场策反工作。特务处成立后，人员、设备等各方面实力增强，这项工作做起来愈发得心应手。这一时期表现最为突出的，即参与敉平"闽变"与"两广事变"。

1933年10月，一封绝密情报传进南京鸡鹅巷五十三号，正在上海的戴笠闻讯，火速回京。情报是潜伏在十九路军的情报员发来的，内容极其简单，却足以令南京政府为之震惊：

十九路军有异动。

十九路军原驻防京沪一带，1932年"一·二八"战事爆发，十九路军奋起还击。第五军、教导总队等附近部队驰援上海，与十九路军并肩作战，在上海各界人力物力等强有力的后勤援助下，抗击日军优势海空猛攻和武器装备优越的四个师团，长达40天之久，始终胜负互见，成为近代以来对日作战绝无仅有的战绩。

十九路军由此声名大振，总指挥蒋光鼐、军长蔡廷锴成为世人瞩目的民族英雄。

战事结束后，十九路军被调往福建整训，参加对江西苏区的"围剿"。同时，蒋光鼐被任命为福建省政府主席，不久蔡廷锴兼任福建绥靖公署主任。

由于十九路军的早期领导人李济深、陈铭枢，素以反蒋而著称，因而戴笠对十九路军早有戒心。特务处成立之初，他便有组织地派员打入十九路军充当中下级军官，在十九路军中安插眼线；并利用中央军校举办军官训练班之机，在十九路军派来受训的年轻军官中物色人选，吸收加入复兴社，有的甚至接受特工培训。这些人返回十九路军后，便成为特务处的秘密情报员。

此时特务处的电讯系统已有快速发展，随着无线电制造厂的开办，新制作的2.5瓦袖珍发报机与由普通收音机改装的袖珍发报机，先后配发各地派出机构，南京的总台同时在魏大铭的主持下建立，并随着各地电台的增多而扩大。

正是由于无线通讯网的建立，戴笠及时得到了十九路军异动的情报。设于上海的无线电侦收单位，也侦知李济深密派代表，持李济深、陈铭枢、蒋光鼐、蔡廷锴四人联署函件，与江西苏区红军联系合作，订立反日反蒋协定。

各方面情报皆显示，福建要"出事"！

在向蒋介石汇报以上情报后，戴笠即指令设在福建的特务处情报组织——以连谋任组长的厦门直属组和以郑寰雄为组长的浦城直属组，加强与十九路军内线的联络，密切关注十九路军动向。

当初连谋被派往福建工作，主要任务就是监视十九路军的活动，及与粤、桂的联络动向，其次为刺探中共情报。连谋的直属组设在鼓浪屿虎巷，已发展张嘉福等人加入"团体"，并将他们保送南京或杭州接受特务培训，如今这些人都派上了用场。

与此同时，戴笠令电讯科长魏大铭选派得意门生姜毅英等人，秘密潜入厦门，登陆鼓浪屿。为躲过严密搜查，姜毅英等人将携带的小型通讯器材拆散，藏在内衣或饼干盒里，终于在鼓浪屿成功建立秘密电台。从此，福建政府与十九路军每天的一举一动，源源不断地传入南京。

戴笠这才知道，十九路军这个"异动"非同小可。李济深、陈铭枢等人的此次反蒋行动，不同于以往任何一次，他们是要另立政党、另建政府，甚至要建立一个新的国家。

果不其然，11月20日，李济深等人在福建成立"中华共和国人民革命政府"，废除"中华民国"年号，定1933年为"中华共和国"元年，以福州为首都；撤销孙中山遗像，摘掉青天白日国旗，改用上红下蓝中嵌五角黄星的新国旗。

"中华共和国人民政府"以李济深为主席兼军事委员会主席，余心清（冯玉祥的代表）为经济委员会主席，陈铭枢为文化委员会主席，陈友仁为外交部部长，蒋光鼐为财政部部长，蔡廷锴为人民革命军第一方面军总司令，兼第十九路军总指挥。

"福建事变"当天，戴笠及时得到了有关"中华共和国人民政府"建制、部队番号及其军事部署等情报。根据蒋介石的指示，决定派郑介民前往福建，坐镇指挥对十九路军的策反工作。

郑介民的粤籍身份为联络十九路军提供了便利条件。在特务处派入十九路军的中下级军官中，很大一部分人是通过他的同乡关系而得以进入十九路军的。如今由他坐镇福建，通盘指挥，自然比戴笠出面更为直接与便利。

此时郑介民尚在北平，戴笠急电将他召回南京。

然而，听完戴笠对"闽变"的情况介绍，郑介民沉默良久，迟迟不肯表态。

郑介民一向被誉为"有政治头脑"与"科学训练"的"军事谋略家"和"政治

理论家"。由于注重理论研究，注重仪表，讲求风纪，每日军装笔挺，面带微笑，讲起话来不紧不慢，却又滔滔不绝，且时不时来几句小幽默，郑介民又素以"博学多才""老成持重"而著称。

但事实上，这位一如北方彪形大汉的海南岛（原属广东）人，持重有余，胆魄不足。与戴笠雷厉风行、不怒自威的军人作风相比，郑介民更多的是谨言慎行，瞻前顾后，患得患失。

与郑介民相处日久，戴笠了解他的个性，并不急于催促。而且戴笠也清楚，郑介民一直不甘心屈居人下，亦认为特务工作层次低，几次找蒋介石要求调动，数次碰壁之后才不得不安下心来。

对这样一位重要下属，戴笠也只能做出适当迁就。

郑介民终于为难地说：

"在十九路军，认识的粤籍军官确实不少，说起来便于工作，实际也是把双刃剑。这几年陆续介绍过去的人不在少数，有些人一去便石沉大海。这些人态度不明，不利于开展工作……"

戴笠终于明白，郑介民担心被这些人出卖。

如果说长城抗战中郑介民不敢上前线，是担心子弹没长眼，那么去福建，虽说是"敌后"，会有一定危险，但无论如何是躲在隐蔽处，只要注意防范，断不会有性命之忧。不过凡事不好勉强，何况事关重大，牵一发而动全身，任何的纰漏都将影响全局，戴笠当机立断：

"这样吧，你留守本部主持工作，我去福建。"

"这样也好。"

"你尽可能多地提供一些可利用关系，我们好好研究一下。"

戴笠如是说，是因为派去十九路军的人已被清洗掉不少。事变前夕，陈铭枢无意中发现了两名特务处内线，这两人正是参加过军官训练班的下级军官。陈铭枢举一反三，大为震惊，立即在全军进行大清洗，将参加过训练班的军官清除了一大批，特务处的秘密情报员被清除不少。

两人核对情况后发现，郑介民安插在十九路军的人均安然无恙。

制订好策反方案，戴笠挑选了几名特工，带上贾金南与两名枪法精湛的警卫，经过一番化装，登上了开往厦门的游船。

鼓浪屿神秘来客

初冬时节，北方已是寒气袭人，素有"海上花园"之称的鼓浪屿，依旧是"暖风熏得游人醉"。在这个神奇的岛屿上，掩映在热带亚热带林木中的洋房别墅，鳞次栉比，风格异彩纷呈，洋溢着浓郁的欧陆风情；悠扬的琴声伴随着浪击礁石的叮咚声，萦绕在大街小巷。

如同上海的租界，这里也是一片不受中国政府管辖的"化外之地"。

11月下旬，一群内地"客商"登上了小岛。他们有的身着长袍，貌似席丰履厚，身家不菲；有的一身洋装，貌似小开；有的身穿蓝布短袄，似是佣人随从。

一行人住进一栋当地大茶商建造的花园洋楼。

脱去长袍，一身普通藏青色布衣的戴笠，露出庐山真面目，一如在特务处总部或外出任何地方公干，戴笠的着装总是简朴随意、整洁干练。

厦门直属组组长连谋早已等候在此，他给戴笠带来一个令人振奋的消息：拿到了人民革命军第一方面军总司令部对所属部队（主要为十九路军）及对外联络的专用电报密码本！

这就意味着，十九路军的任何军事动态、军事行动，全部掌握在了特务处之手，也就是全部掌握在了蒋介石手中。

获取密电本，绝不是中下层军官可以做到的事，戴笠询问详情，连谋说：

"这次多亏了范汉杰！"

"范汉杰？"

对这个名字，戴笠早已如雷贯耳，他是唯一一个早于胡宗南升任师长的黄埔军校生。

范汉杰生于1895年，广东大埔人，早年出身粤军，黄埔军校一期毕业后仍回粤军任职，1927年一度调任浙江警备师师长，1932年"一·二八"淞沪抗战时任十九路军参谋处处长、副参谋长，"福建事变"后任"人民革命军"第一方面军副参谋长兼参谋处处长。

尽管范汉杰与胡宗南一样，同为"天子门生"，并早于胡宗南升任师长，但范汉杰所在部队，不仅非嫡系，而且为反蒋派所掌握。

作为范汉杰本人，身为十九路军高级将领，在李济深、陈铭枢与蒋介石之间，他将选择谁呢？作为粤籍将领来说，答案显而易见。然而连谋说：

"范汉杰赞同十九路军的抗日主张，但不满上峰背叛中央，另立政府，另组新党，联共反蒋，认为这是置十九路军于死地。"

"抗日主张？"戴笠冷笑一声，"内乱方殷，何谈抗日？不过是拉大旗作虎皮，掩盖他们推翻政府争夺天下的阴谋。"

对于蒋介石"攘外必先安内"的政策，戴笠早已渗入骨髓，执行得坚定不移，不折不扣，这也成为他衡量反蒋与否的标尺。

"是黎庶望联络的范汉杰？"戴笠又问一句。

"是的。"

"黎庶望这次功劳不小，耀全兄（郑介民字耀全）眼力不错。"

黎庶望正是郑介民安插到十九路军总部的秘密情报员，在范汉杰身边任上校参谋。他与范汉杰都是郑介民的粤籍同乡，这也是策反工作顺利的因素之一。

"人民政府"成立后，主要军事力量就是十九路军。十九路军于1930年8月由蔡廷锴的第60师与蒋光鼐的第61师组成，如今有四个基本师，分别是第60师、第61师、第78师、第49师。

此外，十九路军还收编了福建地方杂牌军和地方民团，这部分兵力有四万多人。人数虽不少，却各自为政，并不真正听命于十九路军。戴笠知道，这些人有奶便是娘，只要给他们委任状，拨给军饷，他们会立刻调转枪口。

策反这四万人的任务，便交给了福建直属组的连谋、张超、何震等人。他们都是闽籍，由他们策反这些闽地杂牌军与民团，自是得心应手，事半功倍。

做好一系列部署，戴笠启程赶赴漳州，登门造访漳、厦警备司令黄强。

黄强出生于1887年，广东南海人，曾任十九路军参谋长。

会见黄强，目的不仅在于策反黄强，更重要的，是要通过黄强策反十九路军的几位重要将领。

事实上，戴笠与黄强并不认识，不过他手握一张王牌，这张王牌足以作为"敲门砖"，打开漳、厦警备司令部这扇大门。

这就是与他同来的特工周昭琼。周昭琼是黄强的妻侄，黄强是他的亲姑丈。

戴笠携周昭琼、贾金南及警卫人员，来到漳州警备司令部，通报后果然顺利放行。戴笠将贾金南与警卫留在门外，与周昭琼进入警备司令部。

策反十九路军

虽然是突然造访，黄强似乎并不感到意外。他知道周昭琼在南京从事秘密工作，尽管与戴笠素不相识，对戴笠的身份也能猜个八九不离十。

在周昭琼引见后，戴笠自报名讳：

"在下戴雨农，久仰黄司令大名，今日不揣冒昧，贸然登门，还请黄司令海涵。"

"哪里哪里，戴先生不必客气。"黄强也是爽快人，开门见山地说，"戴先生此番前来，想必是为了福建另立政府一事吧？"

"不错。"戴笠坦诚地点点头，巧妙地问，"以黄司令看，中央军打过来，十九路军的胜算有多大？"

"这个答案，戴先生心中自然有数。"

其实这正是黄强所担心的。他何曾不记得，1929年各反蒋势力轮番与中央军开战，还不是先后败下阵来；1930年的中原大战，冯玉祥、阎锡山、李宗仁强强联手，实力何等强大，声势何其壮观，结果怎样？"四九小朝廷"诞生之日，就是阎、冯灭亡的开始。如今一个区区十九路军的兵力，就敢另立政府与南京抗衡，结果不言而喻。

尤其在十九路军内部，许多高级将领不同意摘掉孙中山遗像，不同意更换青天白日国旗，不同意组建"生产党"，甚至连蒋光鼐、蔡廷锴对此也持有异议。

戴笠抓住要害直言相劝，句句都砸在黄强的软肋上，又有周昭琼在一旁敲边鼓，把原本疑虑重重的黄强说得心慌意乱。经过一番策动，黄强答应对中央军绝不抵抗，并在适当时候相机举旗归顺"中央"，但不能公开背叛陈铭枢。

第一个目的达到，戴笠进一步要求，会见第61师参谋长赵锦雯，这让黄强十分为难。因为不知赵锦雯持何态度，贸然让他与南京方面的人相见，黄强担心闯出大祸。

戴笠见状，十分肯定地说：

"黄司令尽管放心，我若没有十足把握，怎敢让您涉险？再说，万一发生问题，我自会承担一切后果。"

黄强定定地看着戴笠，那张面相肖马的脸不彰自刚，带着一种不容抗拒的威严与凛然之气，双眉微皱，却遮挡不住和煦目光中透出的那股犀利与稳健的光泽。这张脸透露出的信息让他觉得，这个人有担当。

黄强接受了戴笠的要求。

第二天，赵锦雯从泉州驻地如约来到漳州。他只知有朋友要见他，并不知是哪位朋友。当黄强向他介绍戴笠的时候，一听说"戴先生"三字，他恍然大悟，立刻上前握住戴笠的双手，一迭连声地说：

"不知戴先生大驾光临，失敬失敬。去年到南京时就想随卫华兄拜访您，因来去仓促未能成行，不想今日有缘识荆。"

赵锦雯所说的"卫华兄"，即特务处执行科科长邱开基。赵锦雯与邱开基同为云南老乡，两人既有乡党之谊，又有手足之情。发生在邱开基身上的一件事，使他对戴笠充满敬佩。

那是特务处成立不久，有次邱开基出差回到南京，收到来自云南景东老家的一封信，信中内容让他既震惊又万分悲痛：他母亲已于两个月前去世！两个月了，为什么他刚刚知道？只见信中又写道：

"多亏你寄回的2000块钱，解了家中燃眉之急，母亲的后事办得很体面……"

邱开基更是如坠五里云雾。两年前他不过二十七八岁，2000块钱相当于他一年的收入，就是倾家荡产他也拿不出这么多钱，那么这笔钱是谁冒名邮寄的呢？

他带着信来到戴笠的办公室，寻求答案。戴笠扫了一眼信笺，并没有细读，而是说：

"你当时外出，任务艰巨，不得脱身。云南山高水远，交通不畅，来回起码两三个月，我怎能给你准假？既然不能回家，告诉你实情只能影响你的工作情绪，于事无补。我知道你家中并不富裕，此时正是用钱之际，就以你的名义汇去两千块钱，并替你发了电报，这样处理，你不会有意见吧？"

邱开基听后感激涕零，哪还会有什么意见呢？

也正因为如此，当他的好友赵锦雯知道这件事后，认为戴笠一个铁血男儿，竟有如此侠骨柔肠，顿生识荆之意。

而戴笠此番前来，不仅带来了邱开基写给赵锦雯的亲笔信，更掌握一个重要信息——赵锦雯是军政部长、军事委员会北平分会代委员长何应钦的人。由于他与第61师师长毛维寿是保定陆军军官学校同窗，何应钦特地将他安插在毛维寿身边，以便随时掌握十九路军及第61师的动态。

由于这个信息，戴笠敢肯定，赵锦雯必定会站在他的一边，因为他是代表南京政府而来，代表蒋委员长而来，而何应钦是深受蒋介石器重的嫡系将领。

果然不出所料，赵锦雯很痛快地答应了策反毛维寿，并在返回驻地几天后便大功告成，紧接着由毛维寿出面，相继说服第60师师长沈光汉、第78师师长区寿年、第49师师长张炎等人。

1934年元月初，蒋介石调集部队，兵分三路攻入福建。他本人亦乘机飞往浦城，指挥各部队沿闽江急进。

在强大军事攻势下，中央军很快占领延平、水口、厦门、古田，于16日攻占福州。

与此同时，福建"人民政府"和十九路军总部撤往闽南，准备据守泉州，再作反攻。而陈铭枢、蒋光鼐等政府主要领导人已秘密潜往香港，只留下蔡廷锴独撑危局。

蔡廷锴虽知败局已定，但十九路军并无大的损伤，"与其坐而待亡，孰若起而拯之"，拼个鱼死网破。但他很快发现，属下四位师长已不听从调遣，无奈之下，只好黯然出走，乘夜色悄然离泉州而去。

1月21日，十九路军主要将领毛维寿、沈光汉、区寿年、张炎联名通电，"脱离人民政府，拥护中央"。

至此，成立仅两个月的"中华共和国人民政府"宣告失败。在这场战争中，戴笠与他的属下特工折冲樽俎，为南京政府立下了汗马功劳。

副总领事丢了

也是在这一年，戴笠的特务处还成功破获"藏本事件"，为南京国民政府又立一功。

1934年6月7日，日本公使有吉明从上海乘火车赴南京，拜会行政院院长兼外交部部长汪精卫，并于6月8日晚返回上海。

然而就在有吉明刚刚离京赴沪之后，即6月9日上午九时许，日本驻南京总领事须磨弥吉郎气势汹汹来到国民政府外交部，直闯部长办公室，指着汪精卫的鼻子一通咆哮：

"在你们国家堂堂的首都，竟会发生驻南京副总领事失踪这样的丑闻！你们必须尽快找到藏本英明，给我们大日本帝国一个交代，否则我们绝不会善罢甘休！"

这一通劈头盖脸的指责，让一头雾水的汪精卫终于弄清一个事实：

日本驻南京领事馆副总领事藏本英明失踪了！

这个事件非同小可，日本凭借强势国力与军事实力，处处寻衅滋事，企图加速和扩大对中国的侵略。倘若在中国首都丢失一个日本副总领事，恐怕弹指之间，日寇的铁蹄就会踏遍南京的土地。

汪精卫震惊之余，甚至忘了计较这个肆意践踏外交礼仪的"小日本"蛮横无理的态度。

与此同时，日本公使馆正式向国民政府提出强硬照会，限国民政府48小时内寻获藏本。

也是在这一天，日军舰队迅速集中到下关江面，包括从沪、汉调来的"出云""律岛""苇号""对马"等军舰，所有军舰均卸去炮衣，炮口对准南京城，摆出一副随时炮轰南京的架势。

这不由得令人联想到1931年的"中村事件"。中村中尉莫名其妙地失踪，成为日本侵略者发动"九一八"事变的借口。今日又一个日本人"失踪"，而这个失踪者由"中尉"上升为"副总领事"，日本人的阴谋不言自明！

一时间，国民政府人心惶惶；藏本失踪事件成为各国舆论关注的焦点。

为避免事态扩大，使日本人无所借口，首都军警宪奉命紧急出动，首都警察厅、警备司令部、宪兵司令部通力合作，分别奔赴南京市的大街小巷乃至各个角落，在全市范围内展开拉网式大搜索。

然而，要在偌大的南京地区寻找一个与中国人相貌无异、讲一口流利中国话的日本人，无异于大海捞针。24小时后，搜查毫无结果。

照常规，发生在南京地面的"治安"事件，属于宪兵司令部与首都警察厅的管辖范畴，处在暗处的特务处不宜插手。只是这个事件非同一般，戴笠在事发当天上午便派出得力特工秘密察访，同时指示出任公开职务的下属——首都警察厅调查科长赵世瑞，与在日本领事馆做仆役的卧底联系，尽快查清事情真相。

当时蒋介石正在江西"剿共"，当蒋介石的指令由南昌行营传到特务处时，戴笠已通过日本领事馆的卧底和在藏本家中做勤杂的线人传递的情报，了解了藏本的基本情况，包括相貌特征、个性为人，以及失踪前的行踪等。

藏本英明，时年42岁，日本奈良县丝代郡小田村人，携夫人丽子及一子二女住在南京鼓楼阴阳营六十二号，从事中日外交工作，在中国居住时间长达20年。

有吉明在6月7日到南京后，入住日本领事馆，6月8日赴国民政府外交部拜会汪精卫。当晚外交部因新厦落成举行外宾招待晚宴，有吉明参加宴会后回到日本领事馆，向总领事须磨、副总领事藏本做一番部署后，离开领事馆前往下关赴沪。

藏本在随后离开了领事馆，返回鼓楼阴阳营六十二号家中。但他并不是回家休息的，他看上去心事重重，坐立不安。

这是一个天低云暗的夜晚，阴晦潮湿的空气闷得人喘不过气来。藏本原本性格忧郁甚至不乏懦弱，在这个时候愈发显得犹豫纠结。彷徨徘徊了好一阵子，最后，他向夫人丽子告别。丽子一向不过问丈夫公务，无奈丈夫这个晚上的反常举动让她充满担忧，在藏本就要迈出家门的时候，她忍不住问：

"这么晚了，能不出去吗？"

"必须要去。"藏本回答。

"什么时候回来？"

"回来"这个词显然深深触动了藏本，他停住脚步，回头望着昏暗灯光下的丽子。只是定定地望着，仿佛要把这一刻的影像刻印在脑子里。然后他避开这个问题，淡淡地说：

"睡吧，不要再等我。"

藏本终于迈出家门，丽子虽然担心，却也以为丈夫是外出公干。

了解了这些细节，戴笠暗自庆幸，好在藏本没有被直接藏匿或者杀害，如若那样，一切都将无可挽回。既如此，事情就有可能寻得转机。以当时的交通工具，藏本不会走远。如果他是准备自杀，那么也没必要走远，而且也不可能选择在城内……

戴笠的目光投向城外四郊及近郊至镇江、芜湖以及苏州方向的交通要道，他一面调遣特工对这些地区进行搜索；一面指派在首都警察厅侦缉队任队长的特工方超，立即带人对紫金山一带山区进行重点搜查。

紫金山位于南京市中山门外，山势蜿蜒起伏，似巨龙盘卧在南京之东，古人用"虎踞龙盘"形容南京地势之险峻。"虎踞"指石城，"龙盘"即指巍巍紫金山。紫金山方圆20多公里，林木繁茂，苍翠葱茏，在这里藏匿个把人，一般不容易被发现。

方超带着数名侦缉队员，在紫金山搜查数日，一无所获。

此间，日本利用这一事件大做文章，大造舆论，在大阪《每日新闻》上连篇累牍指责中国政府无诚意，称中国宪兵对日本官兵极尽压迫与侮辱，甚至映射藏本为中国宪兵所杀害。

而日本外相广田弘毅一次次令须磨向国民政府及外交部施加压力、发表通告。

13日，《每日新闻》更是捏造事实，公然刊登所谓藏本失踪"真相"，称：

"在藏本事件之背后，有当首都警备之冲、负保护外人责任之宪兵司令部内的多数宪兵，实堪惊异。……由领事馆至藏本宅，其间有40丈之谱，一边为荒野，一边为桑园。犯行之地大概在此。据当局之推定，藏本通过此地时，由背后现出一穿中山装之巨汉，该巨汉最近一星期曾跟随藏本之后，或将藏本绑去，或予以不意之打击，而使之倒地，并巧妙地将一切形迹湮灭。该处常有宪兵站立。关于此事，宪兵绝无不知之理……"

这篇颠倒黑白的文章送到戴笠办公室之后，戴笠登时怒发冲冠，立刻吩咐联络方超，抓紧在紫金山山区的搜查。

藏本的"无奈"

就在联络方超的电话刚要打出之时，方超的电话打了进来：

"戴先生，找到了！"

这句话让戴笠满脸的怒气一扫而光，急问：

"在哪里？"

"就在紫金山明孝陵附近。"

戴笠来不及详细问，赶紧叮嘱方超严守秘密，带到警察厅后不要久留，应尽快送往外交部，以免日本人听到风声，混淆视听节外生枝。

事后，戴笠根据藏本在警察厅所讲出走过程和赵世瑞等人所调查的藏本寻食的情况，详细了解了藏本自离家出走到被寻获的全过程。

原来，藏本离家后，叫了一辆黄包车，前往紫金山。但车到中山门时，由于天色已晚，车夫说什么也不肯出城了。藏本只好下车，一个人在漆黑的夜晚，沿着陵园大道，向中山陵方向走去，最后上了紫金山。

这一夜，藏本就睡在了山上。天快亮的时候，他在饥渴中醒来，想到在山上无法解决饥渴问题，就朝着一条崎岖山路走去，准备下山寻找水源。走着走着，迎面看到一块平滑的岩壁，岩壁上刻着几行字。这时天已大亮，岩壁上的字迹已十分清晰，只见上面写着：乾道乙酉七月四日，笠泽陆务观冒大雨独游定林。

藏本是居住中国20年的中国通，他知道陆游当年曾游定林寺，并在旁边岩壁上题刻，而下定林寺原址就在紫霞洞附近，看到这行字，就等于找到了紫霞洞！

藏本如释重负，因为紫霞洞内常年瀑布泉水不断，饮水问题可以解决了。然而当他走进紫霞洞之后，竟听不到一点他渴望的天籁之音——流水声或者滴水声。也就是说，泉水断流了！

他绝望地走出紫霞洞，开始漫无目的地在山间寻找食物，最终只好采摘野果充饥，夜里就在山上露宿。从8日晚间上山到10日下午，终于忍不住饥渴折磨，第一次下山吃茶，这一次未被发现，安然返回山上；11日又下山到一家小面馆吃面，因身上没钱，将衣服上一只金纽扣解下付账，面馆老板说这样贵重的东西，不能收，先生既忘带钱，下次来时再给就是了。藏本说不会有下次了，坚持用扣子付了账；13日早上再次下山，到总理陵园管理处讨水，这一次暴露了行踪。

方超曾派人到管理处查询，特地留下了联系方式。管理处人员见藏本可疑，立即打电话报告。当方超等人赶到时，藏本已离开总理陵园管理处返回山上。在管理处一位工人的带领下，方超等人很快在明孝陵后山的一棵大树下，找到了背靠大树假寐的藏本英明。

根据这些情况，戴笠分析，假若藏本真想自杀，完全可以自行了断，到了山上无论上吊、跳崖乃至饥渴而死都很方便；既然三番五次下山寻水觅食以求苟活，就说明他并不想死。既如此，如若不是受人胁迫，肯定早就下山回家了。

再者，倘若不是事先安排，藏本夜间外出，除了其家人之外，其他人不可能会知道。须磨只能在第二天上午发现藏本没有上班，而了解原因需要时间。偏偏须磨在上班后第一时间就出现在外交部；其次，日方同时调兵遣将，摆出一副随时炮轰南京城的架势。若不是心中有底自以为稳操胜券，日方怎敢如此兴师动众，大造声势？

戴笠断定，这是日方精心策划的一个阴谋，以借机挑起事端，嫁祸中方，乘机扩大对华侵略。

在日本驻南京总领事馆的"卧底"称，藏本"体弱多病，性格怪异，意志消沉"，或许这正是日方选中他做牺牲品的原因。

藏本被带到警察厅稍作休憩并进食之后，虽讲了自己进山之后的情况，却始终不肯说出为何出走或试图自杀，仅表示：

"我此行意义，我不愿谈，回领馆后亦不愿发表。我不愿回南京，因贵厅人员言辞诚挚，我为所感动，故随之归来。我当时自思我一身存亡于帝国及贵国均无关系，我今重回，贵国无负于我，我亦无负于贵国。问我何为出此，我甚不愿说也（言时泪下）。"

外交部在高度保密的情况下，率先召集中外记者，发布寻获藏本的消息，并公布寻找经过。做完这一切，才通知日本领事馆，前来出据领人。

日本的《每日新闻》刚刚公布了捏造的"真相"，藏本便被中国政府寻获，这当头一棒不仅使日本对中国的一切指诬不攻自破，而且令日本人颜面尽失。大概日本外相广田与日本驻中国公使有吉明都没有想到，选一个懦弱无能之人做牺牲品，真是大错特错了。

藏本由须磨领回领事馆后，由领事馆派人送回家中。藏本见到丽子，如同生离死别后意外相逢，两人抱头痛哭。

五天后，有情报显示，藏本英明于该天上午九时许，出现在黄浦江码头上。他看上去神情落寞，面容愈发憔悴，由几个神秘便衣"搀扶"着，登上"上海丸"轮。在他的身后，跟着一名年轻的日本女子和一男二女三个孩子……

藏本被押送回国，等待他的是什么结局，不得而知。

而有吉明等人精心策划的这又一"中村事件"，也随着藏本的被寻获而彻底失败。

唐纵捅了马蜂窝

在破获藏本事件中，戴笠将特务处那条铁打不动的原则——"秘密运用公开，公开掩护秘密"，运用得得心应手。

毫无疑问，安插在首都警察厅的侦缉队长方超与调查科长赵世瑞，在破获藏本事件中发挥了重要作用，戴笠对这两人也愈发重视。

然而令戴笠出乎意料的是，藏本事件不久，赵世瑞却给特务处捅了一个大娄子。

1934年秋，戴笠赴河南公干，事没办完，特务处的紧急电报便追到了河南，竟然是赵世瑞与唐纵被扣押！

有谁敢扣押特务处的人呢？

赵世瑞的公开身份是首都警察厅调查科长，若说他在外面闯了祸被扣押，倒也情有可原；唐纵是在特务处本部主持内务工作的，虽说郑介民是特务处二把手，但由于郑介民经常外出，特务处本部的工作很难插得上手，每逢戴笠外出，特务处的主持工作便落到了书记长唐纵头上。

唐纵一向谦逊谨慎，处事稳重，又足智多谋，素有"智多星"之称，他主持特务处内务，从未出过大的差池，且在明知他身份的情况下，有谁敢与戴老板过不去？

何况，戴老板护犊子是出了名的，手下人违犯纪律，关起门来怎么整治都可以，就是不能容忍外人"代劳"，所以一见电报，立刻急如星火，匆匆赶回南京，这时赵世瑞与唐纵已被关押了三天。

戴笠一进特务处，负责情报工作的徐亮就跟过来汇报情况。

事情由赵世瑞引起。

赵世瑞，字涤尘，出生于1905年，浙江诸暨人，毕业于黄埔军校第四期政治科，参加过北伐战争，先后任国民革命军排长、连长、副官、少校参谋，1932年参加"洪公祠特训班"第一期，与陈恭澍、赵理君为同期学员。

与陈恭澍、赵理君不同的是，陈、赵特训班结束后分别被派往外勤单位——北平站与上海区，从事秘密工作；赵世瑞则被派到了公开单位——首都警察厅调查科，并很快由普通调查员升任股长、组长、科长。在陈恭澍、赵理君相继"立功"后，赵世瑞感到自己同受戴笠器重，却一直未能有所建树，心里暗暗着急。

正急于立功之时，有天得到下属密报：在南京新街口附近一座宅院中，有十多名反蒋分子正在举行秘密集会。照常规，赵世瑞应进一步查实这些人的身份，弄清这些人属于哪个反蒋派系。如需抓捕，应报警察厅由侦缉队实施抓捕。

但赵世瑞立功心切，在没弄清这些人背景的情况下，直接将电话打进特务处，要求唐纵派行动人员予以配合。

唐纵从未处理过这类事情，听说反蒋分子秘密集会，认为理所当然应该抓捕，立刻派出行动科人员，跟随赵世瑞赶往集会地点，将与会人员悉数抓获。

本以为立了大功，不料当天晚上，忽然接到蒋介石侍从室打来的电话，严词命令特务处彻查此事，立即释放被抓捕人员，拘押肇事者。

唐纵听着电话那头的严厉口气，拿着话筒的手不禁瑟瑟发抖。

唐纵虽毕业于军校，但身上更多的是文人气质，一副白金框架近视镜架在白皙的面庞上，看上去更像一介书生。

其实唐纵早年毕业于长沙群治法政学校，军校毕业后也曾任《文化日报》《建业日报》编辑，其行事作风也与文人更为贴切，似乎永远面带微笑，说话慢条斯理，态度冷静谨慎。正因为此，处理情报文牍、主持特务处本部内务，处处井井有条。

然而处理突发事件，明显缺少历练，缺少担当能力。适才这个电话，将他着实吓了一跳，原来行动科抓捕的反蒋分子，是汪精卫领导的"改组派"成员。

蒋、汪矛盾由来已久，早在南京国民政府建立初期，汪精卫、陈公博等人便组织"在野"反对派，标榜重新改组国民党，被称为"改组派"。改组派是国民政府内部的主要反对派，也是与蒋介石集团明争暗斗最为激烈的一个派系。

汪精卫为此跑到蒋介石官邸大吵大闹，将屎盆子直接扣到蒋介石头上，指责蒋介石下令抓走了他的人，令蒋介石百口莫辩。

蒋介石正在江西苏区"剿共"，难得回京一次与宋美龄小聚，夫妻二人正在"中西合璧"的餐桌上共进午餐，被汪精卫如此一闹，蒋介石心头怒火难捺。只是面对汪精卫，蒋介石无论如何也不敢将惯用的"娘希匹"三个字骂出口。

时值江西"剿共"形势好转，倘若在这个时候后院失火，势必顾此失彼，得不偿失。任汪精卫私底下怎么活动，只要他不公开跳出来反蒋，蒋介石就可以睁只眼闭只眼。因此，对特务处那个不识时务、捅了马蜂窝的肇事者，必然要严惩不贷。

唐纵正是想到了这一点，才如此心惊胆战，赶紧喊来徐亮，让他给赵世瑞打电话，立刻放人，并火速赶来特务处。两人一起由徐亮关押起来，然后回报蒋介石侍从室。

听完徐亮的汇报，戴笠没有马上去为这两人求情，让他们多关押几天也是好事，一来可以缓解蒋介石的怒气，二来也好让他们头脑清醒一下，弄清特务处的职权范围。

唐纵只知戴笠平时指派行动人员用秘密逮捕的办法对付反蒋势力，不知行动科或外勤行动人员每次抓人，乃至杀人，都是奉蒋介石之命，且大多是在警宪管辖地域之外，即租界。像刺杀张敬尧、杨杏佛，乃至其后在天津国民饭店行刺吉鸿昌，无一不是如此。

发生在首都地面上的反蒋集会，特务处侦察属实，只能将情报上报，没有命令不得采取行动。特务处最基本的工作就是搜集情报，这是特务处每一名成员都十分清楚的，唐纵与赵世瑞怎会头脑发热？

在军警宪戒备森严的首都，除了汪精卫的改组派，其他任何反蒋势力都不敢在蒋介石的眼皮底下公开活动，这是首都警察厅与宪兵司令部以及警备司令部人所共知的，连军警宪对他们都无可奈何，特务处岂能去捅这个马蜂窝！

无论如何，唐纵、赵世瑞的出发点是好的，蒋介石何曾不明白这一点。但是，不给他们一点处罚，汪精卫那边难以摆平。戴笠将他们保释后，不得不按蒋介石的旨意给予两人撤职处分。

不久，复兴社干事会书记郑恺出任德国大使馆武官，唐纵被重新起用，任副武官，跟随郑恺一起赴德去了；赵世瑞也被重新派任他职。

经此一事，戴笠深感特务处人员素质有待提高，连唐纵、赵世瑞这样独当一面的佼佼者尚且不知特务处职权范围，何况普通人员与外勤特工！

翁光辉"挖墙脚"

其实，早在特务处草创之初，违犯纪律的事便时有发生，只是当时工作千头万绪，戴笠尚无暇顾及。

第一件令戴笠恼火的"违纪"事件，发生在上海第一任区长翁光辉身上。

翁光辉，浙江丽水人，出生于1900年，毕业于黄埔军校第三期，与赵世瑞、陈恭澍、赵理君等人，同为"洪公祠特训班"第一期同窗。

鉴于上海特殊的政治经济地位，特务处成立伊始，戴笠就首先在上海建立外勤机构，并一经成立便比天津站、北平站高一个档次——上海区，任命翁光辉为区长。

由此可见，翁光辉受戴笠之器重，并不亚于王天木与陈恭澍。

而翁光辉上任没几天，便干出一件"违纪"大举措，其性质与唐纵、赵世瑞的"违纪"大相径庭，谁都不会想到，他干的竟然是一件"挖墙脚"的勾当，想越过他的戴老板，直接邀功于蒋介石，企图一步登天。

事发1932年夏，上海法租界巡捕房破获一处中共地下党机关，搜查出红军在江西的部署、装备等情况材料。戴笠安插在法租界巡捕房的情报人员、华人探目范广珍，意识到这份材料十分重要，便将材料交给了区长翁光辉，由翁光辉上交特务处。

翁光辉同样意识到这是一份重要的军事情报，一时异想天开，认为将这份重要军事情报直接呈递蒋介石，将是立功的大好机会。

不知他是否想过，作为被戴笠委任的上海区长，他在蒋介石心目中的重量如何能超得过他的戴老板？无论这份情报有多重要，归根到底只是一份情报，且既非他本人所获取，又是违规递送，怎见得能博取蒋介石欢心？

但无论如何，翁光辉主意已定，并想好了怎样去庐山。北伐时期他曾在海军一艘军舰上当舰长，军舰对他来说是再好不过的交通工具。经打听，正有一艘中国军舰在上海造船厂检修，他很快疏通了关系，乘此军舰，溯流而上，直驶九江，准备从九江登陆，再上庐山。

蒋介石正在庐山牯岭召开军事政治会议，部署对中央苏区的第四次"围剿"。然而翁光辉并没有如愿登上庐山，他乘坐的军舰刚离开上海，戴笠便得到了消息。

这件事令戴笠大为震惊，放眼特务处上上下下，连蒋介石信赖的特务处负责人郑介民、邱开基等人，元老一级的王天木、周伟龙、唐纵等人，都无人敢挑战戴笠在特务处的绝对权威，更无一人敢与戴老板争高下，倒是戴笠本人精心挑选培养的"晚辈"，初生牛犊不怕虎，胆大包天。此风一开，特务处岂不天下大乱！

戴笠乘飞机从南京直飞九江，当翁光辉驾驶的军舰入港时，戴笠携带的特务队已经恭候在码头上。

翁光辉还在美滋滋做着春秋大梦，不料一出船舱，等候他的竟是特务队乌黑的枪口。翁光辉登时傻了眼，乖乖交出范广珍给他的材料，束手就擒。

回到南京后，翁光辉被撤职，同时被监禁。上海区长一职由余乐醒接任。

事实上翁光辉并没有被关押多久，毕竟是戴笠最器重的爱将之一，又值此用人之际，戴笠怎会与部下一般见识？且翁光辉也是聪明人，受此惩戒，必然会接受教训。不久戴笠就将他放出，并升任淞沪警备司令部侦察大队长，抗战爆发后又先后任命为重庆卫成总司令部警务处大队长、副处长，第十绥靖区司令部调查室少将主任等职。

但翁光辉违纪事件并未引起戴笠的高度重视，惩戒之后也就抛到了脑后。一年多后箱尸案案发，戴笠这才真正感到痛心疾首，因为王天木所犯的事，远远超出了他的制裁权限。随后，又相继发生了唐纵、赵世瑞"违纪"事件，以及陈恭澍"畏罪潜逃"事件。

应该说，翁光辉、王天木、唐纵、赵世瑞、陈恭澍这几人，都是特务处内外勤工作中一等一的"大腕"，连这些"大腕"都会闯下如此大祸，其他人员的法律法规观念与纪律性就可想而知了。

为惩戒严重违纪，或因工作失误造成严重后果的"同志"，戴笠也曾采取过措施，那就是关禁闭。按照各自的错误程度，分别关在甲、乙、丙三地，让他们在禁闭中反省。

但这种惩戒毕竟是亡羊补牢，治标不治本。为改变现状，戴笠于1934年年初便开始酝酿建立督察制度，对外勤人员予以监督制约与引导。

当然，这种督察制度不是每个区长、站长都欢迎的，譬如北平站站长陈恭澍，对这一制度便相当抵触。

对戴笠来说，发愁的是能担此重任的人才。"督察"一职的政策水平、法律观念要远在各区长、站长之上，才可发挥督导作用。一员员"大腕"的相继倒下，已令戴笠深感人手不敷使用，又何来可担督导重任的人才呢？

都说世上没有天上掉馅饼的好事，可在1934年秋季，戴笠偏偏遇到这样一桩好事，一块足够大的"馅饼"毫无预兆地从天而降，结结实实"砸"在了他的头上，让他的用人困境迎刃而解……

邓文仪"马失前蹄"

1934年夏秋之时，特务处有内外勤人员670人。那块"馅饼"之大，近乎特务处内外勤人员的两倍。

这就是南昌行营调查科。

南昌行营调查科成立于1933年春夏之际，由蒋介石的侍从秘书邓文仪兼任科长。此前邓文仪曾兼任"武汉三省'剿匪'总司令部"秘书处第三科科长，由于第三科在鄂豫皖"剿匪"中发挥了重要作用，在南昌行营改组之后，邓文仪建议并被批准在南昌行营秘书处成立调查科，将武汉三省总部第三科的工作发展扩大。

蒋介石对南昌行营调查科十分重视，在人力物力上给予大力支持。

犹如戴笠的特务处，说起来只是一个"处"，其触角却是四通八达；邓文仪的"科"不仅如此，而且有过之而无不及。这小小一个"科"的实力与能量，完全不是戴笠的"处"所能望其项背的。

这主要由邓文仪的个人条件与所处位置决定的。

邓文仪，湖南醴陵人，出生于1905年，比戴笠年轻八岁。

论学历，邓文仪早年入大本营陆军讲武学校，1924年毕业于黄埔军校第一期；1925年留学苏联，入莫斯科中山大学，是蒋经国的同窗；后又毕业于国防研究院第一期，并被授予香港世界大学文学名誉博士。

论经历，邓文仪早年参加过东征，担任过军校第三期中尉区队长、师政治部主任、军校政治部副主任、少将代理主任、蒋介石的侍从秘书。作为复兴社发起人之一，任复兴社干事会干事、书记兼组织处长等。

相比之下，戴笠只有一个黄埔军校第六期未毕业的资历，在邓文仪参加东征的时候，他还在竹山田园中寻寻觅觅，苦等着"遇雷雨"的机会。而他这个特务处长，也是由编外情报员做起，出生入死跑单帮闯出来的，说起来就是名副其实的草根出身。

尤其，邓文仪的"科"是公开单位，虽也是特工性质，却是名正言顺，招兵买马及开展工作等均占绝对优势；戴笠的"处"是秘密单位，人们历来对属于秘密行业的特务存有偏见，认为情报工作乃至抓人、杀人等秘密行动，均属鬼鬼祟祟偷偷摸摸的勾当，不屑与之为伍，因此戴笠罗致高级人才就有了相当的难度。

由于这种种差异，尽管邓文仪在南昌行营的"科"比戴笠在南京的"处"成立时间晚了整整一年，但一经成立便势头强劲，其人员构成无论数量还是质量，都远在特务处之上。

调查科除了科本身的庞大机构，在"剿匪"区域内各省政府的保安处，均设有调查科与调查股，作为直接下属机构，俨然一张组织严密的特工情报网；同时在华中地区及东南各省设有外勤机构与特派员。其主要任务，除汇总本系统情报外，同时将徐恩曾主持的中央调查统计局的情报、军委会调查统计局二处（特务处）的情报汇总在一起，研究推断，加以整理，供统帅及幕僚长参考。或可说，该调查科也是蒋介石的三级幕僚机构。

岂料"天有不测风云，人有旦夕祸福"，当邓文仪风头正劲之时，一场意想不到的灾难骤然降临。

1934年6月的一天中午，南昌机场突发大火，一架正在修理的飞机被大火烧毁，同时被烧毁的还有附近数十间营房。

邓文仪奉命调查此案，调查结果为"自然起火"，调查报告显示起火原因有三：

一、失火前一天，该飞机曾用若干汽油洗刷全机；

二、失火时间为正午，酷暑盛夏，中午空气温度过高；

三、隔墙有一帮人在修理房子，为焊接铁管，用木炭发火，并用一个大风箱鼓风助燃，火星随风飘到隔壁飞机上，引发大火。

然而，调查报告递交之后，邓文仪被撤销本兼各职。

当时各报纸将此事炒得沸沸扬扬，众口一词，称此案系人为纵火，目的为焚毁机场附近老营房中财务室报销单据，掩盖航空署高级官员在购买飞机中的贪赃行为。

邓文仪认为，这是"毫无凭证"的猜测，是居心叵测之人煽风点火所致。而最终"众口铄金，积非成是"，他因此引火烧身，成为众矢之的，被指收受贿赂，贪赃枉法。

即使被撤职，邓文仪始终坚称调查报告情况属实，并称军委会长官调查核实此案，对他多有嘉勉。

就邓文仪人格而言，收受贿赂纯系子虚乌有。退一步讲，即使他有心袒护航空署高官，也无胆量接其贿赂。

最可靠的说法是，因此案牵涉到航空署两位重要人物：宋美龄与蒋介石前妻毛福梅的侄子毛邦初，邓文仪担心引火烧身，遂隐瞒真相。蒋介石随后派另一位心腹干将——南昌行营秘书长杨永泰调查此案，杨永泰据实呈报。蒋介石最忌下属不忠，邓文仪恰犯此忌，只得请辞，正是"聪明反被聪明误"。

无论何种说法，邓文仪被撤职是不争的事实，南昌行营调查科这块大大的"馅饼"，便不偏不倚落到了戴笠口中。

特务处接管"调查科"

有道是"福之来也，人自成之"，机遇总是光顾那些有准备的头脑。论学历、资历，戴笠不及邓文仪；论拼命精神、以项上人头"作押"对蒋介石的效忠，邓文仪不及戴笠。

戴笠对蒋介石的忠诚，无论涉及任何人，他都不可能出于自保而隐瞒实情，后来在抗战期间力促诛杀孔祥熙的义子林世良，从此打破"孔大财神"不可动摇的神话，便是例证。虽为此付出巨大代价，却也是义无反顾。

正因为如此，蒋介石任命戴笠为南昌行营调查科科长，接管了调查科及调查科那张庞大的特务网络。昔日的望洋兴叹、自愧弗如，转眼间化为乌有，世界在戴笠眼前瞬间翻了个个儿。邓文仪手下1200人的庞大特工队伍，且大多"海归"及黄埔老大哥等高级人才，并入他670人且不乏"土著"与"草根"的队伍中，戴笠大有"天下英雄尽入吾彀中"之感慨。

戴笠仔细分析了调查科的人员构成，"海归"占据相当大的比例，其中以留日生与留苏生居多，尤其"四一二政变"之后脱党转入国民党阵营的留苏生，虽然脱离了共产党的组织，但共产党人一贯的联系群众注重调查研究、生活艰苦朴素的作风没有变。

戴笠虽加入了从旧军阀转化而来的国民党队伍，站在反共的阵营中，他本人却也是出身劳苦大众，有着劳动人民的本质，因此对共产党人朴素的生活作风和严谨的工作作风不无赞赏。

个别原共产党人加入后，为戴笠最为头疼的反共工作带来转机，于当年底破获上海江湾中共地下党组织，不久又破获了中共江苏省委，此后又相继在汉口、唐山等多地破获共产党的地下组织。

这些并入特务处的原共产党人包括李果湛、王新衡、谢力公、程一鸣、陆遂初等。其中，原调查科第一课课长李果湛出任特务处书记长，旋调北平区任区长；王新衡被派往武汉行营任第三科科长兼特务处武汉区长；程一鸣、陆遂初等人被派往浙江警校担任特训班教官。

原调查科主任秘书张毅夫（又名张严佛），是邓文仪的湖南醴陵小同乡，也是从小的同学，在调查科属于二号人物。戴笠对他非常重视，前后两次任命为特务处书记长。时逢特务处副处长郑介民赴欧洲考察，回国后公开身份为参谋本部第二厅第五处处长，对特务处的工作过问减少，张毅夫遂成为特务处实际上的"二把手"。

一直准备建立的督察制度，也在接收调查科后很快建立起来。"督察"一职，虽与"区长"或"站长"平级，工作上却处于指导监管地位。出任各地督察的，几乎为清一色的原调查科人员，如王平一、吴赓恕、谢力公、王立生等。

在国民党内部，任何单位任何团体似乎都存在派系之争、畛域之分，因此，很多人担心戴笠如此重用原调查科人员，会引起特务处元老不服气，后来证明纯粹是杞人忧天。

在特务处时期乃至后来的军统时期，从未发生过此类事件。归根结底，一是戴笠重视人才，"有能则举之，无能则下之"；二是压得住砣，即使有人以特务处老资格自居，对后来居上者不满，也只能压在心底。

对南昌行营调查科"科长"这顶桂冠，戴笠十分受用，非常愿意人家称他为"戴科长"，一直到他遭遇空难，蒋介石对他的称呼都是"戴科长"。

这个"科长"给特务处带来的更大实惠，是公开身份。

此前特务处控制的公开机构，包括浙江警校、杭州警察厅、首都警察厅侦缉队、首都警察厅调查科、淞沪警备司令部侦察大队等，主要是京沪杭警界。合并调查科以后，该科设在浙、赣、鄂、皖、湘、桂、黔、陕等省保安处的调查科、调查股，以及徐州行辕调查科、设在武汉三省"剿匪"总部的第三科、禁烟密查组等，都成为特务处的公开机构。

随后，戴笠利用新获权力，设立和扩大在军警宪的特务机构和增加派遣人员，在十多个省直辖市派遣警察局（厅）长，在京沪、粤汉、平汉、津浦等主要铁路部门派遣警察署长，并在一些重要城市派员担任军警机构中的特务队长与侦缉队长，在宪兵司令部设立政训处，在宪兵团、营派遣政治训练员。

合并了调查科，特务处原有的办公场所已远远不够，戴笠的结拜兄弟张学良将洪公祠一号一幢老式花园平房交给戴笠使用。

这是一幢高墙深院的老式花园平房，占地面积达60亩，院内有两个大厅和大小100多间房，东西各有一个面积开阔的大广场，四周高墙，唯一的门朝北，可谓壁垒森严，与世隔绝。

随后，特务处本部由徐府巷二号迁入洪公祠一号。抗战爆发后，即1937年11月特务处迁往长沙，这处宅院交与南京区长钱新民保管，不料在当年12月13日南京沦陷前，被一场大火夷为平地。

毛人凤加入"团体"

纵然是"外举不弃仇，内举不失亲"，实际上，身边的人还是知根知底用起来得心应手，毕竟陌生人相互熟悉了解需要一些时日，特务处工作千头万绪，容不得慢慢来。

曾经的患难之交王孔安、王兆槐、周伟龙、王天木、东方白等人，都被先后外派委以重任，留在特务处本部的，只有徐亮、张冠夫、胡子萍等人，戴笠每每用人之际总觉得捉襟见肘。

这几人与戴笠，都是铁得不能再铁的哥们儿，但戴笠也清楚，这几人忠诚可靠有余，胆魄才干不足。张冠夫管管钱袋子还行，徐亮在书记室负责情报工作倒也应付裕如，胡子萍处理人事交通也能胜任，若再提升一级委以重任，恐难以独当一面。

戴笠需要的，是学问能力在他之上，能为他出谋划策，互为长短，独当一面的得力助手。他念念不忘的，是他的江山同窗好友。

姜绍谟出仕最早，现已居行政院秘书高位，戴笠自然不敢做非分之想。亦如当年他不愿投靠姜绍谟，从心里也不愿将这位有恩于自己的挚友变为下属，以致抗战期间姜绍谟投身军统，戴笠始终待之为上宾。

另一位入仕较早的同学姜超岳，虽只有中等师范学历，却是黄埔一期毕业生，早已当上了军事委员会北平行营机要科长，戴笠亦不敢打他的主意。

其实戴笠并不知道，姜超岳对他成见颇深。当年他与姜超岳同时报考衢属五县联合师范，他以第二名高分被录取后，放弃入学跑去杭州当学兵，被姜超岳视为反复无常的浪荡子。以致长城抗战期间，身为北平行营机要科长的姜超岳，对特务处情报经常任意扣压与推延。

当时特务处尚未建立电讯网络，南京方面有令，由北平行营代发电报，有次戴笠得到一份紧急情报，为争取时间，特地去找姜超岳，姜超岳却将情报一连扣压好几天，还在北平行营传言说："这个戴某人来路不明，有乱党嫌疑，不要给他发电报……"

戴笠经历过给蒋介石递送情报的艰辛，自知特务处工作在北平行营挂不上号，并不知姜超岳从中作梗。

如是，只剩下三个人选：毛人凤、周念行、王蒲臣。

自从听了毛人凤那句"革命的希望在广州，革命的朝气在黄埔"之后，与毛人凤悦来客栈一别，戴笠考入黄埔军校，毛人凤却一去不归，迄今已有八年之久。

直到毛人凤写信请戴笠关照其弟毛万里，戴笠才从毛万里那里，断断续续知道了毛人凤的一些情况。

毛人凤回家奔丧那年，留日归来的同窗周念行南下参加北伐战争，随军打到湖北黄陂县（今武汉市黄陂区）时，主动留下出任黄陂县县长，随即邀毛人凤前往黄陂，任县政府股长。之后毛人凤又出任过浙江温岭县政府股长、衢州行政督察专员公署秘书、浙江崇德县政府科长等职。

还是在收编南昌行营调查科之前，1934年春末夏初时节，毛万里还在特务处本部任机要秘书，有天来送文件，戴笠由毛万里又想到毛人凤，随口问：

"善馀兄还在崇德县政府吗？"

"是的。"

"若请他到这里来，他会来吗？"

毛万里一听，立刻回答：

"戴先生让他来，他当然会来的。"

"好！你现在就去给他发电报，邀请他参加特务处。"

毛人凤早已从毛万里那里听说了特务处的情况，对这个充满朝气的"革命团体"十分向往，只是没有戴笠的邀请，似乎也不方便不请自到。

用今天的话说，特务处无论怎样也是中央直属机构，戴笠无论是"处长"还是"科长"，也是通天人物。人往高处走，水往低处流，毛人凤自然也不甘心在小县城里待一辈子，接到电报后，立刻辞去科长一职，遄赴南京，前往鸡鹅巷报到。

自文溪高小一别，这是21年来两人第二次见面，戴笠虽已非昔日吴下阿蒙，却慨然豪爽之气未变，在这位曾"指点迷津"的同窗好友面前，犹如当年带领同学畅游仙霞岭的"孩子头"，一脸喜兴，眉开眼笑，畅所欲言。

倒是毛人凤，言谈举止谦和恭谨，反倒让戴笠觉得很不习惯。在处于优势位置的时候，面对曾在关键时刻给予自己帮助的同窗好友，戴笠那套做朋友便做不了下属的理论早已被抛掷脑后，他也从未想过将毛人凤变成纯粹的下属。怎奈八年政府公务人员的经历，已将毛人凤原有的棱角磨平，对官场上的级别辈分，远比戴笠体会更深，既投靠昔日同窗，无论过去怎样，都会摆正自己作为下属的位子。

也正因为如此，后来毛人凤作为戴笠的心腹成为军统内当家，并在戴笠遭遇空难不久出任保密局局长；而姜绍谟在投身军统后，不仅戴笠待之为上宾，他本人也始终以朋友身份出任各种要职。所以后来毛人凤说："我们都是戴先生的部下，只有姜绍谟先生是他的朋友。"

结果是成也萧何败也萧何，正如乔家才在《戴笠将军和他的同志》一书中所言："纯属部下也好，纯属朋友也好，姜绍谟在军统局，或许就吃了这种'既不纯属部下，又不纯属朋友'的亏。"

正因为毛人凤清楚自己的身份位置，因而无论是与戴笠单独交谈，还是在气氛热烈的接风宴上；无论是对戴笠，还是对特务处其他"同志"，都是谦逊恭敬，彬彬有礼。

戴笠身上最突出的特点是胆魄与豪气，大刀阔斧，铁血柔肠；甚至耳朵根子发软；甚至急躁、莽撞，感情用事。毛人凤却是谨慎有加，心思缜密，思虑周全，处事稳重，与戴笠的个性刚好互补，所以后来戴笠在人才济济的军统，选择毛人凤主持军统内务。

时值王孔安调任浙江警校政训处书记长兼政治指导员，戴笠即派毛人凤出任警校特派员办公室书记，成为戴笠这个特派员的全权代表。抗战前，毛人凤曾先后调任武汉行营办公厅第三科第一股少校股长，西安军、警、宪联合稽查处中校秘书，特务处处长办公室书记等职。

邀来两位故旧

在戴笠的文溪高小好友中，学历最高、学问最大的是周念行，戴笠无时无刻不在想着将这位留洋才子收入帐下。只是文溪高小毕业后，两人再也没有见过面，后来听说周念行一直在安徽黄陂、贵池等县任职，具体情况不得而知。

殊不料，一个偶然的机会，戴笠竟在庐山旅店与这位昔日同窗意外相逢。

特务处成立之初，便已担负起保卫蒋介石的重任，曾特派邱开基率员专程赴武汉，负责保卫蒋介石在汉期间的安全。1933年7月，特务处又精选黄埔军校毕业生，组成一个随节组，以黎铁汉为组长，专负保卫蒋介石之实责，以后又扩大为特别警卫组，称为"军事委员会委员长特别警卫组"，亦称"侍从室警卫组"。

1934年7月初，以蒋介石亲任团长的庐山军官训练团第一期开学，警卫组赴庐山牯岭保护蒋介石安全。为确保万无一失，戴笠亲自率领浙江警校特训班毕业班学员，前往庐山，负责蒋介石的外围警卫。

但凡戴笠担任蒋介石的警卫工作，必然事必躬亲，事无巨细亲自安排与检查。他首先要求牯岭一带旅店在此期间，必须将旅客情况详细登记在册，然后每天数遍巡查，以避免1931年庐山刺蒋事件的重演。

就在一天早上的巡查中，戴笠在九江旅馆的登记簿上发现一个名字：周启祥。

这不是周念行吗？

周念行字树美，又名周启祥。尽管远在安徽某县城的周念行没有理由下榻庐山某旅店，同名的几率极大，但接下来的几行字，让戴笠对这位同窗的身份确定无疑：

籍贯江山，年龄37岁。

不是周念行又是谁呢？

哈哈，真是踏破铁鞋无觅处，得来全不费工夫。如此机缘巧合，不期而遇，让戴笠登时大喜过望，赶紧向店老板询问周念行的房间号，得知周念行一早就外出了，于是留下一张字条，约定翌日上午前来拜访。

第二天上午，戴笠急匆匆赶到旅馆时，周念行已等候在房门口。他身着一袭长衫，一副温文儒雅的乡绅派头。

"哈哈，念行兄！"戴笠紧紧握住周念行的手，感慨万千，"要是在大街上遇到，我还真不敢认了。"

"是啊，一眨眼21年过去了，都说红颜弹指老，男人又何尝不是如此。"

"念行兄还在贵池县（今安徽省池州市贵池区）吗，怎么有机会到庐山来？"进屋后，戴笠便迫不及待地问。

"说来话长，我这个县长干了七八年，也不见长进，有朋友给我指点迷津，说手里有部队就会有出头之日，劝我收编湘西陈渠珍部，我就是为这事来请示校长的。"

戴笠听了，深感这位仁兄呆气十足，难怪作为留洋高才生，七八年了还在县长的位子上徘徊。

"念行兄，既如此，北伐时为何不留在部队？"

"你也知道，我这人天生不是带兵打仗的料，所以就离开部队到地方了。"

戴笠知道，周念行自小就是不招人不惹事的老实孩子，总是少言寡语，一副文质彬彬的书生模样。也正因为戴笠是那种呼风唤雨的"孩子王"，周念行才成为他的忠实"追随者"，没想到多年不见，周念行的书卷气越发浓了，或者说越发书呆子气了。

如此书生气，不擅周旋应酬，在地方上自然难以得到晋升。这对戴笠倒是好事，特务处缺的就是这样满腹经纶的高级人才，正好借机挖过来。

"念行兄有没有想过换个地方？"

"换个地方？"

周念行显然没想过"跳槽"，他那副吃惊的模样就足以说明问题。他的确耳目闭塞，对戴笠的情况知之甚少，直到这时才想起，忙问：

"徽兰兄在哪儿高就，怎知我在这里？"

戴笠将特务处的情况及此次为蒋介石警卫的情况简单介绍了一下，然后说：

"陈渠珍的队伍要是能收编，委员长早就派人收编了。陈渠珍是湘西有名的江湖匪首，连委员长都不想收编，你怎能收编得了？就算你收编了，你老兄连带兵打仗都无兴趣，又如何驾驭得了他？"

听戴笠这么一说，周念行顿时像泄了气的皮球。

"在文溪老同学中，你读书最多，学问最大，何不到南京来，我们一起干？"

"可是，我既打不好枪，也不会溜墙根挖情报……"

戴笠一听"哈哈"大笑：

"老兄，说哪儿去了！玩枪杆子的、溜墙根、挖情报、盯梢、抓人的，特务处多的是。特训班一拨一拨培训的，大多是这类人才。缺的，是你这样的饱学之士。"

"好，只要能用我所长，我就去。"

就这么三言两语，周念行摘下戴了七八年的"县太爷"的乌纱帽，来到南京特务处报到。戴笠果然不食前言，派周念行出任南昌行营调查科秘书，后又调任戴笠的办公室秘书。戴笠离世后，毛人凤担任保密局局长，周念行又成为保密局局长办公室秘书，直至1949年去台湾。

但在特务处时期与军统局时期，周念行这个秘书的主要任务，是充当戴笠的文化教员。戴笠只要有空，便请他讲解《史记》《资治通鉴》等历史典籍。周念行的职务虽无大的升迁，却有大把的时间研究学问，这也正是他的兴趣所在。抗战胜利后，周念行与军统其他"有为"特工一起，晋升国民政府陆军少将。

在江山同乡中，戴笠的目光不仅盯着昔日同窗，其他素不相识的有识之士，亦通过各种渠道先后被发掘。如毕业于上海法学院法律系的周养浩，毕业于南京东南大学数学系的何芝园，毕业于江山县立师范的刘方雄等。

倒是文溪高小的小学弟王蒲臣，在江山同窗故旧中进入特务处较晚。

自1927年戴笠加入胡靖安的情报联络组，与王蒲臣上海一别，到1935年已有八年之久。12月5日这天，戴笠外出归来，刚进到书记室查看文件，张冠夫便笑吟吟地走进来，递给戴笠一张名片，戴笠一看，王蒲臣！不由得哈哈笑起来：

"这个小老弟，终于来了！"

王蒲臣的姐姐与戴笠的妻子毛秀丛是干姐妹，王蒲臣与戴笠的妻子和母亲也很熟，这时正在后院与婆媳俩说话。

戴笠来到后院，在他的办公室与王蒲臣相见。同样是身穿长袍一副乡绅模样，王蒲臣与周念行相比，却是消息灵通人士，对戴笠的每一步发展都了如指掌。

老朋友相见，自是相谈甚欢，感慨良多。

对王蒲臣的情况，戴笠也略知一二。王蒲臣的堂兄王学素，是浙江省教育厅厅长陈布雷的秘书，王蒲臣每到南京，也短不了去陈公馆走动，因了这层关系，又有姜绍谟、姜超岳等四位颇有身份的人物联名函荐，王蒲臣先后出任浙江省江山县、庆元县、武义县教育局局长。

也正因为如此，戴笠一直没有邀请王蒲臣到特务处工作。

如今王蒲臣主动登门，戴笠料到王蒲臣的情况有变。详细一问，果然如此。王蒲臣说：

"已经卸任武义县教育局局长，到南京来，是准备去江苏省立民众教育馆工作，谁知教育厅长是周佛海，一向不喜欢这个人，还是决定不去了。"

戴笠笑了，认为将王蒲臣拉进特务处的时机到了，但是王蒲臣说：

"我是特地来辞行的，看看你就准备回江山了。"

"你现在没有事做，不能留在这里帮忙吗？"

王蒲臣愣了一下，摇摇头。

"你不是国民党员吗，你不要革命吗？你为什么摇头？要知道很多人求之不得的。"

"不是我不要革命，是你的这种革命，我实在是外行，我没念过这种书，干不来。"

"就为这？"戴笠哈哈笑起来，"蒲臣老弟，我何曾念过这种书？"

"我没读过军校，不会打枪。"

"衮甫（张冠夫）也没读过军校，主管记账拨款不是干得蛮好？君子用人如器，各取所长，来了还怕没你事干？"

这次轮到王蒲臣笑了。

中午，戴笠设便宴招待王蒲臣，由张冠夫作陪。饭后，王蒲臣正式上班，被派在甲室处理机要文件，月薪100元，这在当时算是高薪了。王蒲臣在教育局局长任上，月薪不过50元。

从拜访到上班，不过三四个小时时间，王蒲臣一头扎进办公室里，足足六个月没有出过鸡鹅巷五十三号大门。

后来王蒲臣到台湾后，著有《一代奇人戴笠将军》，其中用很大篇幅介绍戴笠的用人和戴笠领导下的工作特色：拼命精神。

第十章
出手两广，再战盟兄

谒陵路上的神秘出租车

对南京国民政府来说，1934年年初的平息闽变，为这一年开了个好头，"剿共"四年也在这一年取得阶段性胜利，苏区红军被迫开始了战略大转移。

然而有所得必有所失，或可说，整个局势对蒋介石来说，实呈摁下葫芦浮起瓢的局面。

浮起的这个"瓢"，就是日本侵略者的野心——得陇望蜀。这年3月，逊帝溥仪在长春"祭天"称帝，做了日本人的傀儡，伪满洲国由此改称"满洲帝国"。与此同时，日本人不仅加快对华北地区的蚕食，而且在占据河北、察哈尔大部地区后，又开始策划河北、山东等"五省自治"。

在1935年11月国民党第五次全国代表大会上，蒋介石松动对日口径，提出对日方针：

"……和平有和平之限度，牺牲有牺牲之决心，以抱定最后牺牲之决心，而为和平最大之努力，期达奠定国家复兴民族之目的。"

但就在此二年期间，令蒋介石应接不暇的，还有来自国民党内部反蒋势力所采取的非常措施——暗杀。

这些暗杀行动，主要针对国民党中央要员。蒋介石、汪精卫、宋子文、何应钦等，均有过被行刺未遂的经历。仅1934年戴笠侦破的行刺蒋介石要案，便有三次之多；1935年暗杀之风愈演愈烈，其中尤以汪精卫遇刺案最为骇人听闻。

1935年11月1日，国民党四届六中全会，亦即国民党五大的预备会议，在南京中央党部召开，参加会议的有中央委员、候补中央委员100多人。第一天的会议议程为：

八点，全体与会人员前往中山陵"谒陵"；

九点，举行大会开幕式，由行政院院长汪精卫做报告；

开幕式结束后，全体人员合影，地点在会议厅门前。

大会的警卫工作，由宪兵司令部与首都警察厅负责。这种公开的警卫工作，不属特务处管辖范围。特务处派出的特别警卫组，只对蒋介石个人安全负责，与大会无关。

由于中山陵位于南京市东郊紫金山南麓，为保护蒋介石的安全，戴笠亲自率部陪同蒋介石谒陵。

这天的情况有点特别，这个"特别"非戴笠所能左右。

首先，蒋介石是第一个抵达"总理陵堂"的，其他"中委"均在八点之后方姗姗而来；其次，曾通知谒陵一律穿礼服，以示对领袖的尊重。现场却是制服、中山服乃至便服无所不有。蒋介石心中不快，只是在这种场合不便发作。

返回途中，一辆出租车从后面追上来，超越了蒋介石的车队。这就怪了，明知是蒋介石的车队，谁这么大胆竟敢超车？且在超车过程中，有一个脑袋从窗户里伸出来张望！

戴笠深感异常，连蒋介石都觉出了不对劲。

更诡异的是，不一会儿，竟发现那辆出租车停在了前面，看上去仿佛在等候蒋介石的车队。戴笠立刻派人上前盘查，对方说是记者。

记者并未做出威胁蒋介石安全的举动，戴笠也无理由抓人。是否因防守严密"记者"无机会下手，也未可知，但戴笠并未细究。所谓智者千虑必有一失，一向视保卫蒋介石为己任的戴笠，偏偏在这个细节上疏忽了。

回到中央党部，见宪兵司令谷正伦与首都警察厅厅长陈焯分别率部，将中央党部警卫得如铜墙铁壁，毕竟铁路巡警各管一段，戴笠对特别警卫组交代一下注意事项，便乘坐他的斯蒂贝克轿车，离开会场，到上海公干去了。

可刚到上海枫林桥寓所，还没来得及坐下来喘口气，南京的电话便追了过来，一听内容，戴笠骇然大惊：

行政院院长汪精卫遇刺！

戴笠担心的自然不是汪院长，而是蒋委员长。在电话中一连串的询问之后，得知蒋介石安然无恙，这才松了一口气。

岂知蒋介石虽未受伤，却无辜背了黑锅，此时正陷于搓火郁闷之中。

而戴笠深感蹊跷的，也是杀手的行刺目标。从两年来的暗杀情况看，行刺者第一目标应该不是汪精卫，而是蒋介石。那么同在一个会场，蒋介石又是如何幸免于难的呢？

戴笠急令司机返程，抵达南京时已近黄昏，赶紧召集在京相关人员开会，了解案情，制订侦破措施。

汪精卫遇刺，蒋介石躺枪

说来也巧，蒋介石躲过一劫，完全因为这天的秩序散乱所致。

谒陵，诸位"中委"的不恭已令他心中十分不快；

归途中遇"记者"超车，让他心生疑虑；

回到中央党部举行四届六中全会开幕式，依然秩序混乱，连议程甚至都有所遗漏，而汪精卫致开幕辞，竟也不在状态。

接下来是与会人员合影。大家平时难得一聚，从会议大厅出来，自然也是三五成群，互通情况，各自说说笑笑。

蒋介石被这乱哄哄的秩序搞得心情黯然，通知汪精卫主持合影，他本人到会议厅楼上休息去了。

汪精卫作为国民党中政会主席，兼行政院院长，本就是仅次于党总裁和国家元首的二把手，蒋介石不参加，他倒乐得山中无老虎，猴子称大王，不仅可以合影时站在正中间，而且没了蒋介石那张面无表情的脸，气氛自然也活跃了很多。

大家站在会议厅门口的台阶上，分成五排。汪精卫站在第一排正中，左右分别有林森、张静江、孙科、戴季陶、张学良、阎锡山、张继等人。对面围成半圆形的记者，对着第一排的党国要员，"咔嚓咔嚓"一通按动快门。

在众星捧月之中，汪精卫心情大好。

但这大好的心情并未持续多久，在拍摄完毕大家即将起身返回会议厅的时候，突然一个年轻人从一棵塔松后面跃出，举枪朝着第一排"砰砰砰"连发三枪。

这三枪都是对着一个人发的，这个人就是汪精卫。

如此近距离连发三枪，自然枪枪命中。

却是汪精卫命不该绝，在杀手开枪的一刹那，他正在起身、转身，一连串的动作，使三枪均未击中要害。汪精卫倒在血泊中，以为自己将命不久矣，对闻讯赶来的夫人陈璧君嘱托后事，说：

"人生自古谁无死，为革命献身，也是死而无憾了，以后孩子就靠你了……"

陈璧君也是老同盟会员，曾与汪精卫一起赴北京谋刺清摄政王，说来亦为女中豪杰，值此关键时刻，断不会像一般小女子那样抽抽搭搭乱了方寸。她当时也以为汪精卫行将辞世，安慰汪精卫说：

"四哥（汪排行老四）请放心，一切有我呢。"

随后闻讯赶来的是蒋介石。

陈璧君见到蒋介石，一肚子的悲痛化作了满腔愤怒。论资格，蒋介石在她这个"老革命"面前实属"小字辈"，当时她还是中央监察委员，因而对蒋介石毫不客气，当众指责：

"蒋先生，你不想让汪先生干，可以公开撤掉他，何必要取他性命？"

大概蒋介石刚刚还在庆幸躲过一劫呢，如今一盆污水泼下来，真是百口莫辩，尴尬至极。

蒋、汪矛盾，早已是冰冻三尺，这是人所共知的。"九一八"之后两人关系虽有所缓和，也不过表面上的融洽，暗地里的争权夺利从未停止。尤其汪精卫出任行政院院长兼外交部部长后，曾组织一个编译室，成员均为留日学生，亦大多为改组派或与改组派相关人士。这个组织犹如蒋介石的力行社，是汪精卫亲信中的亲信。

这个组织的频繁活动，无疑加剧了蒋、汪暗中的较量。蒋介石要想"洗白"自己，多说无益，唯有破案。

破案，凶手是第一线索。

案发当时，汪精卫倒在血泊中之后，汪精卫的卫士方才醒悟过来，朝刺客连发两枪。这时候坐在第一排的张继、张学良朝刺客扑去，将刺客按倒在地。但刺客被击中要害，生命危在旦夕，与汪精卫同时被送往医院。

刺客身份当即查明——"晨光通讯社"记者孙凤鸣。这是从孙凤鸣身上搜出的记者证中得知的，孙凤鸣也是凭这张记者证进入会场的。

"记者"这个身份，让戴笠想起谒陵归途中那辆出租车，出租车上的记者，想来与孙凤鸣不无关联。但孙凤鸣处于昏迷状态，无法审问。

第二线索，"晨光通讯社"。

晨光通讯社是登记在册的单位，孙凤鸣的记者证上也有明确地址。案发之后，宪兵司令部与警察厅即派员前往陆家巷二十三号晨光通讯社搜查，却早已人去楼空，只剩一堆焚烧文件的灰烬。翻遍所有办公桌、文件柜，均一无所获，最后在厨房的垃圾箱里找到一个残破信封，发信地址为江苏扬州江都镇黄某，收信人为"华克之"。

这是引起戴笠注意的一个线索，想必通讯社与江都有联系，或其成员便有江都人士。

当时为尽快破案，成立了四个侦察小组，分别为：特务处、教导总队、宪兵司令部、中央党部。四个小组既可相互配合、互通情报，亦可独立行动，

在戴笠正准备派员前往江都查找线索时，得知教导总队侦破组已派人去了江都，也就在这天夜里，凶手孙凤鸣不治身亡。

孙凤鸣一死，江都那边暂无消息，等于线索全无。

没有线索，难以及时破案。如此一来，不仅汪精卫、陈璧君这头摆不平，其他的反蒋派也都对蒋介石展开攻讦。李宗仁、白崇禧直接发电质问蒋介石，阎锡山、冯玉祥更是公开向蒋介石发难。而非反蒋派的中委们，也有不少人怀疑此事为蒋介石暗中指使。

蒋介石平白无故背此黑锅，满肚子火气无处发泄，一个电话将戴笠叫到紫金山官邸，大加斥责。

其实蒋介石心里明白，这类疑难案子，其他各组都指望不上，仅看他们那副阵势，大张旗鼓兴师动众，所到之处鸡飞狗跳，且不说行刺者一伙人有备而来，即使无备，又岂能乖乖束手就擒？

显然，非特务处不可能尽快破案。

戴笠自然明白蒋介石的意思，恭恭敬敬地垂手站在一旁，听候训斥。

蒋介石训人历来有讲究，那就是非亲信不训，反蒋派的任何下属绝无被训机会。戴笠深谙此道，故低头受训心里并无紧张或者惶恐之感，而是脑子里飞快地在想着案情。

当蒋介石的训斥告一段落的时候，戴笠突然说：

"校长，我忽然想到，通讯社注册成立的时候，需要有铺保和保人，想必担保人不会参与其中，自然也不会跑掉……"

蒋介石一听也愣住了，脑子里自然也在飞快转着，考虑这个线索，登时恍然，一回身见戴笠还站在那里等候命令，立刻说：

"还愣着干什么，赶紧去中宣部查询。"

"是！"

戴笠迅即告辞，直接去了中央宣传部。

幕后又是王亚樵

国民政府对首都的新闻机构，历来控制严密，报批新单位，必须详细填写负责人、主要人员、连环铺保和在京保证人履历，以及经费来源、成立宗旨、日发稿量等，然后到国民党南京市委宣传部办理手续，再报中央宣传部批准。

也就是说，中宣部有晨光通讯社的全部详细资料。不仅如此，孙凤鸣进入会场的记者证，也是由中宣部新闻处签发的。

换言之，中宣部难脱干系。

正因为如此，中宣部为免受牵连，在事发当天下午便开始查询，已经忙活了好几天。

铺保很快找到了，是位于南京健康路的一家照相器材店。但已于两个月前倒闭关门，店主不知去向。

连环铺保是香港一家衬衫厂，调查结果显示，该厂已于数月前迁往广州。经广州方面查询，并无该店信息。

唯一找到的是担保人，竟是中央党部一个科长，却是一问三不知。原来是受朋友之托作保，如今朋友没了踪影，想立功赎罪也是枉然，以撤职查办而告终。

中宣部所做这些工作，为戴笠省去不少麻烦，只是线索又一次断了，使戴笠刚刚看到的希望之光再次消失。

但这次，黑暗却是短暂的，另一个希望之光随之亮起。当戴笠走出中宣部大门时，即从行政院传来了好消息：晨光通讯社成立不久，曾有两人到行政院为其申请津贴，这两人分别是南京钟英中学校长李怀成和一个叫项仲鳞的人。

戴笠立刻派人将这两人抓来，审讯之后，这两人供出了晨光通讯社成员名单：

社长华克之，登记注册时化名胡云卿；总务主任兼编辑主任张玉华；采访部主任贺坡光，记者孙凤鸣。

李、项二人其实都是局外人，他们见晨光社运营很差，杂志销路不佳，主动提出帮忙去行政院申请经费。华克之等人办此通讯社本不是为了赚钱，当然不会同意，担心节外生枝。怎奈这二人古道热肠，自以为在行政院有熟人，这点事情小菜一碟，结果钱没弄到，反而惹上一场祸端。

他们对晨光社内幕并不知晓，只知贺坡光是江苏丹阳人，其他一概不知。

"江苏丹阳人"，戴笠抓住这唯一一线索，立刻派人去丹阳，将贺坡光的母亲与兄嫂抓到南京做人质，以此逼迫贺坡光投案自首。贺坡光担心家人生命安全，果然很快自动投案，戴笠想得到的一切情况，便从这里打开了缺口——

晨光通讯社创办于1934年10月，11月被正式批准。创办经费5000元港币，来自发动"闽变"事败的李济深与陈铭枢。这笔经费由在港的王亚樵转交，由华克之具体主持通讯社工作，即以"晨光通讯社"为掩护，以记者身份接近国民党高层，目的为暗杀蒋介石及其南京政府要员。

晨光社开办一年，一直找不到下手机会，经费即将告罄，适逢国民党四届六中全会召开，华克之决定孤注一掷，由孙凤鸣拼死一搏。

孙凤鸣，1905年生，江苏铜山人，"九一八"事变后加入第十九路军，任排长。"闽变"失败后离队，结识了华克之，加入王亚樵的"斧头帮"。

正所谓"知死必勇"，孙凤鸣持记者证进入会场，就没打算再活着回去，他随身携带一颗用于自杀的鸦片烟泡，以备万一被捕后自杀。结果，汪精卫的卫士无意中成全了他一死的决心。

李济深、陈铭枢一向反蒋，因何要杀汪精卫？

据唐良雄在《戴笠传》中称，远因是他们所领导的反对派，曾经劝阻汪兆铭（汪精卫）"响应政府共赴国难之号召"，而被汪所拒；近因是他们当时正策动两广叛离中央，企图借汪之被杀，"掀起政治风潮，遗祸政府"。

但无可争辩的是，杀手的第一目标无疑是蒋介石，第二目标为汪精卫。只因蒋介石未到场合影，孙凤鸣只得退而求其次，拿汪精卫开刀。

这个审讯结果，令蒋介石赫然震怒：

"又是这个王老九，此人不除，天下无一日太平！"

戴笠上次因抓捕王述樵棋错一着，致使王亚樵乘机逃走，至今为此事耿耿于怀，当即请示先去上海，抓捕与本案相关人员，然后赴香港抓捕王亚樵。

早在汪精卫遇刺之初，戴笠就怀疑此案与王亚樵有关，且分析"晨光通讯社"

人员撤离后，极有可能逃往上海，乃电令上海区予以严查。

恰逢教导总队侦破组又从江都抓回两名晨光社勤杂人员，经审讯，这两人供出华克之已于案发当天上午离开南京，去向不明；同时供出晨光社在上海的联络员，及联络地址——上海新亚酒店。

于是，特务处会同教导总队等警宪侦破组，赴上海展开一场秘密大搜捕，先后抓捕了晨光社编辑主任张玉华，孙凤鸣的妻子崔正瑶，华克之的朋友、共产党人陈惘子等十多人。唯主要案犯华克之不知去向。

其时华克之已潜入浦东贫民区，潜藏到陈惘子曾介绍他认识的一个地下党员家里，躲过了特务们的搜查。后来在地下党的帮助下离开上海，经北平转道延安，加入了中国共产党。

由于被抓捕的嫌犯中有"改组派"人员，陈璧君与汪精卫这才打消对蒋介石的怀疑，其他反蒋派对蒋介石的压力亦同时缓解。然而两名主犯王亚樵与华克之均逃亡在外，不抓捕归案，终究是蒋介石的心头大患。

戴笠一面命令特务处港澳区侦察王亚樵等人行踪，一面准备亲自赴港，抓捕王亚樵、华克之（戴错判华已逃亡香港）及其他主要涉案人员。

出师不利，被扣香港

1936年3月，香港启德机场刚刚开通客运航班，与内地尚未通航，戴笠走水路前往香港抓捕王亚樵，这是戴笠有生以来第一次到香港。

为了缩小目标，避免打草惊蛇，他将所带20名行动人员化整为零，分批分路赴港，他本人只带副官贾金南和两名警卫，乘坐客轮在九龙下船，换乘游艇悄悄入港。

自1842年香港成为英国殖民地后，这里便同时成为大陆一些失意军阀政客、不得志文人墨客的聚集地，也是遇到麻烦之人乃至作奸犯科之人的避难所。

戴笠盘桓上海多年，英、法租界常来常往，对英国人素无好感。

天下熙熙，皆为利来；天下攘攘，皆为利往。英国人漂洋过海只为财，为了掠夺财富用鸦片戕害中国人，多少人的身体被大烟土搞垮了，多少人被大烟土侵蚀得意志消沉。张学良在上海戒毒由杜月笙监督，戴笠曾亲眼所见，那副痛苦的惨状真是锥心蚀骨。

杜月笙自己也吸食鸦片，只是还算有节制，不至于吸食到伤身的程度。杜月笙款待贵客都是用上好的烟土，唯独对戴笠，从不递烟枪。他说戴笠有公务在身，多好的烟土都不能碰，以免烟瘾发作误了大事。

如今进了这个由英国人主宰的地界，这个比上海租界、比鼓浪屿更称得上化外中的化外之地，戴笠不得不处处小心谨慎。尤其王亚樵背后站着的是陈铭枢、李济深，幕后还有更大的人物——胡汉民。

由于地理原因，香港是西南反蒋派首领常来常往之地，犹如南京政府诸公往返上海之频繁。西南反蒋派对香港警界乃至新任香港总督郝德杰，不仅熟悉而且十分"友好"。毫不夸张地说，到了香港，几乎等于到了西南反蒋派的"大本营"。

尽管戴笠小心谨慎，却还是遇到了麻烦。

游艇在香港本岛卢吉道三号码头靠岸，戴笠刚一下船，就发现情况不对劲，岸边码头上站着一群英国警察，一字排开，正虎视眈眈地盯着登岸游客。

戴笠深感不妙，香港法律禁止私人携带武器入境，若因公携带枪支，须经英国使领馆办理枪支携带证件。而他的手提箱里藏有两只手枪，没有办证并非大意，完全是出于保密起见，一旦走漏风声，香港之行将事倍功半。

没想到这么巧，竟有这么多警察守在岸边，似乎不像常规检查，倒是像有备而来，守株待兔。

来到岸上，交出护照接受检查，这道关卡是不会出问题的，只要不检查贾金南提着的手提箱，一切便万事大吉。

这个时候，早已等候在码头上的特务处港澳区正副区长邢森洲与龚少侠，已经看到了戴笠，立刻朝这边迎过来。

戴笠刚刚收回护照，就听到一个警察用生硬的中国话说：

"先生，请打开您的箱子。"

这个声音来自身后，毫无疑问这句话是对着贾金南说的。戴笠心说"麻烦大了"，回身一看，贾金南正不知所措地朝他看过来。

只听那个"生硬的中国话"又说："先生，我们是例行公事，请您配合。"

戴笠示意贾金南交出箱子，大不了补办"枪证"。结果可想而知，警察搜出了手枪，一个蓝眼睛鹰钩鼻子的警察走过来，对戴笠说：

"先生，您非法携带武器入境，请跟我们到警察署走一趟。"

刚刚赶过来的邢森洲立刻明白了怎么回事，赶紧操着广东话向"鹰钩鼻子"解释：

"先生，这位马先生（戴笠化名马健行）是代表政府来港公干的，手续不全的话，我们马上补，回头直接送到警察署。"

按照惯例，官方人员来港，只要讲清楚，手续可以事后补办，不会因此影响当事人公干。岂料，好说歹说，"鹰钩鼻子"就是不放行，坚称自己奉命行事，要到警察署备案，交由上司处理。

人在矮檐下怎能不低头？戴笠只好跟着"鹰钩鼻子"上了警车，邢森洲等人赶紧驾车跟上。

原以为在警察署备案后，会当即放行，结果这帮警察与这位"马健行"较上劲了，非要限制戴笠人身自由，直到南京方面送来枪支携带证。最后好歹做出一点让步，即将戴笠一行四人由关押改为软禁，软禁在邢森洲为戴笠预订的旅店中，由警察署派人看守。

将戴笠一行人送到旅店，邢森洲赶紧给南京发报。就算以最快的速度办下枪支携带证，从南京到香港最快也要三天！

三天，多少个王亚樵也早已逃之夭夭了，即使这事非王亚樵所设圈套，即使王亚樵原不知戴笠将来港，码头上"那一出"和"软禁"这么兴师动众、大张旗鼓，王亚樵耳目众多，还有不得消息的道理！

欲速不达！早知如此，就该来之前把"枪证"办了，事到如今戴笠肠子都悔青了。

可他哪曾料到，欲加之罪，何患无辞，就算他带了"枪证"，香港警方也会找其他理由将他扣留，因为这个"事件"的谋划者正是王亚樵。

当然，王亚樵本人并无如此大的能量，他借助的是西南反蒋派的势力。

1933年王亚樵遁走香港后，西南派首领胡汉民亲自出面，为王亚樵的安全斡旋。当时在位的第十八任香港总督贝璐，是胡汉民的朋友。胡汉民特地告诉他，王亚樵是反蒋人士，请他给予关照与庇护。贝璐指示香港情报处，负责保护王亚樵的安全。

王亚樵赴港后，与情报处往来密切，并通过情报处，与警务处打得火热。

汪精卫遇刺案发生后，王亚樵在上海的多名相关下属被捕，特务处却一直没有抓到主要策划人华克之，且并不知华克之未曾到港，料定戴笠会赴港对涉案人员实施秘密抓捕。毕竟王亚樵在上海耳目众多，又特别关照注意特务处动静，提前得到戴笠即将赴港的消息，于是联手警务处，给戴笠点颜色看看，挫挫其锐气，也好让他头脑清醒一下，知道香港是谁的地盘。

三天，戴笠在旅馆里急得三尸暴跳，七窍生烟，却插翅难飞。刺汪案尚未了结，特务处的工作千头万绪，他却被关在这里，叫天天不应，叫地地不灵。

透过窗子仰望蓝天，才知道失去自由的人，竟不如空中的小小飞鸟……

盟兄金蝉脱壳

三天后，南京方面送来了枪支携带证，香港警察署警务处不得不放人。南京并以国民政府名义，函请香港警方协助缉拿刺汪案要犯王亚樵、华克之等人，香港警方对此没有任何表示。

软禁解除后，戴笠即召集港澳区特工与先后赶到的20名行动人员开会，请大家献计献策。有个加入"团体"不久的安徽籍特工，名叫陈亦川，由于辈分低，在南京时很难有机会见到戴笠，如今终于有了大显身手的机会，当即提出一个建议：

"我有个同乡余亚农，也是由于同乡关系，早年在上海与王亚樵往来密切，应该是私交不错的朋友。余亚农也是老同盟会员，曾加入国民军方振武部，因此未入王亚樵的徽帮，更未入斧头党，但这并不妨碍两人交往。他现居香港，并不知我目前身份，我想……"

陈亦川还想继续说下去，戴笠一挥手，制止了他的发言，当即说：

"好，我知道了。"

戴笠之所以制止陈亦川，是不想让他将计划在众人面前说出。这是个值得利用的关系，他已经有了主意。

随后，港澳区长邢森洲建议，既然特务处在香港的抓捕行动已经公开，不如由中国外交部照会英国政府，下令香港当局配合南京政府的抓捕行动。其实配合不配合另当别论，起码促使香港警方不再从中作梗，放弃对王亚樵的庇护。

这条建议，戴笠被软禁期间已经想到，并决定尽快返回南京办理相关手续。

会后，戴笠留下陈亦川，单独商量制订了打入王亚樵组织的行动计划。

戴笠返回南京后，很快办好相关手续。当时，英国政府正在大谈"中英亲善"，香港当局自然不敢违抗英国政府命令。再者，香港总督也已换届，由贝璐换成了郝德杰，常言说新官上任三把火，执行命令自然是不折不扣。警察署如是下达命令，警务处岂敢不执行。

没有了香港警方的庇护，王亚樵只好另寻栖身之所，尤其特务处大批特工入港展开秘密搜查，王亚樵原本较为安定的生活被打乱，开始四处躲藏，频繁改换住所。

陈亦川的计划也在有条不紊地进行。对于同乡晚辈，余亚农很愿意提携，对陈亦川并无怀疑。在余亚农的介绍下，陈亦川顺利加入王亚樵在香港的外围组织。

外围组织人员是见不到王亚樵本人的，也难以了解组织核心的机密。不过，总能探听到一些看似支离破碎的信息，搜索到一些蛛丝马迹。

功夫不负有心人，陈亦川终于打探到一个线索，香港轩尼诗道有家茂源绸布庄，是王亚樵的妻兄所开。为了获取进一步信息，他乔装打扮，常在这条街上转悠，远远关注着茂源绸布庄，有一天还真发现了"情况"。

这天突然有几个人相继走进茂源绸布庄，令陈亦川吃惊的是，这几人中就有他的老乡余亚农。毫无疑问，这里是王亚樵的一个重要联络点。只是陈亦川没有想到，余亚农竟然是王亚樵组织的核心人物。

接着，又有几人陆陆续续进入店中，只进不出，必然有问题。

陈亦川立刻电话通知邢森洲，同时打电话到警务处，说有匪徒在此密谋闹事。警务处不明就里，随即派警察前来拘捕。

邢森洲所带行动人员与香港警察几乎同时赶到。

正如陈亦川所判断，王亚樵正在里面召开关于转移广西的秘密会议，与会的都是斧头帮核心人物，包括郑抱真、余立奎、余亚农等人。

警特们赶到时，里面的人毫不知情。警特们进到一楼随即散开，有的搜索一楼，有的直接往楼上闯。

王亚樵的妻兄见状，急中生智，冲着楼上大喊：

"站住，你们不要上楼，下来！"

楼上的人这才知道大事不好。

王亚樵的妻兄之所以选择在此处开店，就是因为这里便于撤退，是作为秘密联络点的绝佳场所。便于撤退的地方在阁楼上，阁楼的窗户与其他房子屋顶相连，即使房子被包围，也很难有人会想到，阁楼上有个窗户是连接周围屋顶四通八达的通道。

王亚樵迅疾开窗，很轻松地从窗口跳到外面屋顶。紧接着跳出去的是郑抱真、余亚农。也就是说，在警特们已经登上楼梯之后，也就是一瞬间，阁楼里逃出去了三个人。

警特们飞奔上楼的脚步声眼看冲到了门口，再逃已经来不及了。为了掩护王亚樵等人，余立奎迅速关上窗户，与其他人一起坐好，摆出一副正在开会的架势。

警特们破门而入，有人直奔窗户，哪里还有王亚樵等人的踪影？

束手就擒的有余立奎、胡大海、周世平，这三人都是王亚樵身边的得力干将。

戴笠闻讯，立即办好相关公文，再次赴港，以"刺汪案"主犯的罪名，要求引渡余立奎等人。

没想到这次，戴笠又吃了个烧鸡大窝脖。但这次不是香港当局有意和他过不去，而是他本人的法律常识稍嫌欠缺。

政治犯不予引渡，是各国公认的一项国际法原则，这也是多年来内地"政治犯"逃到香港便可逍遥法外的原因。国民政府指控王亚樵等人的罪名是"颠覆政府罪"，"刺汪案"属于政治谋杀，而非一般刑事案件，香港当局因此拒绝引渡余立奎等人。

戴笠明白这一点后，知道这个引渡非一朝一夕可以办妥，遂返回南京，指派郑介民、李果湛等人以首都警察厅名义入港，首先延请英籍律师，做法理上的研讨，继而以王亚樵等人行刺宋子文等多起暗杀事件为证据，指控王亚樵的斧头帮为专干绑票暗杀的流氓团伙，"刺汪案"为杀人刑事案。

历时八个月，郑介民、李果湛等人终于将这场官司打赢，余立奎、胡大海、周世平等人被引渡回国。

这期间，王亚樵与郑抱真、余亚农已离港遁入广西梧州。广西是桂系的地盘，看来王亚樵不仅得到李济深等人的庇护，也得到了李宗仁、白崇禧等人的庇护与资助。进入桂系地盘逮捕王亚樵，比在香港难度要大得多。

就在戴笠为此事大伤脑筋的时候，"两广事变"爆发了。"两广事变"较之王亚樵，是西瓜与芝麻的对比，而且摆不平广西军阀，就难以除掉其羽翼下的王亚樵。戴笠只得暂时停止追捕王亚樵，奉命将全部精力转到了对付两广军阀上，开始策划抽薪止沸、敉平"两广事变"之计策。

"南天王"宝座被撼动

"两广事变"爆发于1936年6月，粤系军阀陈济棠与桂系军阀李宗仁，倾双方之兵力40万，组成"两广联军"，名曰"国民革命救国军"，以"抗日救国"为名，称兵北上，剑指南京。

策反，是戴笠及其特务处的强项，从单枪匹马策反周伟龙，到釜底抽薪平息"闽变"，戴笠和他的属下干将均经历了不同程度的历练。然而"两广事变"非比寻常，一着不慎将满盘皆输。应该说，这次策反成功与否，对南京政府有着举足轻重的作用，对特务处也是一个严峻的考验。

两广关系历来微妙而复杂。由于广西资源匮乏，土地贫瘠，无论新老桂系，皆觊觎广东的富饶与富足，多次入侵并占有广东，故而两广常常打得不可开交。

而面对来自南京政府方面的压力，双方又常常联手合作，揭竿造反。只是这种联手往往出于一己私利，各自打着自己的小算盘，最终难以合作成功。

桂系向来骁勇善战，也曾一度占据两湖乃至华北等广大地盘，蒋桂战争及中原大战战败后退回广西老巢。应该说，桂系是最坚定的反蒋势力之一，只要一有风吹草动，势必会出来助阵，甚至摇旗呐喊，冲锋陷阵。

就军事实力而言，桂系在蒋桂战争与中原大战中先后遭受重创；陈济棠的部队却是养精蓄锐多年，海陆空三军实力强大。但各方面情报显示，陈济棠患得患失，并不敢痛下逐鹿中原之决心，不像桂系李宗仁，无时无刻不在想着把蒋介石从那把"龙椅"上拉下来，取而代之。

陈济棠的最大愿望就是做他的"南天王"，割据一方。那么，他因何与桂系联手，先北进其后调转方向东征，直捣南京呢？

这要从陈济棠坐上"南天王"宝座的开始说起。

陈济棠，广东防城（今属广西）人，出生于1890年，早年入广东陆军小学，并加入同盟会，后毕业于广东陆军速成学校，入粤军，从下级军官一步步上升，北伐前已升任国民革命军第四军第十一师师长。

"四一二"政变时，陈济棠正在苏联考察，归国后立即表示追随蒋介石。是年末张发奎与李济深争夺广东，陈济棠站在李济深一边，击溃张发奎部。翌年，陈济棠升任第四军军长兼西区绥靖委员。

1929年蒋桂战争爆发时，粤军正与桂系结盟。为切断桂军退路，蒋介石将时任广东省主席、第八路军总指挥的李济深召至南京，软禁于汤山。陈济棠审时度势，毅然站在蒋介石一边，出兵应战桂军，从此接了李济深手中的军权，被任命为第八路军总指挥，兼广东部队编遣特派员，与时任省主席的陈铭枢分治广东。

陈济棠虽乘机掌控了广东军权，却对陈铭枢掌一省之政耿耿于怀。

由于与桂系反目，之后连续发生两次粤桂战争。第一次以粤军胜出；第二次的对手是张、桂联军，张发奎与桂系虽都是陈济棠的手下败将，然而双方合而为一，却是实力了得。

正打得不可开交，中原大战爆发了。

中原大战一方是蒋介石的中央军，一方以阎锡山的晋军与冯玉祥的西北军为主力，桂系与张发奎焉能袖手旁观？

张、桂联军迅速向湖南方向移动，准备进攻湖北。陈济棠奉蒋介石之命，派粤军乘胜追击，入湘作战。

但就在这时，陈济棠忽然想到一个问题：在过去的一年里，蒋介石将轮番上阵的大小军阀收拾了一个遍，如若这次阎百川（阎锡山字百川）再倒下（冯玉祥已经在上年度遭重创），蒋介石下一个要收拾谁呢？

于国家来说，军阀割据终究是祸患；而于军阀来说，哪个又愿意真正归顺中央，受制于人呢？陈济棠的天下虽说不是靠枪杆子打出来的，终究也是煞费苦心，机缘巧合，且事到如今，还有个陈铭枢与他共享广东天下，令他耿耿于怀。

要想立于不败之地，唯有"群雄"联手，方能控制蒋介石一枝独大，换得各自一方天地。

于是，陈济棠与桂系握手言和，通电反蒋。

1931年，蒋介石因"约法之争"软禁胡汉民，激化了国民党内部的派系矛盾，汪精卫的改组派、孙科的太子派、古应芬和肖佛成的元老派、邹鲁的西山会议派、李宗仁的桂系等，纷纷麋集广州，于当年5月另立政府。

既借广东这块"风水宝地"，自然就需地方上点头，而这个地方实力派，非手握重兵的陈济棠莫属。陈济棠借机驱走广东省主席陈铭枢，一跃而成为广州国民政府委员、军事委员会常委、第一集团军总司令。他本人办被汪精卫倚为干城，独揽广州国民政府军权。

"九一八"事变后，宁粤复合，广州设立"国民党中央执监委员会西南执行部""国民政府西南政务委员会"。这是两个介于中央与省级的特殊机构，说到底两机构是因人而设，这个人就是胡汉民。

汪精卫走了（出任南京国民政府要职），胡汉民来了（为"两机构"负责人），而胡汉民作为国民党元老，不过是"两机构"名义上的负责人，实际成了两广地方军阀的保护伞与挡箭牌，而广东地方军阀正是陈济棠。

陈济棠时任"两机构"常委，倚仗手中部队，集广东党政军权于一身，开启了真正的"南天王"时代。

从1931年到1936年，可谓广东省的"黄金五年"。其间，陈济棠发展经济，整军经武，集一省之经济实力，扩军备战。

除了强大的陆军，陈济棠的海、空军建设，在很大程度上，靠着他的巧妙周旋与闪转腾挪，迅速发展壮大。

广东的空军，创建于孙中山任非常大总统时期，由华侨资助，在广东创立航空局，北伐时国民革命军总部将航空局缩编为航空处。广州"国民政府"成立后，陈济棠以"政府"名义，将航空处所属航空部队，扩编为"广东空军司令部"。

广州国民政府撤销后，广东空军本应归属南京政府，陈济棠却以武力接管广东空军，将"广东空军司令部"改为其"第一集团军空军司令部"。

如此一来，隶属于国民革命军的广东空军，从此被纳入陈济棠之手。在此基础上，陈济棠又从国外购买各式飞机多架，最后拥有飞行中队8个、各式飞机130余架，其势直逼中央。

陈济棠的海军，原本实力一般，1935年他将由青岛调防南海的中央海军"海琛""海圻""肇和"三艘巡洋舰扣留，编入广东海军司令部，使其海军实力大增。加上此前从欧洲先后购买的鱼雷艇、扫雷艇、驱逐舰等，已拥有各类舰艇9艘。

在胡汉民这堵挡风墙背后，陈济棠的海陆空三军实力迅速发展，他本人也在半独立状态中挥洒自如，自得其乐，成为名副其实的"南天王"。

无奈好景不长。

1936年5月12日，胡汉民突发脑溢血离世，陈济棠前边那堵挡风墙轰然坍塌。不消说，那两个因人而设的介于中央与省之间的特殊机构，将必然被撤销，广东的半独立状态也将随之消失。

这是陈济棠最担心的。

应该说，57岁的胡汉民猝然而逝，实在令陈济棠始料不及，随之所带来的一系列变故，一时令他不知所措。

5月13日，代表南京政府及蒋介石本人的居正、孙科、叶楚伧、朱家骅等人莅粤"致祭"，代为转达了蒋介石对"西南两机构"的处理意见，即：撤销"西南两机构"之后，广东部队高级军官由中央军事委员会任命，改组广东省政府，以法币统一广东货币。

总之，取消广东半独立状态，广东党政军皆由南京政府统一领导与指挥。

换言之，陈济棠苦心孤诣经营多年的广东，将不再属于他个人所有。

揭竿造反，他并非没有想过，然而胜算几率有多大，他心里一点底都没有。几年前群雄反蒋，桂军、晋军、西北军、唐生智部、石友三部等等，实力何其强大，竟然全部败下阵来。陈济棠的三军再强大，又岂能强得过群雄联手！

更何况，南京政府是唯一的合法政府，反政府、反中央，挑起内战，势必不得人心。

就在陈济棠举棋不定之时，桂系"小诸葛"白崇禧来了……

战争一触即发

白崇禧是来吊唁的。

胡汉民作为国民党元老、早期主要领导人之一，在国民党内辈分极高；又因他顶着两个西南特殊机构之名，他的去世，可谓牵一发而动全身。于是，各路人马纷至沓来，名为吊唁，实则各怀心机，有的为探听消息而来，有的为观察动向而来，有的为密谋举事而来。

白崇禧属于最后一种。

在"西南两机构"中任常委的，除了广东的陈济棠，还有广西的李宗仁。胡汉民不仅是陈济棠的挡风墙，同时也是桂系李宗仁的屏障。胡汉民一死，"两机构"一撤，失去半独立状态的不仅是广东，还有广西。

桂系的军事实力已不足以成就"大事"，于是，拥有强大海陆空三军的陈济棠，便成为桂系倒蒋的希望所在。

两广时敌时友，陈济棠对桂系历来多有防范，白崇禧又素有"小诸葛"之称，陈济棠更是不敢掉以轻心。

但这次，陈济棠竟然被白崇禧说动了。

这是因为，白崇禧句句戳中陈济棠的"要害"。

白崇禧分析说，粤军数量虽不足以与中央军相抗衡，但中央军主要兵力已被分散牵制。其中很大一部分部署在西北，用于"围剿"陕北红军；又抽调大批部队进驻潼关、洛阳，对消极"剿共"，且有"联共抗日"倾向的张学良与杨虎城的部队，进行监督防范；同时又要抽调军队防范日寇南侵，又要调集部队对山西的阎锡山、山东的韩复榘、四川的刘湘等地方军阀监督防范……如此一来，南京方面能调动南征的部队已十分有限。

退一万步讲，即使蒋介石调集部队南征，那么虎视眈眈的日军，以及阎锡山、韩复榘、刘湘等地方军阀，势必不会等闲视之。如若乘虚而入，南京方面必将顾此失彼……

白崇禧这一番分析，令陈济棠茅塞顿开。白崇禧又趁热打铁：

"伯南（陈济棠字伯南）兄若擎起反蒋抗日旗帜，登高一呼，桂军十万兵力，定当全力以赴。开赴湖南之后，何键（湖南省主席）兄自会与我们接应，然后与我们一道挥师北上，会攻武汉，继而转向东征，直捣南京。"

"小诸葛"这一番"忽悠"，可谓立竿见影，连他本人都有点搞不懂，一向精于算计、无利不起早的"南天王"，咋这么容易就动心了？难不成真以为桂系甘愿为其充当马前卒，把蒋介石从龙椅上拉下来，将他老陈扶上去？还是因为他从未与老蒋开过火，真以为老蒋是纸老虎？

事实上，"南天王"的天下是怎么得来的，陈济棠心中有数，并无太大野心的陈济棠绝不会干冒险的事。之所以被"小诸葛"说服，关键还是其兄长陈维周的"铺垫"发挥了作用。

陈维周是一名江湖术士，长于看相扶乩、算命看风水，陈济棠对他十分信赖。1935年末，陈济棠派他代为赴京述职，他悄悄为蒋介石相了面，又特地去蒋家祖坟看风水，回来后对陈济棠说：

"蒋介石脸色晦暗，两眼无光，从面相看气数将尽，蒋的祖坟亦呈龙势渐微之象，不出明年，蒋介石必定倒台。相比之下，芙蓉嶂却是紫气东来，金龙盘飞，这预示着什么？预示着陈伯南将取而代之。"

芙蓉嶂，指广西花县（今广州市花都区）芙蓉嶂洪秀全的祖坟。陈维周认为此地风水极好，是诞生天子的宝地，即鼓动陈济棠花巨资买下该坟地，安葬了他们的母亲。果然，此后陈济棠顺风顺水，扶摇直上。

陈济棠一向迷信，身边除了有其兄这样的"高人"外，还有两名精于此道的亲信，凡有大事小情都要扶乩占卜。

送走了"小诸葛"，陈济棠与兄长商量此事，陈维周认为时机已到，应该抓住机遇立即行动。陈济棠又召来两名亲信，为"举事"扶乩问卜，以测吉凶。说来也怪，乩坛上竟然出现了四个大字：机不可失。

陈维周拊掌大笑，对陈济棠翘起大拇指，连称：

"时者，难得而易失也，机不可失！"

"好，此乃天意，时不我待！"

为了陈家这位未来"天子"早日"登基"，陈维周还亲自出马，就"举事"特意拜见日本领事，得到了对方的同意与认可。

陈济棠遂下定决心，即与桂系敲定，下月初揭竿而起，称兵北进。

6月初，陈济棠以西南执行部的名义，正式致电南京政府和国民党中央党部，谴责南京政府的"不抵抗政策"，表示要"北上抗日，收复失地"。

6月9日，粤桂两省同时颁布动员令，挥军北进。

10日，粤桂两军已分别逼近湖南衡阳、永州等处。

6月22日，粤、桂双方在广州成立"国民革命救国军军事委员会"，以陈济棠为"委员长"兼"总司令"，李宗仁为"副委员长"兼"副总司令"。

而此时，"两广联军"三路大军，已然取得"辉煌战果"：

第一路已进占湖南边境永州；

第二路迫近湖南衡阳；

第三路已开入江西境内。

然而，陈济棠、李宗仁、白崇禧等人，有点高估了自己的号召力。如此大张旗鼓出兵北上，明眼人一看就会明白，这选在胡汉民去世、"西南两机构"将被撤销的节骨眼儿北上抗日，明摆着假抗日之名，行反蒋之实。面对日寇增兵华北，野心勃勃伺机南侵，挑起内战自然不得人心。

当然，他们也低估了南京政府的感召力。

何键，湖南省主席兼湖南省保安司令、长沙绥靖主任，他并没有像陈济棠一样，对桂系言听计从，更没有对"两广联军"予以接应配合。只是在桂系联络后热情接待了陈济棠派去的使者，并及时致电蒋介石，通报"两广联军"的动态与目的。

同时，湘军与中央军呼应、配合，任由中央军进占衡阳，切断两广部队北上之路。

不过，有两点白崇禧分析得不错：

其一，中央军绝大部分部署在黄河流域，蒋介石抽不出太多部队南征，这个情况让陈济棠心中暗喜。

其二，一些伺机割据一方的地方军阀果然跃跃欲试，山东省主席韩复榘迅疾联合负冀察军政全权的宋哲元，通电声援；云南省主席龙云，旋即下令封存中央银行钞票，停止收受通用，以经济手段给予两广声援；四川省主席刘湘，也乘机举兵，背离南京政府……

一时间，内战阴云密布，一场中原大战以来的大规模战争，即将拉开序幕。

1930年的中原大战，历时六个月之久，以中央军死伤9.5万人、反蒋联军死伤15万人的代价，成为民国以来规模最大、范围最广、牺牲最多的军阀混战。如若在此时爆发一场如此规模的战争，在日寇对中国咄咄逼人的蚕食中，岂不正是鹬蚌相争，渔翁得利？

双方几十万大军集结湖南，其势犹如箭在弦上，战争一触即发。

就在这时，一个人的重磅出击，改变了整个局势。

这个人，就是复兴社特务处处长戴笠。

郑介民"隔靴搔痒"

戴笠对两广早有防范。

在所有反蒋势力中，两广反蒋人士地位之高、人数之众、内部派系之多，堪为首屈一指，当然军事实力更是不可小觑。而多次发生的南京政府要员遇刺案，包括蒋介石多次遇刺、宋子文遇刺、汪精卫遇刺等，皆与广东有关。因此，戴笠对两广历来不敢"怠慢"。

特务处创办伊始，即建立了香港组，不久升格为香港站，辖广东、广西、云南乃至南洋一带。广东组、广西组的工作重点，就是搜集两广一切情报，尤以军事情报为重中之重。

1935年4月，陈济棠对海军三舰采取行动之初，戴笠便及时得到情报：

陈济棠擅自扣留中央派在南海的海琛、海圻、肇和三艘军舰，更换舰长，减发薪饷，将三舰编入广东海军司令部。

戴笠在广东安插的特工中，有个叫陈涤的原海军军官，与海琛舰副舰长陈精文、海圻舰舰长唐静海往来较多，关系友好。戴笠密令陈涤策动三舰逃离广东，同时下令香港站正副站长邢森洲、龚少侠，组织"营救"三舰。

三舰军官多半出身海军学校，从感情上倾向中央。加上陈济棠扣留三舰后，减发薪饷，并准备撤换三舰舰长，对三舰进行改编，引发三舰官兵激愤。

在这种情况下，陈涤的策反工作进展顺利。经过一番筹谋，三舰做好随时乘隙逃走的准备。当时虎门要塞尚在中央政府控制之中，三艘巡洋舰只要逃出粤江，便脱离了陈济棠的掌控。

然而，不知是因拒绝改编引起了陈济棠的警惕，还是不慎走漏风声致陈济棠采取军事行动，就在一切准备就绪待机逃走之时，三舰被扣留两个月后的6月15日，广东海空军突然包围三舰，强迫三舰从黄浦江开回广州。

时值傍晚，江面水雾迷蒙，原本半阴的天空忽然乌云骤聚，转瞬间电闪雷鸣，风雨交加。暴风雨中，飞机难寻三舰目标，被迫停飞，海琛舰副舰长陈精文抓住时机，率先指挥舰艇冲向外海，海圻舰舰长唐静海率舰紧随其后，肇和舰因机器故障开在最后。

粤军的空军撤了，海军还在，好在天公作美，海琛舰、海圻舰借助雷雨，很快甩掉粤军追堵，安全抵达虎门，并通过虎门驶到香港附近海面，暂时停靠；肇和舰最终被拦截。

南京政府派军委会海军事务处处长陈策赴港，于7月9日率两舰北上南京。

这是特务处成立以来，戴笠首次与两广军阀"交锋"，从发现陈济棠扣留三舰，到成功策动两舰脱离粤军，前后不到两个月时间，为此次敉平"两广事变"积累了经验。

"两广事变"爆发后，戴笠召集郑介民、特务处书记长梁干乔、香港区区长邢森洲等粤籍得力干部齐聚南京特务处，商量部署策反方案。

此次商量重点，就是从哪里入手，能够尽快打开缺口，给陈济棠以震慑。陈济棠的海军，尽管两艘较大吨位巡洋舰归队中央，但尚有从意大利购买的四艘新型鱼雷舰，组成舰队，威力不可小觑；而其陆军实力，在海军之上；空军实力，在陆军之上。

空军，是陈济棠的一张王牌，也是他敢于造反的本钱。常言说打蛇打七寸，研究决定先从空军下手，然后在陆海军中齐头并进。

在粤军空军中，梁干乔与郑介民都有较为直接的关系。

梁干乔是广东梅县人，原名昭桂，生于1903年，毕业于黄埔军校第一期，曾先后加入国民党和中国共产党，军校毕业后被保送莫斯科中山大学学习，与郑介民、张炎元、邓文仪等人同期。但梁干乔留学期间闯了一场大祸——

由于接受了托洛茨基的主张，在1927年十月革命节那天，梁干乔在莫斯科举行的阅兵式上跳出来，高呼口号，力挺托洛茨基，被当场抓捕，遣送到西伯利亚做苦力。

当时几乎所有人都知道，流放西伯利亚，几乎等于被判了死刑，活着回来的希望非常渺茫。可谁也没有想到，梁干乔竟是个奇迹，他很快搞到一张假护照，买通看守逃回了中国。

看来梁干乔早就有当特务的潜质，回国后，他先后脱离共产党和"托派"，彻底投向国民党，参加了特务处最早的组织密查组，后又参加创办复兴社，成为复兴社特务处戴笠手下一员干将。

梁干乔既出身广东，自然就与粤军中人有了千丝万缕的联系，他的族侄梁伯仑就是一个很好的策反对象。梁伯仑时任广东空军无线电台台长，将他争取过来，便等于在南京特务处与广东空军之间架起了直接通道。而策反一百几十架飞机出走，畅通的联络工具正是必不可少的保障。

郑介民选中的策反对象是广东空军飞行员陈振兴。

陈振兴出身运动员，曾获全国自由泳冠军，擅长舞蹈，交际广泛，被广东航空学校首任校长张惠长收为义子，送进航空学校第六期学习。陈振兴不仅在广东空军飞行员中有一批同窗故旧，而且有着四通八达的关系，对空军内幕十分熟悉。

会后，梁干乔即赴广东，郑介民去了香港。

虽说同是策反广东空军，两人又同是粤籍，在粤军中均有着众多熟面孔，均有被认出的危险。但不入虎穴焉得虎子，梁干乔单刀直入，直插敌人心脏；郑介民却顾虑重重，畏畏缩缩，不敢深入险境，只是待在香港，隔江遥控策反。

遥控指挥无异于隔靴搔痒，可碍于郑介民是特务处第二号人物，戴笠也了解他一向胆子小，因此也不强求。

说到底，戴笠有他的用人原则，那就是识人长短，用人之长，扬其长避其短。对于公认的"军事谋略家"和"政治理论家"，不必要求他具备深入虎穴的胆量，凭着在广东广泛的人脉积蓄，或许他能够"运筹帷幄，决胜千里"。

梁干乔化装成人力车夫潜入广州，很快与族侄梁伯仑取得联系。毕竟在此特殊时期发动内战不得人心，梁伯仑的工作一帆风顺。

于是，一个名为"XSF-DE-XHOB"的电台名称很快传到南京，戴笠通知魏大铭，让他与这个电台联络。

尽管既无波长，又不知方位，但魏大铭培养的报务员个个业务精通，到第四天夜里，终于与那个神秘电台取得联系，开始接收电报。

魏大铭的电话打进鸡鹅巷五十三号的时候，戴笠已经睡下，闻讯立即从床上爬起来，兴奋地守在电话机旁，这一守就是大半夜。第一封电报终于断断续续收完，译电员译后立即向戴笠报告，果然是旗开得胜的喜讯。

接通电台，是梁干乔的"功劳"；而通过电台传来的这个喜讯，则是郑介民的策反初见成效。戴笠哈哈大笑，连说：

"好！好！郑先生果然运筹帷幄之中。"

在整个特务处乃至后来的军统，戴笠除了对关系近资格老的下属称呼"兄"，对大多数人都是直呼其名，顶多后边加个"同志"，唯独对郑介民称呼"郑先生"。虽然相对"兄"来说，这个"先生"略显客气与生分，却也包含着尊重。

不入虎穴，照得虎子。戴笠庆幸自己没有看走眼，赞叹智慧有余胆魄不足的郑介民能将所长发挥得淋漓尽致。

其实哪里是郑介民的"发挥"，纯粹是偶然的巧合。

原来"两广事变"时，郑介民的"工作对象"陈振兴正在香港，郑介民一到香港便得到这个信息，立刻找到他的住所。

见到人事情就好办了，郑介民是搞政治的，嘴皮子自然不会差。陈振兴也是明白人，知道在这个时候无论如何都不能打内战，让日本人渔翁得利。再说，他也想让义父知道，除了游泳、跳舞、交际，他也有能力办成大事。不过，陈振兴本人能策反的，主要是他航校的同窗第六期飞行员，或可包括第五期。

郑介民问其原因，陈振兴说：

"陈济棠只重视前四期航校学员，五、六期学员就像后娘的孩子，无论官阶晋升还是生活待遇，都无法和前四期相比，很多人有另谋出路的打算。"

"好，那就从五、六期入手。"

在郑介民看来，尽管不能一下子策动整个广东空军，其作用却不可低估，说不定会产生多米诺骨牌效应。

如此，陈振兴即刻返回广东，果然很快便有了回音。

五万大洋的妙用

第二天，郑介民的电报发到了特务处。这封电报的内容，是万事俱备只欠东风，这个东风，是五万大洋。

这五万大洋，是专门用来安置飞行员家属的。陈振兴的航校第六期同学黄志刚，是第五中队飞行员，经陈振兴策动，黄志刚又联络了第二中队飞行员黄居谷，两人商定同时策动各自中队飞行员投向中央。但这些飞行员的家属均在广州，必须首先将飞行员家属撤离，妥善安置，方能为他们解除后顾之忧。

这个安置费用，需要五万大洋。

相对于要做的事，这笔钱不算多。但对于特务处来说，这不是一个小数目，特务处砸锅卖铁也拿不出这么多钱。

因此，郑介民发这个电报也是有些为难的，担心事情砸在这笔钱上。不料，戴笠接电报后，却像没走脑子一般，当即回电：三日内送款到港。

戴笠如此畅快，自然是胸有成竹，可惜他想得太简单了。

原以为拿出区区五万元，便可带动连锁反应，消弭战火，既可让百姓免遭兵燹之灾，又可节省大量军费开支，何乐而不为？没想到在蒋介石那里，这笔账不是这样算的。

常言说不见兔子不撒鹰，五万元拿出去，谁敢保证不会打了水漂？可反过来说，又是舍不得孩子套不住狼。故而戴笠赶到蒋介石官邸，陈述策反经过提出拨款五万元后，蒋介石颇费踌躇，考虑到策反粤空军与航空委员会有关，就对戴笠说：

"好，你去找周至柔商量吧。"

周至柔毕业于保定陆军军官学校，曾任黄埔军校教官，如今是国民政府陆军中将，航空委员会主任委员。

在这位正统"科班"出身的高官眼里，戴笠这个黄埔军校肄业生，与草根老兵油子无异；他和他的那帮下属，不过是一群只会打小报告、盯梢、抓人的角色，与鸡鸣狗盗无异，根本干不成大事。

当然，关键是蒋介石让戴笠去找周至柔商量，而不是直接命令周至柔拿钱。商量，对周至柔来说在可办可不办之间，凭戴笠与周至柔的素无往来，凭周至柔对戴笠及其特务处的不屑一顾，结果是，戴笠兴冲冲满怀希望而来，等候他的是个不软不硬的钉子。

周至柔说："八字没一撇你就要钱，领袖的钱不好随便花的！"

戴笠愣了一下，被噎得肚子里冒火，懒得和他废话，调头就走。

回到鸡鹅巷五十三号，戴笠通知交通科长胡子萍，预订两张去上海的卧铺票，并特地叮嘱："必须是今天晚上的票！"

说完，一边向后院走，一边愤愤不平地嘟哝着：

"区区五万，给我摆迷魂阵，我就不信，缺了臭鸡蛋还不做槽子糕了！"

当晚，戴笠便带着副官贾金南去了上海。

果然，第二天晚饭时分，戴笠得胜而归。一看他那副精神抖擞的样子，特务处内勤人员便都知道，他此次外出必定一帆风顺。

戴笠与贾金南一起走进后院办公室，贾金南手里提着一只小皮箱，戴笠让他将小皮箱放好，去饭厅通知胡子萍与徐亮，晚饭后过来一趟。

戴笠一向爱干净，家人与身边工作人员都知道他的习惯，只要在家，毛秀丛总是争着照顾他的饮食起居。在贾金南去饭厅的空当，毛秀丛已经准备好洗澡水，照顾戴笠洗完澡。

一个热水澡，冲去了来去匆匆的一身疲惫，坐在椅子上，端着毛秀丛冲好的清茶，戴笠这才感到了轻松。

三天，说到就必须做到。

可是昨天晚上，他的确是悬着一颗心的。说是胸有成竹，钱没拿到手一切都不作数，毕竟五万元对任何个人来说都是一笔不小的数目，一时找不到人，或者一时钱不凑手等，各种情况都有可能碰到，尤其时间不等人。还好，一切顺利。

至于这笔钱的来源，戴笠自己没说。后来众说纷纭，大多似无可靠依据，如有资料载：

戴笠在上海有一个红颜知己，是一个名叫许兆贤的名女人。戴笠找到许兆贤，让她帮着想想办法，看看找谁能借到五万元。

许兆贤想了想，似乎找谁都难说马上能凑齐这笔钱，就摘下自己脖子上的项链交给戴笠，说拿去典当足够五万元，让戴笠先拿去救急。

若果真这样，岂不是十分荒谬！

首先，戴笠明知许兆贤没钱，却让她找人借钱岂不是十分渺茫，如何能在一天之内借到这笔钱？

再者，与其找许兆贤给借，戴笠何不自己去借？

这时候鸡鹅巷"开张"已四年有余，不算戴笠以前在上海的关系，以戴笠长袖善舞的性格，四年间建立的关系绝不会亚于一个社会上的女人。

何况，戴笠一向大男子主义严重，怎会去向一个女人求告，那和吃软饭有何差别？

更何况，戴笠有两个把臂论交的结拜兄弟，在上海滩都算得上富翁级别，虽说论财力杨虎比不上杜月笙，五万块也绝对是小菜一碟。而杜月笙，不仅用钱堪称上海滩第一大手笔，为人更是侠肝义胆，为朋友两肋插刀，一掷千金绝对了无吝色。

戴笠何需舍近求远，在十万火急的一天时间内，不去找有十分把握的结拜兄弟，而是找一个女人去给借？

戴笠下车后直奔华格臬路杜公馆，这一说法当为属实。

杜月笙正躺在大烟榻上吞云吐雾，聊做小憩，忽听管家万墨林来报：

"爷叔，戴先生来了。"

一般瘾君子吸食鸦片，吸不完一筒不舍得放下烟枪，杜月笙则不然，往往吸食几口，聊解疲乏便可。如今一听戴笠上门，更是忙不迭地丢下烟枪，趿拉着鞋迎出门外。戴笠一直劝他戒掉烟霞癖，他因而也不愿意让戴笠看到他缠绵烟榻。

两人在古董间坐下，戴笠没来得及喝一口茶，便直奔主题：

"月笙哥，你眼下手头是否宽裕，我需要借五万急用。"

虽说是结拜兄弟，戴笠向来也是无事不登三宝殿，且每次都是来去匆匆。杜月笙知道他忙，也向来不会耽搁他的时间，坐下之后便洗耳恭听。

五万，杜月笙听完没眨一下眼，回头吩咐管家万墨林说：

"你马上去办。"

"这么大一笔款子，月笙哥怎么不问问用项？"

"你做的是大事，我为何要问？再说，就算你欠了赌债，为兄的难道就不替你还吗？"

这句话，足见这对拜把兄弟关系之非同一般。

戴笠与杜月笙的关系，向来众说纷纭。一说杜月笙走私数额巨大的毒品，被戴笠查获后放行，因此两人沆瀣一气；一说戴笠为贴补特务处经费，得到蒋介石默许，在上海制毒贩毒，与杜月笙有毒品生意上的往来。

其实两种说法皆出于野史小说，无可考证。

抗战前的特务处，既无缉私权，亦无缉毒权，哪里会有什么"查获后放行"的事情发生？而设在上海的派出机构——开始的上海区，嗣后的华东区、上海特区，其所属各组分工明确，仅对付各路反蒋势力及共产党的地下组织，便都忙得焦头烂额，又何来制毒贩毒的人力与机构？

杜月笙为人历来侠义豪爽，戴笠自然深有体会，若非这笔款子数额巨大，他也不会多问一个"怎么"。

当胡子萍与徐亮来到戴笠的办公室后，戴笠吩咐胡子萍马上安排下去，办一张入港证，预订一张翌日飞香港的机票，然后指着那只盛钞票的小皮箱，对徐亮说："明天就烦劳你跑一趟，去香港，把这笔钱交给郑先生。"

果然，五万元送去十天不到，即7月2日，广东空军七架飞机投奔中央，领头的正是陈振兴的同学黄志刚。

黄志刚率第五中队的四架轰炸机，利用训练机会，在从化起飞；黄居谷率第二中队的三架驱逐机，从天河起飞，直抵南昌机场，并联名发表通电脱离陈济棠归顺南京政府。

敦请林虎出山

七架飞机，看起来数目不大，对粤军所起的震动作用却非同小可。尤其七人通电，对陈济棠发起声讨，足以起到动摇军心的作用。蒋介石和周至柔都看到了特务处的能量，同时意识到：若将广东空军全部收买过来，即可扼住粤军咽喉，消弭战火指日可待。

蒋介石命令戴笠，继续瓦解广东空军。戴笠即电令郑介民，扩大对广东空军的策反对象，争取将整个广东空军一举拿下。

随后，蒋介石将策反广东陆军的任务也交给了特务处。此前这个工作是由蒋介石亲自主持的。

蒋介石追随孙中山时曾任粤军参谋长，对广东情况比较熟悉，他认为只要把一个人请出来，让他与陈济棠的陆军高级将领见见面，说说话，亮明一下自己的观点，广东陆军的问题便会迎刃而解。

这个人，是粤军元老级人物林虎。

林虎，广西陆川人，生于1887年，与蒋介石同龄。早年参加同盟会，"二次革命"时曾任江西讨袁军左翼司令，护国战争中任第六军军长，后任广东军政府陆军部次长、粤桂边防总司令等职。1922年随陈炯明叛变，出任粤军总指挥兼第一军军长。1925年被国民革命军打败，从此退出军政界，长期隐居香港。

林虎在粤军中"打打杀杀"多年，门生袍泽遍布两广，葭莩之亲、乡党之谊比比皆是，陈济棠也曾是他的下属，蒋介石选定林虎，就是看中了林虎在粤军中的关系、威望与影响力。

然而，蒋介石先后派出两名重量级人物赴港，敦请林虎"出山"，均吃了闭门羹。

这两人，一个是湖北省政府主席杨永泰，一个是浙江省政府主席黄绍竑。

杨永泰是广东茂名人，生于1880年，比林虎年长七岁，与林虎有着较深的"渊源"。林虎在两广都司令部任第四师师长时，杨永泰任财政局长；林虎在军务院任第六军军长时，杨永泰任参议院议员兼法制委员会委员；林虎任广东军政府陆军部次长时，杨永泰任军政府财政厅厅长……这一武一文，或者说一军一政，相处和谐，来往颇多。

黄绍竑与之相比虽是"后生"，却是广西容县人，与林虎有乡亲情分。

如此两个重要人物都先后碰了钉子，戴笠能派出什么样的阵容呢？放眼整个特务处，论及身份、地位、资历，没有一个能比得上杨、黄二人。戴笠接手后，决定另辟蹊径，不拼身份，而是"对症下药"。

对症，首先要从广西籍中找线索。在听蒋介石交代任务的时候，戴笠脑子里已经有了一个设想，回到鸡鹅巷五十三号，一进院子，正遇到徐亮从机要室出来，随即将徐亮叫到后院他的办公室，介绍了蒋介石交代的策反广东陆军的情况，然后问：

"你想一下，在军校第六期，当然也不局限第六期，就是在广西籍的同志中，有没有比较谈得来的可靠的朋友。"

"既谈得来又可靠的朋友，第六期有一个，这个人你也知道，就是广西的何峨芳。"

何峨芳，广西苍梧人，生于1908年，与徐亮、王孔安同时考入黄埔军校第六期。

戴笠因第六期第一批考生考试时落榜，参加第二批考生的考试后才被录取，所以被编在入伍生直属团第十七连，徐亮、王孔安、何峨芳被编在入伍生团二营七连。因而戴笠对何峨芳并不熟悉，只是听徐亮提起过，说他是块干特工的好材料。

徐亮又介绍了何峨芳的近况，戴笠也觉得此人可靠，不妨一试：

"好，你去给梁干乔发电报，让他登门拜访何峨芳。"

此时何峨芳在广州市社训总队任团长，梁干乔正潜伏在广州，戴笠的电报发过去，要求梁干乔与何峨芳商量，一定要找到可靠关系，敲开林虎的大门，最起码要将蒋介石的亲笔信送进去，而且不得延迟。

事实上，何峨芳的桂籍身份，并不代表与林虎有什么瓜葛，黄绍竑就是最明显的例子，这一点戴笠与徐亮都清楚。他们希望的是，何峨芳能通过广西的同乡，挖出与林虎搭得上关系的人。

没想到，事情竟然出奇的顺利。当梁干乔登门拜访何峨芳，说明来意之后，何峨芳说：

"这个事好办，你去上海找陈文波，只要能说服陈文波，就能敲开林虎的大门。"

何峨芳说得如此轻松，倒让梁干乔有些弄不懂了：

"陈文波是谁？"

"是谁不重要，重要的是，他与林先生关系非同一般。"

事实上，陈文波是谁还是很重要的。当何峨芳说出他的身份之后，梁干乔着实吃了一惊——他是陈济棠的同宗族亲，曾出任虎门要塞司令。

这就更奇怪了，陈济棠的同宗族亲，怎会胳膊肘向外扭？何峨芳说明缘由后，梁干乔这才明白，越是亲近的人，反目后的伤害越严重。都说君子交绝不出恶声，世间又有几个凡夫俗子能做到呢？

陈文波与陈济棠因何反目，不得而知，只是因太过仇恨，陈文波找人挖了陈济棠的祖坟。陈济棠岂肯善罢甘休，非要拿陈文波的脑袋祭奠他的祖上。陈文波逃到上海租界躲了起来，风头过后就悄悄做起了生意，一不留神就成了腰缠万贯的富翁。

至于陈文波与林虎什么关系，为什么他能敲开林虎的门，何峨芳说：

"你去了，自会找到答案。"

这又很蹊跷，戴笠的本意是在林虎的同乡中找线索，以乡情打动林虎，何峨芳这个广西人又把"下家"推给了广东人。

梁干乔来到上海，按照何峨芳提供的地址，前去拜会陈文波。陈文波一听是为平定两广事变，拍着胸脯说：

"没问题！别的事我帮不上忙，敲开林先生的家门，那是小事一桩。"

一听这口气，梁干乔忙问：

"陈先生与林先生是故交？"

"算不上故交，但还算够交情，只是没见过面。"

这个回答更是蹊跷了，没见过面就有了很深的交情，梁干乔好奇地看着陈文波，等待下文。陈文波说：

"有句话叫作路遥知马力，日久见人心，我有两个侄子在林先生身边当副官，他发达的时候跟着，他战败隐退了，树倒猢狲散，两个侄子还是跟在他身边。他做寓公手头紧，我这几年赚了点钱，就给他在上海读书的公子，每月送200块大洋，已经两年了。这个钱说多不多，可也是雪中送炭的情谊，你说这个交情够不够？"

"陈先生真是古道热肠，侠义之人！"梁干乔翘起大拇指，啧啧赞叹。

陈文波答应去香港走一趟，但具体的说服工作，需要南京方面派一个能说会道的人去做。他表示：

"林先生隐居多年，不问外间事，谢绝与任何军政方面人员来往。能否请他出山，全看说客的嘴皮子了。"

梁干乔当晚返回南京，向戴笠汇报。

撬动广东陆军

这天戴笠去浙江警校公干，回到鸡鹅巷五十三号已是晚上八点多。由于天气炎热，一进门先冲了个冷水澡，然后到办公室，顾不上吃晚饭，便让贾金南将徐亮找来，询问策动林虎一事的进展。徐亮苦着脸说：

"今天还是没消息，何峨芳那边没回音，梁干乔也没联系上。"

戴笠这时已经憋了一肚子火，因为策动广东空军方面也不顺利，本应趁热打铁，郑介民却像缩头乌龟缩在壳里，就是不肯伸出脑袋，死守着香港不敢向广东移动半步，令戴笠又气又急却又无可奈何。如今策动陆军也无消息，这将如何向蒋介石交代！

更重要的是，时间不等人，一旦策反失败，后果将不堪设想。

"何峨芳不是团体的人，我无话可说。梁干乔，他到底怎么回事，你再去联系。"

戴笠说着心急，一拳砸在桌子上，由于用力过猛，桌上碗里的汤被震洒，贾金南赶紧过来收拾。

戴笠对下属发火是常有的事，但是对徐亮极少。面对徐亮，他每每会想起报考黄埔军校时，徐亮在宏信学旅替他交旅费的情景。素昧平生，能向你伸出援助之手，这份情谊实在难能可贵。锦上添花无人记，雪中送炭难忘怀，没有那五块毫洋，没有徐亮与王孔安给他补课，他就不会有这后来的一切。

徐亮出去后，贾金南也端着汤碗出去，从饭厅出来的时候，就看见了急匆匆走进来的梁干乔，赶紧凑过去悄悄说：

"梁先生你快去吧，戴老板急得火上房了。"

梁干乔一听，知道戴笠等着急了。从广州去上海走得匆忙，没来得及汇报情况，到上海后因心里没底，就想拜访了陈文波再做打算，拜访之后就马不停蹄地来南京了。

解铃还须系铃人，他知道带来的消息足以给戴笠"灭火"，也不用贾金南通报，自己径直去了后院。

门开着，梁干乔直接走了进去。

戴笠低着头在看一份材料，偶然间一抬头，正看到走进来的梁干乔，站在灯光的暗处，不由得微微一怔，脸色瞬间由阴转晴：

"好啊干乔，黑灯瞎火的悄不声就进来了，回来也不打个招呼！"

"一直没结果，这不刚有点眉目，就直接赶过来了。"

好在这个结果对戴笠是一个意外的惊喜，戴笠听完汇报十分满意。

至于派谁做说客，能说会道之人特务处大有人在，梁干乔就是其中之一。但梁干乔潜伏广州，已在粤军中展开的多项策反工作不能中断，戴笠让他速回广州，派了另一位广东人张君嵩赴港。

张君嵩籍贯广东合浦（今属广西），生于1898年，黄埔军校第一期毕业，此时正在南京中央陆军大学特别班第二期深造。

接受任务后，张君嵩跟随陈文波同赴香港，果然一路畅通进入林府，受到林虎的热情接待。而张君嵩的"能说会道"似乎也没派上什么用场，因为林虎与陈文波谈得十分投机，他只是不失时机地递上了蒋介石的亲笔信。

蒋介石任粤军参谋长时与林虎还算有交情，如今蒋介石又身居国民政府要职，蒋介石的信林虎自然会重视。林虎也是深明大义之人，他虽然不问政事，却不能不关注时局，不能不关注国家命运。他知道两广起兵的目的，更知道日寇增兵华北。正如蒋介石信中所言，若此时同室操戈，必将酿成大战，予日寇可乘之机。

看罢信，林虎对张君嵩说："你回去报告蒋先生，国难当头，我林某理当为国效力。"

第二天，林虎便去了广州。他准备策动的，主要是陈济棠手下的几个军长。

第一军军长余汉谋，广东高要人，生于1897年，字幄奇，毕业于保定陆军军官学校第六期，长期在粤军任职，为陈济棠的直接下属。陈济棠每提升一级，他便跟着高升一步，直至第一集团军成立，升任第一军军长。

然而，陈济棠对余汉谋并不信任，早在第一次桂粤战争中，广东省主席陈铭枢与陈济棠争夺势力，构陷余汉谋（时任第一旅旅长）通敌，以削弱陈济棠的军事实力。陈济棠竟不加思考，信以为真，将余汉谋抓捕关押。

后来粤军战场失利，桂军直逼广州，第一旅将士强烈要求释放余汉谋，陈济棠担心激起兵变广州难保，才不得不释放余汉谋。余汉谋返回部队后，立即部署反攻，最终打退桂军，取得第一次粤桂战争的胜利。此后陈济棠对余汉谋虽赏识有加，却也多有提防，借口协助南京政府"剿共"，将第一军驻地从广东调往江西。

陈济棠决定举兵之后，曾召集余汉谋等高级将领到广州开会，宣布"反蒋抗日"的意图，并不讳言以抗日之名行反蒋之实，其兄陈维周还特地强调说：

"此次出师，是明修栈道，暗度陈仓，我已与日本领事联系，得到了他的同意。"

大家面面相觑，议论纷纷，余汉谋站起来公开表示反对，陈济棠不为所动。除余汉谋外，其他将领如第二军军长香翰屏、广东东区绥靖委员兼第二军副军长李汉魂、空军司令黄光锐等，均不甘心被陈济棠带上绝路，开始做着另谋出路的打算。

有了这个背景，林虎对广东陆军上层的策动也就有了事半功倍的基础。

对于广东陆军基层将领的策动，梁干乔早已展开行动，并与潜伏在广东省政府缉私处四年之久的特工谢镇南取得联系；张君嵩离开香港后，也奉命来到广东。

张君嵩曾在粤军任职多年，与中下层将领较为熟悉，他的策动目标是第二军第四师师长巫剑雄。巫剑雄是陈济棠最为重视的亲信，驻守广州门户韶关一带。张君嵩潜入韶关面见巫剑雄，晓以大义，巫剑雄同意予以配合。后来陈济棠手下第一悍将余汉谋公开反陈投靠中央，巫师果然主动撤离韶关，为余汉谋的部队进驻广州让路。

如此这般全方位行动，一举端掉广东陆军已是指日可待。

只是空军那边仍无进展，令戴笠心急如焚，很想亲自潜入广东，坐镇指挥。正在酝酿之际，郑介民的电报发到了特务处。当译电员将译好的电文送到戴笠办公室后，上面的寥寥数语，令戴笠瞪大眼睛看了好几遍，真怀疑自己看错了：

内容仍然是万事俱备，只欠东风，而这次的"东风"，竟然是200多万！

200万的交易

"200多万，真是狮子大张口，明摆着就是讹诈！这个陈卓林什么来路，竟然胃口如此之大！"

戴笠气得拍了桌子。

陈卓林，正是与郑介民接洽的要价之人。

陈卓林是广东空军的老人，籍贯广东新宁（今台山），生于1892年，留美学习飞行，回国后历任广东军政府航空局飞行师、广东军事飞行学校教官、北伐军总司令部飞机队队长、广州"国民政府"空军司令部参谋处处长，如今是陈济棠的空军参谋长。

郑介民与陈卓林原是旧识，怎奈郑介民待在香港，无法与陈卓林以及其他广东熟人直接取得联系。郑介民的观点一如从前，水能载舟亦能覆舟，熟人多是好事也是坏事，这坏事不言而喻，不外乎人心隔肚皮，保不准谁什么时候给告了密，落得他小命难保。

说来事有凑巧，也该着他坐享其成。有天梁干乔的族侄梁伯仑去空军俱乐部，巧遇空军司令部参谋长陈卓林。

见到陈卓林，梁伯仑眼前一亮：这不正是个最佳人选吗？可他不知陈卓林的心思，不敢贸然说什么，只好试探地搭讪着问：

"卓林兄，听说二中队丁纪徐给抓起来了，这事果真和他有牵连吗？"

梁伯仑指的是飞走七架飞机的事。丁纪徐是二中队队长，飞走的七架飞机中，有三架是二中队的，陈济棠下令抓走丁纪徐，意在杀鸡给猴看。却不料适得其反，因为丁纪徐对陈济棠一向忠心耿耿，这是众人皆知的，结果这一抓，让很多忠实于陈济棠的将领感到心寒。

对这件事的来龙去脉，陈卓林知根知底，他用嘲笑的口吻说：

"要真和他有牵连，他还会留在这里等着给抓走吗？"

言外之意，他要是知道这件事，早跟着一起跑了，而且跑的不是三架飞机，是整个第二中队。

听陈卓林的口气，梁伯仑判断他不会跟着陈济棠一条道走到黑，便凑过去说：

"我看这事和南京有关，听说复兴社的郑介民最近一直住在香港，专门等着收买我们这边的人……"

陈卓林听后若有所思，面露微笑。梁伯仑说完若无其事地走了。他知道陈卓林在香港朋友也多，他若有什么想法，自然会有办法联系到郑介民。

果然没过几天，陈卓林便去了香港，主动找到了郑介民。

郑介民这个缩在壳里的"乌龟"，就这样一口咬到了天上掉下来的"肥肉"。

因一直未联系到可撬动整个空军的人物，郑介民正在大伤脑筋，见到陈卓林，犹如见到了大救星，可又不知陈卓林的真正来意，于是笑吟吟地说：

"陈参谋长，卓林兄，哪阵风把你给吹来了？"

"想必是南京那阵风吧。"

郑介民一听，心里明白了大半，乐呵呵地等着陈卓林说下去。

陈卓林并不是来投靠中央的，而是不甘心被陈济棠带入绝路，想趁机捞一把，于是直接亮底说：

"我来做一笔交易，一笔大的交易。"

"卓林兄是畅快人，你开个价，我与南京方面联络。"

郑介民哪里会想到，陈卓林胃口大得不得了，张口就把郑介民吓了一跳：

"我可以说服黄光锐，将整个空军的飞机全部开走，每架飞机两万！"

两万，掷地有声，远远超出了进口新飞机的价格！如此算下来，100多架飞机全部北飞，那就是200多万！这实在是个天文数字，郑介民听完心里一下子凉了大半截。

陈卓林自然知道这个价过高，但策动整个空军北飞也实属不易。跑了七架飞机，一方面是对整个空军的震动，人心思变；而另一方面，陈济棠加强了防范，下令停止训练，将所有飞机开进机库，派宪兵把守；又指派党部政训处主任李鹤龄兼任空军政治部主任，监视空军动静。

"停止训练，飞机入库，从根本上杜绝了开跑飞机的机会，要改变这种状况，需要代价。"

陈卓林的每一个理由，都在为要价而来。尤其事发后陈济棠赶到燕塘航校召集空军飞行员训话，劝勉大家"以整体为重，切勿妄动，若离开集体，投奔他处，寄人篱下，其结局是悲惨的"，说得情真意切，乃至声泪俱下。

"陈伯南的眼泪还是能打动人的，尤其这乡党之谊、乡亲情分。虽说大家都不愿打内战，可也担心投奔中央会落得寄人篱下，不如拿到一笔安置费，到时见机行事。"

陈卓林的话，细想想也不无道理，郑介民也不想放弃这个机会，于是一纸电报发到了特务处，请戴笠定夺。

200多万，戴笠又如何定夺得了？五万蒋介石尚且不舍，何谈200万！

同样，戴笠也不想放弃这个机会，毕竟时不我待，他很快想出一个两全其美的计策，立即赶去蒋介石官邸报告。

蒋介石一听，一架旧飞机要两架新飞机的价格，也是气不打一处来：

"这个陈卓林，纯粹是趁火打劫，此风不可助长！"

"校长，他趁火打劫，我们何不来个将计就计。"

"哦，说来听听。"

"陈卓林要价虽高，但说的是先付部分安置费，事成之后付清余款。事成之后杀伐决断，哪还由得了他？他想趁火打劫，我们就以其人之道还治其人之身。"

"谁敢保证这笔预付款不会打了水漂？"

蒋介石这样一问，倒把戴笠问住了。其实这也是他最担心的，谁都不敢保证这个钱交出去，对方真能办成事，而且最后真能飞来100多架飞机。可舍不得孩子套不住狼，上次那七架飞机就是先例。

最终，蒋介石亲自写了一张拨款条子，交给戴笠。至于这笔款子的具体数额，历来说法不一，有的说是几万元，有的说是十几万元。

上次五万元，戴笠派了徐亮去香港。这次，他必定要亲自去，他要亲自会会陈卓林，亲自签订合约。

为了做到万无一失，戴笠飞香港之后，蒋介石又派原中山大学校长朱家骅，秘密潜往广州，由中山大学天文台主任兼广东航空学校学科主任张云介绍，会见广东空军司令黄光锐。

这是策动整个空军的关键人物，陈卓林要高价，也是将说服黄光锐当作了主要筹码。仅凭他一个参谋长的力量，是难以达成目的的。

黄光锐，广东台山人，生于1898年，为旅美华侨，在美国考取飞行执照，北伐时回国，任航空队飞行员，翌年任航空队长，后任航空局长。陈济棠夺取广东空军后，被任命为广东空军司令。

黄光锐虽深受陈济棠器重，但对陈济棠的一意孤行早已不满。陈济棠听信其兄扶乩占卜，装神弄鬼，搞得乌烟瘴气，这是所有人都看不惯的。第二军军长香翰屏劝陈济棠远离"小人"，结果被撤职，更是令将领们心寒。尤其陈济棠联络日本人助战，明摆着是把大家往火坑里带。黄光锐原本有意另谋出路，如今见到朱家骅，遂下定决心投靠南京政府。

但黄光锐绝不是为了钱，他拒绝做任何金钱交易。

陈卓林从香港归来后，找到黄光锐。黄光锐并不知陈卓林的私下交易，两人商量后，又找到几名中队长征求意见，一切进展顺利。

为配合策反，南京方面曾出动三架飞机到广州上空抛撒传单，广东空军因飞机入库无法还击，黄光锐趁机进言，陈济棠随后对飞机放松了管制。

陆、空军都已行动起来，海军自然也不能落下。出面策动广东海军的，是原广东海军总司令陈策。

陈策，广东琼山人（今属海南），生于1893年，肄业于广东海军学校，多年来在广东海军任职，曾协助孙中山在广州对抗陈炯明，1932年被陈济棠逼迫"下野"。广东海军中许多将领都曾是他部下，由他出面策动海军，自然是最佳人选。

陈济棠做梦也不会想到，正在大张旗鼓用兵之时，后院起火了……

粤军全面倒戈

7月5日，广东东区绥靖委员兼第二军副军长李汉魂，封金挂印，出走香港。此时第二军军长香翰屏因进谏已被削职为民，李汉魂此举意在刺激手握重兵的余汉谋迅速举事。

7月6日，李汉魂在香港发"鱼"电声讨陈济棠。

同一天，余汉谋致电蒋介石，要求赴南京出席国民党五届二中全会。

7月8日，蒋介石派飞机将余汉谋从江西大庾驻地接走。临行前，余汉谋致电陈济棠，对他举兵反蒋表示了坚决反对的态度。

正当陈济棠为余汉谋的公开"叛变"气愤不已时，7月12日，海军的两艘鱼雷舰跑了。

陈济棠先后从欧洲购买四艘鱼雷舰，这在当时是较为先进的海上战斗舰艇，也是陈济棠海军中的精锐力量。陈策同时联络了四艘鱼雷舰舰长，商定同时出走。但在出走当天，由于通讯不畅，其中一舰长未能取得联系；而另一舰长在回舰途中汽车抛锚，错过了出走时间，最后只有两艘鱼雷舰成功出走，逃到香港暂时停泊。

7月13日，国民党五届二中全会决定，撤销"国民党中央执监委员会西南执行部""国民政府西南政务委员会"，撤销陈济棠本兼各职，任命余汉谋为第四路军总指挥兼广东绥靖主任。

同一天，返回江西大庾驻地的余汉谋，通电就职，并敦请陈济棠24小时内离开广东，以免同室操戈。

然而，事到如今陈济棠并没有认识到败局已定，在白崇禧、李宗仁的鼓动下，于7月16日正式宣布成立"抗日救国联军"，与李宗仁分别就任正、副总司令。

也是在同一天，余汉谋率部南下，直抵广州门户韶关，拟定直驱广州。驻守韶关一带的陈济棠的心腹第二军第四师师长巫剑雄，主动撤离韶关，为余汉谋的部队让路。

7月18日，是广东空军司令黄光锐与部下拟定的"胜利大逃亡"之日。就在此前一天，黄光锐已对100多架飞机的分飞批次做了安排，指定每架飞机的驾驶员、机械师和搭乘人员，并给每个飞行员发放了100元安置费。

18日第一批飞机80余架，先后从虎门、天河等机场起飞，直抵韶关曲江机场。

由于余汉谋并不知道广东空军的这次行动，为防止陈济棠派空军轰炸韶关，特地在驻地布防。当第一架飞机出现在曲江上空时，余汉谋差点下令高射机枪开火。

飞机很快着陆，这才知道是来投奔"中央"的。

紧接着，后面大批飞机盘旋而至。余汉谋喜出望外，当晚大摆筵席，盛情款待全体飞行员，并每人发放400元慰问金。

黄光锐与陈卓林并没有飞曲江，而是于当天转道香港，与特务处郑介民接洽善后事宜。黄光锐并不接受陈卓林所签订的合约，称"我们是为了国家统一，并非为了金钱"。

7月24日，蒋介石在庐山接见所有广东空军飞行员，为中队长以上军官颁发五等云麾勋章一枚。

随后，黄光锐被任命为中央航空学校校长，当年12月兼任航空委员会委员，抗战后任空军委员会副委员长及成都空军司令；陈卓林被任命为空军教导总队副总队长。

受了冤屈的丁纪徐被释放后赋闲在家，空军集体出走前也没有分到飞机，只好独自骑自行车去了香港，后被任命为中央航空学校教育长。

空军集体出走的消息令陈济棠如醍醐灌顶，大梦初醒，喟然长叹：

"机不可失，原来并不是指机会，而是指飞机，飞机不可失啊！"

7月18日，陈济棠通电下野，在致余汉谋的电文中称：

"此后对于报国责任、广东治安、袍泽维系，偏劳吾兄独负其责，望善为之，以补吾过。"

都说成王败寇，下野后的陈济棠却不失大将风范。当天，陈济棠离穗赴港。

抗战爆发后，陈济棠先后出任国民政府委员、最高国防委员会委员、农林部部长等职。抗战胜利后任两广兼台湾宣慰使、海南特区行政长官兼警备司令。赴台后任"总统府"资政、战略顾问，1954年11月因病逝世。

没有了陈济棠在前面顶缸，桂系孤立无援，独木难支。蒋介石也知桂系向来不好相与，经过多方奔走调停，最终双方握手言和，由南京政府发布明令特任李宗仁为广西绥靖主任，白崇禧为军事委员会常委，黄旭初为广西省（今广西壮族自治区）政府主席，于9月16日在南宁分别宣誓就职。

历时三个半月的两广事变终于偃旗息鼓。

谁出卖了王亚樵

7月中旬陈济棠通电下野后，戴笠便旧案重提，开始继续追杀王亚樵。

然而在当时，广东虽归顺了"中央"，广西还是桂系的独立王国，且不说桂系还在与蒋介石"掰手腕"，即使桂系归顺南京政府，要想在桂系的地盘上动王亚樵一根汗毛，不得到桂系的默许也绝无可能。

但是戴笠胸有成竹，他认为只要找到王亚樵的下落，一切皆有可能。这个"可能"是有根据的，以桂系眼下的势单力薄，对抗下去显然不是长久之计，归顺"中央"是迟早的事，但终归要谈谈条件，讲讲斤斗。这个过程，正好用来寻找王亚樵的下落。

正是由于广西是桂系的老巢，当时特务处并未在广西建立站组，寻找王亚樵并非易事。戴笠把陈亦川找来询问计策。陈亦川虽然没有暴露，可余亚农走了，这条线索就断了。不过他脑瓜还算灵活，转念一想说：

"我和余立奎是老乡，我去试试，看能不能说服他？"

一听这话戴笠笑了，摇着头说：

"你和王老九也是老乡呢。"

话虽如此，试试也无妨，死马权当活马医。戴笠面授机宜，如此这般叮嘱一番。

余立奎和胡大海、周世平被引渡到南京后，一直关在特务处的大牢（丙地）里。陈亦川找到余立奎，以老乡的身份劝他好汉不吃眼前亏，可无论他用什么条件做交换，余立奎始终不肯说出王亚樵的下落。

一计不成，陈亦川又生一计，他对戴笠说：

"余立奎的姨太太余婉君一直没离开香港，她指望什么生活？显然是王老九在接济她。问题是，怎么撬开她的嘴。"

"哦？说说看。"

主意陈亦川早就想好了，那就是双管齐下，挑拨离间。

所谓双管齐下，就是一头缠住余婉君，一头缠住余立奎，制造矛盾与误会，借机套出王亚樵的下落。

戴笠随即派出特务处得力干将陈质平前往香港，接近余婉君。

陈质平是海南文昌人，正值而立之年。戴笠选中他，并不是因为他长得多么英俊潇洒，虽然捯饬起来也不失一表人才；戴笠看中的是他的学识与智慧。

陈质平毕业于南京东南大学，曾在河南大学任教，是特务处不可多得的高才生。正所谓"腹有诗书气自华"，行事风格低调的陈质平恂恂儒雅，颇有君子之风范，不正是寂寞少妇的无敌"杀手"吗？

余立奎在香港被关押期间，余婉君常去大牢中探望，陈亦川曾悄悄跟踪，得知了她的住址。陈质平到香港后，按照陈亦川提供的地址，在余婉君的寓所旁租房住了下来，很快与余婉君相识。

余婉君是个爱慕虚荣的女子，喜欢出入各种社交场合，如今余立奎被捕，虽有王亚樵每月按时邮寄生活费，也只能勉强维持她和孩子的基本生活开销，生活的窘迫和孤独寂寞让她苦不堪言。陈质平投其所好，常常邀她下馆子、进舞场，给她送钱、送礼物。可无论陈质平怎么套问，她都不肯透露王亚樵的住址。

陈质平只好退而求其次，称自己有事要去南京一趟，问余婉君是否愿意一同前去。余婉君正有狱中探夫之意，遂与陈质平一起来到南京。

而此时，大牢里的余立奎已被陈亦川"洗脑"。陈亦川这个老乡整天像苍蝇一样围着余立奎"嗡嗡"乱转，既在生活上做出关照余立奎的样子，又时时不忘诽谤王亚樵与余婉君，说他被引渡南京后，他们已勾搭到一起。

正是人言可畏，积毁销骨，同样的话听多了，不怕你不怀疑。余立奎是讲义气之人，在他的字典里，兄弟如手足，老婆如衣服，何况是出身青楼的小老婆。他宁可相信余婉君背叛了他，也不会将这笔账记在王亚樵头上，坚决拒绝出卖王亚樵。

在这种情况下，余婉君探监来到南京，余立奎坚决不与她相见。陈亦川趁机告诉余婉君：

"余立奎不想见你，他在这里替王老九顶罪蹲大狱，你在外边被王老九包养，他能见你吗？"

余婉君一听被误会，更要证实自己的清白，请求陈亦川无论如何让他们见一面，当面解释清楚。陈亦川说：

"他不见你我也没办法。他说除非你把王老九抓来，把他救出去。"

余婉君信以为真，答应带人抓捕王老九，救丈夫出狱。

此时，王亚樵就住在广西梧州，托庇于李济深、陈铭枢之下。

李济深闲居祖籍广西梧州，住在距梧州市五六华里的李墟。1936年春末王亚樵来梧州后，改名匡云书，住在梧州市西江岸的一幢房子里。随行的郑抱真、许志远、余亚农、张献廷等人分别居住于梧州市内。

为王亚樵的安全与生活考虑，李济深去南宁与李宗仁、白崇禧商量，要求对王亚樵实施保护措施，由广西省政府每月拨给五百元生活费。考虑到王亚樵也是反蒋派，李、白欣然答应。

尽管如此，李、白对王亚樵未必像李济深那样以诚相待。王亚樵的弟弟王述樵在回忆中称，王亚樵在此期间曾前后三次去南宁见李宗仁、白崇禧，建议兴兵讨蒋，均被拒绝。而"两广事变"就发生在这一时期。

对李、白而言，且不说粤军全体倒戈后再去劝说讨蒋不合时宜，即使在事变前仅凭桂系实力也无力与蒋介石抗争。所以李、白的三次答复不是"兵力不足"，"须从长计议"，便是"不能搞政治赌博，孤注一掷"。

李、白的态度，让王亚樵感到非常失望。说到底，桂系对他的"容留"与资助，不过是看李济深的面子。紧接着，又传来桂系与中央谈和的消息，王亚樵知道广西已非久留之地，萌生了投靠共产党的想法。因不知共产党是否愿意接纳，特地请李济深给中共领导人写了一封推荐函，他本人也写了一封请求接纳的亲笔信，交给余亚农与张献廷，让两人先去延安接洽。

后来，有人认为王亚樵之死，与他打算投共有直接关系。常恒芳就曾对王述樵说，"亚樵之死固戴笠杀害，但与李（宗仁）、白（崇禧）有关。白是反共的，亚樵密谋投共，被白发觉，岂能容之？当时，李与白正谋与蒋介石合作，戴笠获悉亚樵在梧州，即与白秘密交涉，以逮捕王亚樵为条件。白不同意在广西境内逮捕王亚樵，以免各方舆论，暗杀可以。广西管理极严，二十几个特务乘汽艇开进梧州，白岂有不知之理。亚樵之死，乃白崇禧开门揖盗……"

不管是不是白崇禧"开门揖盗"，总之，在余、张二人去延安不久，余婉君带着孩子来到梧州。她是和特务处20多名特务一起，从广州乘坐由广东缉私局提供的缉私艇抵达梧州的。

按原先的约定暗号，余婉君与王亚樵取得了联系，会面地点约在"新西旅馆"。

既然余婉君带来了余立奎的口信，王亚樵就没有不见之理。尽管郑抱真等人劝阻，王亚樵出于对余立奎的信任，还是应邀前往。

可惜他一生叱咤风云，却在明知广西不可久留，在李、白已与蒋介石合作宣誓就职的情况下，疏忽大意了。他没想到特务们会无孔不入，利用一个弱女子找到他——20多名特务正与余婉君一起等候在新西旅馆中。

为这次行动，戴笠派出了最强大阵容。

为首的是戴笠的警卫——特务处有名的神枪手王鲁翘。

王鲁翘与白世维一样，也是山东人。不同的是，白世维毕业于黄埔军校第七期，王鲁翘毕业于浙江警官学校，是戴笠自己培养的弟子。按辈分，王鲁翘比白世维低了一辈；按年龄，王鲁翘比白世维年轻七八岁；按枪法，王鲁翘不在白世维之下，据说他开枪不用瞄准，300米内抬手就打，一枪毙命。

这天是1936年10月20日。

黄昏时分，天色昏暗。王亚樵毫无防范地走进了新西旅馆，一进门就被特务们堵在了屋内。

王鲁翘的神枪没有派上用场，如此近的距离，特务们首先使用的是短刀，致命的一刀从背后插入，刺中心脏，王亚樵当场气绝身亡。

连同王亚樵的四名保镖，无一幸免。

王亚樵死后第十天，余亚农、张献廷回到梧州，准备接王亚樵去延安。令他们万万没想到的是，这个曾经威震上海滩、令国民党高层惶恐不安的"暗杀大王"，此时已含恨九泉。

这是戴笠的又一件得意之作，他为蒋介石及其他政坛要角从此可以高枕无忧感到释然。此后十年间，再没有发生针对国民党权贵名流的暗杀事件。

第十一章
古城赴死，对校长忠心可鉴

东北军有异动

"两广事变"结束后，戴笠在布置"制裁"王亚樵的同时，还在忙着筹办组建"中国警察协进会"，并在浙江警官学校与内政部高等警官学校合并为"中央警官学校"后，出任校务委员会主任委员。该校校长由蒋介石兼任，戴笠实际控制了中央警官学校。

有天戴笠忙里偷闲，到洪公祠一号特务处本部会见一位朋友。聊兴正浓时，负责人事交通的胡子萍送来一份加急"信件"，说是北平的同志亲自送来的。

派人从北平送"信件"过来，想必是极重要的情报，或者涉及极重要人物。"信件"是一个封好的纸包，看样子里面是一本书。戴笠接过"信件"，随口问：

"人走了吗？"

"没有，还在鸡鹅巷。"

"还有事？"

"倒是没什么事。"

"没事你安排他回去吧。"

戴笠急着打发胡子萍离开，好继续与客人谈话。但胡子萍为难地说：

"戴先生，金柜里没钱了。"

胡子萍的声音不高，坐在旁边的客人却能听得很清楚。戴笠自打报考黄埔军校以来性格改变不少，唯好面子这点不曾改变，尤其当着重要客人的面，时不时会打肿脸充胖子，如今胡子萍毫不避讳地说出了特务处的窘境，让他顿觉脸上无光，当即说：

"胡扯什么，堂堂的特务处会没钱吗？如果我们没钱，长江的水都会干掉。"

说着随手写了张条子交给胡子萍，"你去找衮甫提钱。"

衮甫就是戴笠的表妹夫张冠夫，胡子萍何尝不知道张冠夫是特务处管金柜的，问题是金柜里空着的时候多，有钱的时候少，眼下正值柜中羞涩，何来的钱可提？好在胡子萍了解戴笠，很快就明白了戴笠的意思，赶紧闭上嘴巴躲到一边去了。

送走客人之后，戴笠才对胡子萍说：

"你真糊涂，不知道那位客人是谁，就大喊没钱，也不考虑影响。"

"那位客人是谁？"

"唐老四！"

"唐老四？"这个名字果然让胡子萍大吃一惊。

唐老四就是大名鼎鼎的湘军将领唐生智的弟弟唐生明。

唐生明，字季澧，生于1906年，在家排行老四，湖南东安人。

与戴笠"双凤朝阳格"的命相相比，唐生明才真正是衔着"金汤匙"下凡的幸运儿。戴笠十年蹉跎多年打拼才终于坐上"处长"的位子，唐生明则是有福之人不用忙，大树底下好乘凉。

这棵大树毫无疑问就是他的兄长、敢与蒋介石"叫板"的湘军健将唐生智。

而其显赫家世，为这兄弟俩登上历史舞台做了实力雄厚的铺垫。其祖父唐本有，是曾国藩"湘军"中的一员猛将，官授广西提督；其父唐承绪亦官亦商，置下丰厚家业。唐生明自幼过着席丰履厚养尊处优的生活，戴笠那种上山下田、辗转打流、挨饿受冻的生活经历，对他来说有如天方夜谭。

唐生智对这个比他小了整整16岁的弟弟爱护有加。在兄长这棵挡风遮雨的大树下，唐老四要风得风，要雨得雨，处处如鱼得水，坐享其成。与戴笠报考黄埔军校之艰难相比，唐老四是被其兄保送进黄埔的，而且是第四期，比戴笠早了两期；与戴笠离校之初经历失业、义务做情报、跑单帮相比，唐老四军校一毕业即任学生队副总队长，旋任团长、副师长；到1931年戴笠刚刚在鸡鹅巷组建十人团的时候，25岁的唐生明便已经是军事参议院中将参议，随后被蒋介石送进陆军大学学习，毕业后晋升为军事委员会中将高参。

但让唐老四出名的，不是他的显赫身世与少年得志，而是他那场令人瞩目的婚姻。他不顾一切对大名鼎鼎的电影明星徐来展开攻势，最终抱得美人归，在很长的一段时间里，两人的风流艳闻成为京沪各类报纸不可或缺的内容。而唐老四金屋藏娇后仍不满足，四处拈花惹草，实在是"乱花渐欲迷人眼"，陷入"花丛"而不能自拔，成为各大小报源源不断的花边素材，唐老四也从此成为国民政府高官中的另类。

胡子萍吃惊的倒不是唐老四本人的与众不同，而是他们的戴老板怎么会拿出宝贵时间，与这种花花公子闲扯淡。戴笠却笑着说：

"别小看了这位大少爷，大事上绝不糊涂，还有他那位时不时就造下反的兄长，都是不能忽视的信息资源。干我们这行的，哪个道上的朋友都要有，关键时候都会有用。"

也由于杨虎与唐生明过从甚密，戴笠与唐生明也很快成了无话不谈的朋友。后来那个差点成了戴笠第二任夫人的余淑恒，就是由唐生明引荐成为戴笠的秘书的。抗战时期戴笠派唐生明潜回上海，打入汪伪政府卧底，这位公子哥的身份还真派上了用场，对瓦解汉奸政府发挥了重要作用。当然，这是后话。

说完唐生明，戴笠这才忙着去看那封加急"信件"，打开纸包，里面是一本书，在其中一页空白处写着密密麻麻的蝇头小字，内容是东北军有"异动"。称六十七军军长王以哲暗中通共，在共军放回东北军被俘官兵后，与共军代表约定，以后如奉令"进剿"，必事先通知共军，使之从容撤避。王以哲并说服张汉卿，先后数次秘密飞往洛川与肤施，与中共领导人李克农、周恩来等人晤面，双方达成"停止内战，一致抗日"的协定。张汉卿在西安附近王曲镇创办的"军官训练团"，就是为反蒋抗日培训骨干力量的……

情报是潜伏在东北军六十七军的情报员刘宗汉（公开身份为六十七军副官处副官）发来的。由于担心泄密，特派专人辗转送来。

看到这份情报，戴笠心头骤然沉重起来，"两广事变"刚平定不久，难道西北又要"出事"？戴笠这个想法绝非杞人忧天，因为近来的各种情报都透露着同一个信息：张学良的东北军与杨虎城的西北军已与红军结成抗日反蒋"铁三角"。

来自西北的情报，得益于特务处工作重点向西北的扩展。特务处成立之初的工作重点地区，主要是东南的京沪杭地区和华北的平津冀地区。南京作为国府所在地，重要性自不待言；上海由于租界原因与交通的便利，成为各派政治势力聚集地，特务处的工作重点，便针对各反蒋势力与中共地下组织展开；平津冀的情报组织，则随着日军对华北的蚕食逐渐扩大，工作重点也转为对日谍报。

1933年日军占领热河后，开始支持和利用德王制造"内蒙古自治运动"，建立"蒙古地方自治政府"，企图在此基础上侵占察哈尔、绥远两省，建立类似伪满洲国的傀儡政权——伪蒙古国。因此，特务处在华北的对日情报，也随之向察绥地区扩展。乔家才、马汉三、张际春等即为此间对日谍战中涌现出的佼佼者。

此后，随着1935年9月红军进入陕甘地区，特务处的工作重心迅疾扩展到西北。

西北的省级特务机构于1934年设立。陕西站站长马志超，公开身份是陕西省会警察局长兼西北"剿总"军警督察处副处长；甘肃站站长史铭，公开身份是甘肃省会警察局局长兼甘肃绥靖公署参议。自从特务处打入警界，各地外勤特务组织及人员便陆续有了公开身份的掩护，为开展工作提供了方便。

红军进入陕甘的同时，特务处旋即建立西北区，统一指挥陕西、甘肃、宁夏、青海四个省区的特务活动。

第一任区长张毅夫，公开身份是西北"剿总"办公厅第三科科长。但没几个月，即1936年年初，张毅夫因工作需要他调，江雄风出任第二任区长兼第三科科长。

江雄风上任不久，有关张学良的东北军与杨虎城的十七路军"异动"的情报便不断传来。

据戴笠掌握的情报，自1936年初到3月，在王以哲的联络下，张学良先后两次飞洛川，在六十七军军部会见中共代表李克农。而此前，六十七军战俘已被红军放回。

四五月间，张学良由王以哲及中共驻东北军代表刘鼎陪同，先后两次赴延安与周恩来秘密会谈。也就是从这个时候起，张学良坚定了"抗日反蒋"的决心。

与此同时，中共也加强了对西北军的统战工作。到9月后，一向谨慎的杨虎城终于加入西北大联合阵营，并同意中共派代表常驻西安，同意在西安设立与陕北联络的专用电台。

在此情况下，东北军与西北军在"剿共"中的"消极怠工"也就可想而知了；互通情报，联合对付中央军亦在情理之中，据说张学良还曾向红军赠送枪支弹药，并给予经济援助。

戴笠知道，一旦西北举事，绝不会像"福建事变""两广事变"那样三下五除二即可摆平，与西北"铁三角"的战斗力相比，无论十九路军还是粤军、桂军，都显得微不足道了。

戴笠不敢耽搁，立刻赶往位于中央军校的蒋介石官邸。

惊闻，校长下落不明

蒋介石在中央军校的官邸，又名"憩庐"，建造于1929年，分上下两层，一楼东侧是客厅，中间为餐厅，西侧是宋美龄的小会客室。书房与卧室均在楼上，楼上还有一间专门用来会见内亲的客厅。

此时，蒋介石正在一楼餐厅与宋美龄共进晚餐。

说起来，自打在南京建立国民政府，蒋介石就无一日不是处在摁下葫芦起来瓢的局势之中。"两广事变"已让他焦头烂额，尤其对付桂系，他不得不亲自出马，好不容易摆平桂系返回南昌，稍作布置后回到南京，可屁股还没坐稳，戴笠就找上门来了。

随着一步步成为蒋介石不可或缺的助手，戴笠已有了不用通报即可随时进出蒋介石官邸的特权。得知蒋介石正在吃饭后，戴笠便站在客厅里等候。

客厅的墙上悬挂着孙中山与蒋介石的大幅合影照片，孙中山着中山装坐在前边，蒋介石一身戎装、佩戴宝剑侍立在侧后。照片上方悬挂着孙中山送给蒋介石的手书条幅：

"安危他日终须仗；甘苦来时要共尝。介石吾弟嘱书，孙文。"

正望着照片中的人和条幅中的字出神，身后传来蒋介石的问话：

"戴科长，什么事？"

自从戴笠接任南昌行营调查科科长，蒋介石就一直称他为"戴科长"。

戴笠像往常一样，先向蒋介石行礼，然后递上那份已经誊写清楚的情报。蒋介石看后沉思不语，在屋里来回踱步。戴笠知道事关重大，西安情况复杂，便主动要求去一趟西安：

"校长，不如我先去摸一下情况，然后再找张副司令谈谈？"

"不用。"蒋介石摆摆手，很干脆地说，"西北那边我自有安排，你现在要去一下广州。"

"广州？"戴笠一时没明白蒋介石的意思。

"子良在广州忙不过来，你去把广东的缉私部队和机关接过来。"

"两广事变"结束后，广东的割据状态被消除，其地盘已正式划归中央，蒋介石派军政部部长何应钦兼任广州行营主任，余汉谋任广东绥靖公署主任，宋子良出任财政厅厅长。但由于宋子良同时兼任广东省财政特派员、禁烟缉私特派员等职，许多具体工作顾不过来。诸如缉私机关与缉私部队，是财政收入的一块肥肉，宋子良无力过问，很有可能就会被不相干的人吃掉。如此一大块肥肉，自然是交到自己人手里牢靠，戴笠是最合适不过的人选。特务处历来经费紧张，有了这块肥肉，戴笠自然知道怎样去"开源"。

这对戴笠来说，无疑又是一件天上掉馅饼的大喜事。但他首先看中的并不是这块"肥肉"的油水，而是陈济棠的缉私部队。

戴笠在兼任中央警官学校主任委员之后，已加速向全国范围内各省市警察系统的渗透，但警察毕竟不是正规武装力量，随着特务处工作的开展，他越来越迫切地感到建立一支特务武装的必要性。若有了现成的缉私部队，不正好改编发展为特务处的武装部队吗？

回到鸡鹅巷五十三号，戴笠将特务处本部工作安排一番，第二天即动身去了广州。

平定"两广事变"之初，戴笠建立了特务处广东站，调邢森洲任第一任广东站长，公开身份是国民党广州市党部执行委员，当年底专任国民党广州市党部常务委员，由谢镇南接任广东站站长。同时建立华南区，调吴乃宪出任华南区区长，驻香港开展工作。

吴乃宪原任京沪杭甬铁路局警察总署署长，于"两广事变"之前被戴笠调往香港，与邢森洲等人驻港澳窥察两广动向。

目前这几人均在广州，协助戴笠接收缉私机关与缉私部队。而宋子良（蒋介石妻弟，曾先后在外交部与中央银行任职）对管理缉私部队原本外行，又有蒋介石的指令，自然乐得赶快有人接手。因而戴笠的接管工作十分顺利，接下来就是改编缉私机关、扩充缉私部队了。

正当戴笠兴致勃勃准备改编这支队伍的时候，特务处的一封密电打乱了他的整个计划。电文中的寥寥数语，让他瞬间从天堂掉到地狱，他的整个精神支柱，也在瞬间轰然倒塌，他当时的心情可用四个字来形容：天塌地陷。

电文称，今晨华清池方向发生枪战，委员长下落不明……

"今晨"，即1936年12月12日清晨。这是一个注定要载入史册的日子，也是戴笠自成立特务处以来，遭受打击最大的日子。

在场的邢森洲、谢镇南等人见戴笠突然间脸色变得惨白，纷纷询问。戴笠扬了扬手上的电文，只说了句"出大事了"，便已声音哽咽，眼泪簌簌而下。

戴笠知道，无论在西安城内，还是华清池所在地临潼，都没有南京方面的驻军。西安在杨虎城十七路军的把控之下，周边有张学良的东北军。戴笠虽命令陕西站站长马志超组织了一个便衣警卫组，驻扎华清池担当警卫，但这些便衣特务对付行刺杀手或可发挥作用，怎有能力对付荷枪实弹的军队？蒋介石身边除了贴身警卫再无其他保护力量，一旦发生兵变，后果不堪设想。

由于当天已无飞机，戴笠心急如焚，苦苦熬到第二天才乘飞机返回南京。

走进特务处，整个气氛一如这个肃杀的冬天，所有人脸上都像挂了一层霜。戴笠二话不说，直奔译电室。梁干乔、胡子萍、徐亮等人也纷纷闻讯赶来。

但等待他的是泥牛入海，除了事发当日早晨江雄风发来一封简短密电，其他在西北的各特务机构和直属通讯员，均杳无音讯。

如果说张、杨对蒋介石及随行中央大员采取了什么行动，官方通讯渠道被切断，那么，特务处的派出机构是躲在暗处的，无论西北区还是陕西站，以及其下属站、组，都应该迅速向特务处发送情报，怎会同时全部中断了联系？

戴笠即刻离开译电室，与梁干乔一道乘车前往位于白鹭洲的特务处总台。

由魏大铭主管的特务处总台，向来敬业精神可嘉，报务人员每天三班倒，日日如此，年年如是，总台的灯光一年365天不熄，以确保与全国各个区、站、组电台的联络畅通。

但是，从12月12日上午，陕西的所有电台全部没了音讯，总台与陕西的所有联络全部中断。

"怎么会这样？各支台、分台都是在暗处的，无论发生什么情况，这些电台都不应该出现问题，继续呼叫！"

戴笠对魏大铭历来比较客气，这会儿已是瞪着血红的眼睛，声色俱厉：

"24小时之内必须叫通！必须在一天之内弄清委员长的情况！"

说到委员长，戴笠的声音变得嘶哑，眼泪瞬间涌满眼眶。他知道，即使蒋介石健在，也已经失去自由，生死难料。

"戴先生，如果我们的人没出事，应该早就通报情况了。"梁干乔提醒说。

这个道理戴笠自然明白，可眼下除此之外，没有任何渠道可以打听到消息。唯一能联系上的是胡宗南，胡部在宁夏与陕西毗连的大水坑一带与红军对峙中，截收了太原陈诚指挥部发出的电报，内容是：西安12日彻夜有枪声，情况不明；又截获到东北军王以哲对所部发出的电文，称"当前情况发生变化，应对胡军严密警戒"。胡宗南断定西安出事了，却不知详细情况。

"不如想想别的办法。"梁干乔又建议。

"别的办法？"听到这句话，戴笠的脑子倏然灵活起来，"对，安排人去西安。"

赶回特务处，戴笠立刻安排王蒲臣带两名特工包括一名报务员，携带电台驰赴潼关，并特地叮嘱王蒲臣说：

"到潼关后，可利用装载邮包的卡车做掩护，潜入西安，搜集情报，相机开展对叛军的策反工作。"

"叛军"这个词一出口，连戴笠自己也吓了一跳。一旦确定张、杨所部已成为"叛军"，那后果就太可怕了……

主战还是主和

安排好潜入西安的特工人员，戴笠立刻外出打探消息，这才知道南京政府早已乱成一锅粥。由于官方通讯被切断，南京方面完全得不到准确消息，一些私人通道传递着各种猜疑和揣测，甚至有人在风传，说蒋介石已在枪战中丧生。

当天上午，军政部长何应钦即得到密报，称驻西安周边的东北军一〇五师（师长刘多荃）叛变，清晨西安临潼间有密集枪声，委座原下榻临潼，今下落不明。何应钦当即密电告知行政院代院长孔祥熙。

这天是星期六，孔宋家族主要成员均在上海。孔祥熙在上海家中接到何应钦密电的时候，张学良致孔祥熙的密电也已发到南京。孔祥熙在电话中被告知电文内容，大体为张、杨发动了"兵谏"，蒋介石被扣押。孔祥熙当即密电张学良，请其"委婉相商"，"保护介公绝无危险"，随后与夫人宋霭龄赶到宋美龄在上海的寓所。

宋美龄正在家中召开航空委员会会议，这个消息对她无疑是一个沉痛打击。但宋美龄无愧于女中豪杰，她异常冷静，当即通知蒋介石的外籍顾问澳大利亚人端纳，与他们一起连夜登上北去的列车，于次日清晨七时赶到南京。

宋美龄第一时间想到端纳，这是因为端纳不仅是蒋介石的顾问、她和蒋介石的私人朋友，他也曾是张学良与其父张作霖的顾问，与张氏父子相交甚深，张学良把他当伯叔、老师一样尊敬，由他去西安居间调停，是再好不过的人选。

这时的南京方面，已于事发当晚召开国民党中常会与政治委员会临时联席会议，通过两项重要决议：一是"褫夺张学良本兼各职，交军事委员会严办"；一是由军事委员会常务委员兼军政部部长何应钦负责指挥调动军队。但是否立即对张、杨两部实施军事讨伐，会上产生了分歧。

13日清晨，中央大员再次聚集中央党部礼堂，召开临时紧急会议。尽管争论激烈，但无外乎两种主张：一种是主战，主张立即实施军事讨伐；一种是主和，主张寻求和平解决的途径。

最终，以何应钦为首的主战派占了上风，决定采取快速严厉的军事行动，向张、杨两部开战！

宋美龄来到会场后，力主和平解决西安事变。她认为，在真相未明了之前决定军事讨伐，未免太过仓促。此事若处理不当，后果将不堪设想，并为此与何应钦发生激烈争执。

在蒋介石生死未卜之际，何应钦一改对宋美龄一向恭谨的态度，用鄙夷的语气指责宋美龄："妇道人家，只知道救丈夫。"

宋美龄自然不是普通的妇道人家，她的学识、才智远在何应钦之上。她要求何应钦停止军事行动，弄清事变真相，力求和平解决西安事变。

当天下午，端纳受宋美龄、孔祥熙指派，携带宋美龄分别写给张学良与蒋介石的亲笔信，飞往洛阳，于14日下午由洛阳飞抵西安。

尽管如此，南京方面主战派的军事讨伐行动并未停止，而且在复兴社内部引起急剧分化。复兴社主要负责人常务干事贺衷寒、复兴社书记邓文仪等人急欲"改换门庭"，为抢占"拥立"头功，组织召开复兴社高级干部会议，表示坚定不移地站在何应钦"主战派"的一边。

在几乎一边倒的"主战"呼声中，戴笠与郑介民主张和平解决西安事变。戴笠在会上发表自己的看法称：

"在校长情况尚未明了的情况下，武力解决西安事变未免唐突，唯政治谈判解决才能保校长安全。"

尽管戴笠说得委婉，没有把军事讨伐无异于"置校长生死于不顾"这样的话说出来，仍顷刻间成为众矢之的。贺衷寒、邓文仪等人对戴笠横加指责，将"西安事变"爆发责任全部推到戴笠身上，指出戴笠身为特务处处长，对校长负有情报和保卫的双重责任，校长被扣押全系特务处工作失误所致，戴笠应负全责。

戴笠自然知道负有不可推卸的责任，至于这个责任有多大，该怎样去承担，他本人还没来得及想那么多。从听到蒋介石身陷险境那一刻起，他就在千方百计寻求真相，寻求施救途径。

但是邓文仪早已为他想好该怎样承担这个责任，邓文仪公开扬言：

"特务处西北区事前失职，西北区负责人及特务处负责人若不死于张、杨之手，就应自杀以谢校长！"

"自杀以谢校长"，不仅说得冠冕堂皇，而且足够阴毒。在戴笠看来，校长尚在危难之中，学生岂有资格自杀！戴笠是知恩图报之人，他打流十年，承蒙蒋介石知遇之恩，不次拔擢，得以厕身近禁，他对蒋介石的感恩戴德是刻骨铭心的，所以他和他的特务处只对蒋介石一人负责，他的命运是和蒋介石绑在一起的，万一蒋介石遭遇什么不测，他和他的特务处将整个跟着"翘辫子"！

所以，即使死，也要为营救校长而死，也要死得"忠烈"！

正因为如此，他在任何情况下都不会做改换门庭之想。

这一天，戴笠立下遗嘱："唯未见领袖，死不甘心。"

复兴社要员蠢蠢欲动

贺衷寒、邓文仪都是复兴社要员，他们对戴笠的不满甚至说憎恨由来已久。

当年复兴社发起成立之时，除了戴笠，其他人都是清一色的黄埔军校一二期老大哥，连三四期的都寥寥无几。戴笠这个第六期的晚辈能加入复兴社，完全得益于胡宗南的提携，大家不愿拂胡宗南的面子罢了，根本没人把他放在眼里。而蒋介石偏偏选中戴笠出任特务处处长，令这些黄埔学长极为不满。而戴笠一上任便背靠复兴社"闹独立"，令贺衷寒忍无可忍，愤然提出改组特务处。

但戴笠的"闹独立"也是事出有因。特务处一成立，蒋介石就钦定了特务处本部单独的办公地点，表面上从属于复兴社，实际上不仅办公地点不在一起，具体工作也直接听命于蒋介石。作为保密工作，戴笠总不能将蒋介石的密令或上交蒋介石的情报，再向复兴社干事处汇报一遍。

在这种情况下，"改组"自然无法进行，贺衷寒更是落个烧鸡大窝脖。结果，复兴社成立四年多，反倒是戴笠深受其惠，干得风生水起，这让复兴社干事会的"高级干部"们情何以堪？

邓文仪对戴笠的嫉恨更为直接，他苦心经营数年的庞大特工队伍——南昌行营调查科及其各地派出机构和外勤人员，被戴笠不费吹灰之力全部接收，他怎咽得下这口窝囊气？

如今蒋介石被扣押，贺衷寒、邓文仪这些人终于有了出一口恶气的机会。在他们看来，蒋介石已凶多吉少，戴笠的处境则成为"鱼游于沸鼎之中，燕巢于飞幕之上"，无论蒋介石结果如何，杀戴笠以谢蒋，都是名正言顺的。

只是戴笠不明白，复兴社成立之时，论起在蒋介石心中的地位，他根本无法与贺衷寒、邓文仪这些人相提并论。说起承蒙知遇之恩，贺、邓这些黄埔老大哥远在他之上。他们才是蒋介石倚为干城的心腹干将，他们可以对戴雨农有意见，甚至杀戴谢蒋，怎能置蒋介石生死于不顾？尽管他们把"武力救蒋"说得冠冕堂皇，可哪个不知"覆巢之下无完卵"？

会议最终通过武装解决西安事变的决议，并以黄埔同学会的名义，公开拥护和声援何应钦武力讨伐张、杨。

为博取何应钦的信任，贺衷寒还将力行社成员名册交给何应钦，任由何指挥调遣。且犹嫌不够，又向何应钦提出组建一支武装队伍，随即与邓文仪一道，在几天之内便搜罗了数百名军校毕业生，组成"讨逆赴难团"，准备亲自带兵开赴潼关，参加到进攻西安的战斗行列中。

对于复兴社的军职人员，贺、邓早已下达了参战命令，桂永清即率领全副德式装备的中央军校教导总队迅速启程，定于16日或17日抵达华县前线。康泽也派出别动总队的两个大队，充当围攻西安的急先锋。

拥有重兵的胡宗南自然不会被遗忘，不仅接到何应钦的作战部署，更接到复兴社贺衷寒、邓文仪等人攻打西安的指令。

但是，胡宗南与戴笠密电往来不断，对南京主战派的"心怀叵测"早已了如指掌。他口头上答应着，实际按兵不动，静观其变，随时准备实施真正营救蒋介石的行动。

此间，宋美龄先后约见贺衷寒、邓文仪等人，劝说他们放弃以大军围攻西安的主张，并在约见康泽时表示，处理事变"应以委员长的安全第一"为前提。然而事到如今，这些蒋介石的心腹弟子都在争抢对何应钦的"拥立"之功，哪里还会想着已沦为"阶下囚"的昔日校长？

16日，何应钦就任"讨逆军"总司令。也是在这一天，王蒲臣他们已经潼关潜入西安并发回情报：中央军由潼关向西安迅速推进，大批飞机开始轮番轰炸潼关至西安线上的渭南县。

渭南与西安相毗连，校长就在西安城里，原本生死未卜，此时实施轰炸，明摆着子弹不长眼，蒋介石性命难保。正当戴笠心急如焚却又无计可施之时，19日上午，宋子文的电话打到了特务处。

拿起话筒，电话那头传来宋子文清晰的声音：

"把郭增恺借我几天。"

"郭增恺？"

戴笠愣了一下，豁然明白过来。郭增恺是杨虎城的部下——西北绥靖公署参议，因《活路》（宣传联共抗日并谴责蒋介石的小册子）事件被戴笠的属下特工秘密逮捕，押解南京，关在特务处的监狱里。宋子文"借"郭增恺，毫无疑问是为了做杨虎城的工作，打开与张、杨和谈的入门。

戴笠猜得不错，宋子文已冲破重重阻力，准备以私人身份前往西安斡旋。

这个消息，令戴笠看到了希望的曙光。宋子文与张学良的关系，并不在戴笠与张学良之下。当年张学良染上阿芙蓉癖，就是在宋子文的帮助、照顾和监督下成功戒毒的。由宋子文前往西安斡旋，无疑是和平解决事变的好兆头。

戴笠不敢耽搁，立刻前往南京老虎桥监狱（特务处"丙地"），亲自将郭增恺送到机场。

下午两点三十分，宋子文与郭增恺等人乘坐容克号飞机飞往洛阳，20日上午抵达西安。

蒋介石两进西安

其实，戴笠一直想不明白，张学良为何要采取如此过激的行动。如若弄得挑起大规模内战，岂不是鹬蚌相争渔翁得利，白白便宜了日本人！当然更重要的是蒋介石，在明知张、杨两部有异动的情况下，为何不能提起重视，非要轻车简从深入"虎穴"，以致被张、杨"瓮中捉鳖"？

事实上，早在元月下旬张学良第一次飞洛川会见中共代表李克农时，蒋介石就已得到消息，此后东北军、十七路军与中共的联络过程，亦在蒋介石的掌握之中。这些情报不仅来自特务处，还有来自西北"剿总"内部人员的报告，包括西北"剿总"参谋长晏道刚、政训处处长曾扩情（复兴社骨干）等人。

地方军阀为保存实力暗中与红军妥协，蒋介石对此已屡见不鲜，故而开初对张、杨动态也是睁一眼闭一眼，直到东北军军官训练团公然以"联俄联共"相号召，蒋介石这才感到事态严重。

然而，蒋介石采取的应对措施却不怎么给力，先是表面上佯装不知，一切以军令行之。随后采取"清君侧"策略，发现一例清除一例，看上去丝毫没有怀疑到张学良，意在敲山震虎，在不影响与张学良关系的同时，制止东北军与中共的联络。

蒋介石如此用心良苦，一方面出于他与张学良的关系非同一般，另一方面出于对张学良的看法和信任。

首先，张学良在关键时刻两次出手助蒋。

当年张作霖由京返奉途中被日本人炸死，张学良审时度势，果断"易帜"，使蒋介石顺利完成北伐，得以形式上统一中国；在辛亥革命以来规模最大、战斗最激烈的中原大战中，成为蒋方与阎、冯方争夺对象的张学良再次出手，在阎、冯已呈败势的关键时刻通电拥蒋，出兵入关，加速了战争的结束。

对于张学良的两次援助，蒋介石亦是投桃报李。

中原大战结束后，1930年11月，蒋介石邀请张学良赴京，派出军政大员何应钦、朱培德、宋子文等前往浦口火车站站台迎接；在张学良过江时，鸣放19响礼炮隆重欢迎；同时，蒋介石夫妇以对等身份为张学良及夫人于凤至举行盛大欢迎宴会，规格之高，前所未有。

嗣后，蒋介石与张学良结拜为异姓兄弟，宋美龄与于凤至结为干姐妹。宋美龄的母亲倪珪贞认于凤至为干女儿，蒋氏夫妇与张氏夫妇可谓亲上加亲。

这一切，让张学良既深感意外，又受宠若惊。

出于这样一种特殊关系，蒋介石有理由相信，张学良绝无背叛可能。而张学良"通共"的种种，不过是受人蛊惑。在蒋介石眼里，张学良是一个年幼无知的花花公子。

正因为如此，蒋介石在赴西安之前，特意在奉化约见杨虎城，暗示他不要希冀与张学良合作，称"张学良是个花花公子，他是靠不住的"。

蒋介石很清楚，张学良的东北军兵力约22万，杨虎城的兵力约十万，而红军的兵力有七八万，如若张学良靠不住，一向谨慎的杨虎城绝不会冒险与红军合作。为达到分化拉拢的目的，蒋介石又亲切地对杨虎城说：

"你是我们同盟会时期的老党员了，将来西北的事情还是要交给你的。"

正是由于对张学良的错估，也是蒋介石太过自信，自信能左右西北局面，在明知张、杨两部军队有"异动"的情况下，仍毫无防范，于10月22日前往西安，宣布进一步"剿共"计划，并到王曲军官训练团发表讲话，重申"攘外必先安内"的政策。

而此时的东北军，因痛失家园，抗日情绪高涨，迫切要求打回老家，收复故土，对打内战本身就有一种抵触情绪。加上军官训练团由王以哲主办，不仅以"联俄容共"相号召，甚至公开提出"抗日反蒋"的口号。在这种情况下蒋介石重申"攘外必先安内"，必然引起训练团将士的反感。

10月28日张学良晋见蒋介石，希望停止"剿共"，要求率东北军赴绥远抗战，被蒋介石驳回。这一天，蒋介石在日记中写道：

"汉卿乃如此无识，可为心病"，"张学良要求带兵抗日，而不愿'剿共'，此其作事无最后五分钟之坚定也"。可见蒋介石基于以往对张学良的看法，对张的意见并未提起重视。

10月29日蒋介石返回洛阳避寿。31日张学良特地约阎锡山、徐永昌、傅作义等人前往洛阳祝寿，借机再次进言，劝蒋介石停止内战，联共抗日。这次蒋介石还算有耐心，劝张学良说：

"攘外必先安内，共党已日暮途穷，只要我们再坚持一下，就会取得最后胜利。"

张学良不死心，仍据理力争：

"此事关系到国家民族生死存亡，请蒋委员长慎重考虑。"

蒋介石看看阎、傅等人，厉声质问：

"你们只答复我一句话，是我该服从你们，还是你们该服从我？"

此次进谏仍以无果而终。但这时张学良的处境已十分艰难，一方面必须随时保持与红军沟通，避免红军被中央军所败；另一方面又不得不服从蒋介石的部署，继续"围剿"红军。可两方面兼顾，难免不会露出破绽，一旦被抓住把柄，后果将十分严重。

就在这时，蒋介石指挥晋绥军打响了绥远抗战。对张学良来说，参加绥远抗战，正是摆脱困境的好机会。首先，东北军大举北迁，"剿共"必将受到影响甚至因此而停顿；而东北军进入绥远后，既与红军相距不远，又可就近接通苏联与外蒙古，说不定能代替红军打通国际路线，就此接受苏联的军事援助。

11月27日，张学良正式上书蒋介石，强烈要求率东北军赴绥远参战。

然而，这只是张学良的一厢情愿。蒋介石在"对日方案"的序列中，有冯玉祥与唐生智，而张学良仅为预备队队长。在张学良看来，这明明就是为人们对东北军的非议——军纪差、战斗力差做注脚。

就在这时，张学良得知蒋介石下令逮捕了上海救国会"七君子"，查封了各种主张停止内战一致抗日的救亡报刊。张学良愤怒之下，于12月2日亲自驾驶军用飞机，孤身直飞洛阳，再次直言进谏，强烈要求将东北军撤出"剿共"战场，开赴绥远参加抗战。

由于蒋介石不为所动，张学良情绪激动，严词指责蒋介石"专制"，与袁世凯、张宗昌无异。蒋介石毫不理会，却态度强硬地表示："全国只有你这样看，我是革命政府，我这样做，就是革命！"

张学良完全没有料到，"请缨抗战"未成，反倒更刺激了蒋介石"先安内而后攘外"的决心，蒋介石在当天的日记中写道：

"东北军之兵心，为察绥战事而动摇，则'剿赤'之举，几将功亏一篑。此实为国家安危最后之关键，故余不可不进驻西安，以资震慑，而挽危局，盖余个人之生死早置之度外矣。"

12月4日晚，蒋介石一行乘火车由洛阳抵达临潼，次日上午入住华清池。

紧接着，一批重要军事将领、军政要员云集西安，包括军政部次长陈诚、福州绥靖公署主任蒋鼎文、兰州绥靖公署主任朱绍良、豫鄂皖边区绥靖公署主任卫立煌、豫陕边区绥靖公署主任陈继承、军事参议院院长陈调元、二十五军军长万耀煌等。

与此同时，陇海路上战车滚滚，蒋鼎文等部十几个师正在向西北开来；刘峙指挥的十万大军已摆在陇海铁路沿线，随时准备西进；万耀煌部陆续开入潼关，进驻咸阳；胡宗南部向宁夏和陕甘边境移动；65架战机已调至西安与兰州……

蒋介石在洛阳一个月，为第六次"剿共"做了一系列军事部署，如今重回西安，显然是做了两手准备，一旦张、杨不服从命令，消极"剿共"，他将实施第二套方案，即将东北军与十七路军调出"剿共"战场，将陕甘两省全部让给中央军，由中央军全面"剿共"。

临战换将乃兵家之大忌，蒋介石何尝不知其中利害，只是有备无患，不到万不得已不会走这第二步棋。他仍然确信，东北军联共是张学良的部下所为，张学良不过是受部下蛊惑，其为人"小事精明，而心智不定"，"尚不至为国家害"。

然而，蒋介石不仅错看了张学良，同时也错估了西北形势。

张学良被逼无奈

应该说，20世纪上半叶中国政治割据的特点，是发生"西安事变"的国内政治基础。

民国建立以来，自袁世凯以下，北洋大小军阀，无不假"共和"之名，倚仗手中军事实力，独霸一方。至蒋介石"统一中国"，也只是形式上的统一。统一之后的现状，一方面是蒋介石千方百计削弱与吞并各地方实力派；一方面是各地方实力派千方百计予以抵制，甚至"合纵连横"，以致混战此起彼伏，直到以中央军获胜的中原大战结束，其结果也只是武力压服，而非真正统一。

1931年"九一八"事变后，各地方实力派纷纷换上"抗日"的招牌，假"抗日"之名，击蒋介石"攘外必先安内"之软肋，以保存实力，割据一方，甚至寻机扩大。背靠苏联并获得大量军援的"新疆王"盛世才如此，发动福州事变的李济深如此，发动"两广事变"的陈济棠、李宗仁亦不例外，那么张学良呢？

回溯张学良"易帜"后的历史，"九一八"事变之时下令东北军放弃抵抗，热河抗战中全线退却，宁背负"逃跑将军"之骂名，也不愿在前线为南京政府当炮灰，其目的很明确，那就是保存实力。

然而，正因为丢了东北，张学良受到所有东北军人乃至东北民众的唾骂，若不能打回东北一雪前耻，他不仅愧对20多万东北军人，更无颜面对家乡父老。只有抗日才能返回家乡，只有抗日才能对得起为他抛头颅洒热血的东北军人，和无以数计流亡关内的家乡父老。随着时间的推延，他报仇雪耻的决心愈发强烈。

他原本寄希望于蒋介石发动全面抗战，可蒋介石的原则是"攘外必先安内"，要抗日必先"剿共"，东北军被拉上了"剿共"战场。

陕北劳山一战，东北军的一一〇师几乎全师被歼，师长何立中、参谋长范驭州战死沙场；

富县榆林桥一役，东北军一〇七师之六一九团外带六二一团一个营被全歼，六一九团团长高福源被生俘；

直罗镇战役，东北军一〇九师一个整师外带一〇六师一个团全军覆没，一〇九师师长牛元峰自杀身亡。

在为损兵折将痛心疾首之时，张学良发现，等到蒋介石开始进行抗日，他的东北军恐怕已经不复存在了。他开始怀疑蒋介石借刀杀人，他已不相信南京国民政府有抗战决心。

恰在此时，中共中央一改过去那种视一切国民党上层势力为仇雠的做法，改行抗日民族统一战线的政策，张学良不仅看到了红军的战斗力，更看到了共产党抗日的决心。由于身边一直不乏共产党人和进步人士，张学良开始倾向中共的政治主张，特别是原中共特科成员刘鼎成为他的助手后，他对中共更加向往。

正是在中共中央抗日的统一战线感召下，东北军与红军、十七路军结成"铁三角"。

不料，在张学良与中共谋求打通苏联接受苏联援助的时候，蒋介石也在寻求与苏联结盟的机会，并秘密与中共谈判，寄希望于政治解决中共然后联俄抗日。

令张学良出乎意料而又不能接受的是，蒋介石一边与中共谈判，一边加紧"剿共"，使与中共暗中联合又处于"剿共"第一线的张学良进退两难。

而蒋介石坐镇西安调兵遣将、强势"剿共"的架势，让原本处于进退维谷之中的张学良更加雪上加霜。对蒋介石的"剿共"命令，他既不能服从又不能反对，消极怠工或者与红军联手再无可能。然而，东北军与十七路军一旦被撤出陕甘地区，不仅意味着张、杨与红军结成的"铁三角"被彻底拆散，东北军与十七路军更有被蒋介石肢解吞并的可能。

张学良所能做的，只有劝蒋停止"剿共"，联共抗日。适得其反的结果，将张学良"逼上梁山"。

早在蒋介石10月下旬赴西安之时，杨虎城就曾给张学良献计："余等可行挟天子以令诸侯之故事。"当时，张学良"闻之愕然，沉默不语"，他显然从未有过效法曹孟德的想法，也自知无曹孟德的雄才大略，他当即表示："汝之策，在余有不能之者。"

如今时过境迁，张学良有了破釜沉舟的想法。

华清池生变

12月7日下午，张学良赶到华清池，再做最后的努力。他抱着以死相谏的决心，哪怕被蒋介石一枪崩了，也要把肚子里的话全部说完，因此慷慨激昂，直抒胸臆，说到动情处，以至声泪俱下，唏嘘不已，称：

"继东北沦陷之后，华北已名存实亡，国家民族生死存亡已到了最后关头。非抗日不足以救亡，非停止内战团结一致，不足以言抗日。继续'剿共'断无出路……"

但对蒋介石来说，"剿共"已经到了最后时刻。眼下严冬已至，红军接不到苏援，基本温饱尚难以解决，何以抵抗国民党军队的重兵"围剿"。事实上，中共已向张学良借款达六七十万元。离开张学良的经济和军事援助，在国民党军队的包围之中，红军面对的形势将更加严酷。

在蒋介石看来，"现在'剿共'军事仅剩最后五分钟了"，怎听得进张学良如此哭谏，结果赫然震怒，斥责张学良"上了共产党的当"，并说：

"你就是拿枪打死我，我的政策也不会改变。"

蒋介石的态度激怒了张学良，他决定接受杨虎城的建议，发动事变。

回到西安后，张学良找到杨虎城，两人做了初步协商。12月8日两人再次会商，初步确定了兵谏计划，决定由东北军负责华清池抓捕蒋介石和西安到临潼沿线的警戒任务；十七路军负责拘捕南京方面军政要员，解除所属南京政府的军警宪特全部武装，抓捕和控制南京政府派出机构的人员，并扣留机场作战飞机和控制火车站等。约定双方分头进行准备，具体日期根据准备情况另定。

而蒋介石为督促东北军尽快"剿共"，特地约六十七军军长王以哲和第一○五师师长刘多荃共进早餐，对他们进行劝说，甚至敲打王以哲说：

"你军部的电台经常和共产党通报，别以为我不晓得，我早就知道你们这些举动。"

蒋介石的本意在于警告，一方面督促他们自觉"将功折罪"，另一方面用宽宏大量去感化他们，以达成积极"剿共"之目的。

殊不知，这个"敲打"非但没起到警示或感化的作用，反而将他们向相反的方向推了一把。"通共"是要掉脑袋的"大罪"，即使蒋介石眼下不计较，谁敢保证他不会秋后算账？不可否认的是，当两位忠实下属将这一"敲打"转达张学良之后，直接的后果，是加快了张学良的"兵谏"步伐，使之迅速定下举事日期。

12月11日，蒋介石召集来陕的军事将领、军政要员和张学良等人商议军事计划，定于次日（12日）发布第六次"围剿"红军的命令。

于是，张、杨将举事时间定在当天夜里。

11日晚，张、杨在西安新城大楼绥靖公署联名宴请来陕中央要员，准备宴会一散，双方立即同时行动，先由张学良部在华清池扣押蒋介石，旋由杨虎城部在西安城内发起大抓捕。

就在这天下午，住在西京招待所的陈诚忽然发觉西安的气氛有些异常，他立即赶赴临潼向蒋介石汇报。经陈诚一点，蒋介石似乎也恍然醒悟，觉得张、杨二人近日确实有些不对劲。为了进一步试探，蒋介石当即电话通知张学良、杨虎城、于学忠去临潼参加军事会议。

张学良接到电话后，担心已走漏消息，颇为疑虑，但不去必将引起蒋介石怀疑。为稳妥起见，他决定独自一人去见蒋介石，以宴请中央要员为名让杨虎城留下。

与参加军事会议相比，宴请中央要员这个理由显然牵强，蒋介石疑心亦在情理之中。而更令蒋介石怀疑的，是张学良心神不定的表现，为此，蒋介石在当天的日记中写道：

"汉卿今日形色匆遽，精神恍惚，余甚以为异。"

直到要上床休息了，蒋介石还在为这件事耿耿于怀：

"临睡思之，终不明其故，以时迟，亦遂置之。"

倘若蒋介石能在下午陈诚提出疑问之时，或晚上张学良离开之后当机立断，撤出华清池再做打算，或许历史将被改写。

如此"遂置之"，蒋介石便再也没有机会了。

12月12日凌晨，华清池枪声骤起，蒋介石这才大梦初醒，赶紧在侍卫的保护下越墙逃走，爬上骊山躲藏。但很快被张学良的卫队搜出，押送西安，关进新城大楼西安绥靖公署内早已准备好的房间。

与此同时，来陕的陈诚、卫立煌、蒋鼎文等所有中央军政要员与他们的幕僚、参谋人员，以及陕西省主席邵力子等人，全部被抓捕扣押在西京招待所，西安城内所有南京方面的机构与人员悉数被控制。

兰州方面，东北军五十一军亦在当日凌晨接到张学良的密令，拘捕蒋系军政要员，解除驻兰州中央军武装，控制了机场及兰州全城。

登门宋公馆

尽管后来说起西安事变，张学良的口气不无戏谑与轻松，就是"教训一下这个老头子（蒋介石）"，但无可否认的是，这个"教训"潜伏着大规模战争的危机。

尤其，事变后的形势，并不在张学良的掌控之中。

12日凌晨，张学良密令东北军炮兵第八旅旅长黄永安，率部并联络中央军校四分校教导大队中的东北籍军士，夺取军事重镇洛阳，封锁机场。

以洛阳在军事上的重要地位，可以说，谁控制了洛阳和洛阳机场，谁就掌握了战场上的主动权。却不料，黄永安反而向洛阳警备司令祝绍周告了密。

而十七路军第四十二师师长冯钦哉在接到杨虎城的密电后，本应率部从驻地大荔倍道兼进，渡过渭河占领潼关，却向中央军洛阳前线指挥樊崧甫告密，使中央军抢先占领陇海线战略要地潼关及华阴，陕西大门豁然洞开。

正因为如此，中央军才得以由潼关迅速推进，直逼西安。加上位于甘肃等地的胡宗南、汤恩伯等各部中央军可随时从背后发起进攻，张、杨发动事变之初，便已处于腹背受敌的被动局面。

当时情况相当复杂，南京方面，何应钦居心叵测，企图利用军事讨伐置蒋介石于死地，以便取而代之；而失去自由的蒋介石为雪其辱，亦寄希望于中央军实施武力讨伐。

与端纳同去西安的力行社总干事、蒋介石的特勤总管黄仁霖，他受宋美龄和孔祥熙指派，此行只有一个任务，那就是亲眼看到健康在世的蒋介石，然后遄返南京报告。他不肩负任何政治使命，因此张学良同意他与蒋介石见面，并警告他不要说话；他自己也明白，此行就是用眼睛完成任务，而不是用嘴巴。

张学良亦告诫蒋介石见到黄仁霖后莫谈公事，但蒋介石仍秘密修书一封，并特地连念三遍之后才交给黄仁霖。黄仁霖深领其意，知道蒋介石暗示他记下信的内容，在信被扣留后仍能将其"口谕"带出。

信的内容是：命令中央军出兵西安，倘若"叛军"三日内不将他送回南京，即使踏过他的尸体前进，也在所不惜。

这正是张学良所担心的，试想这样一份"口谕"传到何应钦那里，岂不正中下怀？何应钦将有恃无恐地大规模轰炸西安。但黄仁霖是奉宋美龄、孔祥熙之命而来，报告对象定然不会是何应钦。孔、宋力主和平解决事变，为保蒋介石性命，绝不会让这样一份"口谕"传到何应钦那里。

当然，黄仁霖虽没有违禁用"嘴巴"，却在用"眼睛"的同时错用了"耳朵"。既然知晓了"口谕"内容，他便再无完成任务的机会。为以防万一，张学良将黄仁霖就地扣押，直到西安事变和平解决才将其释放。

幸好端纳不负重托，将宋美龄的亲笔信交到了蒋介石手中，宋美龄在信中称，"南京戏中有戏"，蒋介石终于同意下达停战手令。他在给何应钦的亲笔手令中称：

"以近情观察，中正于本星期六前可以回京，故星期六以前万不可冲突，并即停止轰炸……"

这是12月17日，停战手令当即由蒋鼎文送出，18日抵达南京送到何应钦手中，轰炸暂时停止下来。那么星期六之后会怎样？倘若蒋介石不能顺利归来，何应钦会不会再次下令轰炸西安？

以戴笠的判断，结果不言而喻。

因此，从宋子文离开南京那一刻起，戴笠便翘首以待。21日下午五时，宋子文返回南京。戴笠闻讯后，迫不及待地赶往北极阁一号宋公馆，打探消息。

戴笠与宋子文的交往，要从抓捕宋子文的司机说起。在1931年7月上海北站发生的枪击案中，宋子文的机要秘书唐腴胪遇刺身亡，宋子文侥幸逃生，他的司机也在同一天失踪了。此案在1932年王亚樵刺杀李顿未遂案中已告破，宋子文的司机却一直下落不明。宋子文怀疑这个司机是内鬼，否则在注意保密的情况下，外人不会掌握他的行踪。

1935年年初沈醉在淞沪警备司令部侦缉大队任行动组长，在追查一桩银行抢劫案时，偶然发现其中一名案犯很像宋子文的司机（宋曾将其照片交到侦缉大队）。经上报戴笠批准，沈醉与行动组其他成员跟踪追击，在苏北农村将其抓捕归案，了却了宋子文一桩心事。

从此宋子文与戴笠有了某种默契，走动也多了起来，尤其后来在抗战中，两人更是互相支持，相互配合。

眼下，戴笠来到宋公馆，宋子文既无意外亦无见外，而是直截了当地说：

"你来得正好，正要找你呢。"

宋子文的话让戴笠为之一振，但宋子文并没说找他何事，而是示意他坐下，接着刚才的话题继续说下去。

危急中请缨赴死

宋公馆的客厅里，凝重中流动着焦虑的气息。宋子文正向在座的宋美龄、宋霭龄等人介绍西安的情况。

戴笠全神贯注地听着，宋子文的每句话都透露出一个可怕的信息：校长处境危险！

宋子文在《西安事变日记》中记述说：

"我得出之印象，委员长性命正处非常危险之状态。他们已走向极端，若其遭受失败之打击，他们甚有可能挟持他退往其山上要塞；甚或，他们可能变成一伙暴徒，并在暴徒心态下杀死他。汉卿直言不讳告诉我，其委员会（西安事变当天，张学良、杨虎城成立了'抗日联军临时西北军事委员会'，以之作为行动的决策机构。张、杨任正副主任）已经决定，若一旦爆发大规模战事，为安全起见，他们将把委员长交给中共。这绝非凭空之威胁。"

"交给中共"，这句话令戴笠不寒而栗，这将比"杀死他"更为残酷。

这是一个非常严峻的局面，且不说何应钦为首的主战派别有用心，就以营救蒋介石为目的的黄埔将领，在事变爆发之初、真相未明了之时，出于军人的本能，也是在一面通电全国谴责张、杨，或致电张、杨要求礼送蒋介石回京；一面积极部署，抢占先机，以掌握军事主动权，对西安形成军事震慑，迫使张、杨在进退失据的情况下让步和谈。此间，不仅有樊崧甫部奉命抢占潼关，攻占华阴，更有桂永清率教导大队杀气腾腾开赴陕西，在华县赤水与东北军对垒。胡宗南的部队亦在组织南下，回师救援。

但是，胡宗南等人的"主战"与以何应钦为首的主战派不同，他们是以救出蒋介石为目的，绝不会将战火烧到西安城内危及蒋介石性命。

何应钦正是利用了他们急于救蒋的迫切心情，企图将事变引向武力解决的途径。18日收到蒋介石手令之后，也只是停止了飞机轰炸，陆地的军事进攻并未停止，刘峙部仍开始围攻华县。

12月20日，中央军攻克华县，西安已笼罩在恐怖气氛中。

在大兵压境的情况下，张、杨不得不下定破釜沉舟之决心，联合发表告东北军、十七路军将士书，号召两军将士准备与中央军决一死战。

战争一触即发，蒋介石已成为俎上之肉。

这种紧张局势，无论用怎样和缓的语言来讲述，都难免令人胆战心惊。

从听说事变开始，戴笠就想过亲赴西安进行策反，营救蒋介石。如今已到了最危急的时刻，不能再等。他看看在座的宋美龄，恳求说：

"夫人，让我去西安吧，特务处在西北的一些机构和人员被控制了，但大多数特工没有被控制，还有隐蔽的直属通讯员和交联特工，前几天派去的人也已进入西安，我去了开展活动比较方便。"

"你去了反而会更麻烦。"

宋美龄摇摇头表示反对，她知道戴笠只效忠蒋介石一人，为此得罪了不少人。尤其与蒋介石有嫌隙的地方实力派，早把他视为眼中钉，欲除之而后快。

戴笠自然也知道，特务处在东北军、十七路军内安插情报人员，早就引起张、杨手下一些将领的不满。戴笠由于与张学良关系密切，对一些情报的处理会手下留情，对杨虎城则不然，所以十七路军将领恨不得将他这个特务头子一口吃掉。

但戴笠身上有一种特质，抛开政治立场，单说这种特质，还是可称道的，那就是忠诚、知恩图报。没有蒋介石，就没有他今天所拥有的一切，如今领袖蒙难，他岂能苟且偷生？更何况，没有了蒋介石，他所拥有的一切都将化为乌有。

而复兴社那帮"高干"说得没错，"龟玉毁于椟中，典守者之过也"，特务处在西北有着重重谍报网络，竟无一人事先得到"兵谏"情报，戴笠难辞其咎。他唯一能做的就是将功赎罪，即使死也要死得无愧于校长。

戴笠已横下一条心，一定要说服蒋夫人，让他赴西安，为营救校长出一份力。无奈他的话对宋美龄毫无说服力。

其实，根本不用他本人出面请求，早有人为他铺平赴西安之路，这个人就是宋子文。准确地说不止宋子文一个人，还有他的好友张学良。在离开西安之前，宋子文决定要做几件事：

一、让蒋夫人来西安照顾委员长，并改变其听天由命之态度。

二、由戴雨农代表黄埔系前来西安，亲身观察此地之局势。

三、派一将军来西安，以处理可能产生之军事问题。

宋子文之所以选中戴笠，完全是出于对戴笠的信任，这份信任里包含着戴笠对蒋介石的忠诚和他多年来从事特务工作养成的敏锐、机警与足智多谋，当然还考虑到他与张学良非同一般的关系。

宋子文将这个决定告诉张、杨，两人表示同意。对于让宋美龄与戴笠来西安，宋子文与张学良可谓不谋而合。随后张学良写了两封信请宋子文转交，一封是写给宋美龄的，另一封就是写给戴笠的。

张学良深知复兴社首脑是蒋介石的心腹幕僚，试图通过戴笠提议，让复兴社派代表团去西安商谈。他相信，至少戴笠本人是会"应邀前来"的。

宋子文对宋美龄说：

"雨农与汉卿也是交换过金兰帖的兄弟，他去了对说服汉卿大有好处。"

有了这个前提，宋美龄终于点头答应。

宋子文将张学良的信交给戴笠，特地重复了张学良当时说过的一句话："倘若西安发生战争，蒋夫人之安全不能得到保障。"

戴笠心领神会，他知道此番前去，不是需要亡命武夫，而是需要智慧和勇气，在危机时刻能够发挥作用，扭转局面。

看过张学良的信后，戴笠知道复兴社那些首脑是没指望的，建议宋子文与一些政府要员交换意见，分化和动摇主战派，推延讨伐张、杨的时间，减小战争几率，为寻求政治解决途径提供时间的保障。

宋子文对此表示赞同，随后去拜会了叶楚伧、顾祝同、蒋鼎文、孔祥熙、熊式辉以及何应钦等人。当天晚上，政府要员开会，讨论了宋子文的建议，即：

"四天之内，飞机不得轰炸，陆军不得进攻。但假若四天期限已过，尚未寻出解决方案，此时委员长亦离开西安，他们可放手飞机大炮轰炸攻打西安，及其他任何彼等欲攻打之地方。"

在孔祥熙等主和派坚持下，宋子文终于冲破何应钦、熊式辉、叶楚伧等人的阻挠。当然，这个冲破的结果也仅仅是默许了他与宋美龄、戴笠、蒋鼎文赴西安，是否真的停止轰炸与进攻，以何应钦等人的别有用心，实在难以预料。

告别部属家人

离开宋公馆后，戴笠立即赶到洪公祠一号特务处本部安排"后事"。

说是"后事"并不为过，倘若戴笠个人秘密潜入西安开展活动，自然谈不上有什么危险，如今公开与宋氏兄妹进入西安，即使双方没有开火，也难免杨虎城的哪位部下会一不小心"擦枪走火"，让他死无葬身之地。

在特务处全体人员大会上，戴笠表情凝重，庄严发表"临终嘱托"：

"领袖蒙难，是我等失职，我决定到西安随侍。此去凶多吉少，如果校长能安然返京，我也能随侍归来。否则，我死而无憾。古人说：主忧臣辱，主辱臣死。唯有一死，才能上报领袖，下救工作之危亡。但无论如何，大家要安心工作，忠心耿耿，继续为革命工作，奋斗到底，将来尽忠救国的责任，就全在各位肩上了……"

这番话，让在场的部属无不为之动容。肃穆的会场上有人在啜泣，很快啜泣声连成一片，跟随戴笠多年的张冠夫、胡子萍、徐亮等人，更是抑制不住地哭出声来。

都说患难见真情，生离死别时刻表现出的感情，令戴笠既感动又欣慰，只好安慰大家：

"你们哭什么？成功，成仁，是革命工作者的抱负。我既以身许国，忠于领袖，就无可惧之事。只要仰俯无愧，就能内心平安。古人所谓'泰山崩于前而面不变'，就是一种无愧于心的修养表现，我自信尚有此修养。大家应为我此行高兴才对，我不要大家以眼泪为我送行，我要大家以掌声壮我行色！"

说完，他自己率先鼓起掌来。顿时，会场里掌声响成一片，可一张张脸上分明闪着泪光，大有"风萧萧兮易水寒，壮士一去兮不复还"之悲壮。

都说"慷慨死节易，从容就义难"，戴笠从受命出任特务处处长第一天起，就把"这颗脑袋拿下了"，抱着必死的决心何难之有？这也正是他区别于复兴社其他人的特质，不怕死，敢玩命。

会上，戴笠指定由特务处副处长郑介民和书记长梁干乔代理他的工作，散会后又将两人以及胡子萍、徐亮、张冠夫等人留下，做了一番工作上的交代。

回到鸡鹅巷五十三号，戴笠开始考虑怎样把家里安顿一下。母亲蓝月喜年事已高，妻子毛秀丛体弱多病，身边无人照顾不行。好在儿子戴藏宜已经长成21岁的大小伙子，倘若自己一去不归，儿子也能顶起这个家了。

戴藏宜正在上海大同大学读书，戴笠吩咐人给他发电报，让他连夜赶回南京。他要与儿子见上一面，也好将这个家托付给他。

他决定次日临行前再向母亲辞行，免得老人家过早忧心。到后院探望过母亲后，他回办公室整理了一下文件，然后去了他与毛秀丛的卧房。

这个夜晚，整个鸡鹅巷五十三号静得出奇。大家都心情沉重，往日的说笑声已消失得无影无踪。尤其在后院，勤务兵连走路都蹑手蹑脚，生怕弄出什么动静。

戴笠推门进来，倒把毛秀丛吓了一跳。她歪躺在床上，吃惊地看着戴笠，仿佛不认识似的。

毛秀丛惊愕的表情刺痛了戴笠的心，若在平时，他断乎不会注意到这些细枝末节。眼看生离死别，他才感到对妻子的愧疚。自打毛秀丛来到鸡鹅巷五十三号，他整日忙忙碌碌，很少顾及她的感受。即使不外出，在夫妻俩的卧房里，他也常常是来无影去无踪，甚至当工作遇到压力，会不经意地拿毛秀丛当出气筒。

在床边坐下，戴笠准备交代"后事"。

见丈夫满脸温情，这让毛秀丛愕然之中又增加了几分迷惑，十年前戴笠将要离家南下时，也是一改常态，毛秀丛很快警觉起来：

"出了什么事？"

"没什么事，是我要外出一次……"戴笠谨慎地选择着用词。

"外出？"

毛秀丛更加疑惑。外出对戴笠来说是家常便饭，他不在家比在家的时候要多得多，何时特意向她打过招呼？

"是这样，校长在西安遇到点麻烦……"

戴笠终于用最轻松的语气将这件事说完，毛秀丛听着却是眼睛越瞪越大，随后泪水便止不住地簌簌而下，伴随着抑制不住的呜咽声。她什么都没说，只是哭着将她的丈夫紧紧抱住，好像生怕他会突然消失一样。

第二天一早，儿子戴藏宜回到家中。

戴藏宜的突然归来和后院里沉静的气氛，已使年过六旬的戴母蓝月喜预感到有什么事情要发生，待戴笠向母亲辞行时，蓝月喜已从儿媳口中得知了一切。

戴笠是孝子，每次离开南京都要向母亲辞行，但这次，他不知道该怎样向母亲告别。望着母亲腮边的泪痕，他禁不住悲从心来，如年少时在保安出远门一样，双膝跪地，泪流满面：

"娘，自从接您到南京以后，孩儿奔忙国事，少尽孝道。不要说席履丰厚，就是晨昏定省，也常有缺失。现在儿子又要离开您，去很远的地方，自古忠孝不能两全，我因为要做国家的儿子，以后也许再不能……"

说到伤心处，戴笠早已泣不成声。

戴母是明事理之人，她已经意识到，此一别，说不定就是永诀。但她强忍悲痛，不在儿子面前流泪，她很平静地安慰儿子说：

"我从年轻守寡，将你抚养成人，尝尽世间艰辛。今天看到你能为国家做事，为长官分忧，感到非常高兴。你能为国尽忠，又能心存孝思，我就放心了。我虽然上了年纪，但身体很健康，如果有什么不方便，我会与家人回乡安居，你不必挂怀，去做你的事情吧。"

告别母亲，戴笠又对戴藏宜做了一番叮嘱，要他好好照顾母亲和祖母，随后乘车赶往机场。

11时许，飞机从南京机场起飞，先抵洛阳，再由洛阳转飞西安。飞机上，宋美龄、宋子文与端纳坐在前舱，戴笠与蒋鼎文、郭增恺等人坐在后舱。

下午约五时，飞机抵达西安机场。

被囚地下室

西安机场军警林立，戒备森严，飞机着陆后，不见有人前来接机。

机场负责官员给城里打了电话，十分钟后，张学良与杨虎城赶到机场。

张学良登上飞机，对宋美龄表示问候。宋美龄提出不要搜查她的行装，张学良诚惶诚恐地表示："岂敢！岂敢！"

戴笠自然享受不到如此待遇，他最后一个走出飞机，刚一露头就被杨虎城看到，一下飞机立刻被杨的警卫搜身，随身携带的手枪被搜走。戴笠暗自庆幸，若非众目睽睽之下，若非宋氏兄妹在场，很难说他不会被当场"撂倒"。

随后，宋美龄前往高桂滋公馆照顾关押在那里的蒋介石，戴笠与宋子文、蒋鼎文乘车前往金家巷少帅府。在少帅府，宋子文与张、杨对西安事变的解决方案做了初步讨论，戴笠与蒋鼎文一直陪在旁边。

会谈结束后，戴笠被张学良的警卫带走。原以为是被带到下榻地点，却七拐八拐进入到公馆地下室，当铁门"哐啷"一声被锁上的时候，戴笠这才意识到：完了，自己已插翅难飞！

直到这时戴笠才发现，自己的西安之行毫无意义，既无机会随侍蒋介石身边，更无机会联络下属了解外边情况，开展策反活动。

地下室里深邃阴暗，唯一一个通向外面世界的小门被锁死，由士兵在门外把守。由于远离了外面的世界，地下室里静得几乎听得见心跳。只有士兵来送饭的时候，才能听到一点声响——从幽远的地方传来的脚步声，由远及近，最后停在门口。

深居地下与世隔绝的处境，急得戴笠几欲撞墙。他要求晋见蒋介石，被守门的士兵拒绝；要求见张学良，士兵不予理睬。他猜测外面局势紧张，自己已无生还可能。绝望之中，奋笔留书云：

"自昨日下午到此，即被监视，默察情形，离死不远。来此殉难，固志所愿也，唯未见领袖，死不甘心。"

戴笠原是抱着必死之心而来，后事都料理好了，无论特务处还是家里，都已无牵挂，如此效忠蒋介石而去，也算功德圆满。可如今"死到临头"，又觉得这么憋屈地死去毫无价值，与其被动等死，不如拼死一搏，也算死而无憾。

可是在远离尘世的地下室里，找谁去搏呢？

23日晚上，戴笠躺在行军床上，又是一夜未眠。

24日凌晨，走廊里响起沉重的脚步声：嗒、嗒、嗒……当脚步声停在门口的时候，铁门"哗啦"一声被打开。

戴笠闻声，从行军床上一跃而起。

在这个时候，若是进来持枪军人，那结果只有一个：拉出去崩了！

尽管来不及多想，但戴笠凭直觉断定：凶多吉少。

然而出乎意料的是，张学良拖着沉重的脚步走进来。他看上去疲惫不堪，两颊深陷，两眼无神，眼圈乌黑。他将一份文件丢给戴笠后，便一屁股坐在了行军床上。

戴笠讶异地接过那份文件，那是东北将士的上书报告，几个大字赫然映入眼帘：

"请速杀戴笠，以绝后患！"

虽然戴笠此时尚未有"蒋介石佩剑"之称，但他对蒋介石的绝对忠诚和特务处无孔不入的能量，已足以引发蒋之"对手"的嫉恨。兵变之后，那些参与扣押蒋介石的东北将士，无不担心这个特务头子将西安之水搅浑，做出对东北军不利之事，必欲除之以绝后患。

报告内容无须再看，这九个字足以说明戴笠面临的处境。

赴西安前，戴笠对张学良确实抱有很大希望，即使宋子文，亦认为戴、张兄弟情深，由戴笠劝说张学良释放蒋介石，不无裨益。

戴笠本人更是认为，在国民党少壮派将领中，除胡宗南之外，张学良是他第二个至交，可谓情同手足。张学良将那么一大片豪宅无偿让给特务处使用，便足以说明问题。1934年张学良出仕鄂豫皖三省"剿总"副总司令后，不久戴笠接手司令部秘书处第三科，他委派由南昌行营调查科合并过来的王新衡为科长，特别叮嘱王注意保护张学良的安全，他本人也经常到汉口检查工作，对张学良身边的人，包括佣人、厨师等，都要一一摸清底细，以防万一。一旦发现有什么不妥，立即报告张学良。

张学良对戴笠的关心深怀感念，每逢戴笠到汉口，便会邀他一同骑马、游泳、下馆子，玩得不亦乐乎。戴笠曾得到重要情报，称张学良的秘书黎天才是中共间谍。对事关中共的情报，戴笠从来不敢耽搁，会立即调查核实，逮捕关押，往往先斩后奏。

但对张学良身边的人，他一般会亲自向对方说明情况，如何处置由对方决定。

对黎天才，张学良提出的处置方案让戴笠哭笑不得，即效法囚拿破仑于圣赫勒拿岛，将黎天才"囚禁"在东湖中正亭，让他在那里读书思过。但不许公开监视，也不许让他逃走。

东湖是武汉大学附近的一个小湖，中正亭建于湖中绿地。把一个大活人放在那里无人看守，他岂有不逃之理？张学良如此感情用事，戴笠也只有一笑了之，听之任之。这倒不是他完全为友情徇私情，张学良何等身份，连蒋介石都对他礼让有加，他何不顺水推舟，做个顺水人情。

结果，东湖中正亭中很快就没了黎天才的踪影。其实黎天才并没有走远，他一直没有离开张学良，戴笠只能好人做到底，从此对任何人都不曾提过这件事。戴笠的沉默与配合，令张学良对这个只效忠蒋介石一人的特务头子刮目相看，更加视为挚友。

尽管如此，戴笠心里也清楚，在事关生死存亡的大是大非面前，兄弟情义是微不足道的。就像张学良与蒋介石，兄弟情义何其深厚，张学良不是照样扣押蒋介石，甚至可能采取"最后手段"吗？同是张学良的结拜兄弟，戴笠又岂能与蒋介石相提并论？所以戴笠认定必死无疑也在情理之中。

既然人之将死，戴笠像在临行前的告别会上，愈发慷慨凛然起来：

"古语云，主辱臣死。现在委员长蒙难西安，凡是为部属的，怎忍偷生？我若怕死就不会来西安了。你可以杀了我，但杀不尽我的同志……"

不等戴笠说完，张学良摆摆手说：

"雨农兄，你误会了。我无意加害委员长，更无意杀你！"

这倒让戴笠糊涂了，既无意加害委员长，为何要实施"兵谏"？兵谏本身带来的后果是不可预测的，万一蒋介石被杀，覆巢之下安有完卵？

无言的保护

其实，张学良实施"兵谏"带来的后果，不仅仅是军事上的不可掌控，更有来自共产国际在政治上的压力。

兵谏当天，张学良在致中共中央的电报中称：

"吾等为中华民族及抗日前途利益计，不顾一切，今已将蒋及其重要将领陈诚、朱绍良、蒋鼎文、卫立煌等扣留，迫其释放爱国分子，改组联合政府。兄等有何高见，速复。请派人前来共商大计。"

然而，共产国际对"西安事变"的态度却令张学良大失所望。12月14日，苏共中央机关报《真理报》发表社论，把张、杨的义举说成是"叛变"，是"利用抗日运动进行投机"；共产国际机关刊物《国际通讯》则斥责张学良为"叛徒""强盗"；苏联驻华大使鲍格莫洛夫还专门向孔祥熙表示，苏联政府与事变无关。

苏联的公开反对，直接影响国内舆论几乎一边倒地压向张学良，连抗日激进派知识分子及普通民众，也纷纷予以谴责。

事变后的局势，并没有出现张学良曾寄予厚望的各反蒋实力派的一呼百应，即使曾与他商量联共抗日并一起劝蒋停止内战的阎锡山，也直言"小六子太蛮干了"。南京方面的强硬态度，何应钦的紧锣密鼓磨刀霍霍，一触即发之实力悬殊胜负分明的内战，令孤立无援的张学良焦虑、绝望、茫然无措，他已经几天没合眼了，双眼布满了血丝。

有一点是可以肯定的：张学良压根儿就无杀戴笠之想。

如果说出于政治的原因他可以不在意与蒋介石的兄弟情义，那么对戴笠则完全无此必要。无论如何他与戴笠不会成为政治对手，且两人私交甚笃，尤其眼下放蒋已成趋势，戴笠和他的特务处作为蒋介石的左膀右臂，于公于私他都必须保戴笠安然无恙。他将戴笠关进地下室，正是为了将他秘密保护起来，以免其下属及杨虎城的人蓄意"擦枪走火"。

明白了张学良的一番苦心，戴笠对这位结拜兄弟既深怀感激，又对他的"蛮干"深感遗憾。他心里明白，张学良联共并非蒋介石想的那么简单——受人引诱；发动"兵谏"亦非他本人说得那么轻松，只是为了"教训一下这个老头子"。

但无论如何，张学良都未免过于率性，过于情绪化，缺少对整个局势的全面考量，归根到底一句话，就是"蛮干"。但事已至此，唯一的解决办法就是送委员长回京，而且越快越好。

当戴笠说出自己的看法后，张学良无可奈何地摇摇头。他何尝不想尽快送走蒋介石，可开弓没有回头箭，当初那么多人参加了扣押蒋介石、抓捕中央大员的行动，如今放蒋，岂能他一人说了算！但是形势紧迫，戴笠强调说：

"南京主战派巴不得把事情闹大，随时都有可能发动大规模内战。延迟一天，危险系数会成倍增长！"

张学良之所以急得焦头烂额，就是因为对这个结果十分清楚，而又难以达到立即放蒋之目的。戴笠却理所当然地认为，解铃还须系铃人，释放蒋介石，只有张学良能做到。他提醒张学良，万一爆发内战，日本人乘虚进攻，后果就不可收拾了。

这何尝不是张学良所担心的。放弃东北、热河撤兵都已让他背负虎父犬子的骂名，若再因此爆发内战让日本人渔翁得利，他岂不成为千古罪人！

虽说他曾有过更坏的打算，但他并不相信真会落到实施的那一步，何况形势的变化远远超出了他的预想。他也终究是性情中人，在宋美龄介入此事后，他面对蒋、宋几度落泪。

离开前，张学良终于说了一句让戴笠感到莫大宽慰的话：

"放心吧，我会尽快送委员长回京，只是你老兄还要在这里委屈几天。"

委屈几天又何妨？戴笠担心的是瞬息万变的局势，只要不离开西安，随时都有可能发生变故。退一步讲，即使蒋介石顺利返京，戴笠也未必能顺利离开西安城，那份东北将士的上书报告便足以说明问题，何况还有杨虎城的属下官兵。若不是张学良特意保护，恐怕他早已身首异处。

事实上，从戴笠不见踪影之后，无论东北军相关将士还是杨虎城及其部属，都对此耿耿于怀。宋子文在24日的日记中对此事有所记载：

"下午，蒋鼎文拜见委员长，在拿到其停战手令后，乘飞机骤然离去。我们均盼望委员长明日圣诞节能动身返回南京。戴（笠）的不辞而别令敌手甚为不悦。"

可见张学良对戴笠的秘密隐藏，连宋子文都蒙在鼓中。直到最后的交涉中，杨虎城仍在问宋子文，"是否能阻止复兴社在陕、甘的行动"，并说复兴社在陕甘已引发许多摩擦。杨虎城所指显然是戴笠的特务处，因为复兴社在西北以组织形式出现的只有特务处。

送蒋，率性而为

在焦急等待中，戴笠又挨过了一天一夜及多半日时光后，地下室的门再度打开，进来一名年轻军官，让戴笠跟他走。

既是大白天放他出地下室，外面又无炮火轰鸣，戴笠预感到事变已和平解决。但这并不意味着那些上书"请速杀戴笠"的将士会放过他。

这一天西安古城寒风刺骨，黄沙漫天。戴笠被带上一辆黑色小轿车，在风沙弥漫中，小轿车疾速驶向军用机场。

几天前从飞机上刚一露头即被下掉手枪，如今从汽车中一露头会发生什么？坐在车上，戴笠默默做好应付突发事件的准备。

其实不只是戴笠，即使是蒋介石和宋氏兄妹及张学良，哪个又不是捏着一把汗？戴笠后来才知道，离开西安这个过程，的确一波三折且充满变数。

据宋子文透露，本来在24日，宋子文兄妹已代表蒋介石与西安三方（张、杨两方与中共代表周恩来）达成共识，蒋介石对西安三方提出的"改组南京国民政府""停止剿共，联红抗日"等六项要求也表示同意。但蒋介石拒绝在协议书上签字，只以口头承诺，以宋子文兄妹做担保。张学良明确表示，只要两宋作保便可释放蒋介石。

然而除了张学良，其他人均不同意在此情况下释放蒋介石，尤其直接参加捉蒋的东北军青年军官，如担任捉蒋行动总指挥的一〇五师师长刘多荃、亲自率部捉蒋的卫队营营长孙铭九等人，反对尤为激烈。当初冒着掉脑袋的风险因蒋，如今蒋介石任何条款未履行，甚至不曾"签字画押"，就这样放他走，谁敢保证他不会秋后算账？

但从南京紧锣密鼓蓄意发动内战的形势看，蒋介石在返京前不可能履行协议中的任何条款。在蒋失去自由的情况下，居心叵测的何应钦有十足的理由拒绝服从他的命令。而以蒋的个性，在恢复自由之前，他宁死也不会签署什么政治文件，更不会履行任何条款。事实上，在武力胁迫下的"签字画押"，未必比口头承诺更有效。

宋子文再三解释，但无济于事。

张学良更是对他的爱将们恩威并施，苦口婆心，再三强调：

"签不签字有什么关系？签了字要撕毁，还不是一样的撕毁。"并表示要亲自送蒋介石回南京，"这次事变对他是个很大的打击，所以要给他撑面子，恢复领袖威信。"

中共代表周恩来也对如此情况下放蒋持反对意见，认为蒋介石必须签署相关政治文件才能离开西安。

反对最激烈的是杨虎城。张学良与杨虎城在当天晚上发生了激烈争吵，张学良直言：

"我个人对政变负全权责任！"

这话说得未免太过霸道。固然，西安事变由张学良牵头发动，但这并不代表他能负起全责，因为放蒋与否关系到所有参与者的命运。

不能说服杨虎城，张学良已心急如焚，他一方面担心南京方面随时可能向西安开火，一方面对杨虎城也多了一层担忧。杨虎城在西安周围有驻军九个团，张学良仅有一个团。杨虎城若实施突袭，以武力强扣蒋介石，张学良将束手无策。

张学良随后找到宋子文，商量避开杨虎城的部队，将蒋介石悄悄带到机场后猝然离开。但考虑到张学良的一举一动可能已在杨的监视之中，倘若如此，以双方兵力的悬殊，不仅不能送走蒋介石，而且会带来更大的麻烦。

又商量由陆路送蒋介石离开西安。先劝说宋美龄，以力促延长停战时间为由次日白天离开西安，次日夜间由张、宋将蒋介石秘密撤出西安，乘车至张的营地，然后由陆路前往洛阳。此方案仍然存在较大风险系数，且是否能说服宋美龄离蒋而去也未可知，所以不到万不得已不宜实施。

当天晚上，时任张、杨设计委员会主任委员的高崇民给张学良写了一封长信，反复强调无保障释蒋的危险性。第二天（25日）一早，宋子文收到张、杨双方高级将领与幕僚的联名信，提出必须由蒋介石在商定的协议上签字，并在中央军撤出潼关之后，才可释放蒋介石。

这封信不仅令宋子文大惊，也让蒋介石、宋美龄惊慌失措。张学良感到事态严重，当即决定悄悄送走蒋介石。但他决定拉上杨虎城一起送蒋到机场，只瞒住东北军与十七路军两部将领。

中午，张学良通知蒋介石、宋美龄、端纳等人收拾行装，准备秘密离开西安，然后去新城大楼找到杨虎城，仍是劝说杨虎城放蒋，并未透露放蒋打算。杨虎城仍坚持蒋介石必须签字才能离开西安。

下午，张学良又打电话将杨虎城叫到金家巷公馆，杨虎城仍蒙在鼓里。张学良说：

"现在不走不行了，夜长梦多，不知道会出什么大乱子。我今天决心亲自送蒋走。我想，在几天内就可以回来的，请你多偏劳几天。假如万一我不回来，东北军今后即完全归你指挥。"

杨虎城本不同意放蒋，更不会同意张学良送蒋到南京，可是这时蒋介石、宋美龄已经出来准备上汽车，当着蒋介石的面，杨虎城不好直接反驳，再加上周恩来刚对他做了思想工作。在张学良的催促下，杨虎城只得上车，与张学良一起送蒋介石去机场。

"绑架"了杨虎城，张学良与宋子文心里都稍稍踏实了一些。猝然行动，想必不会走漏风声，待张、杨两部将领得到消息，估计飞机已经起飞了。

果然，汽车抵达机场，蒋介石一行人顺利登机。

戴笠到机场的时候，看到的是蒋介石的背影。他身穿藏青色皮大衣，由宋氏兄妹一左一右搀扶着走向飞机舷梯。

戴笠并不知道蒋介石在越墙逃跑时受伤，一看蒋介石被搀扶着步履维艰，仅仅十几天时间，却是今非昔比，不由得悲从心来。但此时他并未放松警惕，当看到恭立在一旁的杨虎城时，警觉的目光立刻扫向杨的身后，来时杨虎城给他的那个"下马威"，让他不敢有丝毫疏忽。

终于顺利登机，戴笠走到蒋介石面前，激动而又充满内疚地说：

"学生未能保护校长的安全，校长处分我吧！"

"这不怪你。"

蒋介石摆摆手，让他坐下，系好安全带。宋美龄询问他这几天怎么度过的，是否受过什么委屈。蒋介石、宋美龄的嘘寒问暖，让戴笠十分感动。

由于张学良事先没有通知周恩来，后来孙铭九得到消息，去向周恩来询问，周恩来十分惊讶，立即赶赴机场，想拦住张学良不要去南京，但飞机已经起飞了。

在放蒋问题上，张学良的率性而为再次显露无遗。

清算复兴社

"投之亡地而后存，陷之死地然后生"，孙子的用兵之法用到戴笠身上，却也是十分恰当。抱着必死决心而去，结果精诚所至金石为开，不仅将功补过，而且在蒋介石心目中地位陡增。

使戴笠水涨船高的，还有几位复兴社头子的"铺垫"。这几位资历远在戴笠之上的黄埔老大哥，一直被蒋介石寄予厚望、视为心腹股肱和左膀右臂，几天前还将戴笠当成过街老鼠，如今却一个个成了泥菩萨过海。

常言说"落难见真情"，蒋介石被扣西安近半月，南京衮衮诸公的各色表演，让他看清了每个人的真实面目。"算账"是必然的，只是对有些人的账不能算，或者说要"秋后"算，不能操之过急，比如何应钦，明知他是项庄舞剑，醉翁之意不在酒，考虑到他的身份和影响，眼下只能装聋作哑。其他主战派，个个都有四通八达的政治网络，每个人都有各自的小九九，其能量不可小觑，也只能暂且不予计较。

但复兴社那几人的账必须算！那都是他一手提拔起来的"入室弟子"，关键时刻忘恩负义、落井下石，此仇岂有不报之理！

头一个是曾扩情，复兴社监察干事，国民党第五届中央执行委员，西北"剿总"政训处处长。这样一位重要人物来到西北"剿总"，肩负的使命自然非同一般。早前曾扩情也曾将东北军和十七路军"异动"的情报上报蒋介石，但这次，这位黄埔一期的老大哥显然"失职"了。作为专门从事"政治工作"的复兴社高级干部，一直待在代总司令张学良身边，对这样一场大的事变，竟没有发觉任何蛛丝马迹，显然情理上说不通！

但蒋介石与他算的并非"失职"账，而是"不知廉耻"账。

这笔账是和另一位中央大员一起被清算的，说起来那位也算是曾扩情的"难兄难弟"——同被派往西北任职的晏道刚。作为西北"剿总"参谋长，晏道刚与张学良的接触比之曾扩情更为密切，但同样在事变发生前毫无察觉。

蒋介石一回到南京，立即发出手令，大意为："晏道刚不尽职责，曾扩情不知廉耻，着即撤职查办。"

"不知廉耻"，虽然措辞够重，却仍不足以平蒋介石心头之恨。这不能不怪曾扩情本人，"失职"也就罢了，偏偏在事变发生之后，做了一连串"胳膊肘向外扭"的事，最重要的一件，就是给蒋介石写了一封信，信中说：

"张副司令、杨主任两人并无别意，完全是为了国家民族的存亡问题，而采取一时权宜之计，只要接受其要求，不惟无损于尊严，而且更能博得他们的拥戴，以慰'群伦喁喁之望'。"

看了这封信，蒋介石气得七窍生烟。在他被扣押失去自由的情况下，他精心培养寄予厚望的学生，竟然为拘押自己的人说话，说他们"是为了国家民族的存亡"，那岂不是说蒋介石置国家民族的存亡于不顾吗？

当曾扩情从西安返回南京时，前往机场"迎接"他的正是戴笠。

对这位复兴社首脑人物，戴笠不敢怠慢，更不敢假他人之手接送。他毕恭毕敬地转达了校长的意思，亲自将这位第一期的老大哥送进了"乙地"羊皮巷。到两年后胡宗南将这位同窗保释出来的时候，复兴社早已撤销，这位老兄也已然是雄风难振了。

另两位受到责罚的复兴社高干，就是急于改换门庭的贺衷寒与邓文仪。

这两位纯粹是不甘寂寞，没事找事。作为军事委员会政训处处长的贺衷寒，与复兴社书记邓文仪，本来都是从事政治工作，纵然西安的天塌下来，也砸不着远在南京的这两个人。他们只需静观其变，即可保全自身。即使在战与和方面表态，也大可不必过于激烈。

偏偏两人错估了形势，为抢占"拥立"头功大出风头，不仅口头声援，而且下令复兴社军职成员出战，本人更是跃跃欲试，组织队伍准备亲自带兵参战。任凭宋美龄如何劝解，两人均不予理睬。

正是聪明反被聪明误，蒋介石一回到南京，便免去了贺衷寒军事委员会政训处处长的职务，对邓文仪也是一顿痛责。两人虽没有被关押，却也是从此风光不再。

几个月后，蒋介石下令复兴社停止一切团体活动。1938年三青团成立，复兴社就此寿终正寝。

复兴社成立六年，最终成就的只有后来居上的戴笠。

寻找替罪羊

戴笠虽未受责罚，却也不能不反躬自省。一回到南京，他立刻清点事变中无作为的西北区相关负责人。

特务处在西北区职务最高的，自然是西北区区长。但西北区成立仅一年余，区长换了三任。

第一任区长张毅夫，1935年10月上任，1936年1月离职另有任用；

第二任区长江雄风，被胡宗南看上要走；

派谁接任呢？戴笠环顾左右，蓦地想到了王天木。当时对日形势日趋紧张，特务处人手不够，正是释放王天木的好机会。一纸报告打上去，果然被蒋介石批准。被判无期徒刑的王天木，在丙地被关押两年后得以释放，即刻领命走马上任，出任西北区第三任区长。

时近年末，华北局势吃紧，正需要王天木这种有留日背景的"日本通"。戴笠一个指令，又将王天木调到北平，出任北平区区长去了。

接替王天木的是上海区区长王新衡。王新衡与张学良关系密切，戴笠对他寄予厚望。但王天木走后王新衡却因故耽搁，暂由江雄风代理。就在这个节骨眼上，西安事变发生了，该追究谁的责任呢？

一年零两个月的时间里换了三任区长，情况都没怎么熟悉何谈作为？要怪也只能怪戴笠换将太勤，向几任区长问责显然不妥。

实际上，最应该处罚的是陕西站站长马志超。

马志超是最早到西北的特务机构负责人，且一直在站长的位子没挪窝。

马志超生于1903年，甘肃平凉人，在陕西华阴长大，毕业于黄埔军校第一期，与胡宗南是同一个大队的同窗。第一师开赴西北的时候，胡宗南送给戴笠两个人，一个是特务处急需的电讯专家魏大铭，另一个就是马志超。戴笠将他安排到浙江警校做了教育副官。

区区教育副官，似乎难让马志超一展平生抱负，正在无聊地念叨着"持节云中，何日遣冯唐"的时候，"冯唐"真的就来了——

1934年特务处成立陕西省站，马志超的西北出身，使他成为戴笠眼中陕西站站长的不二人选。

戴笠用人，一向自诩善于量才器使，但这次，"西安事变"结束之后，他不得不承认选错了人。

为了便于工作，戴笠在任命马志超为陕西站站长的同时，又给他一个公开身份——陕西省会警察局局长，为的是让他以警察局长的公开身份掩护省站的秘密工作，同时也可利用警察局资源为特务工作提供便利。

临行前，戴笠一再告诫马志超，"公开掩护秘密"的前提，就是公开机关必须与秘密机构分开，电台更要单独设置一处，与省站本部分离，以避免出事后被一网打尽，这是特务处的厉禁，切记！

然而马志超成了特务处省级站大员，又有一个警察局局长的官职，一时间"衣锦还乡"的美梦做得有滋有味，根本没把戴笠的话当回事，到西安走马上任后，立刻将特务处陕西站和电台一起搬进了警察局，将公开单位与秘密单位设在一起，联合办公。

陕西站书记岳烛远曾提醒马志超，必须将陕西站本部转入地下，否则会出大事，也被马志超当成了耳旁风。

在秘密机构公开的情况下，张、杨等事变发动者躲避特务耳目的工作便简单了许多，抓捕陕西站特务也变得简单而省事。事变当天上午，陕西站本部被连窝端掉，马志超本人却侥幸逃脱了。

马志超的逃跑也是事出凑巧。那天是检阅西安警察和"义勇军"的日子，马志超特地起了个大早赶去警察局，走到半路忽然发觉有什么地方不对劲。在这件事上马志超所表现出的机敏，可以说作为一个特工还算称职的，只不过他想到的是个人安危，忘记了肩负的责任。

他发现情况异常后，当即拦了一辆黄包车，高价买下黄包车和车夫的衣服，化装成车夫，拉起车子，一口气跑到一个熟人家里，在熟人家里藏了一天一夜，第二天一早又化装成农民逃到潼关，投奔与他的同乡、第一期同窗某部副师长处。副师长毫不犹豫地将他藏起来，直到事变结束。

马志超违反特务工作保密原则，导致站本部遭受覆灭性打击已罪不可恕，发觉事变后不是设法潜伏继续工作，而是个人逃之夭夭。追究责任，马志超首当其冲！

然而，马志超却处罚不得。

马志超是胡宗南送给戴笠的人，与胡宗南是同窗兼好友，处分马志超，胡宗南面子上不好看，不处分似乎又太无章法。看在胡宗南的面子上，戴笠决定对马志超"冷处理"，将他挂了起来，一挂就挂到了抗战爆发，戴笠这才重新起用马志超，任命他为甘肃站站长。

马志超不能处分，戴笠的目光又转回到西北区，毕竟西北区对陕西站的工作有失查之过，应负领导责任。但江雄风早已调离，如今只是临时代理，属于帮忙性质，处理他未免有些名不正言不顺。而且事变发生后，同样是逃跑，江雄风总算还有起码的责任感——冒着生命危险给特务处发了一封电报，报告西安出事的消息，也算将功补过了。戴笠能在第一时间得到消息赶回南京，正是得益于这封电报。

江雄风也不能抓，戴笠的目光落在了尚在上海的王新衡身上。若不是王新衡推说有事，怎会有江雄风的临时代理！

戴笠知道，出了这么大的事，总要有人出来担责，不处罚一个人是没法交代的，毕竟对于张、杨发动事变，这层层特务机构竟无一人发觉。即使王新衡是冤枉的，也只好拿来当替罪羊了。

戴笠立即下令，将王新衡从上海拘来。不过戴笠对王新衡还算客气，将他送进了管制略宽松一些的"乙地"羊皮巷，也就是当初拘押陈恭澍的地方。直到抗战爆发后，王新衡才被释放，同时被任命为香港特区少将区长，旋即走马上任。

回到南京后，戴笠与张学良的关系也调了个，"保护"张学良的任务非特务处莫属，戴笠从此成为张学良的"保护"人。还是在飞机抵达洛阳的时候，戴笠就通知梁干乔和刘乙光，做好接机准备，安排好张学良的警卫工作。

从洛阳返京时，蒋介石为错开抵京时间，特地让戴笠与宋子文陪同张学良乘坐第二架飞机。抵达南京明故宫机场后，张学良与宋子文一起乘车开往北极阁宋公馆，早已等候在机场的刘乙光，立即率便衣特务队跟随保护。

在宋公馆居住的数天里，张学良的警卫工作内由随侍的警卫人员负责，外由刘乙光的特务队负责。

这是张学良赴京后唯一几天相对自由的日子。到12月31日，张学良开始失去自由。

这天，南京政府军委会高等军事法庭，对张学良进行军法会审，判处有期徒刑十年，剥夺公民权五年。宣判结束后，由戴笠亲自安排，将张学良"护送"到中山门外孔祥熙公馆。

与张学良一样，戴笠也是投桃报李之人。但军人以服从命令为天职，相比对蒋介石的忠诚，戴笠与张学良的友谊显然要苍白许多。戴笠所能做到的，就是在自己的职权范围内，尽可能最大限度地关照张学良的生活。

1937年1月4日，国民政府发布"特赦令"，被特赦的张学良并未恢复自由，而是交军事委员会严加管束。张学良从此开始了幽居生涯。

由于蒋介石在西安事变中腰部受伤，其兄蒋介卿在闻知蒋介石被扣押后不堪打击，中风跌倒，不治身亡，为筹办兄长后事和休养身体，蒋介石于1月2日偕宋美龄返回奉化，临行前指示戴笠，将张学良护送到奉化幽禁。

1月13日，戴笠亲自护送张学良飞赴奉化，先将张安顿在武岭学校，他本人前往雪窦山，将建在雪窦寺一侧的中国旅行社十几间房屋包租下来，改为"张学良招待所"，对内则称"特务处派驻张学良先生招待所特务队"。然后将张学良移居此处，由刘乙光、许建业分别任特务队正副队长，率特工人员30名负责内部看守，另有一个连武装宪兵负责外围警戒。

此后张学良先后转移到江西南昌、湖南益阳桃花坪、沅陵凤凰山、贵州修文县阳明洞、桐梓等处，均由戴笠派人负责看守和照顾生活。时年34岁的特务队长刘乙光，从此与张学良结下不解之缘，大半辈子也只干了一件事——看守张学良，从大陆看到台湾，从看守和被看守的对立关系，看成了私交甚笃的朋友，刘乙光在这个位置上也一步步晋升为少将。

第十二章
拉起队伍，沪战显身手

空战大捷，情报先行

1937年8月13日，日本侵略者继卢沟桥事变之后，悍然发动了对上海的军事侵略。当日上午九时，日本海军陆战队在飞机、大炮的掩护下，兵分两路向江湾、闸北地区进犯。在上海市委抗议无效的情况下，淞沪守军于当天下午发起猛烈反攻，"八一三"淞沪抗战拉开序幕。

翌日，日军海陆空全体出动，战况空前激烈。国军同仇敌忾，奋力反击，在江湾路、北四川路一带均取得胜利；虹口方向，亦曾进入公共租界，挺进至汇山码头，几乎使敌军无从退避；参战空军在浏河炸沉敌舰一艘，炸伤四艘，包括敌第三舰队旗舰"出云号"。

就在这天下午，戴笠风尘仆仆来到炮火轰鸣、硝烟弥漫的上海。与他同乘一辆轿车抵达的，有特务处机要秘书王蒲臣、副官贾金南、警卫人员王鲁翘等。

车到法租界枫林桥寓所，戴笠迅疾投入工作，一面了解上海战况，一面与有关单位及部门取得联系，以便调集力量遄赴上海全面开展对日谍报、肃清汉奸、协助国军作战等工作；同时在法租界拉菲德路三极无线电传习所设立秘密联络中心，由王蒲臣常住联络中心负责组织联络。

傍晚时分，"八一四"空战大捷的喜讯传进了联络中心。放下电话，戴笠抑制不住兴奋的心情，对王蒲臣说：

"温州台立了大功！"

原来，下午五时，日军派出空军精锐"木更津"轰炸机队，由台湾机场起飞，经闽浙沿海北飞，企图袭击我杭州笕桥空军基地。

18架轰炸机在没有驱逐机和歼击机掩护的情况下，旁若无人地沿海飞来。显然，日军对中国空军的实力根本不屑一顾。当时日本有飞机1500架，中国仅有战斗机和轰炸机300架，敌人占了绝对优势。

而日军压根儿没有想到，中国军队已建立较为完善的防空情报网。为拱卫首都与杭州空军基地，1935年11月，戴笠组织人力物力，在杭州建立了中央航校防空总台。后经扩大业务范围，在南京小营建立了航空委员会情报总台，设在杭州的总台改为支台，另在东南沿海增设了黄星山、崇明、滁州、徐州、海州、温州等多处航空侦察分台。

尽管中国空军实力远不能与日本空军相匹敌，然岳飞破"拐子马"以步制骑，中国空军加防空情报，何不能先发制人，以弱制强？

防空情报，为中国空军提供了先机。

不待敌机进入浙江空域，温州分台便已发现其踪迹，立即急电杭州支台，通知紧急戒备。空军第四大队大队长高志航立即率领飞机27架，从洛阳起飞，直抵杭州。

当敌机飞临笕桥上空的时候，我空军出其不意，迎头痛击，当场击落敌机6架，重伤7架，我空军毫发无损。后据敌台广播，18架飞机有13架失去联络，也就是说，受伤的7架飞机很可能已坠入大海。

"八一四"空战的胜利，是中国空军有史以来第一次大捷，对当时屈抑已久的民心士气，给予莫大的振奋与鼓舞，奠定了全国人民抗战必胜的信念。为纪念这次胜利，后来国民政府将8月14日定为空军节。

尽管人们极少将此次空战胜利与特务处相联系，甚至在国民党内部，很多人对特务工作不理解，对特务处颇多微词，但戴笠和他的部属们却不以为然。早在1932年特务处"四一"成立大会上，蒋介石就强调特工人员要甘做"无名英雄"；在每一位新进人员的宣誓典礼上，戴笠都要将丑话说在前头："同志进来不容易，出去除非抬棺材，须终身做无名英雄。"

其实，是不是"英雄"另当别论，"无名"却是事实。本来就是隐姓埋名，又何必在意"功劳"被埋没、被抹杀。

由于上海五方杂处，社会复杂，极易陷入秩序混乱之中。特别是谍奸猖獗，对国军作战极为不利。8月15日，戴笠即派出上海招商局沪杭总队长喻耀离，带所部400人，组成巡查大队，分为100个小组，分赴淞沪各战场及大街小巷。巡查大队归京沪警备司令部指挥，负责侦捕汉奸敌谍，保护电话线、桥梁、渡船安全，以便于国军作战；并为新来部队做向导，使之顺利进入阵地；同时协助救护伤患、疏散民众等工作。

同日电召已调任宪兵司令部政训处处长的张炎元，由南京火速到沪，以京沪警备司令部联络参谋的名义，负责搜集战地情报。当时京沪警备总部设在南翔，铁路、公路已经中断，只能以脚踏车代为交通工具。在联络中心向张炎元交代任务时，戴笠有些担心地问：

"脚踏车你能骑好吗？要知道在炮火中，技术不过硬可不行。"

"放心吧，在洪公祠的时候我就学好了。"

果然，张炎元每天骑着脚踏车出入前线，往返总部，巧妙地躲过了一次次敌机的轰炸。

为了保证情报的迅捷、保密，戴笠指派王鲁翘与上海区行动人员刘戈青，以摩托车代步，轮流前往京沪警备总部与张炎元接头、收取情报。

8月15日晚上，随着浓重的夜幕降临，被炮火洗礼了一天的上海滩渐渐趋于平静，只剩下黄浦江中日军舰发出的零散炮声。夜幕中，一辆小轿车从拉菲德路联络中心驶出，车上坐着戴笠与副官贾金南，司机是已升任淞沪警备司令部稽查处处长的王兆槐。

王兆槐被临时召来，并不知去执行什么任务。

"戴先生，我们去哪儿？"

"华格臬路杜公馆。"

"杜公馆？"

王兆槐显然不明白，在这战火纷飞的上海滩，戴笠的工作千头万绪，为何要在这个时候去拜访杜月笙呢？

深夜入杜府

作为海上闻人、青帮大亨，杜月笙长袖善舞，上下通吃，关系四通八达，杜公馆无疑是不可替代的信息集散地。正因为如此，戴笠此前特派王兆槐与杜月笙联系，并授意他拜杜月笙为师，参加杜月笙创办的恒社。

戴笠本人向来是无事不登三宝殿，如今亲自上门，是为了一件十万火急的抗战大事！

卢沟桥事变之后，蒋介石在庐山发表抗战声明。当时戴笠亦在庐山，深感全面抗战已迫在眉睫，回到南京后，急令平津两地迅速组织便衣别动队，协助平津守军御敌；同时推荐并指派刚刚从德国返回的唐纵主持"随节办事处"工作，跟随蒋介石行动。特务处各地军事情报，均直接用电报发到"随节处"，由唐纵审校后直接呈报蒋介石。

"八一三"会战刚一打响，戴笠便迅即将早已考虑成熟的一个方案呈报蒋介石。该方案内容即：联合杜月笙，发动上海地方社会力量，组织一支苏浙别动队，协助国军作战。蒋介石当即应允。

戴笠正是为组建苏浙别动队而来。

车抵杜公馆门前，戴笠将贾金南与王兆槐留在车上，自己下车，递上了名片。

杜月笙也是刚刚回到公馆，屁股还没坐稳，见到名片，一跃而起，一路小跑着下了二楼。

戴笠已经笑容可掬地站在一楼大厅里。

"你来得正好，在这一起吃饭，有什么事边吃边聊。"

杜月笙知道戴笠是大忙人，又值淞沪大战爆发之际，戴笠夜晚登门，必有大事相商。

这么晚杜月笙还没吃饭，也在戴笠预料之中。他知道杜月笙是"上海市各界抗敌后援会"主席团成员，又负责着筹募委员会，这阵子组织民众捐款捐物支援前线一定忙得不可开交。

特务处成立以来，戴笠就养成了吃饭谈工作的习惯，只要不外出，只要手头工作能放下，就不会错过和部属一起吃饭的机会。长此以往，单独为吃饭而吃饭，反倒觉得毫无趣味了。

两人在小会客室坐下，管家万墨林亲自端上饭菜。拿起筷子，戴笠直奔主题：

"月笙哥，我想在上海组织一支武装游击部队，协助国军作战。"

"大概需要多少人？"

"至少10000人。"

"10000人？"

这个数字，让杜月笙十分吃惊。

"当年组织中华共进会，拉起来的队伍是16000多人，可大多是凑数的。虽说也配备了枪支弹药，进行了操练，可要说玩枪，真没几个能玩得麻溜。对手是工人纠察队，不是职业军人。对舞枪弄棒，可以说双方都是半瓶子醋。"

杜月笙说的，是1927年组织帮会弟兄协助蒋介石发动"四一二"政变之事。当时杨虎、陈群都还在北伐军任职，两人奉蒋介石之命与上海滩著名的"三大亨"联系，最后选中以杜月笙为主，拉起队伍，武力攻击工人纠察队，把局面搅乱，然后在舆论及全国各界尚未反应过来之时，一举除掉上海工人纠察队，捣毁共产党领导的上海总工会。

戴笠当然明白，与武器装备优越的日军作战，这些人要有个军人的样子，队伍拉出去得上得了战场。杜月笙的门生弟子、青帮弟兄以及恒社成员，很多都是大亨小开、富家子弟。黄浦滩头是纸醉金迷的地界，将吃着山珍海味的少年郎拉上火线，在日本人的飞机大炮下去打仗，那明摆着就是送死，所以戴笠说：

"我在京沪一带的部属，集中起来，组成一个支队和一个特务大队绰有余裕；还有在京沪办的两个青年训练班，都是高中以上学生，加起来有两三千人。实际还差六七千人。这六七千人的问题，有两个人可以解决掉百分之七八十，剩下的就好办了。"

"哪两个人？"

"你手下的两员大将！"

"我手下大将那么多，你指哪两员？"

"工会领袖。"

杜月笙一拍脑门，恍然大悟：

"哦哦，我怎么没想到！"

这两名"工会领袖"，就是杜月笙的学生陆京士和朱学范。这两人均长期从事工会工作，在工人中影响较大。由他们出来登高一呼，各厂工人必然会起而响应，转瞬成军不在话下。剩下的那点数目，由杜月笙的青帮弟子或者恒社学生充任，也就是小菜一碟了。

"你这样一说，我倒想起来了，各区的保卫团，都是受过一些军事训练的，他们的团长大多是我的学生，凑千把人不成问题。"

"这样看来难度并不是很大，这支武装游击部队就叫苏浙别动队，你看怎么样？"

"好！"杜月笙看看戴笠说，"你老弟念的书多，起名字这种事自然是你说了算。"

"月笙哥，这话也就关起门来说，要让那些留过洋的听到，我就得找个地缝钻进去了。"

"留过洋的怎么着，还不得乖乖听你指挥？杜门弟子留洋的也不少，还不得看我这个老头子的脸色行事？"

"那是当然。"

"再说了，打日本鬼子和念书多少还真没多大关系。"杜月笙发觉走题，赶紧言归正传，"好，你接着说。"

"在这支武装游击队之上，要建立一个政治军事领导机构苏浙行动委员会，委员会下设别动队总指挥部，总指挥部辖五个支队和一个特务大队。"

"好，那就先拉一个委员会成员名单。"

两人边吃饭边酝酿，饭没吃完，苏浙行动委员会名单搞定。

"苏浙行动委员会"全部由军政要人和社会名流组成，包括时任上海市市长俞鸿钧，已被任命为广东省主席的吴铁城，京沪警备总司令张治中，国民党上海军警两界负责人吉章简、蔡劲军，金融工商界的贝祖贻、钱新之，赋闲上海的粤军将领刘志陆，以及宋子文、杨虎、俞作柏、张啸林、杜月笙和戴笠。

戴笠推俞鸿钧为主任委员，他本人兼任书记长，负实际责任。筹备地点设在法租界拉菲德路三极无线电传习所，离杜月笙的四太太姚玉兰的住处不远，杜月笙往来非常方便。

"月笙哥，我们分头组织别动队，委员会的高级干部有劳你去通知，最好明天上午开个筹备会。"

"这个不成问题，人到不齐也没关系。"

筹备工作商量妥当，戴笠这才想起车上还有两个人饿着肚子，赶紧吩咐佣人去把王兆槐和贾金南叫进来吃饭。

在返回枫林桥寓所的路上，王兆槐问：

"队伍组织起来，武器怎么解决，中央会及时拨给那么多枪吗？"

"等着中央调拨武器，淞沪抗战早该结束了！"

尽管蒋介石答应别动队成立后，所需番号由中央直接颁发，所有军械、粮饷由中央直接调拨，但戴笠十分清楚，值此战时，正规部队的武器装备尚不充足，哪里还顾得上游击部队？

"那怎么办？"

"办法倒是有一个，我正要和你商量这个事。"戴笠说，"日本三菱洋行和三井洋行的仓库里存放着大批武器、航空器材和油料，明天晚上，你带人去把这批武器抢运过来！"

王兆槐暗暗吃了一惊。从日本人的仓库里抢运武器，无异于虎口拔牙。白天战火纷飞，人来车往，不宜行动；夜间行动，必须躲过敌人的探照灯扫射。因为黄浦江里停泊的八艘日军兵舰，不停地用探照灯向四周扫射，而且轮番飞炮，火光四射，几乎与白昼无异。该仓库正在探照灯的扫射区域内，一旦被发现，后果不堪设想。

但困难也要拿下，这是不容置疑的，王兆槐当即表示：

"好，我们明天商量一下行动方案。"

抢运日本军火

8月16日上午，戴笠先赶到拉菲德路筹备处，与杜月笙一起召集能赶到的委员开会，布置具体准备工作。会后，戴笠向招商局借了三艘驳船，下令喻耀离、许建业等人，将政府存放在浦东仓库的武器、汽油等重要军用物资，抢运到沪西一带。

这一支抢运物资的队伍，由喻耀离手持戴笠的亲笔信，商请浦东炮兵团发炮掩护，同时派兵接应，发动码头工人帮助搬运，终于在炮火前沿将军用物资抢运到沪西，交与军事当局。

另一支抢运物资的队伍，就是王兆槐带领的、赴日本洋行仓库抢运军械的队伍。这支队伍由王兆槐的部属——40名身强力壮的年轻人组成，于当天夜幕降临后，驾驶三艘驳船，利用探照灯扫射的空当，悄然驶向日本的洋行仓库。

队伍出发后，戴笠就开始了坐立不安的等待。枫林桥寓所的地板上，一直响着他沉重的踱步声。偶尔有流弹声从空中划过，脚步声会戛然而止。

这注定是一个不同寻常的夜晚。

这批武器能否抢运到手，直接影响到苏浙别动队能否在短期内武装起来，在淞沪抗战中发挥作用。一万多人的队伍，靠中央调拨武器装备根本没指望，洋行仓库这批武器正好解燃眉之急。可从日本鬼子嘴里掏东西，比在炮火中抢运政府的军用物资，难度要大得多。正因为如此，戴笠的心一直悬在半空中。

担心与焦虑让这个夜晚变得无限漫长，戴笠装在上衣口袋中的怀表不知被掏出看过了多少次，而时间，不过刚刚九点。

这个时候，余乐醒走了进来，手里拿着一份报告。他是奉戴笠之命，为别动队拟订了一份短期轮流培训计划。

关于成立短期训练班的事，有许多具体事宜需要商量，所以白天戴笠特地指示他晚上过来。可当他将报告递过去后，戴笠顺手接过，仿佛完全没有反应，只顺口说了句：

"放下吧。"

"关于短训班的事……"

"哦。"

戴笠愣了一下，好像刚想起来，他约余乐醒晚上过来，就是因为王兆槐的队伍出发以后，在等候消息的空当，正好讨论这个事情。没想到现在完全没有心思，武器若不能抢运来，还谈什么短训班。

这个时候，王兆槐的队伍已经抵达目的地。虽说一路上为躲避探照灯走走停停，却也没遇到什么阻力。

日本三菱洋行和三井洋行仓库靠近黄浦江岸，位于一个小码头附近。三艘驳船在码头靠岸后，一行人上了岸，先摸掉看守仓库的日军哨兵，绕到仓库前门。没想到仓库的门锁大得出奇，竟然比饭碗还要大，锁环比大拇指还要粗。

为了不惊动周围日军的岗哨，他们用湿毛巾裹住锁环，轮流用钢锯锯锁环，其他人均躲在仓库四周隐蔽处，密切注视着敌人的动静。

大家心里都捏着一把汗，万一被敌人发现，他们将四面受敌，插翅难飞。

半个多小时后，仓库门锁终于被锯断。打开仓库大门，王兆槐高兴得几乎跳起来，戴笠说得一点没错，仓库里装满了崭新的马牌左轮手枪、轻机枪、三八式步枪、子弹和航空器材。

40个人开始马不停蹄地往外搬运，先搬手枪，再搬轻机枪，最后搬步枪、器材。大家踮起脚尖，一路小跑，将武器搬出仓库，搬到码头，装上驳船。

当探照灯扫过来时，所有人都就地卧倒，一动不动。

戴笠并不知道这个过程会多长，在余乐醒离开之后，他又数次拿出怀表看时间，可办公桌上的电话一直没响。他终于忍不住拿起了话筒，将电话打进了位于南市白云观的侦缉大队，得到的答复是尚未归来。

这时已经是深夜一点，等到两点、三点，仍然没有消息。好在有一点可以肯定，即使不算顺利，也并没有出意外。因为一旦出事，必定枪炮声大作，那时候就不需要电话通知了。

凌晨四点，戴笠靠在沙发上小憩，刚刚进入蒙蒙眬眬的状态，电话铃声骤然响起。戴笠一激灵跳起来，一把抓过话筒，王兆槐兴奋的声音从电话那头传来：

"戴先生，枪弹运回来了，光枪就有六七千支！"

"太好了，这下解决大问题了！没遇到什么麻烦？"

"麻烦倒没有，就是躲避小鬼子的探照灯耽误不少时间。"王兆槐说，"从晚上九点多就锯断了仓库门锁，到装满三艘驳船，将武器安全运回南市，花了整整七个多钟头。好在天还没亮。"

"好，安全运回来就好！你们抓紧休息吧。"

放下电话，戴笠睡意全无，赶紧拿起余乐醒拟订的短训班培训计划，仔细研究起来。

有了这批武器，戴笠加快组建苏浙别动队步伐，从南京等上海临近地区调集的骨干力量相继抵达上海，在参谋本部乙种参谋业务训练班任政治指导员的文强、已调任特务处本部任机要秘书的毛人凤，以及特务处主管财务的张冠夫等人也由南京来到上海。

8月20日夜间，戴笠在三极无线电传习所二楼办公室召开紧急会议，组成以余乐醒为组长、文强为副组长的六人小组——参谋本部战地调查勘测组，连夜做好出发准备，翌日晨七时赶到上海劳动协会，由杜月笙的学生朱学范介绍的向导，如传递"接力棒"一般，冒着敌机的轰炸扫射，将他们送到浦东的川沙至金山卫及杭州湾沿海的不同地点，调查勘测，绘制图纸，以防日军偷渡登陆，危及我军侧翼及后方补给联络线。

9月4日，戴笠奉蒋介石之命，正式起草苏浙行动委员会组织名单、苏浙别动队组织行动大纲及编制预算书。

9月5日晚，在法租界赵主教路刘志陆公馆，戴笠与杜月笙等苏浙行动委员会委员，及特务处干部余乐醒、周伟龙、王兆槐、毛人凤、赵理君、文强等人，与杜门弟子陆京士、朱学范、万墨林、陶一珊等人，讨论向蒋介石呈复的行动大纲编制预算书及别动队干部人选。

不到一月，一万多人的游击部队正式成军，不仅缺少的部分武器出中央补齐，蒋介石还亲自为这支队伍颁发了"苏浙别动队"番号。

别动队下辖五个支队和一个特务大队。每支队编制相当于一个步兵团。

第一支队由杜月笙的门生弟子组成，队长何行健（即何天风），毕业于黄埔二期；

第二、三支队主要由上海工人组成，队长分别是杜月笙的学生、邮电工会负责人陆京士和朱学范；

第四支队由京沪一带的情报人员组成，队长张业，毕业于黄埔三期；

第五支队由特训班青年学生和高中学生军训队组成，队长陶一珊，毕业于黄埔六期；

特务大队由京沪一带戴笠的部属、主要是行动人员组成，队长王兆槐，毕业于黄埔四期。

整个别动队共有官兵10800余人，由曾在粤军担任过师长的刘志陆任总指挥。

队伍是拉起来了，可这支万人队伍中，大多数人没有接受过军事训练，甚至很多人没有舞枪弄棒的经历，如此仓促成军，又急于配合正规军与强敌作战，极有可能成为闯入虎阵之羊群，白白送死。

古人说"智者举事，因祸为福，转败为功"，即指事在人为。戴笠交代文强，一周内落实以下几件事：

首先，与南京黄埔毕业生调查处负责人黄雍联系，挑选尉、校级军校毕业生600名驰赴上海报到，按资历分批分配到别动队任职；再与南京中央警官学校联系，选拔高中以上文化程度并受过警官正科训练的学员100名，速来上海报到，分批分配到各中队（五个支队中，均各辖大队、中队、区队若干）任政治指导员；同时，令特务处本部现任人事科长李肖白，抽调200名以上中高级干部援沪，以弥补中、高级军事政治干部之不足。

除此之外，班长一级军事人才凸显不足，培训显然来不及，而且非有实战经验者而不能胜任。为此，文强特地赶到浦东南桥第八集团军总部，向总司令张发奎求助，商调该军团具有班长、副班长能力的军士级人才600名，到别动队充任班长一职。

与此同时，青浦、松江两地技术干部训练班与佘山教导团迅速成立，对官兵进行轮流调训，主要训练侦察、行动、爆破技术。

为加强参谋作业，统一指挥别动队行动及训练班人员培训，苏浙行动委员会下设机要组、总务组、侦谍组、军事组、技术组、调查组、交通组、宣传组，选调潘其武、王兆槐、周伟龙、俞作柏、余乐醒、文强、张冠夫、陈旭东担任各组组长，王蒲臣任别动队总指挥部秘书。

别动队血洒疆场

随着战争的发展，战地情报工作也在不断加强。继派出张炎元赴京沪警备司令部任联络参谋后，戴笠又连续选调得力情报人员分赴各前线部队充当联络员，搜集战地情报，及时发送到唐纵的"随节处"，供蒋介石参考。

为了掌握第一手资料，戴笠每天都要抽出时间往返闸北、罗店、浏河一带前线视察。有一天在返回拉菲德路别动队总指挥部途中，突然天降大雨。由于一段时间以来的奔波劳累，淋过大雨之后，一向身体强壮的他当天夜里发起了高烧，以致昏迷不醒，嘴里胡话不断。

贾金南和警卫人员赶紧将他送进医院，没想到病情来势凶猛，三天三夜高烧未退。

就在住院后第二天，原任浙江警校书记长兼省会警察局总政治指导员汪祖华，奉调上海担任松江训练班副主任，抵沪后到医院请示工作，见戴笠躺在病床上双目紧闭，满脸通红，呼吸急促，还在昏迷之中，感到十分意外。

当时陪伴在戴笠身边的是上海区督察陈质平，汪祖华问：

"戴先生一向身体很好，怎么突然病成这样？"

不等陈质平说话，病床上的戴笠忽然睁开了眼睛，用飘忽迷离的目光看着西服革履的汪祖华，说：

"你这身衣服怎么上战场？赶紧去做套中山服。"

说着伸手从枕头下摸出60块钱，递给汪祖华。当时两块钱可以做一套中山服，汪祖华知道他发烧神志不清，只好礼貌地收下了钱。

戴笠又挣扎着从病床上爬起来，摇摇晃晃地走到写字台前，提起毛笔，写下"不怕死"三个字，作为训练要旨交给汪祖华，说：

"现在抗战，要同敌人拼命。我们训练干部的目的，就是训练他们不怕死，只有不怕死的精神，才能打倒敌人，获得胜利。"

汪祖华回到松江以后，将此"不怕死"三个字用镜框挂起来，作为班训。同时，这三个字也成了青浦训练班的"班训"和佘山教导团的"团训"。

戴笠赋予别动队的战斗原则，就是依据"不怕死"三个字制定的：

一、向最危险的方向行动。

二、国军前进时，别动队先行进入，以启胜利之机；国军撤退时，别动队负掩护破坏和潜伏搜集情报的任务，以减少撤退的困难与损害。

三、只讲战果，不顾牺牲。

由于别动队成立时间短，人员构成复杂，且大多队员非职业军人出身，又训练时间短，所使用的多为短枪、手榴弹、炸药等轻便武器，突然在战场上担负重任，困难和危险可想而知。

戴笠高烧甫退，便急着出院返回三极无线电传习所别动队总指挥部，指挥整个别动队行动。此时，除第五支队部署在南市一带执行维持治安、守护仓库、肃清敌谍任务，其他四个支队均部署在苏州河沿岸，配合正规部队抵御日军。为了鼓舞士气，戴笠亲临前线，躬亲督阵。

南京特务处的幕僚部属，知他积劳成疾，初愈后仍不得休息，函电交驰，请他离沪回京养病，暂请他人代为指挥别动队。徐亮则婉劝他应以自身所负重大责任为重，不必为此一隅之战斗，长此滞留前方，亲冒矢石。

他在给徐亮的回信中称：

"别动队多民间忠义之士，相从于危难之际，草创伊始，遽当大敌。彼辈既无薪俸之酬，亦无官职之荣，所凭以牺牲奋斗者，乃忠义之气使然。弟当以身率之，庶使聚心凝固，杀敌致果，岂可临危苟免，弃众而去？"

不仅如此，戴笠同时要求徐亮遄赴上海参加沪战。

戴笠的不怕死精神，极大地激发了别动队队员的斗志。他们与正规部队一起同日军血战，自动堵击阵地突破口的日军，尽管伤亡惨重，仍视死如归，前赴后继。文强曾到前线视察慰问多次，亲眼看到第一支队一名大队长李穰，周身捆上手榴弹，双手各持一柄德国造快慢机手枪，率领队员冲向敌阵，身负重伤后仍不下火线。

第三支队一名中队长毛勋，率领一个中队抵御日军，三昼夜不下火线，全队伤亡过半。中队指导员朱巨阵亡时，毛勋高喊："为指导员报仇！"霎时一呼百应，全队同仇敌忾，杀声震天，以排山倒海之势，向敌人阵营猛冲过去，压倒了敌人的嚣张气焰。毛勋身负重伤后，与幸存的队员们隐蔽在一座便桥下，被日本军机发现，遭到猛烈轰炸与扫射，队员们死伤惨重，毛勋全身起火，头发胡须全部被烧光，衣服烧得支离破碎，幸亏从桥边滚到水里才得以遇救生还。但此时他已被重度烧伤，双耳震聋。

10月26日，随着日寇大量增兵上海，上海保卫战第二阶段结束，闸北正规部队向苏州河南岸撤退，别动队第四支队张业部奉命由沪西挺进苏州河北岸，占领战场要点，死守不退，掩护部队撤退。该队全体队员凭着"不怕死"的爱国精神，深入敌军腹地，与敌人展开激烈巷战，逐街逐房抵挡日寇。在大部队顺利撤退之后，由于孤立无援，无法撤退，2000余名青年队员全部壮烈殉国。

11月5日，日军在杭州湾登陆，从后路包抄上海。

11月8日，国军决定弃守上海，以第五十五师的张旅固守南市，掩护主力部队向浙皖边境撤退，并令苏浙别动队配合张旅完成掩护主力部队撤退的任务。

接到命令后，戴笠即令侦谍组长周伟龙赶赴第五支队陶一珊部和第三支队朱学范部，命两部及二支队部分队员共5000多人由陶一珊统一指挥，掩护国军撤退，勉力苦守，争取时间，使南市同胞的生命财产，尽可能多地向法租界转移。

是日，苏浙别动队即按部署为掩护撤退投入战斗。

守军大撤退前夜

当晚，在这个国军大撤退的前夜，随着轰鸣了一天的枪炮声渐渐平息，弥漫的硝烟渐渐散去，一场不期而至的大雨从天而降，骤然间笼罩了整个上海滩。

风雨中，苏浙行动委员会侦谍组长周伟龙、总务组长兼别动队特务大队长王兆槐、人事科长文强等人，先后赶到法租界拉菲德路三极无线电传习所别动队总指挥部。

这是继第四支队掩护闸北部队撤退全部壮烈成仁之后，别动队面临的又一场规模更大的硬仗。对于这场硬仗的残酷性，戴笠已做好充分的思想准备，他对周伟龙说：

"道三（周伟龙别号）兄，你今晚设法准备三万多个面包，派人送到南市，供紧急时食用。再送200面国旗，送到陶一珊处，让一珊派人插遍南市，以鼓舞士气。然后你留在陶部，监督协助陶部配合正规部队作战，坚持到底，没有我的命令，不得撤退。"

"好！"周伟龙拿起雨衣，转身离去。

"戴先生，我的任务呢？"王兆槐问。

"你的稽查处作为预备队，留在白云观稽查处，万一——珊他们防线被突破，你立刻带人顶上去，没有我的命令，不得撤退。"

王兆槐正要转身离去，又被戴笠叫住。戴笠从公文包里拿出一沓钞票，递给王兆槐说：

"任务完成后，你立即带领稽查队全体同志撤退，转道香港去武汉，这5000块钱足够你们的路费了。"

王兆槐小心翼翼地收起钱。虽说做着安全转移的准备，但在国军大撤退的前夜，在别动队乃至稽查处将接受最严酷炮火考验的时刻，心里难免有种生离死别的感觉。他向戴笠郑重地行了一个军礼，下楼而去。

就在这个时候，电话铃响了。守在电话机旁边的贾金南拿起了话筒，刚问了句"哪里"，就把话筒递给了戴笠。

电话是杜月笙打来的，他在电话里说：

"法租界已在12点关闭了所有与华界的通道，所有的铁栅栏门都已经上锁……"

戴笠知道，杜月笙担心别动队完成任务后撤退无门。在国军全部撤退、华界被日军占领的情况下，若租界大门关闭，就等于关闭了别动队的退路，孤立无援的别动队将在日军的包围中插翅难飞！但大敌当前，正是别动队为国家效命之时，又岂能为小我而不顾大我？

这固守南市的5000多名别动队队员中，有3000人是杜月笙的门徒。从战斗力上来讲，杜月笙的门徒弟子与戴笠的部属无法等量齐观，戴笠自然不会让他们做无谓的牺牲。只是战场上变数颇多，谁都无法保证避免牺牲。戴笠安慰他说：

"月笙哥你放心，这一点我已经考虑过，我们的同志有这方面思想准备。"

既然有思想准备，杜月笙也就不再多说。

这时候，雨下得更大了。暴雨的轰鸣声衬托得屋里格外宁静，惨白的灯光映照下，紧张与焦虑的气息在急剧流动。

放下电话，戴笠看到了不知什么时候走进来的文强。

文强，字念观，别号观涛，湖南长沙人，生于1907年，毕业于黄埔军校第四期，时任上海三极无线电传习所所长，秘密身份是特务处驻上海办事处上校处长、苏浙行动委员会人事科长。

戴笠问：

"观涛兄，你认不认识谢晋元同学？"

"我们是同期同学，不但认识，而且交情很好。"

"那好，你去哈同路宋公馆，宋部长为我们准备了四部西门子电话机，你送三部到南市锦江公所，交给道三兄，由他一起转送给陶一珊；另一部送到四行仓库，交给谢晋元团长。这四部电话都可以接通我和宋部长的电话，也可以直接和外界联系。校长（指蒋介石）需要随时了解四行仓库的守战情况，我需要及时汇报，你抓紧办好。"

文强点点头，却又不无担忧地说：

"戴先生，我有种预感，上海已经鏖战三个月，精锐部队元气大伤，敌人如打过苏州河，上海市郊将腹背受敌，上海这座国际城市必将成为瘫痪的死城……"

文强所言正是戴笠所担心的，但在下属面前，他只能正面鼓励，不能讲出任何不利因素影响士气。

"老兄，我看是你多虑了，只要我们顶住日军进攻寸土不让，就能掩护大部队迅速撤退。"

文强曾奉戴笠之命，作为副组长，与余乐醒带领参谋本部战地调查勘测组到浦东的川沙至金山卫及杭州湾沿海调查勘测，他熟知那里的地形，他们在绘制出精确的勘测地图后，特地在勘察报告中提出建议：

浦东川沙县（现已撤县，并入浦东新区）尖端之白龙港外，停泊有敌舰多艘，炮火猛烈，有试图登陆之企图，且港口有硬滩地带，容易为敌军偷渡登陆，宜加强戒备；金山卫硬滩地带居多，港湾水深，乃明清两朝严防倭寇入侵之重点设防区域，建议加派重兵守护……

如今，他担心的正是金山卫。他说：

"日军若从金山卫硬滩地带偷渡登陆，直插松江、青浦切断京沪线，则我军退路全无，后果不堪设想。"

金山卫、杭州湾，这些敏感的地点，戴笠怎么会忽略？日军已经在杭州湾登陆，从后路包抄上海，截断国军退路，若再从金山卫登陆，正如文强的担心，后果将不堪设想。但是他说：

"金山卫方面是可虑的，不过相信校长也会想到，会有防御措施。我们要做的是完成掩护撤退任务，你快去吧，我还等着通话呢。"

文强立即坐上自备车，去了哈同路宋公馆。

不多时，两处电话均已接通。然而，当文强返回后，却带来一个并不乐观的消息：

"道三和一珊他们情绪有些紧张。"

这一夜凄风苦雨

原来，文强赶到锦江公所后，将三部电话机交给周伟龙，要他马上转交陶一珊安装好，说老板（戴笠）正等着通话，更重要的是老头子（蒋介石）等着了解情况。

周伟龙看上去精神紧张，接了电话后让文强不要离开，等找到陶一珊再说。这时候陶一珊闻讯赶到，一见到文强就要求他留在指挥部，一起指挥作战，说要死也得死在一起，周伟龙也随声附和。

但是文强还有十万火急的任务在身，他必须尽快将另一部电话送到闸北四行仓库，交给第五二四团团长谢晋元。

周伟龙与陶一珊十分清楚四行仓库的情况，前不久部分部队撤过苏州河转移，蒋介石决定留下八十八师固守闸北，拖住日军，以争取时间。但考虑到大部队撤退后，八十八师将四面受敌，撤退无路，极有可能全师覆没。为减少牺牲，保存实力，经八十八师师长孙元良与最高指挥官顾祝同商量决定，留下该师第二六二旅第五二四团死守闸北，拖住敌人，掩护其他部队撤退。

将一个师的兵力缩减为一个团，显然压力骤增，而谢团兵力不足五百，为麻痹敌人，号称"八百"。

师部与大部队转移后，青浦大桥被日军飞机炸毁，切断了谢团的退路。谢团选择四行（大陆、金城、盐业、中南四家银行）仓库大楼为据点。当时，他们已被日军三面包围，而背后是苏州河对岸的公共租界。正因为背靠租界，日军不敢轻易使用重武器。但租界当局既担心炮弹落入租界，又担心中日军队闯入租界，因而在苏州河沿岸用一排装满汽油的坦克竖起一道屏障，以致谢团成了名副其实的"孤军"。

谢团抱定必死决心，与日军展开殊死搏杀，击退日军一次次疯狂进攻。他们的壮举赢得了上海市民的敬佩与感激，市民们冒着枪林弹雨千方百计为他们送去食品药品；十五六岁的女中学生杨惠敏游过苏州河，水淋淋地爬上岸，高举着一面中国国旗，送进四行仓库大楼，献给不畏生死的勇士，以表达上海市民对他们的崇高敬意。

提到谢晋元的"八百孤军"，周、陶不再"挽留"文强。而在他上车离开的时候，周、陶两人呆若木鸡的眼神，让他感到万分心痛。

戴笠沉吟一下问：

"谢团长那里的情况怎样？"

"谢团长的八百孤军斗志昂扬，我在四行仓库内巡视了一周，所到营房都整洁有序，井然不乱，间闻爱国歌声，雄壮激越，令人振奋。八百孤军都是谢团长亲自严格训练过的爱国志士，各级干部都是黄埔同学，同心同德，有敌无我，有我无敌。但这八百孤军，举目无援，守护无期，若水电一断，后果难以预料。我离开时，谢团长取出袖珍日记本，写下两句壮语，'永保万里长城在，留得丹心照汗青'，撕下来交给了我。"

文强说着，将那张日记本内页拿出来，交给戴笠。

"他们在退守四行仓库大楼之后，全体官兵已庄严宣誓，'为国牺牲，抗战到底'！"文强又补充一句，"我和谢晋元是一同穿着草鞋入伍、后来又一同南征北战的老同学……"

戴笠知道文强心中难过，赶紧截断他的话说：

"他们身后站着上海人民，有校长的关心，有国际正义舆论的支持，有万国红十字会和上海市民、租界里的同胞踊跃为他们捐款捐物，提供给养，八百孤军并不孤单！"

"我接下来干什么？"

"你现在回去休息，随时会有任务。"

戴笠说完，自己率先下楼，乘车赶往锦江公所。他要找周伟龙、陶一珊谈话，要用"八百壮士"死守四行仓库的壮举鼓励他们，使他们放下思想包袱，轻装上阵，以必死决心固守南市。

戴笠突然深夜冒雨前来，令周伟龙与陶一珊大吃一惊。

陶一珊，字延基，生于1906年，江苏江宁人，毕业于黄埔军校第六期，抗战前任上海市公民训练联队总队长，属下队员都是高中以上的青年学生。他的第五支队，就由这些接受过军训的热血青年组成。

周伟龙毕业于黄埔军校第四期，曾在战场上摸爬滚打，从排、连、营长一步步提升起来，是抗战爆发前上海区最后一任区长。

这样两位别动队的高层干部，怎会有临阵畏敌情绪？

戴笠一向重视军校毕业生，在别动队的中上层干部中，除了杜月笙的弟子陆京士与朱学范，其他都是清一色的黄埔军校毕业生。尽管队员大多没有经过正规军事训练，但从支队长、大队长到区队长、班长，大多是接受过正规军事训练的专业人才，尤其从第八集团军抽调过来的一大批班长，都是与小日本拼过刺刀的军士级人才。戴笠相信，这支特务武装绝不亚于正规部队！带领这样一支队伍，何惧之有？

戴笠深夜冒雨前来，如一座镇山石，稳稳地镇住了周、陶波动的心绪。

戴笠如此这般侃侃而谈，语调轻松，信心十足，又有"八百壮士"死守四行仓库做榜样，周、陶两人深受鼓舞，悲观情绪一廓而空。

事实上，在一场大的战斗开始前心情紧张，并不代表开战后战场畏惧。第二天上午，当日本军队从空中、海上、陆上全方位向南市进攻的时候，这些热血男儿个个血脉偾张，早已将生死置之度外。

随着大部队的全部撤退，日军加大了对南市的火力攻击，飞机、重炮无间歇地狂轰滥炸，伴随着山崩地坼的爆炸声，整个南市硝烟弹雨，烈焰腾空。在强势炮火的掩护下，日军士兵端着三八式步枪加三○式刺刀，潮水般涌向南市。

除了第五十五师张旅外，陶一珊的第五支队、朱学范的第三支队和第二支队部分队员，这仓促成军的别动队，利用熟悉的地形，与日本鬼子逐屋作战，殊死拼杀。

很难想象，这支速成的非正规武装部队，尤其是杜月笙的青帮弟兄、门徒弟子和工会工人，几乎没有接受过军事训练，拉上战场后竟然个个冲锋陷阵，敢打敢杀。

正如戴笠所预料的，别动队和张旅将士一道，成功阻遏日军猛烈进攻达三天三夜，前仆后继，誓死不退，大有"只解沙场为国死，何须马革裹尸还"的非凡气概。

别动队安全归来

这三天中，身居华格臬路的杜月笙，食不甘味，目不交睫，瞪着布满血丝的双眼，一次次登楼远眺，但见南市、浦东，处处浓烟滚滚，弹道交织成密集的火网，在浓烟中飞舞跳跃。

在浦东抵御日军的，有他的弟子何行健带领的第一支队和陆京士带领的第二支队部分队员；在南市，有他的学生朱学范带领的第三支队和第二支队部分队员。杜月笙一向视他的门生弟子有如家人骨肉，那一道道火力网、一声声大爆炸，都如同击在他的心上。他多次派人前去打听消息，当听说敌军攻势越来越凌厉，南市守军情势危急时，急得像热锅上的蚂蚁，不停地楼上楼下往返踱踱，不停地站到窗前眺望南市、浦东。

在拉菲德路的别动队总指挥部，戴笠同样心急如焚，同样三天三夜目不交睫，每一个打进来的电话都牵动着他的心，都需要他采取应急措施。他同时还在做着另一项重要工作——制订特务处南迁与人员潜伏方案、别动队的调整与潜伏计划。

第四天清晨，当杜月笙再次登楼远眺，望着原本人烟稠密市廛繁盛，如今几乎夷为一片废墟的南市，他再也忍不住了，让万墨林接通了别动队总部的电话。

就在这天凌晨，大部队已经全部撤退，固守南市的五十五师张旅也已接到撤退命令，正向吴福线转移。戴笠已乘车来到英租界哈同路宋公馆，正与宋子文商量撤退事宜。

杜月笙的电话随后打进了宋公馆。

戴笠接过电话，传来了杜月笙因焦急而变得嘶哑的声音：

"雨农兄，快下令让弟兄们撤吧，大部队已经撤出了上海，再打下去，弟兄们就全完了！"

"月笙哥，我和宋部长正在商量怎么撤退。现在他们三面受敌，除了法租界无路可退，宋部长正准备和租界当局联络。"

"租界方面我去疏通，你赶紧下手令，我派人给一珊送去，没你的手令他们不会撤退。"

"好！"

放下电话，戴笠当即写好一道手令："苏浙别动队立即放弃阵地，向法租界撤退。"

这道命令，由宋子文派人送到杜公馆；杜月笙派出的人立刻拿着手令赶往南市十六铺招商局码头苏浙别动队指挥部。

与此同时，杜月笙亲自与法国总领事馆及法捕房联络。在杜月笙与宋子文的共同努力下，法租界当局终于同意放苏浙别动队进入租界。但有一个条件：退下来的队伍，必须按照国际公法规定，全部解除武装。

这时日军已攻进徐家汇以西地区，南市别动队已不是三面受敌，还有来自空中的飞机和海上舰艇的强势炮火封锁，情况已万分危急。

留得青山在，不愁没柴烧。戴笠当即下令，放下武器进入租界，最大限度地减少伤亡。但杜月笙仍不放心，生怕有个闪失，随即派出大批人马，布置在法租界与南市接壤的沿线，负责接应撤退过来的别动队队员。

11日下午，法租界的通衢要道、各个路口，均布满法国大兵和大批巡捕，杜月笙派去的弟兄站在他们后面。别动队队员撤退过来，一个个地通过路口，每跑来一个，便解下枪支子弹，交给法国兵或巡捕，杜门中人立刻迎上去殷切慰问。

虽然连续战斗了三天三夜，可这些经历了炮火生死考验的别动队队员，一个个精神抖擞，亢奋振作，滔滔不绝地讲述着打日本鬼子的经过。

按照戴笠的部署，原有的五个支队，除第四支队全部阵亡，其他支队各有伤亡队员外，所剩队员，第一、二支队开赴浦东，在浦东开辟游击基地。此后，他们除开展对日谍报、上海锄奸外，也不断以游击战的形式打击日伪武装。

第三、五支队化整为零，一部分人跟随周伟龙潜伏上海，成为地下工作者；一部分人由俞作柏率领，辗转到安徽祁门，后改编为"忠义救国军"，与日伪武装展开游击战；还有一小部分人，跟随陶一珊化装潜往香港，转道奔赴武汉。

在别动队撤退之前，戴笠得到情报，陶一珊上了敌特黑名单，日本特务已准备捉拿陶一珊。在别动队撤进法租界之后，戴笠立即召见陶一珊，在嘉勉他冒险撑持到最后的同时，特地为他发了一笔特别经费，让他迅速离开上海，到汉口报到。

此时，戴笠已侦获日军进攻南京的计划，不是沿铁路交通线一站一站地打过去，而是采取分头并进的迂回大包围：将主力放在苏南，一面经由皖南进攻芜湖，截断我长江运输，一面越太湖，经宜兴、溧水，由南向北阻我归路。在将此情报密报蒋介石后，戴笠下令将特务处本部直接由水路和铁路，西迁武汉、长沙，而以长沙为重心，同时对长期潜伏南京的秘密组织做出部署。

安排好京、沪两地的潜伏与撤退，戴笠撤至香港，由香港赴南昌聆听蒋介石的秘密指令，然后返回南京。其时杭州告紧，乃急奔杭州，作应变布置。

当时，浙江省主席黄绍竑决定放弃杭州，并准备将杭州市（包括闸口、南星桥与湖墅拱宸桥一带）所有民房全部焚毁，以实行"焦土抗战"，命令已经下达，正等待当夜实施。戴笠下车伊始，闻听此讯，急电蒋介石，请求下令黄绍竑，制止这项关系80万居民生命财产而无益于抗敌的行动，杭州人民终于幸免于一场浩劫。

迨再返南京，日军已迫近南京城，特务处已在郑介民带领下分别迁往武汉与长沙。戴笠指导留守人员做好潜伏布置后，赴安徽历口主持别动队松江、青浦两训练班毕业典礼；然后沿长江西上视察，到安庆时城内秩序已经大乱。他化装成小贩，挤在难民群中，与特务处派驻当地负责人蔡慎初等人见面，指示工作，在日军进城前离去，经马当、九江等地转往武汉。

第十三章
截了杨虎城，抓了韩复架

羁押杨虎城

"七七"事变之后，被撤职赴欧美考察的杨虎城，多次致电宋子文，要求回国参战，请其代为斡旋。戴笠从上海撤退绕道香港赴南昌晋见蒋介石时，得到的秘密指令就是做好拘捕和看押杨虎城的准备。

戴笠当即传电江西站正副站长王立生与谢厥成：

"不久将有某要人来南昌居住，诸兄速觅租房屋一幢，以环境幽静之独立住宅为宜。房租多寡勿计，并盼妥予布置。"

戴笠从安庆赶到武汉后，即令特务队长李家杰，在特务队中挑选便衣警卫20名，经戴笠亲自点名传见后，由李家杰带领先赴南昌准备接应。

万事俱备，只欠东风。这个"东风"能不能来，蒋介石与戴笠都捏着一把汗。

万一杨虎城直接去了西安，对蒋介石来说，等于"放虎归山"。"兵谏"发生后，蒋介石一直认为张学良少不更事，都是受了杨虎城的蛊惑。若不是杨虎城的兵力远逊于东北军，或许用不着与张学良商量便已先期发难。如今张学良被软禁，杨虎城仅仅被撤职，携家眷赴欧美考察，这在蒋介石看来已经足够宽宏大量。偏偏杨虎城"不知深浅"，非要回国参加抗战，蒋介石岂能放过他！

杨虎城虽被撤职，但继任陕西省政府主席兼陕西省保安司令的是其心腹下属孙蔚如，第十七路军被改编后，孙蔚如任第三十八军军长。在杨虎城抵达香港之前，原十七路军部属王炳南、王根僧、申明甫等人已先后到香港迎接。杨虎城准备先回西安安顿好家眷，视察一下旧部，再向蒋介石汇报考察欧美的情况。

然而，有张学良的前车之鉴，一旦回到陕西，其旧部怎会同意他亲自去南昌向蒋介石汇报？

因此，蒋介石最怕的，就是杨虎城直接回陕西。这不仅仅因为"兵谏之仇"未报，更在于杨虎城与共产党关系密切，其夫人谢葆真就是共产党人。尽管国共再度合作，联合抗战，但蒋介石从未放松过对共产党的警惕与遏制。

11月26日上午九时，杨虎城偕夫人谢葆真、幼子杨拯中由法国马赛乘轮船抵达香港，住进九龙半岛酒店。

随即，蒋介石的电报不期而至，嘱其南昌相见，并派戴笠迎接。

紧接着，戴笠的电报衔尾而来，约其去长沙会合，然后一同前往南昌。

29日，宋子文由上海抵达香港，在杨虎城往访后，迁寓半岛酒店，并与杨虎城长谈。次日上午，宋子文将一张当天飞往长沙的机票交给杨虎城。当时机票紧缺，一般人很难买到，十七路军旧部不放心杨虎城孤身一人前往长沙，经再三要求，宋子文才勉强又给了一张机票。

30日，杨虎城一行人和前来迎接的十七路军旧部分为两路，一路由王炳南等人陪其眷属返回西安，一路由王根僧陪同杨虎城飞赴长沙。

飞机于上午11时37分起飞，下午2时50分抵达长沙。不料在此等候一天的戴笠已返回武昌，留下一张便条，约杨虎城去武昌碰头。杨虎城只好在当天夜里乘坐湘鄂段粤汉车赴武汉，于次日下午抵达武昌车站。

这一次，戴笠做了充分准备，率武汉行营与湖北省府人员百余人到车站隆重迎接，并安排杨虎城与王根僧下榻胭脂坪省政府招待所，盛情款待。

第二天中午，戴笠陪杨虎城到汉口空军航空站，乘坐小型道格拉斯飞机飞往南昌。

江西站事先租下的别墅位于南昌新住宅区二纬路一号，是原江西省长熊式辉的一幢花园洋房，环境幽静，室内装修豪华，优雅舒适，已雇下厨师与女佣各一人。一行人来到别墅后，戴笠对杨虎城说：

"杨将军暂且在此小住，委员长很快会来南昌。"

其时南京已经沦陷，亲自部署南京保卫战的蒋介石已返回武汉，根本未作赴南昌之想。戴笠只是想稳住杨虎城，以温水煮青蛙的方式，让他逐渐接受从自由到被软禁、被囚禁的事实。

杨虎城与王根僧上楼以后，戴笠问江西站副站长谢厥成：

"知道他是谁吗？"

谢厥成摇摇头。

江西站站长王立生说：

"他就是大名鼎鼎的杨虎城吧？"

这倒令戴笠略感诧异，故意反问：

"何以见得？"

"除他之外，还有谁能享受这种待遇？"

戴笠冲王立生伸了一下大拇指，说：

"你去检查一下他的行李。"

王立生返回时，拿来一支从手提包里搜出的四寸左轮手枪，交给戴笠。

"历史真是会重演的！"戴笠摆弄一下手枪，感慨地说，"去年在西安，我刚下飞机，就被杨虎城搜去一支左轮。今天虽不是完璧归赵，却也是支左轮，真是报应啊！"

这些天，戴笠对杨虎城照顾得十分周到，伙食安排丰盛，并常与杨、王二人聊天说笑，还特地陪两人游览万寿宫、青云谱烈士墓等名胜。

但一连多日，杨虎城询问蒋介石何时到南昌，戴笠均闪烁其词。这不能不让杨虎城心生疑窦。

杨虎城心胸坦荡，认为值此国难当头，蒋介石已动员全民抗日，不至于阻止他参加抗战。还是在香港的时候，王炳南与王根僧便已发现酒店周围有便衣，出于对杨虎城安全的考虑，两人力劝杨虎城直接去西安。杨虎城坦陈："我回来只为参加抗战，别无他求。宁可蒋负我，我不能负国家、民族，个人利害在所不计。"

在武昌，尽管表面招待周到、热情，杨虎城走动自由，但王根僧发现，暗中一直有特务秘密监视，连杨虎城往访于右任亦如此。王根僧将情况密告杨虎城，杨虎城说："我又不是回来做汉奸，中央不需要这样吧？"

在南昌，李家杰挑选的20名便衣警卫在杨虎城到达之前便已安排在别墅内外，直至后来公开阻止杨虎城与王根僧出入，杨虎城才不得不相信已失去自由。不久，戴笠又奉命加派了一个宪兵连，负责别墅外围警卫。

杨虎城被软禁后，原十七路军将领为安慰他的情绪，照顾他的生活，决定请谢葆真带小儿子杨拯中去南昌。谢葆真早有此意，于是在王根僧被释放后，谢葆真携儿子由西安飞抵汉口，乘船赴江西。

戴笠也在考虑如何让杨虎城消愁解闷，适应被囚禁的生活，特地指定王蒲臣、谢厥成和谭良谱同他打麻将。

王蒲臣在"八一三"淞沪抗战结束不久，被任命为忠义救国军总指挥部驻赣办事处上校主任，负责物资转运等工作，办事处就设在南昌。谢葆真到南昌后，王蒲臣觉得他们几人"照顾"女眷不方便，经请示戴笠，调来一名女特工蔡霞光。但谢葆真认为蔡霞光是来监视她的，很不高兴。

当时王蒲臣的家眷也在南昌，谢葆真奉准可以到王蒲臣家走动。王蒲臣的三儿子王清临不到五岁，谢葆真一见到他就非常喜欢，要收他做义子。为了能使她安心，王蒲臣就答应了她。

杨虎城夫妇在南昌的时间并不长，到1938年6月下旬马当失守，敌机日夜空袭南昌，李家杰奉戴笠之命，将杨虎城夫妇转移到长沙梓园，又经湖南桃源转移到贵州息烽。抗战后期曾转移到重庆中美合作所、贵阳麒麟洞等地关押。1949年9月，杨虎城夫妇在重庆松林坡被保密局杀害。

蒋、戴秘密布局

安排好对杨虎城的囚禁后，戴笠返回武汉向蒋介石汇报。听完汇报，蒋介石交代戴笠执行下一个任务：拘捕韩复榘，同时密切监视刘湘。

韩复榘，山东省政府主席兼山东省保安司令，抗战爆发后任第三集团军总司令，后兼任第五战区副司令长官。

刘湘，四川省政府主席兼四川省保安司令，抗战爆发后任第七战区司令长官兼第二十三集团军总司令。

这两人之间有什么瓜葛？为何要监视和惩治这两人呢？

韩复榘出身行伍，早年是冯玉祥的部下，在1929年蒋冯战争中叛冯投蒋，被任命为河南省政府主席，后任山东省政府主席。主鲁伊始，韩复榘便驱逐刘珍年部，拒绝中央军进驻山东，竭力排斥南京政府派任的官员，党政军财大权一把抓，统治山东近八年，一直将山东视为禁脔。

在抵制南京政府的同时，韩复榘极力迎合日本人，主鲁之初即下令解散反日会，取缔反日宣传，以实际行动博得日本人的好感。但韩复榘做的是"鲁中王"的美梦，取悦日本人的同时，又与日本人打太极拳，委婉抵制日本人对山东的野心。

在日军占领平、津，沿津浦线南下时，韩复榘就秘派代表，与日军华北派遣军总司令小矶国昭和津浦北段指挥官西尾寿造接洽，寻求妥协途径。但双方要求悬殊，韩复榘只想以某些妥协达到日军不犯鲁境之目的；而日军则要求韩复榘宣布山东独立，给日本人做傀儡。由于期待韩复榘转变态度，也担心逼紧了反而会促其抗战，因而津浦线北段的日军在短时间内没有打过黄河，以期待韩复榘的反水。

韩复榘的第三集团军原属第六战区，考虑到韩复榘桀骜不驯，一般人难以指挥，中央统帅部特派冯玉祥为第六战区司令长官，一方面韩为其旧部，另一方面韩曾愧对冯玉祥，应该不至于违抗命令。但当宋哲元部从沧州一带作战败退，刘多荃、庞统勋等部接连溃退时，冯玉祥亲自到济南要韩复榘出兵增援，韩说："出兵也不能挽救败局，不如等前方溃退的部队撤完后，山东的军队再开上去打。"

指挥不动韩复榘，冯玉祥愤然返回南京。

随后，山东地区划归第五战区司令长官李宗仁指挥。殊不料，韩复榘更没把李宗仁放在眼里。日军在12月中旬攻下南京后，遂与韩复榘摊牌。在韩氏不肯反水的情况下，日军于12月23日由青城、济阳间渡河，24日韩复榘自动放弃济南逃走，三天后日军进占济南。

随后，韩复榘又一枪不放接连放弃泰安、大汶口。李宗仁在徐州得报后，严令韩复榘循津浦线节节抵抗，撤守兖州。同时发电责问韩为何放弃泰安，韩复电称："何必挂羊头卖狗肉？南京已失，何况泰安！"

韩复榘擅自撤开津浦路，避开兖州，直奔济宁，并令部队向鲁西南集结，以致津浦线正面大门洞开，日军沿津浦路长驱而下。李宗仁等怒不可遏。在军委会高级幕僚会上，李宗仁、白崇禧、何应钦、陈诚等一致主张严惩韩复榘。

还是在济南危急时，韩复榘便将弹药、给养、医院、修械所及伤病人员、官佐眷属等所有后方机构，运送到河南漯河以西舞阳等县。

韩复榘为何将后方机构直接运往河南？

这与他曾驻军河南并主政河南不无关系。由于对河南情况比较熟悉，韩复榘认为豫西、陕南一带有回旋余地，退到那里是一盘可以走活的棋。

陕南与四川毗连，寻找同盟军自然就想到了实力强大的刘湘。若能退守川蜀，与川军联手，自然可以保存实力。

于是，在抗战初期，双方便互派代表，往返磋商，具体结合办法日臻成熟，大体有四点：

一、韩、刘两部共同协作保川"抗日"；

二、俟韩部撤至川鄂边区，即完全听命刘的指挥；

三、阻止其他军队退扰四川（包括中央军）；

四、韩部军需饷械由四川协济。

这四点基本内容，戴笠并不掌握，但军统电讯特工截获双方往来电报若干，只是不能完全破译。有一点可以确定，就是双方将联手盘踞四川，抵制其他一切势力入川。

而南京政府已将战时陪都定于四川重庆，蒋介石及军事指挥机关暂留武汉，只是为节节抵抗日军。韩、刘秘密联合，这事非同小可，戴笠一边密报蒋介石，一边联系川军将领范绍增跟踪监视刘湘。

范绍增是刘湘部下四个师长之一，由于不是刘的嫡系，刘湘在川军出川前的整军中，借机将范绍增的部队改编，免去其师长一职，升为副军长，但不准到职。范绍增从此被闲置，心里对刘湘充满怨恨，恨不得找机会出一口恶气。

1937年冬刘湘胃病复发，到汉口就医，住在万国医院。戴笠在派特务秘密监视的同时，在刘湘的病房旁边开了一个房间，让范绍增每天去该房间内秘密监视刘湘的往来客人。这一监视果然大有斩获，很快就看到韩复榘的代表刘熙众以刘湘族侄的名义前往医院探视。

尽管两人都很谨慎，当面没有多说，但随后范绍增通过旧部打探到，由于川军陆续出川、韩复榘的部队已到达鲁西南济宁与豫西各县，双方部队越来越接近，急需接洽，刘熙众正是为此事应刘湘之邀而来。在特务处随后截获的电报中证实了这一点，其中一封电报内容为，让王缵绪（川军将领）"带两师人到宜昌、沙市一带，与韩复榘去襄樊的队伍联络"。

一旦双方军队成功联合，成功阻遏蒋介石及中央军入川，将直接影响到整个抗战局势。戴笠立即报告蒋介石。蒋介石对韩复榘拱手将大半个山东让给日本人早已忍无可忍，如今又假借抗日之名行反蒋之实，岂能轻易放过韩、刘二人！

然而，惩办韩复榘名正言顺；刘湘病卧在床，其部已出川抗战，不宜对他采取行动，只能严密监视。蒋介石命令戴笠：

"看住刘甫澄（刘湘字甫澄），秘密抓捕韩向方（韩复榘字向方）。"

戴笠知道，韩向方像缩头乌龟一样缩在自己的大本营里，实施抓捕绝非易事，只有他的脑袋伸出来才好捉到，遂向蒋介石建议：

"校长，抓捕韩向方关键是引蛇出洞……"

对此，蒋介石早有准备，他说：

"近期要在开封召开军事会议，第一和第五战区团级以上军官参加，可以利用这个机会。"

"学生明白了。"

戴笠正要敬礼告退，蒋介石又补充一句：

"要想办法防止他缺席。"

"是！"

韩复榘是否到会，成为能否成功拘捕韩复榘的关键。

力促韩复榘到会

戴笠领命之后还没离开武汉，就接到了范绍增的密报：刘甫澄病情好转，准备回川。

同时截获的电报显示，刘湘令其专机由四川飞武汉，将他接回四川。

这个消息来得太及时了，否则一旦刘湘返回四川，等于放虎归山。可刘湘回川养病本在情理之中，既无理由阻拦，更无理由抓捕，唯一可行的，就是在专机上做手脚。

经过一番部署，刘湘的专机在飞往武汉的途中爆炸。刘湘没有怀疑，只好继续留在万国医院养病。

稳住了刘湘，戴笠将王兆槐叫到他在武汉的临时住所汉口巴黎街八号。

特务处撤退到武汉后，特务处本部特务队升格为特务大队，原特务队长刘乙光仍负责看管张学良，王兆槐被任命为特务大队长。不久特务处升格为军统局，特务大队又升格为特务团，王兆槐升任特务团团长。

这个晚上，就如何拘捕韩复榘，戴笠与王兆槐策划了很久。

"最重要的是引蛇出洞，就怕他做贼心虚，不肯出来。"王兆槐分析说。

"光靠我们怕是引不出来，需要调动多方面力量，同时创造条件，让他自投罗网。"

这时已是1938年1月上旬，戴笠让王兆槐挑选精干特工12人，随他一起北上，前往郑州、开封一带视察。所谓视察，实际是为引蛇出洞"造势"。

河南地处中原腹地，位置重要。戴笠对河南一向重视，派驻河南的单位与人员均多于一般省份，除特务处驻河南省站外，华北办事处也设在郑州。时任河南站站长为戴笠的黄埔军校同窗刘艺舟，华北办事处处长为得力干将梁干乔，郑州警察局局长为黄埔四期的河南商城人杨蔚。

车到郑州，杨蔚安排戴笠一行人分别住进陇海院和华阳春旅社。晚饭后，戴笠约杨蔚带其下属前来谈工作，谈着谈着就谈到了韩复榘，杨蔚就谈起前不久冯玉祥的专列途经郑州的情形，并愤愤不平地说：

"这个韩复榘太不像话！他是冯长官一手提拔起来的旧部，冯长官到济南，竟然给冯长官坐冷板凳，拒不服从命令；对李长官的军令也置之不理，不战而退，一路逃跑……"

不等杨蔚说完，戴笠突然板起面孔，严词指责说：

"你是校长的学生，韩主席是校长的干部，你怎么能这样议论韩主席？以后这种话不准再提！"

几句话说得杨蔚和他的下属一头雾水，几人面面相觑，不知所以。戴笠又缓和一下口气说：

"校长正准备在开封召开军事会议，韩主席也要参加会议。如今大敌当前，要团结一致抗日。"

杨蔚虽不敢当面与戴笠争辩，背后却免不了议论，毕竟韩复榘不战而退是事实，戴笠如此袒护韩复榘，大家心中很是不平。尤其大家都知道，戴笠的态度代表蒋介石的态度。这种议论很快不胫而走。

戴笠率王兆槐等人到达开封后，所到之处传递的信息，也是委员长对韩主席的器重，是团结一致抗日。

韩复榘率部逃到鲁西南和豫西一带后，心里也知道理亏，担心蒋介石采取对他不利的措施，因此在开封、郑州等地派出不少耳目，四处打探消息，戴笠的话很快便传到韩复榘耳中。

对这些信息，无论信与不信还是半信半疑，韩复榘心中都是很受用的。

当韩复榘接到蒋介石亲自打来的电话后，想必这个信息还是发挥了作用的。蒋介石在电话里说："决定召集团长以上军官在开封开个会，请向方兄带同孙军长（孙桐萱）等务必到开封见见面。"

对这次军事会议，韩的所有部属一致认为，第三集团军所有团级以上军官都可以去，唯独总司令韩复榘不能去！原因很简单，为保存实力不战而退，等于把山东拱手让给了日本人，等于拒绝抗日，这个罪名非同小可！

而蒋韩矛盾由来已久，不仅由于韩复榘为当"鲁中王"抵制南京政府对山东的渗透，而且在"两广事变"中支持李宗仁、陈济棠反蒋；在"西安事变"中公开发"马电"给张学良，主张在野名流召开"国事会议"，国事由国人共同解决。不仅如此，韩复榘又派亲信刘熙众赴西安面见张学良，由张派专机前往济南迎接。但因飞机故障不能起飞，刘乃去洛阳设法赴陕，可惜辗转到太原时，蒋介石已被释放。

对于韩复榘的这些活动，蒋介石不会不知。亦因如此，后来韩复榘被抓捕枪毙之后，韩的许多部属如孙桐萱、刘熙众等，均指蒋介石挟私报复。其实此说未免有失公允。蒋之政敌何止韩复榘一人？公开与蒋开战者就不在少数，何况还有公开打出反蒋旗帜发动"两广事变"并数次逼宫的李宗仁、白崇禧在前，即使清算旧账也还轮不到韩复榘。

至于蒋介石是否挟私报复，其实并不重要，重要的是"乱世用重典"。大敌当前，对手握重兵，拥兵自重，拒不服从命令一路逃跑的军事将领，唯有杀一儆百，以儆效尤，方能鼓舞士气，坚定抗战信心。

但是韩复榘去不去开会，却不是蒋介石所能左右的。

韩复榘行伍出身，一向孔武粗莽，妄自尊大。在他看来，京、沪都丢了，也没见惩治哪个，何况山东！毕竟第三集团军实力强大，谅蒋介石也不敢把他怎样。

即使所有下属都反对他亲自到会，一致要求选派代表代替他参加会议，他本人也曾有过犹豫，但内心仍然倾向于亲自出席会议。

为稳妥起见，他特地派专人赴徐州向李宗仁请示，他是否应该亲自到会。李宗仁对他的使者说："应该去。"

由"大本营"派到韩部的联络参谋王道生，已得到李宗仁指示：敦促韩复榘亲自参加军事会议。为此，王道生特地称：

"我在徐州时曾听说，委员长准备划分鲁豫、苏皖两个战区，鲁豫战区有请总司令出任长官之议，估计此次会议与划分战区有关。总司令若不参加会议，恐怕会受影响。"

提升战区司令长官，这是韩复榘最感兴趣的事，这个机会自然不能失去。

恰在此时，军事委员会关于参加会议的正式通知到了，通知上按戴笠所要求，加上了一句关切的叮嘱："沿途不靖，委员长关心韩主席之安全，望多带卫队，善加防护。"

这一句"多带卫队"，似乎印证了将对他委以重任的事实。何况韩复榘有一支精锐卫队手枪旅，既然可以多带卫队，他还何惧之有？

韩复榘挑选手枪旅一个团做卫队，带贴身警卫十几人，于1月10日上午启程，先到曹县孙桐萱的第十二军军部稍作休息，午饭后偕军长孙桐萱、曹福林，参谋长刘书香，处长张国选，及旅、团长以上军官数十人，到柳河车站换乘由陇海路局调配的钢甲车专列，浩浩荡荡开往开封。

就在这天上午，蒋介石偕副参谋总长白崇禧，乘专机抵达开封，准备开会事宜。

特务处瓮中捉鳖

万事俱备，戴笠开始部署拘捕韩复榘。

拘捕韩复榘最大的问题，是解决其手枪团卫队，其次是解决他的贴身警卫及副官、司机等随从人员。

韩复榘的手枪旅卫队是一支闻名劲旅，武器精良，战斗力极强，几乎可与一师兵力相匹敌。再从中精选一个团，可谓精锐中之精锐，如此浩浩荡荡驶进开封火车站，哪里像是来开会的，更像是来打仗的！

戴笠已调集得力干员化装成铁路员工和接待人员，准备应对韩复榘这支庞大队伍。同时与汤恩伯接洽，抽调其精锐部队一部，埋伏在预定地点，以便在适当时机对韩复榘的警卫团采取控制行动。

尽管手枪团实力强大，可一个团的兵力，不可能时时跟在韩复榘身边，更不可能带进会场。归根到底，带着这么多人不过壮胆而已。当专列驶进开封站后，接待人员将韩复榘及随从人员、贴身警卫分别安排上车，再将团以上军官分别安排上车，并没有马上安排手枪团下车。

接待人员说："警卫团的住所尚未安排好，需要先抓紧腾出房子，请警卫团在车上稍候。"言外之意，没想到韩复榘带这么多警卫，需要先腾房子。

韩复榘未打招呼便带了一个团，现腾房子也在情理之中。对此，韩复榘并没多想。再说，会期不过一两天，万一有什么情况，等在专列上倒也联络方便。

接站车辆是由河南省政府派出的，第三集团军团以上军官被送到省政府东边指定旅馆住宿，韩复榘则携随从人员与贴身警卫住进盐商牛敬廷的房子，次日（11日）早晨又迁至黄河水利委员会委员长孔祥榕的家里。

军事会议于11日下午召开，会场设在南关袁家花园中的中国中学大礼堂。下午一点左右，与会人员陆续乘车赶到会场。韩复榘率领的第三集团军军官是最后到达的，车到袁家花园大院门口，众人下车，只见院子内外均有戴着"宪兵"袖章的军人在站岗、巡逻、检查出入行人和车辆。

在签到处，韩复榘大手一挥，对走过来的孙桐萱、曹福林一大帮人说：

"你们不必签了，都进去吧，统统由我代签了！"

说完，韩复榘在签到簿上写下了"山东省主席兼第三集团军总司令韩复榘率军师长等十八人"。

院子里的每一道门口和路口都有双人的宪兵岗哨，可谓里三层外三层。如此高级军事会议有宪兵站岗也很正常，对韩复榘来说习以为常，视而不见，大摇大摆地进入了大礼堂。

韩复榘的随从人员与十几名贴身警卫，与所有与会官员的随从人员一样，分别被安排在附近的临时招待所休息。

第三集团军人员整队后紧跟在韩复榘身后，由专门负责会场指挥的中校军官过来引领大家到指定位置就座。

会场内有四五百人，最前排就座的是高级将领。

韩复榘是高级将领中最后进入会场的，由于坐在最前排，他的入场十分惹人注目。与会军官大多身穿笔挺的黄呢子军装，只有极少数人穿着棉军服。韩复榘穿一身新的灰色斜纹布棉军装，头戴灰色棉布军帽，腿裹灰布绑腿，腰间扎着一条武装带，嘴上留着一撮短胡子，鼻子上架着一副黑墨镜。

他显出很活跃的样子，与最前排的高级将领一一握手，最后坐在李宗仁与宋哲元的中间。

下午两点左右，会议正式开始，蒋介石身穿黄色军服，戴着白手套，走上主席台。一位中将级侍卫官喊了声"立正"，全体起立，蒋介石摘下帽子，还了一个60度的鞠躬礼。在大家坐下之后，蒋介石摘掉白手套，开始点名，然后拿出一本蓝色布面的小册子——《党员守则》，询问与会人员都有谁带了这个小册子，结果只有八人。

蒋介石又拿出一本红色封面的《步兵操典》，询问有谁带了这本书，结果只有一人。

蒋介石开始讲话，从这两本书的重要性，讲到当前抗日战场的形势，激愤之中就讲到了："有些高级将领，把国家的军队视作个人的私有财产，自抗战开始以来，一味保存实力，不肯抗击敌人，只顾拥兵自重，不管国家存亡，不听命令，自由行动，哪里安全就向哪里撤退、逃跑！试问，这样如何了局呢？我能往，寇亦能往，你们跑到哪里，敌人就会追到哪里，最后无处可跑，无地自容，终至国破家亡，一无所有。试问，国家都没有了，你们保存实力还有何用？况且到了那个时候，敌人还会让你来拥兵吗？你们高级将领这样的作法，难道就不怕天下唾骂吗？难道就不怕国法制裁吗？……"

蒋介石越说越激动，越说声音越高，不时地用手指敲打着桌面。

会场上气氛凝重，坐在前排的高级将领们，个个俯首敛容，韩复榘更是低垂着头，大气都不敢出了。

会议一直开到下午六点，已是暮色降临。蒋介石宣布散会后，率先退出了会场。那位中将侍从官走下讲坛，来到前排韩复榘面前，恭恭敬敬地说：

"韩总司令请留步，请你到休息室稍等一下，委员长约你说几句话。"

韩复榘愣了一下，显然蒋介石这个约见让他感到意外，相信他此时会有某种不祥的预感在脑子里一闪而过。只是此情此景不容他多想，也不容他有任何其他举动，他只好跟着侍卫官向会议厅旁边的休息室走去。

毫无疑问，休息室外已经布满戴笠派出的便衣，王兆槐与一名特工已等候在里面。韩复榘一进休息室的侧门，王兆槐便微笑着说：

"韩总司令，请跟我们往这边走。"

王兆槐说着，与下属一左一右，将韩复榘夹在中间，从休息室的另一扇门走出去。

外面是袁家花园的院子，一辆早已准备好的小汽车停在门口。

韩复榘意识到情况不妙，但为时已晚，王兆槐已经没有了原来的微笑与彬彬有礼，而是直接将他推上了小汽车。

小汽车飞快地驶出大院，直奔开封火车站。

"怎么回事？你们带我去哪儿？"

"对不起，韩总司令，我这里有委员长手令，请您过目。"

王兆槐将戴笠交来的蒋介石手令递给韩复榘，手令云：

"山东省政府主席兼集团军总司令韩复榘，不遵命令，放弃守土，勒派烟土，强索民捐，侵吞公款，收缴民枪，罪大恶极，无以复加。着即革除本兼各职，拿交军法执行总监，依法惩治，此令。"

韩复榘看后如梦方醒，却悔之晚矣，身边既无警卫亦无亲信，窗外夜色浓重，反抗已无济于事。但此时他还抱有一线希望，那就是他的贴身警卫和一个团的卫队。在他未返回驻地的情况下，他最信任的第十二军军长孙桐萱，一定会组织手枪团和警卫人员施救。

令韩复榘没有想到的是，他的随从人员和贴身警卫，早已被戴笠安排在蒋介石身边的随节组控制。手枪团卫队也在这边散会的同时被解决。当时开封火车站突然响起警报，韩复榘的专列为躲避空袭，按指挥风驰电掣般开出了火车站，进入部署的埋伏圈。结果不费一枪一弹，手枪团卫队乖乖放下了武器。

押送韩复榘的小汽车开得飞快，转眼之间便来到开封火车站。这时的火车站早已风平浪静，小汽车直接进站开上月台。

夜幕中，一列火车停靠在月台上，已生火待发，列车上下都有持枪宪兵与特务。

王兆槐与其下属将韩复榘从小汽车中拖出，连拉带推地将他拥上火车。

火车启动后，沿途不停，直驰汉口。

审讯后秘密处决

其实韩复榘的下属并没有发觉情况有什么不对劲。当晚散会时，负责会务的一位中校军官宣布，委员长晚七时请与会人员吃饭。孙桐萱与韩的幕僚刘书香、张国选以及旅、团长等十余人直接去了饭馆，饭后各自回住所休息。他们以为韩复榘参加蒋介石的宴请去了。

孙桐萱与刘书香、张国选同住在牛敬廷的房子里，夜里两三点钟时，蒋伯诚突然来了，告诉他们说：

"向方被扣了！"

三人都大吃一惊。蒋伯诚对孙桐萱说：

"走吧，蒋先生找你谈话。"

走到院子里才知道，住所已经被军警包围，韩复榘的手枪团卫队也早已被军警控制。

来到蒋介石下榻的袁家花园，蒋介石表现得很亲切，招呼孙桐萱坐下后说：

"韩向方不听命令，不能再叫他回去指挥部队了。"

孙桐萱担心韩复榘有生命危险，赶紧说：

"委员长，韩司令在北伐时为国家出过力，立过功。只是他个性太强，有不周到的地方，请委员长原谅他，无论如何留下他的性命。不叫他指挥部队，叫他休息休息也好；或者叫他留在委员长身边，叫他力改前非，以观后效；或者叫他出国。"

"好！好！考虑考虑。"蒋介石拿出几条写好的手令递给孙桐萱，接着说，"你任第三集团军副总司令，曹福林任前敌总司令，于学忠兼第三集团军总司令，你听于学忠指挥，马上回曹县，整顿部队，继续抗战。"

蒋介石当晚也召见了于学忠。

稳住第三集团军将领后，蒋介石连夜下令：由于第三集团军连续失守济南、泰安、兖州以后，又擅自退到济宁、曹县一带，津浦线兖州至徐州沿线空虚无兵，形势危急，令第二十二集团军星夜调动，在开封以东兖州以南的藤县一带布防，拒止敌人南下。

在第二天下午召开的军事会议上，蒋介石宣布了韩复榘的四大罪状：一，不听命令，擅自撤退；二，保存实力，拥兵自重；三，收缴民枪；四，贩卖鸦片。并宣布韩复榘已被撤职查办，押往武汉。

到武汉后，韩复榘被关押在行营大楼里，由王兆槐带特工看守。1月21日起，由何应钦、何成浚、鹿钟麟等人组成会审法庭，对韩复榘先后进行了三次审讯。

在法庭上，韩复榘的表现也堪称一绝。

何应钦问：

"你身为山东省主席兼第三集团军总司令，为何擅自放弃山东，致使济南、泰安等地接连失陷？"

韩复榘听罢，理直气壮地反问：

"济南失陷由我负责，那南京失陷由谁负责？"

何应钦又问：

"你有了两个老婆，为何又娶日本女人？"

"那是部属跟我开玩笑，叫的日本条子，逢场作戏有何不可？"

"政府三令五申禁鸦片烟，你为什么还贩卖烟土？"

"那是人家送给我的，难道不能卖吗？"

韩复榘的态度，让所有想为他求情解脱的下属无能为力。

2月24日，王兆槐与看守韩的两名特工来到韩的房间，告诉他说：

"韩主席，何部长请你去谈话。"

"有什么好谈的？还有完没完？"

韩复榘死到临头，仍是一副蛮横霸道的"鲁中王"派头。跟随王兆槐出门后，在楼梯拐角处，他看到院子里站着几名荷枪实弹的军警，方知大难临头。他一直以为大敌当前，蒋介石不至于把他怎样，最多撤职查办。上海、南京，失守的城市多了，有哪个受到了查办？没料到蒋介石会拿他开刀，杀鸡给猴看。

他说了句"我回去换双鞋"，便立马转身向回走。就在他刚刚转过身去的一刹那，身后的特工一甩手就是几枪，韩复榘在枪声中倒地，当场毙命。

而韩复榘的"盟友"刘湘，却已先他一步而去。在审讯韩复榘期间，何应钦曾到万国医院看望刘湘，说起韩复榘被扣押之事，刘湘大惊失色，急问为什么。何应钦说："他的部队要开到襄樊去。"刘湘知道事情已经败露，在何应钦离开十分钟后，即大口吐血，昏迷不醒，三天后不治身亡。

蒋介石怒杀韩复榘，无论人们怎么议论，对那些不听调遣、拥兵自重的地方军阀和将领，都是一个不小的震慑。在此后的台儿庄战役乃至徐州会战和武汉会战中，不少地方部队将领以及中央军将领拼死抗敌，与此杀一儆百不无关系。

李宗仁在回忆录中评价说："此事确使抗战阵营中精神为之一振。"

羁押杨虎城、抓捕韩复榘，戴笠做得有条不紊，在蒋介石心中又增加一个砝码，也渐渐有了蒋介石的佩剑之称。

第十四章
叫板陈仪，赔了夫人又折兵

何来的新仇旧恨

1938年3月29日，国民党临时全国代表大会在武昌举行，在这次大会做出的决定中，有一项看似不大却与戴笠及他的特务处命运息息相关的决定，那就是扩大特务组织，改组军事委员会调查统计局，即成立军统局。

在1935年5月成立的军事委员会调查统计局，下设三个处：一处为党务处，处长徐恩曾；二处为军警处，即复兴社特务处，处长戴笠；三处为邮检处，处长丁默邨。

军事委员会调查统计局改组后，二处，即戴笠的特务处将升格并继续使用军事委员会调查统计局的牌子，简称"军统"；一处和三处，合并为中央党部调查统计局，简称"中统"。

蒋介石同时决定，军统局局长由侍一处主任贺耀祖兼任，授中将军衔；戴笠升任副局长，授少将军衔。

戴笠知道，军统局是中将级单位，在等级森严论资排辈的国民党内部，他能授少将衔任副局长已经不错了，重要的是掌握实权。

这一决定，无疑将使戴笠的特务组织有一个大的发展和飞跃。就在戴笠摩拳擦掌准备大干一场的时候，一封意想不到的神秘电报，将他推入几近崩溃的边缘。

电报是闽北站站长严灵峰发来的，内容简单，却犹如千钧重锤，字字砸在戴笠心上：

"张超已被福建省主席陈仪下令逮捕，恐有不测！"

陈仪为何要逮捕张超？

张超，福建长泰县人，肄业于黄埔军校武汉分校第六期，1933年加入特务处，旋即被派回家乡福建潜伏，后被任命为特务处福建闽北站站长，公开身份是福建省保安处谍报股股长。

"闽变"平息后，陈仪被任命为福建省主席。戴笠平息闽变有功，深得陈仪好感。也就是说，从特务处角度来说，与陈仪无冤无仇。

说起来，张超也算有能力有胆魄之人，在担任公开职务福建省保安处谍报股股长初期，也曾办过几件大案，深得陈仪的赏识和器重。但他也是一介"粗人"，或者说是"狂人"，性格大而化之缺少心思缜密不说，而且不知轻重，缺少自知之明，在"走红"之后竟野心膨胀，骄横跋扈，独断专行，渐渐地连陈仪也不放在眼里了。

就保安处谍报股的工作而言，张超与陈仪或许不会有直接碰撞，但张超为扩大特务组织在福建的势力，一直在收买地方民军，收买的方法不外乎封官许愿。最初，对他的保荐陈仪总是大开绿灯，经他保荐的县长、省政府参议、咨议不下20余人。后来陈仪发觉了他的野心，断然拒绝他保荐的任何人选，这让他心中十分不悦。

随后发生了几件事，使两人关系迅速恶化。

第一件事是"二刘事件"。

"二刘"是创办福州电气公司的刘家兄弟之一刘雅扶和侄子刘爱其，也是福州最大的经济汉奸。抗战爆发后，张超为了迎合福建人民的抗日激情，派部属暗杀了"二刘"与有通日嫌疑却深得陈仪宠信的医学博士黄丙丁。事发后，陈仪赫然震怒，认定是张超所为，却又查不到证据。

随后又发生了"邝汉事件"。

邝汉是金门县县长。金门县辖大嶝、小嶝及金门岛，县治设在金门岛。占领台湾的日军若从厦门登陆，必先攻取金门。由于岛上没有驻军，邝汉曾请示省政府，必要时撤退大嶝，遭到陈仪的严词拒绝："守土有责，应与城共存亡……"

但在1937年10月卜旬日军炮轰金门时，邝汉仍携县保安队及家属撤到大嶝，又随后退到漳州。1937年12月17日，陈仪以"弃职潜逃"罪将邝汉处决。

然而在不久后的厦门战役中，第七十五师师长宋天才擅自弃城而逃，导致厦门失守，却没有受到任何惩罚，一时舆论大哗。时人有诗云："退缩宰官理应诛，无殃丧地将雄师。赏刑失措徇偏袒，效死难求孰拯危。"并加注解称："金门县长邝汉，仅仅有24名法警，退大嶝办公，地失伏诛；宋天才师长将万兵，把厦门放弃不问。"

由于邝汉是特务处的人，曾任保安处谍报股科员，为报此一箭之仇，张超特地找到《南方日报》（黄埔军校同学在福建创办）总编辑闵佛九，发表社论《为原金门县长邝汉鸣冤》，矛头直指陈仪以"浙人治闽"，杀人立威。

看到社论，陈仪忍无可忍，但只能将闵佛九免职，对张超仍无可奈何。

抓不到张超的罪证，无法予以制裁，陈仪就想控制他的权力，决定在绥靖公署下成立情报处，将在福建的CC（陈果夫、陈立夫为首的政治势力）、复兴社等特务组织统一起来，由情报处统一管理。

事到如今张超仍自我感觉良好，认为情报处处长一职非他莫属。可当任命一公布，有如当头棒喝，不仅自己与处长无缘，而且这个新的顶头上司，竟是他的"冤家对头"胡国振。

胡国振的公开身份是福建省警官训练所所长，秘密身份是特务处闽北站督察。

督察一职就是为督察站长而设，以张超目中无人独断专行的行事作风，免不了被打"小报告"。而在胡国振上任情报处处长不久，很快侦得张超有贪腐行为，曾敲诈南台某大木材商2000元，并在查办禁烟督察处副处长程某私卖烟土案中贪污舞弊。在将这些情况上报戴笠时，胡国振同时汇报了张超与陈仪已势同水火，建议将张超调离福建。

为了不影响与陈仪的关系，戴笠接受了胡国振的建议，免去张超明暗两个职务，派严灵峰潜往福州，接任闽北站站长的秘密职务；将保安处谍报股股长的公开职务交给闽北站书记金颂康代理。对张超，戴笠采取"冷处理"的老办法，挂起来晾在了一边，视其自我反省程度再做决定。

张超继续"作死"

这种"冷处理"一般要被"挂"数月，甚至一年或更长时间。时间长短，要看被"挂"期间的表现，或者有否用人契机。那些不知反省、满腹牢骚、怨声载道者，即使重新起用也很难再有升迁机会，甚至被一挂到底，永不叙用。

戴笠在将张超免职后，便挂到一边不管了。却不料，时隔不久，张超却擅自找上门来。

当时，忠义救国军总指挥部刚刚在汉口成立（后迁安徽屯溪），戴笠正在汉口巴黎街八号临时住所与副总指挥俞作柏等人商议相关事宜，张超不请自来，让戴笠略略吃了一惊。张超说：

"戴先生，我是来请示工作的。"

"请示工作？"戴笠显然很意外，都已经被免职了，还有什么可请示的？

当张超对他此行的目的侃侃而谈的时候，戴笠不仅听得津津有味，而且连连点头予以肯定。

张超虽大大咧咧难以思虑周全，对戴笠的心思却揣摩得十分透彻。他知道在这个被挂起来的特殊阶段，只要毫无怨言，主动开展工作，将功补过，前途就是一片光明，甚至会因祸得福。

那么，主动开展什么工作呢？

他知道，戴笠最重视的是特工武装，尤其抗战爆发后，戴笠在上海成立苏浙别动队，协助主力部队作战；同时要求平、津两站合作，组建滦榆游击司令部，由王天木与陈恭澍分别担任正副司令。如今苏浙别动队已改编为忠义救国军，滦榆游击队也改编为忠义救国军北方支队，那么，在东南拉起一支同样的游击队伍，应该是戴笠求之不得的。

而张超手中正有这张王牌，那就是民军。

福建的民军，多年来都是不容忽视的地方武装力量。自北洋军阀势力进入福建之日起，福建就成为各大小军阀的"群魔乱舞"之地。正是"乱世出枭雄"，各路"草头王"乘乱应运而生，各大小军阀乃至各种政治势力的角逐，无不借助或利用民军的势力，因此，福建政局的每一次动荡都为他们创造了发展机遇。而对付这些民军，无外乎"打"与"抚"。到陈仪主闽时，虽然几股大的民军已被平定，但许多小股民军仍十分活跃。张超正是看中了民军可为我所用，拉拢了一批民军首领和失意军官。

张超此番前来，是邀了几位民军头目一起来的，在汇报了他的设想之后，将几位民军头目请到了戴笠的办公室。

有这几位民军头目的陪衬，对张超来说起到了一举两得之功效：一方面让戴笠看到了他的实力；而另一方面，也让几位民军头目看到了他的强大背景，以及他在戴笠心中的位置与重量。

正如张超对戴笠的了解，眼下戴笠最重视的是发展特务武装。他早已注意到福建的民军，只是没有合适人选能够掌握和改造这些地方武装。如今张超主动请缨，又具备这方面实力，戴笠何乐而不为？

就张超的个性而言，与其让他做特工带一个情报站，远不如让他带一支武装部队更合适。

但是，民军成员良莠不齐，既有农民起义者，也有土匪流氓，在这些人中拉起一支队伍，人员的选择与考察尤为重要。戴笠曾在致下属电报中特别强调："非常时期之工作，不可用流氓。因流氓行为招摇，不切实际，用之未有不败者。"因而，戴笠提议，先主办一个东南游击干部训练班，挑选一批优秀青年进行培训，作为日后游击队伍的骨干力量。

得到戴笠的首肯，张超大喜过望。就他的个性来说，带一支部队远比干特工弄情报来得畅快。

返回福建之后，张超开始大张旗鼓招兵买马，通过闽南、闽北两站，很快招收了100多名学生，并聘请了政治教官与军事教官。

万事俱备之后，张超这才想到还欠一点东风，这个"东风"就是经费与装备。经费与装备应由地方财政支出，而他根本没想到应事先征得陈仪的同意。

陈仪原本因发现张超有野心而对他采取遏制措施的，如今张超要成立"东南游击干部训练班"，为组建武装部队做准备，这正是陈仪所忌讳的，怎会给他开绿灯？

经再三争取，仍毫无转圜余地，张超只好向戴笠求援。

其实，由特务处援助开办"干训班"并非不可，只是会影响与陈仪的关系。陈仪在拒绝张超之前，已给戴笠发电报说明情况。不管他以什么理由拒绝，戴笠都不能不接受，毕竟陈仪是一省大员，弄僵了对谁都不好。何况特务处正处于改组阶段，经费紧张。于是戴笠便想了一个两全其美的办法。

由于军统局成立在即，戴笠已报请蒋介石批准，在湖南临澧开设中央警官学校特种警察训练班，以缓解军统成立后的人员紧缺问题。特训班已在余乐醒、陶一珊等人的筹建中开始招生，张超招募的100多名学生正好送到临澧接受培训，培训结束后统一分配使用。

为保护张超的积极性，戴笠决定将他调离福建，到上海沦陷区任行动队长。

戴笠的决定，对张超来说也算是失之东隅收之桑榆了。张超很快将100多名学生送到了临澧，就等着他本人料理好福建方面的事务，到上海走马上任了。

可就在这个时候，张超做出了一个贻误终生的莽撞之举。

常言说，忍一时风平浪静，退一步海阔天空。张超并非睚眦必报之人，这次却偏偏没有"忍"住。在送走学生之后，他越想越生气，一次次"好事"都让陈仪给搅黄了，反正马上就要离开福建了，不如趁机报复他一下，也好出出心中这口恶气。

当时，各民军首领和国民党CC派都对陈仪不满，省党部主任委员陈肇英与陈仪素有嫌隙，而陈仪抗日态度暧昧，被陈肇英抓住把柄大肆攻击，大有取而代之之势。张超认为，这正是"倒陈"的好时机。

于是，张超召集数名亲信，商量"倒陈"事宜，制订"倒陈"方案。该方案由政治的和军事的两部分组成：政治的即制造舆论，以民众抗日自卫相号召，提出"打倒汉奸陈仪""把陈仪赶出福建""闽人治闽"等口号，并写成标语张贴；军事的，则以其亲信所掌握的海军旧部，与驻莆田涵江、福清海口的两个水警中队，及福清县（今福清市）自卫中队等部为基础，各自就近联络地方武装和土匪，并由张超派人直接到各县联系地方民军首领，待各方面准备就绪，一同举事"倒陈"。

布置好一切，张超准备赴上海就任行动队长，船票已经买好，可是他做梦也没想到，他最信任的亲信已经将他出卖，陈仪已下令省警察局局长李进德将他秘密抓捕。

第二天就要启程赴上海了，这天晚上，张超优哉游哉地到福州温泉路福龙泉澡堂洗澡。就在他洗好准备离去的时候，侦缉队队长董兰观突然走进来，向他出示了陈仪的手令。

张超并未意识到危险降临，大大咧咧地跟着董兰观上了车，随即被关押在警察局内。

倒是闽北站站长严灵峰警惕性高，闻讯后立即给戴笠发报，并断定陈仪不会轻易放过张超。

紧急营救，受挫

接到严灵峰的电报后，戴笠焦急万分，他本不愿意与陈仪把关系弄僵，想必陈仪也是如此，现在他既然抓了张超，说明已准备拿张超开刀。倘若张超真的命丧陈仪刀下，将会直接影响到以后军统工作的开展，无论如何张超也是为了发展特务武装，再怎么冒犯陈仪，也是罪不当诛。

他一刻都不敢耽搁，立即写好呈文，冒着炎炎烈日赶往珞珈山蒋介石的临时官邸。

正是午休时间，蒋介石的住所就在东湖附近，戴笠远远地看到宋美龄坐在湖畔小亭内纳凉。

自西安事变之后，戴笠在宋美龄心中的分量陡然增加。1937年元月戴笠患鼻瘤，在上海宝隆医院实施切除手术，不仅蒋介石多次派员前往医院视疾，宋美龄还亲自前往医院，代表蒋介石进行慰问。宋美龄亲自向院方了解戴笠的治疗情况，特地叮嘱院方："戴处长是只知有国家，不知为自己的人，这次住院，必须要使他好好休息，非经我许可，不得擅准出院。"

宋美龄原本比蒋介石更具亲和力，戴笠在宋美龄面前更觉得轻松自如，不受拘束。有急事由宋美龄转达，往往比直接找蒋介石效果更好。

见到宋美龄，戴笠先是松了一口气，远远地向宋美龄打招呼：

"夫人好！"

看到戴笠走得大汗淋漓，宋美龄问：

"大中午的，什么事这么急？"

戴笠递上严灵峰的电报和呈文，待宋美龄看过之后，说：

"请校长务必让陈主席派人将张超押到武汉来审查。"

"好，我替你转交。"

有宋美龄答应转交，此事就有了百分之百的把握。一旦张超被押到武汉，就等于有了免死金牌。只要留得青山在，其他一切都不重要。再说，张超如此莽撞之人，不受点惩戒，不知什么时候还会闯下掉脑袋的大祸。

不过，戴笠的想象未免太乐观了。

倒不是宋美龄的转交没有发挥作用，也不是蒋介石未批准他的呈文，而是他低估了陈仪的胆量。

蒋介石看了电报与呈文，迅疾以军事委员会委员长名义发报，令陈仪将张超迅速押解汉口查办。

这个消息原本让戴笠如释重负，殊不料，在戴笠满怀希望等着张超被押解武汉的时候，第二天，即6月18日，突然传来了张超被处决的噩耗！陈仪出手之快，下手之狠，手段之绝，令戴笠这个掌握着一大批"职业杀手"的特务头子也不得不为之震惊。

陈仪与戴笠撕破脸尚可理解，公然对抗蒋介石的命令，却是戴笠完全没有想到的。

事实上，陈仪既抓捕了张超，就没打算让他活着出去。倘若将他押解武汉，显然张超再无生命之忧。为解心头之恨，陈仪压下蒋介石的电报，以"阴谋叛乱，反抗政府，公然煽惑军心，破坏抗战大计"之罪名，下令将张超立予枪决。

蒋介石的电报，恰恰成了张超的"催命符"。

此仇不报，何以向众多部属交代？在军统即将组建之际，出了这样的事，何以招募人才？何以让众下属为之卖命？但是，以陈仪国民党元老的身份，蒋介石根本不能拿他怎样，尤其不能为了一个小特务去制裁一个国民党元老，这也正是陈仪敢抗旨不遵的原因。

戴笠打电话找来同窗好友毛人凤，商量如何挽回影响。

毛人凤虽然在加入特务处的时间上比"十人团"元老晚了"三秋"，但在先后出任浙江警校特派员办公室书记、武汉行营办公厅第三科第一股少校股长、西安军警宪联合稽查处中校秘书以及特务处处长办公室书记之后，他作为秘书的才干越来越显露无余，在戴笠心目中的分量也越来越重。与众多秘书对比，他不仅旧学根底深厚，思虑周详，工作扎实，忠实可靠，而且为人低调，谦逊随和，谨言慎行，从不会招惹是非，是一个不可多得的优秀幕僚长人选，戴笠对他越来越倚重。

毛人凤分析说：

"既然陈仪敢拿张超开刀，也就与我们结下了不解之仇。常言说君子报仇十年不晚，这个仇我们现在报不了，可以先杀杀他的威风，让他的保安处处长还张超一命！"

"看来也只有这样了，你起草一份报告，恳请校长电令陈仪，将叶成押到武汉。我们事先到机场做好准备，人一到立即扣留，说不定还能从他身上找到扳倒陈仪的突破口。"

叶成，福建省保安处处长。

叶成也是浙江人，1905年出生于浙江青田，毕业于黄埔军校第三期，说起来也是"天子门生"，也曾在蒋介石身边任侍从室副官、副组长。

与特务处渊源更深的，则是他复兴社干部的身份，是复兴社福建分社书记。

"本是同根生，相煎何太急？"事实上，对于抓捕和枪杀张超，叶成是一百个不愿意干。与戴笠同是浙江老乡、黄埔校友、复兴社干部，虽无深交，亦有往来；且与闽北站、闽南站向来融洽，让他向特务处的张超开刀，他怎么下得了手？

但陈仪下了手令，要他抓张超，叶成不能推辞，只好将这个差事交给了省会警察局局长李进德。不曾想，张超被抓到警察局后，陈仪要求速战速决，不经审讯立即"问斩"。面对叶成一脸的为难神色，陈仪拍胸脯说："非杀不可，出了事我负责！"

话虽如此，叶成心里非常清楚，这笔账特务处未必会记在陈仪一人头上。"杀人偿命，欠债还钱"自古天经地义，特务处职业杀手如云，以戴笠的铁血手段，岂会白白放过他？

结果不出所料，制裁不了陈仪，戴笠便按照毛人凤的主意，将目标锁定了叶成，带着由毛人凤拟定的报告再次来到蒋介石的临时官邸。

戴笠一进办公室，蒋介石就知道了他的来意，陈仪的电报自然比戴笠的脚步要快得多。当时宋美龄也在蒋介石的办公室，戴笠还没来得及开口，蒋介石就说：

"张超的事我已经知道了。"

戴笠愣了一下，马上说：

"校长，张超为了开展工作这么不明不白地死了，我们以后的工作还怎么做？"戴笠眼巴巴地看着蒋介石，又补充一句，"陈主席作为地方官员违抗校长的命令，如果别人都像他那样，我们在地方上就没法开展工作了。"

"这个陈仪也太目无中央了。"宋美龄接话说。

蒋介石何尝不知陈仪目无中央，这也正是他为之气愤的。

"可是张超已死，还能有什么办法补救？"

戴笠赶紧递上手中报告，说：

"校长，张超死得冤枉。为了挽回影响，请校长下令将枪毙张超的叶成押到武汉审讯。"

蒋介石接过报告，点点头说：

"好吧，我会考虑的。"

第二天，蒋介石便电令陈仪，将叶成押送武汉。

陈仪敢抗旨一次，却不敢抗旨两次，尤其蒋介石在电报中严词指责他"目无中央"，这让他不能不有所顾忌。可是，他既信誓旦旦说过"出了事我负责"，就不能失信于叶成。他把叶成找去，出示蒋介石电令，对他说："你可以放心去，一切由我负责。"

又是"我负责"，叶成沉默半晌，只能服从命令。

陈仪果然为叶成此行做了周密安排，策划了如何在蒋介石面前状告张超，同时给两位关系不错又深得蒋介石信任的人发去电报，让他们保护叶成避免落入特务处之手并引见叶成晋见蒋介石。这两人一个是军政部部长何应钦，一个是被蒋介石视为"智多星"的贴心幕僚张群。

戴笠通过闽北站站长严灵峰，掌握了叶成抵达武汉的具体时间，派出精干特工等候在机场。却没料到，陈仪毕竟是久经宦海的老牌政客，对特务处早有防备。押送叶成的专机一降落，何应钦就从轿车里钻出来，亲自将叶成接上了车。特务处的人只能眼巴巴看着何应钦将叶成接走，并直接送进了张群的住所。

头一回激怒校长

这天是8月17日，戴笠一直在汉口巴黎街八号的住所等候消息，等来的却是叶成被何应钦接走保护起来的消息。又一次被陈仪抢了先，戴笠怒火难平。可事情远没有结束，更沉重的打击还在后头。

第二天上午，蒋介石亲派"信使"来到戴笠的办公室，传蒋介石紧急召见，戴笠并未多想，便迅速赶往珞珈山蒋介石官邸。

一进办公室，蒋介石就将一卷东西摔到戴笠面前：

"你自己看看，这都是什么！"

戴笠展开一看，都是反对陈仪的标语。

"你一次次为张超喊冤，又是呈文，又是哭诉，你知道他干了些什么吗？"

戴笠看看眼前的标语，真想问，他反陈仪错了吗？陈仪就是亲日、消极抗日！但话到嘴边还是改了口：

"我不知道这些东西是哪来的，我只能说，凭这些不能证明是张超所为。"戴笠料到已被叶成反咬一口，又说，"张超已死，死无对证，这只是他们的一面之词，请校长明鉴！"

正如戴笠所猜测的，张群已亲自带叶成晋见蒋介石，按照陈仪的事先策划，将张超的为人张狂、放荡不羁、到处招惹是非尤其是对抗陈仪的种种"罪证"，向蒋介石一一汇报。

"张超处处与陈仪对抗，私组武力，图谋不轨，难道这不是事实吗？"

"张超组织武力不假，可那是为特务处在福建组织游击力量，为的是协助国军作战。既然陈主席不同意，他招聘的学生已经送到临澧接受培训，然后统一分配使用，这怎么能算是以武力对抗陈主席？"

戴笠简直气昏了头，他从来没有顶撞过蒋介石，即使蒋介石跟他拍了桌子，他也是恭恭敬敬地洗耳恭听。可是今天，他仿佛把蒋介石当成了陈仪，完全没有了以往的顾忌。

蒋介石也是气愤不已，自己最信赖、最倚为干城的心腹门生，竟然为了一个小小特工与他大吵大闹。

"你不问缘由，不分青红皂白，在这里大吵大闹，成何体统！好了，这事到此为止。"蒋介石说着，对戴笠一挥手，示意他退下。

这句"到此为止"令戴笠更是怒不可遏。张超就这样白白地死了，费尽心机将叶成弄来却被反咬一口，就这样到此为止了？可蒋介石已经下了逐客令，戴笠自然也不便再纠缠。他扭头就走，"砰"的一声带上了门。

可能戴笠关门用力过大，蒋介石被这一声再次激怒：

"你回来！你怎能如此粗暴无礼，目无尊长！"

被蒋介石指着鼻子斥责，戴笠一肚子火气无处发泄，一肚子冤屈无处申诉，"扑通"一声跪在蒋介石面前哭诉：

"恳请校长为死者伸冤，让生者性命有保障，否则将无法开展工作！"

蒋介石被戴笠突如其来的这一跪吓了一跳，不禁怒责道：

"你这是干什么？真是下贱！"

"下贱"二字深深刺痛了戴笠。这一跪，有恳求，有忠诚，有对死者生命的尊重，有对生者生命的敬畏，唯独没有下贱！

"我今天跪在校长面前，若是为个人升官发财，那是我下贱、无耻！我的同志被无辜地杀死了，他要组织游击部队打鬼子，队伍还没拉起来，就倒在了自己人的枪口下。他是为了开展革命工作被杀死的！他大大咧咧，不拘小节，他冒犯了陈仪，他有罪，可他罪不至死！特务处上上下下都在看着，能不能为他报仇伸冤，已不是他一个人的问题，而是关乎整个特务处今后的工作怎么开展。校长若不给我们做主，我的工作也没法干下去了……"

戴笠声泪俱下，满腔怒火与悲愤，犹如决堤的洪水，瞬间倾泻而下。

这完全出乎蒋介石的意料，他急召戴笠就是要兴师问罪的，却不料戴笠反应如此强烈，如此反常。他也意识到自己骂重了，可说出去的话，泼出去的水，已无法收回。在门生弟子面前，蒋介石是无须勉强自己的，他丢下戴笠，一个人拂袖而去。

戴笠这次也顶上了，全然不顾自己费尽千辛万苦打下的"天下"，毫不珍惜即将到手的军统局，回去就写了一封长达38页的辞职信。

"投之亡地然后存，陷之死地然后生。"虽然带着一时意气，戴笠也确实觉得，此仇不报，无颜面对下属，以后谁还肯为军统卖命！与其任人宰割，不如干脆撂挑子不干。只是戴笠气头上并未考虑到，倘若没有"后存"与"后生"，他会不会悔不当初？

好在，蒋介石不会意气用事。既然当初从"高手如云"的复兴社选了这个黄埔"晚辈"做特务处处长，今日就不会轻易将军统易手他人。毕竟戴笠已经数年磨砺，又独具特质，且忠心耿耿。

几天后，蒋介石火气消了，从戴笠的角度设身处地想想，觉得戴笠的反常也是事出有因，于是再次召见戴笠。

戴笠的心情也平静了很多，也觉得自己的种种举动有些过激。来到蒋介石办公室，戴笠垂手而立。蒋介石心平气和地说：

"你想辞职，你走了，谁干？你不能这样要挟革命领袖，一个担当革命工作的人，是不准随便辞职的，而且我叫你做这个事情，根本就没有打算叫谁来接替你！"

蒋介石这番话，令戴笠十分感动，只是他心中的"结"仍未打开，他说：

"不知校长是否注意到福建的情况，抗战爆发后，全国人民都投入了抗战，只有福建不见动静。陈主席不仅不做抗战动员，反而派人去香港、上海与日本人联络。张超只是戳破实情，他就违抗校长的命令灭口。张超实在是死得冤枉啊！"

蒋介石何尝不知张超死得冤枉。再说，即使张超该杀，也还轮不到陈仪发号施令。可是有一点戴笠不知道，那就是陈仪消极抗战事出有因，这个"因"就出在蒋介石身上。

蒋介石迟迟不肯发动全面抗战，就是认为准备不充分，中日双方武力过于悬殊，因而处处妥协忍让，避免刺激日本。殊不料，日本人逮着软柿子好捏，得陇望蜀，处处寻衅滋事，并做起速战速决、三个月灭亡中国的美梦。全面抗战爆发后，蒋介石拿出中央军精锐兵力，打响上海保卫战，粉碎了日本"三个月灭亡中国"的美梦。台儿庄大捷鼓舞了中国军队的士气，虽然徐州会战后期中国军队陷入被动，但这场历时五个月的战役，成功钳制和消耗了日军的有生力量，阻滞了日军的进攻速度，为接下来武汉会战的部署赢得了时间。武汉会战已于6月中旬打响，中国军队士气高昂。这是一场历时四个半月的战役，其战线之长，规模之大，伤亡之惨重，在抗战所有战役中空前绝后。它大大消耗了日军的有生力量，使其进攻锐气受挫，战略进攻势头大减，粉碎了日寇企图使中国屈服、快速结束战争的梦想。

日本人最担心的是陷入持久战的泥沼，蒋介石在打击日军锐气的同时，寄希望于日军做出让步，回到谈判桌上。直到1940年，终因双方条件南辕北辙，蒋介石最终关闭了与日谈判大门。而此阶段，陈仪的消极抗战及秘密与日本人联络，皆是奉了蒋介石之命。而这些，蒋介石是无法对戴笠明说的。

戴笠提出的问题，让他沉默良久，终于无可奈何地说：

"你只知陈仪是国民党元老，你可想过这个元老的能量？可想过张群为什么要帮叶成？陈仪是政学系的骨干，他背后站着一群人，包括张群和江西的熊式辉。当年在南昌行营'剿共'时，他们都是出过大力的。眼下用人之际，牵一发而动全身，陈仪是不能碰的。至于叶成，连何部长都搬出来了，何必不给他这个台阶？再说，叶成也是代人受过。我这就下令免去他保安处处长的职务，送汉口军法执行总监部扣押。你回去安排厚葬张超，优恤家属，这件事就不要再提了。以后遇事，不要只想着你那个特务处，要顾全大局。"

蒋介石这一番掏心窝子的话，说得戴笠热泪盈眶。直到这时他才深刻体会到，他的这盘特务处的小棋，要时时刻刻服从校长下的那盘国民政府的大棋。

他恭恭敬敬地给蒋介石鞠了一躬，万分激动地说：

"我一定秉承校长旨意！"

回到巴黎街住所，他立刻挥笔写下"秉承领袖旨意，体念领袖苦心"12个大字，决心以此为座右铭，时刻铭记心间，绝不再给蒋介石添乱。

漫长的复仇路

戴笠将毛人凤等特务处骨干召集到巴黎街住所，讲了张超事件处理始末，提出以"秉承领袖旨意，体念领袖苦心"12字为特务处行动指南，张超的事以后不要再提。

他又召集在武汉的所有特工，为张超举行了哀悼会；下令闽北站厚葬张超，优恤家属，同时筹建一所小学，命名为"佑民小学"（张超别名"佑民"），以此纪念张超。

但是，冤有头债有主，不是不报时辰不到。陈仪这头戴笠只能暂时放下，另一头是不能放下的。这另一头，就是向陈仪通风报信之人。没有人通风报信，张超就不会被抓被杀，这笔账戴笠不能不算。

当时，张超被杀的消息传到湖南临澧特训班后，被他保送到这里接受训练的100多名福建学员，个个义愤填膺，强烈要求回福建工作，为张超报仇。

戴笠趁热打铁，向分布于全国各地的军统特务组织发出一封"告同志书"，在深切悼念张超的同时，介绍了张超为"革命"、为"团体"牺牲的"事迹"，号召大家学习张超的"革命精神"，吸取张超事件的教训，提高警惕，严格遵守纪律，遵守特工秘密原则。同时要为张超报仇。

张超保送的100多名学员从临澧特训班毕业后，也因这一突发事件，全部返回福建工作。

戴笠下令严灵峰，秘密制裁背叛张超向陈仪通风报信的高诚学、谢荫坡二人。

为什么要制裁这两人？这两人在张超事件中扮演了什么角色？

在张超召集亲信商量"倒陈"事宜时，这两人并未参加。是高诚学的小兄弟林荫将"倒陈"策划方案透漏给了高诚学，高诚学转而与谢荫坡商量，然后两人一起向陈仪告密邀功导致了张超的噩运。

也就是说，第一个泄露"倒陈"方案的是林荫。但他泄露的对象高诚学，以及高诚学泄露的对象谢荫坡，都是张超的亲信。这两人未能参加张超的"倒陈"策划，并不代表与张超关系疏远，而是因为张超就近通知亲信，两人所居位置不够方便未能参加而已。

林荫与高诚学都是福建省平潭县人，林荫生于1908年，比高诚学小11岁，是高诚学名副其实的小兄弟。两人都曾是民军中的风云人物，分别为福清、平潭著名民军首领。张超将两人拉过来后，将其部队改编为两个水警中队，保荐林荫任水警中队队长，高诚学任福清养淡工程处主任。

在张超"倒陈"行动方案中，所涉及的主要武装力量，就是这两个水警中队。而此时这支水警部队已改造成为正规武装警察部队。林荫觉得事关重大，就去找高诚学商量。

此时的高诚学由于在养淡工程处表现不错，已被陈仪改任福建省福安县县长。考虑到自己在县长的位子上干得得心应手，高诚学不愿冒险，随后赶往福州，去找谢荫坡商量。

谢荫坡也是由张超保荐的，原任福建省政府参议，后被陈仪任命为政和县县长。谢荫坡担心出事后受牵连，干脆提议告密邀功。两人一拍即合，迅速付诸行动。

戴笠了解了事情的来龙去脉，放过林荫一马，将制裁目标锁定高、谢。

但这两人做贼心虚，考虑到戴笠的铁血手腕，怎敢掉以轻心？尤其军统成立后，这两人更是风声鹤唳，草木皆兵。他们原本身边都有武装力量，在此基础上又加强了防范，住所有重兵把守，出入则重兵护驾。严灵峰只得对二人密切监视、跟踪，等待时机。

直到一年后，在几次暗杀未果的情况下，严灵峰发现闽北站的一个运用人员林某与谢荫坡有私交，便设计让林某骗开了谢荫坡家的大门，埋伏多时的特工们蜂拥而至，制服保镖，将谢荫坡击毙在卧室。

但高诚学在福安县长任上干得如鱼得水，办教育、建农场，做了一些颇得民心的好事，又深受陈仪信任，若将他秘密制裁，不仅会造成不良影响，还会让陈仪抓住把柄。

这一等就是三年之久。陈仪主闽七年后，1941年8月终于在一片"倒陈"声中离开福建。

陈仪走了，隐忍了三年的军统终于有了制裁高诚学的机会。几年过去，军统在福建的组织几经变迁，闽南、闽北两站统一归军统设于省府的调统室管理，制裁高诚学的任务就落到了时任调统室主任的易珍身上。

时过境迁，考虑到影响，对高诚学的制裁不宜采取暗杀手段，在易珍等人的部署下，最终以"私藏枪弹，图谋不轨"的罪名，将高诚学送上了黄泉路。

终于除掉了两名肇始者，也算为张超报了仇。

而被蒋介石下令关押的叶成，即使没有陈仪"打包票"，也不至于丢了性命。毕竟是"天子门生"，又是复兴社高干，而且谁都明白他是代人受过，但职务丢了。叶成自然不愿与军统结仇，被释放后，投奔了戴笠最铁的弟兄胡宗南。

奉叶成之命对张超实施抓捕并执行枪毙的福建省警察局局长李进德，也在当时被免除职务。

只是对真正置张超于死地的陈仪，不知戴笠真的是大肚能容，还是没有找到机会，在他有生之年一直与陈仪相安无事，却也是老死不相往来。在军统日益强大之后，陈仪肯定为一时泄愤杀了张超后悔莫及。他数次找人给戴笠传话，想与戴笠谈谈，都被戴笠拒绝。直到戴笠飞机失事殒命四年后，陈仪最终被戴笠的接班人毛人凤送上了西天。

第十五章
升级军统，转战汉、长

挖来心膂干将

特务处南迁后，大本营设在武汉，在长沙设办事处，将一部分内勤组织设在长沙朱家花园，作为通讯中心；将接头地点设在长沙伍家井。随后即以大本营驻地——武昌平阅路三十三号作为军统机关，以戴笠的住所汉口巴黎街八号寓所作为"甲室"，开始了组建军统的筹备工作。

所谓筹备，主要是招揽人才，储备干部。自1937年冬到达武汉后，戴笠便指派原在上海附近松江、青浦两县主持干部训练班的余乐醒、谢力公两人，开始在湖南筹备举办大规模训练班。1938年年初中央警官学校特种警察训练址在湖南临澧开学，简称临训班，招收流亡知识青年，以充实基层。几个月后，再于兰州设立相同的特训班，并着重招训边疆地区青年。抗战时期军统局的大规模训练储备工作人员，从此拉开序幕。

与开办特训班充实基层人才相比，中高层人才的招揽难度要大得多，只能动用各种关系四处招兵买马，挖掘人才。有一天胡宗南来访，给戴笠带来一个好消息：

"次烈兄也到武汉了。"

"是吗，什么时候？"

"刚来不久，我前两天刚见到他，他准备离开军训部来我这里工作。"

这个消息让戴笠大喜过望。

"次烈兄"就是姜绍谟，是戴笠在江山文溪高小的同窗好友，也是戴笠当年单枪匹马跑情报身陷困境时，雪中送炭的好兄弟。

姜绍谟步入仕途较早，在戴笠还是一个未毕业的黄埔学生、陆军中士的时候，姜绍谟已是浙江省党部委员、省防军政治部主任，与时任第一军第一师少将副师长代理师长的胡宗南，同为浙江青年中的佼佼者。

如今同为"天子门生"的戴笠、胡宗南，已是蒋介石身边炙手可热的人物，姜绍谟这个北大政法系"天之骄子"的仕途却并不顺畅，几经辗转成为军训部主任秘书，整天抄抄写写，干得枯燥乏味。

胡宗南时任第十七军团长兼第一军军长，他的副军长范汉杰与姜绍谟私交甚笃，范汉杰想拉姜绍谟到第一军任职，特意安排了姜绍谟与胡宗南的会晤。

"你那里人才济济，这个墙脚就该我来挖。"戴笠听后醋意大发。

"老弟，这可不是一厢情愿的事！"胡宗南不无得意。

姜绍谟是戴笠仰慕已久的高级人才，多次想把他挖过来，却又不好意思下手。正如当年他不愿委身于胡宗南与姜绍谟麾下一样，他也不好意思将好兄弟变成下属。如今军统组建在即，高级人才匮乏，既然姜绍谟肯去胡宗南那里任并不重要的职务，为何不能到军统担当重任？

但这事正如胡宗南所言，不是一厢情愿的，或许正碍于关系密切，情同手足，才不容易变为上下级关系。

戴笠决定一试。

第二天，戴笠派毛人凤亲自登门，去军训部将姜绍谟请到了巴黎街八号。

无论在杭州还是在南京，三个文溪高小同窗凑在一起都实属不易，如今在临时驻地的武汉相聚，三个人都感慨万千。

厨房里传来噼里啪啦的爆炒声，三个人坐在客厅里，摇着大蒲扇，品着茶聊着天。

没聊几句，戴笠便迫不及待地切入正题：

"次烈兄，你不能来我们这边工作吗？战争扩大，这边的工作日益繁重，比寿山兄那边更需要人。再说，寿山兄那边是有秘书长的。"

"是啊，我们都是同窗好友，难得有机会在一起工作。"毛人凤赶紧敲边鼓。

"到这里工作当然很好，可是我已经答应胡先生去西安了。"姜绍谟面露难色。

"答应归答应，你不是还没去吗！"戴笠将一只削好的苹果递给姜绍谟，说，"只要你点头，寿山兄那边我去说，不用你出面。"

有戴笠这句话，姜绍谟还有什么为难的呢？凭戴笠与胡宗南的关系，用人上往往不分彼此，这点事算得了什么？于是，姜绍谟欣然允诺。

任务达成，三人的聚餐更是其乐融融，饭菜端上来之后，三人边吃边聊，天南地北无不涉及，聊着聊着就聊到了"富春江上神仙侣"——郁达夫与王映霞。

1927年年初，31岁的风流才子郁达夫在上海邂逅王映霞，一时惊为天人，遂展开猛烈攻势。王映霞年仅19岁，毕业于浙江女师，一来二去，被这个心中的偶像作家所俘获，两人上演了一段轰动文坛的爱恋传奇，一时传为佳话。

谁知好景不长，这对神仙眷侣在度过五年的幸福生活后，1933年年初，郁达夫偕王映霞从上海迁居杭州，修建别墅"风雨茅庐"居住下来，一切的改变便从这个时候开始了——

　　时任浙江省教育厅厅长许绍棣，是郁达夫留日时期的同学，郁达夫回到省城后，两人往来密切，善交际的王映霞由此与许绍棣也有了较多的交往。1936年郁达夫应陈仪之邀出任福建省政府参议、公报室主任后，曾风闻好友许绍棣"新借得一夫人"，当时并未在意。后有确切消息传来，郁达夫这才慌了，急忙给王映霞发信，让她立即来闽，却连发几封都石沉大海。

　　抗战爆发后，郁达夫在福建忙于工作，王映霞带着母亲和三个儿子避乱于丽水。丽水为浙江省府临时所在地，已丧偶的许绍棣也带着孩子住在丽水。而且王映霞到丽水，正是由许绍棣安排的。由于两人来往密切，一时流言四起。

　　1938年年初，郁达夫出任国民政府军委政治部第三厅设计委员、汉口中华全国文艺界抗敌协会理事，举家迁往武汉。这个时候两人矛盾已经升级，整日口角不断。

　　作为浙江同乡，戴笠与姜绍谟、毛人凤都十分关注郁达夫夫妇的情况，都不愿看到这对神仙眷侣劳燕分飞。

　　正说话间，一个电话打了进来。

　　副官贾金南接起电话，然后对戴笠说：

　　"戴先生，是郁太太。"

　　王映霞给戴笠打电话，令姜绍谟与毛人凤十分惊奇，两人面面相觑，大惑不解。

王映霞的神秘电话

　　其实，王映霞与许绍棣的关系、与郁达夫的矛盾由来，戴笠最为清楚。

　　戴笠为什么对郁达夫夫妇如此熟悉？这要从他对郁达夫诗文的崇拜、对王映霞美貌的欣赏说起。

　　早在单枪匹马跑情报的时候，戴笠就听说过郁达夫与王映霞的罗曼史。也因为是浙江老乡，尤其一个是大才子，一个是大美人，戴笠对这两人的关注便比较多。但碍于身份地位的巨大落差，戴笠对他们只能默默地仰望，根本没想到有朝一日会与他们相识。

　　当杭州至江山的铁路正式通车后，郁达夫为宣传沿线景色所撰写的散文《仙霞纪险》一经发表，即刻深深地打动了戴笠。多年来，戴笠以故乡仙霞为自豪，从文溪高小时期就多次带领同学畅游仙霞岭，如今郁达夫的文章将仙霞描写得如诗如画，旖旎多姿，而又渗透着历史的沧桑，令他对该文百看不厌，对郁达夫也更加仰慕。

　　1933年郁达夫偕王映霞迁居杭州建"风雨茅庐"别墅的时候，正是戴笠坐镇浙江警官学校常住杭州之时。4月下旬的一天，戴笠在姜绍谟家偶遇江山同乡王亦定女士，闲聊中得知王亦定是王映霞的同窗好友，与郁达夫夫妇往来密切，于是要求她居间介绍，没想到郁达夫竟痛快地答应了。

见面后，他与郁达夫夫妇谈得十分投机，他仰慕已久的著名作家和"杭州第一美人"，对他的特务身份并无成见，对他的态度十分热情友好，令他兴奋不已。原来郁达夫与戴笠还有校友之缘。戴笠1910年考入江山县立文溪高等小学堂时，郁达夫考入杭州府中学堂。这个中学堂，就是后来的浙江省立第一中学，也就是戴笠读了三个月的学校。在当时普遍重视同乡、同窗关系的环境氛围中，这层关系无疑拉近了两人的距离。

郁达夫与戴笠，虽是一文一武，性格上却有颇多相投。郁达夫欣赏对方的豪爽率直，戴笠钦佩对方的诗文才学，自相识后便来往频繁，经常一起喝茶、吃饭、聊天。郁达夫在1935年7月3日的日记中称："三时去放鹤亭喝茶，坐到傍晚，到群英小吃店吃晚饭，更去戴宅谈到中夜才回。"

郁达夫到福建任职后，隔了一周，戴笠即特地为他送去贵妃酒为贺。不久又介绍部属、曾任上海保安总团团长的吉章简出任福州汀漳师管区司令，承蒙郁达夫关照，彼此都有了许多方便。

在武汉相见，戴笠发现这对神仙眷侣已产生感情裂痕，终日口角不断。郁达夫公务在身，常常到前线视察，与王映霞的矛盾有一个情绪的缓冲地带。王映霞则不然，整日守着孩子与老母亲，难免孤寂烦闷。更重要的是，到武汉后，王映霞已经怀有身孕，这也是她与许绍棣书信不断的原因。当时王映霞与浙江女师的同学符竹因住邻居，就由符的丈夫汪静之陪同去医院打了胎。

戴笠并不知道王映霞与许绍棣的详细情况，只觉得郁达夫对王映霞关心不够。王映霞常找戴笠诉苦，或打电话，或直接到戴笠的住所。戴笠手头的工作千头万绪，忙得不可开交，但只要在武汉，无论王映霞登门还是电话召唤，他总会抽时间开导她，有时陪她散步。

戴笠在巴黎街八号的住所，如同在南京鸡鹅巷五十三号，既是宿舍也是办公场所，进进出出的大多是"甲室"特工及外勤特工，几乎是清一色的男子汉，尤其大敌当前，戴笠并不希望王映霞常来这个地方。

而在姜绍谟、毛人凤在场的情况下，王映霞的电话打进来，使戴笠有种做贼心虚的感觉。毕竟朋友妻不可欺，在人家两口子闹矛盾的情况下介入其间，总让人有种说不清道不明的暧昧，但电话不能不接。

拿起话筒，王映霞余怒未消的声音从电话那头传来：

"雨农，我从家里搬出来了。"

"发生了什么事？你为什么要搬出来？你搬到哪里去了？"

"他看到了许绍棣的来信，和我大吵了一顿，吵完就去了办公室。他已经好几次不辞而别，离家出走。这次我走，我要让他尝尝留在家里的滋味！"

"不管怎么说，离家出走不解决问题。你先回去，和他把事情说开，他实在不能谅解你再搬出去也不迟。要直接告诉他你出去冷静几天，不要擅自离家。"

"你不要劝我了，我不会搬回去的，我现在住在曹律师家，你不要告诉他。"

王映霞说完，挂断了电话。

"真是清官难断家务事。"

戴笠叹息一声，回到餐桌继续吃饭。他觉得，郁达夫如此醋意大发，说明他还深爱着王映霞。有这个基础，事情就有缓和余地。既然王映霞不肯回去，那么分开几天也好，两人都冷静下来想想，没准儿疙瘩就解开了。

戴笠完全没有想到，王映霞不知所踪，郁达夫怎能冷静得下来！王映霞的不辞而别，等于给正在气头上的郁达夫火上浇油。四处找不到王映霞，郁达夫情急之中干了一件足以将婚姻送进坟墓的蠢事。

从好友到调停人

两天后戴笠正在办公室看报纸，无意间在《大公报》上发现一则寻人启事，该启事抬头直点王映霞大名：

"王映霞女士鉴：乱世男女离合，本属寻常。汝与某君之关系，及携去之细软衣饰金银款项契据等，都不成问题，惟汝母及小孩等想念甚殷，乞告以住址。郁达夫谨启。"

试想，一个是大名鼎鼎的当代作家，一个是"杭州第一大美女"，这对早已名扬天下的"富春江上神仙侣"，公开自曝如此"丑闻"，让王映霞的脸面往哪儿搁？

戴笠放下报纸，赶紧给郁达夫和王映霞打电话，想提醒他们马上设法补救，可是连打几次都找不到人。

午饭后，戴笠回到办公室。不料，郁达夫竟慌慌张张地闯了进来。

"雨农，你派人帮我找找映霞，她跟人跑了！"

一听这话，戴笠知道郁达夫已经急昏了头，赶紧劝说：

"老兄，你能不能别这么捕风捉影？"

"哪里是我捕风捉影？"郁达夫说着，把一些影印信件拿给戴笠看，"这都是姓许的给映霞的情书，三封情书，我都批量影印了，作为打官司的凭证！"

戴笠看也没看，便将影印件交回给郁达夫说：

"你老兄能不能冷静一下，你是想把事情闹大呢，还是想大事化小？君子交绝不出恶声，何况是夫妻！家丑不可外扬，你这样做是把嫂夫人向外推！"

"雨农，是她自己出墙在先！怎么是我向外推？"

戴笠想说："就算她真的红杏出墙，难道你就没有一点责任吗？"但话到嘴边又咽了回去，毕竟从一个女人嘴里知道人家夫妻太多隐私，不是什么光明磊落的事。可王映霞确实多次向他大倒苦水，这苦水的源头要追溯到他们结婚不久。

王映霞与郁达夫相识的时候，郁达夫已是有妇之夫。王映霞是新女性，怎会甘心给人家做妾？从一开始就要求郁达夫与发妻孙荃离婚，而郁达夫的对策就是敷衍与拖延，压根儿就没想过离婚。这些也就罢了，热恋中的王映霞并没有太多计较，虽然没有一个像样的婚礼，王映霞也都接受了。婚后郁达夫按月给在老家的孙荃母女寄生活费用，王映霞心里不舒服，却也勉强维持一个"两头大"的局面。而郁达夫在心目中视王映霞为小妾，却是冷静下来的王映霞无法接受的。

郁达夫1932年在杭州养病题赠王映霞的《登杭州南高峰》七律中，有"题诗报与朝云道，玉局参禅兴正赊"之句，直接将王映霞比作朝云。朝云也是杭州人，也姓王，是苏东坡的侍妾，深受苏东坡宠爱。朝云逝世后，苏东坡作《悼朝云诗》，朝云因此以侍妾身份闻名于世。尽管郁达夫后来又将"朝云"改为"霞君"，但无意间流露的方属真实情感。

王映霞是浙江女师的高才生，对郁达夫这点心思焉有悟不透之理？

不久郁母七十大寿，郁达夫带王映霞回老家拜寿。郁家兄弟三人，拜寿时从长到幼，先男后女，依次进寿堂给老母跪拜。郁达夫排行老三，轮到老三媳妇拜寿时就是最后一个了。王映霞下决心要争这个名分，可她还是晚了一步，郁达夫的发妻孙荃从旁边插入，赶在她前面给郁母行跪拜礼。

显然这是婆媳两人甚至包括郁达夫一起商量好的，否则即使孙荃抢了先，郁母也应该在王映霞拜寿之后再宣布结束。可当孙荃拜过之后，郁母立刻从座位上站起来，宣布拜寿结束了。这一幕让王映霞目瞪口呆，万分委屈，也万分后悔，既然连拜寿的资格都没有，那她算郁家什么人？她何必自取其辱来拜寿？

而郁达夫所做的，除了安慰就是敷衍，然后不了了之。加上时日一久，郁达夫忙于公务与应酬，对王映霞不再那么体贴，王映霞的怨言也就多了起来。许绍棣的介入，成为两人矛盾爆发的导火索。

但无论如何，郁达夫都有不可推卸的责任。王映霞作为浙江女师的"校花"、高才生，正值19岁青春妙龄，何愁无嫁？虽说"花开堪折直须折"，却也要看看自己有没有"折"的资格。既然不能给她一个名分，就不要"折"，既"折"了就要珍惜，就要好好呵护。事到如今，郁达夫的做法却恰恰相反。所以戴笠说：

"你刊登那样的寻人启事，不是把嫂夫人向外推又是什么？嫂夫人看到寻人启事，她还会回家吗？"

"她要想回家，就不会跟人跑了！"

"瞧瞧，又来了，捕风捉影。我已经得到消息，嫂夫人就在武汉，住在一个朋友家里。"

"哪个朋友？你告诉我，我去找她！"

"你发了那么个启事，让她怎么跟你回家？再说，你情绪这么激动，还是先冷静冷静，考虑一下怎么解决吧。"

听戴笠这样一说，郁达夫这才意识到问题的严重性。因为他不仅在《大公报》刊登了寻人启事，而且致电致信浙江军政府，吁请帮忙查找王映霞。此时无论福建还是浙江，都已是舆论哗然，满城风雨。

不过，既然王映霞没去浙江找许绍棣，郁达夫的心也就放下了一大半。他这才在沙发上坐下来，沮丧地说：

"事到如今，你说该怎么办？"

"这样吧，今晚我抽空去劝劝嫂夫人，明天上午给你回话。"

当晚，戴笠赶到武昌小朝街四十一号曹秉哲律师的住所，告诉王映霞，郁达夫找不到她已经急得火烧眉毛。可是，无论戴笠和曹氏夫妇怎样苦口婆心地劝说，王映霞都不同意回家。

"舆论已经沸沸扬扬，这样回去，今后以何面目示人？"

王映霞的话不无道理，戴笠问：

"那你有什么要求，我去跟达夫兄商量。"

"让他在《大公报》上刊登道歉启事。"

按照王映霞的要求，戴笠又去找郁达夫。这次郁达夫完全没有了脾气，一口答应了王映霞的要求。于是，两人在巴黎街八号戴笠的住所由戴笠主持进行调解。调解结果，两人各退一步，郁达夫在汉口《大公报》发表道歉声明，王映霞写下不公布的"悔过书"，两人签署和解协议书。

郁达夫在道歉声明中称，"以精神失常"致逼走映霞，并"诬指与某君关系及携去细软等"，"复经朋友解说，始知全出于误会"，总算给王映霞挽回了一些面子。

当时达成的和解协议书内容为：

"……拟将从前夫妇间之障碍与原因，一律扫尽，今后绝不再提，两人各守本分，各尽夫与妻之至善，以期恢复初结合时之圆满生活。……凡在今日以前之任何错误事情，及证据物件，能引起夫妻间感情之劣绪者，盖置勿问……"

时间落款为1938年7月9日，见证友人签名为：周企虞、胡健中。

7月10日，郁达夫的道歉声明在汉口《大公报》上发表。

王映霞跟郁达夫回家了，戴笠也终于松了一口气。可后来两人关系的发展完全与协议书南辕北辙，郁达夫彻底违背了协议书中的承诺。

1938年12月，郁达夫接受新加坡《星州日报》的聘请，带王映霞远赴南洋。本来远离原来的生活圈子，正是两人修补感情的好机会，可是不知出于何种原因，郁达夫在香港《大风》旬刊上发表了19首诗与一首词——《毁家诗纪》，记录了王、许关系的发展过程，和王、郁感情破裂、婚姻触礁的点点滴滴，并加以详细注释与说明，笔锋犀利，用词尖刻，内容涉及不少令人难以启齿的隐私，如郁达夫到丽水时，王映霞以"月事方来，分宿为佳"拒绝与郁达夫同房，第三天却与许绍棣夜奔碧湖同居等等。

任何女人，即使自己有错，也绝不会容忍这种对自己尊严的践踏。王映霞看到郁达夫不要稿费只求发表的《毁家诗纪》后，给《大风》旬刊一连写信数封，大骂郁达夫是"包了人皮欺骗女人的走兽""疯狂兼变态的小人"，终于下定决心离开郁达夫。

1940年3月，32岁的王映霞与郁达夫正式离婚，然后从新加坡乘意大利邮船历经七日抵达香港，一个月后飞抵重庆。

到重庆后，在戴笠的鼎力相助下，王映霞开始外出工作，在由军统掌控的军委会特检处做处长室秘书，后转入外交部文书科工作，1942年再披嫁衣。任职于重庆华中航业局的新郎钟贤道，给了王映霞一个豪华隆重的婚礼，也给了她后半生宁静温馨的生活。

女弟子拱手让人

戴笠从内心对郁达夫充满了羡慕，倘若他有妻如王映霞，上得厅堂下得厨房，这样一位贤内助跟随左右，他这辈子也就心满意足了。可他连一位称职的女秘书都没有。几年前浙江警校特训班一名女生曾入戴笠"法眼"，深得器重，却被他主动"嫁"了出去，这个女生就是胡宗南后来的妻子叶霞翟。

叶霞翟原名叶霞弟，戴笠觉得这个名字有点俗气，给她将"弟"改成了"翟"。

叶霞翟出生于1913年，浙江松阳人，1929年毕业于浙江省立处州初级中学师范，曾在松江县（今已改为上海市松江区）立成淑女子小学任教，1931年考入浙江大学农学院，后转入浙江警官学校。

特务处成立之初，戴笠特地从浙江警官学校毕业生中，挑选了43名佼佼者进入在警校举办的第一期特训班，接受为期半年的特工培训，叶霞翟便是其中之一。

叶霞翟容貌秀丽，淑雅端庄，但戴笠首先看中她的并不是容貌，而是学识。浙江警校大多数学员为初中毕业生，唯叶霞翟是在读大学生，这令历来崇尚学识的戴笠不得不对她另眼相看。

其次，19岁的叶霞翟有着坎坷的人生经历，这让戴笠看到了她性格的另一个侧面。

1930年，时任小学教师的叶霞翟由父母包办婚姻，嫁给了古市汪连昆，次年因感情不和离异，旋即出走杭州，考入浙大，不久终止学业考入浙江警校……在一个个决定命运的十字路口，年轻的叶霞翟如此决绝地做出一次次选择，让戴笠看到了这个柔弱女子刚强坚韧、有主见、处事果断的一面，称她为"奇女子"。

叶霞翟毕业后，分配到上海三极无线电传习所工作。有一次回浙江警校，听说戴笠正在警校，便到特派员办公室看望戴笠，一进屋，就看到一位身穿少将军装的陌生人。

这个人就是戴笠的挚友胡宗南。

戴笠与胡宗南常年"热线"不断，胡宗南每次从甘肃天水驻地回来，只要戴笠没有远离京沪杭，两人总能见面。

叶霞翟见有客人在，和戴笠打过招呼后，就准备退下，却被戴笠叫住：

"霞翟，你什么时候回来的，回过家了吗？"

"没回，我是特地来学校的。"

戴笠又问了些无线电传习所的情况，就让叶霞翟去看望教官了。

胡宗南翘着二郎腿坐在沙发上，从叶霞翟一进屋，眼睛就没看过别处。这个细节自然逃不过戴笠的眼睛，因而他故意与叶霞翟多聊了几句，然后回过头问胡宗南：

"我这女学生怎么样？"

"好，聪明貌美，温婉知性。"

"你这只是第一印象。"

"哦？事实上呢？"

"奇女子！"

接着，戴笠向胡宗南详细介绍了叶霞翟的情况，然后话锋一转：

"怎样，要不要我给你当红娘？"

胡宗南哈哈笑起来：

"欣赏归欣赏，其他的可不敢想，我这个年龄都能给人家当爹了。"

"哪儿的话，细算起来也就是差十六七岁，属正常范围。"

"老弟，你不是不知道，我还有一道枷锁在身。"

"你要想挣脱那道枷锁，还不是一句话的事？"

戴笠知道，那道"枷锁"是胡宗南心中的隐痛，多年来他拒不回家也不近女色，就是因为那道"枷锁"将他心仪的女孩锁在了门外。女孩是他的初恋，是邻村的一个姑娘，留在他心底的是无尽的清纯与美好，也许这种印象太深刻，当父亲以女孩家贫为由，为他包办婚姻娶了另一个姑娘之后，他心灰意冷，外出教学直至出走上海报考黄埔，再也没有回过家。

"校长都可以离婚再娶，你为何不能？"

"天下有几个师母那样的奇女子？"

胡宗南说者无意，戴笠听者有心，立刻明白了这位老兄的择偶标准。

"说起来，叶霞翟也是一个奇女子，可要做事业上的助手，像师母那样的没有第二个。师母的教育背景，除了孙夫人和孔夫人，其他女子只能望洋兴叹。不过勤能补拙，还有句话叫作大器晚成，从现在开始努力，要达到一定高度也不是没有可能。"

"你到底要说什么？"胡宗南听得一头雾水。

"只要你喜欢叶霞翟，我保证把她培养成精通政治、经济、外语的全才，事业上成为你的得力助手，生活中做你的贤妻良母。"

"雨农啊，你的能力我相信，可这事不是你的能力能办到的。"胡宗南说完又若有所思，"要说叶小姐，人的确不错，可是……"

"你老兄的心思我还不知道，你是一次婚结怕了！"戴笠截断胡宗南的话，得意地拍着他的肩膀说，"有句土话说得好，骑驴看唱本，走着瞧。我要不把个师母第二交到你手上，我这个'戴'字倒着写。"

胡宗南不置可否。说心里话，他是真心喜欢叶霞翟，从看到她的第一眼，就被她的青春靓丽所吸引。年轻真好，年轻就是财富，还有大把的时间按照自己的意愿来改造自己，尤其年轻单纯的女孩子。

戴笠原是想培养叶霞翟做秘书，这天这个插曲让他改变了初衷，也从此改变了叶霞翟的命运。他先是将叶霞翟送进上海光华大学读书，1939年叶霞翟大学毕业后，又将她送到美国深造。

叶霞翟并不知道戴笠送她深造的目的，她能感觉到戴笠对她的赏识，却觉得将她送进大学又送出国深造，已经不仅仅是赏识那么简单，她甚至怀疑戴笠在追求她，直到后来才知道她的命运与胡宗南连在了一起。

天上掉下个"林妹妹"

1938年8月，由陈立夫任局长的军事委员会调查统计局正式实施改组，原有的三个处同时升格，第一处和第三处合并升格为中央组织部调查统计局，即"中统局"；戴笠的第二处正式升格为军事委员会调查统计局，简称"军统局"。戴笠以少将副局长身份统领军统局。

原来的军统局第二处（特务处），到1937年年底，直属单位已增至六个区、20多个站、100多个组、队，编制内人员达3600多人，散布于全国各地的电台约200座，所掌控的公开部门仅警察机关已达40多个单位。

军统局成立后，内勤编制由原来的四个科扩大为四处四室与16个以上的科；另有一个设计委员会、两个特训班，和一个庞大的电讯机构；外勤编制增加到30多个区站，300多个工作组、队；还有苏浙别动队改编的忠义救国军，及不知其数的直属工作组。不包括各沦陷区陆续成立的特务武装，和军统外围组织如刑警队、警察组织等，基本工作人员已逾七千。

面对如此庞大并处于快速发展中的特务组织，作为掌门人，戴笠深感身边缺少一位能够助自己一臂之力的"贤内助"。他当然不敢抛妻再娶，找一位女秘书总归是名正言顺的。可是唯一的女秘书人选被送进了大学，寻遍警校毕业生，再也找不到一位受过高等教育的、能担此重任之人。

正在求贤若渴之际，一个偶然的机会，让他在好友唐生明家里邂逅了一位不可多得的美貌佳人。

9月初，蒋介石密令戴笠准备一批爆破人员，在武汉保卫战失败后，实施"反资敌大破坏"，即将武汉重要军事设施如兵工厂、码头、仓库等炸毁。

爆破，也是特工应该掌握的技能。特务处时期注重情报人才的培养，随着抗战的爆发，特务武装被提到了重要位置，临澧特种警察训练班已开始特设爆破课程。戴笠领命后，即带着副官贾金南、警卫王鲁翘和一名司机，前往临澧特训班挑选爆破人员。

由于交通不便，需要经由长沙转临澧。到长沙时天色已晚，戴笠决定去拜访一下老朋友唐生明。

唐生明时任常德警备司令兼第二战区保安司令。临澧与常德接壤，倘若唐生明去常德任所，说不定两人还可以结伴同行。

抗战前戴笠到上海，常会面的朋友除了杨虎就是唐生明。如同熟悉杨虎的太太、姨太太们，戴笠对唐生明身边的人也非常熟悉，除了他的夫人、电影明星徐来，还有徐来的女秘书张素贞。

由于熟悉，唐生明的副官也没有通报，直接将戴笠带进了客厅。

客厅里灯光明亮，几位女眷正在说说笑笑，唐生明坐在八仙桌旁品茶，怡然自得。

见戴笠突然进来，唐生明又惊又喜，立刻起身迎过去：

"雨农兄，哪阵风把你给吹来了？在这个地方见到你可真不容易！"

"容易得很呢，我就知道你家有美妻，舍不得留在任所。"

"知我者，雨农兄也。"

说完，两人哈哈大笑。女眷们也都停止了聊天，凑过来端茶递水，徐来赶紧吩咐佣人为戴笠准备一桌酒菜。

"就知道你没吃晚饭，像你这样干工作不要命的人，身边真应该有个细心的女助手。你那个贾副官，毕竟是个大男人嘛，免不了会粗心大意。"

听徐来这样一说，唐生明突然想起来：

"雨农兄，你那不是一直想找个女秘书吗？我这里正有个合适人选！"

"好啊！"戴笠来了兴致，忙问，"什么情况，快说说看。"

"说啥，自己看吧。"唐生明说着，用手一指。

戴笠抬眼看去，一位亭亭玉立的年轻女子正微笑着向他点头。该女子眉清目秀，清丽脱俗，身着淡青色连衣裙，一副学生打扮。

其实，除了佣人，客厅里只有三位女子，只是戴笠进屋后只顾得和唐生明夫妇寒暄，没注意站在张素贞身后的这位陌生女子。

"她叫余淑恒，我的小老乡，南京中央大学外文系高才生。"唐生明简单介绍说。

"外语系高才生？"戴笠看着唐生明，激动得眼珠子都快瞪出来了。

由于胡宗南择偶以宋美龄为标准，宋美龄协助蒋介石的最大优势就是留学背景，精通外语。而外语人才及外交人才在军统还是空白，军统已在国外设立十几个外勤单位，正急需外语人才。所以这个"外语系高才生"对戴笠来说，无异于天上掉下个"林妹妹"。

"这位是戴先生。"唐生明又给余淑恒介绍。

"戴先生好！"余淑恒落落大方地上前，与戴笠握手。

戴笠一边端详着余淑恒，一边说：

"余小姐是湖南人，上海话却讲得如此流利。"

不等余淑恒答话，唐生明在一旁打趣说：

"她一到我家就和我太太讲上海话，故意让我这湖南老哥听不懂，见到你也和你讲上海话，看来是不想让我听啦。"

"唐大哥真会开玩笑。徐姐姐是上海人，我们在一起当然要讲上海话；听戴先生口音是江浙人，自然也是讲上海话比较好。"

"有道理，有道理。"戴笠赶紧笑着附和。

"怎么样，精通外语，掌握多种地方语言，能写会算，年轻漂亮，做个女秘书如何？"唐生智言归正传。

"当然，求之不得。"

戴笠暗自庆幸，真是来得早不如来得巧，正赶上余淑恒在唐生明府上。

其实戴笠来访是偶然的，余淑恒来访却并非偶然。抗战爆发后，中央大学西迁重庆，考虑到家庭的困难，余淑恒留了下来，特地来到唐家，请唐生明帮忙找个工作，近些天一直住在唐公馆。

走了叶霞翟，来了余淑恒，可谓塞翁失马，而且余淑恒已大学毕业，精通外语，可以直接投入工作。只是余小姐没有经历过警校锻炼，看上去娇娇嫩嫩，不知能否受得了军统的约束。

"不过，我们那里纪律严，约束多，余小姐吃得了那个苦吗？"

"别人能吃的苦，我就能吃。"余淑恒见戴笠有意录用她，赶紧表态，又问，"戴先生负责哪个部门？"

"他那个部门通天，直接对委员长负责。"唐生明打趣说。

"你这个总司令敢不对委员长负责么？"戴笠反问一句。

"那是不一样的。"

"有啥不一样？"

"你敢离开任所，守在家里老婆孩子热炕头么？"

"我家里要有个大明星，照样不爱江山爱美人。"

说完，两人哈哈大笑。然后，戴笠收敛笑容对余淑恒说：

"我那个部门现在叫军事委员会调查统计局。由于工作性质的原因，要求的确严格一些，加入我们团体的人，不能随意退出，抗战期间不能结婚，不能打牌，不能随便请假……"

"没问题，别人能做到的事，我都能做到。"余淑恒急于找到工作，立即紧追一句，"我什么时候可以报到上班？"

"你这两天先准备一下，家里有什么事情处理处理，等我从临澧回来，你跟我一起回武汉。"

说话间，一桌酒菜已经摆好，张素贞过来招呼大家入席，唐生智随声附和着：

"好，为庆祝淑恒上班，也是为雨农兄接风，我们大家陪着雨农兄再吃一次。"

吃饭间，戴笠又详细了解了余淑恒的家庭情况，得知她的母亲和弟弟妹妹都在长沙，家庭生活并不宽裕，特意留下100块钱让她安排家人。

此时戴笠还完全不会想到，在毛秀丛病逝后，这位女秘书差一点就变成了他的续弦夫人。

临训班"点将"

第二天，戴笠一行人乘车赶往临澧。

刚进县城，突然鞭炮齐鸣，鼓乐喧天。戴笠不知发生了什么事，赶紧透过车窗的挡风玻璃向外望去，只见街道两旁站满了欢迎的人群，欢迎队伍长龙般向远处延伸而去，余乐醒正带着一群乡绅模样的人迎上来，戴笠顿时怒火中烧。

特务工作最突出的特点是保密性，特务这一行本身就是隐蔽战线的职业，尽管戴笠的特工组织已经有了一个名正言顺的公开身份——军事委员会调查统计局，但它所从事的工作仍然是隐秘的，以公开掩护秘密历来是保密工作的原则。

而戴笠本人，更是不愿在公开场合抛头露面。终其一生，戴笠给人留下的最深印象就是神出鬼没，难觅行踪。

尤其在抗战的紧要关头，余乐醒大张旗鼓、大造声势、大事铺张、兴师动众，如此不识时务，令戴笠怒不可遏。

但是当着众多乡绅的面，戴笠不便发作，只好忍着一肚子火气下车，勉强和余乐醒带领的一众乡绅包括县长，县党部委员、书记等一一握手，脸上挤出来的那点笑容看上去十分生硬，态度自然也谈不上热情。

草草握手之后，戴笠匆匆上车。上车之前对跟在身边的余乐醒狠狠甩下一句话：

"都给我撤走！回去再跟你算账！"

这句话让余乐醒在车门外呆愣了半晌，直到汽车一溜烟开走消失在车尾卷起的尘雾中，他才怏怏转身，下令全部撤走。

要知道，为了欢迎戴笠莅临临训班（临澧特训班），余乐醒是煞费了一番苦心的。1938年是戴笠主持特务工作以来最忙的一年，既要应对抗战并做出通盘策划，又要扩充团体招兵买马筹措经费，尽管对临训班高度重视，却再也无法像浙江警校特训班那样常来常往，至今是第一次光临。但余乐醒知道，戴笠为这个特训班是花了大心思的，这一期566名学员，都是他费尽心思从各地"挖"来的，真正由临训班筹备处招收的学员并不多。而戴笠对于警校学生与各种特训班学生，如蒋介石之于黄埔生，一向视为自己的门生弟子。可是临训班学员只知余乐醒，不知有戴笠。

要知道，余乐醒只是临训班副班主任，戴笠才是临训班班主任。戴笠是所有军统特训班班主任，尽管只是名义上的，但从招生到课程设置到毕业典礼，他都要参与、过问并参加所有班的毕业典礼。

正因为如此，余乐醒担心临训班同事有人嫉妒，给他打小报告，特地搞了这场隆重的欢迎活动，以便让学生了解戴笠才是特训班的班主任，而他不过是做具体工作的副班主任。却不料弄巧成拙，他根本想不到戴笠来"视察"的真正目的。

挑选爆破手，本来打个电话让余乐醒挑选并派人送到武汉即可，但考虑到武汉保卫战战事正酣，挑选、调集爆破手是为撤退做准备，万一走漏消息非同小可。为保密起见，戴笠有必要亲自跑一趟。何况，这批学员即将毕业，他需要对学员做一个全面考察。

说起来，余乐醒也称得上军统元老了，却做出如此幼稚之举，让戴笠实在大跌眼镜。

重新回到车上，看到从县城城门口到临训班所在地奎星楼县立中学，不仅沿途贴满欢迎标语，而且五步一岗，十步一哨，站满身穿灰色军装的临训班学员。

到了临训班班本部，戴笠立即召集全体干部训话：

"你们把我当成什么人了？我不是军阀！不是官僚！我一再强调，要做无名英雄。无论是谁，进了我们的团体，就要做无名英雄！所以，不论到什么地方，除了自己同志，尽量不要让外人知道。今天你们这样大张旗鼓地欢迎我，到底是为什么？……"

接下来，戴笠召开全体学员大会，与全体学员见面，对全体学员分队点名。当每一位学员走到他面前时，他都要仔细观察其仪态，有时会提问一些问题。五百多名学生点名，整整点了一天。

然后，和班里的全体工作同志、教职员工、学员骨干单独谈话，与所有教官和学员骨干都做了详细交谈，了解班里情况和他们的个人思想情况。发现问题，立即解决，效率之高，给第一次见面的学员留下了深刻印象。

经过一番考察，戴笠对这期学员非常满意，尤其教职员和学员中有不少大学生，甚至留学生，素质之高，在以往的特训班中绝无仅有。

最重要的是，挑选了100名学行动爆破的学员，待武汉撤退日期一定，即由时任行动教官的沈醉带到武汉执行任务。

此行来去四天，第四天回到长沙，带上余淑恒返回武汉。

再次到临训班已是11月5日，当时武汉已失守，戴笠轻车简从，从长沙经常德抵达临澧，主持临训班毕业典礼并安排学生的工作分配。

在毕业典礼上，戴笠宣读了蒋介石的贺词和对临训班的训词。训词中称：

"……特警工作为神圣革命事业之一，尤其现当抗战最严重期中，责任更为繁重。第一应有极高尚之道德，革命革心，必须先从本身做起，养成纯洁人格，乃足以执行其任务，而为社会所敬服；第二应有极勇敢之精神，明死生，履艰险，命令所在，虽赴汤蹈火，皆锐利而前，毫无犹豫，以得牺牲报国为光荣，乃足以达成其任务而立伟大之事功。总之，心地必极光明，行动必极秘密，智仁勇三者具备，由此简练揣摩，则成己成物，济世报国，必可操券也已，望诸生共勉之……"

戴笠在随后的讲话中，特别强调："'秉承领袖旨意，体念领袖苦心'，我们一切的一切，都以这两句为出发点。前者是革命的精神，后者是革命的技术。日本之所以强盛，就是他们每个公民都'忠君爱国'。"

由于这些学员大部分将分配至沦陷区从事情报工作或充实忠义救国军，戴笠特地讲述了抗战爆发后，沦陷区的潜伏特工和特务武装抗日锄奸的事迹，包括天津站奉命刺杀伪华北行政院院长王克敏，尽管王负重伤未亡，其日籍顾问山本荣治却当场毙命；上海区刺杀落水汉奸唐绍仪等。戴笠以此勉励他们，向这些隐蔽战线的无名英雄学习。

八年全面抗战中，该特种警察训练班三迁班址，先后由临澧迁往黔阳、息烽，共开办五期，培养学员3996人。同时，军统在兰州、建瓯、重庆等地开办了特警班，并开办了多种专业特训班，包括军事、交通、邮电、外交、电讯、行动警卫等，与多种地区性特训班，以及与美、英、苏等国联合举办的特训班，为军统的迅速扩大培养了大批人才。

武汉撤退有惊无险

1938年9月，长江各要塞相继陷落，江北日军在攻占信阳后，沿汉宜路直趋汉口后门。江南日军经鄂赣边境，直指粤汉路北段，以拊武昌后背之势，与江北日军对武汉形成钳形攻势。

武汉为军事重镇，易攻而难守。

10月，武汉告急。在已达成迟滞日军行动、以空间换取时间目的的情况下，部队即将撤退。撤退之前，军委会下令军统执行一项重要任务：反资敌大破坏。

作为军事重镇，武汉三地与军事有关的重要设施，包括汉阳铁厂、兵工厂、汉口码头、桥梁等不能搬走的固定设施，将在部队退出武汉之际予以破坏，以免资敌。

这项任务，名义上是以武汉警备司令部指挥，以军统局负责执行。但实际上，就像军统局局长贺耀祖只是挂名一样，武汉警备司令郭忏在这次爆破任务中，也只是挂个虚名，负实责、实际担任总指挥的是承担实际任务的戴笠。

在临训班挑选的100名学员，已于9月下旬组成"实习团"派到武汉，参加"反资敌大破坏"的准备工作。戴笠在参加临训班毕业典礼时，又特地挑选十多名讲授爆破课程的爆破专家，到武汉执行此项任务，并调工兵、宪兵等共同组成爆破大队，由湖北站站长朱若愚兼任大队长，负责此项任务的执行，由武汉警备司令部稽查处与警察局予以协助。

人员准备就绪，在着手策划之前，戴笠带朱若愚面见郭忏，毕竟郭忏是主要负责人。但郭忏对这项任务并不热心，没有发表任何意见与看法。从郭忏的官邸出来后，戴笠对朱若愚说：

"我们不能希望郭司令帮助我们什么，只要他不阻挠我们就好。你不能同他这边发生任何不愉快，以免增加阻力。"

截至10月22日，一切准备就绪。预定爆破目标38处，焚毁目标67处，包括日租界及日本正金银行。这些目标，戴笠均一一查看，并召集在武汉的军统局重要干部武汉警备司令部稽查处处长赵世瑞、准备潜伏的武汉区长李果湛和朱若愚等人开会商讨，将爆破队分成若干小组，指定各小组工作地点与目标，分别携带器材抵达目标守候，等待最后下达的爆破命令。

10月24日，日军攻克黄陂，隆隆的炮火声和激烈的枪声越来越近，逃难人群挤满大街小巷、车站码头。

这个时候，戴笠正与朱若愚乘车巡视全城各爆破点，随同巡视的有赵世瑞。车到火车站，望着车站内外拖家带口哭天喊地的逃难人群，戴笠眉头紧蹙。

"车站、码头等等交通要道，爆破前一定要做好疏散工作。"戴笠对朱若愚说。为稳妥起见，他决定再召开一次爆破会议，"等下你通知各爆破组负责人，到八号（巴黎街八号）开会。"

听说还要开会，一直没说话的赵世瑞着急了：

"戴先生，你听这枪炮声越来越近了，你还是开我的车先撤吧。这边的事交给我们去办。"

一听这话，戴笠就火气不打一处来：

"你想溜走是吧？先把我支开，等我走了，武汉还能找到你的影子吗？"

当年赵世瑞怂恿唐纵错抓了汪精卫的改组派人员，导致唐纵被撤职，他本人受处分被关押后又满腹牢骚，推卸责任，给戴笠留下了小心眼、私心重的印象。但赵世瑞也是个不错的人才，具备独当一面的能力，所以戴笠对他既委以重任，又不完全放心。

尽管戴笠把赵世瑞这点小心眼和私心看得十分透彻，却忽略了赵世瑞其实也不全是为了他个人早点溜走。此时从中央到地方，从军队到政府，所有机关、部门的头头脑脑或者已经撤离，或者正在撤离，倘若戴笠等到最后，一旦卫戍部队全部撤离，日军抢先到达汉水，截断交通，到时将无路可退。

在蒋介石的亲信队伍中，戴笠身上的两个特点尤为鲜明：一个是对蒋介石的绝对忠诚；另一个就是有胆量，能吃苦，敢玩命。打"江山"时期与特务处时期自不待言，上海撤退，他走在最后；在敌已迫城的情况下再回南京，对潜伏人员做检查与指导；在安庆即将沦陷之时，化装成小贩乘乱进城，与潜伏人员见面指示工作……蒋介石将反资敌大破坏这样大的任务交给他，他岂能提前离开？

考虑到三镇市民大多未及时逃避，戴笠担心纵火之后势成燎原，伤及市民，巡视归来，即呈报蒋介石将原计划中67处焚毁目标全部取消。

主持完最后一次反资敌大破坏工作会议，戴笠还是决定让赵世瑞跟随警备司令部提前撤离，并安排身边的专车司机张秉午与副官贾金南及机要人员等，以其专车为交通工具，跟随航空委员会的钱大钧（时任航空委员会主任委员，参加指挥武汉空中保卫战）撤离武汉。

由于军统局本部已先期撤往重庆，贾金南他们离开后，戴笠身边只剩了两个人，一个是警卫人员王鲁翘，一个是军统局总务科长郭斌，交通工具是赵世瑞留给戴笠使用的汽车。

郭斌将汽车检修好，加足汽油，准备爆破完成后第一时间离开武汉。

就在这时，赵世瑞突然来了。

"你怎么来了？你不是要撤退吗？"见到赵世瑞，郭斌十分意外。

"是啊，我来开走我的车。"

郭斌一听急了：

"车是你主动借给戴先生用的，我做了检修，加足了汽油，你又来开车，凭什么？"

"我撤退也需要用车啊！"

"你早干吗了？这个时候了，你把车开走，我们怎么办？"

这两人连吵带嚷的对话惊动了楼上的戴笠，他这才意识到揭了赵世瑞的"老底"，刺激了他。

但不管怎样，为一点鸡毛蒜皮的小事出尔反尔，锱铢必较，在如此紧要关头，以一个堂而皇之的借口，对戴老板釜底抽薪，是不是活得不耐烦了？连郭斌都觉得戴老板该出手了。

殊不料，这时戴笠反而很平静，对赵世瑞的"报复"之举完全不予计较，他走到楼梯口，对郭斌说：

"车子本来就是他的，让他开走吧！"

郭斌只好把车钥匙给了赵世瑞，看着赵世瑞把车子开出了公馆。

10月25日，国军已全部撤出武汉，戴笠方接到军委会关于当晚"开始破坏"的命令。他与朱若愚最后一次巡查了需要破坏的目标。

当晚7时至12时，爆破大队实施爆破并全部达成任务，随后在艾家嘴集合，由蔡甸向宜昌撤退。

朱若愚亦在爆破任务结束后，率湖北站与省政府一同撤到湖北临时省会鄂西恩施；以李果湛为区长的军统局武汉区，留在武汉转入地下。

其时日军已抵近武汉，武汉三镇连续不断的爆炸声使他们不敢贸然进城。市内秩序早已大乱，法租界封锁了与华界相通的道路，紧闭栅门，禁止任何人通行。

戴笠被困在法租界，已是上天无路入地无门，却没事人似的坐在楼下，对急匆匆进来的郭斌说：

"我当初化装成小贩进出安庆，可谓如鱼得水。"

"难不成我们也化装成小贩？"

"小鬼子还没进城，情况还没那么糟。"

这真是皇帝不急太监急，郭斌四处寻找也找不到车或船，已经急得火上房了，戴笠还没事人似的优哉游哉。

"你去汽车修理厂找盛老板，看他有没有办法。"戴笠说。

"他是开修理厂的，又不是造汽车的，他能有什么办法？"郭斌已经急得六神无主，完全不知道怎么办好了。

"死马权当活马医嘛，大不了化装成小贩混出去。"

戴笠这样说，也是为了让郭斌冷静下来，着急是解决不了问题的。

郭斌急火火地赶到盛福生汽车修理厂，老板盛福生听说马老板（戴笠化名马行健）还没走也着急了，两人一起四处寻找交通工具，最后在江边找到一艘破旧汽艇。

盛老板开的是汽车修理厂，没想到修起汽艇来也是小菜一碟，几名技工漏夜抢修，很快修好加满汽油。盛老板派三名技术工人，以驾驶汽车的技术驾驶汽艇，充当水手。

这时法租界已经戒严，怎样才能将戴笠和王鲁翘接到江边坐上汽艇呢？

到底是盛老板有办法，他亲自驾驶一辆消防车，让郭斌和技工穿上救火衣，以接警救火的名义冲入法租界，终于将戴、王二人顺利接出，登上汽艇，向长沙撤退。

这一路可谓历尽艰险，先是与敌军水上飞机相遇，遭受机枪扫射，被迫折返，所幸黎明前天色昏暗，未造成人员伤亡；后改沿内河向沔阳进发，又被岸上土匪发现，好在王鲁翘枪法精准，郭斌的枪法也说得过去，两人以一当十，加上三名技工加速马力，总算把土匪甩在了身后。好不容易快到沙市了，汽艇却又发生故障搁浅，只好雇了两艘小船继续前进。等到抵达沙市，已是万家灯火，急电军统长沙办事处派车来接，一切化险为夷。

劝阻长沙"焦土抗战"

戴笠赶到长沙的时候，长沙市内已是人心惶惶。

10月25日日军攻陷武汉后，为巩固外围据点，于11月8日攻入湖南北部，9日攻陷临湘，11日攻陷长沙北大门岳阳，并开始向新墙河佯攻。

进攻长沙需跨越四条河流，即：新墙河、汨罗江、捞刀河和浏阳河。

作为阻挡日军南下的第一道屏障——新墙河，中日双方均在两岸投入重兵。从1939年9月第一次长沙会战开始到1944年6月的第四次长沙会战结束，新墙河成为日军难以逾越的防线——抗击日军的东方"马其诺防线"。

此时日军尚在新墙河北岸，与中国军队在新墙河隔水对峙。

日军距长沙尚有120多公里。

长沙城内已大乱，流言四起，说"日军已出现在离长沙城12公里处""日军今夜即将入城"等等，达官贵人和百姓纷纷外逃，湖南省政府主席张治中开始准备实施反资敌大破坏。

戴笠到达长沙后，首先布置军统在长沙的军用物资转移，和办事处西迁重庆事宜。12日上午，一个令人震惊的消息传来：长沙即将实施"焦土抗战"——焚城！

自武汉会战失利后，武汉的机关、工厂以及大批难民和伤兵涌入长沙；加上以前作为上海、南京等会战的后方，长沙已积累了大量军用物资，而且人口骤增。倘若不事先做好准备工作，疏散人口，转移物资，而毫无预兆地放火焚城，后果将不堪设想。

戴笠放下手头的事情，立刻从朱家花园办事处赶往省政府面见张治中，当时长沙警备司令酆悌也在座。戴笠陈述了自己的观点：日军进攻长沙的情报不可信，日军还远在汨罗江以北，何谈进攻长沙？何况长沙周围驻有重兵，第九战区司令长官部和陈诚都在长沙，委员长也在调集军队加强防务，日军要想突破防线占领长沙并非易事。应先做好疏散民众和物资转移工作，在日军破城的最后一刻再实施反资敌破坏。

但是张治中未作任何表示，让戴笠觉得自己颇有些狗拿耗子多管闲事。国民党各部门之间除非私人关系密切，否则历来是铁路巡警各管一段，各行其是，不管他人对错成败，不管影响多大，均多一事不如少一事。

长沙的反资敌大破坏没有交给军统，戴笠与张治中乃至"破坏长沙指挥部"总负责人酆悌素无交往，更谈不上交情，他很明白自己无资格指手画脚，说三道四。

然而他并不死心，告别张治中等人后，又给蒋介石发电报，希望蒋急电制止长沙即刻焚城。可就在当天下午，长沙市内一些街道上已出现大量大桶的汽油、煤油，有的墙壁上写着"焦"（焦土抗战）字或画了其他纵火暗号。

戴笠负责过武汉反资敌大破坏，他知道准备工作做到这个份上，已经是箭在弦上。时间紧迫，他所能做的就是指挥长沙办事处的工作人员，连夜搬运军统局存放在长沙的武器弹药和重要物资。

这天晚上，戴笠在宝南街岳云中学召见了刘原深等18名赴沪参加工作的临训班学员，在送他们上火车的时候，大火已经点燃。

送走这些赴沪学员，已是13日凌晨。

正是在这天凌晨一点，在全城都已进入沉沉梦乡之后，一场熊熊大火在全城多个地点同时燃起。由于是浇注了汽油的故意纵火，火势迅速连成一片，被惊醒的百姓仓皇逃命，却早已大火临门，大多数街道已被烟火封路，人们像没头的苍蝇被逃生的人流裹挟着四处乱撞。

火大生风，熊熊燃烧的大火发出震耳欲聋的呼啸声，与建筑物的爆破声连成一片，覆盖了整个城市的上空，淹没了人们的哭喊声、哀号声。

13日上午，大火还在熊熊燃烧，戴笠在市区巡视后，又乘车赶到湘江猴子石渡口，督导滞留该处的军统局撤运人员与军用物资迅速渡江。

当时，满载人员与物资的大卡车在江边排成了长龙，而江中只有两艘摆渡船，每艘每次只能运载两辆卡车，因而运输进度十分缓慢。

在渡口处指挥过江的是军统局一位姓吴的中校，戴笠在中校身后不远处踟蹰徘徊，心中焦急万分，万一此时敌机飞临长沙上空，江边的汽车长龙很难逃过敌机的轰炸。

果不其然，上午9时20分左右，飞机的引擎声由远而近，两架日寇军机飞临长沙上空，似是侦察火情。少顷，日机飞至猴子石渡口顶空，盘旋一周，突然向下俯冲，在低空开始了扫射与投弹，猛烈轰炸达五分钟之久，投弹20多枚，戴笠乘坐的汽车左前轮胎被炸毁。

当时戴笠就站在汽车旁边，在敌机投弹的一瞬间，他迅速躲到车后卧倒。临训班学员史焕章为了掩护戴笠，迅速冲向车后，以身体做屏障挡在戴笠的前边。

空袭结束后，史焕章见戴笠满身灰尘，血迹斑斑，赶紧从地上坐起来问：

"主任，你受伤了？"（戴兼所有特训班主任）

戴笠站起来，拍拍身上的土，走了两步，回过头说：

"是你受伤了吧？"

"没有吧。"

史焕章说着想站起来，却发觉双腿不听使唤了。

戴笠赶紧蹲下给他查看伤口，发现他双腿中了三处枪伤和一处弹伤。右腿的弹伤较重，以致当时就站不起来了。戴笠掏出手帕，又撕下史焕章的衬衣，给他扎紧伤口止血。

临训班学员关清华闻讯赶过来，将史焕章背上了渡船。戴笠安排空袭后的第一班渡船让史焕章过江，又抽调一辆卡车，安排杨建民等临训班学员护送史焕章去沅陵县，入住宏恩医院救治。

虽然过江及时，送医也算及时，但当时路况极差，卡车开得越快，颠簸得越厉害。史焕章一路血流不止，受尽折磨。尽管如此，车到沅陵也已是午夜时分。

第二天一早，戴笠从长沙赶赴沅陵，到医院看望史焕章。这时，医生正动员史焕章做截肢手术，史焕章死活不同意。戴笠赶到后，劝他遵从医嘱，史焕章仍毫不动摇：

"无我右腿，即无我生命。"

"留得青山在，不怕没柴烧。"戴笠苦口婆心相劝，"军统局分工很多，无腿照样可以工作，你一生的事业，我负责安排。"

可无论戴笠怎么劝说，史焕章就是坚持腿在生命在。戴笠只得反过头去与医生协商开刀取出弹片，并亲自在医疗手术保证书上签字。

以当时的医疗水平，这项手术难度很大，但最终史焕章没有截肢。

为照顾好史焕章，戴笠下令军统局沅陵组负责人，每日派员到医院探视病情，准时送去各种肉类菜肴，以保证营养，早日康复。史焕章在沅陵治疗百余日，日日如此，直至转入重庆治疗。

文夕大火谁之过

安排好史焕章的治疗事宜，戴笠于次日返回长沙。这时大火已烧了三天三夜，千年古城付之一炬，两万多人葬身火海，百分之九十以上房屋被烧毁。

11月16日，蒋介石从南岳抵达长沙。

11月7日蒋介石在长沙召开军事会议的时候，长沙古城还完好无损，11月16日再次踏进长沙，已是一片废墟。蒋介石要求彻查大火起因，主持长沙反资敌大破坏的湖南省政府主席张治中，一口否认曾下达纵火命令，并向蒋介石报称：是戴笠给长沙警备司令酆悌、警察局局长文重孚、保安第二团团长徐昆下达了纵火令，由酆悌实施纵火的。

这一时期，是戴笠在蒋介石心中分量骤增的时期；这一时期，对戴笠了解得最为透彻的莫过于蒋介石。没有他本人的命令，戴笠绝不会妄自行动，这一点是毋庸置疑的。对张治中报告的说辞，蒋介石说：

"戴笠未奉命令，不会这样乱来。"

蒋介石当即召见戴笠，询问是否插手纵火。戴笠将事前劝阻无效，据实上报并呈请蒋介石制止焚城的过程一一禀报。蒋介石经查核戴笠的发报时间，确定在长沙大火之前，终致张治中的说辞不攻自破。

其实张治中"嫁祸"戴笠并非有心，似乎有他的推理逻辑：酆悌曾是复兴社骨干，说起来与戴笠出自同一"门户"，听命于戴笠仿佛也在情理之中；文重孚与戴笠颇有私交，加之戴笠曾成功指挥了武汉反资敌大破坏，因此也有可能听取戴笠的建议。

然而细究起来，这种"推理"未免太过滑稽。无论戴笠与酆悌、文重孚等人有怎样的私人关系，对于如此重大事件的决策，三位执行人都不可能抛开负责指挥的直接上司，去听命于一个与该任务无任何关系的"朋友"。

何况，了解复兴社复杂情况的人都知道，戴笠在复兴社从来就不受欢迎，若不是胡宗南力挺，他压根就进不了复兴社。他以黄埔六期的小字辈身份执掌特务处，并直接听命于蒋介石，与复兴社"分庭抗礼"，令多少复兴社元老恨得咬牙切齿。尽管如今特务处做大，可那些老资格的复兴社元老，有几个心里服气？更遑论听命于他！

酆悌毕业于黄埔军校第一期，是名副其实的复兴社元老，说他听命于黄埔六期的戴笠，实在是天方夜谭。

那么，究竟是谁下达了纵火的命令？

有一种说法，说是长沙南门外伤兵医院失火，紧接着南门处又有三处起火。虽说南门并不是纵火点，但城内以为是点火信号，各纵火点纷纷效仿，将点燃的火把投向早已准备好的汽油桶和民宅，弹指之间即已火烧连城。

然而，戴笠和他的"亲信干部们"谈及此事，均认为"张治中处理此事，全为抢功"所致。

原本戴笠前去劝阻，张治中不仅不予理睬，反而加快速度将纵火油桶布置到位。

戴笠执行武汉反资敌大破坏工作后，获得上级嘉许。张治中为表现其执行得彻底，尤其戴笠前去劝阻之后，张治中担心军统局插上一脚，遂加快准备工作，不仅纵火油桶迅速布置到位，并在未办理公文手续的情况下，以电话交代酆、文、徐三人火速执行焦土任务。

毛森在回忆中介绍说，戴笠在风闻此讯后，"曾劝文重孚慎重行事，因为张并不是有肩膀、肯担当的人。然而当时口头命令之效力，尤胜过文字命令，文私下更疑戴有抢功意图，故不以为意，仍全力执行，不想竟真因张的诿过而送命"。

最后，长沙警备司令酆悌、警察局长文重孚、警备第二团团长徐昆三人被判处死刑，于11月18日执行枪决。

张治中受到撤职处分，由湖南省政府主席改任蒋介石侍从室第一处主任。

同样是受蒋介石指令负责反资敌破坏，相比戴笠指挥的武汉大爆炸（呈准取消了原计划的焚毁目标），"文夕大火"无论是什么原因引发，整个行动混乱无序都是导致这场灾难的重要原因，都是张治中以降"破坏长沙指挥部"所有相关负责人的严重失职。

第十六章
河内刺汪，"误中副车"

汪精卫秘密出走

1938年12月18日，国民党副总裁、中央政治会议主席兼国民参政会议长汪精卫由重庆秘密出走，经云南抵达河内，迈出了投靠日本人的第一步。这一消息，犹如一枚重磅炸弹，在陪都重庆炸开，更令戴笠这个军统首脑目瞪口呆。

抗战前期，捣毁日伪汉奸组织、抗日锄奸成为军统的主要任务之一。开始于抗战前的制裁落水汉奸行动，随着沦陷区的扩大愈发艰巨。戴笠的目光，始终盯着那些不肯离开沦陷区，而与日本人眉来眼去关系暧昧的曾经的军阀政要、权贵名流，只要抓住他们落水的事实，立刻跟踪追击，予以严厉打击。

然而，他搜寻的目光却始终没有转到"天子"脚下的重庆，没有注意过蒋介石身边的政坛要角。汪精卫事件一出，戴笠这才意识到自己工作的失误。可是，像汪精卫这样的国民党元老、国民政府的第二号人物，又有着显赫的革命历史，为什么要私自弃职出走？难道他真要冒天下之大不韪，去投靠日本人，做天下共诛之的汉奸吗？

其实，汪精卫对日抗战的悲观情绪由来已久。

在抗战爆发之初，蒋介石发表著名的"庐山谈话"，发出"地无分南北，年无分老幼"的全民抗战的号召后，汪精卫也在庐山发表慷慨激昂的讲话，称"目前时局已临最后关头，因此，我们要有绝大的决心与勇气来牺牲……我们如果不牺牲，那只有做傀儡了"，并说"所谓抵抗，便是能使整个国家，整个民族为抵抗侵略而牺牲……牺牲完了，我们抵抗之目的也达到了"。

尽管悲观，当时的汪精卫还是主张抗战的。而由"悲观"演变为"主和"，由"主和"演变为"傀儡"，并没有经过多长时间。

他身边聚集了一群与他观点相同的人，包括中央宣传部代部长、侍从室第二处副主任周佛海、外交部亚洲司司长高宗武、外交部亚洲司日本课课长董道宁、国民党中央法制委员会委员梅思平、立法委员林柏生等。他们认为夺取抗战胜利是"唱高调"，给他们的小团体取名"低调俱乐部"。这些人聚在一起，以汪精卫为中心，开始酝酿"和平运动"。

两国交战，历来有主战派与主和派。主和并不代表投降，汪精卫也曾向蒋介石提出"和谈"意向，蒋介石并未断然拒绝。其时，通过德国大使陶德曼进行的调停也在秘密进行中。

但由于日本人野心膨胀，狮子大张口，蒋介石拒绝接受丧权辱国的停战条件，断然关闭了对日和谈的大门，陶德曼的调停宣告失败。

然而，汪精卫一伙人却不肯罢休，经过一番密谋，周佛海向蒋介石提出，派高宗武去香港搜集日本情报。蒋介石不知其中有诈，采纳了他的建议，使高宗武名正言顺地到了香港，并有了经费来源。

高宗武到香港后，做了两件影响历史的"大事"。

第一件，高宗武于1938年6月下旬悄悄去了一趟日本，先后会见了陆军省军务课课长影佐祯昭、参谋本部次长多田骏、日本陆相板垣征四郎及陆军省中国课课长今井武夫等人，并主动提出由汪精卫"出马"与日本人和谈。

从日本归来后，高宗武不敢再回武汉面见蒋介石，只好派与他同去日本的周隆庠回汉口，将其报告交给周佛海；周将报告交给了汪精卫，汪精卫看后让他转交蒋介石。

高宗武的报告，明确无误地传递了一个信息：日方要求蒋介石下野，由汪精卫出马和谈。蒋介石一怒之下，下令停发高宗武的活动经费。这之后，周佛海每月从宣传部的经费中秘密拨出3000元，支持高宗武在港继续与日本人联络。

高宗武显然担不起这个后果，吓得旧病复发，与日媾和的接力棒由梅思平接过。但在关键时刻，高宗武又做了第二件事——重光堂会谈。

11月中旬，高宗武与梅思平作为汪精卫的全权代表，在上海"重光堂"与日本人进行秘密会谈，内容涉及成立以汪精卫为首的新政权的具体措施、安排汪精卫离开蒋介石国民政府的具体办法和日程。

有日本人撑腰，汪精卫开始做着从重庆出走的打算。当然，这个打算是在其夫人陈璧君与周佛海等一帮喽啰的推波助澜下做出的。

周佛海多次表示，只要汪精卫出山，竖起旗帜，云南的龙云、广东的陈济棠、四川的地方势力等等，这些受蒋介石排挤的实力派人物，都会聚集到他的旗帜下，支持他的新政权。

尽管如此，汪精卫对迈出这一步还是慎之又慎，正如其亲信陈公博的奉劝："先生若离开重庆，将遭到全国民众的反对和唾弃。"

陈公博时任国民党中央执委、四川省党部主任委员，是与汪精卫关系极深的亲信，对"言和""出走"却一直被蒙在鼓里，直到"大局已定"才得到通知，急忙从成都赶到重庆，在上清寺汪公馆听汪精卫讲述对日"和平"的进展，直听得惶惶不安，背冒冷汗，当即表示强烈反对。

当时在座的除了汪精卫夫妇，还有周佛海、陶希圣、梅思平等人。待其他人离去后，陈公博力陈不能和、不能走的理由，规劝汪精卫改变初衷。两人争论到上午11点，最终被陈璧君叫停。

正是因为担心他会反对，作为汪精卫最信任的亲信，他才被瞒到最后。对此，陈璧君特地向周佛海、陶希圣解释说："公博近来太忙，等到成功再通知他。到时我们都走，他是不会单独留下的。"

直到定好出走日期，陈公博仍在劝说汪精卫，陈璧君已经不耐烦了，直接对陈公博说："我们是一定要走的。你不走，就一个人留在这里好了。"

后来陈公博评价汪、陈说："汪先生没有璧君不能成事，但没有璧君也不至于败事。"

从重庆到国外有两条路可走：一条是走香港；一条是走昆明。以汪精卫显赫的身份，无故乘机去香港，显然风险太大。而借道云南，必先征得"云南王"龙云的同意。为此，陈璧君亲自两赴云南。

在谈到"汪先生在重庆徒拥虚名""很想换换环境"时，龙云表态说："汪先生如果来昆明，我很欢迎；如果愿意由此出国，我亦负责护送，一切绝无问题。"

12月5日，周佛海以视察宣传工作为由，率先去了昆明。按计划，汪精卫于12月8日离开重庆，前往昆明与周佛海会合。但蒋介石突然在12月7日来到重庆，直到12月18日蒋介石要到行营作演讲，汪精卫可以不参加，这才找到出走机会。

汪精卫立刻打电话给交通部长彭学沛，要他预留18日飞往昆明的飞机客位，并直接将机票送到汪公馆。当时中枢要人非公离渝，须经最高当局批准。由于江精卫系一人之下，地位特殊，彭学沛又是汪系人物，汪精卫的秘密出走便畅通无阻了。

12月18日上午，汪精卫从重庆珊瑚坝机场登机，直飞昆明。同行的除陈璧君外，还有他的亲信秘书曾仲鸣，陈璧君的侄子陈国琦、陈常焘与卫士。当天，陶希圣亦从重庆飞到昆明会合。

此时，高宗武、梅思平、林柏生、周隆庠都已在香港。除了陈公博，要"走"的人基本到齐。

12月21日，汪精卫一行十余人乘坐龙云代包的专机从昆明飞抵河内。一直不想参与"和平运动"的陈公博，不幸被陈璧君言中，大家都走了，他确实不会单独留下，只得"跟踪追击"，前往河内。

至此，由周佛海首倡并导演、高宗武牵线搭桥、梅思平奔走出力、陈璧君推波助澜的"和平运动"，在汪精卫的带领下，迈出了决定性的一步。到后来，除了"迷途知返"的高宗武与陶希圣，其他人均坠入了万劫不复的深渊。

坐镇香港布控

值此全民抗战的紧要关头，国民党副总裁弃职出走，这显然是长时间谋划的结果。可军统竟然没有发现任何蛛丝马迹，实在是一巴掌打在了戴笠的脸上，他立刻电话约见王云孙，了解汪精卫一行人离开重庆的情况。

王云孙是王兆槐的内弟，1933年由王兆槐介绍加入北平站，后任北平站书记。站长陈恭澍弃职逃跑后，王云孙与白世维、戚南谱被调到南京受训。培训结束后，王云孙被派到航检系统任职，如今在重庆珊瑚坝机场做航检工作。

军统局迁渝后，局本部设在罗家湾二十九号。王云孙来到局本部戴笠的临时办公室（后搬到罗家湾十九号办公），汇报了汪精卫一行人出走的情况。

"18日上午九时，先是陈璧君与曾仲鸣来到珊瑚坝机场，同行的还有两个不知姓名的人。在候机楼中，陈璧君不时地向外瞭望，还不时和曾仲鸣嘟哝几句，看样子很着急。

"在飞机起飞前几分钟，汪精卫在一名侍卫人员的陪同下来到机场。不知什么缘故，飞机没有按预定时间起飞，而是又延迟了好几分钟。

"在等候登机的这段时间中，陈璧君相当活跃，不时和熟人打招呼，并称是陪同汪先生去成都中央军校作讲演，停留一天就回来。汪精卫则格外沉着，且大踱其方步。

"汪等此行一共六个人，在机场里前后停留了半个小时以上。"

"半个小时，可惜了……"戴笠沉思着说。

王云孙明白戴笠的意思，无论作任何措置，即使逐级向上级请示，时间也来得及。

"可惜，我们的情报工作在这个地方是个盲点！"戴笠话锋一转说，"你回去务必注意，凡汪系的人进出机场，立即报告，不得延误。"

王云孙离去后，戴笠开始考虑如何对汪精卫一伙实施监控。尽管汪的"去向"尚未明朗，但凭着他一贯倡导的对日"和平运动"，除了投日不可能作其他之想。何况，除此之外还有什么事值得他抛开职务、地位秘密出走呢？

果然，在汪精卫抵达河内的第三天，即12月22日，日本首相近卫文麿发表第三次招降声明，声称日本政府要"彻底击灭抗日之国民政府，与新生之政权相提携"，以建设所谓"东亚新秩序"。

汪精卫果然积极响应近卫的"招降公告"，亲自起草声明，于12月29日在汪派喉舌《南华日报》发表，即"艳电"。该"艳电"主张接受日本提出的条件，结束战争，"与日本政府交换诚意，以期复恢和平"。

在此之前，尽管高宗武、梅思平等人多次代表汪精卫与日方接触，尽管代汪精卫与日方签订了"重光堂密约"，但没有汪精卫亲自出面与日方公开媾和，一切均不足以成为他叛国投敌的证据。

即使秘密出走到了河内，也还有转圜余地。对汪精卫来说，稍不顺心拍屁股走人，逍遥海外，早已不足为奇；与蒋介石一语不合，立马玩失踪，也不是头一回。可这次性质变了，"艳电"一出，汪精卫一伙叛国投敌已是板上钉钉。

"艳电"一出，舆论大哗，谴责声铺天盖地，汪精卫已成为过街老鼠，人人喊打。这是汪精卫始料不及的。

戴笠已得到蒋介石指令：即赴香港，设法威胁、警告汪精卫在港亲信，阻止这些人公开进行投降活动；同时在河内组织力量，严密监视汪精卫的行动，多方侦察汪派人物的活动情况。

也就是说，眼下对汪精卫及其同伙采取的措施，只是监控、警告和制止公开进行投降活动。但戴笠也清楚，倘若汪精卫不肯悬崖勒马，对其予以制裁是迟早的事。

这无疑是一项艰巨而又棘手的任务，既要达到监视、警告的目的，又不能被抓住把柄，以免汪精卫狗急跳墙，造成无可挽回的局面。

考虑到河内不宜久留，否则容易引起外界注意。为慎重起见，戴笠决定将指挥中心设在香港。

香港是一个自由港，人员可以随时进出，不受签证等手续的限制；交通四通八达，调遣人员十分便利；距离河内不远，乘飞机坐轮船都很方便，乘海轮一个昼夜即可抵达；军统香港区人员等各方面配备齐全，调用十分方便。

还有关键的一点，汪精卫在香港设有重要的汉奸机构，包括高宗武组织的"日本问题研究所"、汪精卫的亲信林柏生主持的"国际问题研究所"，与该所下属的"蔚蓝书店"及由林柏生负责的《南华日报》等。

汪精卫一伙出逃后，除汪精卫及家人亲戚、秘书曾仲鸣驻河内外，其他人均驻香港，陈璧君则常来常往。将香港的舆论阵地作为"与日本政府交换诚意"的前沿，为推进"和平运动"摇旗呐喊。

1939年元月上旬，戴笠从重庆秘密飞往香港，随行的有警卫王鲁翘、秘书毛万里。毛万里原任北平区书记，后升任代理区长，不久前调任重庆卫戍司令部稽查处秘书兼业务科长。

到港后，戴笠以铜锣湾晚景楼公寓为指挥部，安排毛万里住在指挥部办公，并以高街六号香港区的一个秘密联络站作为联络点。他本人在指挥部办公的时间并不多，大多时间在外边活动，也常于半夜在联络点会见工作人员，可谓来去无踪。他在香港下榻思豪酒店，据说还有其他秘密居住点，轮流居住。

香港区设有两部电台，戴笠指定报务员日夜值班，专门负责与河内、重庆的通讯联络。

此时，有一个重要人物正在乘水路赶往香港。这个人就是对河内汪精卫负有监视乃至"制裁"重任的陈恭澍。

而在香港，一个威胁、震慑汪精卫亲信的行动已经启动。

教训林柏生

戴笠选中的"恐吓"对象是林柏生。

汪精卫"和平运动"的舆论宣传，是以香港为根据地展开活动的。林柏生就是汪派喉舌《南华日报》的社长，汪精卫的"艳电"就是通过林柏生"拍板"发表的。

说他"拍板"，是因为这个过程有一点波折。

汪精卫起草的"艳电"稿件，是由周佛海、陶希圣、陈公博带到香港的。临行前汪精卫特地嘱咐陈公博，找顾孟余研究商量后再交林柏生发表。

顾孟余也是汪精卫的亲信，是改组派的主要头目之一，交通部部长卸任后去了香港，1938年4月在国民党五届四中全会上被任命为宣传部部长，因拒不到任由副部长周佛海"代理部务"。

但汪精卫与陈公博等人都没想到，顾孟余一看到汪起草的声明，立刻表示强烈反对，认为汉奸绝不可当，此电绝不能发，要求"电汪阻止"。

对此，陈公博不置可否，周佛海力主照发，林柏生则态度坚决，称：

"汪先生此电稿是指定交给我发的，你们不同意，我也要负责发出。反正不要你们署名，你们无权干涉！"

此电文一出，顾孟余从此与汪精卫及汪系人物一刀两断。

俗话说"打蛇打七寸"，在汪派的舆论阵地上，林柏生就居于"七寸"的位置，扼住林柏生就等于扼住了汪派的咽喉。汪精卫的主张都是通过林柏生之手，向国内外发表的。"艳电"发出之后，林柏生又奉汪精卫之命，在《南华日报》发表了若干附和文章。这一时期的重要社论，则由周佛海、陶希圣、梅思平轮流负责。

戴笠到港之后的第一件事，就是亲自给林柏生打电话，指责他不该发表与国民政府抗战大计相悖的文章和言论，并称要烧掉南华日报社，以期起到敲山震虎的作用。却不料，林柏生根本没把戴笠的"恐吓"当回事，照样我行我素，攻击国民政府和主张与日媾和的文章依旧源源不断地发表。

于是，戴笠开始布置以林柏生为狙击对象的行动计划。

元月17日，陈璧君邀请周佛海、梅思平、陶希圣和林柏生到其香港寓所吃午饭，正巧香港警察局政治部约林柏生下午四时谈话。政治部约谈，林柏生不能不去，毕竟他主持的《南华日报》和"国际问题研究室"都在对方管辖范围之内。

午后三时，林柏生径赴警察局政治部。具体谈话内容，林柏生在后来的回忆录中称，对方询问"和平运动"究竟是怎么回事，提醒他注意不要出事，"当心暗杀团，不能不讲求一点御防的方法。要是写封信到警察局来，可以准许携带自卫的手枪"。

这个"提醒"是否有作用不得而知，即使林柏生想"警惕"也来不及了。

这个时候，"暗杀团"的行动已箭在弦上。

午后，梅思平、陈春圃（陈璧君的堂侄）等人去了告罗士打酒店饮茶，约谈结束后林柏生也去那里会合。林柏生优哉游哉地漫步在大街上，完全没料到危险正在降临。

漫步到皇后大道时，有两人从背后蹿出，用铁棒袭击林柏生，两次击中其头部，林柏生当即受伤倒地，两名暴徒仍不肯罢手，继续向他的额部和面部痛打。

直到两名外国水手途经此处，两名暴徒一人被擒，一人逃逸。被擒者名陈林，最后被判刑15年。

林柏生被送往玛丽医院，幸亏伤口不深，不久治愈，头上留下两块伤疤。正是凭着这两块伤疤，汪伪政府成立后，林柏生得以大出风头，其势压倒了褚民谊、陈春圃等人。

林柏生挨了两棒，汪精卫自然明白这是对他的警告，警告他不要再有进一步的行动，否则后果不堪设想。

也就在这个时候，陈恭澍应邀来到香港。

约见陈恭澍的地点，就在高街六号的香港区联络站。

自从1935年秋陈恭澍逃跑归来接受处罚，戴笠与他见过一面，至今已三年之久。戴笠显然不会意识到这个时间跨度有多长；陈恭澍则不然，内心纠结的不仅是时间的跨度，还有疑惑。

捅了那么大娄子回去受罚，结果戴老板什么都没问；解禁之后任命天津站站长，戴老板却不曾露面，这让陈恭澍感到十分失落。

赴港之前接到戴老板"十万火急"的电令，亦是寥寥数语："克日来港……"

他将那张亲译的小纸片翻过来掉过去，不知看了多少遍，就是猜不透到港所为何事。又把小纸片拿给天津站书记曾澈一起研究，也研究不出个所以然。

他原是戴笠最为器重的下属，时隔好几年，他有一肚子的话要对戴笠说，或者想听戴笠说。尤其关于来香港，究竟是什么任务，时间多长，任务结束后是否仍回天津？他在动身前就想知道这一切，也好对天津站和家眷有个安排。

但对戴笠来说，特务工作有严格的保密性，该你知道的必然会告诉你，不该你知道的或许你一辈子被蒙在鼓里。譬如"箱尸案"，戴笠赴北平找王天木，由陈恭澍安排住宿与接送，陈恭澍始终不知"箱尸案"真相。

而且保密工作有严格的时间性，特别是准备制裁汪精卫是个绝密事件，除了戴笠，没有人事先知道整个行动方案与进展步骤。何况其中变数颇多，一切将根据汪精卫的动向来调整，采取什么措施将听命于蒋介石。

至于完成这项任务需要多长时间、任务结束后陈恭澍的去向，戴笠不可能事先去考虑这些，更不会想到陈恭澍急于想知道这些。

带着想法上的巨大落差，两人的见面没有出现久别重逢后的那种热情。陈恭澍在回忆中描述这次见面的时候说，两人握手后沉默了一两分钟，"我想他正在考虑另外的一件事"，"我心里虽急，也只有耐着性子等他先开口"。

然后戴笠说：

"我们一起去，该办的手续，香港区正在办理，具体情况你和王鲁翘联系就可以了。"

陈恭澍正要问去哪里，戴笠已经起身去了另外一个房间，这让陈恭澍感到一肚子的不满，只好去问王鲁翘。王鲁翘说：

"到河内去，这几天正在办签证，订机票，大概明后天就可以走了，我也跟你们一块儿去。"

陈恭澍还想问与他本人有关的事情，但考虑到王鲁翘比他小五六岁，两人仅在南京见过一面，也只是握手寒暄，并无交谈，只好作罢。

第二天，戴笠偕同陈恭澍、王鲁翘，乘飞机由香港直飞越南首邑——河内。

奔波在河内

一行人抵达河内，前来机场迎接的是军统越桂边区站站长方炳西。

抗战爆发后，戴笠料到日寇会入侵东南亚，很可能首先进攻越南，即着手在河内建立工作组织。为发展国际情报，军统在东南亚各国及美国、伦敦、巴黎等地均建立了外勤单位，所派人员多以外交人员的公开身份兼任，如美国站站长萧勃，公开身份为驻美大使馆副武官。越南当时是法国的殖民地，国民政府在河内设一个总领事馆。1938年年初，戴笠推荐许念曾出任国民政府驻河内总领事，兼领军统河内直属组组长，组员有后来成为越南站站长的林金苏，电台台长是张亚民。

方炳西的公开身份，是国民政府驻河内总领事馆秘书。

戴笠已事先专程到河内，与许念曾商量组建"河内工作组"事宜。河内总领事馆亦成为戴笠本人的秘密活动据点，方炳西被指派为"河内工作组"总务人员。

在此后的两个多月中，方炳西承担了全部的后勤事务，包括对外联络以及电讯往来。当然这只是表面上的工作，事实上他承担的任务远不止于此，所承担的责任与任务并不在陈恭澍之下。

方炳西说一口流利的法语，这比会说安南话更吃得开，所以一切通关手续，办理得非常顺利。

为执行这次任务，方炳西特地买了一辆二手福特小轿车。就是用这辆车，方炳西将戴笠一行人接到事先租下的一幢房子里。

这是河内市区一处较为僻静的地方，房子格局不大，上下两层。楼上有两间卧室，中间夹一个厕所；楼下是客厅连饭厅，院子里另有厨房和工人房。

这就是"河内工作组"驻地。

戴笠首先将陈恭澍与王鲁翘带到河内，是因为在他的整个行动策划中，这两人是关键人物，一个是"河内工作组"组长，一个是制裁汪精卫的"杀手"。

但他们对河内的情况两眼一抹黑，戴笠必须为他们打通关节，安排好开展工作的接头人物。

戴笠在河内前后停留了两天，这两天中，他忙得不亦乐乎。当天晚上，把陈恭澍与王鲁翘留在驻地，便与方炳西外出办事，彻夜未归。

殊不知，陈恭澍一直处于郁闷之中。

自打见到戴笠，他就希望有一次畅谈，起码关于此次行动，能给他一个透底的交代。然而，在香港时没有，陈恭澍只好自我安慰，戴老板太忙，应该理解。

等上了飞机，陈恭澍与戴笠并坐一排，一路上有的是时间，戴老板总该说点什么吧，可他始终不曾开口。陈恭澍在回忆中谈到他"数次引起话题，他仍然嗯嗯两声，不肯多说"。陈恭澍只好表示谅解，称"这也许因为飞机引擎的声响太大，小声说总听不清，大声说又唯恐被人听去"。

到了河内，戴笠又是彻夜不归，陈恭澍更是因为"不知道他到哪里去了"而充满怨气。直到第二天近午，戴笠与方炳西才回到驻地，大家坐在一起吃了一顿中饭。陈恭澍以为饭后该与他谈工作了，谁知戴笠又与方炳西一起走了。陈恭澍感到戴笠有意冷落他，为此愤懑不已。

说起来实在是"小人长戚戚"，陈恭澍与王鲁翘在河内既不懂外语又不辨东西南北，戴笠需要将开展工作的一系列必要条件安排好。而作为上司，他完全没必要把个人行踪告知下属。

在整个刺汪行动中，陈恭澍处处表现出牢骚满腹，怨天尤人，甚至容不得其他人的行动方案。而戴笠完全没有注意到陈恭澍情绪上有什么不对劲，这也为陈恭澍不能很好地协调整个行动，最终导致失败埋下了隐患。

晚上，戴笠招呼方炳西、陈恭澍和王鲁翘一同出去吃广东小馆子。可晚饭过后，戴笠和方炳西又要走。为避免陈恭澍与王鲁翘迷路，戴笠特地将福特轿车留给他们，自己与方炳西坐三轮车离开了。

陈恭澍已经忍无可忍，一气之下将司机打发回去了，叫了两辆三轮车与王鲁翘在大街上兜风。结果因不识路，又语言不通无法与车夫沟通，再也找不到驻地了。最后好不容易找到中国总领事馆，才问明方向，回到住处。

戴笠回来的时候已是夜静更深，他此次来河内的任务已全部达成，包括陈恭澍开展工作的接头对象、运送武器的通道及几套方案的基本落实。

还有几个小时就要离开河内了，戴笠在楼上房间稍稍休息了一会儿，就让方炳西去另外一个房间叫陈恭澍与王鲁翘到楼下客厅开会。

这是戴笠带陈、王到河内后召开的唯一一次会议，会议的主要内容是明确此行目的，下达任务。

他首先简单介绍了汪精卫背离重庆的经过，拿出登有"艳电"的剪报给几个人传阅；又介绍了与几个关系人碰面了解的情况，即汪精卫仍在与日方保持接触中；接着阐明这次任务的重要性，最后点明主题：

"我上午七点半乘飞机先回重庆，短期内是否回来还不一定。河内工作由恭澍兄负责，希望炳西兄和鲁翘尽心尽力协助。眼下任务有两点：第一，严密监视汪某的行动；第二，要多方注意汪派分子的活动动向。切记，现阶段的任务就是监视，不可采取任何制裁行动。"

戴笠还特地告知陈恭澍，随后将有电台和报务人员赶到；并抽调得力同志，火速前来协助。

会后，戴笠将陈恭澍叫到楼上单独谈话。一进屋，陈恭澍就提出：

"是不是把天津的王文他们调来？"

戴笠也考虑到王文作为陈恭澍的下属，合作起来会和谐一些。但是，王鲁翘早有"神枪"之称，在行动方面并不亚于王文与白世维（白已被派到蒋介石身边当侍卫）。而且王鲁翘正直坦率，相信与陈恭澍能够配合默契，于是说：

"发电报、候船期、办手续，耽搁太多，无法控制时间，我看不必了。我回去之后，会作适当的人事调派。"

他没有直接说出以王鲁翘为行动"杀手"，是想给陈恭澍留下考虑余地，特意叮嘱说：

"一般事务性工作，全部交给炳西兄去办，你无须分心；鲁翘的工作，看将来情况需要，由你来分派；随后到来的人员，由你根据情况统一分配任务。"

"好。"陈恭澍答应着，大概以为戴笠已交代完工作，话锋一转问，"此地的工作告一段落后，我是否还回天津去？"

突然提出一个私人问题，令戴笠十分意外又十分不快。执行如此重要任务，却牵挂着家中老婆孩子，这无论是戴笠本人，还是军统局本部戴笠身边的下属，都是绝无仅有。戴笠本人干工作是拼命三郎，要求身边人亦是如此。王蒲臣离开南京前探望戴笠，被挽留在特务处工作，连行李都没回去拿就开始了正式上班。南京撤退时，戴笠没回去看一眼老母亲，一家老小随着特务处撤到了武汉。为了工作不受影响，武汉失陷前，戴笠派人直接将他们送回了江山老家。而陈恭澍刚刚离开天津没几天，任务还没开始，就急着做安排家眷的打算，这让戴笠如何接受？

事实上，戴笠对陈恭澍的看法早在悄然改变中，不仅在石友三案与逃跑事件中，他的散漫无组织纪律性、无责任心与担当能力，令戴笠大跌眼镜；在个人生活方面的随心所欲，也让戴笠十分失望。如特务处规定，所有特工婚姻大事必须报告团体，不经允许不得成婚，陈恭澍则完全无视这些纪律，私自结婚。

凡此种种，戴笠以为，近半年的禁闭生活会让他有所反省，然观其解禁后任天津站站长的所作所为，多平庸而无所建树，在制裁汉奸殷汝耕、王克敏等案中，均连连失手。但戴笠对陈恭澍还是抱有希望的，毕竟他经过多年历练，主持制裁大案多起，即使是失败的教训，那也是"成功之母"。调他前来执行此项任务，也是给他一次机会，让他打个翻身仗。

所以在会上提到这次任务的重要性时，戴笠特别强调说："这不是一件普普通通的工作，假如我们处置失当，后果将不堪设想。对大家来说，也是一次难得的机会，不但要好好地掌握，也应该做出表现，否则我们将死无葬身之地。"

陈恭澍在回忆中说："我懂，这是说给我听的。"

其实他未必真懂，否则也不会在难得的谈话中不谈任务，直接提出个人问题。

为了让他放下思想包袱，一心一意扑到工作上，戴笠还是安慰他说：

"放心吧，你的去向问题，在适当的时候我会考虑，事先会征求你的意见，但不是现在。你现在要考虑如何打开工作局面，如何与新来的同志协调好关系，做好监视工作，为最后的行动做准备。当然，没有明确指令，不得采取任何行动。"

戴笠拿出一张名片，交给陈恭澍：

"这是一个地位特殊的人，可以为我们提供高级情报，也可以提供行动线索。我已与他约好，指定由你亲自和他联络，不能由其他任何人去找他。你拿这张名片去找他，他就会接见你。"

戴笠又提醒陈恭澍说：

"注意，他不是我们的工作同志，对他既要有礼貌，又要保持分寸。"

陈恭澍明白，"保持分寸"就是说话要注意，不能泄露机密。

戴老板调兵遣将

给陈恭澍交代完工作，戴笠由方炳西陪同赶赴机场。回到重庆调兵遣将之后，戴笠又很快返回香港，坐镇香港遥控指挥河内工作组。

第一批派往河内的是电台与报务人员，第二批是派给陈恭澍的两名助手。当这两人抵达河内后，陈恭澍大失所望，他们竟然是余乐醒和岑家焯。

余乐醒在军统是有名的训练专家，在军统亦称得上"桃李满天下"，陈恭澍便是其"桃李"之一。陈恭澍在洪公祠特训班接受特工培训的时候，余乐醒是特训班教官，两人是名副其实的师生关系。

余乐醒赴法勤工俭学学的是机械与化学专业，不仅长于机械与兵器制造，更长于爆炸技术与药物的研究制作，在军统内素有"化学博士""制毒专家"之称。

然而，见到老师，陈恭澍这个学生不仅没有感到亲切与兴奋，反而叫苦不迭。因为他要的助手是王文那样的行动人员，是持枪"杀手"，而不是一个"制毒专家"。

对于"毒杀"，陈恭澍早已谈毒色变，王子襄生前留下的那瓶"白色粉末"，还不知有没有作用，便在石友三案中闯了大祸，导致石的厨师老褚与副官先鸿霞生死不明，北平站被"连窝端"，他本人更是"畏罪逃跑"铸成大错；在殷汝耕案中，戴笠派来的尚小姐也是在投毒中功亏一篑，好在有惊无险没有造成更严重后果。

倘若戴老板就"毒杀"征求陈恭澍的意见，他一定会直接表示反对。

可余乐醒前脚迈进河内，戴老板的电报后脚即至，电报中指示陈恭澍称："指定他（余乐醒）参赞机要与技术指导。"也就是说，余乐醒是河内工作组的"二号人物""参谋长"兼"技术顾问"。

余乐醒思虑周密，处事谨慎，与陈恭澍的纪律性差、胆大妄为可互为补充；余乐醒精通法语，这在法属殖民地是大有用场的，这也是戴笠选派余乐醒的原因之一。

但无论戴笠考虑得如何周全，也还是没想到陈恭澍作为长期的外勤人员，不仅目无组织、散漫自由，而且处事霸道、独断专行。从洪公祠特训班一出来，就开始独当一面，无论属下有几人，都是他说了算，只会发号施令，根本无合作意识，亦无征求他人意见的习惯。因此，余乐醒这个二号人物一到河内就被打入"冷宫"，直接安排住到别处，这个"参赞机要与技术指导"直接成了局外人，偶尔被告知情况也就不错了。

与余乐醒同来的岑家焯，曾在洪公祠特训班任管理干部，说起来也是陈恭澍的师长。余乐醒尚且如此，岑家焯更成了多余的人。

随后，第三批人员到达。

其中，余鉴声毕业于杭州警官学校，与王鲁翘是同窗；另两人都曾是陈恭澍的老部下。

张逢义，山东人，与白世维同乡，又同时毕业于黄埔军校第七期，是早期北平站行动人员，后调特务处本部工作。陈恭澍对他的评价是："有勇有种，浑身是胆，用枪比动笔尤为擅长，顺着他怎样都可以，惹翻了他可就不好收拾了，因为他有一股倔脾气，要好久好久才会平和下去。"

唐英杰，是令陈恭澍最为头痛的人，可以说是陈恭澍的克星。

陈恭澍在1936年被解禁后任天津站站长，第一件事就是申请将原来的老部下白世维、王文调到天津站。戴笠在批准的同时，还派了一名陈恭澍并不认识的特工唐英杰，协助行动工作。

唐英杰，又名张效良，四川人，时年30岁出头，身材矮小，貌不惊人。

有道是"人不可貌相"，论相貌难登大雅之堂的唐英杰，却身怀武功绝技。他在南京被关禁闭期间，曾被加戴刑具以防止逃脱，他竟能脱下手铐脚镣而皮肉丝毫无损。"缩骨术"只是他的绝技之一，他最拿手的绝活是"轻功"。陈恭澍说他"超距纵越的功夫，不仅穿房跃脊如履平地，就是十丈高楼，也能够上下自如"。有人曾亲眼看见他"手持一把普通雨伞，从三层高的楼顶一跃而下，落在地上飘飘然，仅发出轻微声响"。

戴笠发现唐英杰，是在特务处成立之初。此君时在上海大舞台登台献艺，武功绝活轰动一时。戴笠如发现瑰宝，立即罗致到团体中，加以训练并灌输政治知识，成为行动人员中的干才。他最大的缺点就是纪律散漫，时常闯点小祸，也多次遭受处罚。

但在京沪，此君尚有节制；来到天津站，面对陈恭澍这样一位唯我独尊的上司，他则完全不买账，而是随心所欲，我行我素，令陈恭澍大伤脑筋。

好在不到一年此君奉调回京，陈恭澍如释重负。却不料，在执行如此重要任务之时，又与此君相遇，真是"冤家路窄"！

戴笠调唐英杰的用意，就是利用此君轻功专负侦察任务之责。若无打入汪宅内部的线索，也只有由此君侦察宅中布局、汪氏卧室情况及生活规律，方能执行暗杀计划。

应该说，唐英杰是整个刺汪案中的关键人物，只可惜，陈恭澍未能很好地协调关系，组织侦察，导致误中副车，功亏一篑。

紧接着，又有两人结伴而来，他们是郑邦国和陈步云。

郑邦国，安徽人，善用枪，据说连发点射，足能打出花来。陈步云是江苏徐州人，这两人都曾在淞沪会战中参加王兆槐组织的抢运日寇武器的行动。

至此，河内工作组全部成员到齐，除余乐醒与岑家焯外，其他七人均住在工作组驻地。

其他协助人员，包括方炳西、电台人员、译电员等均由方炳西安排住在其他地方，平时的工作联络，亦由方炳西转达。

方炳西虽不是行动组负责人，却是一个责任并不亚于陈恭澍的重要人物，戴笠的所有指示，均由方炳西转达。也就是说，方炳西是连接戴笠与河内工作组的纽带。

但陈恭澍对方炳西知之甚少，甚至不知他住在何处。对一切事务性工作，不等陈恭澍开口，方炳西便都安排好了；许多陈恭澍想不到的事情，他都会给予提醒；更多的事情，他会想到陈恭澍前头，这让陈恭澍觉得他既神秘而又不可思议。

说他神秘，是在表面看来，他是"河内工作组"的总务人员，是"总指挥"陈恭澍的下属；而实际上，陈恭澍接到的每一个指令都是由他发出的。尽管是借他之口，但与陈恭澍相比，他显然掌握更多的河内工作情况，甚至包括戴笠的多套行动方案，以及此后戴笠到河内布置任务的情况等。

许多年以后陈恭澍回忆前尘，顿有所悟，猜测方炳西是负有秘密任务的"督察"，始终不知时任越桂边区站站长。

然而，河内工作组基本人员到齐，监视任务却未能就此展开。因为这一帮人初来乍到，不仅人地生疏，而且语言不通，唯一熟练使用法语的余乐醒，还被陈恭澍边缘化了。如何找到汪精卫的住所，打开工作局面，成为陈恭澍的当务之急。

汪精卫要去哪里

更着急的是戴笠。

戴笠坐镇香港，正在想方设法将枪支弹药运往河内，以备制裁汪氏之用，同时也在筹划实施后备方案。就在这个时候，忽然传来汪精卫即将离开越南，或前往欧洲或赴港转日的消息。

为证实消息的准确性，戴笠立即电令陈恭澍，查明汪精卫一行人的行动迹象，速即报告。

在得到最后证实之前，戴笠不敢掉以轻心。倘若汪精卫旅欧，那是重庆方面所希望的最好结果；倘若汪精卫在军统的眼皮底下悄悄去了日本，或者拦截未能成功，将会造成无可挽回的严重后果，也是军统的严重失职。

蒋介石之所以令戴笠只监视、震慑而不得实施制裁，就是为了给汪精卫留有退路，使他迷途知返。

正因为如此，在近卫文麿第三次发出"招降"声明的翌日，孔祥熙在蒋介石授意下，特地给汪精卫写了一封信，提醒他看清"此时国际情势，爱恶益为明显"，切莫一时糊涂做出错事。但汪精卫看到此信已是十天之后，"艳电"已经发出，大错铸成，已是覆水难收。

眼看着汪精卫在叛国投敌的路上越走越远，蒋介石仍不死心，在1月30日国民党五届五中全会闭幕当天，即指派与汪氏有着历史渊源的"改组派"成员谷正鼎为"专使"，前往河内会见汪精卫。

谷正鼎带去了为汪精卫夫妇及其秘书曾仲鸣办好的赴英法等国的签证护照，转达了蒋介石的意思："汪先生如果要对国事发表主张，写写文章，发发电报，任何时候都很欢迎。汪先生如果有病，可赴法国等地疗养，可先送50万元，以后随时筹寄。但不要在上海、南京另搞组织，免得被敌人所利用，造成严重后果。"

关于50万元是否送了，历来说法不一，谷正鼎在后来的回忆中亦否认了此事。但汪精卫留下了护照。在谷正鼎转达蒋介石原话后，汪精卫的回应"不免有愤激之言"。

那么，汪精卫将何去何从？戴笠得到的消息是否可靠？

其实，汪精卫已陷入困境之中。

首先，"和平运动"无人响应。"艳电"发出后，不仅各实力派按兵不动，连协助汪氏一行出逃的龙云亦无任何响应迹象；而与汪氏关系更深，也是汪氏寄予厚望的张发奎，则与余汉谋等人发"微电"指责汪精卫"危害党国"，"请通缉归案明正典刑"；李宗仁、白崇禧亦电请中央，通缉汪精卫。

令汪精卫遭受更大打击的是，留渝的汪派人物皆不能与他共进退。诸如彭学沛、张道藩、甘乃光、王世杰等人，均不赞同他的主张；汪派大将顾孟余，更是愤而从香港返回重庆，从此与他割袍断义，视若陌路。

原以为登高一呼，"天下云集响应，赢粮而景从"，不料情况完全不同，不仅景从者无，而且被全国上下一致斥为汉奸，甚至大有"树倒猢狲散"之势。

在此情况下，明智者自然是悬崖勒马。而且日本政局发生的变化，也让汪精卫措手不及。原来，汪精卫的"艳电"发出没几天，1939年1月4日，日本首相近卫文麿突然下台了，继任首相平沼骐一郎乃"国粹派"首领，与参与"议和"那些人物均无渊源。而参与"议和"的影佐祯昭等人也返回了日本。如此一来，汪精卫顿失凭借，被晾在河内，成了搁浅在沙滩上的鱼。

蒋介石不失时机地送来了签证护照，这对汪精卫是一个绝好的台阶，就坡下驴，离开河内，赴欧洲"养病"，也算最终未影响抗战大局，这是目前最好的选择。汪精卫既然留下了护照，说明他有赴欧洲的打算。

然而汪精卫心有不甘也是事实。在"艳电"发出的第三天，即1939年1月1日，国民党中常会临时会议已将他永远开除党籍，撤销党内外一切职务。丢了国民党副总裁的身份，失去了赖以"领袖群伦"的依托，玷污了"革命元勋"的光荣历史，就这样放弃"和平运动"，灰溜溜地逃往欧洲，自然是有些太窝气了。

所以，汪精卫的行动迹象，成为重庆方面密切关注的焦点。

坐镇香港的戴笠，也在等着陈恭澍的"速即报告"。

而此时的陈恭澍，正坐在河内工作组驻地叫苦连天。因人地生疏，陈恭澍尚不知寻找汪精卫住所从何入手，何谈查什么"迹象"！

为了尽快做出回复，陈恭澍将余乐醒、岑家焯都找了来，会同工作组驻地的七人，共同协商，可是谁也说不出如何找到汪精卫的住所。

眼看着无法完成任务，陈恭澍想到了自己面临的严重后果：万一这个时候汪精卫去了欧洲，估计戴老板不会再追究责任；万一汪某到了日本，他估计自己"将会受到两种轻重悬殊的处分。轻，责备两句而已；重，立即扣押，交付局本部第三处（主管军法）以'贻误军机'罪付诸审判，照军统的'家法'，可被判处十二年、无期徒刑、死刑之罪"。

就在陈恭澍为可能出现的严重后果不寒而栗的时候，戴笠的又一封电报接踵而至。这封电报的内容，是询问联络徐先生的情况，更特别嘱咐：

"事无巨细均可酌情与之磋商，任何工作需求，亦无妨谘情办理。"

戴笠仿佛能掐会算；仿佛就在陈恭澍身边，目睹着他的一举一动；仿佛知道他并未与徐先生联络，特地发此电报提醒。

陈恭澍豁然顿悟，赶紧找出戴笠留下的名片，按图索骥，找到了徐先生的寓所。

问计徐先生

徐先生40岁左右年纪，五短身材，体形粗壮，戴一副高度近视镜，操一口普通官话。看外表，很难分辨其身份职业，也很难想象他原是一介文人。

后来陈恭澍才知道，徐先生是江苏无锡人，曾留学欧美。但其谈吐直率，气势豪迈，全无书卷之气。

见到陈恭澍，徐先生并无诧异，像见到了同乡故友，亲切而又热情地招呼陈恭澍到客厅坐下，并请出夫人斟茶招待。

不等陈恭澍开口，徐先生坦率而又诚恳地说：

"你们人生地不熟的被派到此地来，必然会遇到许多不方便，我当然愿意协助你们，不过也只限于幕后。万一传言出去说是有我参加在内，那就糟了，所以要请你们谅解这一点。总之，我做得到的一定做，还请放心。"

陈恭澍也就开门见山，要求徐先生"设法查明此事的端倪"。徐先生说：

"这容易，我去问问他们就知道了。"

"他们"是谁？如此重要、似一座大山压在陈恭澍心头的一件大事，徐先生说得如此轻松，反倒让陈恭澍有些不敢相信了。

不料，当天下午徐先生便派人送来了口信：

"汪先生住在高朗街二十七号。他确是有离开河内的意思，因为他已经向当地的主管方面有所说明；不过截至目前，汪本人尚未做出最后决定，也就是说想走，可没有决定什么时候走。至于准备去哪里，据透露，是先到西贡再搭轮船转赴法国。是否去香港或日本，他们并无所知。"

"他们"是谁？"他们"的信息是否可靠？

汪精卫果真去法国，这当然是最好的结局。这个"口信"已将陈恭澍要查询的事项给出了答案，但他必须确定这个消息的准确性，否则传错情报"贻误战机"，他就是有十个脑袋也不够砍的。

于是，他与前来送信的曾先生一同返回徐宅，亲自听徐先生将这个信息又重复了一遍。当然，他还想知道的，就是信息"来源"。只有弄清信息来源，才能确定是否可靠。

他用十分委婉的语气与措辞，向徐先生请教，信息是哪里得来的，其中包括：是谁说的，发言的人是干什么的，他怎么会知道，他和徐先生有什么关系，等等。

徐先生明白陈恭澍提出这一系列问题的原因，很耐心地将信息来源及他了解的情况，讲给陈恭澍听。陈恭澍终于明白了"他们"是谁，将他们的身份地位、社交层次及情报内容相对照，顿觉合情合理，"来源"可靠，情报真实。

"他们"，是徐先生的外国朋友，其中既有华侨，又有法国驻河内的官员。

徐先生虽不是闽粤人，却在当地华侨社会里广受尊重，与法国驻河内官员亦是往来颇多，与法籍警察总监尤为熟稔，且不时举行酒会或舞会以增进感情。

陈恭澍不得不佩服徐先生的社交能力与公关能力。

证实了情报的准确性，陈恭澍及时给戴笠回电报告。

其实，陈恭澍的报告与戴笠得到的情报并无什么差别。徐先生的情报来自驻河内的法国官员或华侨，戴笠的情报来自中国驻法国领事馆，都是第三方信息。这完全是基于安南管理上的权限。也就是说，汪派在河内的活动，照规定必须向当地主管机关报备，因而官方才会掌握汪氏在河内的行止，以及与汪氏有过接触的若干人物之活动，包括住在当地的和由外埠入境的人。至于汪氏与接触的人谈论什么，官方无权干涉，也就无从知晓了。

而这，才是戴笠急于想知道的内容，才是汪精卫行动的真正迹象！

将徐先生介绍给陈恭澍，不是为了让陈恭澍从徐处直接索取情报，若如此根本用不着陈恭澍。显然，是为了让他借助徐的关系打开工作局面——起码监控汪宅及进出人员等，最好潜入汪宅内部，探求虚实。

其实徐先生介绍给陈恭澍的关系，已经接近汪宅——守护汪宅的安南警探，只是陈恭澍尚未将注意力放到这里。

陈恭澍按照徐先生提供的情报，直接回复了戴笠。戴笠对这个回复显然不能满意，却也没说什么。而陈恭澍此时却是满腹狐疑，满腹牢骚。原来从徐先生那里，他得知了谷正鼎面见汪精卫一事。

谷正鼎到达河内后，直接打电话给中国领事馆，请总领事代找曾仲鸣。这在官方是非常简单的事，下午谷正鼎就见到了曾仲鸣，随后前往汪的住所。陈恭澍纠结的是，既然总领事许念曾知道汪的住所，总领事馆秘书方炳西就会知道，估计戴老板也会知道，为什么没有人告诉他？

这让陈恭澍徒增烦恼，完全忽略了自己的失误。倘若他及时拿着戴笠留下的名片去见徐先生，不仅早已知晓了汪的住所，而且利用徐介绍的运用人员，说不定监视工作业已取得一定进展。因为即使知道了汪的住所，不借助徐先生的人力，仅凭几个人地生疏、语言不通的外来人，也很难开展工作。

直到2月中旬，陈恭澍的监视工作仍无进展。而这个时候，犹豫不决的汪精卫已经做出了选择。

应该说，在汪精卫落水的道路上，陈璧君自始至终起着决定性的推动作用。在这个女人眼里，开弓没有回头箭，"和平运动"成功在即，岂能功亏一篑？在去欧洲还是去日本的两种选择中，强劲的枕边风起了关键作用。

汪精卫最终选择了继续与日本人媾和。而"议和"的日本人都已回国，只有去日本求和，才能得知日本官方的态度。汪精卫甚至想亲自浮槎东渡，无奈他的日语水平仅限于吃喝拉撒，谈"正事"离不开翻译。

以汪精卫的身份，显然也不适合亲自出马。很快，高宗武应召从香港来到河内。经过几天的讨论，几人做出对日"协商方案"。

方案提出的最终目标是：由汪精卫出面，在南京组织新的"国民政府"。方案同时提出，眼下汪氏仍留住河内，待"南京建立政府时，将乘军舰进南京"。

2月上旬，高宗武带着"协商方案"经香港转赴日本，3月16日回到香港。

高宗武的进出往返，河内工作组全然不知。

魏春风与阮小姐

如果说陈恭澍的工作尚未开展起来，对汪精卫的活动一无所知，尚可理解；那么军统香港区对高宗武的进进出出亦无察觉，着实有些说不过去。

抗战爆发后，香港成为内地与外界联系、转运的唯一口岸，戴笠及时做出调整，将香港站升格为香港区，人员及设备配置都有了大幅度提升。而且戴笠亲自坐镇香港遥控河内，特派专人监视汪派在港的汉奸机构和人员。

在这种情况下，高宗武去了一趟河内，又去了一趟日本，悄然而去，悄然而归，历时一个半月之久，达成了蒋介石最不愿看到的"和谈"意向——在南京建立伪中央政府，军统香港区竟毫无察觉，着实令人匪夷所思。

更匪夷所思的是戴笠，连春节都在香港过了，却没有发现汪派人物的动静。

谷正鼎送签证护照是2月初，到2月中旬不见汪精卫旅欧，只能说明一个问题，那就是汪精卫执意一条道走到黑。他本人没有离开河内，不代表他的喽啰没有活动。

也就是这个时候，戴笠再次电令陈恭澍，即速查明汪精卫与日本方面的勾结情形，以及所商谈的内容，切实报告。

陈恭澍接到电报后，赶紧召集王鲁翘与徐先生介绍的魏春风商量。

魏春风20岁出头，个头不高，身材略显单薄，长得眉清目秀。第一次见到这个秀气的大男孩，很难想到他还能干特务工作。

魏春风祖籍福建，在安南长大。虽学历不高，却极聪明，不仅通晓法文，还能说一口地道的安南土话，对当地的社会情况、人情习俗都十分熟悉。

这正是河内工作组急需的工作人员，是徐先生按照戴笠的要求，特地介绍给陈恭澍，协助他开展工作的。

魏春风作为运用人员加入河内工作组后，首先带着陈恭澍与王鲁翘驾车到高朗街二十七号侦察。可是一连去了几次，都很少见到有人出入。该处院子不深，从街上可以清晰地看到窗户，但每一扇窗户都是窗帘低垂，无法看到屋里情景。

王鲁翘说：

"开着车不敢停留，这样侦察，就算有什么人出入，我们也很难碰上。"

"就算碰上了又能怎样，也还是无法知道谈话内容。除非能打入内部，弄到一竿子到底的情报。"陈恭澍说着，将目光转向魏春风。

魏春风对河内工作组的背景等情况知道得并不多，由于隐秘工作的特殊性，陈恭澍也没向他介绍过什么。他所知道的，应该就是徐先生介绍的有限情况。但他工作热情极高，随叫随到，让干啥就干啥，从不多问一句。陈恭澍对他也就不再回避，直接将他带到了驻地，这样也就不用特地去徐先生那里找他了。

"有一个人倒是可以帮助蹲守，但需要想办法说服他。"魏春风说。

"是哪个？什么情况？"陈恭澍赶紧问。

"是个便衣警察，正好负责高朗街二十七号那一带。"

"这么巧。你和他什么关系，有什么办法可以说服他？"

"他是我女朋友的亲叔伯哥哥。"

"真是太好了！"陈恭澍像抓住了救命稻草，高兴地拍着魏春风的肩膀问，"这么直接的关系，你怎么不早说？"

"我也是刚知道的。"

魏春风的女朋友阮小姐是地道的安南人，陈恭澍觉得河内工作很需要这样一位本地女子做掩护，特地向魏春风做了侧面了解，得知两人青梅竹马，就向魏春风说明自己的想法。阮小姐没有直接参加到河内工作中，而是在魏春风的掌握及王鲁翘的指导下，在侦察掩护等方面，为河内工作助力。

阮小姐的叔伯哥哥阮先生在警察局当密探，也就是便衣警察，前不久被派在汪精卫住所附近一带巡逻、守护。他们一共三个人，24小时轮流值班。这个具体情况，是阮小姐参加河内工作组后特意打听的。

"既然是密探，是便衣警察，而且这个隐蔽岗哨刚设置不久，那应该是专为汪氏而设的。"陈恭澍分析说，"不管是汪氏要求保护、花钱驻卫以策安全，还是河内行政当局以保护为名特地派来监视的，他们对汪宅内进出的人都应该很清楚。"

但是，魏春风对能否说服这位警察没有把握，只能试试看。陈恭澍却不以为然，一摆手说：

"阮先生是安南公职人员，让这样一个外国人提供情报，最简单的方法莫过于收买。"

正是有钱能使鬼推磨，毕竟阮小姐与阮先生是同一祖父的亲叔伯兄妹，有阮小姐牵线搭桥，这桩"买卖"很快达成。

令陈恭澍遗憾的是，阮先生只是一名基层警察，他了解的情况仅限于职责范围之内，除了监视汪氏并负有保护责任外，其他情况并不清楚。至于汪宅进出人等，只是将情况随时告知戴春风，并不知这些人的身份与往来目的。

陈恭澍和魏春风商量，最好能"收买"这批人中一个小头目，也就是探长。魏春风和阮小姐做了一番努力，阮先生始终不愿多事，担心弄不好会丢了饭碗。

其实，即使收买一个探长，能得到的也还是官方渠道的信息，汪精卫不会将他的去向提前告诉安南警方。好在阮先生可以代替河内工作组在汪宅蹲守，让陈恭澍减少了很多麻烦。

武器源源到河内

虽然河内侦察工作无明显进展，戴笠的"制裁"计划仍按部就班地展开。在调兵遣将为陈恭澍配备各类助手的同时，也在筹划向河内运送武器并开始启动最初策划的后备方案，为此费尽心机地挖掘到一个特殊人物——曹师昂。

说他特殊，不仅因为他有留学法国的背景，更因为他有一位法国太太。

曹师昂生于民国元年，时年27岁，湖南益阳人，毕业于法国军事航空专门学校，曾任法国空军第三十五大队教官、法国格纳东南航空委员会委员等职。并于1935年参加法国举行的长途飞行比赛，获得第五名。回国后曾任参谋本部第一处航空科长，抗战后担任法国志愿空军大队联络官（或称特派员），曾驾驶法国制地瓦蒂式驱逐机对日军作战。这个志愿大队，与美国陈纳德将军的十四航空队属于同一性质。

曹师昂的太太是一位金发碧眼的白种人，这位二十出头的妙龄女郎，衣着朴素，举止大方，既无西方人的傲慢，亦无年轻女孩的娇气与忸怩。她能说几句简单的中国话，勉强可以达意，复杂句子由曹师昂做翻译。

戴笠选中曹师昂夫妇协助河内工作组，正是看中了他的法国留学背景和娶了一位法国太太。

由于安南是法国属地，法国人为提防安南民众的反抗，在安南境内禁止持有或使用武器，对武器查禁非常严格，尤其是出入境关卡及水路通衢要道，一旦发现，必予判以重刑，所以源源抵达河内的特工都没有携带武器。

戴笠交给曹师昂的第一项任务就是"送武器"。在为曹师昂夫妇举行的饯行宴席上，戴笠将一个公事皮包交给曹师昂，那里面装有三支美国造左轮手枪和子弹，让曹师昂带到河内后将其中两支手枪和一盒子弹交给陈恭澍，另一支手枪和部分子弹由曹师昂本人使用。

尽管曹师昂夫妇具有法国背景，但携带这三支左轮手枪和子弹仍是一项十分艰巨的任务，因而戴笠叮嘱再三：

"一定要小心防范，不可出半点差池。"

因为这不仅关系到对汪精卫的制裁，也关系到曹师昂夫妇的安全。曹师昂果然不负重托，将武器顺利带到了安南。

曹师昂作为非军统人员，也被戴笠编入河内工作组之列，以他的特殊背景与其夫人的法国人身份，为河内工作组提供帮助。也就是说，陈恭澍若有需要，曹师昂当全力帮忙。比如在侦察方面，曹太太若以法国记者身份进入汪宅采访或许更方便。

曹师昂夫妇肩负的另一项重要任务，是戴笠策划的后备方案——利用曹太太的特殊身份展开侦察，以备万一陈恭澍行动失败，由曹师昂采取补救措施。

在临行前的饯行宴席上，戴笠特地叮嘱曹师昂：

"到安南后先与方炳西同志取得联络，再由方同志代约河内工作组负责人陈恭澍和你见面，河内工作组的问题，你们可自行商量。如果你有意见，最好打电报，他们一定会转给我。如有需要，也请你随时提出。"

然而，曹师昂的到来令陈恭澍产生了一些不快，问题出在最初见面的环节。曹师昂作为非军统人员，且另有任务在身，并没有从心里将陈恭澍看作上司，到河内便自行在外边住下了，然后由方炳西通知陈恭澍来见，完全忽略了陈恭澍作为"组长"的身份。

不知方炳西是否想到过不妥，当他告诉陈恭澍去见曹师昂时，陈恭澍拉着脸问：

"是老板派来的？"

"是。"

"有什么为证？"

陈恭澍这样问让方炳西很为难，戴笠派员到河内是会给方炳西发电报的，由方炳西接应并送到工作组驻地，以往陈恭澍也没有查问过证据。方炳西只好说：

"你们见了面，自然就会明白了。"

这个回答让陈恭澍心中更是不快。他干外勤多年，说一不二习惯了，什么时候听过下属指挥？尤其那个姓曹的，既是老板派来的工作人员，岂有让组长登门拜访之理？

无奈这里不是他的平津"老巢"，也只能跟着方炳西一起去见曹师昂，好在见面后谈得还算愉快。但是，陈恭澍收下了武器，却没有重视曹师昂夫妇的特殊身份，尽管他不知曹师昂另有任务在身，仍没想到给这个特殊组员安排什么任务。

紧接着，第二批武器送到了河内。这次是一名稽姓女特工将三支崭新的驳壳枪和20粒子弹从香港带到了河内海防，需要河内工作组去取。尽管海防离河内仅有几十分钟的汽车行程，陈恭澍还是犯了难：

"我们七个人中，没有一个是熟悉交通情况的。"

此时已是2月下旬，陈恭澍到河内已一月有余，对周边环境尚不熟悉，不能说不是一个特工人员的严重失职。尤其作为负责人，只强调自己是外来人员的客观因素，主观上不做积极努力，与他的戴老板拼命三郎的作风相比，实在是天差地别。

既然工作组内部派不出人，只能派运用人员。考虑到魏春风年轻缺少历练，难免沉不住气，陈恭澍只得求助徐先生指定为工作组帮忙的另一位运用人员——曾先生。最终由曾先生带了两名工作组成员去海防取回了武器。

与此同时，戴笠又派了两拨三个人抵达河内。第一拨是湖南人谭天堑，也有法国留学背景，带着他的法国女友，在河内也是单独居住。

戴笠在给陈恭澍的电报中介绍了谭天堑的任务："密切联系，代转函电，如有情报需求，可商请该员办理。"也就是说，谭天堑与女友可代为刺探有关汪精卫的情报。

最后一拨两人是戴笠特地从昆明抽调来的。随着时间的推延，"制裁"已迫在眉睫，因担心人手不敷使用，戴笠特地就近抽调两名行动人员听候陈恭澍差遣。

然而戴笠不会想到，除了住在工作组驻地的七人，其他人都被陈恭澍边缘化了。最后到的两名行动人员，亦被列为"预备人员"安排在行动组驻地之外居住。

应该说，戴笠为此次"制裁"提供了充分的人力、物力和可资利用的关系，为河内工作组开展侦察和"制裁"准备了充足的便利条件，无奈陈恭澍不仅没有好好利用这些条件，反而猜疑重重，一味抱怨，而且将很大一部分精力和时间用于了玩乐消遣。

陈恭澍自己曾说起与徐先生见面后的情况：

"我和鲁翘同是北方人，既吃不惯西餐，也不喜欢成天吃广东菜，很想来一顿饺子、馒头一类的面食，好像才算真的吃饱了，可是此处没有北方小馆，也只好多咽几口唾沫了。巧的是徐夫人原籍北平，由她调教过的大司务也会弄点北方人吃的面食，就是为了这个，我和鲁翘反而常到徐公馆去做客。"

其实，仅仅做客打打牙祭也就罢了，关键是吃饭之后要和徐夫人玩两三小时的扑克牌。为什么不打麻将呢？陈恭澍说："一来是有响声，怕人家听到会说闲话，再者是打麻将顶多只能容纳四个人，玩扑克牌有多种玩法，多至六七个人，也都无人向隅，大家同乐，岂不甚妙。"

陈恭澍他们玩牌，面子上是背着徐先生的。玩牌地点是在徐公馆楼上的阁楼里，尽管徐先生饭后一个人躲到书房里看书，阁楼里的动静不会听不到的。陈恭澍也曾打趣地问徐夫人：

"徐先生讨厌玩牌？"

"那才不呢，他是不好意思坐下来，如果有一天他不干这个了，他也许比你们玩得更起劲。"

徐先生受戴笠之托为工作组帮忙尚且能够自律，陈恭澍作为河内工作组组长重任在身如此放肆，听了徐夫人的话本应感到羞愧，他却强调说：

"可是我们还年轻，如果不装模作样，相信谁都免不了贪玩，这是真实的一面。不过，大环境和小天地都不允许我们为所欲为，所以也只限于我和鲁翘两个人一搭一档，连方炳西都不让他知道。有时又不得不向炳西兄通融一点钱，次数一多数目一大，炳西兄也会估摸到我们是非嫖即赌。难得的是他厚道，仍然不肯伤害我们的自尊而加以道破。至于他是否把这种不大应该的事反映到上级去，那就很难说了。"

由此可见，戴笠的用人失察。如此重要任务，交给一个如此缺少责任心的人负责，不失败才是偶然。

其实从陈恭澍在制裁石友三案中表现出的作风，以及弃职出逃的做法，戴笠就应该有所警觉。可惜到刺汪失败，戴笠对陈恭澍仍然委以重任；后来陈恭澍在沪一区因嫖赌造成巨大亏空，戴笠也仅仅是派人暗中查账；直至陈恭澍叛变投敌，戴笠仍没有彻底对他死心。

高朗街二十七号

随着武器弹药送到河内，派往河内工作组的各路人马业已到齐。

至此，戴笠派到河内来的军统干部及挖来的曹师昂等共15人，加上河内的运用人员徐先生、魏春风和女友，以及为徐先生跑腿的曾先生，已19人之多。

3月初，戴笠电令河内工作组："希作必要之准备，切切不可轻举妄动。"也就是做好"制裁"准备，只待一声令下，立即行动。

河内工作步入了新阶段——"备战"阶段。即在监视、侦察的同时，做好实施"制裁"的行动准备。

但陈恭澍对汪宅的侦察并无进展，仍然停留在蜻蜓点水式的侦察结果，如他本人所言：

"笔者偕鲁翘开车从门前来往过多次，却很少看见有人出入。"

以开车路过的方式侦察，即使车速再慢，看到的也只能是汪宅的外形：

一幢西式洋房，楼高三层，一面单边，一面连栋。正门临街，有大门，门却不大，一天到晚都是关着的。后面是小院落，围有矮墙，有后门，又有角门。

高朗街距离闹市区并不远，但很僻静，属于高级住宅区，住在这里的多半是外国人，以法国人居多。二十七号门前有一片草坪，可供儿童玩耍，也可供过路人歇息，只是平时很少有人涉足。草坪前是一条宽阔的林荫大道，大道两边植有一排棕榈树，其间几棵高耸的大王椰子十分突出。若从街道对面望过去，房子都被遮住了。由于大门进深不深，在街上可以看到窗户。如果不是有窗帘遮蔽，也许能看到屋里的情景。

遗憾的是，陈恭澍的观察只限于汪宅外观，对宅内乃至楼内情况一无所知。

来自魏春风的情报要细致很多，这不仅有他本人的侦察结果，更有来自阮小姐的堂兄、当地警探阮先生的信息。他们发现，住在高朗街二十七号的人相当多，男女老少都有，可是除了汪氏夫妇外，很难分辨出哪个是仆从、哪个是亲属、哪个是宾朋。

出入汪公馆最频繁的是曾仲鸣，他每天进进出出，有时候会多达四五次。据侦察，他一般不住在宅内，而是另在"大陆饭店"开了一个长期房间，以代表汪氏对外接触。所有前来会见汪氏的人，皆需先与曾仲鸣接洽，由曾仲鸣决定是否安排与汪见面。

此外，出入汪宅的常客，还有周佛海、高宗武以及日本人影佐祯昭等。

这些信息可以证明，汪精卫不仅在叛国投敌的路上越走越远，而且加快了建立傀儡政权的步伐。由此可以推测，"备战"时间不会很长。

然而，对实施"制裁"来说，仅了解这些远远不够，还需要了解二十七号院内及楼内建筑结构、人员居住情况、汪精卫的生活规律等。总之，需要一竿子插到底的情报。

阮先生作为警探，只能宅外蹲守，并无进入宅内的机会。

徐先生的关系，除了法国驻河内官员，就是华侨，并无接近汪派人物的可能。

其实，陈恭澍忽略了曹师昂金发碧眼的法国太太。在法属领地，汪宅周围住的又都是法国人，由曹太太出面自然便利得多。但直至"误中副车"后，曹太太假扮法国记者入汪宅采访，借机侦察汪精卫住宅内情，陈恭澍才恍然顿悟，却早已晚了三秋。

在将一半以上人员"边缘化"后，陈恭澍的目光只盯着住在工作组驻地的七名行动人员，思路再也没有离开过这个七人的小圈子，甚至对工作组"二号人物"余乐醒提出的毒杀方案也是嗤之以鼻。

眼下，若不尽快摸清汪宅内部建筑与居住情况，一旦"制裁"令下达，陈恭澍将束手无策。在工作组驻地的七名行动人员中，唯唐英杰有轻功特技，这项任务自然而然地落在了唐英杰身上。

唐英杰曾为陈恭澍下属，对这位唯我独尊的上司历来不买账。面对如此艰巨的任务，陈恭澍理应放下身段，与唐英杰沟通协商，却不料，他依旧是高高在上，一味地发号施令，明令唐英杰：

"无论多么艰险，必须设法进入汪氏宅内察看。如果实无可能，最低限度也要跃登房顶，以倒卷帘的姿势，加以窥探。"

侦察，唐英杰当然要去，这是戴笠派他参加河内工作组的主要任务。侦察归来后他向陈恭澍如实做了汇报，只是侦察得并不彻底，或者说并不仔细、不到位，最关键的细节没有发现，即高朗街二十七号与二十五号同为汪宅，内部已经打通，而且汪精卫的卧室并不在二十七号……

总之，无论是唐英杰的"倒卷帘式"侦察，还是陈恭澍的"路过式""蜻蜓点水"，抑或是阮先生的"蹲守"，都漏掉了最重要、最关键、最关乎成败的细节。

"备战"阶段持续了半月之久。

3月18日，刚刚从日本回到香港两天的高宗武，接到日本驻香港总领事田尻爱义的通知——日方同意由汪精卫出面"组府"。

同一天晚上，戴笠接到对汪精卫采取"制裁"行动的命令。

当天夜里，戴笠从重庆向河内工作组下达了"制裁令"。

"倒卷帘式"侦察

方炳西接到电报后立即赶往河内工作组驻地，这时已是次日凌晨二时许，陈恭澍料到有紧急任务，赶紧从床上爬起来，来到一楼客厅。

"有指令？"陈恭澍问。

方炳西点点头，递上译后的电文——一张写着一句话的小字条。不要小看这张小字条，上面的寥寥数字，可谓字字千钧：

"着即对汪逆精卫予以严厉制裁！"

这是戴笠在对汪精卫称谓上，第一次使用"逆"字。

陈恭澍自1月中旬抵达河内组建工作组，经历了四五十天的侦察阶段，和半月余的备战阶段。应该说，两个月的侦察备战，已是箭在弦上，如今终于等来了一声令下。

拟好回电，交与方炳西回复后，陈恭澍当即将住在楼上的王鲁翘、余鉴声、张逢义、唐英杰、陈邦国、陈步云六人从床上叫起来，召集到一楼会客厅，先传阅了电令，然后进行了简单的"动员"：

"遵照上级指示，决定采取硬性行动，对叛国者汪精卫予以严厉制裁；在尚无更适当的行动场地之前，暂以汪氏的住所为攻击目标。"

接着，大家开始"会商"行动方案。说是"会商"，实际就是陈恭澍宣布他早已设计好的行动方案：

由陈恭澍本人负责行动总指挥，王鲁翘负责实施"制裁"，余鉴声予以协助，其他人员予以配合。

宣布完后，陈恭澍征询各位意见，只有鲁翘说了一句：

"我们大家听你的！"

这时，天已蒙蒙亮了，陈恭澍叮嘱说：

"大家各自休息，养养精神，做些个人准备，千万不要走开，免得临时找不到人。"

布置完毕之后，陈恭澍想起应该向余乐醒、岑家焯通报一声。只是通报，压根没想过要征求他们的意见。其实，既然这二位也是河内工作组负责人，就应该在第一时间将他们请来一起会商。尽管他们不参加"制裁"行动，总还是能出谋划策，毕竟姜还是老的辣。

可惜，陈恭澍忽略的不仅仅是这二位负责人，在向曹师昂通报这一情况时，曹师昂再次表示：

"希望分配适当工作由我担承，我的法国籍太太早就答应不避任何艰险，很愿意尽一份心出一份力。"

曹师昂夫妇非军统干部，能如此主动请缨，陈恭澍深为感动，唯无此腹案，根本就没想过曹太太法国人身份的作用。

当天上午，陈恭澍召集王鲁翘、余鉴声和张逢义三人开会，商定3月22日夜间11时行动，此前再作最后一次侦察，这个侦察任务仍由唐英杰完成。

出乎意料的是，在如此关键时刻，唐英杰不见了。几人楼上楼下、住宅周围四处寻找均不见其踪影。

一直等到午后，唐英杰才迈着四方步优哉游哉地转回来。见到他这副悠闲散漫的样子，陈恭澍气不打一处来：

"刚刚说过不要走开，你怎能不报备就私自溜出去了？"

唐英杰本来对陈恭澍不买账，如今当着王鲁翘等人的面责问更令他心中不爽，回答起来自然振振有词：

"我肚子痛出去买点药，不想走了好几家也没有买到，所以耽搁了。"

陈恭澍也不想当面被顶撞，只好直接布置任务。

"你今晚再出动一次，侦察汪宅动静，特别注意汪氏的起居所在是否已有移动。"因担心唐英杰有情绪影响侦察，陈恭澍缓和一下口气说，"事关重大，请你多多辛苦，做得切切实实，顶好选一个有掩蔽的位置，尽可能的停留得久一些，静静地观察究竟。"

唐英杰点一点头，说了句"要好好睡一觉"，就转身走了。

这样的态度让陈恭澍很不放心，他回过头对张逢义说：

"你去陪伴唐英杰，有机会开导开导他，不必怄气。晚上你跟他一块去侦察，作为巡守掩护。"

唐英杰对这个临时安排很不满，明摆着是对他不信任。当天晚上两人一起出去侦察，至20日凌晨归来后，唐英杰对陈恭澍说：

"我去过了，是在张逢义监督之下进行的。我在楼顶停留了很久，一点动静都没有，夜里开着灯的还是三楼的那一间，不会错，他就住在三楼。"

"监督"二字，足以证明唐英杰的情绪之大。也因为有张逢义"监督"，陈恭澍对唐英杰的情报深信不疑，所以他说：

"我肯定了汪氏就住在高朗街二十七号三楼的那间卧室里，就是我们即将行动的最后指针！"

这个"肯定"，终至大错铸成！

追击中错失良机

3月20日，原本是筹备实施"制裁"的日子。也就是说，在确定了唐英杰的情报后，20日至22日白天都是做准备的时间。

却不料，一个突如其来的变化打乱了陈恭澍的部署。

20日上午大约九点半的时候，陈恭澍正与王鲁翘、余鉴声在饭桌上研讨唐英杰的侦察报告，魏春风忽然风风火火地跑进来，一进门便上气不接下气地说：

"汪家正在打点行装，看样子全家要外出，具体去哪里还不清楚。"

"不会是要逃跑吧？"陈恭澍蓦然一惊。

"这个很难说。"

"你与阮先生保持联系，无论发现任何举动，务必火速电话传讯。"

魏春风刚刚离去，徐先生的电话打了进来。徐先生的情报有了汪氏的去向：

"他偕同家属准备午前起程到大呐去，是否在那里住几天，或者转道西贡，就此放洋（指汪精卫赴欧洲"养病"），此刻还弄不明白。"

这两则消息来自不同的渠道，可以相互印证。可是汪精卫去大呐干什么？大呐是夏天游憩的去处，眼下初春天气，没有理由去那里游玩！

大呐位于河内与西贡中间，离河内有几个小时的车程，去那么远的地方是否就此不回来了？

"是不是走漏了风声，惊动了他？"

陈恭澍这个猜测不无道理，但眼下时间紧迫，这个问题已不重要，重要的是马上集合，准备跟踪狙击。

王鲁翘、余鉴声立即分头召集驻地的另外四人，各自带武器集合，做好出发准备。

陈恭澍电话通知方炳西，让他速去徐公馆，请徐先生设法利用河内警政当局的私人关系，随时了解汪氏的动态，随时电话告知。

上午十时许，魏春风打来电话说：

"有两部黑色大轿车，已经从汪家大门口开走，看样子是朝红河大桥那个方向驶去的。"话音刚落，魏春风又紧接着说，"看见了，里面有很多人，他们夫妇俩都在内。"

原来，魏春风一直守在汪宅附近，亲自监视着对方的动静。作为一名运用人员，其职业操守并不亚于军统特工。

放下电话，陈恭澍下令登车出发。七人中有三个大块头，前三后四挤进那辆福特小轿车，实在是满满当当，若路遇警察盘查委实不好交代，但当时已经顾不上这些了。

陈恭澍亲自驾车，朝红河大桥疾驰而去。

红河大桥在当地是一个最显著的目标，名气很大。车抵红河大桥桥头，并没有见到两辆黑色大轿车的踪影。时逢整修桥面，来往车辆只能走单线，首尾衔接缓缓前进。在焦急等待中，交通管理人员已经注意到了福特轿车内的异样，透过车窗注视着车内人员，这让陈恭澍心里敲起了小鼓。

好在车多路挤，交通人员没顾上过来盘查。过桥后，陈恭澍加大油门，连越数车，飞驰前进，终于看到了相距八九百米以外的两部黑色大轿车。这时，两辆大轿车正头朝公路停在路边一块空地上。

既然去大叻，为何中途停车不走了？这让陈恭澍几人百思不得其解。

车停在空地上，周围没有掩蔽物，无法抵近侦察。弄不清汪精卫在哪辆车中、坐在什么位置，即使车到近前亦无法开枪射击。

只能再次采取"路过式"侦察，陈恭澍驾车不便分散注意力，其余六人可利用路过的瞬间同时侦察两辆车车内情况。

距离越来越近，时间稍纵即逝。毕竟是在公路上，不能像"路过"汪宅那样放慢车速，陈恭澍一边把住方向盘，一边提示大家：

"注意，看清楚！"

到底是专业特工，一瞬间的扫视，即将想要知道的看了个大半，两辆车上包括司机共有九人或十人，其中三个人是汪精卫、陈璧君和曾仲鸣，而且看清了汪精卫所坐的位置。其他人是亲属？是随从？是侍卫？抑或是当地便衣警探？由于都不认识，一时难以判定。

照理说，机不可失，稍纵即逝，既然看清了汪精卫的位置，就应该马上返回杀个回马枪，就算对方有警探保护，也是措手不及。

但陈恭澍还在纠结，纠结有没有警探，王鲁翘、余鉴声坚持说：

"那几个人不像是警探……"

这时，他们的车已越过两辆大轿车数十米，有人偶然回头，蓦地发现两辆大轿车已经启动，正在转向准备返程，只听陈邦国大叫：

"他们要跑了，赶快掉头，追！"

陈恭澍紧急刹车，待掉过车头，两辆大轿车早已飞驰而去！第一个机会倏忽而逝。

"追！"陈恭澍加快车速，准备追到有效距离时，下令射击。

遗憾的是，黑色大轿车远比福特小轿车速度快，而且汪精卫坐在前面车上，直追到桥头，才拉近了相互距离。陈恭澍又在担忧：此处人车密集，事成后无法脱身，只能过桥后见机行事。

不料，两辆黑色轿车刚刚过桥，灯光一闪变成了红色。先机已逝，陈恭澍只有望灯兴叹。

过了桥，两辆黑色轿车已不见踪影。惋惜之中，福特轿车已行至商业区的一个十字路口，又遇上红灯。不料，峰回路转，又一个机会来了！

时值中午休息时间，路上车辆拥挤，停车远眺，竟望见两辆黑色大轿车就停在前边不远处，真是天赐良机。此刻掉头从另一条路绕到前边，正好出其不意，迎头痛击，事后趁行人惊恐杂乱之际，方可安全撤退。

可是回头一看，转瞬之间，后边已聚集多部车辆，退路已被挤得水泄不通，陈恭澍只能远远看着前面的两辆黑色大轿车，望车兴叹。

无奈何，也只有尾随其后，眼睁睁看着两辆车安然驶向高朗街，返回二十七号去了。

铩羽而归，陈恭澍有太多解不开的疑团。

首先，汪氏一行到底要去什么地方？去干什么？

为什么要中途停车？停在那里干什么？

为什么又中途返回？是发现有人跟踪，还是另有原因？

这些疑团，陈恭澍不仅当时没有解开，终其一生都没有找到答案。

而事实却是十分简单：

大叻素以湖泊、瀑布、松林众多而闻名，那里风光明媚，空气清新，百花盛开时，如诗如画。安南虽是热带季风气候，但北方四季明显，河内的夏季高温多雨，大叻遂成为夏季游憩避暑的最佳去处。

陈恭澍只知大叻是夏季避暑之地，忽略了中国人素有春游踏青之习俗。河内虽春季气候温暖，但四季如春的大叻，在万物勃发的季节，自然是美不胜收。只是陈恭澍没有想到，汪氏在此时此刻竟会有如此闲情雅致。

事实正是如此，汪精卫此行正是携亲友赴大叻春游。多年后寓居美国的汪精卫的大女儿汪文惺及其丈夫何孟恒，在接受采访中证实了这一点：

"丁是两位老人家、十一姑丈夫妇、国琦、燉姑和我们两个，带着一个卫士，分乘两部汽车，趁天气还未太热，便赶早起程。"

两位老人家就是汪精卫夫妇，十一姑丈夫妇是曾仲鸣夫妇。

中途停车，则因当日出行的人太多，又赶上修桥，"过桥之后已经比平时慢了大半个小时，路途还远，见到有空地就停下来歇息"。也就是说，原因很简单，就是停车休息。

中途返回，并不是汪氏一行人的本意，而是有法国人提醒。这个法国人自称是警局人员，在出示证件之后，劝汪氏不要到偏远地方去，并说"接到情报说有人对汪先生不利"。

何孟恒在回忆时说："在我们离开家门的时候，警方人员暗中就跟在后面，看见我们过了红河桥，果然是要远行，便赶上来想拦阻我们。我们将信将疑，不过他们既然是地主，只好接受他们的好意，不要令人为难。"

显然，汪氏一行不仅没有注意到福特小轿车，没有发现有人在尾随追击，而且并没有听到什么风声，因此他们对警方的提醒都将信将疑。

那么，是谁将"有人对汪先生不利"的情报透漏给了警方？知晓这次行动的，除了军统特工就是运用人员徐先生、曾先生、戴春风和警探阮先生，若有泄密发生，显然出在运用人员身上。

由于陈恭澍并不知汪精卫此行目的，不知是警方截回了汪精卫，以致他事后分析认为：

"即使原先未走漏风声，此番跟踪追击也已暴露，否则汪氏不会中途折返。"

这一判断，导致陈恭澍将定于22日晚11时的行动，提前了两天。

夜半枪声，损兵折将

其实，当天下午又出现过一个机会，一个比以往任何机会都易成功的机会——汪氏夫妇出现在了门外的草坪上。

这的确是千载难逢的好机会，是对汪宅监控以来从未发现的情景。但这不是陈恭澍或其部属所见，而是蹲守在汪宅附近的魏春风看到的。当天中午回到驻地，陈恭澍令王鲁翘开车接来魏春风，在告诉他追踪汪氏经过后，要求他再去汪宅蹲守，发现情况及时报告。下午四点，魏春风打来电话说：

"他们夫妻俩正站在门外的草坪上说话，好像在争论什么，你看怎么办？"

"你先走开，我来看看。"

陈恭澍放下电话，与王鲁翘、张逢义登车直奔高朗街。五分钟后，车抵二十七号门前，草坪上却是静悄悄杳无一人，那扇紧闭的大门，与往日侦察时无甚两样。

河内工作组人员并不少，不算被边缘化的七八人，仅工作组驻地的七人也完全可以轮流蹲守。但除了一个八百杆子打不着的安南警探阮先生外，陈恭澍始终未派特工到汪宅蹲守。而阮先生的岗哨是轮换的，阮先生换岗之后就没有人蹲守了。

如若换成特工蹲守，只要汪氏一露头，立即见机行事，岂不早已万事大吉！

又一次坐失良机，陈恭澍几乎到了崩溃的边缘，决定不顾一切地就在当天夜里做一次突击性强攻——潜入汪宅直接实施枪杀。

当晚——3月20日晚11时40分，仍是驻地的七人，仍是乘坐那辆两个门的福特小轿车，一行人在夜阑人静中悄悄出发了。

车抵汪宅附近，在高朗街左侧的一条巷道中停下，这时候发生了一个小意外。就在王鲁翘等人下车的当口，突然出现了两名安南便衣警探，示意他们赶快走开。尽管魏春风及时出现，居间调停，以陈恭澍身上所有4500元钱做了了结，但这两人肯定仍在暗处窥视，这让陈恭澍多了一份担忧。

按原计划，陈恭澍开车等在汪宅外边，其余六人，下车后直奔汪宅后门。

这条街即使白天也常常人车稀疏，夜里愈发清幽静谧。高耸入云的大王椰子和棕榈树在夜风中不停地摇摆舞动，伴随着沙沙的响声，有如魔影怪手，让坐在车中等候接应的陈恭澍感到阴森可怕。

二十七号是一幢三层楼房，一边连接二十五号，一边是巷子。沿着巷子向后走，是二十七号的后院。后院不大，后门平时都是关着的。

围墙有一人多高，由会轻功的唐英杰翻墙入院开门，岂料里面被一把大锁牢牢锁死，根本无法打开，墙外五人只好相互用肩膀将王鲁翘、余鉴声和陈邦国送入院内。

按分工，王鲁翘等四人进入楼内，张逢义防守于后门外，陈步云则游动于巷子与街道之间。

陈邦国是大块头，体型粗壮，勇猛彪悍，他的主要任务是开路。楼内大门同样从里面上了锁，唯有砸门方能入内。只能寄希望于开门之后，以迅雷不及掩耳之势冲上三楼，速战速决。

陈邦国抽出别在腰间的斧头，"噼啪"两声，连劈带砍，又飞起一脚踹下去，门果然应声洞开。尽管用时极短，但这几声巨响，又值深夜，震撼效果可想而知。

不待唐英杰引路，担任"杀手"的王鲁翘一手持枪，飞奔上楼；唐英杰、余鉴声紧随其后；陈邦国留在底层，做防守掩护。

就在这个时候，陈邦国犯了一个不容忽视的错误。黑暗中，他发觉有人推开房门向外探头张望，于是举枪便射，且朝那扇房门连开数枪，嘴里还吆喝着："再敢出来，我就要真揍了！"

对方缩回去再也没有出来。陈邦国并没有想到，先于执行枪杀任务的王鲁翘开枪，无疑会大大缩短有限的时间。如果说劈门声惊醒了楼内的人，在情况不明之时，他们能做的只能是窥视、探询；枪声则不同，不仅为楼内的人提供了报警依据，枪声本身就是警报。提前惊动警方，将严重影响任务的完成和撤退。

况且，一楼没有开灯，光线昏暗，在对方身份不明，是亲属、佣人还是警卫未知的情况下，完全可凭借高大威猛的优势制服对方，没必要开枪。后来证实，开门探头的是汪家佣人。

此时王鲁翘刚到二楼，这个率先响起的枪声，毫无疑问会增加他的紧张情绪。

二楼的楼梯口亮着一盏灯，幽幽的灯光下，只见所有房间房门紧闭。正待他转上三楼之际，一个年轻人赫然出现在他面前。这人是从楼梯后面钻出来的，突然两人就面对面站在了一起，登时都目瞪口呆。

王鲁翘迅速打量一下对方，见他面带惶恐，手中没有武器，又不是行动目标，遂用枪口指着他，压低声音说："不要喊叫，赶快回去！"不等这人做出反应，他已转身跨跃登上了三楼。

王鲁翘登上三楼时，余鉴声已到二楼楼梯口，刚才那人已不见踪影。王鲁翘已无后顾之忧，直奔右首靠近前端的那间主房。

这是经过多次侦察，并由唐英杰潜伏在房顶以"倒卷帘式"复勘过两次，始终确认的汪精卫夫妇的卧室。

门推不动，门把手扭不开，王鲁翘后退两步，借着一股冲劲一脚踹去，门纹丝未动。他迅疾转身，到楼梯口向余鉴声打手势，示意他把斧头传上来。当余鉴声准备纵身跳下去的时候，唐英杰已从一楼飞一般地将斧头带上了三楼。

随后，余鉴声来到三楼，唐英杰回到二楼警戒。也就是说，进到楼内的四人，均按事先部署各就各位——陈邦国警戒一楼，唐英杰警戒二楼，王鲁翘、余鉴声在三楼执行刺杀任务。

王、余二人三下五除二，很快在房门中劈出一个一尺见方的洞。由于门上了锁，无法打开。借着走廊的灯光向里一看，只见床铺底下趴着一个人，一个裸露着一双大腿的男人。他上半身掩蔽在床下，无法看到相貌。但腰背以下暴露在外面，从体形看，王鲁翘断定这个人就是汪精卫。

显然，这个断定有先前的侦察结果做依据：在汪精卫夫妇的卧室，夜半三更，这个男人除了汪精卫还能是谁？

事不宜迟，王鲁翘举枪便射。

"砰！砰！砰！"三声枪响过后，床下那个人一动不动了。

由于距离太近，王鲁翘目睹粒粒子弹射入"汪氏"的腰背。他敢断定，"汪氏"即使未能当场毙命，也将无力回天，命不久矣。遗憾的是，打不开门，不能亲眼看看他的脸。

第二次枪声响后，楼下坐在福特轿车里的陈恭澍看了看表：○时○九分。已是21日凌晨。

远处响起尖利的警车声。

王鲁翘等人分头撤离。慌乱中大家忽略了一个问题，就是大门没有打开，撤离只能翻越围墙。而除了唐英杰，其他三人都没有独自爬上墙头的功夫。

好在王鲁翘紧跟唐英杰身后，由唐英杰拉上了围墙。

陈恭澍驾驶福特小轿车在汪宅附近的小巷子里接应，第一个看到的是王鲁翘。

王鲁翘上车后，陈恭澍开着车又缓缓兜了一圈，却再也没有人归队。警车的呼啸声由远而近，已能看到两辆警车载着大批武装警察风驰电掣般驶来，此地已不可留，陈恭澍迅速驾车驶离现场。

当时，陈恭澍并没有怎么担心其他五人，听到警车声他们自然会立即离开现场，而汪宅距驻地不过五分钟车程，相信他们会很快返回。

在车上，王鲁翘告诉陈恭澍：

"办完了，腰部中了三枪，两条腿颤动几下就不动了，整个身子都蜷伏在床下。所欠的，就是没有看到他的面孔。"

陈恭澍顿时如释重负，这应该是制裁汉奸张敬尧（实际是王天木主持的）以来，他干得最漂亮的一个案子。至于没有看到面孔，他压根儿没在意，多次勘查都证实那间屋是汪氏夫妇的卧室，看没看到又有什么关系。

兴奋的心情并没有持续多久，回到驻地七八分钟后，只有唐英杰与陈步云先后返回，这时已近凌晨一点半，另外三人却迟迟未归。

这三个人是：余鉴声、陈邦国、张逢义。

余、陈二人若是在院中相遇，一个踩着另一个的肩膀上墙，然后将下面的一个拉上去，逃出汪宅不成问题。问题是，慌乱中他们是否相遇，是否急中生智而合作？张逢义原本在后门外防守，根本没进院子，无论如何都没有理由不回来！

客厅里阒然无声，四个人静静地坐着，都不再说话，可每个人的心里都不平静。显然，无论"路过式"侦察还是"倒卷帘式"侦察，大家都看到了汪宅的院墙有多高，为什么没想到除了唐英杰其他人不可能一个人爬上院墙？为什么在策划中没有想到撤退环节？

这不能说不是陈恭澍的又一大失误！

损失三个人与铲除汪逆相比，或许责任不算重大。可这是在安南，戴老板本事再大也难以捞人，万一哪个经不起审讯兜了底，这个责任可就非同小可了！

随着时间一分一秒地过去，三个人仍似泥牛入海，陈恭澍的心也在一点一点地往下沉。

4时50分，电话铃终于响起，陈恭澍迫不及待地拿起话筒，传来的是徐先生的声音：

"你们搞错了！那个人好好的一点事情都没有，受伤的是曾仲鸣……"

陈恭澍顿时僵在那里，连说话的力气都没有了，话筒亦从手中滑落。

王鲁翘忙问怎么回事，陈恭澍目光呆滞，半晌才说：

"打错了。"

紧接着，徐先生的又一个电话打进来：

"有三个人被逮去了！"

"误中副车"之谜

3月20日这天，戴笠无端的有些心神不宁。在罗家湾二十九号的办公室里，他坐立不安，围着办公桌来回踱步。

仿佛有种预感，要有什么事情发生。

眼下，制裁汪精卫是军统的头等大事，除此之外，没有什么事会令他这样牵肠挂肚。

对汪氏的"制裁令"已经下达，陈恭澍原定于22日晚11时行动，却因今日突发状况，跟踪追击，伺机实施制裁。——这个信息是方炳西报告的。

随机应变，方能立于不败之地，戴笠对陈恭澍何等信任，有什么可担忧的呢？

但午后传来的信息却是：铩羽而归！并定于当晚提前行动。

是否已经暴露，戴笠不在现场无法判断，可以判断的是：不在追击途中和红河桥上动手，而在晚间行动，已经失策。

戴笠所不知的是，"失策"并非偶然，而是陈恭澍的性格使然。常言说"疑行无成，疑事无功"，陈恭澍的优柔寡断，疑神疑鬼，磨磨叽叽，尤其过于担心个人安危，生怕事后逃脱不成落入敌手，焉有不败之理？

按照陈恭澍的推测，上午的行动已经暴露，既如此，汪宅必然加强防范，晚上的行动将更加艰难。万一不能成功，在已打草惊蛇的情况下，其他后备行动方案也将难以顺利实施。

这个晚上，戴笠几乎彻夜未眠。21日拂晓，"误中副车"的电报送进了曾家岩戴公馆。

看过电文，戴笠赫然震怒！

筹备了两个多月，亲自赴河内数次，联络各方面关系建立情报网络，调集了各路专业人才，费尽周折运送武器，可以说，戴笠为陈恭澍创造了一切所需的条件，而陈恭澍率领一班人马侦察了两个月，竟然不知道汪精卫住在哪个房间，实在是滑天下之大稽！

尽管曹师昂、谭天堑都肩负补救任务，可这些有法国背景之人，都首先是听从陈恭澍调遣的。戴笠根本不会想到，他们和余乐醒、岑家焯等人一样，统统被"靠边站"了；更不会想到，陈恭澍的侦察手段，除了他与王鲁翘的"路过式"，就是唐英杰的"倒卷帘式"；而负责蹲守汪宅的，竟然是用钱收买的安南警察！派去那么多专业特工，统统在住处无所事事，陈恭澍本人更是兴趣盎然地赴徐公馆吃饭、打牌，却没有一个人去汪宅蹲守！

不过，陈恭澍本人倒是承认，"误中副车"的原因，"在于侦察工作的不够深入，连两幢房子打通了合而为一都没有搞清楚，其他的也就可想而知了"。

那么，两幢房子的结构究竟是怎样的呢？为什么没有发现是打通的？

何孟恒在接受采访时详细讲述了两幢房子的结构与住宿情况。

高朗街二十七号和二十五号是相连的两栋三层楼，面积、结构完全相同，各有一个大门。汪精卫的内弟陈昌祖将两幢楼房租下后，将二、三层打通。

三楼各有两间卧室，一间朝阳，一间背阴。汪精卫夫妇住在二十五号朝阳的房间（冲着前门、面对高朗街），其女儿、女婿汪文惺与何孟恒住在二十五号阴面的房间（冲着院子后门）。

曾仲鸣夫妇住在二十七号朝阳的房间。

汪精卫夫妇与曾仲鸣夫妇的卧室，隔了一个楼梯。也就是说，王鲁翘登上三楼后，向东，阳面卧室里是汪精卫；向西，阳面卧室里是曾仲鸣。楼梯是二十七号的，楼梯西面是二十七号的两间卧室，阳面一间是行刺目标，这是事先侦察好的，王鲁翘根本想不到向东看看两幢楼中间是否已经打通，而是直接向西，奔向二十七号阳面卧室。

早在唐英杰最后一次侦察归来，陈恭澍拍板时已大错铸成。

这些细节，戴笠在随后与相关人员的单独会谈中已详细了解，当然，这些人不包括陈恭澍。在火气未消之前，戴笠对陈恭澍的"惩罚"仍然是冷处理，让他独自反省。

那么，为什么唐英杰在侦察中会在二十七号看到了汪精卫？

原因很简单，因为他从未侦察过二十五号！既然曾仲鸣住二十七号阳面卧室，汪精卫找他谈事情也在情理之中。陈昌祖在回忆中证实了这一点：

"特务们想必已观察到四哥（汪精卫）经常使用仲鸣夫妇的寝室，他经常在那里与人研究问题，或是与一些重要的客人会谈。尽管有窗帘遮隐，特务们还是能透过网状窗帘，时常看到居住者模糊的身影。"

这是困扰陈恭澍多年的未解之谜。

对于戴笠来说，他要的是结果。其结果是，曾仲鸣21日下午不治身亡；军统特工余鉴声、陈邦国、张逢义三人被捕入狱。好在三人护照上都使用了化名，最后分别被越南当局判处七年徒刑。

戴笠紧急启动后备方案，下令谭天堑、曹师昂采取行动。谭天堑与法国女友由于运用不当，谋事不成，后来受到严厉处分。

曹师昂经过多方运作安排，终于迈出第一步——与汪精卫方面沟通成功，汪氏夫妇表示同意接受法国记者专访。而这个法国记者，就是曹师昂的法籍太太。

曹太太以法国记者身份，到高朗街二十五号对陈璧君进行了访问，借机侦察汪宅内部结构及人员住宿情况，以便制订行动方案，由曹师昂执行制裁任务。

然而，时间已经来不及了。

"高朗街血案"发生后，河内当局担心重庆方面再度派人暗杀汪精卫，增派了大批警探，对汪宅加大力量进行保护，日夜轮班防守，再想接近汪宅已十分困难；同时，汪精卫受此一惊，已加快与日方联系组建伪政权的步伐。

3月22日，日本政府接到其驻河内总领事的报告后，召开五相会议，指派参谋本部中国课课长影佐祯昭赴河内，将汪精卫护送到上海。影佐向日本内阁推荐犬养健偕行为助（犬养健是原日本首相犬养毅之子，与若干中国人士有旧），带军医、宪兵数人，租赁"北光丸"号货轮，于4月初启程，4月中旬抵达河内。

接此情报，戴笠知道在河内刺汪已无可能，继3月23日将陈恭澍调回重庆后，将河内工作组其他人员也陆续调离河内。

4月下旬，汪精卫与日方达成协议，在越、日双方配合掩护下，乘坐"北光丸"号离开越南，前往上海。一个出卖国家利益的傀儡政权，开始进入筹备组建之中。

第十七章
日伪勾结，沪上风声紧

一山难容二虎

就在戴笠坐镇香港，组建河内工作组的时候，1939年元月中旬，王天木曾先于陈恭澍到达香港。

王天木原先因"箱尸案"被判刑，西安事变后被戴笠保释，戴罪立功，出任西北区第三任区长。又因华北局势吃紧，有留日背景的王天木旋即被调任北平区区长。"七七"事变后，王天木赴津任华北区区长，兼任忠义救国军北方支队总指挥。数月前上海区区长周伟龙在法租界被捕（后被戴笠救出），王天木主动要求调任上海区区长。

可是王天木到任后，上海区工作不见什么起色，戴笠将王天木叫到香港，一方面是令其述职，了解上海区情况；另一方面，就是亲口给王天木下达一项重要任务——制裁一名反水汉奸，以震慑汪精卫，让他明白再往前走一步的后果。

在戴笠的一个下榻地点——半山区薄扶林道一幢普通住宅楼里，戴笠听取了王天木的工作汇报。原来王天木到任好几个月至今尚未打开工作局面，这不能不令戴笠心急如焚。他耐着性子说：

"天木兄，现在是非常时期，要拿出当年诛杀张敬尧的那股子干劲才行！"

不料王天木竟是一肚子的牢骚：

"干劲有的是，就是有劲没地使！"

"此话怎讲？"

"还不是你那个赵理君，处处跟我作对。这么说吧，赵理君把上海区控制得铁板一块，针插不进，水泼不进，我费了九牛二虎之力，就是敲不开这个堡垒。"

戴笠一听，不由得沉下脸来。

赵理君是军统"三大杀手"之一，与王天木、陈恭澍不同的是，赵理君是亲自操刀，真刀真枪冲在第一线，是真正意义上的杀手。暗杀杨杏佛、史量才，都是他的"手笔"。尽管杀了进步人士备受谴责，可赵理君做得还算滴水不漏，让任何人抓不到把柄，深得戴笠欢心。

　　就在前不久，1938年9月30日，赵理君还干脆利索地除掉了一名落水汉奸——唐绍仪。

　　唐绍仪在民国史上地位显赫，曾代表袁世凯与南方谈判，达成"确定共和体制、优待清室、推举袁世凯为大总统"的协议，并出任中华民国第一任内阁总理。他还是国民党元老，由孙中山、黄兴介绍加入同盟会，并出任广州护法军政府财政部总长。

　　他也曾出任反蒋的广州国民政府常务委员，也曾在宁粤合流后出任国府委员，后任职西南政务委员会。抗战爆发后寓居上海。

　　说唐绍仪是落水汉奸，戴笠却拿不出证据，因为当时唐绍仪尚未正式出任伪职。也正因为如此，唐绍仪被制裁后，蒋介石不得不以国民政府名义下令褒扬唐绍仪，拨治丧费5000元，并将生平事迹"宣付国史馆"，以表示"政府笃念勋耆之至意"。

　　事实上唐绍仪与日方勾搭密切，不仅与土肥原多次会面，而且搬到日方特地为他租赁的一座"很大的洋房"中。这座"很大的洋房"位于静安寺路上，是一幢巍然矗立于跑马厅前的上海极著名的建筑物：华安大厦。

　　就在这座洋房中，唐绍仪草拟了组建联合政府的计划，且联合政府的组建亦在秘密进行中，并拟唐绍仪出任伪"总统"。

　　世上没有不透风的墙，尤其在特殊时期，对十分敏感的特殊事件。军统在上海这一时期的主要任务就是锄奸，自然都是眼珠子瞪大，死死盯着这些"有缝的蛋"。

　　上海沦陷之后，撤退到香港的杜月笙奉蒋介石之命，负责将沦陷区有头有脸的过气军政要人接到香港，转移到重庆养起来，以避免被日本人利用。为阻止唐绍仪反水，戴笠委托杜月笙，派专人邀请唐绍仪赴港。即使不愿赴港或渝居住，也邀请他到香港密谈一次，遭到唐绍仪拒绝。

　　唐绍仪日常生活奢侈，仅每月雪茄烟费用就数目惊人，因开支浩繁，寓公生活坐吃山空，日本人送到嘴边的"肥肉"怎会拒绝？

　　戴笠将唐绍仪的情况秘密上报。蒋介石绝不允许有人在沦陷区组建伪政府，随即下达了制裁令。戴笠将这项艰巨任务交给了赵理君。

　　赵理君了解到唐绍仪喜爱古玩，于1938年9月30日上午，以唐的亲戚谢志磐的名刺谒唐，他本人化装成林姓小伙计，将古玩花瓶送入防守严密的唐公馆，制裁所用利斧就藏在装花瓶的盒子中。

　　赵理君舍枪用斧头，为的是便于脱身，不留痕迹。果然在唐绍仪被杀后，租界警方缉拿凶犯找不到线索，怀疑军统所为又找不到证据。

这就是赵理君，对戴笠下达的命令他都能很好地完成，因此在戴笠心目中，赵理君是上海区最得力的干将。

赵理君自加入特务处，就一直在上海从事行动工作，前后经历了五任区长。他本人从行动组长到行动大队长，直到周伟龙卸任，才当上了代理区长，加上屡立"奇功"，自然认为区长的位子非他莫属。

可就在这个时候，远在天津的王天木看中了上海区区长这一"空缺"，直接向戴笠要求调任上海区区长，戴笠竟然同意了。

王天木走马上任，令代理区长没几天的赵理君气不打一处来。

赵理君毕业于黄埔军校第五期，与陈恭澍同窗；参加特务处的经历，也与陈恭澍相同，先入"中央军校特别研究班"，后经选拔进入"洪公祠特训班"。

不同的是，"洪公祠特训班"一结束，陈恭澍直接就任北平站站长，与天津站站长王天木平起平坐；赵理君却是从行动队员干起，干了六七年还没干出行动大队，好不容易熬到代理区长，却不料，半路里杀出个程咬金，横刀夺"爱"。他咽不下这口气，也在情理之中。

王天木是河北人，长期生活、工作在北方，到上海两眼一抹黑，即使没有赵理君的抵制，打开局面亦非一朝一夕之事。

其实，制裁汉奸震慑汪精卫，直接下令赵理君是最快捷有效的办法，戴笠舍近求远，将王天木调来香港"面授机宜"，自然是想助他一臂之力打开局面。

却说赵理君，多年来打拼上海滩，又屡创"佳绩"，不免飘飘然霸气外露，加之长期干的是打打杀杀的行当，出手既狠又干脆利索，真正是"敏于行而讷于言"。要真封他个上海区"老大"，说不定就等于给他摘了嚼子，变成脱缰的野马，闯出什么大祸也未可知！

这正是戴笠不给他晋升的原因。如此一来，难免委屈了赵理君，所以戴笠说：

"上海区的情况很复杂，赵理君有情绪也在情理之中。"

此言还有弦外之音：是你王天木主动要求去上海，夺走了本该属于赵理君的区长位子。

"眼下有一个机会，可助你打开局面，就看你怎么出手了。"

"什么机会？"

戴笠将汪精卫出走、发"艳电"之事简单介绍一下说：

"在上海制裁一两个大汉奸，震慑一下汪氏，说不定能阻止他一条道走到黑。"

"好，行动方面我已经有准备。"

"说说看。"

戴笠知道，王天木所说的"准备"，是他已有掌握的行动人员，当然不会包括赵理君。

"行动组长刘戈青。"

"天木兄真是好眼光！"

"怎么，你对他很了解？"

"岂止了解，当年把他挖到特务处，我可是很费了一番心思。"

老狐狸与"小鲜肉"

说起刘戈青，戴笠兴致盎然。

那是1935年秋季的一天，戴笠到上海公干，顺便去拜访拜把兄弟杨虎。适逢杨虎与姨太太陈华都不在家，戴笠原打算离去，不料，客厅里坐着的一个年轻人引起了他的注意。

年轻人看上去二十三四岁，一副学生模样。

戴笠本人读书不多，对读过大学的人十分欣赏，只要有机会，巴不得都揽到自己身边。他坐下来，开始没完没了地问这问那。

这个青年就是刘戈青。

刘戈青是台湾云林县人，1911年生于福建厦门，1935年毕业于国立暨南大学（时在上海）。刘戈青的父亲在福建漳州购置的一块地里探出了锰矿，刘戈青约了八个同学准备成立一家矿业公司。杨虎是刘戈青的父执，在杨虎的帮助下，刘戈青在上海爱多亚路中汇大楼四层设立了筹备处。刘戈青此番前来，就是找杨虎商量筹建事宜的。

作为素不相识的陌生人，戴笠的刨根问底让刘戈青颇有些无奈。不料第二天，杨虎一个电话又把他叫到了杨公馆。这一次却不是和他谈矿业公司的事，恰恰相反，劝他放弃创办公司，参加"革命工作"。

刘戈青听得摸不着头脑，可不管什么工作，与他的追求风马牛不相及，他都不会考虑。

杨虎问："你知道昨天那个人是谁？"

"不知道。他问起来没完没了，哪有我问的机会。"

"他叫戴雨农，是委员长身边最得力的干部。"

"从来没听说过这个人，也没在报纸上见过这个名字。"

"不是他无名，是他的名字不能上报纸，他做的就是无名英雄嘛。他很赏识你，参加他的团体，前途无量。"

杨虎的姨太太陈华也在旁边敲边鼓，说戴先生如何如何有能力，如何器重有文化的年轻人。夫妻俩这么一唱一和，任凭刘戈青有多么不情愿，反驳起来总有些力不从心，最后只好找借口说：

"我已经约了八个同学过来，正在上海办事处工作。我一个人走了，留下他们怎么办？"

"这好办，既然都是你同学，就带他们一起参加戴雨农的团体。"

杨虎对戴笠这个把兄弟了解得太透彻了，自然是有百分之百的把握才敢大包大揽。当然，对戴笠了如指掌的还有他的如夫人陈华。陈华说：

"九个名牌大学的高才生，同入幕府，不把他乐坏才怪呢！"

戴笠有没有乐坏这两口子都没看到，戴笠听到这个消息的兴奋劲，确是在这两口子的意料之中。戴笠在电话那头一连说了三个"好"：

"好，好，非常好！啸天兄，你给特务处又立一大功，当然，还有嫂夫人。"

随后，刘戈青和他的八位同学一同加入特务处，旋即被派到杭州警校参加特务工作训练班。培训结束后，刘戈青被分配到上海区从事行动工作。上海沦陷时，刘戈青主动要求潜伏上海，从事对日地下斗争。

在戴笠的印象中，刘戈青正直坦荡，有勇有谋，也是一个为"革命"不要命的主儿。正如此后刘戈青接受任务时所说："我留在上海就是准备随时成仁的。"

既是刘戈青，戴笠也就放心了。

但是戴笠并不知道，在王天木赴港的同时，刘戈青已奉王天木之命开始了制裁汉奸陈箓的准备工作。是王天木能掐会算还是急于打开局面？这要从王天木初到上海说起。

王天木说赵理君将上海区控制得铁板一块，其实并不尽然。但凡独当一面的大小头目，无论好坏，总是有拥护者有反对者。赵理君也不例外，尤其代理区长以来，霸气外露，难免会得罪一些人，比如上海区助理书记陈明楚。

陈明楚原名陈弟容，湖南长沙人，抗战爆发后从南京区调到上海，任上海区助理书记。陈明楚初来乍到，赵理君自然没把他放在眼里，特别在接替周伟龙任代理区长之后，更是颐指气使，每每对陈明楚大加斥责。陈明楚嘴上不说，心里窝了一肚子火。

王天木就任区长后，成为副区长的赵理君处处不予配合，王天木人地生疏，工作无从下手，到任好几个月打不开局面。赵理君要的就是这个结果，让他知难而退。但王天木既主动要求到上海，就不会轻易打退堂鼓。相对赵理君来说，王天木毕竟是混迹江湖的老狐狸，斗心眼玩伎俩远在赵理君之上。表面上不与争锋，背后加紧了寻找突破口。

就是在这个时候，不得志的陈明楚看准了正副区长的明争暗斗，抓住这个攀附高枝的好机会，与王天木一拍即合。

王天木知道，要想打开局面，赢得众人信任，唯有干一两件漂亮的锄奸案！他本人枉居军统"三大杀手"之首，并无执行暗杀的能力，只有找陈明楚介绍一两位有能力又能拉过来的行动人员。

陈明楚推荐的就是刘戈青。

刘戈青从杭训班毕业后分到上海区，一直从事行动工作，为人光明磊落，成绩有目共睹。但这些普通行动人员的成绩，都被赵理君记到了他个人的功劳簿上。

听了陈明楚的介绍，王天木亲自去第一行动大队会见刘戈青，没想到陈明楚口中坚毅果敢胆大心细的"杀手"竟是一个白面书生！经过一番交谈，王天木十分满意，认为这个名牌大学毕业生果然有胆有识。随后，王天木多次亲自约见刘戈青。

刘戈青经历了王新衡、梁干乔、周伟龙三任区长，没有哪一个像王天木这样一竿子插到底，亲自下到基层，也没有哪个像王天木这样"平易近人"。

王天木的约见地点也是别出一格：既不是区总部也不是行动一大队的任何办公地点，而是舞厅和妓院。每每到幺二堂子，总会叫上色艺俱佳的姑娘作陪，让从未涉足过此等场所的刘戈青十分尴尬。但这是王天木的拿手好戏，几年前被卷进"箱尸案"，就是他带着天津站的得力干将沉湎于北京八大胡同惹的祸；陈恭澍的嫖赌陋习，也是这样被他带出来的。只要到了这种场合，他就会自由自在，挥洒自如，把个拘谨的上下级关系搞得像无话不谈的哥们儿。

很快，刘戈青就成了王天木的心腹干将。

在接到戴笠到港述职的电令后，王天木知道到任几个月无所动作，实在不好交代，特地将刘戈青找来，心情沉重地说：

"老弟，我要走了，老板通知我去香港述职。恐怕此去凶多吉少，说不定从此一别，今生再也见不到了。"

"不会这么严重吧？"刘戈青不以为然。

"你不知道赵理君背后是怎么败坏我的，他就是想把我挤走，他来坐这把交椅。我在他的挤对下，好几个月也没干出点动静，还不赡等着任人宰割。"

刘戈青不知王天木唱的是"苦情戏"，立刻说：

"不就是要点动静吗？我去干点有动静的，给你壮壮行色，见了老板也好交代。"

王天木一听心里乐了，为了尽快促使刘戈青行动，又绕了一个大弯子说：

"老弟，你要知道，你过去做的许多工作，赵理君都没有向上面汇报，都成了他个人的功劳。现在，你一定要做出个样子给他看看，给咱们兄弟争回这口气！"

赵理君把他人功劳记在自己名下，刘戈青何尝不知？但他不予计较，他主动要求留在沦陷区，并不是为了个人名利，而是为了有机会杀敌，报仇雪恨。

刘戈青的祖辈世代生活在台湾云林县。甲午战争失败后，日本人侵占台湾，刘戈青的父亲刘汉臣（原名刘建寅）与乡民奋勇反抗，在士林杀死六名日本警官，他本人被刺六刀，九死一生，为躲避日本人的追捕，逃到漳州、厦门一带，后来在漳州娶妻生子。从刘戈青记事起，父亲就常常告诫他，勿忘国恨家仇。所以对抗日锄奸，他从来不带含糊的。

为了让王天木放心去述职，刘戈青表示：

"好，那就干出个样子来，先从哪里下手？"

王天木见火候已到，立即下达了对陈箓的制裁令。

刘戈青出手不凡

陈箓是晚清时期中国最早的外交家之一，曾任北洋政府外交部次长，也曾代理外交总长职位，后任驻法国全权公使。南京国民政府成立后，陈箓蛰居上海做了寓公。

上海沦陷后，安福系的老政客梁鸿志在虹口组建"维新政府"，后来搬到南京，和王克敏的北平伪组织遥遥相对，成为日本军阀以华制华的两个南北傀儡组织。陈箓瞅准时机复出，就任南京伪维新政府的外交部部长，成为伪组织的重要人物。他的儿子陈友涛就任伪外交部总务司司长。

制裁陈箓，不但直接打击南京伪组织，也间接地给北平伪组织一点颜色，对即将登场的汪伪组织更是一个绝好的震慑。

然而，暗杀陈箓绝非易事。陈箓为当汉奸早已做了充分准备，雇佣20名保镖专司护卫，出则重重保护，入则壁垒森严。

陈箓住在法租界愚园路豫园新村二十五号，这是一个上了多重保险的住宅，一边是意大利兵营，一边是日本人的机关，斜对面是静安寺路的巡捕房。陈箓住宅门口专门设有一个岗亭，岗亭内站着一名警卫，弄堂两头各有一名警卫。这段弄堂，一般老百姓轻易不会涉足，即使误入其中，也会很快被宪兵、警卫驱赶出来。

显然，在这种地带，莫说登堂入室下手行动，就是接近陈箓的住宅都很困难。

经过调查，刘戈青了解到，张学良的妹妹是陈箓的儿媳，陈箓的保镖中有几人曾是张学良的卫士。刘戈青决定从这几名东北卫士中寻找突破口。

刘戈青有个东北朋友刘海山，曾当过国父孙中山的保镖，为人豪爽，慷慨义气，富有爱国情怀。刘戈青找到刘海山，直接说：

"大哥，现在汉奸们这样胡闹，太不成话了。我们就任由他们去胡闹，不给他们一点颜色瞧瞧吗？"

刘海山明白他的用意，很痛快地说：

"老弟，只要你有种，要干哪一个大汉奸，我刘海山陪你显显身手。"

"你能找一张陈箓住宅的平面图吗？"刘戈青问。

"那还不容易？我可以找张国卿想办法，他现在是陈箓的保镖，找他画一张，不过举手之劳。"

刘海山在这帮东北老乡中，是备受尊重的大哥，张国卿虽顾虑几个弟兄会因此丢了饭碗，但毕竟做过张学良的卫士，并不心甘情愿靠保护汉奸生活，很快便画出一张陈宅及周边地形图。

地图有了，刘戈青开始选择搭档。在他的同事中，有几位临训班学员：朱山猿、平福昌、尤品三、谭宝义、徐国琦。刘戈青和他们一起研究了陈宅平面图，分配了每个人的行动任务和进行步骤。然后找刘海山商量动手时间。

1939年2月18日是大年三十，除夕晚上陈箓必然在家。

果然，大年三十上午，张国卿告诉刘海山：

"陈箓今天下午三时由南京回家，过年祭祖，七点钟吃年夜饭。"

刘海山立即转告刘戈青，两人决定晚饭前动手。此时沿途巡捕和保镖快要换班，已当值两个多小时，难免精神倦怠，容易疏忽，是最好的时机。

万事俱备，却在领取武器的时候出现了意外。王天木离沪前，已责成保管武器的林之江为刘戈青提供所需武器。林之江是上海区的老人，也是行动人员，1938年3月7日汉奸周凤岐在寓所门口被刺身亡，就是他的杰作。但此时林之江已暗渡陈仓，与已经投靠日本人的李士群搭上了关系，准备投靠李士群当汉奸。因此，当刘戈青赶到林之江家领取枪支的时候，林之江躲起来不见了。

刘戈青焦急万分，没有武器，一切计划都将泡汤。

看着刘戈青一副怒火中烧的样子，林之江的太太生怕他一怒之下干出点意外之事，赶紧告诉他床下有14发子弹。

刘戈青拿上子弹，与朱山猿将原来埋藏在地下、早已锈迹斑斑的三支枪取了出来。事到如今，不管能不能用，都要带上一试。为此，刘戈青又准备了斧子和锯子，以备应急之用。然后，两人赶到靠近愚园路的沧州饭店，与刘海山、平福昌等人会合。

也是天公作美，临近傍晚时分，毛毛雨夹杂着雪花开始在空中飘洒，天气变得异常寒冷。一行人乘车来到愚园新村二十五号的弄堂附近，留一人在车内准备接应，其他人向弄堂靠近。

这时，弄堂两头的警卫都凑到门口的岗亭里面避雨去了，三个警卫正在抽着烟聊天。刘海山到底经验丰富，见此情景快步走到前边，一把夺过刘戈青手中那支生锈的手枪，一个箭步跳到岗亭前面，枪口对准三个警卫低声呵斥道："不准动！"

刘戈青立刻跨上前去，从三人身上缴下三支手枪，终于有了可以使用的武器。

随后，由刘海山监视三名警卫，并留在门外掩护，其他人从后门进入陈宅。路经厨房时，里面正在准备年夜饭，一名保镖在与娘姨们调笑，刘戈青摸上去将其制服，又缴获一支手枪。

留下朱山猿持枪看住厨房内男女，刘戈青与徐国琦从过道冲进客厅。

刘戈青计划用绳子或斧头制裁陈箓，以免惊动陈宅附近那些特殊邻居。

客厅里人很多，正面供奉着陈氏祖宗，香案上点着一对一尺多高的红烛，看样子正准备祭祖。

两人一进客厅，就看到了坐在沙发上的陈箓。

徐国琦见客厅里人多，有些沉不住气，冲着陈箓抬手就是一枪，可惜没有打中，陈箓立刻抓起一只锦缎靠垫挡住脸滚到沙发下。

枪声等于报警信号，时间已万分紧迫，刘戈青立即奔过去，对准陈箓的脑袋连发两枪，看陈确已毙命，取出事先准备的标语："抗战必胜，建国必成""共除奸伪，永保华夏"等，扔到陈箓身上。

陈箓的儿子陈友涛在楼上听到枪声，从楼梯口向客厅里开枪。刘戈青虚张声势地朝楼上还击三枪，迅疾夺路而逃。

陈友涛不知行刺者底细，不敢贸然下楼追击，只好带着几个保镖从楼上向弄堂里射击，想封锁弄堂口，还想用激烈的枪声唤出左邻右舍的宪兵、警卫出来增援。可日本某机关及意大利兵营乃至巡捕房的人，都以为陈家在辞旧迎新燃放鞭炮，哪里会管此等闲事？

陈宅里的其他保镖都在喝酒打牌，枪声一响，个个晕头转向，像没头的苍蝇到处乱撞；楼上的保镖则个个像缩头乌龟，不敢朝窗外看，枪都打到了对面。刘戈青几人紧贴着陈宅的墙边往外走，安全退出弄堂，乘上接应的汽车，顺利撤离。

讲斤斗，兄弟闹掰

接到陈箓被制裁的电报时，戴笠仍在香港部署对汪精卫的跟踪监视，欣喜之余，立即电令刘戈青等所有参与人员，包括刘海山、张国卿，迅速撤离上海，一起到香港接受嘉奖，同时躲避日伪的追杀与报复。

但是对王天木，戴笠则心怀不满。

由于述职时王天木将工作无进展的责任统统推到了赵理君身上，戴笠原本为赵理君打抱不平，而王天木前脚走，赵理君后脚就到了。赵理君前来，正是担心王天木对自己不利，特地来反映情况的。

赵理君反映的情况，完全出乎戴笠的想象。

王天木一到任便与陈明楚勾结在一起，旋即任命陈明楚为上海区书记，将上海区书记郑修元贬为外勤，同时对区本部及外勤单位在人事上大动干戈。

按规定，区长、书记等主要负责人须由局本部直接任命，王天木擅自撤换区书记，等于无视上峰。戴笠一向好面子，绝不会容许任何下属挑战他在军统的权威，也从来没有任何下属敢如此大胆！

同时，区本部及区外勤单位负责人调整须向上级请示，在上级批复之前不得擅自撤换。王天木在既无请示，亦未与副区长赵理君及大部外勤单位负责人商量的情况下，擅自做出人事变动，其结果就是将上海区搅成了一锅粥，以致纷争迭起。

而王天木对这一切只字未提，这不能不让戴笠怒不可遏。就在这个时候，王天木竟然自己找上门来了！

这天晚上戴笠与香港区区长王新衡谈完工作，刚刚返回半山区薄扶林道的住所，不料王天木不待通报，悠然自得地直接走进了戴笠的会客室。

戴笠在香港可谓"狡兔三窟"，这个秘密住所没有几人知道。毕竟是多年的至交好友，也曾为保王天木一命殚思极虑，费尽周折，所以对王天木并无防范。但见王天木尚未离港，戴笠心头顿时蹿起火苗！

王天木到港时已临近春节，言明立即返沪部署制裁汉奸事宜。但因来前已有部署，便擅自留在香港等消息，他本人压根儿没想过这样做有什么不妥。

在军统所有外勤"高干"中，戴笠越来越明显地感觉到，他以往重视的平津"两大杀手"王天木与陈恭澍越来越难以控制。他们共同的特点是：目无团体，不守"家规"，自由散漫，胆大妄为！

戴笠憋着一肚子火气，王天木不仅不知，反而认为上海区诛杀陈箓有功，特为"邀功"而来。一见面，王天木便兴冲冲地说：

"刘戈青这一枪，可是把梁鸿志和王克敏都给震了，对汪氏自然也是一个不小的震慑。"

王天木并没有注意到戴笠的脸色有什么不对劲，兀自兴奋地说下去。

"上海区总算闹出了点动静，雨农兄，我只有一个要求，就是把你那个赵理君调走！"

这句话对戴笠来说等于火上浇油。照理说王天木下的制裁令，剪除陈箓自然有他这个区长的功劳，若在平时，戴笠或许会考虑王天木的要求，现在则另当别论了。他强压着心头怒火说：

"赵理君是上海区的老人，对上海的情况、上海区的情况，里里外外都熟悉。如今正是用人之际，调走不合适。"

王天木不明就里，仍然理直气壮：

"他处处跟我作对，你不把他调走，我的工作没法干！"

"他毕竟是副区长，也干过代理区长。郑修元被你弄到了外勤，上海区已经人心浮动，再把他调走，就剩你一个新来的区长，会是个什么局面？"

一听这话王天木愣住了，显然戴笠已对上海区做了调查，说不定就是赵理君借机告了他一状，王天木顿时气急败坏：

"他不走，我走！"

这本是一句气话，王天木本想将戴笠一军。戴笠压根儿不受要挟，况且又在气头上，立即不软不硬地回敬说：

"这倒不失为一个解决办法，终究是他对上海熟悉，对开展工作有利。"

"你什么意思？"王天木怒目圆睁。

"你长期在北方，还是回平津工作比较方便。"

王天木简直不敢相信自己的耳朵，不敢相信眼前的戴笠，还是不是那个为救他一命不惜代价的好兄弟。

早年的戴笠讲义气，重友情，也逞强好面子，时不时打肿脸充胖子；随着特务处的发展、军统的组建与壮大，戴笠越来越重视权力与威望。他将军统营造成一个大家庭，军统中人自上而下称军统为团体，"团体即家庭，同志如手足"是军统的口号。也就是说，军统是一个大家庭，戴笠是家长。

国有国法，家有家规，戴笠因而订立了一系列的家规，对违反家规者实施家法。特务处时期的甲乙丙三地就是实施家法之地，抗战后军统的"小学"（特务总队在望龙门的看守所）、"中学"（白公馆）乃至"大学"（息烽集中营），也都是管教、惩罚"家人"的地方。"创造光荣历史，发扬清白家风"也成为戴笠勉励下属的口号。

王天木的做法，显然违反了家规。

戴笠已不是"十人团"时期的戴笠，团体发展了，家大业大，他这个家长要立威。

王天木却还是那个王天木，雍容潇洒，人情练达，自由散漫，讲求哥们儿义气。他何尝不知擅自调整人事违规，却也知道，若请示，结果注定是泥牛入海，考虑到他与戴笠的特殊关系，便放心大胆地擅自行动起来，也是操之过急，闹得上海区鸡飞狗跳。

王天木时年48岁，已是奔五之人。在他眼里，34岁的赵理君不过是"愣头青"一个，与他的老成持重或者说老奸巨猾、神机妙算不可同日而语。但他无论如何也没有想到，在他与这个"愣头青"的角逐中，出局的竟然是他。

倘若王天木退一步，不再要求调离赵理君，或者认个错，最低限度，对人事调整做个解释，相信戴笠会重新考虑。但作为军统元老，王天木甚至以军统功臣（刺杀汉奸张敬尧）自居，岂会为了一个"愣头青"放下身段，在这个小自己一旬多的昔日好兄弟面前低眉悔过？

"好，发配哪儿？说吧！"王天木摆出一副恩断义绝的架势。

戴笠也是吃软不吃硬的主儿，既如此，干脆将王天木一撸到底。

"在你和恭澍兄先后离开平津后，平津两区已经做了人事调整，两区新任区长皆上任不久，不如这样，你暂且回天津任直属员，直接与我联络，一切电信由天津区代转。"

直属员就是直属局本部的情报人员，一般是身份特殊的军统人员，或者肩负特殊使命的非军统的运用人员。由于身份特殊或任务特殊，不便由区、站领导，遂由戴笠或指定人员与之联系。

无论如何，直属员都是一个无任何官职的大头兵。

戴笠此举不过是一个暂时的措置，战时形势瞬息万变，沦陷区情况错综复杂，人员变动频率极大，说不定哪一会儿就会出现用人缺口。而军统中高层干部特别是外勤干部忽上忽下并不少见，莫说撤职，就是蹲大牢照样很快东山再起，王天木、陈恭澍都有过亲身经历，昨天还在"乙地""丙地"不知今夕何夕，次日就任命站长区长走马上任了。

唯有这一次，王天木失去了耐心。一咬牙走了之后，不仅没有回天津，反而在上海闹出了一个更大的响动，引发了上海区一场大地震。

这是戴笠始料不及的。

王天木反水

王天木调离上海后，赵理君重任上海区代理区长。这个时候，平地里冒出的一个汉奸特工组织，引起了戴笠的注意。

这是一个针对国民党留沪机构与地下工作人员的伪特工组织，发起组织者是两名先后做了共产党叛徒和国民党叛徒的民族败类——李士群与丁默邨。

最先的发起人是李士群。

李士群，浙江遂昌人，生于1905年，早年就读于上海美术专科学校和上海大学。北伐时加入共产党，1932年被捕后叛变，任国民党中央组织部党务调查科上海区直属情报员、南京区侦察员。他的公开身份是《社会新闻》杂志编辑，而该杂志主编正是国民党"CC系"在上海从事文化活动的丁默邨。

抗战爆发后，李士群奉命留守潜伏，却在南京沦陷前夕逃往汉口。1938年夏，趁中统局委派为国民党株萍铁路特别党部特务室主任之机，席卷川资与经费秘密潜逃香港，费尽心机搭上了日本驻香港总领事中村丰一的关系。中村认为他在香港人地生疏，难以开展工作，就把他介绍给上海的日本大使馆书记官清水董三，为大使馆从事情报工作。就这样，李士群又回到了上海。

但是，李士群怎会甘心仅仅做一个情报人员？一到上海就开始招兵买马。恰在此时，官运不畅的丁默邨也回到了上海。

早在戴笠任军事委员会调查统计局第二处处长（在复兴社称为特务处）的时候，丁默邨任第三处处长。但当戴笠的第二处承袭"军事委员会调查统计局"的名称升为"军统局"的时候，第一处和第三处合并升格为"中央组织部调查统计局"，即"中统局"，丁默邨这个处长却没有升任局长，只落了个军委会参议的虚职，仍挂少将军衔。

本来窝了一肚子火的丁默邨，奉陈立夫之命在汉口招待中共叛徒张国焘，因贪污巨额招待费被戴笠向蒋介石举报，惊惶之下由武汉逃往香港，又转赴上海暂住。

李士群自知以自己的声望地位，在国民党的特务圈子里没有号召力，于是找到丁默邨，两人一拍即合，由清水引见在重光堂拜见日本特务头子土肥原贤二，最终以《上海抗日团体一览表》和《上海特工计划书》打动了日本主子，得到日本特务机关的资助，由土肥原的助手晴气庆胤扶持建立特工组织。

1939年3月1日，该伪特工组织在沪西极司菲尔路七十六号正式运营。汪精卫到上海后，"七十六号"与汪伪合流，正式成立伪特工总部，就是后来臭名昭著的伪特工总部"七十六号"。

由于丁、李二人以及他们最先拉入该组织的几乎是清一色的国民党中统特务，而在国民党的潜伏组织——上海特别市党部、军统、中统中，他们首先和重点要打击的就是军统上海区，所以千方百计联络上海区可能动摇之人，以期从内部攻破。

令戴笠出乎意料的是，"七十六号"抓捕的第一个军统干部，竟然是已经调离上海区的王天木！

王天木调离上海区后，既没有返回天津，也没有按规定与戴笠联系，而是继续留在上海。至于干些什么，上海区赵理君等人无人知晓。唯有一人知道，这个人就是陈明楚。

此时的陈明楚尚未公开投敌，只是私下里与李士群打得火热，这等于羊群里混进一只披着羊皮的狼，灾难随时都有可能发生。

而陈明楚要到"七十六号"入伙，不能两手空空。赵理君重新代理上海区区长后，将郑修元调回区本部，恢复上海区书记职务，陈明楚继续任助理书记。区区一个助理书记，显然身价不够高，他要给"七十六号"献一份大礼，这份大礼莫过于拉一位军统"高官"入伙。

由于王天木与陈明楚走得最近，所以陈明楚选中的目标就是已调离上海区的王天木。

王天木的被捕过程也颇令人玩味。

整个上海区无人知道他的行踪，"七十六号"却跟踪了多日，了解到他每隔三天的下午三点左右，都会到南京路一家茶室喝茶，每次都是坐在二楼靠窗的位置，显然是前来接头的。

摸清了这个规律，李士群在茶室周围布置了四辆汽车，每辆汽车周围潜伏10名行动人员，准备对王天木实施抓捕。

就在这个下午的三点左右，一身春装的王天木照例出现在茶室二楼，当他离开茶室刚刚走出去不到10米远，一个身材魁梧的小伙子不声不响地贴了过去，一支手枪从背后顶在他的腰间。停在旁边的汽车倏然打开了车门，王天木乖乖地钻进了汽车。

王天木被捕后，不但没有受到任何审讯，反而如"七十六号"的贵宾，好吃好喝好住，除了不能随便走动，其他一切与在外边无异。王天木自然明白李士群的目的——诱降，但李士群只字不提，只管一味地盛情款待，谈朋论友套近乎。王天木本来对戴笠怀着一肚子怨气，如此一来便有了些动摇。

随后，王天木被悄然释放了。

这是李士群的得意之笔——放长线钓大鱼，而且是姜太公钓鱼。常言说强扭的瓜不甜，他笃定王天木这条大鱼会自愿上钩。即使不上钩，也必然会受到猜忌，其状况会比现在更差，也就此留下一步活棋，说不定什么时候就会用得着。

王天木的被捕与释放都是悄无声息的，舆论却造得沸沸扬扬，不仅上海区尽人皆知，连重庆局本部都传得满城风雨。

由于刘戈青留在了香港，在上海区，王天木唯一能说上话的只有陈明楚。时隔不久，陈明楚带着一封电报来见王天木，电报是戴笠发给赵理君的，内容是下令赵理君剪除王天木。

"幸亏这封电报落到了我手里。"

陈明楚言之凿凿，王天木深信不疑。

但是，制裁军统内部的高级干部，这个电报一定是"加密"和"亲译"电报，既是发给赵理君的，怎会到了陈明楚手里？就算赵理君有特殊情况联系不到，还有一个长坐办公室的书记郑修元，收报员再失职，也不可能将一份加密亲译电报交给助理书记。

王天木已经气晕了头，加之早有反水之意，当即决定迈出投靠汪伪第一步——诱捕王鲁翘，向"七十六号"献礼。

王天木最恨之入骨的人是赵理君，他第一个想抓的当然是赵理君。怎奈赵理君早有防范，从王天木被释放那天起，赵理君在区本部便开始神龙见首不见尾。尤其陈明楚仍在区本部做着助理书记，赵理君哪敢暴露行踪？即便如此，"七十六号"与日本宪兵对他的追捕也从未停止，追得他四处躲藏，一夕数惊，不得已悄悄躲进一家医院"养病"去了。

找不到赵理君，王天木又急于到"七十六号"领赏，便将目光放在了王鲁翘身上。

河内刺汪失败后，戴笠任命毛万里为军统上海地区"总督察"，同时将王鲁翘调到上海，受毛万里指挥，这两人的主要任务，就是继续追杀汪精卫。

鉴于上海区形势复杂，为安全起见，戴笠并未派毛万里负实际督察责任。也就是说，毛万里并不与上海区发生横向联系，只限于向戴笠报告上海地区的情况。但王天木还是很快掌握了毛万里与王鲁翘的情况，对王鲁翘随时的行踪都了如指掌，这是因为，他有一条内线——他的女儿。

王天木有两个女儿，老大叫王亢子（又名蝉红），老二叫王因子（又名蝉绿），姐妹俩相差一岁，都是十七八岁年龄。1936年年底王天木获释就任西北区区长后，两姐妹暂时居住在南京。就是在这个时候，她们都先后与戴笠的公子戴藏宜谈过朋友，也同时认识了戴笠的警卫王鲁翘。

王天木就任上海区区长后，两姐妹从北平移居上海，不久王鲁翘也来到上海。异地重逢，王鲁翘与王因子关系热络起来，很快开始约会。

这对王天木来说，是一块放到嘴边的肥肉，可以不费吹灰之力就将他绑去"七十六号"领赏。

"七一四"大搜捕

这一天是1939年7月14日，是上海区遭遇大搜查的日子，一切都来得静悄悄毫无征兆。

上午，毛万里和王鲁翘约上海区会计白绳祖，与陈恭澍的太太一起打麻将。

陈恭澍刺汪失败后被戴笠挂了起来，此时还在重庆坐冷板凳。毛万里与陈恭澍关系甚笃，到上海之初便将陈恭澍的家属接到了上海，仿佛他知道陈恭澍最终要到上海一样。

几人的方城大战兴味正浓时，电话铃响了，王鲁翘率先抓起话筒，电话是王因子打来的，约他出去见面。

一听王因子约王鲁翘出去，大家一致反对，都认为王天木形迹可疑，必须小心防范。王鲁翘却认为不会有问题，且去去就来，不会让大家久等。果然，不到20分钟，王鲁翘就回来了。

既然顺利回归，大家也就没有多问，不料刚打了两三副牌的工夫，王因子的电话又来了，仍然是约王鲁翘出去。这次，毛万里忍不住了，直接阻拦说：

"刚回来又叫，有些蹊跷，还是不要去。这不仅仅关系到你个人的安危，也影响到组织的安全。"

"哪有那么严重？不过见见女朋友，芝麻大点小事，不会有问题的。"

王鲁翘执意要去，毛万里只得放行，叮嘱快去快回。

孰料，王鲁翘这一去再也没有回来。毛万里意识到情况不妙，立即打电话给上海区书记郑修元，用隐语告诉他，王鲁翘被人捕去，嘱其尽快营救，千万勿使敌寇引渡而去。

由于赵理君被追得住进医院，郑修元成了上海区的实际负责人。

接到毛万里电话后，郑修元立即打电话给情报第一组组长朱啸谷，让他联系租界巡捕房内线，了解情况，实施救援。

朱啸谷掌握着好几条高级情报路线，其中便包括公共租界和法租界巡捕房的关系，除了中国籍警官，还有两名英国人和两名法国人，都是任一级主管的警官。当天上午，朱啸谷便与中国警官刘俊卿、刘绍奎取得联系，嘱二人迅速对王鲁翘实施营救。

却不料，下午二时，刘俊卿传回一个令人震惊的消息：日方特务部率宪兵督促租界巡捕房，于本日下午同时在两租界内作多处搜查。

郑修元得到消息后，立即赶往刘俊卿家中。刘俊卿已托词因病服药从公共租界巡捕房返回寓所，将一份日本人令两巡捕房合同搜查的地址，交给郑修元。

这是一份由公共租界巡捕房第八科科长克莱登知会刘绍奎秘密抄写的清单，上面列有14个地址，均为上海区所属内勤部门的办公地点。

也就是说，上海区所有内勤单位的秘密地点，已全部被日本人掌握。

当时郑修元并不知道，这份名单是陈明楚献给"七十六号"的入伙"大礼"。几个月的上海区书记生涯，为他得到这些地址创造了条件。

时间已十分紧迫，郑修元当即在刘俊卿的寓所，电话通知各单位，立即停止工作，隐藏文件，然后主要人员全部撤出。

结果，日本人会同两捕房探员按图索骥，14处地点全部扑空。此时14处地点均有留守工作人员，之所以未受到人员及其他方面损失，全靠法捕房法国警务处长无形之中帮了大忙。

当时，日本人会同公共捕房警探到达法租界总捕房时，日方出示了此次搜捕所谓"蓝衣社"六要员名单（均为化名）。这六人是：上海区代理区长赵理君，上海地区总督察毛万里，上海区书记郑修元，情报第二组组长刘健，情报第一组组长朱啸谷，女交通萧杰英。

法国警务处长在派出参加搜捕的警探时，特地指示，到达日方所列14处地点（均在法租界）后，若未发现名单中六人，则不可随便搜查与逮捕他人。又因7月14日是法国国庆纪念日，法捕房人员本应放假，突然要求出警，内心厌烦，自然消极应对；加上法捕房中的中国警探大多爱国，对张牙舞爪的日本军警心存反感，更是应付了事。

否则，此次大搜捕，后果将不堪设想。

当晚，郑修元不敢返回被搜查过的处所睡觉，准备在舞厅中凑合一夜。当他辗转了几个舞厅后，与区本部会计张璜来到惠尔登舞厅，刚找了个位子坐下，陈明楚忽然走了进来，劈头就问：

"凌先生好吗？"

凌秋云是赵理君的化名，陈明楚冷不丁找他干吗？郑修元马上有所警觉，随口答道：

"很好！"

陈明楚随即转了话题，说：

"要不要去见见王先生，他现在在丽都舞厅。"

"王先生"就是王天木，他早已调离上海区，陈明楚为什么和他在一起？为什么要让郑修元去见他？郑修元顿时警觉起来，却佯作若无其事地说：

"没有什么事，不去见他了，等到有必要时，我再和你联络。"郑修元说完，随即又问，"我刚从丽都出来的，怎么没见到王先生？"

陈明楚支吾了半天，说出一个难以自圆其说的理由：

"喔，晚上闲逛，刚逛到丽都舞厅，就进去了。"

时逾午夜，陈明楚和王天木到处闲逛，显然不正常。郑修元在台子底下踢一下张璜的脚，示意他提起警觉。张璜却毫无反应。

陈明楚见郑修元拒绝与他一起出去，一个人起身走了。郑修元当即对张璜说：

"明楚有点可疑，你赶快跟出去看看。"

当时乐队声音响亮，张璜没有听清郑修元说了什么，郑修元自己起身追了出去。在舞厅门口，郑修元掩身向外探望，发现陈明楚正站在舞厅门外的甬道上，面朝大门，背对舞厅，和一位彪形大汉在交头接耳地说话。那位彪形大汉上身穿白色短衫，下身着黑色香云纱长裤，一副白相人打扮。

郑修元意识到事态严重，陈明楚可能对他有所企图，不敢再折回舞厅，而是一转身走进一间游戏室，挤进人群之中。

扭头一看，陈明楚已与彪形大汉进入舞厅。郑修元快步穿过甬道，疾奔对面银色汽车行，坐上汽车，疾驰西藏路，直到下车步入大中华旅馆，才惊魂甫定，打电话与暂住远东旅社的张璜太太（女交通）联系，得知张璜已经返回。

张璜在电话中说：

"你离开后不久，明楚带一个大块头来到舞厅，到处找你，我看不大对劲，你多加小心。"

次日上午，两人找了一个可靠的地方见面，郑修元得知了离开舞厅后的详细情况：

陈明楚带着一个大块头进入舞厅后，见郑修元不在，又出去带来三个像打手一类的人物，找遍整个舞厅以及乐队后面甚至厕所，仍不见郑的踪影，方悻悻而去。

而就在清晨时分，张璜太太因事途经五马路外滩附近，遇见陈明楚等一行四五人。陈明楚一发现张太太就赶过去问：

"郑先生哪里去了？"

"我不知道呀，我先生也在到处找他。"

根据上述情况，郑修元断定，昨日日本宪兵会同巡捕房搜查的区部14处工作机关，系陈明楚投靠"七十六号"所出卖。王天木落水亦可肯定，但王到上海区后并未进入正常工作状态，加上离开数月，上海区为防范日伪搜捕，各工作机关早已改换地点，因而上海区的情况王天木了解得并不多。

王鲁翘被捕后的情况，事后得知，是王天木联合"七十六号"，唆使日方知会法租界巡捕房，在王鲁翘去见王因子的途中，直接将他拦截抓捕。

当时日方不能直接进租界中抓人，须先照会租界方，将他们要抓的人扣留，再办理"引渡"手续。王鲁翘被押到法捕房办理"引渡"手续时，法捕房要照例问话留一个记录。这一问，竟在不经意间发现王鲁翘原是河内刺汪案的"通缉犯"。

如此一来，法捕房歪打正着，无意中捕获了法国"通缉犯"，日本人的"引渡"手续被停办。

随后，王鲁翘被送往安南"归案"，判处"无期徒刑"，抗战胜利后，与张逢义、余鉴声、陈邦国同时获释。

陈恭澍再出山

郑修元的密电发到重庆的时候，戴笠对王天木的叛变投敌已经有所了解。信息的来源管道除上海区、上海地区督察、南京区外，还有日伪内部的直属情报员以及运用人员。

如果说王天木的反水与陈明楚的推动有关，那么王天木投敌后的恶劣影响，则远远超过了陈明楚。

正因为身居军统"高位"，李士群对王天木的投靠大喜过望，立即封王天木为"七十六号"特工总部高级顾问。这块汉奸招牌一树，随即有大批已落水的、未落水的动摇分子若苍蝇逐臭，纷纷追随而来。以他为中心，很快聚集起一批军统叛徒，除陈明楚、林之江外，还有主动反水的忠义救国军淞沪指挥部副指挥兼第一纵队司令何行健（即何天风）、南京区专员谭文质（由其同乡陈明楚勾引反水）等。原天津站行动人员马河图、岳清江、丁宝龄等人也被王天木拉来入伙。

显然，王天木已成为"七十六号""重臣"，他的死对头赵理君在上海已无立锥之地。事已至此，戴笠只得将赵理君调离上海。军统"三大杀手"，两人在上海区双双出局，由谁接任区长？戴笠将目光投向了另一位杀手。

7月末，一个孤独落寞的身影走进了坐落在嘉陵江畔的曾家岩戴公馆。

戴公馆面积不大，但布局紧凑，环境清幽。戴笠站在公馆的平台上，眺望着暮色中嘉陵江两岸的秀丽风光，等候着今晚那位主要客人的到来。

此时，那位神情落寞的客人已经走进客厅，戴笠特地请来作陪的军统局办公室秘书潘其武、余淑恒等人，纷纷与他打招呼。他强作笑脸点头作答后，独自坐在一旁，表情不无尴尬。

他就是从河内铩羽而归的陈恭澍。

陈恭澍的河内"博浪一击"，不仅未能达成刺汪目的，反而打草惊蛇，让戴笠苦心孤诣准备的其他几套方案全部报废。戴笠一怒之下，第一个将陈恭澍调回重庆，却既不召见，也不安排工作，采取了以往的"客气"方式——冷处理，将一直对未来去向念念不忘的陈恭澍悬在了半空。

去局本部报到时，陈恭澍见到的只有毛人凤。毛人凤已升任局本部代主任秘书（主任秘书为郑介民），戴笠外出时，局本部一切事务性工作均由他代行处理。尽管河内刺汪失败，陈恭澍仍想将河内工作情况做个详细汇报，由毛人凤转呈戴笠。然而，毛人凤却只字不提工作事宜，只是象征性地问了问他住在哪里。

毛人凤是毛万里的胞兄，毛万里对陈恭澍关怀备至，毛人凤对陈恭澍却是公事公办，表面客客气气，实际拒人千里，让陈恭澍心里很不是滋味。

陈恭澍到重庆后，一直凭借私人关系住在王兆槐家中。当年由刘乙光负责的特务队，如今已扩编为特务总队，王兆槐任总队长，负责军统各机构包括看守所以及戴笠、宋子文公馆的安全警卫工作。

陈恭澍与王兆槐的关系不亚于毛万里，陈恭澍任北平站站长时的书记王云孙，是王兆槐夫人王持平的弟弟，陈恭澍的婚事便是王兆槐夫妇做的月老。

即使关系到位，住在人家家中也不是长久之计。但戴笠不露面，毛人凤无表示，陈恭澍干着急没办法。尤其工作无着落，就像断线的风筝失去了归宿，那种无所依托的滋味，陈恭澍在几年前逃亡归绥时早已深有体验。

此后，陈恭澍曾与戴笠有过一次不期而遇。那是在防空警报响过后，陈恭澍钻进防空洞，一眼看到了戴笠。虽然中间隔着三五成伙的人群，戴笠显然也看到了陈恭澍。陈恭澍本想上前搭话，却又缺少勇气。考虑到人声嘈杂，说话也听不清，他寄希望于警报解除后戴笠能等他。

此时，距河内刺汪失败刚刚一个多月，戴笠对给他造成被动局面的陈恭澍仍余怒未消，看见他就来气，怎会留下来等他？警报一解除，就在一大帮下属簇拥下扬长而去。陈恭澍顿觉万分失望与凄凉。

尽管戴笠没有搭理陈恭澍，却还是动了恻隐之心，毕竟陈恭澍曾是他最为偏爱与器重的下属。第二天，戴笠命人事部门给陈恭澍送去一份任命：军统局本部第三处代理处长。

陈恭澍喜出望外，当天下午便赶到海关巷一号（军统迁渝之初部分内勤机构所在地）向毛人凤报到。

其实毛人凤对陈恭澍并非冷淡，只是他不像其弟毛万里那样感性，相对来说更会做官。如今陈恭澍报到上班，他也表现得很热情很关心。陈恭澍从未"坐"过办公室，与机关里的一切都格格不入，毛人凤不仅教他怎么处理公文，怎么签字，还告诉他伺候长官、应付下属的诀窍。至于着装，陈恭澍从未想到军统机关内竟然全体着中山装，他从未穿过中山装，现做也做不起，又是毛人凤伸出援助之手，将一套穿过的中山装送给他，这在当时是一份不薄的人情。

然而陈恭澍很快发现，他这个处长不过是因人而设的闲职，整天无所事事，连要看的文件也没几个，与其说是在处长的位子上上班，不如说是"坐冷板凳"。

尽管"坐冷板凳"的滋味不好受，可与"挂起来"相比，终究是没有被遗忘，终究是一种工作状态，也有了要求调动的资格。就在陈恭澍准备写"请调报告"的时候，人事部门的另一纸命令到了：到中央训练团党政训练班第三期接受培训一个月。

戴笠何曾不知陈恭澍不是坐办公室的料，但平津冀形势紧张，人事上已做调整，陈恭澍已不宜再回平津，去其他地区，也不能为安排一个人特地做大的调整，而且在戴笠的心中，陈恭澍仍是重要的高级外勤干部，好钢要使在刀刃上，总要等一个重要位置来安置他。

"挂起来"一个月算是给了惩罚，"坐冷板凳"归根到底是一种安抚，接受培训自然是出击前的准备。在训练班结业的当天晚上，戴笠派人通知陈恭澍，晚七点到戴公馆吃饭。

为活跃气氛，戴笠特地将在军统局外事训练班接受培训的办公室秘书余淑恒叫来作陪。走进客厅的时候，戴笠面带笑容，径直走到陈恭澍身边，热情地伸出手。

"恭澍兄来了！"

陈恭澍对这次吃饭有颇多猜测。军统局在中训团党政训练班第三期接受训练的共有五人，其他四人均未接到邀请，这说明不是例行的邀宴，那是为什么？尽管猜到与工作有关，陈恭澍仍难免忐忑不安。

对于初见面的场景，陈恭澍做过多种设想，询问的、指责的、训斥的、被无视的，统统都是让他尴尬、无地自容的，唯独没想到晾了他这么久，戴笠竟没事人似的，如此热情。

陈恭澍颇为感动，赶紧迎上去与戴笠握手，尴尬的神情也随之消失了一大半。

席间，戴笠与众人有说有笑，余淑恒劝酒布菜，气氛十分活跃。在余淑恒的怂恿下，陈恭澍还扯开嗓子吼了四句不入调的京剧《长坂坡》，四个月来憋在肚子里的积郁，随着这几声吼叫烟消云散。

这顿饭连吃带喝、连说带唱进行了两个小时。饭后，作陪的潘其武、余淑恒等人纷纷告辞，戴笠把陈恭澍请进了书房。

陈恭澍虽喝了不少酒，头脑却还是清醒的，他以为戴笠要和他"算账"了，默默地站在一边等着戴笠的批评或训斥，或者宣布对他的处分。但是没有，戴笠和颜悦色地请他坐下，然后沉默了片刻，郑重地说：

"我们在上海的组织，已经遭受敌伪破坏。到目前为止，我们还没有掌握全部情况，局势仍在恶化中。我决定请你去处理这个问题，要排除障碍，维护工作继续执行，打击破坏组织的叛徒。希望你明天上午出发，我们随时保持联络。"

去上海，这是陈恭澍求之不得的，因为几个月前，毛万里就将他的家眷由天津接到了上海。当初他离开天津时，戴笠没做任何说明，去向、时间，他和家人都不知道，这其实是特工的纪律。但多年来在一个站点干着说一不二的"老大"，陈恭澍自由惯了，不仅对戴笠的做法不满，对家人更是牵肠挂肚。如今奉调上海，他首先想到的是全家终于团聚了！

戴笠则对陈恭澍寄予厚望，给他下达了三项任务：整顿上海组织，制裁叛徒；配合毛万里继续河内未完成的任务——"制裁"汪精卫；弄清王天木的情况，可能的话，尽量说服他回归团体。

在简单介绍了王天木的情况后，戴笠说：

"天木兄这么做，太出乎常情，估不透他的动机何在。你这次去，务必要彻底了解清楚，并且尽一切可能劝他回来，我可以保证，绝对维护他的安全。"

这是7月下旬，距汪记伪国民党"六大"还有一个月，王天木尚未公开出任伪职——伪"监察委员"、伪"特务委员会"委员及伪"特工总部"第一厅厅长。他毕竟是军统高级干部，一旦公开出任伪职影响极坏，戴笠仍寄希望于他能回头。

部署沪二区

将陈恭澍派往上海的同时，戴笠决定在上海增设另一层组织：沪二区。以原上海区为沪一区，两区不发生横向联系，均由军统局本部直接指挥，以双重组织对抗日伪特务机关。

陈恭澍的沪一区大多是情报和行动人员，对于营救被捕人员和策反工作无能为力，沪二区则要弥补这个缺陷。那么，派谁担此重任呢？戴笠想到了他的同窗好友姜绍谟。

姜绍谟加入军统不久，即被派到云南，布置云南和滇越铁路以及安南、河内、海防等处的工作。之所以派他去云南，是为了避免引起云南省主席龙云的怀疑。1939年春天姜绍谟回到重庆，任渝特区少将区长。

戴笠选中姜绍谟建立沪二区，一是他加入军统时间短，很少有人知道他的真实身份；二是他毕业于北京大学，这一点是戴笠非常看中的；而他又在浙江省从事过党政工作，认识不少汪精卫身边的重要人物。凭借他的自身优势，完全可以打入汪伪内部，完成营救被捕军统特工和策反任务，同时搜集来自汪伪高层的情报。

照例，戴笠将姜绍谟请到曾家岩公馆吃饭，这次没有任何人作陪，完全是两个老朋友之间推心置腹的谈话。戴笠不会勉强姜绍谟，但他分析得条条入理，姜绍谟爽快答应。区长定了，书记选哪个呢？戴笠说：

"次烈兄，你应该找个干练的助手一起去，你打算找哪个？"

"那就找陈祖康吧。"姜绍谟早已胸有成竹。

"哦，为什么是他？"戴笠不解地问。

在戴笠眼中，像姜绍谟这样的文人，需要的是一个机智勇猛、枪法好、文武双全的助手，而姜绍谟却选了一个同样是文弱书生的留法学生。

"他法语讲得好，文章写得好，又头脑清楚，精明能干。这一次到上海，我打算住法租界，带一位会说法语的人去，跟法国人打交道会很方便。"

姜绍谟虽然加入了军统，但与军统那些行动人员格格不入，也打心眼里看不起舞枪弄棒打打杀杀之人，所以即使找助手，他也要找一位素质高、文化层次高的人。

陈祖康生于1901年，福建漳平人，出身书香世家，曾留法七年，早年加入共产党。

虽然比戴笠小了四岁，但在戴笠考入黄埔军校之前，陈祖康已经是黄埔军校的教官了。所以在戴笠眼里，陈祖康与姜绍谟一样，都是不可多得的高级人才。

然而陈祖康加入军统却是迫不得已。他先是脱离共产党，后又参加了福建事变，事变失败后在福州已无立锥之地，只好跑到长沙定居，成了坐吃山空的寓公。在抑郁不得志的情况下，由特务处湖南站站长吴赓恕介绍加入特务处，后被派回福建工作。

"次烈兄有眼光，陈祖康是个人才。"

尽管戴笠觉得这个人才不一定适合给姜绍谟做书记，也还是尊重姜绍谟自己的选择，很快将陈祖康从福建调回。在军统局本部，戴笠与陈祖康共进"工作午餐"。

利用吃饭时间谈工作，是特务处早期即已养成的习惯，这个习惯一直保持到戴笠殒命岱山。

戴笠边吃边对陈祖康说：

"我想请你到上海去，任沪二区书记，协助次烈兄开展工作，可不可以去？"

戴笠对军统的高级知识分子，历来十分尊重、信任，优礼有加，调动工作都是事先征求意见，极少直接下令。

"只要戴先生认为需要我去的地方，我都可以去。"陈祖康毫不犹豫地回答，但他话锋一转，提出了一个条件，"不过，我有一个请求，工作到抗战胜利为止。抗战胜利以后，请戴先生给我自由，让我选择自己想做的事情。"

戴笠当然明白，像姜绍谟、陈祖康这样学有所长的人，只要有条件，是不会从事特务职业的，当即一口答应：

"好，抗战胜利是我们的最高目标。我知道，你不要名不要利，为国家生存，不计一切，参加了我们的工作，这几年也够辛苦了。你放心，我对你的承诺，一定遵守照办！"

第二天，戴笠像送姜绍谟一样，专程到机场为陈祖康送行。

姜绍谟、陈祖康先后赴沪不久，有一天傍晚，戴笠刚刚回到寓所，刘戈青忽然来了。

自从制裁陈箓后，日伪特务一直在通缉、抓捕刘戈青。为保证刘戈青的安全，戴笠将他留在香港工作，并将其家属迁到了香港。此间刘戈青多次要求回上海，协助王鲁翘制裁汪精卫，都被戴笠拒绝。

如今，刘戈青不打招呼直接从香港来到重庆，令戴笠颇感意外。

"你怎么来了？出了什么事？"

"戴先生，王天木要投敌了！"

刘戈青将一封信递给戴笠。戴笠打开一看，是王天木写给刘戈青的亲笔信，信中说：

"兄于15日被赵君暗杀未遂，系老板命令，此真太无天理是非。乃于次日开始自由行动。弟见信速返。兄天木。"

"赵君"显然是指赵理君，"老板"是戴笠无疑，"开始自由行动"实指他本人投靠汪伪。王天木具体落水时间其他人很难知晓，但最晚7月14日诱捕王鲁翘时，他已经投入"七十六号"的怀抱，说8月15日赵理君对他暗杀未遂促其"自由行动"，纯粹是托词而已。

事实上，戴笠并未下令赵理君暗杀王天木，只是命赵理君等人严密监视他的行动。对王天木这样的军统元老，没有戴笠的命令，赵理君怎敢擅自行刺？而且陈恭澍8月初抵达上海后，8月12日即被任命为沪一区区长，赵理君同时被调离上海赴洛阳工作。

对于王天木如此强词夺理，将自己叛变归咎他人，戴笠非常气愤。他实在想不明白王天木究竟为何这样，是因为工作不顺心，还是经不起敌伪高官厚禄的诱惑？是因为戴笠未按他的要求打压赵理君，还是因为王赵之争中他率先出局？是要报复他戴某人，还是要挟"七十六号"追杀赵理君？不可否认的是，王天木要出卖的绝不仅仅是赵理君，为了诱捕王鲁翘，连女儿的感情都要利用，可见不是一时意气用事。

想当年，戴、王两人是何等默契，称兄道弟，亲密无间，为保王天木一命戴笠费尽心机，怎么突然间就发展到这个地步？

戴笠压根儿不知陈明楚处心积虑拉王天木下水，所以他无论如何也不明白，王天木为何如此决绝。

刘戈青也不相信王天木会一条道走到黑，他特意从香港赶来的另一个目的就是请缨。

"戴先生，让我回上海吧，我去劝阻他。"

"你想过他为什么要邀你回去吗？"

"我知道，无非两种可能：一是拉我下水当帮凶；二是把我绑了向日本人邀功。"

"那你还要自投罗网？"

"我想第二种的可能性很小，如果能劝他回心转意最好，那么他可利用投敌后的身份，寻机接近汪精卫，实施暗杀，戴罪立功。不行的话，我就佯装入伙，利用这个机会打入汪伪内部，设法找机会行刺汪精卫。"

"你的想法是不错，只是想得太简单了。第一，陈箓那笔账日本人不会忘记；第二，就算你成功打入汪伪内部，以你的身份地位也很难有机会接近汪精卫。"

戴笠几句话就全盘否定了刘戈青的想法，总之不同意刘戈青去上海冒险：

"你汇报得很及时。既然来了，就在重庆住些日子，我另派别人去上海，看看能不能劝他回头。"

派谁去上海呢？

这个人既要和王天木说得上话，又不能是日伪"感兴趣"的对象，要找到这样一个人还真不容易。

就在戴笠环顾上下左右、搜肠刮肚不得其踪的时候，一个人主动送上门来了。

这个人是杨虎的姨太太陈华。

陈华请缨，发妻离世

这是8月中旬的一个夜晚，戴笠接到陈华的请缨电报后，心情十分沉重。

自打将刘戈青等人引荐给戴笠，陈华俨然成了军统的编外特工，凡对军统有益的工作，只要她能做的都会主动帮忙。戴笠对陈华的感情，也不是一个"感激"所能包含的。"红颜知己"是陈华给自己的定位，戴笠对"华妹"的爱慕之情却是与日俱增。

如果说在杨公馆第一眼看到陈华就有好感的话，那么拉近两人关系的，则是同样来自底层的出身和坎坷的经历与命运。这样的共同点，让两人无话不谈。

陈华，上海浦东人，生于1906年，13岁被父母卖到广州的妓院，14岁遇到为他遮风挡雨的靠山——杨虎。时为1920年年末，孙中山在广州建立军政府，杨虎在孙中山麾下任参军。

大年三十，陈华被杨虎纳为三姨太。1927年，南京国民政府成立，杨虎一生的政治生涯达到了巅峰，被他的把兄弟蒋介石任命为上海警备司令。陈华这个年轻貌美、丰姿绰约的女人，从此成为上海滩交际场上的风流人物。

官场中的事，杨虎都要与陈华商量。连陈华自己都说，自从嫁给杨虎，一直在国民党权力核心的周围打转转。

在特务处成立之初，陈华便因杨虎的关系结识了戴笠，并很快相处热络。陈华以局外人的身份正式走近戴笠与他的团体，是从1935年刘戈青加入特务处开始的。当刘戈青带着原计划一起开办矿业公司的八个同学，参加并通过了杭训班的入学考试，在离开南京前往杭州的时候，戴笠特地请陈华带他们到国父陵墓去谒陵，宣誓效忠国家、民族。

对这九名加入特工行列的名牌大学生，陈华称他们为"九个火车头"。

"九个火车头"所在的杭训班一共有21名学员，毕业前按规定要填报介绍人的名字与身份，结果他们填的都是杨太太。上级大为诧异，问他们杨太太到底是何方神圣，怎么一个班的学员中快有一半都是她介绍的？

陈华受邀参加"九个火车头"的毕业典礼，当刘戈青将这个桥段说给她听时，陈华的得意之色溢于言表。

这天还发生了一个小插曲。当晚聚餐庆贺毕业，恰逢陈华30岁生日刚过，"九个火车头"一同起立，以水代酒，举杯为陈华庆生：

"祝陈华先生长命百岁！"

但是特工组织纪律规定，只许有纵向领导，不得有横向联系。九个人一齐举杯为某人庆生，触犯了规定。当戴笠将陈华送回上海后，"九个火车头"全部被关了禁闭。

戴笠去禁闭室了解情况，听刘戈青等人说明原委后，禁不住哈哈大笑说：

"杨太太过30岁生日，连我都赶到上海去喝她的寿酒，这又有什么可关的呢？"

"九个火车头"随即被放出来分配工作。

从此，"九个火车头"与陈华结下了不解之缘。也是从这个时候起，陈华从"嫂夫人"成为戴笠名副其实的红颜知己——华妹；"九个火车头"对陈华的称呼，也由"杨太太"莫名其妙地变成了"师母"。

抗战爆发后，杨虎去了重庆，陈华带着儿女避难到了香港。刘戈青刺杀陈箓后来到香港，第一个见的就是"杨家姆妈"；收到王天木的信后，刘戈青也是首先与"杨家姆妈"商量回上海；遭到陈华的反对后，刘戈青直接去重庆请缨。

与此同时，陈华又与香港区区长王新衡商量，由她本人赴上海劝说王天木。尽管王新衡知道陈华一直在帮军统做事，但怎能让一个非军统人员去涉险？尤其戴笠特意关照他，照顾好陈华和孩子在香港的生活。

其实，陈华根本无须王新衡同意，找他来不过是商量一下出出主意，然后由香港区将她拟好的电文给戴笠发过去。

最初，陈华的要求让戴笠眼前一亮，的确，陈华是难得的人选。

首先，非军统人员，不会引起日伪方面注意；其次，王天木知道陈华与戴笠的关系非同一般，由她嘴里说出的话，比较容易被对方信服；第三，陈华在上海有足以对"七十六号"形成震慑的靠山。譬如，杨虎与法租界华探、青帮大亨黄金荣是结拜兄弟，陈华本人与黄金荣情同兄妹，且黄金荣的势力威震整个上海滩，"七十六号"伪特工总部的行动大队长吴四宝就是黄金荣的徒孙——对黄金荣唯命是从的季云卿的学生子。即使是奉命，吴四宝也未必敢对陈华下手。

再者，陈华虽说只是杨虎的三姨太，但杨府对外抛头露面、参与杨虎政务的，只有陈华。陈华协助杨虎组织的"兴中学会"，其势力可与黄金荣的"忠信社"（后改为"荣社"）、杜月笙的"恒社"相媲美。即使日本特务加上李士群，也未必斗得过这些"地头蛇"。

也就是说，陈华去上海，即使劝不回王天木，她的安全也是有保障的。

此外，在王天木身边，陈华还有一个"内线"——"九个火车头"之一的杜白山，是王天木的女婿。

与王鲁翘"轧朋友"的，是王天木的二女儿王因子；王天木的大女儿王亢子，则嫁给了杜白山。

尽管有这么多有利条件，戴笠仍不能同意陈华去上海。以往陈华为戴笠帮忙，不过是出力出关系甚或出钱，唯这次是以身涉险，关乎陈华的生命安全。从工作角度来说，陈华非军统人，连运用人员都不是；从个人感情来说，他是发自内心的担心与不舍。

总之，戴笠坚决不同意陈华去上海。

陈华收到拒绝电报后却不肯罢休，以充分的理由针锋相对，据理力争。短短几天内，渝港两地函电交驰。看到陈华列出一大堆并无风险的理由与坚决的态度，戴笠思前想后，最终勉强同意了她的要求。

戴笠伏案灯下，亲自给王天木写了一封信，准备让陈华带给王天木。这封信全篇都是在叙述他与王天木的交情，其中说道：

"……余遇君素厚，因念多年患难相从，凡事皆曲予优容。人或为之不平，余则未尝改易颜色，有负于君。乃竟背余事逆，天理何在？良心何在？……"

这封长信，让戴笠陷入忧愤中不能自拔。回首前尘，当初两人关系何等亲密，怎么突然间就发展到这个地步？归根到底不过发生几句口角，安排了一个不满意的职务，至于去投敌吗？他蹲了大牢都能官复原职，怎会不知去天津是一个临时的措置？为报复连自己的名声都不要了，这要有怎样的深仇大恨？

他更担心的是陈华的安全。无论陈华怎样巾帼不让须眉，她毕竟与王天木素昧平生，王天木怎么会听她的劝告？所以他在复电中一再叮嘱，只管把信送到，勿多停留，尽快返回。

就在这个纠结的夜晚，又一封加急电报送到了戴笠的案头。

一看落款，戴笠的心头骤然一紧，仿佛被一只巨爪紧紧攫住。

电报是上海区译电员王绍谦发来的。王绍谦是戴笠特地派回上海兼有照顾毛秀丛任务的江山籍特工。

抗战爆发后，毛秀丛与戴母随特务处迁移武汉，武汉失陷前被戴笠派人送回了江山老家。1939年年初，毛秀丛突然患病，戴笠分身无术，便托原在上海区担任过直属通讯员的同乡毛羣将她接到上海住院治疗，结果被确诊为子宫癌。

半年来，从王绍谦发回的电报中可以看到，毛秀丛的病情不断加重。半月前的一封电报史是直言，生命危在旦夕，医生已束手无策。

毕竟"一日夫妻百日恩"，早年也曾有过相濡以沫的恩爱岁月；毛秀丛赠金簪送戴笠报考黄埔的情景，更是深深地镌刻在他的脑海中，一辈子都将难以忘怀。

他也曾想过去见毛秀丛最后一面，但军统局的工作千头万绪，他一向把工作看得重于一切，怎能为亲情抛开工作？何况上海区多名军统特工反水，组织遭到严重破坏，蒋介石绝不会批准他前去冒险，况且去了也不能挽回毛秀丛的性命。

但他自知愧对毛秀丛，错失见最后一面与送她最后一程的机会，将成为他内心深处永久的痛。

所以拿到这封电报，他已知凶多吉少。

无论电文怎样措辞委婉，无论毛秀丛离世时如何"安详"，随着抖索着展开的电文，那寥寥数字都犹如利刃刺中他心中最隐痛之处。泪水，也在刹那间模糊了他的双眼……

倘若毛秀丛健康在世，或许他三两个月都不会想到她；如今天人永隔，想到的却尽是她的好和对她的各种亏欠。

或许毛秀丛不会想到，这个连最后一面都不肯见她的男人，会在她死后为她掬一抔泪。倘使她地下有知，或许也该瞑目了。

女中豪杰与"缩头乌龟"

陈华接到戴笠给王天木的亲笔信后，抛下儿女，只身一人乘轮船回到上海，住到法租界一位好姊妹家里，然后打电话叫杜白山来见。

听说陈华到了上海，杜白山大吃一惊，一见面就说：

"师母，你也不想想自己的身份和地位，怎么在这个时候回到上海来呢？"

陈华知道，这个时候正是上海滩群魔乱舞、中日双方谍战剑拔弩张的紧要关头，正因为是这个时候她才回来的。

"我要见见你老丈人王天木！"

陈华这句话惊得刚刚坐下的杜白山，像坐在弹簧上一般"砰"地弹了起来，手里的茶水统统泼在了地板上。

"你们老板也晓得，只有我来，才能拉他一把，救他一救！"陈华说得轻描淡写。

杜白山知道，陈华一向是"说一句算一句"的，只好苦笑着说：

"让我去试一试吧。"

这之后，杜白山每天都向陈华报告"试一试"的结果，可就是不见进展，后来被逼急了，才不得不实话实说，原来他一直没敢正面说出陈华的要求。这一点陈华也理解，王天木素以"笑面阎罗"著称，谁知道他肚子里转的什么弯弯肠子？为了向"七十六号"邀功，他什么事干不出来？王鲁翘不就是前车之鉴么！

可陈华就是冲着他来的，不见到王天木她不会罢休，杜白山也只好勉为其难，硬着头皮向王天木说明了这件事。

还好，毕竟杜白山是王天木的女婿，王天木没有对他怎样，而且答应了他的要求，约定翌日下午二时，在兆丰公园见面。

答应得如此痛快，反倒让陈华有些难以置信。当如约来到兆丰公园，见到的果然不是王天木，而是他派来的喽啰林之江。

既为劝王天木"归队"而来，同样的话由别人去转告，岂不等于隔靴搔痒？但王天木不露面，陈华也无可奈何。而对林之江的一番规劝，显然是对牛弹琴，莫说由他转而规劝王天木，就他本人的想法，也绝无回归军统的可能。

戴笠给王天木的亲笔信，林之江倒是及时转交了，第二天杜白山就打电话告诉了陈华，并在电话里说，王天木表示愿意担任戴笠的死谍，潜伏在伪组织的特工总部，替军统担任更危险的工作。

连面都不肯露，这话让陈华怎能相信？

果然，隔了一夜，风云突变，杜白山打来电话，催陈华马上离开上海。

"为什么急着要我走？我回到上海，还没有逛过街呢。"

杜白山一听急了，不得不说出了实话：

"师母你千万不要逛街！我岳父和我都得到了消息，林之江派出了四根枪，说什么也不让师母离开黄浦滩！"

陈华很生气，林之江不过区区一个小萝卜头，也敢如此狂妄？也不看看她身后都站着谁！杨虎虽然去了重庆，可他在上海经营多年，他的势力还在；杜月笙认她是"五妹子"，杜月笙去了香港，可遥控着一批杜门弟子在上海锄奸；还有门生遍布黄埔滩头的黄老板……

多年后陈华在回忆录中谈到当时的情景时说，只要我伸手拨个电话，干掉林之江和他的"四根枪"，应该是轻而易举，不费吹灰之力的事。

也就在这个时候，戴笠的急电如雪片般飞来，从沪一区转到陈华手中，每一封电报都在催陈华急速离沪。

在规劝王天木未见结果的情况下，戴笠为什么要急着催促陈华离开呢？

其实，仔细一琢磨便知，陈华到上海的目的是见王天木，林之江见陈华，是受王天木指派，林作为王天木的喽啰岂敢擅自派出"四根枪"除掉陈华？两国交兵尚不斩来使，何况一个背景实力雄厚的非军统"说客"，除掉她有何意义？枉为自己多方树敌！

王天木何等老奸巨猾，怎会如此不分轻重？显然，这不过是王天木为摆脱陈华的纠缠，使出的驱离之计。

陈华在上海的情况，戴笠了如指掌。既然王天木不肯见，继续留下去徒增危险，所以他接二连三发电报，催陈华离沪。

而陈恭澍先于陈华半月之久抵达上海，却迟迟没有约见王天木。

在给戴笠的电报中，陈恭澍说，由于"七一四"大搜查后一些办公地点尚未来得及重建，又有一些潜伏人员陆续被抓捕，工作尚未展开。因为王天木的两个女儿与他的妻子很熟，常到他的家中玩耍，为了不暴露自己，他一直没有回家去住。

很显然，陈恭澍没有约见王天木，并不是王天木不见，而是陈恭澍不敢见。见都不敢见，又何谈劝说？

相比陈华的胆识与干练，陈恭澍的表现实在懦弱与窝囊。

相比刘戈青与王天木几个月的"交情"，陈恭澍与王天木是多年的铁哥们儿。当年王天木为帮助陈恭澍在北平打开局面，不计代价与名利，甚至将剪除汉奸张敬尧的功劳都记在了陈恭澍的功劳簿上。此后两人多次合作，直到被分别调离，始终配合默契。那么，陈恭澍究竟怕什么？说到底，以王天木与陈恭澍多年的交情，不可能出卖陈恭澍。直至两年后陈恭澍自己撞到枪口上被捕并随之叛变，王天木始终没有出卖他。

陈恭澍的表现，再一次让戴笠感到失望。

劝谏，南辕北辙

鉴于陈恭澍的懦弱，戴笠改变了主意。与其强迫缩在乌龟壳里的陈恭澍出头，不如派刘戈青主动出击。虽然对刘戈青会构成一定危险，可除此之外再无良策，王天木不肯见的人去了也不解决问题。

迫不得已，戴笠决定走这步险棋。套用一句俗语，叫作"舍不得孩子套不住狼"。

仿佛心有灵犀，尚未发出通知，刘戈青便自己找上门来了。原来陈华一到重庆就通知了刘戈青。

陈华无功而返，刘戈青显然有了机会。一见面，刘戈青就直奔主题：

"我见到了杨家姆妈。"

刘戈青想把戴笠"不准"的话堵死，戴笠笑了：

"你来得正好，今晚就在这儿吃饭，好好商量一下。"

一听这话，刘戈青高兴得几乎要跳起来：

"这么说我可以回上海了？"

戴笠笑而不答，直接将他叫到餐桌上，开饭。

这其实是一餐饯行宴，虽说用"宴"来形容未免夸张，事实上不过多炒了两个家常菜。戴笠对伙食的要求一向简单，而无论多么简单，戴公馆迎来送往的餐桌上，都喜欢冠之为"宴"。

这一餐两人吃得舒心，聊得周详，第二天刘戈青就拿着戴笠的亲笔信离开了重庆。

这是继陈华之后，戴笠写给王天木的第二封规劝信，信中说：

"汝一人投敌，或为一时失足，尚有可谅解处。今复函诱戈青附逆，是汝甘心做贼，自绝于国人矣！本应按团体纪律制裁，但念你我多年情谊，还望戴罪图功，此其时也！望勿负余意……"

刘戈青应邀而来，很容易就见到了王天木。王天木虽然料到刘戈青不可能背着"团体"私自回来，但看到戴笠的信，还是忍不住黑了脸。

他原以为，凭着他与刘戈青的交情，刘戈青会被他说服，充当他在"七十六号"的打手。不料，刘戈青不仅将此事报告了戴笠，还反过来劝他潜伏：

"戴先生说，你能打进敌伪组织，正合乎他的要求，所以让我回来，请你协助我制裁汪逆，阻止他成立伪政权，对投敌之事决不追究。"

王天木一听就气不打一处来，再看戴笠的信，更是怒火中烧，愤愤地说：

"我现在走这一步，还不是被赵理君逼的！老板反而袒护他！"

"不是已经把他调走了吗？"

"调走？那是保护他，便宜他了！"王天木意识到将刘戈青拉过来不能操之过急，只能温水煮青蛙，于是说，"你老弟既然回来了，一切事情我们再慢慢商量吧！"

在年近50岁的王天木面前，不到而立之年的刘戈青终归年轻、单纯，他相信王天木走到这一步确有苦衷，也相信能说服王天木悬崖勒马，戴罪立功。

可他哪里想到，王天木已经越走越远。尽管他在上海区时间不长，接近的人也不多，又已调离数月，对上海区情况不甚了了，但他还是尽其所能向"七十六号"邀功，继王鲁翘之后，又将一个军统"高级特工"送进了"七十六号"。

这个"高级特工"叫袁殊。说他是"高级特工"，并不是说他在军统中职务地位有多高，而是指他特殊的才干与传奇的出身经历及身份背景。

袁殊本名袁学易，生于1911年，湖北蕲春人。

他的传奇在于，家境贫寒，乃至无钱读书，最终却奇迹般地免费入学，并奇迹般地两度留学日本。他原本新闻专业出身，干过多年职业报人，却独具情报天赋，对情报工作情有独钟，并做出突出贡献。

他是20世纪三四十年代上海文化界政界的活跃人物。他身兼中共、中统、军统、日伪、青洪帮五重身份，在各个组织中如鱼得水，目的只有一个，抗日！

作为青帮弟子，他由杜月笙推荐给戴笠。时为1937年年初，戴笠由上海区区长周伟龙陪同，亲自登门邀请袁殊加入特务处。戴笠知道他有中共背景，但大敌当前，又值国共第二次合作，如此难得的人才，戴笠岂肯放手？

抗战爆发后，作为一介书生的袁殊，以军统局少将名义成立并指挥一个抗日秘密行动小组，对日伪实施伏击。上海区刘方雄和王方南曾被租界拘捕，也是在他的营救下得以释放的。1938年下半年戴笠在香港召开军统骨干会议，通知袁殊参加，特别嘉奖了袁殊的功绩，并交给袁殊一项重要任务：除掉李士群。

回到上海后，袁殊与军统潜伏人员策划对李士群的巢穴"七十六号"实施爆炸。不料王天木落水，旋即出卖袁殊。相比诱捕王鲁翘以女儿为诱饵，诱捕袁殊要简单得多。因为袁殊原本与李士群很熟，李士群一个约见电话就将他抓到了"七十六号"。

为"七十六号"连连立功之后，1939年8月下旬，王天木在伪国民党"六大"当选"监察委员"。10月又任"特务委员会"委员兼"特工总部"第一厅厅长。

与此同时，刘戈青还在执著地争取王天木；王天木则恰恰相反，为防万一，特地找了一个两人都认识的女孩做"交通"。可是日复一日，不见王天木那边有丝毫进展，刘戈青忍不住了，甩开"交通"直接找到王天木的家里，进门就催：

"大哥，我们不能再等了，汪精卫的伪政府都要成立了！"

王天木正在削尖了脑袋谋取更高伪职，刘戈青的"不识时务"让他不厌其烦。此时他还想争取刘戈青给自己当助手，便推托说：

"老弟，你催我没有用，陈明楚是特务处处长，他答应才行！"

刘戈青信以为真，立刻去找陈明楚。却不料，陈明楚的表演比王天木更露骨。

陈明楚"良心发现"

对刘戈青的到来，陈明楚早有准备，不等他说明来意，便倒打一耙回击说：

"我们走这一步都是被赵理君逼的，重庆方面听信赵理君的一面之词，居然把我全家都关起来了！我一人做事一人当，为什么要抓我的家人？"

刘戈青感到莫名其妙：

"我没听说抓谁的家人，天木兄的家人不都好好的吗？"

"我父母妻子姊妹都在湖南，现在都被关起来了！"

当初王天木任区长，拉拢到身边的就是陈明楚与刘戈青，所以刘戈青与陈明楚的关系也很好。但刘戈青对陈明楚的话却不能相信，认为他听信了谣言，遂信誓旦旦地说：

"明楚兄，我不和你争辩，我们可以用事实来证明，我可以把你的父母、姊妹接到上海，证明你所说的不是事实，你看如何？"

"如果你能做到，我一切听你的。"

"好，一言为定！"

刘戈青立即电告戴笠，同时派朱山猿驰赴长沙接陈明楚的家人。在戴笠的支持下，朱山猿顺利地找到陈明楚的妹妹陈弟燕，带着陈弟燕经香港转道上海。刘戈青安排陈弟燕住下后，随即通知陈明楚与妹妹见面。

陈明楚根本不相信刘戈青能将他的妹妹接到上海，还以为其中有诈，特地带了一车警卫前去，结果进屋见到陈弟燕，一下子就傻眼了：

"你怎么来了？"

"父母让我来的。"

陈弟燕告诉哥哥，家人并没有被抓，让他不要听信谣言，并拿出父亲的亲笔信交给陈明楚。

陈明楚的父亲做过法官，是一位深明大义的长者，听说儿子投靠了日本人，他怒不可遏，亲笔修书一封，让女儿带给陈明楚。信中说：

"……如果在帝王时代，出了像你这样的不肖子孙，是会满门抄斩诛灭九族的！陈氏不幸，出了你这个汉奸儿子，让我无脸见人，生不如死……"

捧着父亲的信，陈明楚的双手瑟瑟发抖。这一刻，相信他的内心深处会有所触动。为了得到一个明确答复，陈弟燕跪在陈明楚面前，哭着哀求：

"哥哥，看在父母的面子上，不要再当汉奸了。"

见妹妹跪下，陈明楚也急了：

"你这是干什么，你起来！快起来！"

"你不答应我，我就一直跪下去！"

"好好好，我答应，我答应。"

为了让妹妹相信，陈明楚特地对站在旁边的刘戈青说：

"戈青老弟，你的再造之恩，这辈子定当回报。"

如此信誓旦旦，不由得刘戈青不信，可是等来的回报，却并非陈明楚迷途知返，协助他制裁汪精卫，而是要置他于死地。

当然，要置他于死地的并非陈明楚，而是王天木。

王天木见刘戈青不达目的誓不罢休，担心他迟早会出事，或被捕供出和自己的关系，或露出蛛丝马迹牵连自己，于是动了杀机。

王天木手下是不缺"杀手"的，尤其他身边的几名"死士"，都是从河南带到天津站的，是他最早打天下的干将，为首的叫马河图，也是追随他一起落水的。

暗杀刘戈青的任务，王天木交给了他的副官马河图、岳清江、丁宝龄三人。

对于马河图等职业杀手来说，"背后捅刀子"的差事，纯粹是小菜一碟。可天算不如人算，就在这个时候，戴笠的行动抢在了王天木之前。

戴笠下决心制裁王天木、陈明楚等人，是在袁殊被捕之后。

袁殊虽非戴笠的嫡系，但值此上海混乱关头，袁殊的作用是其他潜伏人员无法替代的，他的被捕深深刺痛了戴笠。

他对刘戈青劝说王天木回头原本没抱太大希望，却没料到陈明楚强词夺理倒打一把。虽下令湖南站配合将陈明楚的妹妹送到上海，但随着袁殊等军统潜伏人员的被捕，戴笠对王天木、陈明楚已不抱任何希望。

戴笠已料到刘戈青处境危险，直接威胁他的就是王天木。当然不仅仅是刘戈青，上海的其他军统潜伏人员，随时都有可能被"七十六号"抓走。戴笠决定下制裁令，除掉汉奸王天木、陈明楚等人。

由谁来执行呢？

陈恭澍，枉为军统"三大杀手"之一，连王天木的面都不敢见，何谈实施制裁？何况，陈恭澍从未有过亲自操刀之经验！

赵理君已调离上海，王鲁翘已被捕入狱，还有谁可以充当"杀手"呢？而要找的这个人，首先要有机会接近王天木和陈明楚。但在上海区能接近王天木的，只有刘戈青与陈恭澍。

于是，戴笠决定从王天木身边下手，策动王天木身边的"死士"——马河图、岳清江、丁宝龄。

这三人都是河南人，与其说他们出身行伍，不如称他们为绿林好汉更确切。为首者马河图，不仅练就一手好枪法，而且颇具机谋。岳清江和丁宝龄对他既服服帖帖、毕恭毕敬，又情同手足、亲密无间。三人之间关系之铁，远在王天木之上。

策动这三人的工作，戴笠交给了曾在平津工作的吴安之。

吴安之是吴泰勋（即吴幼权）在张学良的警卫旅任团长时的下属。戴笠与张学良、吴泰勋结拜为异姓兄弟后，吴泰勋从此成为非军统的"军统人"，从特务处时期开始，就为戴笠做了不少工作。后因张学良不愿带部队打回东北，吴泰勋愤而辞职，将一些下属介绍给戴笠接收，其中就包括吴安之。

吴安之加入特务处后，曾任北平区"天津直属行动组"组长，与马河图三人不仅熟悉，而且私交甚好。

10月初，吴安之肩负特殊使命秘密来沪。为策安全，吴安之不与沪一区、沪二区任何人发生横向联系，所有对上对外联络，均由上海"特别联络站"负责。

吴安之的效率很高，不到一个月，便顺利"拿下"马河图等三人。三人答应以实际行动"归队"，至于具体怎么行动、什么时候行动，要等待有利的机会。

就在这个时候，马河图接到了王天木的指令——暗杀刘戈青。

此事非同小可，马河图立即向吴安之报告。吴安之要他们设法拖延，并暗中保护刘戈青。

由于马河图三人一直以种种借口搪塞王天木，急不可待的王天木索性直接下令陈明楚，诱杀刘戈青。

陈明楚虽当面信誓旦旦，要报刘戈青的再造之恩，一转脸却毫不犹豫地策划对刘戈青实施诱杀。

诱杀地点选在兆丰公园附近的凡尔登舞厅。陈明楚约刘戈青在舞厅见面，事先在舞厅门口埋伏好杀手，并与杀手约定，待二人会面后，陈明楚先向外走，等刘戈青一出来，即在舞厅门口将他乱枪打死。

一切计划得天衣无缝，只等刘戈青上钩。

刘戈青果然准时赴约，并充满希望地等着陈明楚兑现承诺。陈明楚却姗姗来迟，而且醉眼蒙眬，浑身酒气。与他同来的是他的妹妹陈弟燕。

刘戈青觉得陈明楚有些不对劲，说话颠三倒四，词不达意，好像有什么心事。刘戈青立即提起警觉，不动声色地观察四周动静。但他担心的不是自己的安危，而是陈明楚"归队"会受到"七十六号"的威胁。

这时，一个人在他们的台子前面将手伸进衣服，身子略微倾斜，像是要掏枪的样子；再看陈明楚，神情紧张，像要躲避，准备掏枪。

刘戈青反应极快，他仍以为是"七十六号"的人要干掉陈明楚，立时跳起来，用身体挡住陈明楚，随即将那人扑倒在地，并将他掏枪的那只手从衣服里拽了出来。

原来他掏的不是枪，而是一盒香烟，他其实是来借火的。

受此惊吓，陈明楚的酒醒了一大半。他是来杀刘戈青的，刘戈青却舍身保护他，总算良心发现，痛苦地大哭起来。陈弟燕以为他喝多了，劝他回家。陈明楚爽性装作醉酒让刘戈青扶着他走出舞厅，一同上了他的汽车。

埋伏在舞厅门口的杀手见两人一同出来，担心误伤陈明楚，不敢开枪，刘戈青因此躲过了被乱枪射杀的命运。

但陈明楚内心很乱，不知该怎么处置刘戈青。让他死于自己之手，于心不忍；不除掉他，又无法向王天木交代，更担心会危及他与王天木的安全。

在街上乱转一阵之后，陈明楚将车子开进了"七十六号"。直到这时，刘戈青才知道自己上当了。

撂倒两大汉奸

刘戈青被捕，彻底激怒了戴笠。也就在这个时候，王天木又带领"七十六号"破获了军统青岛站。

汪精卫定于翌年元月与分别代表"中华民国临时政府"和"维新政府"的两个汉奸头子王克敏、梁鸿志商谈"组府"事宜，地点定在青岛。为确保安全，需要提前肃清军统在青岛的势力。

为此，王天木向李士群提供信息称，军统已在青岛做了安排，准备在汪精卫等人于青岛会谈时，对三人进行狙击，以阻止汪精卫伪政府的成立。于是，李士群带王天木先去青岛为三大汉奸会谈开道。

军统青岛站属于华北区，站长傅胜蓝是王天木旧部。王天木不费吹灰之力就找到了傅胜蓝，将他及其情人——青岛站出纳丁美珍，连同总务科长、行动人员等十数人抓捕，并破获了秘密电台。

有王天木做汉奸标杆，丁美珍被捕后立即提出，只要能让她和傅胜蓝恢复自由并结婚，她可以说服傅率领青岛站全体人员投靠汪伪，李士群当即答应。于是，军统青岛站悉数反水。

戴笠对王天木已经恨之入骨，不杀不足以平复心头之恨。他不再犹豫，立即向吴安之下达了"必杀令"。吴安之接到命令后立即找到马河图商量对策，马河图说：

"我一直在找机会，不能贸然行事。不过，最近应该会有机会。"

最近圣诞、元旦将接踵而至，即使王天木再小心谨慎，也难免在喜兴庆贺的时候疏于防范，常言说老虎也有打盹的时候，何况人乎！

马河图的预料果然不错，12月24日是平安夜，在南京路、汉口路、福州路、广东路等公共租界最繁华的地方，直到傍晚依然是人山人海。如此热闹的"洋节"，伪特工总部怎会错过！

这天晚上，在极司菲尔路七十六号的汪伪特工总部礼堂，汪伪所谓的上海五"中委"汪曼云、蔡洪田、顾继武、凌宪文、黄香谷，在此举行盛大欢宴，为刚刚到沪的汪系红人陈公博接风洗尘。投靠了"七十六号"的王天木、陈明楚、何行健、冯国桢等反水汉奸也参加了宴会。

席间，王天木、陈明楚、何行健几人商量去别的地方继续玩乐，王天木又邀请汪曼云说：

"我们几个去跳舞，今夜玩个痛快，一起去吧。"

汪曼云是晚宴的主人，哪有客人没走主人先溜的道理，只好拒绝说：

"不行，我不能去。"

王天木以为汪曼云胆小，怕出事，给他壮胆说：

"放心吧，我们哥儿几个带上十杆枪，看谁敢碰我们！"

"我不是怕什么，是这里不散席我不能离开。"

总之，汪曼云没有去。王天木便与陈明楚、何行健、冯国桢等人，带着各自的保镖，分乘好几部汽车，浩浩荡荡开到沪西一带的舞厅寻欢作乐。王天木带在身边的保镖，就是他的副官马河图、岳清江、丁宝龄，一同前往的还有他的如夫人吴江月。

沪西一带属于公共租界越界筑路地段，是汪伪的势力范围，同时有日本沪西宪兵队驻守。尽管在他们的势力范围内，王天木一行仍然做贼心虚，不敢在一个地方多作停留。

一行人先去百乐门，逗留一段时间后赶紧更换场地，兴致勃勃地来到兆丰总会。兆丰总会是沪西一大赌窟，他们先在外面的舞池里跳了几场舞，然后一起来到后面赌台的优待室吸食鸦片，之后又来到舞厅，一直跳到意兴阑珊。

此时已是凌晨三点左右，一行人准备离开。当时，冯国桢走在最前面，何行健和陈明楚走在中间，王天木走在最后。一众保镖也都簇拥着各自的主子走出来，马河图就走在王天木身边。

机不可失，马河图拔出手枪，"啪啪"两枪，将走在中间的何行健和陈明楚撂倒。

将要发出的第三枪目标是谁？是冯国桢还是王天木，这两人走在首尾两头，中间隔着多名保镖，再次连发两枪射杀这两人显然不易。

而在枪响之后，冯国桢见何、陈中弹倒地，吓得趴在地上再也不敢动。走在最后的王天木听到枪声，也赶紧就地卧倒，连滚带爬地逃回舞厅，躲到了沙发后面。

这个时候，马河图已没有时间射出第三枪，因为何行健的保镖在何倒地之际已经拔出手枪，寻找杀手进行反击。据传此君不仅眼疾手快，枪法更是了得，可以说弹无虚发。

马河图就此收手，与岳清江、丁宝龄一起，乘乱逃出了兆丰总会，直奔由吴安之预先布置好的落脚点，稍事停留，即跟随吴安之遄返后方。

事发之后，何行健与陈明楚被送到同仁医院，旋即毙命。

至于王天木侥幸逃生，不能不令人产生颇多猜测，毕竟他距离马河图最近，除非马河图使用的手枪超近距离射击无效，否则第一枪撂倒的应该是王天木。或许，作为跟随多年的长官，马河图不忍痛下杀手。

总之，王天木安然无恙。

马河图三人逃离之后，现场留下的除了躲避起来的王天木和冯国桢，就是这几人的一群亲信和保镖，舞厅里和赌场里白相的客人早已在混乱中逃散。

最先赶来的是驻沪西的日本宪兵，就地戒严之后，才把王天木、冯国桢找出来。"七十六号"的人也随后赶来，将王天木、冯国桢以及留下的那些保镖一起带走了。

王天木虽然毫发未损，可开枪的是他的副官，这是无法否认的事实，无论他怎样强调不知情都难以令人信服。

此时李士群、丁默邨的矛盾已趋于白热化，李士群早已后悔请来了丁默邨这尊"菩萨"，白白把他推上伪特工总部主任的位子，自己只落了个副主任。尽管他千方百计扩大势力架空丁默邨，可总是名不正言不顺。

王天木正是丁默邨的人。

也是因为王天木，陈明楚与何行健也都成了丁默邨的人。这几人都是军统叛徒，以子之矛攻子之盾是丁、李二人都想使用的对付军统潜伏人员的法宝，所以李士群一直担心被丁默邨抢功。如今三人死了两个，剩下一个还满身嫌疑，正是扳倒丁默邨的好时机。

李士群一不做二不休，直接要求王天木为陈明楚、何行健之死负责。无论这个责怎么负，王天木都是跳进黄河也洗不清了；丁默邨即使浑身是嘴，也无法袒护王天木。

于是，王天木被当场戴上了手铐，送进犯人"优待室"关押；又于1940年6月移押南市警亭路集贤村六号伪政治警察署看守所，直至1942年春提供了吴开先（国民党上海特别市党部潜伏人员）的线索，算是对"七十六号"立了功，才被李士群释放。

李士群也乘势在1940年3月将丁默邨赶出了"七十六号"，成为伪特工总部名副其实的当家人。

至于马河图为什么不杀王天木，则成了日伪各方面的永久疑团，因为重庆方面既是制裁叛逆，首当其冲的非王天木莫属。而这个谜底，也只有马河图本人能解开。

被关押两年之久的王天木，投敌之初尚能凭借自身资格，在落水汉奸中有一定"影响力"，如今已成为被拔了牙的老虎，再无往日"风光"。

抗战结束后，王天木神秘地人间蒸发了。不知是戴笠有意放他一马，还是没来得及找到他便已撞机殒命，总之，王天木一直隐居到1949年国民党战败退出大陆，然后秘密逃亡台湾。在去往台湾的一艘船上，有人发现了他狼狈的身影。

第十八章
后院失火，贻笑天下

反共之心不死

1940年年初，位于枣子岚垭的"漱庐"装修完工，军统局局本部终于有了一个相对集中的、自成一体的办公场所。

军统局迁到重庆后，局本部内勤人员已达1000多人，因找不到较为集中的办公场所，局本部各部门被分割得七零八落。直到一年多后，在原有办公场所罗家湾二十九号周围，买下罗家湾十九号及十九号至中二路占地约200亩的房屋及空地，加上与十九号相连的"漱庐"，才有了一个局本部工作人员集中办公与食宿的场所，统称"罗家湾大院"。

"漱庐"其实是军统局的招待所，是外勤高级特务回局本部请示汇报的住所，有一个侧门直通局本部。院子大门的门楣上挂着一块醒目的横匾，上面用五彩玻璃镶嵌着"漱庐"二字。院子里有一幢中西合璧的三层小楼，按最初的设计，一楼有会客室和饭厅，二楼有戴笠的会客室，三楼有几个局级干部的办公室与值班室，二三楼均设有客房。

这座三层小楼的主要功能就是接待客人。军统在重庆的办公用房包括戴笠个人的公馆，在装修布置上都很简单，唯这幢中西合璧的小楼，不仅环境幽雅，装修布置在战时的重庆也堪称豪华与排场。一楼百十平方米的大厅里，虽然摆放着半旧的沙发，但在花草、字画和精致的木质扶梯的点缀下，倒也和谐雅致。二楼戴笠的小会客室里还摆上了古董架，更显附庸风雅。

楼前屋后也是庭院深深，莳花植木嫣红姹紫。

戴笠向来要面子，年少青涩时代打肿脸充胖子的事不胜枚举，如今统率着偌大一个军统，又怎会不讲究中国式排场？

"漱庐"成了军统对内对外的窗口，戴笠的重要客人都在这里接待，包括食宿。戴笠本人并不常到这里办公和住宿。常住这里的除了门房、厨子、勤务兵各一名，就是秘书一两名。王蒲臣曾在这里办公、居住，并代表戴笠接见宾客与回渝的外勤人员。

"漱庐"的另一大功能，就是在此举行大型活动与集会。一楼约一百平方米的大厅为开展活动提供了场所，楼后面沿山坡向下，是一大片开阔的草坪，正是举行大型集会的绝佳场地，被军统称为"罗家湾广场"。

1940年4月1日是军统成立八周年纪念日，正在踌躇满志的戴笠，决定在这里举办军统成立以来的第一个纪念大会。

阳春三月，戴笠漫步在开阔的草坪上，走在旁边的是"四一大会"指挥王兆槐和总务郭斌。两人边走边向戴笠汇报搭建天棚遮盖住整个广场的设想。

戴笠正听得津津有味，毛人凤拿着一封电报急匆匆赶来。

毛人凤这个代主任秘书，在局本部干得有声有色，既有代表戴笠处理一切公务的权力，而又拿捏得十分得当，从无僭越之嫌，在戴笠心中的分量也越来越重，逐渐成为军统名副其实的"内当家"。

从毛人凤的神色看，是发生了事关重大的紧急情况。

电报是军统川康区区长张毅夫（又名张严佛）打来的。

由于西安事变中，西北区彻底崩溃，戴笠于1937年年初派张毅夫到西安，重建川康区，坐镇西北。张毅夫的公开身份，是军委会西安行营办公厅第四科科长。

张毅夫在电报中称，3月14日，成都发生饥民抢米事件，经查系中共领导的有计划的"春荒暴动"。已当场逮捕左派报刊《时事新刊》记者、中共地下党员朱亚凡，并已由成都行辕主任贺国光、川康绥靖主任邓锡侯领衔通告，以"临场指挥春荒暴动、扰乱社会治安"的罪名，将朱亚凡判处死刑，就地正法。电报上，张毅夫还列出了多名中共党员的名单，说他们是"春荒暴动"的幕后操纵者，请戴笠下令，将他们予以逮捕。

戴笠核查这些人的姓名，发现他们都是上了军统黑名单的中共党员和进步人士。

抗战爆发以来，国共开始了第二次合作，蒋介石口头上称"联共抗日"，实际上反共主张从未改变，只不过战场形势紧迫，一时无暇顾及。到1939年10月末，在广州、武汉相继失陷后，日军由于战线拉得太长，再无力大举进攻，战争进入相持阶段。蒋介石终于腾出手来，于1939年元月召开国民党五届五中全会，确定了抗战期间"溶共、防共、限共、反共"的方针，并设立"防共委员会"，特别强调，要以特务手段破坏共产党在各地的秘密组织。

但由于年初戴笠忙着布置河内刺汪，紧接着上海冒出个伪特工组织"七十六号"，上海区连遭重挫，搅得他焦头烂额，对反共之事仅仅是做了一些布置，张毅夫的电报正好为他找到一个亲自上阵的切入点。处理得好，可以为他从河内到上海的刺汪失败扳回一局。

醉翁之意不在酒

当天下午，戴笠赶往蒋介石的黄山官邸，向蒋介石详细汇报了成都"春荒暴动"之事，重点介绍了那份中共名单。名单中有四名颇具影响的人物，他们是：中共川康特委书记兼第十八集团军驻成都办事处主任罗世文，中苏文化协会理事长车耀先，刘湘"武德学友会"核心成员郭秉毅、汪导予。蒋介石听完汇报，指示戴笠，对这些共产党人及进步人士实施秘密抓捕与暗杀，以镇压成都的"春荒暴动"。

不敢公开抓捕，显然有不可告人的目的，那就是借题发挥，借成都"春荒暴动"事件，打击共产党。

所谓"春荒暴动"，其实与共产党毫不相干。

成都自古就是物产丰富的鱼米之乡，素有天府之国的美誉。当时发生春旱，情况并不严重，造成春季粮荒的原因，是一些不法商人为操纵市场，牟取暴利，或任意抬高米价，让老百姓买不起米；或囤积居奇，形成有市无米，人为地制造粮荒。

连日来，很多米店、粮仓周围都挤满了饥肠辘辘的百姓，对方均称无米可卖。

引发抢米事件的直接原因，是四川军阀刘湘的老婆刘周书等人囤积的上千石稻米，因在重庆银行的仓库里存放时间过久而发生霉烂，继而将霉烂的稻米倒进了府南河里。这个消息引起饥民的公愤。3月14日傍晚，愤怒的饥民不约而同地汇集到位于老南门黉门街的重庆银行仓库周围，高喊着："我们饿肚子，你们把米放烂往河里倒……""赶快把米拿出来！"

回应他们的是紧闭的仓库铁门与荷枪实弹的卫兵。这让饥民们怒火中烧，声势愈发浩大，仓库附近的人越聚越多。

在对峙中，矛盾迅速激化，一些饥民蜂拥闯入仓库，"捣毁仓库营业室及职员寝室"，进入粮仓抢米。

成都警察局局长唐毅闻报，立即派出大批警察、宪兵前去镇压。这些全副武装的军警，以武力驱赶、殴打手无寸铁的老弱饥民。由于有饥民被打死，愤怒的人群被迫反击，用拳头与持枪军警展开搏斗。

在此次抢米事件中，军警逮捕了72名市民和26名《时事新刊》报社记者。张毅夫在电报中所说的该社记者朱亚凡，家住在南门外，他听到银行仓库周围人声喧嚷，便前往察看，随即在人群里采访。前往镇压的某警察分所所长见他的衣着打扮不像普通市民，就认定他是现场指挥者。

《时事新刊》是进步报刊，国民党当局认为该社内部有共产党人。唐毅听了下属的汇报，与张毅夫一商量，不仅认定朱亚凡是"暴动"的现场指挥者，而且认定他是共产党人。

为了邀功，两人捏造了一套朱亚凡的"供词"。"供词"中朱承认自己是中共党员，供称抢米事件是共产党指示发动的，他就是发动"暴民"抢米的现场指挥者。如此一来，一个由奸商操控米市导致粮荒而发生的饥民抢米事件，变成了由共产党领导的、有组织有计划的"暴动事件"。

为了避免事情败露，两人呈报成都行辕与川康绥靖公署，请准将朱亚凡枪杀，从而死无对证。

在戴笠转达蒋介石的指令后，唐毅与张毅夫立即在成都对中共党员进行了一次秘密大搜捕，罗世文、车耀先等11人被抓。随后，戴笠乘飞机亲赴成都，参加对中共被捕人员的审讯，企图从罗世文等人身上挖出共产党在四川的地下组织。

然而事与愿违，"春荒暴动"本与共产党无关，即使刀架脖子上，罗世文等人也不会招认，更不会出卖中共的地下组织。戴笠白白跑了一趟成都，最后只得将在中共地位较高的罗世文、车耀先、汪导予、郭秉毅四人带回重庆关押。

戴笠的收获不仅仅是借饥民抢米事件打击了共产党，同时按照蒋介石的指令，成功撮合了在蓉（成都）军统与中统及军警系统情报部门的关系，使国民党各自为政的不同系统的特工及情报人员，在对付中共方面达成空前一致。

事实上，成都警察局长唐毅就是非军统人员。他向来靠近军统，与戴笠多有接触，与军统在成都的特务组织配合默契。

遵照戴笠的指示，国民党军统、中统联合军警在成都继续对被捕人员进行审讯，并根据审讯线索进行搜捕，于1940年冬又发动了一次"年终大行动"，逮捕了周建予、岳继训、蔡定炽等二三十人。

但抢米风潮并未停止，不仅在成都连续发生多起抢米事件，甚至蔓延到成都以外其他川地。抢米者除半数系真实饥民外，其他多为利用机会哄抢的歹人。

为平息四川的抢米风潮，四川省政府不得不亡羊补牢，采取一些应急措施。为杜绝奸商巨贾继续囤积居奇，人为地制造"米荒"，戴笠也下令军统成都站调查"米荒"真凶。

当年12月，成都站侦察到前任成都市市长、现任大川银行董事长杨全宇的确凿作案证据。杨多次将巨款交该行重庆分行经理欧书元，转托合川万福臻楼栈经理李佐臣囤积小麦。成都站联合军警等有关部门，将杨所囤积的700石小麦查封，同时查获大宗货单、函件等书面证据。

由于杨全宇在成都地方势力强大，为防夜长梦多，戴笠命令军统局资深的军法专家徐业道，于12月22日携带全部案卷，押送全案人犯前往军法总监部，商请审判组连夜组成军法会审，开庭审讯。杨等供认不讳，杨全宇被判死刑，于翌日晨被枪决。

这是军统破获的第一起"涉贪"案件。

处理抢米风潮，戴笠可谓名利双收。尤其逮捕了多名中共党员，每每与身边人谈起此事，总是得意之色溢于言表。可是他做梦也没想到，共产党的地下工作者，早已打进军统局的核心部门！

张蔚林一逃酿大错

1940年4月，戴笠从成都返回重庆不久，一个偶然发生的事件引起了他的警觉。

重庆卫戍总司令部稽查处处长赵世瑞报告，电讯监察科报务员张蔚林失踪了。这个消息令戴笠大吃一惊：

"人在稽查处怎么会失踪？"

"监察科的侦测电台真空管烧坏了，萧茂如怀疑他有意破坏，把他送到稽查处关了禁闭，哪曾想他自己逃跑了。"

萧茂如是监察科科长，与张蔚林向来不和，关禁闭之事未免有挟私报复之嫌。但张蔚林的逃跑让这件事完全变了性质。

"他能往哪里跑？"戴笠首先想到张蔚林是共产党的卧底，"真空管被烧本是意外事故，即使被关禁闭也没必要逃跑，显然是做贼心虚。"

戴笠当即下令电讯处处长魏大铭，即刻派人搜查张蔚林的宿舍，抓捕张蔚林。

重庆卫戍总司令部稽查处是军统的派出单位，电讯监察科是电讯处的派出单位。魏大铭立刻派出重庆总台负责政工的副台长何季祥带人前去抓捕，萧茂如一同前去搜查。

戴笠之所以如此重视这件事，是因为他早已怀疑军统局出了"内鬼"。

年初，军统局派遣一个"三人小组"，携带美制小型电台，潜入陕甘宁边区搜集情报。结果这个小组刚跨入边区地界，就被早已埋伏在那里的军民抓获。戴笠分析，中共得到情报的途径只有一个，那就是军统内部有人送信。由于三人小组需要途经胡宗南的防区，出发前戴笠曾给胡宗南发送密电，所以戴笠也曾把目光投向局本部电讯部门。

紧接着，"四一大会"刚过，渝特区侦知天官府街十四号为中共地下联络站，为放长线钓大鱼，决定在该站进行联席会的那天晚上突击抓捕。岂料未等抓捕，该联络站再也不见中共地下人员的踪影，显然有人给该联络站递送了情报。

戴笠再也坐不住了，立即召来督察室主任刘培初密商对策，决定对局本部全体人员进行一次普查，重点是电讯处、机要处，无论是处长、科长还是一般工作人员，只要发现反常或可疑，一律先拘后审。

值此之时，侦测电台的真空管被烧坏，萧茂如关了张蔚林禁闭，亦在情理之中。只是还没来得及审查，张蔚林就跑了，这显然与上述情报泄露有关。

很快，萧茂如带回的搜查结果让戴笠冒出一身冷汗：

在牛角沱张蔚林的寓所，搜出了一本电台密码本、军统局在各地的秘密电台分布表、局本部人员花名册和几张写有绝密情报的便条。按照军统纪律，这些东西是绝对不允许带出值班室的。

另外还有张蔚林的日记本和一封成都来信。张蔚林的日记本随便翻翻是看不出什么的，需要派专人从头到尾去研究。那封信，戴笠觉得很不寻常，写信人自称是张蔚林的妹妹，信中说："蔚兄，现将妈妈借用的东西奉还，天冷了，要注意防寒。"

信是刚到不久的，戴笠问前去搜查的张蔚林在电讯总台时的同事：

"知道张蔚林有个妹妹吗？"

"知道。是有个女孩来找过他，说是他妹妹，我们都怀疑是他女朋友。"张蔚林曾与这位同事同住一间宿舍。

"到哪里找他？那女孩多大？叫什么名字？"

"在电讯处宿舍，那时候张蔚林还和我们住在一起。那女孩二十来岁，叫张露萍。可张露萍讲话带着浓重的四川口音，张蔚林是无锡人，不可能是兄妹。"

"后来呢？"

"后来他在牛角沱租了两间房子，就搬出了电讯处宿舍，和张露萍住在一起。"

戴笠觉得，这个张露萍值得怀疑，很有可能就是张蔚林与共产党的联络员，当即吩咐萧茂如：

"马上以张蔚林的名义给张露萍发一封电报，就说'兄病重，妹速归'。"

与此同时，戴笠吩咐特务总队队长王兆槐，派人去牛角沱，在张蔚林住所周围昼夜蹲守，只要张露萍进门，立即实施抓捕。

当天下午，戴笠召集电讯处和稽查处的各科室负责人开会。会上，拿出从张蔚林住所搜出的那几张写有绝密情报的便条，让大家辨认笔迹。

这一辨认不得了，牵出的不仅仅是一两人，而是五六人！根据便条上的笔迹，这几人分别是：

军统局电讯总台报务主任冯传庆、报务员赵力耕、杨洸、王锡珍、陈国柱。

便条内容均与陕甘宁边区中共组织有关。

显然，这六人是暗藏在局本部的中共地下党员，而且是藏在军统局最核心、最机密的部门！尤其冯传庆，他在电讯总台的职位仅次于台长，可以掌握军统全部的核心秘密。

可想而知，军统局的一举一动早已全都暴露在了共产党的眼皮底下，军统局遍布海内外的庞大的情报组织，对共产党来说也早已无秘密可言，甚至国民党最高层的机密情报也摆上了中共领导人的案头！

戴笠一直尝试派员打入共产党内部，也曾让共产党的叛徒张国焘组织了一个"特种问题研究所"，研究对付共产党的策略与方法，专门培训特种政治人员，然后分别派往陕北、川北、华北等解放区，成立特侦站、策反站，企图"打进去"或"拉出来"，结果却始终不见成效。不料共产党却捷足先登，以精锐力量似尖刀直插军统心脏！

六个人啊，潜藏在军统的核心部门，竟然无人发觉！这实在是军统的奇耻大辱，是戴笠本人的奇耻大辱！戴笠下令王兆槐：

"马上对这五人实施抓捕！"

布置完抓捕任务，戴笠又派专人研究张蔚林的日记。

此时天色已晚，戴笠在局本部用过晚餐后，就留在办公室，调来张蔚林、冯传庆等人的档案材料，一边研究他们的历史背景，一边候抓捕消息。

张蔚林出生于1916年，时年24岁，江苏无锡人，出身于士绅家庭。1936年考入特务处在上海创办的三极无线电学校，毕业后入特务处电讯班第八期学习，抗日战争爆发后，曾在军统皖南赣北地区潜伏电台工作，到重庆后在电讯总台任报务员，不久调卫戍总司令部稽查处监察科任报务员。

这样一个从初中毕业就进入了军统的纯粹的军统人，怎么会参加中共的地下组织呢？军统局是一个相对封闭的团体，他是怎样与中共取得联系的呢？这让戴笠百思不得其解。

赵力耕、杨洸、王锡珍、陈国柱四人与张蔚林年龄不相上下，也都毕业于军统电讯班。从他们的年龄和经历看，都不可能在加入军统之前已加入共产党。只有冯传庆情况特殊。

冯传庆1913年出生于北平一个电讯世家，毕业于上海南洋无线电技术学校，曾在交通部系统的威海电台、天津电台工作。在庐山无线电训练班毕业后，调到国民政府交通部电台工作。由于他技术精湛，听力特别强，擅长从纷乱的无线电讯号中排除干扰，被军统硬性调了过来，任电讯总台报务主任。

戴笠分析，冯传庆很可能早已加入共产党，其他几人是被他"拉下水"的。

另一个值得怀疑的就是张露萍，这个自称张蔚林妹妹的人，可能就是共产党与张蔚林等人的联络员。由于内勤人员外出并不自由，而特务之间也是互相监督的，他们获得的情报很可能就是通过张露萍传递的。所以她假称张蔚林的妹妹，和张蔚林住在一起，而其他几人的情报全都汇集到张蔚林手中……

时近中午，萧茂如来电话称：

"张蔚林回来了！"

"他自己回来的？"这让戴笠简直不敢相信，他既然跑了，为什么还要回来往枪口上撞？

"他是回来找董益三说情的，已经被抓起来了！"

"还想继续在军统潜伏，真是异想天开！"

接着传来的消息就不那么乐观了，负责抓捕的特务总队行动组报告：冯传庆跑了！

"赵力耕、杨洸、王锡珍、陈国柱已被扣押，关进了看守所。听说冯传庆刚才还在总台值班，当我们赶到时，他已经不在了，到处寻找不见踪影。"

"他跑不远。你们立即复印几张他的照片，连夜发到重庆各路卡和检查站，一定要把他抓回来！"

冯传庆被抓回

挂上电话，戴笠才回过神来，恨恨地骂道：

"真是一群废物，竟不知擒贼先擒王，弄得打草惊蛇！"

正是因为在戴笠心中，冯传庆是这六人的核心人物，所以对冯传庆的逃跑，戴笠恨得咬牙切齿。

其实，在六人中发挥主要作用的，恰恰是最年轻的张蔚林。

由于曾在皖南敌后潜伏，张蔚林亲眼看到新四军的英勇抗战，开始向往加入共产党的抗战队伍。

冯传庆原本对军统硬把他从交通部电台调来耿耿于怀，又逢一个报务员擅自离职回了老家，而军统的规矩历来是只能进不能出，该报务员被抓回后打得遍体鳞伤，最终惨死在看守所。这件事对冯传庆打击很大，时常流露出对军统的不满。

张蔚林趁机说服冯传庆，一起脱离军统，参加共产党的队伍。

于是，1939年8月下旬，两人悄悄离开电讯处，来到重庆曾家岩周公馆。

周公馆是以周恩来名义租下的办公机关，对外是八路军办事处，称为"八办"；对内是中共南方局，领导着西南、华南的中共地下组织。

两人要求见周恩来，当时周恩来因手臂摔伤去苏联治疗，不在重庆；又要求见叶剑英。叶剑英是南方局军事组组长，对于两名不知底细的军统特工，自然不便接见。最后由曾希圣出面与他们谈话。

对于他们加入共产党的要求，曾希圣当时没有给出答复，只是希望他们留在军统继续为抗战出力。

两人锲而不舍，几天后再次来到周公馆。这次，曾希圣与他们进行了详谈，询问了军统电讯处的组织、人事情况。两人的回答，与南方局掌握的情况基本相符。于是，曾希圣要求他们继续留在军统，作为中共的地下人员，随时为南方局提供情报和电台密码。

这次，两人见到了叶剑英，并在不久后，由叶剑英、曾希圣亲自介绍加入了共产党。

最初的情报小组，只有张蔚林与冯传庆两人。南方局随后派出中共党员、18岁的余家英作为情报小组的领导，直接与南方局联系，为张、冯传递情报。并指示余家英化名张露萍，以"兄妹"的名义与张蔚林在牛角沱单独租房居住。

接着，张蔚林与冯传庆发展赵力耕、杨洸、王锡珍、陈国柱四人加入了共产党，情报小组发展为"七人小组"。

从1939年秋到1940年春的半年中，情报小组不仅多次向南方局传递情报，延安电台也不断收到冯传庆利用在军统电讯总台值班间隙发出的密电。

这些情况，戴笠当然不会知道。

这天晚上，他全无睡意，在屋里不停地踱步，等候着看守所的审讯结果。他急于想知道的，是冯传庆怎么逃跑的，去了哪里？还有，张蔚林既然逃走了，为什么还要回来？他一定去见了什么人，见的谁呢？

其实，冯传庆与张蔚林先后出逃后，都去了同一个地方——周公馆，都见了同一个人——南方局军事组组长叶剑英。

张蔚林逃到周公馆后，南方局军事组的同志分析，烧坏真空管是业务上的过失，被关禁闭仅仅是一时的惩罚，逃走反而会暴露自己和组织，不到万不得已，不能放弃这块阵地。张蔚林与电讯处副处长董益三有师生之谊，若请他出面说情，可将此次逃出来一事掩饰过去。所以，军事组要求他立即返回军统局。

于是，张蔚林当即回到浮图关军统电讯处，敲响了副处长董益三的家门。

这个时候，无论董益三还是张蔚林，都不知道戴笠已派人查抄了张蔚林的住所，正四处搜查、追捕张蔚林。

张蔚林正向董益三述说事情经过，电话铃响了。董益三接完电话对张蔚林说：

"你的事发了，我救不了你，你自己去对戴先生说吧。"

说话间，已有数名特工来到董家，直接带走了张蔚林。

冯传庆的逃脱，并不是赵力耕等四人被抓时得到了消息，而正是张蔚林从董益三家被带走时，冯传庆作为电讯总台报务主任第一时间得到了这个消息。

冯传庆立即翻墙逃出电台大院，同样逃到了周公馆。

他并不知自己已经暴露，并不是为了逃生，而是特地去向南方局报信的。叶剑英考虑到情况紧急，冯传庆必须马上离开重庆。于是，在叶剑英的安排下，冯传庆化装成商人，深夜过江遄赴延安。

这天夜里，戴笠还在为冯传庆的逃跑耿耿于怀，几乎整夜没有合眼，等候着看守所的审讯结果，期盼能得到什么线索，挖出共产党在重庆的地下组织，也好向蒋介石汇报，扳回一点点败局。可无论怎么用刑，张蔚林等人如铁嘴钢牙一字不吐。

戴笠知道，出了这么大的事，瞒是瞒不住的，蒋介石最忌讳别人对他的欺瞒与欺骗。既然瞒不住，当然是越早汇报越好，他只好给蒋介石的侍从室打电话，请他们安排翌日上午晋见。

第二天上午，戴笠按侍从室的通知，来到蒋介石的曾家岩官邸。

挨骂是免不了的，戴笠又恢复了早年在蒋介石面前受训的模样，汇报完情况便垂手恭立一旁，任由蒋介石疾风暴雨般的一通训斥。

在戴笠看来，打是亲骂是爱，除了胡宗南、戴笠这些"天子门生"，其他人想被蒋介石训斥，怕是还没有"资格"。那种客套的关系正是代表着疏远，表面和和气气，暗地里却在掰腕子较劲，甚至相互使绊子。

蒋介石训斥过后，想想不免后怕：

"幸亏偶然发现了，还没有造成太大损失，不然我们都掉了脑袋，还不知谁开的枪。一定要严查，一网打尽！严惩，以儆效尤！"

话虽如此，蒋介石也知道此事不宜张扬，被中共打入国民党最大的特务组织要害部门，传出去着实贻笑天下。

"重要岗位用人，一定要知根知底，严格考查，错用一个人，都有可能导致满盘皆输！"

这句话让戴笠想到了蒋介石的用人，亲近者多为黄埔系、江浙系，尤其身边侍卫、副官，皆为蒋介石的家乡奉化人，甚至很多是王世和这样沾亲带故的晚辈。

这对戴笠无疑是一个提醒。戴笠用人原是没有畛域之分的，尤其在特务处开创之初，他极尽所能四处搜罗人才，无奈他本人地位低下，而且人们对特务工作持有偏见，他所能搜罗到的人才，除了军校同学就是江山文溪高小同窗。后来这些人又相互介绍，自然不少人沾亲带故；浙江警校也曾定向向江山招收学员，他本人又极好面子，好不容易混出个场面，自然愿意带出家乡子弟跟着沾沾光，找个饭碗，如此一来，军统里的江山人也就多了起来。但这些人到了军统，也是量体裁衣，量才适用，并不会特意安排重要岗位。

"共案"发生后，戴笠开始在军统核心部门——电讯处注意培养"江山帮"，电讯处报务员逐渐换成清一色的江山人。无论交谈还是打电话，他们均使用地道的江山土话，即使有非江山人听到，也听不明白他们在说什么。

这一通训斥，对戴笠如醍醐灌顶，受益匪浅。

回到局本部，毛人凤报告了一个特大"喜讯"：冯传庆抓到了。

"什么时候，在哪儿抓到的？"戴笠一下子来了精神。

"在江北，正在往回押解呢。"

由于各路口关卡和检查组都在严查，白天行动不便，冯传庆过江后就藏在了渔民的草棚子里，一路奔波又累又困，就在棚子里睡着了。这时候有渔民路过，见他穿着漂亮的皮袍子，戴着大礼帽，以为是给日本飞机发信号的汉奸，不由分说就把他抓起来送到了派出所。派出所都收到了冯传庆的照片，警察一眼就认出了他，冯传庆最终没能逃走。

"太好了！一定要从他身上打开突破口。"

戴笠仍然以为冯传庆是这六人的核心人物，不过，他很快就知道了张蔚林的厉害。

借敌之手送情报

翌日，已经是以张蔚林名义给张露萍发电报的第三天，戴笠料定这天张露萍会返回重庆，尽管审讯没有结果，但抓住张露萍，七个人便已全部落网，也算了却军统一块心腹之患。

戴笠正在办公室等消息，毛人凤带着研究张蔚林日记的特务进来报告：在张蔚林的日记中发现了一个多次提到的秘密联络点——七星岗四德里七号。

戴笠立即下令特务总队，马上派人去七星岗四德里七号搜查、抓捕。不料，行动组组长回来报告说：

"四德里七号已经人去楼空！"

"人都抓起来了，他们是怎么得到情报的？莫非还有没挖出来的内鬼？"

"房东说，昨天下午有个穿军装的人送去一封信，那家人就匆匆搬走了。"

抓捕这六人的消息只有稽查处、电讯处的少数人知道，但他们都不穿军装。就是实施抓捕的特务总队行动组人员，也都着便衣。在局本部，穿军装的只有看守所的看守与警卫人员（这些人亦属特务总队）。警卫人员不会擅自离岗，关键是他们无从得此消息，那么，剩下的只有看守所的人了！

戴笠下令去看守所追查。不到半个小时，看守所所长毛烈跟在搜查人员身后，慌慌张张来到戴笠的办公室，一进门就说：

"戴先生，我真不知道张蔚林是共党分子，我以为他只是烧坏了真空管，关几天就没事了，所以他给我50块钱，让我给他送封信，我就答应了。"

戴笠一听，气得三尸暴跳，七窍生烟，照着毛烈的脸上一巴掌甩过去，"啪"的一声脆响，打得毛烈一个趔趄差点栽倒在地上。

这一巴掌把毛烈打蒙了，他实在没想到戴笠会发这么大火。

毛烈是戴笠的江山籍小老乡，是军统局情报处处长何芝园的妻弟。何芝园是江山县城关人，毕业于南京东南大学，曾任职铁道部，后被戴笠挖到复兴社特务处。

尽管得知张蔚林是共产党员后毛烈十分后悔，可凭着与戴笠的同乡关系，又有姐夫撑腰，他压根就没想到会有什么严重后果，大不了关几天禁闭，出来照当他的所长。戴笠这一巴掌打得他惊慌失措，他从未见过戴笠发这么大火。

戴笠年轻时脾气暴躁，但他好面子重名声，发飙耍横大多是冲老婆孩子和身边副官，对同窗故旧尽量显示亲和的一面，即使在火头上，一般也是将肖马的脸一拉，立见不怒自威。随着官越做越大，身边文化高、素质高的人越聚越多，自然是近朱者赤近墨者黑，一方面耳濡目染，自身开始附庸风雅；同时尚有自知之明，知自己文化方面欠缺，自打将文溪同窗周念行拉入团体，任职秘书的周念行就成了他的国学教员，他从此开始恶补国学，人自然也就变得有了些儒雅；加上人到中年，青涩尽褪，多了些稳重，动辄怒发冲冠的事在公开场合已不再常见。

但今天这件事非同小可，戴笠已经怒不可遏，脏话、气话一起飙了出来：

"你这个不成器的东西，为了区区50块钱，就去给共党分子送信，今天老子非崩了你！"

这话可不是说着玩的，虽是气话，可这种话也不是随便说的。尤其军统组织日益扩大，他这个掌门人要立威，就要一言既出驷马难追。

毛烈这才意识到事情的严重性，"扑通"一声跪在戴笠面前，拉着戴笠又哭又喊：

"戴先生饶命啊，我是冤枉的！我真不知道张蔚林是共党分子，我冤枉啊……"

张蔚林是中午被捕的，送进看守所后还没来得及审讯，毛烈虽为所长，也只知他犯的是真空管被烧坏的过错。张蔚林知道牛角沱的住址已经暴露，担心四德里的秘密联络站被查抄，为了通知同志们尽快转移，他抓住审讯前这个空当，假称要取钱用，请所长毛烈派人送一封信到四德里七号，许诺信送到后对方即付50元"辛苦费"。

毛烈上任不久，对看守所情况并不是很熟悉，知道张蔚林是军统重要业务人员，关不了几天就会释放，也想趁机拉拉关系，又有高额回报，何乐而不为？于是，亲自将信送到了四德里，当即得到50元报酬，乐颠颠地返回了看守所。

哪曾想张蔚林是共党分子，哪知这封信放走了共产党的联络人员。有史以来军统内部也没有潜伏过共产党的人，连毛烈自己都想不明白，怎么冒出个"共案"偏偏就让自己撞上了！

看守所里关的大多是因工作失误接受惩罚的军统工作人员，既然都是自己人，又都相互认识，看守们少不了要给些关照，帮着送信、买东西是常有的事，怎么偏偏到了毛烈这里性质就变了？

戴笠也很清楚，若严惩毛烈，他未免也有点冤。可是毛烈本人警惕性太差，未经审查就急不可待地去送信，连对方姓甚名谁、是干什么的、与张蔚林是什么关系都不曾过问，从这一点说，怎么惩罚都不冤枉！

"拉下去，先关起来。"

怎样处罚毛烈，戴笠并没有想清楚，这要看张露萍是否能抓到，看最后的审讯结果，看能不能挖出这七人背后的中共地下组织……总之一句话，要看能不能挽回毛烈送信造成的损失。

监狱长翘辫子

就在这天上午，张露萍回到重庆。

张露萍是回成都省亲的，在按到电讯处冒张蔚林之名发出的"速归"电报后，张露萍旋即启程，谮赴重庆。

其实在冯传庆逃到周公馆后，叶剑英见情况紧急，立即安排给张露萍发电报，通知她就地隐蔽，不要再回重庆。

可惜，这封电报比军统的电报晚了一个钟头，倘若张露萍行动稍慢点，随便吃个饭，或者整理下衣物，或者与家人聊聊天，一个钟头都会转瞬即逝。但她组织纪律性极强，绝不愿因私事影响工作，收到电报后即分秒必争，怎会料到半个时辰就是生死两重天呢！

一到牛角沱，张露萍就被蹲守的军统特务抓了起来。

电话随即打到了戴笠的办公室。

这是喜讯，戴笠一直在等候抓获张露萍的消息，他已经确定张露萍是中共派来的，抓不到她是军统在破获此案中的严重失败。可是在听到这个喜讯的一刹那，他突然意识到这步棋走错了。

连军统出身的张蔚林等人都死不招供，那么，这个中共派来的共产党员必定更不好对付。在四德里的线索被切断的情况下，需要在张露萍身上好好做做文章。这个"文章"，莫过于秘密跟踪，以此牵出幕后的组织。

可是，这一抓捕，等于告诉她张蔚林出事了，她本人也已暴露。

船到江心补漏迟，迟也得补。电话中，戴笠下令释放张露萍，并向她道歉，说是误会，抓错了人。

张露萍离开后，特务总队的特务们兵分几路秘密跟踪。戴笠指示，无论在什么地方，只要有人跟她讲话，立即盯住对方，在适当时实施逮捕，对她所到之处进行全面搜查。

戴笠把宝押在了曾家岩五十号周公馆，只要她进了周公馆，戴笠就抓住了中共的把柄。

一开始，戴笠还是满怀希望的，因为跟踪人员传回的信息正中下怀：张露萍正朝着曾家岩五十号的方向走去！

然而，张露萍何尝不知这是军统欲擒故纵的把戏？她前往曾家岩五十号方向，或许就是为了告诉组织，"七人小组"出事了，她已失去自由。周公馆必然会发现她匆匆而过的身影。

令戴笠大失所望的是，张露萍到达周公馆门前，头都没扭一下，就径直向朝天门码头走去。就在她准备上船离去的时候，特务们不得不将她再次抓捕。

正如戴笠所料，无论如何软硬兼施，威逼利诱，严刑拷打，张露萍与张蔚林六人一样，始终不承认自己是共产党，只说自己叫余慧琳，是川军少将余安民的妻妹。

抓捕了中共在重庆的地下人员七人，数量上不可谓不多，却得不到中共地下组织的一点线索与信息，这实在让戴笠窝火，却又无处发泄。

案子破了却审不出一点有价值的信息，这对蒋介石也无法交代！

四德里七号，戴笠的目光又转回了最有可能打开缺口的这个联络站。

梳理整个案发经过，戴笠大致捋出了头绪。这七人的分工分别为：冯传庆等五人将各自手中的军统秘密情报，分别交给张蔚林，由张蔚林带回住所转交张露萍，由张露萍到四德里七号交给另一位联络员，带回周公馆。他们幕后的领导，无疑就是中共南方局。

事实上，正是为了保护组织和潜伏人员的人身安全，南方局军事组特地规定，一般情况下，军统局潜伏的六人禁止去周公馆；就连这个特别支部的支部书记张露萍，没有特殊或紧急情况也不要去周公馆。四德里七号的房子是张蔚林租下的，但一般情况下，只有张露萍一人去传递情报。

即使知道了这些情况，戴笠也是黔驴技穷。对付不了共产党，就只有对付自己人了。

"要不是毛烈去送信，四德里这个秘密联络站早已被一网打尽，说不定还会有更大斩获。"

在和毛人凤、刘培初等人商量对策的时候，戴笠对此十分肯定。但是，他忽略了一样，即使四德里的人被抓，也未必会招供。

从这七人身上，他已经看到共产党人与国民党特务的明显不同。在上海，面对日本侵略者，屈膝投降者何止军统的王天木、陈明楚等，中统主动投敌者可谓成群结队！而国共之间，尽管常常斗得你死我活，可到底是兄弟阋墙，这些人尚且如此坚强，倘若面对日本鬼子，想必个个更是刀枪不入。

正因为一切线索被切断，戴笠才愈发重视四德里七号，就愈发不能原谅毛烈。

"给共产党送信，放走共党分子，这种事，在军统还是开天辟地头一回，不崩了他难以警示众人，要怪只能怪他自己头脑简单！"

这个决定，连刘培初都觉得有点意外。毕竟毛烈是戴笠的小同乡，有着千丝万缕的联系。但戴笠提携江山人，其后也开始注意在重要岗位安插江山人，却不纵容江山人，对犯了错的江山人照样不姑息，不迁就。

为保住毛烈性命，何芝园夫妇一次次找到戴笠，苦苦哀求。戴笠也曾耳朵根子发软，发生动摇，但是一想到毛烈为了区区50块钱放走了共产党，就觉得出了这么大的事，不杀不足以警示他人。

最终，毛烈还是被枪毙了。

对张露萍、张蔚林、冯传庆等七人，在审讯无果的情况下，于1941年3月由重庆转押到贵州息烽监狱。1945年6月下旬，戴笠下令息烽监狱主任周养浩，将七人杀害于息烽快活岭下。

第十九章
调兵遣将，充实上海区

刘戈青安然回渝

1940年春天，令戴笠最为沮丧、最为难堪，也最不愿看到的事情发生了：经过近一年紧锣密鼓的筹谋，汪记伪国民政府于3月30日在南京挂牌开张。

尽管派了多批次人员赴上海，却始终未能阻滞汪精卫组建伪政府的步伐，更未达到刺汪目的，这显然是军统工作中又一大失败。

数月前，追随汪精卫的高宗武、陶希圣反正，带回了汪精卫与日本人签订的卖国条约《汪日密约》。此二人虽非军统策反，亦非军统实施接应，但将这两人拉出魔窟的通盘筹划，却是戴笠与杜月笙合作完成的，最后由杜月笙在上海的留守人员将二人及其家属秘密接出上海。

《汪日密约》的曝光，给了汪伪组织沉重一击。如果说此前汪精卫尚能以"和谈"为幌子迷惑一些人，那么密约中的卖国事实让他的真实面目彻底大白于天下。

既然汪精卫要在卖国的道路上一条道走到黑，那么军统也只有奉陪到底。可是，军统在上海、南京的状况却不容乐观。陈恭澍到上海已半年有余，却一直如缩头乌龟，缩在壳里不肯露头，他个人的安全有保障了，可沪一区工作毫无进展。

戴笠也曾发报激他，称"河内一击未成，竟胆小如鼠乃尔"，但效果适得其反。

正在戴笠为此找不到破局之策时，他的爱徒刘戈青从南京悄然归来。

当刘戈青风尘仆仆出现在罗家湾大院戴笠的办公室，站在戴笠面前的时候，戴笠的第一感觉是恍如梦中。倒不是刘戈青有多大变化，而是在这短短半年多时间里，刘戈青经历了太多风险，戴笠还以为这辈子再也见不到他了！

在刘戈青被捕后，戴笠先后两次收到刘戈青的临训班同窗好友朱山猿转来的他的亲笔字条与照片。字条是刘戈青被监禁在"七十六号"时写给朱山猿的：

"三元兄（朱山猿号"三元"）：弟决不愿以任何条件换取个人安全，死生有命，兄勿以为念！弟戈青，廿七日晚。"

这张字条后来成为军统的训练教材。照片是刘戈青被羁押在南京时，朱山猿买通看守拍摄的，为的是将照片带给戴笠，以证明刘戈青尚在人世。

尽管戴笠得知刘戈青尚健在，却也想不到他能逃出魔窟，除掉汉奸陈箓那笔账，想必日本人与汪精卫一伙都不会轻易一笔勾销。那么，刘戈青是怎么逃出来的呢？

将刘戈青安排在漱庐二楼的客房里，戴笠亲自为他接风洗尘，然后饶有兴趣地听他讲述与汪伪斗智斗勇、既惊险又颇富传奇色彩的出逃经过——

当日陈明楚将刘戈青骗到"七十六号"，放在会客室之后，就一个人悄悄溜走了。第二天李士群见到刘戈青，既大喜过望，又一头雾水。

刘戈青杀了陈箓，是日伪通缉的要犯，他既然去了重庆，为什么又要回来？而且明知陈明楚加入了伪特工总部，为什么还要与他来往，并乖乖跟着他来到"七十六号"？

陈明楚什么都不说，李士群只好自己去揭开谜底。他将刘戈青安排在汪精卫曾经住过的房间里，整日好酒好菜，把他像贵宾一样招待，在貌似不经意中开始了盘查：

"戴雨农明知你回上海很危险，为什么还要派你回来？究竟要你来干什么？"

刘戈青将计就计，虚与委蛇称：

"是王天木写信让我回来的。当初杀陈箓，是奉王天木之命干的，如今又让我回来，说要骗戴先生一笔钱。结果他把钱全拿走了，却让陈明楚把我送到这里，两个人鬼鬼祟祟，真不够朋友！"

刘戈青这样说，似乎也不无道理。李士群又问：

"你们这次来了多少人？"

"当然就我一个，不过在上海，我还是有很多朋友的。只要你李先生要，随时都可以为你介绍。"

"怎样介绍？"李士群并未当真。

"打电话叫他来。"

"好啊。"李士群真的拿起电话递给刘戈青。

刘戈青也不含糊，随即拨通了朱山猿的电话，像聊家常一样对电话那头说：

"山猿兄，我要被杀头了，你陪不陪？要陪，现在就过来。"

"戈青兄，你现在在哪里？"

"七十六号。"

"明天行吗？今晚我再去看看我娘。"

"不行，明天就不一定能见到我了。"

"好吧，包天擎正在我这里，他要过去看你，可不可以？"

包天擎是记者，也是刘戈青的生死之交。但能不能来刘戈青不能做主，他只好问李士群：

"我有个私人朋友，不是军统的同志，也要来看我，可不可以来？"

"可以，可以，欢迎来！一起来好了！"

话虽如此，李士群还真有点搞不懂了，"七十六号"是什么地方？哪个不是被抓进来的？哪个不知此处有来无回？不落水有几个能活着出去？还从没听说过谁上赶着来这里的！

果然没过多久，朱山猿和包天擎一起来了。朱山猿是来陪死的，所以什么都没带；包天擎是来看望刘戈青的，知道这个地方有进无出，特地带了换洗衣服和牙刷、牙膏等生活用品，做好了蹲大狱的准备。

这架势让李士群既困惑又深感佩服，连死都有人舍命相陪，可见刘戈青做人足够地道。李士群一向以心狠手辣杀人不眨眼而著称，而另一面，却也是讲义气之人。当然，他更想拉几个真正有本事又可靠的死党，而不是吴四宝那样只会杀人越货的刽子手。既然这哥仨连死都不含糊，他也没什么可提防的，反正就算你一个筋斗翻出十万八千里，也还是跳不出他如来佛的手掌心。

所以他对三人讲了一番大道理后，说：

"你们自己谈吧，自由聊，不监视，也绝不跟踪你们。"

李士群说完就转身出去了，这倒令朱、包深感意外。朱山猿对刘戈青说：

"你一走我就知道情况不妙，随后就发现我家周围有不明身份的人，现在还被包围着。"

原来，刘戈青去凡尔登舞厅赴陈明楚之约的时候，朱山猿就预感不祥，说这是死亡约会，劝刘戈青不要去。可在刺汪之事毫无进展，王天木把责任推到陈明楚身上的情况下，刘戈青担心不赴约关系会断，明知是死也要去。

当然，刘戈青是抱着侥幸心理去的。毕竟接来了陈明楚的妹妹，证实了军统并未做任何对不起陈家之事，且陈明楚也当着其妹的面表态不再做汉奸，料想他不至于把事做绝。但刘戈青没想到是王天木要置他于死地，此约会是两人为免除后患设下的"死亡陷阱"。

好在他感动了陈明楚，虽被送进"七十六号"，总算暂无性命之虞。他已料到朱山猿身处险境，因而特地打电话把他叫到"七十六号"。在刘戈青看来，李士群的目标是对他本人的诱降，倘若扣押朱山猿，将无法取得他的信任，结果会适得其反。

刘戈青猜得不错，李士群果然无意扣押朱山猿。刘戈青对朱山猿说：

"把你叫到这里，他们就不会再找你，你可以趁机脱身。此地有进无出，你可以来第一次，绝不能来第二次。不要再回家，明天立即离开上海。"

三人没有多谈，朱山猿与包天擎即离开了"七十六号"，果然畅通无阻，无人跟踪。

第二天，包天擎又来了，他对刘戈青说：

"山猿兄特地叮嘱说，要你以保持生命为第一，留得青山在，不怕没柴烧。"

刘戈青是善良率真的正直之士，岂会为了苟且偷生屈膝变节？他当即写了一张字条交给包天擎，让他带给朱山猿，就是朱山猿回到重庆交给戴笠的那张字条。

当时戴笠看着字条，许久沉默不语，虽说舍不得孩子套不住狼，可舍不得孩子套不住狼，那才叫人痛悔莫及！他早该想到，王天木既已投敌，就不该再对他抱任何幻想。连他本人都未必是王天木这只老狐狸的对手，何况年轻正直一腔热血的刘戈青。

如今刘戈青身陷囹圄，李士群若诱降不成，一气之下将他交给日本人，后果可想而知，岂不白白断送了一个年轻人的性命！

当时，看着刘戈青的字条，戴笠肠子都悔青了。

斗智，李士群失策

事实上，刘戈青在"七十六号"还真没吃什么大的苦头。对于李士群的种种感化，刘戈青只有一个办法：不说国恨，只说家仇。

他对李士群说：

"你对我这样好，我心里明白。如果你李先生做土匪强盗，我一定跟你干，就是不能给日本人工作。我父亲挨过日本人六刺刀，小时候父亲一直对我说，长大了去杀日本人。现在我不能为父报仇，也绝不能帮助有杀父之仇的日本人……"

显然，这套说辞不可能打动李士群。李士群始终没有把刘戈青交给日本人，一方面是希冀有朝一日能够感化他；另一个原因，恐怕就是与戴笠相同——他也爱才。刘戈青是个人才，是个值得交的朋友。

人与人的交往，有时候不一定要有很深的交情，或者有什么利益可图，尤其对于感性或讲义气的人来说，意气相投或某方面的人格魅力，都有可能打动对方。

李士群对刘戈青说：

"老弟，你这样年轻居然就有死党，一个电话能把朱山猿和包天擎叫来'七十六号'，真是难得。所以，日本人好几次要提走你，我都替你挡回去了。你想想，陈箓是你杀的，如果落在日本人手里，你还想活么？"

这话虽不乏买好之意，却也是实话。令李士群佩服的刘戈青的死党，居然还有一个女性，即王天木和刘戈青之间的"女交通"。

女交通名叫陆谛，是大新公司毛衣部的女店员，由于长得漂亮，又是卖毛衣的店员，人称"羊毛西施"。刘戈青与陆谛在一个舞厅相识，特地对她做过一番考察。陆谛并不知刘戈青的真实身份，只知他叫李萍，身份是工程师。

刘戈青赴"死亡约会"那晚，陆谛正好也到了朱山猿家，听说刘戈青要去舞厅，非要一起去玩。刘戈青不便明说，只好同意了，结果一起被送进了"七十六号"，后来李士群查明她确实不是军统的人，在刘戈青的要求下，决定对她开释。

可是，陆谛被关进"七十六号"之后，知道"李萍"原来就是刺杀陈箓的大英雄，对刘戈青崇拜得不得了，居然要陪刘戈青上断头台，对李士群提条件说：

"你什么时候枪毙刘先生，也赏我一颗子弹，我就感激不尽了。"

李士群只好说："你不愿意离开，那就同刘先生在一块好了。"

这么多人愿意给刘戈青陪死，让李士群打心眼里佩服。但刘戈青始终拒绝与李士群合作，又令李士群无计可施。1940年3月初，汪伪政府即将成立，李士群对刘戈青说：

"南京新政府快成立了，你老弟既然不愿意跟我们干，我也不能把你继续留在这里，只能送到南京监狱去了。"

李士群把刘戈青送进了南京伪组织在宁海路二十五号的特务大牢。戴笠收到的照片，就是朱山猿买通看守在那里拍摄的。让戴笠感到庆幸的是，李士群到底没把刘戈青交给日本人。

在这里，刘戈青受到的"待遇"与在"七十六号"已大不相同。作为要犯，稍有不顺从，就会遭到看守的打骂。有一次看守把他带到所长办公室，准备拿他寻开心。所长唐国中狗仗人势，对"犯人"打骂惯了，一见刘戈青就破口大骂：

"你这个重庆政府的走狗，也不看看这是什么地方，老子非给你点颜色瞧瞧！"

唐国中说着就凑过来，要亲自收拾刘戈青。

刘戈青本是不甘受辱之人，岂容他无故打骂，不等唐国中动手，率先抡起拳头照着唐的脸上就是一拳。也是唐国中太不经打，仅一拳下去就顿时鼻血喷涌。

"犯人"打了看守所所长，这还了得，很快便有一大帮看守聚集而来，对刘戈青大打出手。刘戈青寡不敌众，被打得昏死过去。

李士群并没有"放弃"刘戈青。得知这个情况后，他将唐国中叫去好一顿臭骂，唐只得乖乖地将刘戈青送进了医院。

李士群去医院探视刘戈青，对他说：

"这样下去也不是办法，我打算送你去日本看看，你觉得怎么样？"

当时，沦陷区的汉奸去日本叫作"镀金"，若真去了日本，那就成了名副其实的汉奸，跳进黄河也洗不清了，这一点刘戈青十分清楚。但答应不答应是一回事，去不去又是一回事，毕竟不是很快就去，他想利用这个机会做点事——救陆谛出狱。

被押解到南京后，刘戈青与陆谛被关在了两处，再也没见过面。刘戈青料定陆谛也吃了不少苦，让一个女孩子受牵连，心里实在过意不去。他对李士群说：

"这个事我可以考虑。不过，也请你答应我一件事。"

可以考虑，对于刘戈青这样说一不二的人来说，那就是答应了。李士群非常高兴，问：

"什么事？只要我能办到，绝不含糊。"

"放了陆谛。"

"不是我不放，是她不肯走，非要陪着你一起吃枪子儿。"

"你跟她说我已经被释放，回重庆了。"

刘戈青出院回到大牢的时候，他将去日本"镀金"的消息已经传开，看守们对他的态度都来了个180度大转弯，因为谁都知道，"镀金"归来的汉奸都会得到位高权重的职位。

不久刘戈青被转移到福利社，一半坐牢，一半服务，对他的防范也松懈多了。加上刘戈青手里有钱，有钱能使鬼推磨，和陪他的看守一块儿出去洗澡、跳舞，刘戈青都出手阔绰。这些人吃白食吃上了瘾，刘戈青不出去也要催着他出去。一离开看守所，就各行其是，约好时间碰头，再一块儿回看守所。

时间长了，看守们嫌麻烦，主动给刘戈青办了一张"身份证"，告诉他该身份证只能在城里用，出城就无效了，其实是告诫他不要逃跑。

刘戈青还真在策划逃跑。已经可以自由活动，不再有人跟着，又有了身份证，不跑才是傻瓜，但不知下关是什么情形。这一天，有一位科长太太从上海来南京，刘戈青参加欢迎宴后，又跟随到下关车站送行，摸清了出城到下关并没有什么麻烦，计算好到上海的时间，就是有人发现他逃跑，再追赶也来不及了。

1940年6月20日，刘戈青悄悄买好一张京沪线头等车票，计算好时间，赶在开车前一分钟冲上火车，平安抵达上海，接着乘船到香港，从此逃出樊笼！

戴笠听着刘戈青的讲述，不断地点头称赞，称赞他有骨气，有气节，有勇有谋。

汇报完毕，刘戈青说：

"戴先生，我得给李士群写封信，我白吃白喝人家半年，总得表示一下感谢。也要告诉他，我既没有达成任务，又没有为工作而死，所以回重庆请罪来了。"

"好！好！应该写。没有李士群的放长线钓大鱼，就没有你今天的恢复自由。"戴笠说，"重庆不会让你寄信给汉奸的，我给你送到香港投邮好了。"

刘戈青在信中说：

"天涯知遇，至感平生。此次匆匆南下，木兄趋辕叩辞，至今引以为憾。此举无他，盖大丈夫言必有信，行必有果，是乃南归请罪，静候上级处分。先生爱我，俟国事安宁后，自当图报于他日……"

原本以为刘戈青已答应去日本，没想到煮熟的鸭子飞了，不知李士群看到这封信后做何感想。

此时，陆谛与包天擎也已辗转逃到后方，加入军统，进入息烽特训班受训。特训班毕业后，陆谛继续追随刘戈青，一同赴南洋工作。

选一名高级卧底

由于上海的局势一直未见好转，在刘戈青回渝的同时，面对汪伪政府成立后的器张态势，戴笠开始考虑在上海增派重量级人物。

当时，姜绍谟的沪二区已成立半年有余，工作上也未见什么起色。蒋介石认为，姜绍谟、陈祖康二人资历、阅历太浅，他们能拉上的关系，只有汪伪组织的中下层干部，分量未免太轻。他要求戴笠物色一位重量级人物打入汪伪组织，这个要求与戴笠的想法不谋而合。

这个重量级人物的标准，起码与汪伪组织上层人物比较熟悉，能策动几个汪伪高层，使之在汪伪组织内为重庆效力。

其实，戴笠早就想到了一个人，这个人无论身世背景、身份地位，以及与汪伪高层乃至汪精卫夫妇，不仅能搭得上话，而且很熟甚至可以说是关系很好！但他非军统人，戴笠无权调派，尽管两人关系也非同一般。

这个人就是唐生明。

蒋介石一听笑了，他想到的也是唐生明。

但是，他们都清楚，在这件事上蒋介石也未必调得动唐生明。唐生明是有名的花花公子，以吃喝玩乐为第一需要，让他深入虎穴置身险境，谈何容易！此人性格一向大而化之，言行一向疏于检点，若不严于约束，即使去了上海也未必能完成任务，说不定还会捅出大娄子。

说到底，要想请这位大少爷"出山"并不负重托，还需要戴笠做细致入微的工作。蒋介石将这个"工作"全权交给了戴笠。

若论唐生明与戴笠的关系，或可说铁得无以复加。

1938年10月武汉撤退之前，戴笠去临澧主持特训班毕业典礼，途经常德时，特地邀请唐生明夫妇与张素贞一起去临澧。当时，常德警备司令部一个警卫连的士兵正在下操，戴笠立刻被这支队伍吸引了。只见他们个个身材高大，身胚结棍，齐刷刷清一色的棒小伙，个个佩带驳壳枪，气势威武雄壮。

"老兄，你这支警卫连队实在了得！"

戴笠啧啧称羡，唐生明哈哈笑着，不以为然：

"如此而已，哪能和你的特务队相比。"

"此言差矣。军统局成立不久，人力物力处处捉襟见肘，特务总队三个武装大队，还差好几个中队呢！"说到这里，戴笠一个闪念，霎时眉开眼笑，"季澧兄，把你这支队伍援助军统可好？反正你老兄手里有的是精锐武装。"

对于要走一个连队包括武器装备这样的要求，唐生明竟然没有一点错愕，更没有一点犹豫，仿佛自家兄弟出门因天冷折回，递给兄弟一件衣服一般随意，哈哈笑着说：

"你老兄喜欢，来车拉走就是。"

就这样，一个精锐警卫连连同武器装备一句话就送给了戴笠。

当时沈醉被唐生明要来当助手，任常德警备司令部稽查处处长兼第二区保安司令部侦察组组长。戴笠派了几辆卡车来接这个连队的时候，正是由沈醉找唐生明代为接洽的。唐生明当即找来连长，告知将服务军统之事，并通知全连官兵加发两个月的薪饷，三天后便动身。

站在一旁的沈醉着急了，因为这个连不仅担任着警备司令部和稽查处的门岗警卫，而且城区发生情况，稽查处也要随时调动这个连去镇压。

"警卫连送走了，谁来担任警卫工作？"沈醉着急地问。

"我不是通知他们三天后动身吗？这三天里，我可以从区保安司令部指挥的几个保安团中抽调一个连过来。"

原来唐生明早有准备，看着他大而化之，其实并非马大哈一个。

就这样，唐生明的警卫连充实了军统的特务总队。军统的特务总队在战前只是一支便衣特务队，军统成立后改为武装部队，主要兵力是戴笠分别向好友胡宗南、汤恩伯、唐生明连人带武器装备一起要来的，组成了三个武装大队和一个便衣中队。

眼下，唐生明正遇到一件不愉快的事：常桃（常德、桃源）警备司令兼湖南省第二区行政督察区专员与区保安司令这两项职务不明不白地没了！

其实，唐生明并不在意当不当官、当什么官，用他自己的话说，他的人生观就是吃喝玩乐，如果说他有什么野心，也不过是希望所任职务能最大限度地满足他讲排场、摆阔气、贪图享乐的欲望，所以从一开始就不喜欢到常德任职。

因唐生智的关系，抗战爆发后，唐生明任长沙警备司令部副司令、代理司令。这个职务还是比较能够满足他的生活排场的，可是觊觎这个职务的大有人在。

常德警备司令兼湖南第二行政督察区专员、区保安司令酆悌，就对这个职务垂涎三尺。他觉得在省会任职比在常德更有前途，便私下活动，希望与唐生明对调。当时的湖南省政府主席兼保安司令张治中对唐生明在其位不谋其政很不满意，只是因唐生智的关系，也不便撤换他，如今酆悌要求对调，张治中表示同意。

酆悌为人跋扈，但很能干。长沙是湖南省会，治安相当混乱，正需要一个敢作敢当的警备司令。唐生明虽不喜欢常德的偏远，可常德的治安比长沙要好，再说，事到如今也不便硬顶，也就无所谓地去了。

初到常德，唐生明觉得常德远不如长沙好玩，连上档次的菜馆都没有几家，也不合他的口味。可没过几个月，一场大火，将长沙一夜之间夷为平地。在全国一致的责难声中，长沙警备司令酆悌和长沙警察局局长文重孚、保安第二团团长徐昆被枪决。

消息传到常德的时候，唐生明正和夫人徐来参加商界的盛大宴会。他当即想到的是，自己实在太幸运了！若不是酆悌强烈要求对调并四处活动，今天掉脑袋的就是自己。他连连拍着自己的脑袋说："如果我不调到常德，这顿饭早就吃不成了。"

尽管如此，唐生明对常德这个地方也并不留恋，只是这个官丢得实在蹊跷。当初常德警备司令部辖区扩大，改称常桃（常德、桃源）警备司令部，在桃源设立办事处，该办事处主任刘某由于滥用职权、草菅人命，被抓捕归案，这本与唐生明没什么关系，可是驻常德的二十集团军副总司令兼洞庭湖警备总司令霍揆彰却在这件事上动起了脑筋。

霍揆彰是国民党中陈诚系的骨干，因陈诚是胡宗南的死对头，也就成了戴笠的冤家，而唐生明与戴笠交好，又不肯对霍揆彰低头，霍揆彰就动了并掉常桃警备司令部的念头。桃源发生草菅人命案后，霍揆彰大做文章，通过陈诚等向湖南省负责人要求并获批准，于1940年5月撤掉了常桃警备司令部，业务并入洞庭湖警备总司令部，常德只留了一个稽查处负责治安。

其实唐生明对这个地方和这个职务早已厌倦，一直想换个工作，沈醉曾经将唐生明的这个想法向戴笠报告，戴笠当时给唐生明发电报称：

"闻兄有倦勤之意，希望先将家务安顿妥当后，即行来渝，因有要事亟待当面商议。"

在蒋介石要求戴笠选派重量级人物赴沪之前，戴笠已经想到了唐生明，只是他不确定能否说服这位大少爷。唐生明复电表示：

"如能摆脱此间职务，自当赴渝。"

这下好了，不等他自己"摆脱"，就让霍揆彰把他的司令部吃掉了，他这个司令也就悄无声息地没了。

但是，自己"摆脱"是一回事，被人暗算又是一回事，即使大而化之的唐生明，对此事也不可能毫无反应。国民党内历来派系纷杂，相互倾轧，唐生明从未参加任何派系，交朋友亦不看派系，朋友间不谈政治，只谈吃喝玩乐。即便如此，他还是未能摆脱派系的影响，被人为地划入某某派系。

沈醉在第一时间向戴笠做了报告，戴笠正发愁如何才能将唐生明叫到重庆慢慢游说，这下简单了，大少爷的职务被"摆脱"了，正巴不得尽快离开常德这个是非之地。

戴笠即刻再发电报，称有要事面商，希望"季澧兄"尽快赴重庆。

谜底慢慢揭……

戴笠这封电报来得恰到好处，正在苦闷中的唐生明，立刻让沈醉代为复电，说先回东安老家，随后去重庆。

唐生明果然一甩手走了，将警备司令部的一大摊子需要结束的工作甩给了副官处长吕某。

此时，唐生明的父亲唐承绪刚刚过世不久，唐生明原打算在家多盘桓几日，不料到家没几天，戴笠就连发两封电报，第一封由军统局桂林办事处派专人送达，内容是催问赴渝时间，可见戴笠之重视与急迫；第二封嘱唐生明携夫人徐来的秘书张素贞同行。

因前后数封电报均未提及究竟有何要事相商，且嘱其带张素贞同行，而不是徐来，着实让唐生明摸不着头脑。

更让唐生明出乎意料的是，蒋介石竟也直接发来了电报，请唐生明速回重庆，亦称"有要事面商"。

唐生明只好先将徐来与孩子暂留东安，与张素贞同赴重庆一探究竟。

按照戴笠的安排，唐生明携张素贞赴桂林，由军统局桂林办事处主任杨继荣接站，并定于次日送上飞机。殊不料，蒋介石更急，直接派专机到桂林，将唐生明及张素贞和唐生智（此前从重庆返乡）、白崇禧一起接走了。又因飞机提前起飞，戴笠都没来得及到机场迎接。唐生明只好携张素贞先到其兄唐生智家中，再打电话联络戴笠。

戴笠接到电话，立刻前往国府路范庄唐生智家中，将唐生明与张素贞接到曾家岩公馆。

见到唐生明，戴笠异常兴奋：

"你老兄千呼万唤始出来，可不要犹抱琵琶半遮面哦。"

"这要看你给我布个什么局，这么急不可待地让我往里跳。"

"什么局不重要，重要的是先要让你老兄吃好、住好、玩好、休息好。"

唐生明急于想知道这么急着催他赴渝，到底有什么"要事"，戴笠却滔滔不绝地嘘寒问暖，扯东道西，就是不肯切入主题，被问急了，爽性说：

"一路上舟车劳顿，还没缓过劲来就急着谈工作，季澧兄，这可不是你的风格。"

"雨农兄，你可真会吊人胃口。你知道的，什么工作对我来说都不重要，重要的是谜底。"

"放心，谜底很快就会揭开。"

但这个谜底一连两天都没有揭开，因为这两天日程安排得满满的，戴笠亲自带着他们游山玩水，吃喝玩乐。为了让他们玩得尽兴，戴笠特地将女秘书余淑恒叫来，陪伴在两人左右。

工作总是要谈的，只不过要寻找机会，或者营造一下氛围，或者做一下铺垫。若冷不丁地提出这么大个事，戴笠担心把这位大少爷吓住。

游玩归来，吃饱喝足，两人便在小客厅里开始了海阔天空的神聊。两个女人就坐在旁边陪着，偶尔也会插上一两句话逗逗趣。

话题大多由吃喝玩乐蔓延开来，总也离不开上海的灯红酒绿，纸醉金迷。第二天晚上，戴笠终于把谈话由十里洋场的奢华享乐引入正题，仿佛很随意地问：

"季澧兄，在现在这种时候，你觉得应当做什么，你自己想做什么？"

唐生明是来接受任务的，压根没考虑过自己想做什么，因为那根本不是自己能决定的。所以戴笠这么一问，他反倒答不上来了。戴笠又补充说：

"如果说既能使你生活过得很好，适合你的个性，又能让你一鸣惊人，做出一番惊天动地的大事来，你愿不愿意干？"

唐生明就是一名副其实的公子哥儿，什么惊天动地的大事对他都毫无吸引力。相反，这些词反倒让他有点警觉起来，他自知根本不是干大事的材料，连连追问：

"到底是什么事，别兜圈子了好不好？什么一鸣惊人、惊天动地，那些事与我无关。"

经他这么一说，戴笠意识到说错话了，为了防止卡住，赶紧哈哈笑着转了话题，拍拍余淑恒的肩说：

"淑恒，你说明天我们陪季澧兄去哪玩？"

唐生明知道戴笠有意回避，也不再追问，而是拿两人调侃起来：

"淑恒，你什么时候成了雨农的内当家了？"

张素贞也过来凑热闹说：

"唐大哥你还不知道吧，戴先生就要成为余家的乘龙快婿啦！"

唐生明收敛笑容，一本正经地说：

"雨农兄，说起来我也算半个媒人呢，没有我的举荐，你上哪去找这么如花似玉、才貌双全的内当家？你可得好好谢谢我！"

戴笠只跟着打哈哈，也不分辩，只有余淑恒红着脸嗔笑说：

"唐先生，素贞姐，你们干吗要拿我开玩笑？"

就这样，好不容易就要揭开的"谜底"，戴笠话到嘴边又咽回去了。

校长赠送签名照

工作的事总还是要说的，蒋介石那边早就等急了，这边迟迟不见进展怎么交代？该做的铺垫都做了，不能再等了，戴笠决定直接亮出"底牌"。

翌日又玩了一天，晚饭后，戴笠将唐生明和张素贞请进了书房，这次谈话直截了当：

"季澧兄，有一个非常重要的特殊任务，校长对我讲过好几次，说只有你能胜任。"戴笠谨慎地斟酌着说。

"什么任务这么重要？"见戴笠终于要揭开"谜底"了，唐生明来了兴致。

"我们在上海和南京的组织，绝大部分被敌人破坏了。校长认为，那个地方的工作比任何地方都重要，但又很难找到合适人选。后来还是校长提出了你，认为你最合适。"

唐生明乍一听并没有弄清是一种什么样的工作，也从未有过这方面的考虑，一时不知怎么回答。戴笠接着给唐生明戴高帽：

"校长很看重你，说你很能干。还说过去在武汉讨伐桂系时，你曾拖来不少桂系的部队，出过不少力。"

说起过去的事，唐生明更不知道怎么回答才好，他说：

"谁都知道我大哥反对过校长，我后来在广西也进行过反对校长的活动，他还能信得过我？"

"校长知道你是受了何键的压迫才去广西的，对那件事校长始终是谅解的，怎么能信不过你呢？本来校长要立即召见你，可是一些事需要我先和你讲清楚，研究出一个方案，然后再去见他。"

对戴笠这一番"戴高帽"，唐生明还是很受用的。毕竟被蒋介石看重也是一件很荣光的事，尽管校长跟唐生智不对付，可那都是过去的事了。作为蒋介石的学生，唐生明曾经被保送到陆军大学深造，后任军事委员会中将高参，总之，校长对他还是不错的。

就去上海住家而言，唐生明觉得倒是未尝不可，甚至有几分向往。几天来对往昔上海生活的追忆，让他几乎馋涎欲滴。在生活享受方面，后方任何一个城市都无法与上海相提并论。能回上海的确是他求之不得的。可另一方面他又有点胆怯，害怕出问题，甚至可能送掉性命。

见唐生明沉思不语，戴笠说：

"你放心吧，校长都替你想好了。他知道你和汪精卫、陈公博他们都是老熟人，你若说受不了后方的苦，加上官也丢了，正好到上海做寓公，为的是生活得舒服一些，他们没有人会不相信。"

这一点没错。就唐生明的社会地位和人际关系而言，他去上海、南京见汪精卫等人，如同去见自己的老上级和老朋友，不可能有生命危险。

后来唐生明在回忆中也说：

"我和汪精卫的关系，主要还是由于我大哥的原因。我大哥在反蒋方面，曾一度与汪合作；我也因蒋介石排斥我大哥，而参加过汪、李（宗仁）、黄（绍竑）、白（崇禧）、张（发奎）等人在广西的反蒋活动。蒋介石下野后与宋美龄在上海结婚时，我也曾代表汪和我大哥去向他祝贺。由于以上种种关系，加上我与汪身边许多人都熟识，所以蒋介石才选派我，而我也敢于去南京。"

当然这是后话，此时决定去的过程还是颇费了一番周折的，唐生明对戴笠说：

"我倒不担心汪精卫他们会杀害我，我同他们的交情都不错。可是日本方面我一向无往来，这一点我是毫无把握。这事还得跟我大哥商量一下。"

戴笠一听，这还了得，要是找唐生智商量，这事保准"黄"！

从头到尾戴笠都绕开了两个字——汉奸。这个时候去上海，去南京，去见汪精卫一伙，明摆着是去当汉奸。你自己知道是去卧底，可这是绝密，泄露了就要掉脑袋。当汉奸，被千夫指万人骂，且不说唐老四同不同意，唐老大这一关就过不去！

"你自己先好好考虑一下，等定下来再跟孟公（唐生智字孟潇）说吧。我前前后后仔细想过，你和日本人一般打不着交道，只要你自己多加小心，就不会有任何危险。"

话虽如此，唐生明依旧犹豫不决。为了阻止他去见唐生智，戴笠整日缠住他说这件事，最后甚至拿他的良心和两人的交情作保证，言辞恳切地对唐生明说：

"季澧兄，你我的交情有多少年了？我什么时候负过你？如果没有十分的把握，我怎能把你往火坑里推？"

话说到这个份上，唐生明不能再犹豫了。唐生明是重义气之人，凭他与戴笠多年的交情，他不能不给戴笠这个面子；他知道蒋介石对他如此器重，当然与戴笠的推荐有很大关系；再说，凭着他与汪精卫一伙的历史渊源，打入其内部确实是轻而易举的事，也确实没有什么危险。

他终于答应戴笠，决定去跳这个"火坑"。但是他有一个条件，要求戴笠必须做出明确答复：

"这个任务原则上我同意接受，但我只愿意以朋友的身份去工作，让我加入军统，做你的部下，我可不干。"

"当然不会！"

一听唐生明答应了，戴笠高兴得几乎跳起来，哪还管什么部下不部下。再说，他根本没想过要把这个公子哥儿变成部下，他也从来不愿意把朋友变成部下，像姜绍谟入了军统，说朋友不像朋友，说部下不像部下，不仅对工作无益，两人都感觉不方便。

"哈哈，你也知道，如果我当了你的部下，你就再也找不到一个像我这样能讲真心话、能玩到一起的朋友了。"

"我还知道，你老兄要是进了军统，军统的纪律就要作废了。"

"知我者，雨农兄也。"

唐生明早就知道军统的纪律极其严格，甚至残酷，他可不愿受到任何的组织约束，不愿为任何事失去个人自由。

戴笠又说：

"我们之间可以一直保持和过去一样的朋友关系。我在上海和南京的两个区，你也可以指挥，但不一定要你直接领导。因为你的任务不同，不必经常和他们往来，这样可以减少你的麻烦，也可避免出危险。"

接着，戴笠与蒋介石侍从室联系，约定次日上午晋见蒋介石。

第二天上午，两人如约来到蒋介石的曾家岩官邸，由唐生明在先戴笠在后，各自单独进入蒋介石办公室谈话。

见到唐生明，蒋介石的态度比任何一次见到他都显得亲切和高兴，对他又是夸奖又是嘘寒问暖。其间唐生明还谦虚了一下，说："校长过奖了，我担心自己做不好，请校长三思。"又说，"我还想和家兄商量一下。因为家父去世不久，家母是最疼爱我的，我也得问问她老人家。"

蒋介石拿出校长的架势，说：

"这个任务很重要，我已决定了派你去。我是你的校长，你是我的学生，你要听我的。孟潇兄那里，我会和他说明，这没有问题。"

蒋介石又询问了唐生明母亲的情况，吩咐侍从人员准备一张他和宋美龄的照片，然后由他亲笔签名，送给唐生明的母亲作为纪念。

委员长要送签名照片，这在当时是无上的荣耀，唐生明不再"谦虚"，此事就此"拍板"。

三天后，蒋介石在官邸请唐生明和戴笠吃晚饭，在场的只有唐、戴和蒋介石夫妇。这次蒋介石与唐生明做了长时间的交谈，从饭前一直谈到饭后，详细询问了唐生明过去和汪精卫、陈公博、周佛海等人的关系，用含蓄的口吻说：

"你这次去，见到这些过去认识的人，都可以跟他们说清楚，只要他们做的事对得起国家，于国家有益，将来都可以宽恕的。"

饭后，蒋介石拿出准备好的他与宋美龄的合影照片与一万元活动经费（时值黄金20两左右），一并交给了唐生明。

照片的背面有蒋介石的亲笔签字，"唐老伯母惠存"，下署"蒋中正 蒋宋美龄"和年月日。抗战时期，这张照片存放在唐母身边，抗战胜利后一直悬挂在唐生明家中的客厅里。许多人看到，不明白蒋氏夫妇为什么要送照片给唐母，抗战时期唐生明不便明说，抗战后则成为了他的"护身符"。因为戴笠死后，他这段经历很难说清楚，这张照片就成了他卧底汪伪组织内部的证据。

这晚临走时，蒋介石又关切地叮嘱唐生明：

"你此去务必小心，切不可大意，一定要与雨农保持密切联系。这样，我可以随时知道你的情况，也可以通过雨农传达我的指示。"

然后，蒋介石又问唐生明准备什么时候动身，看样子很希望他尽快赴沪。戴笠抢先回答说：

"校长，我们还有许多问题要具体研究，他要等一等才能走。"

要在短时间内将一个花花公子培养成卧底特工，实在是一项不小的工程。蒋介石点点头，让戴笠研究好后及时向他汇报。

最后告别的场面还颇有几分易水送别的味道，蒋介石拉着唐生明的手，既亲切而又含着几分悲壮地说：

"你走的时候不必再来见我了，等将来胜利后，我们再见面吧！"

速成特务培训

回到曾家岩公馆，唐生明恍然问：

"说了半天，我到上海到底去干什么？不会就是公开在那里住家，和他们来往那么简单吧？"

直到现在，唐生明还没有意识到是去公开当"汉奸"。

回到客厅坐下，戴笠才开始向唐生明交代这项特殊任务的具体内容。但是戴笠说得很委婉，由浅入深，循序渐进，将"汉奸"这个刺人的字眼隐晦得无影无踪。当唐生明意识到的时候，那也是"卧底"和"无名英雄"了。

"是这样，先不带什么任务，就是公开去上海住家，和他们作为老熟人来往，等取得他们的信任之后，再逐步有计划地开展活动。"

"去上海住家，怎么去？悄悄地去，还是大张旗鼓地去？"

"让你带张小姐来，就是为的派她去打前站，放风，造舆论，说你过不惯后方的生活，实在太苦闷，准备把全家都搬到上海去居住，不想干什么事。一边造舆论，一边物色一个在上海滩吃得开兜得转的人物做接应，至于找谁，我们再慢慢商量。"

以如此方式去上海住家，唐生明自然接受。可接下来逐步有计划地开展的活动，对唐生明还是有很大难度的。

"首要任务，就是运用过去的关系，设法掩护在上海、南京活动的军统特工，使两区不再遭到日伪破坏；对已被捕的特工，要设法营救出来。"

仅此一项，听起来不是硬性任务，没有硬性规定，可以根据实际情况相机行事，便宜从事。可就是这个"相机"与"便宜"，对没有特工经验的唐生明来说，确实难以把握。

第二项任务就是转达蒋介石对大小汉奸的"宽大政策"，和他们进行联络，对他们进行策反，将他们拉过来暗中为重庆政府效力。这其间的风险同样不可小觑，弄不好人没拉过来反会把自己赔上。

第三项任务是唐生明从思想上就反对和排斥的，因为那是针对新四军的一项任务。戴笠说：

"现在江南一带，除了我们的忠义救国军外，还有共产党的新四军，他们发展很快，敌后大部分地区都被新四军占领了。你要运用一切办法，尽力限制他们的发展，随时予以打击。"

凭着个人的力量去打击新四军，实在是螳臂当车找死的节奏。即使唐生明取得了汪精卫一伙的信赖，汪精卫会不会将指挥日伪军的权力交给他也是未知数。重要的是，对共产党与共产党军队的态度，唐生明与戴笠并不相同。他甚至想说：新四军发展壮大了，不是能更好地打击日本人吗，这有什么不好？当然，这话他并没有说出口。

唐生明对共产党的态度戴笠是有所了解的。沈醉任唐生明的稽查处处长期间，与唐相处融洽，并由此成为莫逆之交。但在政治上，沈醉对戴笠是绝对忠诚的，对唐生明任何"出格"的做法都不敢隐瞒。

沈醉上任伊始，唐生明就明确提出：稽查处所有事沈醉都可以放手去办，唯有涉及到共产党的事，不论大小，必须先去告诉他，绝不准随便处理。所以在这个地区虽发现过与共产党有关的进步活动，但沈醉都不敢轻易抓人。

更令沈醉意外的是，唐生明竟然亲自护送共产党的高级干部过境。

那天，沈醉接到常德汽车站检查所所长的电话，说唐司令官一大早就来到检查站，站在公路上，不知道要做什么。沈醉立刻赶过去，只见唐生明一身戎装站在停车受检的栏杆前，朝着长沙方向张望。沈醉跑过去问有什么事，他可以代办，唐生明则让他去检查站休息。

后来，从长沙方向开来一辆黑色轿车，正准备停车受检，唐生明上前一看，马上立正向车内的人敬了一个军礼，随后一扬手，让检查人员放行。黑色轿车向桃源方向驶去，唐生明立即跳上座驾跟随其后。见此情景，沈醉赶紧给桃源汽车检查所打电话，说司令官陪送客人经桃源时，千万不能让停车，要随到随放行。

等唐生明从桃源返回，沈醉问刚才护送出境的是谁，唐生明得意地说："周恩来。"

沈醉大吃一惊：共产党的副主席兼军委会政治部副部长（当时周兼国民党军委会政治部中将副部长）从他的辖区经过，他竟毫无所知，连登记一下都没有，怎么向军统局交代？唐生明见沈醉如此担忧，满不在乎地笑着说：

"周恩来是我在黄埔军校的老师，老师从我的辖区经过，我总该保证老师的安全吧？"

唐生明是接到长沙朋友的电话，知道周恩来要从长沙乘车经常德、沅陵去重庆的，所以他要亲自护送出境，还打电话给沅陵警备司令孙常钧，要他亲自负责沅陵段的护送。唐生明还告诉沈醉，他在共产党中有不少朋友，过去共产党在平江、浏阳搞武装活动时，缺少枪支弹药，他还送过一批，后来这些武器都被带上了井冈山。他说他什么朋友都交，不管什么主义不主义，只要是认为可交的朋友，便推心置腹。

沈醉不敢怠慢，立即用加急密电向戴笠和军统报告。戴笠接电后毫无反应，可见戴笠对唐生明的了解并不亚于沈醉。

在对共产党的问题上，戴笠历来与蒋介石保持着高度的步调一致。但若涉及特殊朋友，戴笠也有抛弃原则的时候，比如对黎天才，戴笠就是完全按照张学良的要求去做的。对唐生明的亲共，戴笠自然也是心中有数。唐生明不是军统人，作为朋友，求同存异方能长久。但眼下，唐生明要去上海为军统工作，他不能再装聋作哑了。

唐生明这个一向大而化之的公子哥儿，在该注意的事情上，其实一点都不马虎。常言说知人者智，自知者明，他自己说不管什么主义不主义，那不过是表面说法而已，他心中必然有自己的政治观点与政治态度。

正如在戴笠交代赴沪任务的场合，他的不同观点是不会说出来的，至于如何对待新四军，他显然心中有数，这绝不是戴笠所能左右的。

这个"速成特工"的培训历时一个多月，戴笠的"授课"内容是多方面的，从唐生明此行的任务、目的到上海、南京汪伪方面的情况；从应对突发事件的技巧，到如何搜集情报；从汪伪组织中每个汉奸的个性，到各个汉奸之间的矛盾，戴笠都交代、分析得十分透彻。并特地向他传授如何利用汉奸之间的利害冲突，加深他们之间的矛盾，对他们进行分化、策动，将其中一些人拉过来为重庆服务。

戴笠还特别提醒唐生明，让他注意与伪特工总部负责人李士群搞好关系，最好能把他拉过来为我所用。李士群未将刘戈青引渡给日本人，使戴笠对他产生幻想，将他列入策反对象。果真能拉过来，便可通过李士群把大后方和沦陷区的特务工作连成一片。

为安全起见，戴笠决定唐生明进住上海，不由军统出面安排，而是由唐生明的个人关系打开局面。这个个人关系就是由唐生明选一位在上海吃得开兜得转的人物做接应，唐生明选了以前经常陪他在上海玩的白相人潘三省。

选好接应人后，张素贞提前半月启程去了上海，按戴笠的安排前去造舆论，并联系潘三省安排接应事宜。

一切准备就绪，唐生明忽然想起一个重要的问题：

"我到上海怎么跟你联系？"

"放心吧，我会在上海拨给你一部专用电台，你自己化个名。"

一说化名，唐生明笑了：

"你的化名就不错，余龙，哈哈，开宗明义！"

唐生明一边说，一边冲戴笠挤眉弄眼，又看看坐在旁边的余淑恒。原来，戴笠这个名字是专为讨好余淑恒取的，意思是余家的乘龙快婿。

"那我在你的名字中间加一个字，叫余化龙吧。"

"好啊！"戴笠哈哈大笑起来，"果然是神来之笔，加一字，你以后便由鱼化为龙了！"

南京，老朋友欢聚一堂

7月下旬，正是炎炎夏日，戴笠亲自将唐生明送到珊瑚坝机场。唐生明到香港后并没有马上去上海，而是留在香港，一边等候张素贞的消息，一边在公开场合造舆论，表示决心到上海去住家，当寓公，徐来和孩子也来到香港与唐生明相聚。

在香港知道唐生明真实情况的，只有负责接应的香港区正副区长王新衡、刘方雄和会计张冠夫。张冠夫先后两次给唐生明送去一万元港币。

另一个了解唐生明情况的人就是戴笠的结拜兄弟杜月笙。杜月笙在上海留有一个团队，与戴笠的潜伏人员配合从事抗日锄奸活动。杜月笙特地写信给管家万墨林，让他对唐生明予以关照。

直到一个多月后，张素贞在上海打通一切关节来香港迎接，唐生明一家才搭乘虎脱总统号邮船由香港赴上海。这一天是1940年8月16日。

接到唐生明的赴沪电报，戴笠担心这位率性的公子哥儿一不小心露了马脚，复电叮嘱他一定要谨慎行事。

事实上，唐生明到沪后一切进展顺利，而且到沪当天就搭上了李士群。

李士群是唐生明赴沪的重点工作对象，而此前两人并不认识，这么快能搭上李士群，完全得益于潘三省的安排。潘三省在上海经营多年，是上海滩著名的白相人，开着几家大赌场，与不少大汉奸有来往，各方面都兜得转，吃得开。

唐生明一家到上海时，潘三省亲自到码头上迎接，把他们一家人安顿在开纳路他的家中，在当天的接风宴上便邀请了汪伪特工总部部长李士群等人作陪。

唐生明与李士群年龄相仿，但在以前，以唐生明的身份地位、个性爱好，根本不可能将李士群、丁默邨这些国民党党政机构中的小职员放在眼里，即使有机会认识，也难说不会擦肩而过。

如今却是风水轮流转，能"攀上"这位汪伪政府的"新贵"反倒有些求之不得了。所以宴席上唐生明与李士群一见如故，谈得十分投机。第二天李士群就请唐生明吃饭，表现得特别亲切，并一再邀请唐生明与他的伪特工总部合作。

这其实是唐生明求之不得的，但又不能不表现出对政治兴味索然，再三说明是来上海住家的。李士群岂肯放过这条"大鱼"，几乎天天抽出时间陪唐生明玩，想方设法对唐生明进行试探，甚至灌酒逼他说出真话。

说起来令人难以置信，李士群这样臭名昭著的职业特务，竟然被唐生明这个"速成"的业余特工蒙骗了，相信唐生明的确是来上海住家的。在向汪精卫据实报告后，汪精卫指示李士群邀请唐生明夫妇去南京见他。

这更是唐生明求之不得的，但表面文章还是要做足。他故意装出很为难的样子，再次表明自己不想再涉足政治，不打算去南京，所以迟迟不肯动身。李士群则苦口婆心相劝，并建议他先去南京见见周佛海。

唐生明与周佛海是湖南老乡，两人早有乡党之谊，抗战前就多有往来，关系非同一般，见他倒是顺理成章。周佛海是汪伪政府行政院副院长兼财政部部长，又兼伪中央政治委员会和国防委员会秘书长，是汪精卫身边的一等红人。

李士群亲自陪同唐生明夫妇从上海来到南京，周佛海见到唐生明非常高兴，欢迎宴上邀请的陪客都是汪伪政府的头面人物，有伪立法院院长陈公博、伪陆军部部长叶蓬、伪特工总部另一头目丁默邨，以及梅思平、岑德广、罗君强等人和他们的老婆。唐生明与他们中大多都是老熟人，既不乏交情匪浅的契友，更不乏葭莩之亲的莫逆。如叶蓬，其妻早年认唐生明的母亲为干娘，相互往来极为密切，唐生明夫妇到上海后，叶蓬更是多方照顾，关心备至。这样一帮老朋友欢聚一堂，自然聊得非常起劲。

而对李士群来说，陪见周佛海与其说是为唐生明叙旧，不如说是为见汪精卫搭桥，汪精卫第二天便直接下了请柬，邀请唐生明夫妇吃饭。

唐生明已在南京，显然不能驳汪精卫的面子，登门赴宴顺理成章，李士群这步棋为唐生明搭了一个很好的台阶。这天下午四点，唐生明与夫人徐来在李士群夫妇的陪同下，提前来到汪府，拜见汪精卫。李士群说"早去好多谈谈"。

这天的确谈了不少。

汪精卫摆下鸿门宴

汪精卫与唐氏兄弟的渊源不可谓不深，当年汪精卫任北伐军党代表，唐生智作为北伐军"正印先锋"，是汪精卫名副其实的下属，两人私交亦向来不错。汪精卫也曾担任黄埔军校党代表，与唐生明也就有了师生之缘。如今在这样一种情境下见面，汪精卫的态度显得格外亲热与随意。

汪精卫知道李士群先前与唐生明不熟，特别向李士群谈起过去与唐生智及唐生明的关系。当然，汪精卫谈得最多的还是他的"和平救国"。只是他这一番高谈阔论对唐生明来说，如听天书，甚至当汪精卫问起是否看过他的杰作——在河内发表的"艳电"时，唐生明都是一脸的懵懂。

若说唐生明不关心国事，显然不切实际，起码对汪精卫投敌他有着鲜明的认识，但像他这样吃喝玩乐的公子哥儿，不可能关心汪精卫的投敌理论，也不会去看他的什么"艳电"。总之，一问三不知，让汪精卫大失所望。

戴笠一直担心这位公子哥儿酒后口无遮拦，闯下大祸，现在却是"三缄其口"，虽没有闯祸，汪精卫的不满却是写在脸上的。

汪精卫到底对唐生明不放心，在当晚的宴席上便开始向唐生明发难。而唐生明还真口无遮拦了一回，只不过不是酒后，而是"做贼心虚"，急不择言。这次，差一点就闯了大祸。

当晚宴会本是十分隆重的，除了昨天周佛海宴会上的那些人外，又来了褚民谊、林柏生、陈春圃等人和他们的老婆，一共有二十多人。

宴会之初，一切都还正常，宾主觥筹交错，推杯换盏，气氛欢快热闹。汪精卫也十分高兴，一直和大家说说笑笑。可是在喝了几杯白兰地之后，他忽然带着几分醉意笑着对唐生明说：

"我得到报告，说你与戴笠的私交极好。你这次来南京，是不是打算杀我？"

汪精卫说话的声音虽然不高，语调也很平和，可是这用词太尖锐、太刺耳了。而且他是这群人中的"大哥大"，他说话的时候大家自然都要洗耳恭听。宴会上霎时一片死寂，个个脸上仿佛被风霜扫过，笑容一廓而空。

而汪精卫一边说着，一边站起身来，脸上的笑容也变成了赫然震怒，用手拍着自己的胸膛，径直向唐生明走去。那架势，仿佛在说：你不是要杀我吗，来吧，朝这里开枪！

谁都没有料到，一向气度雍容、沉稳内敛的汪精卫，竟然会在这样一个场合如此直白地说出他的担忧。

那么，他直冲着唐生明走去到底要干什么？总不会把一个接风宴搞成鸿门宴吧？

显然，大家都在为唐生明捏着一把汗。

唐生明更是受了惊吓，一时呆若木鸡。也是"做贼心虚"，竟急不择言地大喊：

"杀鸡焉用牛刀！我一家大小都带来了，怎会干那种事？我是不怕死的人吗？"

这句"杀鸡焉用牛刀"，把坐在旁边的徐来吓得脸都变了色，叶蓬更是急得直拽唐生明的衣袖。但说出去的话，如泼出去的水，当唐生明意识到这个比喻不妥时，早已覆水难收了。

满座客人都感到了空前的紧张，齐刷刷地看着汪精卫。

还好，李士群很快站出来为唐生明解围：

"季澧兄的情况我都了解，他不是干那种事的人，也决不会干那种事。"

李士群这话说得没错，唐生明虽然毕业于军校，也一直任军职，可大盗不操戈，真让他杀人，他还真不是那块料。

这时唐生明也回过神来，赶紧自我表白：

"我和戴雨农是朋友不假，可我们在一起就是吃喝玩乐。像我这种人，什么都不想干，怎么可能跟着他去当特务！"

叶蓬与周佛海也赶忙跟着附和，说唐大少爷是什么身份地位，怎么可能屈就在戴笠手下当特务？说他根本不是当杀手的材料。

汪精卫这才有所缓颜，一脸的怒容随之消失，又换上一副微笑的面孔，对唐生明说：

"我当然不会相信那些话，所以才问你。因为我们关系不同，我信得过你，你不会做对我不利的事，你说是不是这样？"

"是这样！当然是这样！"唐生明已经平静下来，这时的回答信心十足。

一场突如其来的紧张局面总算平息下来。

但是过了汪精卫这一关，不等于汪精卫不再疑心，还有更难过的陈璧君那一关。第二天陈璧君便"传见"唐生明夫妇，那一番盘诘，仿佛要扒皮剥骨不看到他们的心决不罢休。好在两人都有了思想准备，总算经受住了考验。

唐生明高调当"汉奸"

都说头三脚难踢，唐生明这头一脚总算踢出去了，开端还算不错，总之，比戴笠预想的要顺利得多。

到了10月1日，唐生明的卧底终于在南京有了动静，当天的所有敌伪报纸都在头版头条刊登了《唐生明将军来京参加和平运动，即将被任军事委员要席》的新闻。文中称唐生明将军"因鉴于无底抗战之非计，乃毅然离去，不避艰难，间关来京。汪主席于赐见之余……已决定提出中央政治会议，畀以军事委员会委员要席，俾得展其抱负云"。

10月4日，汪精卫以伪中央政治委员会主席身份，向伪中政会提交了大批新任命人员名单，其中第十四项为"拟特任唐生明为军事委员会委员案"，经"讨论"通过，送"国民政府"任命。

对于伪国民政府的高调宣传，重庆方面不能视而不见，一定要做出针锋相对的回应，方可灭汪精卫一伙的威风。其实早在唐生明离开重庆之初，戴笠已经想到了这一点，那就是汪精卫一定会抓住唐生明投靠这一点大做文章，大事宣传，以鼓舞其麾下这伙汉奸的士气。重庆方面乘机假戏真做，有利于唐生明开展卧底工作。

而这个假戏真做，唯有请唐生智出面，以兄长口吻公开发表启事，方能达到最佳效果。蒋介石也同意这一提议，但是戴笠知道，要请唐生智出面亲自发表这样一个启事，难度肯定不小。

当初游说唐生明当卧底，戴笠是先斩后奏，拍板之前坚决不让唐生明去见唐生智，最后还是蒋介石亲自出面，唐生智才勉强表示同意。

唐生智对这个相差17岁的四弟，自幼就呵护有加，他也知道这个四弟素以讲究享受而闻名，打牌跳舞、饮酒作乐他是行家里手，对卧底干特务完全是门外汉，不是仅仅会享受就能取信于汪伪团伙的。即使汪精卫一伙看在他唐老大过去的情分上不把唐老四怎么样，这个"汉奸"的名声唐老大也承受不起。

他自己是坚定的抗日将领，弟弟却堂而皇之地去当"汉奸"，外人又不知他负有特殊任务，还以为他唐老大同意弟弟去投敌呢。说不定对他有成见者，还以为是他派弟弟与汪逆联系为自己谋出路的，这将置他于何地？

唐生明临行前曾去向大哥辞行，并请他写一封信给汪精卫，唐生智一听即刻大怒，说：

"你自己去当汉奸，还想把我也搭进去吗？别人如果拿我写给汪的信来攻击我，我如何自圆其说？你要去你就去，见到汪精卫等人不准提到我，我决不会再和他们往来！"

唐生智所言不无道理，唐老四去投敌，拿着唐老大的亲笔信，那不明摆着把唐老大也拉下了水！

在戴笠看来，人都去了，发表启事毕竟是对唐老四安全有利，也便于唐老大撇清关系。因而在唐生明从香港赴上海之前，他即派军统局人事处处长李肖白去见唐生智，商量一旦南京方面有动静，即与之对应发表启事。

唐生智本来心里就不痛快，一听这话，更是气不打一处来。可生气归生气，事到如今他也无计可施，只能听之任之，于是没好气地对李肖白说：

"一切都是你们安排的，用不着找我商量，你们愿意怎么办就怎么办吧！"

话虽如此，戴笠可不敢"愿意怎么办就怎么办"。唐生智虽是蒋介石的手下败将，可即便被打趴下也还是一只趴着的老虎，好歹也是军事委员会委员，一级上将，身份地位在那摆着，尤其他是好友唐生明的大哥，这个关系一定要处理好。

戴笠亲自赶到范庄唐生智家中，拜见这位前辈。唐生智同样没给戴笠好脸色。而对戴笠来说，礼数到了，不管有没有好脸色、好言语，只要不明确提出反对，启事一事便可以"愿意怎么办就怎么办"了。

他让秘书以唐生智的口吻起草了一份启事，又亲自动笔几经修改，把其中较为刺激的字眼全部删除干净，为的是让上海的唐生明看到后心里能接受。

10月10日，这篇戴笠亲手打造的"唐生智启事"在重庆《中央日报》等大报第一版最醒目位置，以特大号字刊出，全文为：

"四弟生明，平日生活行为常多失检，虽告诫谆谆，而听之藐藐。不意近日突然离湘，潜赴南京，昨据敌人广播，已任伪组织军事委员会委员，殊深痛恨。除呈请政府免官严缉外，特此登报声明，从此脱离兄弟关系。此启。"

该启事连发十天，与此同时，国府发出了对唐生明的"通缉令"，戴笠假戏真做的效果已经达到。唐生智的心情愈发沉重，而被"坐实"了汉奸罪名的唐生明却并非如此，他后来在回忆中显得颇为轻松：

"他们特别选择了国民党国庆纪念日这天才刊出来，用意也是很深的，他们希望我此去能完全满足于他们的愿望，成为一件大喜庆事。"

可见大而化之的性格会在很多时候让人免除烦恼。

戴杜联手，布局锄奸

在唐生明成功进入汪伪组织核心，工作按部就班展开的时候，姜绍谟、陈祖康的沪二区也在上海打开了局面，逐渐与一些有影响的人物取得联系，并已说服汪伪政府的海军部部长任援道，成为重庆政府的卧底。

沪一区的工作也开始恢复活力，尽管区长陈恭澍依旧是畏畏缩缩，但沪一区毕竟是军统在上海实力最强、组织最庞大的特务机构，全体人员包括五个情报组、八个行动大队和直属新编第一组（情报、行动混合组），基本是清一色接受过专业训练的特工。在1939年年末戴笠亲自布置除掉陈明楚、何行健后，接着便下达了"制裁"与日本人合作的"新亚和平促进会"会长张啸林、伪上海市市长傅筱庵等人的命令，各行动大队随之行动起来，相继暗杀了伪特工总部第一大队长赵刚义、机要处副处长钱人龙、伪和平救国军第四大队长顾立峰、伪监察院委员袁岘公等多人。当然，其中影响最大的当属诛杀大汉奸张啸林和傅筱庵。

至于张啸林为何人所杀，历来众说纷纭：有说为军统沪一区所杀；有说为杜月笙布局，由其弟子策反张啸林的保镖所致；亦有说其保镖因个人原因杀死了张啸林。

戴笠下达对张啸林的制裁令，首先要征求一个人的意见，这个人就是他的结拜兄弟杜月笙。之所以要征求杜月笙的意见，不仅因为杜月笙与张啸林是结拜兄弟，更在于两人紧紧捆绑在一起的发家史。

上海滩黑社会三大亨，在旧中国可谓闻名遐迩，这三人就是黄金荣、杜月笙、张啸林。

最先起家的是年龄最长的黄金荣，黄金荣倚仗法租界华探身份，以青帮"大头目"身份自居招揽门徒门生。当时上海滩青帮以"大"字辈资格最老，够"大头目"资格的只有做了几十年通海镇守使的"大"字辈张镜湖。而黄金荣并未加入青帮，却以侉子身份自创青帮"天"字辈，认为"天"字比"大"字多一画，因而比"大"字辈高一辈，自诩当之无愧之"大头目"。黄金荣利用法租界华探身份的便利条件，指挥门徒门生欺行霸市、敲诈勒索、巧取豪夺，很快跻身大亨行列，独霸法租界天下。

杜月笙比黄金荣小20岁，进入黄门时已加入青帮，成为青帮辈分较低的"悟"字辈小兄弟（比大字辈低两辈）。他凭借足智多谋、好结人脉、从不贪恋过手钱财，很快在黄门中脱颖而出，他干的最有影响的大手笔就是成立三鑫公司，做烟土生意。

也是因为烟土生意，杜月笙将张啸林拉进了三鑫公司。

张啸林是浙江慈溪人，生于1877年，比杜月笙年长11岁，早年靠开茶馆聚赌为生，到上海后入青帮"通"字辈，比杜月笙高一辈。

张啸林早年曾考入浙江武备学堂，因嗜赌中途辍学。但就是这段武备学堂的背景，为他日后的发达奠定了人脉基础。因为他在学堂的死党张载阳、周凤岐等人日后都成了呼风唤雨的人物。

张载阳时任浙江省省长，周凤岐任职浙江省警备司令部。而此时的上海，便属于浙江军阀的势力范围。

淞沪护军使原为浙江军阀卢永祥，卢永祥升任浙江督军后，卢系大将何丰林继任护军使。何丰林及手下军警头目俞叶封以及其他军警要人，均为浙江籍。张啸林虽与何丰林等人并不熟识，但有张载阳、周凤岐这两张王牌，攻下上海军警界自是小菜一碟。

也正是因为张啸林的介入，三鑫公司与上海军警界联手，使烟土走私畅通无阻，双方共同发财皆大欢喜。

靠走私、贩卖烟土，三大亨赚得盆丰钵满。无奈好景不长，上海滩很快由北洋军阀的天下变成了国民党蒋介石的天下。杜月笙急于洗白黑社会身份，一面紧跟蒋介石步伐，充当"四一二"反革命政变的打手，一面逐渐淡出走私、贩卖烟土与开设赌场两档生意；张啸林则因跟随杜月笙参与了充当打手，为没有捞到好处牢骚满腹，在烟、赌两档生意上绝不收手，以致与杜月笙分道扬镳；黄金荣则因年届花甲，事事躲在后边，但与杜月笙保持一致并大力支持。

这一时期，杜月笙与张啸林虽然龃龉不断，但并未彻底撕破脸闹僵，两人彻底决裂是在抗战爆发后。由于张啸林早就流露出亲日倾向，为了拉他一把，在淞沪会战中，杜月笙将他的名字写进苏浙行动委员会名单，但张啸林并不领情。鉴于日方千方百计拉拢上海闻人大亨、社会名流，软硬兼施阻止他们离开上海，企图为其所用，蒋介石授意杜月笙动员张啸林同赴香港，无奈张啸林根本不买账。在他看来，杜月笙走了，黄金荣年事已高不问外间事，正好是他一枝独大、大显身手的好时机。

可是，与杜月笙、黄金荣相比，张啸林的知名度毕竟小了些，开始时日本人并未满足他出任伪高官的愿望。他因此退而求其次，与日本人合组"新亚和平促进会"，为日本人四处抢购大米、煤炭、棉花等物资，大发国难财。

正是在这样的背景下，戴笠就制裁张啸林、傅筱庵向杜月笙征求意见。杜月笙知张啸林已无可救药，不仅点了头，而且为其出谋划策。

由于杜、张两家是一墙之隔的邻居，且墙上有一个小门，在杜、张分道扬镳之前的多年中，两家人包括门生、弟子、佣人等都是从小门中来来往往，彼此熟悉。所以杜月笙推荐他的得意门生陈默，负责组织对这两人实施制裁。

陈默，字水思，曾在军校接受过培训，抗战之前任上海警备司令部稽察处经济组组长。本人中等身材，精神抖擞，行动机敏，机智多谋。他不仅是杜门的后起之秀，也是军统沪一区第二行动大队的行动人员。

所以这个人选不仅杜月笙认可，戴笠也是非常满意的。

张啸林一枪殒命

戴笠与杜月笙结拜多年，一直是私下交往，真正合作始于"八一三"淞沪会战。在苏浙别动队的五个支队中，除第二、第三支队是由杜月笙的学生、邮电工会负责人陆京士和朱学范组织的工人外，第一支队完全由杜月笙的门生弟子组成，这些人一部分作为杜门留守人员，通过留沪的杜门管家万墨林接受杜月笙的遥控指挥，同时协助军统及国民党各系统潜伏人员开展工作；一部分人直接加入了军统上海区，成为后来的沪一区第二行动大队。

该大队在上海区与其他大队享有同等待遇，登记在册的编制有五六十人，但遇有行动，他们可以调集起更多的潜在力量。

陈默时任第二大队的分队长，作为杜月笙的得意门生，由他来组织制裁张啸林、傅筱庵的行动小组，比其他人多了许多便利，有杜公馆做靠山，起码要钱有钱，要人有人，要枪有枪。更重要的，杜公馆是一个信息集散地，他可以在这里及时得到所需要的信息。

命令是由戴笠直接下达的。

当时张啸林的汉奸搭档伪上海市财政局局长周文瑞，已被陈默分队在四马路望平里枪杀。两星期后，张啸林的另一搭档伪和平促进会委员长李金标也被陈默分队制裁。但刺杀张啸林却比原先设想的难度大了许多。

1940年1月15日，著名平剧艺人新艳秋在更新舞台挂头牌演唱《玉堂春》，张啸林的亲家、一同落水的俞叶封约张啸林去给新艳秋捧场。这个信息瞒不过一墙之隔的杜公馆，陈默得知这一情况后，庆幸天赐良机，可以同时将两个汉奸送上西天。于是迅速策划行动方案，化装成普通观众分头进入剧场，并在剧场外安排人员留守，负责接应。

俞叶封早早来到剧场，在预定的位子上落座，张啸林却迟迟没有露面。直到开演时间已过，才见一个听差进来在俞叶封耳边说了些什么，俞叶封这才示意开演。

估计张啸林临时有事不会来了，陈默等人深感遗憾，也只有先拿俞叶封开刀了。戏到精彩处，全场观众都在凝神观看演出，负责执行"制裁"任务的特务悄悄拔出手枪，对准近在咫尺的俞叶封，"砰"的就是一枪，顿时全场大乱。

待观众席里亮起灯光，行动小组早已撤离现场，观众也在混乱中四处逃散，只有俞叶封倒在血泊中，气息全无。

张啸林原本防范严密，侥幸逃过一劫后愈加谨慎，不仅将公馆内保镖增加到20多人、公馆外巡逻的日本宪兵增加了一倍，他本人更是轻易不再外出，"新亚和平促进会"的业务也变为遥控指挥。

如此蛰伏了几个月，到端午节后，"新亚和平促进会"有新章程出台，张啸林见最近一段时间风平浪静，这才决定趁此机会在新亚大酒店宴请各界名流，庆贺一番。

消息在报纸上登出后，行动小组立即开始部署。但从这天下午开始，张啸林周围日本宪兵陡增，不仅公馆内外保镖、宪兵密布，张啸林赴宴的必经之路也布满伏兵。

傍晚时分，张公馆铁门洞开，小汽车鱼贯而出。行动小组埋伏在善钟路与霞飞路交叉的十字路口，机关枪早已架好，就等张啸林的汽车开到机关枪下，无须瞄准，一阵扫射，张啸林必死无疑。

当红灯亮起时，数辆汽车疾驰而来，眼看就要停下，突然有人提前数秒扣动了扳机。这一声枪响等于发出了警报，张啸林的司机阿四极富经验，几乎在枪声骤响的同时，便猛地一个冲刺闯过红灯，疯狂驰离十字路口，张啸林再次侥幸逃生。

事后追查责任，方知是同样为杜月笙得意弟子的于松乔提前开枪。有人说他不忍行刺张啸林，故意警示放他一条生路，但也只是猜测而已。

张啸林受了惊吓，从此闭门不出，除了加强宅院警卫，又增加了几名身怀绝技的保镖，这给行刺带来了更大难度。

于是，陈默决定从内部入手，收买张啸林的贴身保镖。张啸林虽然保镖众多，但贴身护卫的只有四人，都是久经考验的心腹。其中一个叫林怀部的，是张啸林的儿子张法尧的奶妈之子，被张啸林视为"家生奴"。此人枪法极准，能在四五十步外击中扑克牌正中的红桃心。张啸林更是视为倚靠，时时刻刻带在身边。

陈默选中的正是林怀部。由于杜、张交好多年，两家又有院中相通的小门，门生仆役相互来往热络，不分彼此，陈默与林怀部也很熟悉，林怀部又是深明大义之人，陈默很容易就说服他调转了枪口。

8月，日本人有感于张啸林的效忠，终于下达了委任状，任命他为伪浙江省主席。张啸林做了多年的高官梦得以实现，立即紧锣密鼓筹备启程上任。

8月14日傍晚，张啸林的弟子、伪杭州锡箔局局长吴静观，专程来到上海与张啸林商议其赴任事宜。将吴静观带上三楼的正是林怀部。当时天气炎热，窗户大开，林怀部特意看了看窗户，才关上门下楼，留下张啸林和吴静观两人密谈。

林怀部来到楼下，看到司机阿四正在保养张啸林的座驾，又看到吴静观的车子开进来后大门没有关上，于是冲着阿四大吼起来：

"阿四，为什么大门开着？你晓不晓得这样很危险？去关上！"

阿四在张啸林身边的一干人中资格最老，是张啸林心腹中的心腹，前不久又刚刚救过张啸林的命，要吼也是他吼别人，哪里轮得上别人吼他！何况关大门也不是他分内的事。所以林怀部这一吼，反倒把阿四吼蒙了。等他回过神来，立刻破口大骂：

"小瘪三，你也敢差遣老子？"

林怀部毫不示弱，同样破口大骂，两人越骂越凶，越吵声音越高。三楼的张啸林正与吴静观说到兴头上，被楼下的吵闹声打断，气得火冒三丈。他从窗口探出头去，冲着楼下也破口大骂起来，而且骂得更难听：

"……吃饱了撑得没事干了，在我这里吵吵闹闹，简直不成体统！老子多叫些东洋兵来，你们一个个把枪给我缴了，统统滚蛋！老子……"

张啸林正骂得起劲，林怀部抬手就是一枪，子弹不偏不倚，正好从张啸林张着的嘴巴里射入，穿颈而出。张啸林没来得及惨叫一声，脑袋便搭在了窗外。

林怀部冲上三楼，顺便结果了送上门的汉奸吴静观。当法租界巡捕房的安南巡捕赶到后，林怀部主动交枪，束手就擒。等张公馆门外执勤的日本宪兵接到命令，林怀部已经被安南巡捕带走。

事后，土肥原贤二的"梅机关"要求引渡"凶手"，法租界以林怀部犯罪在法租界，理应由法租界处理为由，予以拒绝。林怀部在监狱里待了一阵子被释放，很快在日本人的眼皮底下溜出了上海。

傅筱庵三刀丧生

随后除掉傅筱庵，与杜月笙有着更为直接的关系。

杜月笙进身金融工商业，得到过傅筱庵不少关照。但后来杜月笙却协助宋子文、孔祥熙，在傅筱庵的中国通商银行塞进了官股，致使傅筱庵大权旁落，傅筱庵因此对杜月笙恨之入骨。

抗战爆发后，傅筱庵终于找到了"咸鱼翻身的机会"。1938年10月，傅筱庵继苏锡文任伪上海特别市市长。

傅筱庵的落水，一方面给蒋介石争取上海金融工商界人士带来麻烦，令蒋介石忍无可忍；一方面帮助伪特工总部破坏军统的地下组织，令军统恨之入骨；而对杜门留守人员的打压令杜月笙同样欲除之而后快。

制裁令是与张啸林的制裁令同时下达的，执行人同样是陈默。与此同时，杜月笙秘传万墨林，积极配合军统完成这个任务，需要多少经费皆全力提供。尤其对制裁傅筱庵，杜月笙特别点醒万墨林，留在杜公馆的张姓保镖是山东人，与傅筱庵的佣人朱升是山东同乡。

陈默正是利用了这一关系。

傅筱庵原本就十分谨慎，进出都是随从保镖层层护卫。张啸林被制裁后，傅筱庵更加小心，不仅增加了随身保镖，而且出入无常，途中截杀无从下手。而傅筱庵的公馆地处日本人控制区虹口，距日本海军陆战队驻地很近，平时戒备森严，除派有伪警备队队员20多人在公馆四周警卫外，还雇有12名白俄保镖驻守公馆内外，要想携带武器进入傅公馆，几乎没有可能。

陈默借鉴刺杀张啸林的经验，认为只有由傅筱庵身边的人采取行动，才是最容易成功的方案。根据万墨林提供的线索，陈默到杜公馆向张姓保镖了解情况。

张是杜月笙在上海时的保镖，杜月笙赴港后，他留下来归万墨林指挥。

由于是同乡，张与傅筱庵的佣人朱升平时就有往来。

朱升自幼父母双亡，刚开始到傅家当佣人的时候，专门服侍傅筱庵的父亲。由于为人可靠，手脚勤快，很得傅筱庵父亲的信任。傅筱庵的父亲临终时，特地嘱咐朱升好好服侍傅筱庵。朱升不负所托，一直随侍在傅筱庵身边。傅筱庵落水后，整天担心被杀，疑神疑鬼，连老婆都不敢相信，唯独信任朱升。

朱升做佣人之前，在日本人的工厂里做过童工，受尽日本人的打骂与虐待，有民族正义感。他曾劝傅筱庵辞去伪上海市市长职务，免得遭人暗算，但傅筱庵听不进去，朱升因此对傅筱庵日渐不满。

得知这些情况后，陈默要求由张姓保镖去策反朱升。由于朱升对傅筱庵当汉奸非常反感，所以策反过程十分顺利，可以说是一拍即合。只是朱升提出，希望事成之后能得到五万元赏金。

五万元在当时的上海，怎么说也不是一个小数目，用来买米可买千担之多；在租界置业，普通的公寓房子可以买好几幢；若做生意，只要规模不是很大，用来创业并不嫌短绌。这么一个大数目陈默是做不了主的，但他未经请示报备便毫不犹豫地答应了。

由于朱升说的是事成之后，那么事成之前谁也不敢说准能成功。若逐级申请一来时间等不及；二来如此张扬万一不成功呢？当然，陈默敢拍板也是因为心中有底，这个底就是作为靠山的杜公馆。就算军统最终不批这笔钱，老头子杜月笙也会慷慨解囊。

朱升不会使用手枪，同时也担心枪声会惊动保镖，以致难以脱身，陈默决定让他使用刀斧，趁傅筱庵熟睡时行动。

1940年10月9日晚，傅筱庵乘坐装甲汽车去参加日本人举行的宴会，凌晨三点左右，喝得大醉而归，进屋便一头倒在床上，呼呼睡去。

傅筱庵独居一室，妻妾住在后房，这为行动带来了方便。

朱升见时机已到，将事先准备好的菜刀藏到衣襟里，蹑手蹑脚地进了傅筱庵的房间。见傅筱庵仰面朝天，鼾声如雷，便抡起菜刀，照着他的脑袋砍下去，一刀砍在眼部，一刀砍在下颏，致命的一刀砍在脖子上。由于两刀未切中要害，一旦他呼喊，后果不堪设想，所以这第三刀用力够大，"头颅几将割断"，傅筱庵没来得及哼一声，便已身首异处。

随后，朱升逃到法租界，先由万墨林安排躲藏起来，后由陈默接应，悄然离沪，经浙江金华逃往重庆。

事后，根据沪一区第二大队的报告，戴笠不仅奖励朱升五万元，并奖励陈默所在第二大队奖金两万元。朱升用这五万元，在重庆张家花园开了一家小型手工卷烟厂，从此以此为生。

傅筱庵被杀，在上海引起极大反响，出任伪职的大小汉奸也愈发惶惶不可终日。戴笠也因连续暗杀成功，要求沪一区"扩大行动，以发扬吾人之权威"。

与此同时，军统在其他沦陷区的工作也有了较大斩获，特别是对汉奸的制裁，对敌伪形成了一定的震慑力，同时展开针对日本人的暗杀行动——对日谍的制裁以及对日军的袭击。

平津地区，继伪天津商会会长王竹林被击毙于法租界北丰花园、伪天津海关监督兼伪联合准备银行天津支行经理程锡庚在英租界大光明戏院被击伤后，北平区于1940年年初击毙伪建设总署总务局长俞大纯，于11月末在北平皇城根下射杀日本天皇特使高月保、乘兼悦郎，致一人当场毙命，一人次日死去。而这两人不仅有着皇亲国戚的特殊身份，更肩负着侵华的特殊使命，此案令日本朝野为之震惊。

在河南，继1940年5月摧毁设于开封的日本间谍机关"西山公馆"、击毙三名日谍后，12月末枪杀日本陆军大佐皆川雄雅。武汉、南京、广州等地军统组织，也在制裁汉奸的同时，针对日谍、日军及其机关实施枪杀、毒杀和偷袭，对侵华日寇在我神圣领土上的肆虐给予了一定程度的震慑。

第二十章
扩张势力，打造谍战利器

杨虎"摆擂台"

1940年是军统势力范围迅速扩张的一年。年初，军委会特检处处长一职由军统从"CC系"手中接过，从此特检处落入军统手中。

特检处的前身是邮检处，不要小看这个处，它直接领导着遍布全国各地的邮电检查所和水陆空交通统一检查站。几年后的1944年，戴笠又将航空检查业务并入该处，该处改称"邮航检查处"。

也是在1940年，各战区司令长官部及集团军司令部设立军统调查室，军统势力名副其实地覆盖了全军。

同年上半年，蒋介石下令各战区成立"便衣混城队"。顾名思义，这是一支潜入日战区进行地下工作的队伍。他们潜入日伪军内部，或充当伪军，或充当敌军伙夫、马夫、挑夫、勤务兵、通信员、向导等等，以配合国军开展军事行动。对这支队伍的培训也落到军统的头上。军统在每一战区派遣少将级编练专员一人，教官数人，对从部队挑选的便衣混城队队员进行侦察、化装、通讯联络、破坏术、行动术、城市暴动等方面的培训。培训结束后，编练专员转为督导组组长，负责指挥相应战区便衣混城队的军事行动。

当年11月，财政部成立缉私处，蒋介石点名由戴笠任处长；后缉私处升为缉私署，戴笠随之升任缉私署署长。

特检处与缉私署是各色人等挤破脑袋都想掌控的实权单位，能同时掌控这些单位，可见戴笠在蒋介石心中的分量有多重。

令戴笠烦恼的是，缉私署署长一职虽是板上钉钉，可觊觎这个职位的还有一个人，这个人就是他的结拜兄弟杨啸天！

正是十年河东十年河西，当年在上海滩呼风唤雨、风光无限的杨虎，如今已如过气的明星，被投闲置散搁置一边，无人问津了。

想当年杨虎在上海警备司令任上，因过度敛财遭受物议被撤职时，仍是牛气冲天。凭借他在国民党中的老资格，和在永丰舰上与蒋介石一同护卫孙中山的交情，根本不用担心无机会东山再起。果然在1932年"一·二八"事变后，杨虎改任上海保安处处长，1936年复任淞沪警备司令。

但这次，情况已大不相同。

上海沦陷后，淞沪警备司令部虽未明令撤销，名义上杨虎依然是"司令"，可人在重庆，这个光杆司令早已无实际意义。他曾试图谋取重庆卫戍总司令一职，通过孔祥熙向蒋介石活动，他本人也曾亲自见蒋。蒋介石当时不置可否，事后却毫无征兆地将这个要职给了刘峙。

如今，杨虎只剩了一个中央监察委员的虚职和一个陆军少将的军衔。他不甘心就这样靠边站，仍然在寻找机会东山再起。

机会终于来了，财政部酝酿成立缉私处，孔祥熙是行政院副院长兼财政部部长，他觉得这个位子适合杨虎，区区一个处长，他这个部长完全可以做主。再说，杨虎又在赋闲之中，与蒋介石关系也非同一般，孔祥熙相信蒋介石不会反对。

当时，杨虎就寄住在孔祥熙的公寓——国府路范庄。孔祥熙将这个决定告诉杨虎，让他抓紧招兵买马。杨虎是名副其实的光杆司令，一旦发表为处长，现搭班子肯定来不及。虽说只是一个处，可缉私的覆盖面不小，手下必须有一批现成的干部。于是，杨虎很快罗致了一帮人，悄悄开办了一个"干部训练班"，地点就在范庄。

范庄是原川军师长范绍增的一处公馆。

别小看这位范师长，其能量却是非常了得。他先后在杨森与刘湘手下当师长，抗战爆发后任第八十八军军长，抗日战场上是个打仗不要命的主。同时他又是四川"袍哥"，也是青帮"通"字辈弟子，与杨虎同辈，比"悟"字辈的杜月笙高出一辈。与杜月笙、杨虎等人的关系十分热络，是个长袖善舞黑白两道通吃的人物。

范绍增最显赫的不是他的军职，不是他的帮会身份，而是他富可敌国的家财与为数众多（40位）的姨太太。

当然，四川的军阀个个都是大"土豪"，范绍增最显著的"土豪"标志，就是他在国府路的公馆——范庄。抗战时期孔祥熙、何应钦、顾祝同、唐生智等多位国民党高官显要都在范庄设置公馆，可见范庄面积之大。

正是由于范庄容量超大，杨虎的一个小小训练班，是不易被外界发现的。毕竟处长一职尚未正式发表，训练班不宜过早公开。

但杨虎与孔祥熙都没有料到，成立缉私处的签呈批下来时，发表的人选却不是杨虎，而是戴笠！

其实早在成都发生抢米风潮不久，戴笠就准备了详细的资料和统计数据，向蒋介石报告法币贬值、物价暴涨、贪污横行、不法商人囤积居奇导致政治动乱等等残酷现状，并提出三点建议：检惩贪污；防止走私；统制运输，货畅其流，使全国的运输力量发挥最高程度的作用。

蒋介石决定快刀斩乱麻，5月，成立了军事委员会运输统制局，由戴笠兼任该局监察处处长，负责监督运输，维护安全；6月，再由国民政府申令，严惩贪官污吏；11月，成立财政部缉私处（后为缉私署）。

尽管杨虎比戴笠有多得多的"光辉历史"，诸如革命元勋、肇和起义的英雄、孙中山的参军等等，随便拿出一个职务与身份，都会让戴笠望尘莫及。但他在上海警备司令任上仅一年多时间，就搜刮得宦囊丰裕，连娶三房姨太太，在西湖之滨盖起美轮美奂的豪华别墅，可谓富埒王侯。他的巧取豪夺手段，蒋介石早有领教，怎敢让他去当缉私处处长！

在蒋介石眼中，戴笠自然是清廉自律的，无论军统有多少办公场所，无论戴笠有几处公馆，归根到底都不是他的个人私产。即使装修豪华的"漱庐"，里面有他办公和住宿的房间，很多人称之为他的公馆，可局本部及外勤"高干"都知道那是军统外勤干部招待所，是军统的窗口和脸面。戴笠最讲究中国式排场，尤其在外人面前，绝对不能掉价。没钱的时候都要打肿脸充胖子，如今家大业大，管辖着为数可观的有油水的部门，这个排场更是来不得半点马虎。但这和个人贪腐是两回事。

最懊恼的是孔祥熙。孔祥熙举荐杨虎，不仅仅出于为杨虎考虑，更是为了将这个部门控制在"自己人"手中，以便日后生财有道。

戴笠对蒋介石俯首帖耳，与宋子文关系密切，对孔祥熙却向来"不过电"。如此重要的部门落到戴笠手中，孔祥熙实在不甘心，所以杨虎的缉私干部训练班一直没有停下来，为的就是时刻准备着，待时机一到，立刻取而代之。

在范庄这么知名的国府官员聚集地搞训练，这样的信息当然瞒不过戴笠。可难办的是，这两人一个是蒋介石的连襟，一个是戴笠的盟兄弟。若蒋介石与孔祥熙弄僵了，对大家都不好；若戴笠与杨虎弄僵了，更是有过河拆桥、忘恩负义的嫌疑。

若任由他们办下去，毕竟孔祥熙是一人之下的高官显贵，说不定哪一会儿就会将戴笠拿下。常言说明者防患于未萌，智者防患于未然，早动手方能免除后患。可是怎么动手呢？戴笠想到了他的红颜知己陈华。

于是，戴笠给陈华发电报，请她到重庆游玩。

陈华是何等聪明，无论如何也不会相信戴笠平白无故地请她去重庆玩。在一帮逃难香港的闺中密友为她举行的饯行宴上，大家都在猜测，戴笠作为蒋介石的红人，身兼数要职，整日公务缠身，请陈华到重庆去，到底有什么要紧事呢？

陈华则带着几分得意地说：

"能有什么要紧事呢！我看他一定是高高在上久了，人家把他马屁拍得太足，想把我请去骂他几句，过过从前的瘾。"

这个"从前的瘾"，指的是戴笠发迹之前所受的磨难。

请来杨氏"克星"

在戴笠面前，陈华就像高高在上的女皇，以她的美貌、聪明睿智、社交手段、政治靠山牢牢地吊住了戴笠的胃口。戴笠对她的追求，如猫逐腥，可总是抓不到这条在自己眼前优哉游哉的"美人鱼"。

人们把红颜知己、蓝颜知己定位为男女最高境界的友谊，可世间真有这种圣洁的感情存在吗？如果说蓝颜知己是女人人生中一道靓丽的风景，那么，让成功的男人烘托自己，则是陈华驾轻就熟的"把戏"。

戴笠的电报给陈华撑足了面子，让一众避难香港的阔太太们好不羡慕，甚至在钱行宴上，一位年轻貌美的某银行总经理夫人请求陈华带她一起去重庆。据说这位夫人与戴笠有过床第之欢，如今戴笠做了军统掌门人，权势炙手可热，这位夫人旧情难忘，一定要去见见这位昔日旧爱。

于是，在重庆白市驿机场，特地到停机坪迎接陈华的戴笠一眼看到陈华身边那个"她"，满脸的笑容霎时僵住。他狠狠瞪了陈华一眼，才勉强挤出一点笑容。

陈华抑制不住地哈哈大笑起来，几乎笑得前仰后合。

在戴笠接触的女人中，大概只有这位"大姐大"敢对戴笠说"不"，敢拿戴笠开涮，敢对戴笠指手画脚，嬉笑挖苦。戴笠当然不会生气，在他眼里，陈华就是一个撒泼任性的小女孩。对她于公于私的任何要求，他都会尽全力满足。

当晚，戴笠将这两个"尤物"安排住在军统最豪华的对外窗口——漱庐。第二天一早，戴笠让陈华去范庄看望杨虎。

尽管知道不会是邀她来玩的，可陈华还是不会想到，此行会和杨虎有什么瓜葛。

"为什么要去看他？你不是不知道，我们已经分居了。"

"分居归分居，没离婚就还是夫妻。当年你自己也说过：夫妻不做还是朋友。既然到了重庆，总归要去望望他嘛。"

陈华不知戴笠葫芦里卖的什么药，既然他不肯说，她也就不再问，反正早晚会知道，而且看样子事关重大。

都说陈华是不在编的军统女特工，虽有溢美之嫌，却也说明陈华本人不无职业特工素质，起码不该问的不会多问，该保密的不会外传，该披挂上阵时毫不犹豫。

见陈华答应了去范庄，戴笠又说：

"带着你的闺蜜一道去，既然你把她带来了，你就负责安顿她好了，你到哪儿就把她带到哪儿。"

其实戴笠还有另一层用意，那就是让那位总经理夫人陪着陈华，当然他本人也会去。如此一来，既可以让杨虎看到，他与陈华是光明正大的朋友，又可以让陈华知道，是她恶作剧带来了银行总经理夫人，她是自作自受，与他全无瓜葛。在他的心目中，只有"华妹"是首屈一指的"女神"。

而戴笠与杨虎，其实并没有发生过什么不愉快，只是随着戴笠越来越繁忙、杨虎越来越闲散，两人在不知不觉中渐行渐远。或许正是这种反差，让他们都感觉到尴尬；或许因为杨虎作为蒋介石的盟弟受到冷落，戴笠作为杨虎的盟弟却在蒋介石面前蹿红，这让有着老资格的杨虎一时难以接受。

至于杨虎与陈华越来越疏远的夫妻关系，原因主要在于杨虎。是杨虎对这位已是半老徐娘的三姨太渐渐失去兴趣，越来越冷淡，导致个性独立的陈华离他而去；同时，陈华羽翼已丰，良禽择木而栖，显然戴笠这棵大树更能遮风挡雨。

总之，戴笠与陈华，归根到底有种说不清道不明的暧昧，戴笠与杨虎便有了说不清道不明的尴尬。

按照戴笠的安排，陈华先给杨虎打了电话，说要去范庄打麻将，让杨虎给安排牌局。

虽然事先打了招呼，陈华一进门，还是觉察出了异样。是什么异样呢？那就是杨虎身边又有了新的女人。陈华何其聪明，很快便探出了底细：杨虎又纳妾了，而且一纳便是两房，都是重庆本地的青楼女子！

这个信息当然不是从杨虎口中探到的。既然已将他弃之如敝履，何必要与他当面计较这些呢？

杨虎也是做贼心虚，对陈华的接待一点都不敢马虎，生怕他这位能量了得的如夫人为此掀起什么波澜。好在范庄够大，在这里与两个刻意隐藏的人狭路相逢概率几乎为零。

一连几天，戴笠陪着陈华进入范庄。陈华和女伴上了牌桌之后，杨虎就会离开。戴笠则像保镖一般坐在陈华身后，一坐就是一天。尽管吃喝都有人服侍，可作为军统局的掌门人，戴笠抛开一切公务，一天到晚陪女人打牌，实在令人费解。

其实，感到费解的只是陈华和她的女伴。杨虎很快就看明白了：陈华不是为了两房姨太太来吃醋的，而是为戴笠来"叫板"的。这倒让杨虎松了一口气，只要陈华不开口，戴笠能把他这个盟兄怎么样？他愿意天天来这里坐着尽管来好了。

陈华却是腻烦透了，要打牌在哪凑不起局，牌搭子有的是，何必非要去范庄！早上戴笠又来漱庐接陈华时，陈华"罢工"了。

"我今天不去范庄了，也不打麻将。"

戴笠愣了一下，赶紧赔着笑脸说：

"好吧，那我陪你聊天。"

"你叫我来到底为了什么？"陈华终于忍不住了，"今天你要不说清楚，范庄我是再也不去了。"

戴笠也没想一直瞒下去，毕竟天天打牌也不解决问题，但总要看看杨虎是什么反应，然后再商量对策。如今也该给陈华兜底了，于是问：

"华妹，你晓不晓得，啸天在范庄忙些什么？"

"不晓得，他忙什么我不感兴趣。反正他现在看到我，忙也是忙，不忙也还是忙。你也看到了，每天安排好牌局，把我往牌桌上一送，人就没影了。"

"他这段时间的确是忙得很。"戴笠凑近陈华，低声说。

见戴笠双眉紧锁，一脸的凝重表情，陈华更是搞不懂了：

"他在忙什么？"

戴笠站起来，在偌大的客厅里转了一圈，特地到每个门口向外看了一下，然后返回来坐在陈华身边，压低声音，将财政部成立缉私处、杨虎秘密成立干部训练班准备取而代之之事原原本本告诉了陈华。

"就凭他单枪匹马、临时培训几个人就能取而代之？"

"这个暂且不论，就说眼下，明摆着就是跟老头子对着干，世上没有不透风的墙，一旦老头子听到风声，后果会怎样？"

"那是他自找的！"

"话不能这么说，你和他名义上还是夫妻，我和他还是结拜兄弟，中间还有个行政院副院长，总不能让事情发展到不可收拾。"

见陈华点头，戴笠又加上一句：

"不过话又说回来，凭着孔副院长和老头子的关系，说不定什么时候老头子就会耳朵根子发软。倘若任凭他继续招兵买马，还真不知最终鹿死谁手。"

"你想叫他停了训练班？"

"对，釜底抽薪。"

"用什么办法让他停办？"

"根据这几天的观察，看样子他不会轻易放弃。"戴笠思索着说，"办法倒是有一个，只是不知能不能奏效，暂且试试看。"

原配和红颜知己

戴笠传授的办法非常简单。当天下午，陈华再次去范庄打牌，这次戴笠没有亲自陪护，而是派车将陈华和那位总经理夫人送了过去。

但这次，陈华让女伴自己上了牌桌，没等杨虎离开，就先把他叫住，拉进一个小房间里，一进屋就开门见山，单刀直入：

"你那个训练班，还是趁早停了！"

杨虎显然吃了一惊，没想到陈华会公开、当面提出这件事，本能地反问一句：

"为什么？"

"委员长又没让你当这个缉私处处长，你这样是和委员长叫板！这个事从一开始雨农就晓得，你那些学员里至少有两个，是他派过去潜伏的。你的一举一动、一言一行，他当天晚上就可以得到消息。"

这倒是杨虎没想到的，如果戴笠将这些消息呈报蒋介石，倒霉的首先是他。他自然也担忧，戴笠在蒋介石那儿正红得发紫，孔祥熙未必斗得过戴笠，尤其戴笠有一个庞大的无孔不入的特工组织！

虽然戴笠觉得没有把握，可这一招灵得很，傍晚陈华满面春风回到漱庐时，戴笠就知道成功了。

为了等这个结果，戴笠早早就来到漱庐的会客室，一见到陈华，就笑吟吟地说：

"都说一物降一物，看来你真是啸天兄的克星。只可惜，啸天兄就是抓不牢你这个古灵精怪的小女子。"

"好了，别给我灌迷魂汤了，都说朋友妻不可欺，你倒利用起朋友妻来了。"

"还有一句话，叫作兄弟如手足，老婆如衣服。何况啸天兄换老婆的速度不亚于换衣服，何谈利用呢？"

戴笠这句话，勾起了陈华的不快，她酸溜溜地说：

"某人倒是不换老婆，可时不时地就会金屋藏娇。别以为我不晓得，曾家岩公馆里就住着一个姓余的小姐。"

这话有点不对劲，戴笠心里敲起了小鼓：招惹谁也不该招惹这位"大姐大"，而且平心而论，他对陈华的感情远在余淑恒之上。你说她"得胜"而归，不问训练班的事说什么老婆、衣服啊！这不是自找别扭嘛！

见戴笠一时语塞，陈华觉得自己的猜测被证实，禁不住真的生气了：

"我明天要回香港了！"

陈华突然冒出这么一句，戴笠吓了一跳，赶紧好言哄劝：

"华妹，你不要吓我好不好？给我点时间我给你解释嘛！"

"哪个要你解释？又不关我的事。来了这么多天，我住够了。"

"华妹，你听我把话说完。那个姓余的小姐叫余淑恒，是唐老四的老乡，也算是徐来的小姐妹，大学毕业一时找不到事做，唐老四推荐到我这里当秘书。她出入曾家岩公馆，那是为了陪酒。朋友来了，有个女性总归方便一些，起码活跃一下气氛。"

见戴笠如此诚惶诚恐，陈华"扑哧"一声笑了。她心里十分清楚，自己无权干涉戴笠的私生活，毕竟她与杨虎没有离婚，即便离婚，她也只能做他一辈子的红颜知己。可是，她总是控制不住那股莫名的醋意，这总会让她想到戴笠的结发夫人毛秀丛。第一次见到毛秀丛时的情景，总是不经意地在她的脑海中闪现，她为那个可怜的女人感到憋屈，感到毛秀丛这辈子活得太憋屈了！

那是1935年春天，刘戈青等"九个火车头"刚刚加入特务处，准备入杭州警校训练班接受培训。离开南京前，戴笠请陈华带他们去中山陵"谒陵"。陈华乘火车从上海来到南京，戴笠亲自接站，要拉着她去他的"摊头"看看。

当时特务处已合并南昌行营调查科，实力大增，陈华还以为戴笠要向她炫耀一下国民党第一所特务机关的排场与阵仗，却不料汽车转弯抹角，开进了一条比上海弄堂还窄的巷子——鸡鹅巷，停在五十三号门前。

陈华下车一看，这哪是什么机关或者公馆，分明就是一所普普通通的住家小院，家、办公室、车房、职员宿舍等都在这里，戴笠全家人和工作人员、卫士等全部吃住在一起。戴笠和家人、副官住在后院，特务处"甲室"工作人员办公住宿在前院。

走进后院客厅，戴笠的母亲蓝氏和夫人毛秀丛早已等候多时了。

婆媳俩穿着同样款式的全新的蓝色阴丹士林布棉袍，扎着裤脚，穿着棉布鞋；老太太满头白发，头上箍了一道黑布抹额。婆媳俩的装束，一看就是为了迎接客人特地打扮的，可看上去实在是土得掉渣。

戴笠却是神采飞扬，指着陈华向他的母亲和太太介绍说：

"这位就是我时常提起的杨太太！"

陈华这才意识到，这哪是炫耀他的特务机关，纯粹是向他的母亲和太太炫耀他的朋友——身穿英格兰风衣满身珠光宝气的洋派阔太太！是特地把她接来让婆媳俩开眼的！

婆媳俩哪见过这么高贵洋气的女人，一时间紧张得手足无措。

介绍过后就应该打招呼了，陈华伸出手去准备和婆媳俩握手，同时抱歉地说：

"不曾想到戴先生要我先来拜望老太太、戴太太，连一点礼物都没带。"

可是，婆媳俩面对陈华伸过来的手躲躲闪闪，嗫嗫嚅嚅，连一声杨太太也没叫出口来。

陈华十分尴尬，只好讪讪地缩回了右手。戴笠赶紧代她们道歉：

"母亲和我太太都是乡下人，平时很少见客，没有握手的习惯，真是抱歉！"

既然母亲和太太不能接待陈华，那么戴笠只好自己出马，他这套"接待"完全是西洋式，一边说着"请坐请坐"，一边叫副官奉茶，同时非常绅士地给陈华摘下围巾，脱掉风衣。

这一连串的动作，看得毛秀丛两眼发直。她这辈子都没有享受过这种待遇，倒是早年的时候常常这样服侍戴笠。在她看来，这是作为女人天经地义的义务。可自打住进鸡鹅巷五十三号，这种"义务"也渐渐没有了。在她眼里，戴笠对陈华太过亲热了，这俨然就是夫妻之间的举止。

毛秀丛的神态没有逃过陈华的眼睛，这样的绅士风度在这婆媳俩面前显然是不合时宜的。她马上就一个闪身，避开了戴笠搭在她肩头的两只手，然后做出一副若无其事的样子。

"老太太和戴太太都拜望过了，戴先生，你的特务机关就不要参观了。"言外之意，她是特地来参观特务处的，"请你替我叫部车子，我要到饭店去了。"

戴笠却完全没有注意到两个女人之间的暗中"过招"，他压根儿就没有考虑过毛秀丛的感受。否则的话，他就不会让这两个完全生活在两个世界的女人在这种场合见面。所以他依然热情洋溢地说：

"不忙不忙，母亲和我太太老早就准备好了，请杨太太一定赏光，在这里吃一顿家常便饭。"

为了留住陈华，戴笠又特别强调说：

"杨太太，你平时锦衣玉食，山珍海味吃惯了，难得有机会换换口味，尝尝我们江山的乡下小菜。我们今天有特别加菜，有红烧猪肉、红烧牛肉，还有特地从江山运来的腊肝。这腊肝是把整片猪肝挂在仙霞岭的一道峡口上，那边夜里的山风大得吓人，一夜之间就把生猪肝风干了，吃起来劲道得很！"

可他越是盛情挽留，陈华越是心中忐忑，一边满口称谢，一边极力告辞。戴笠见挽留不住，只好叫来司机，将轿车开到院子里。

陈华赶紧向戴笠的母亲、太太告辞，并连声对戴笠说：

"谢谢，不用送，请留步！"

送到院子里是必须的，不光戴笠送了出来，连他的母亲、太太也跟着送到院中，只是始终没说一句话。

戴笠又是一副绅士范儿地拉开了车门，陈华仍在说着"不用送，请留步"。她是真心希望戴笠留下，也好让毛秀丛看到，她与戴笠的关系一清二白。

戴笠却不管不顾，竟然双手搀扶着陈华，将她扶到车上，自己也就势挤进车去，紧靠着陈华坐下。

陈华感到浑身不自在，下意识地瞟了一眼车外，毛秀丛那双无助的眼睛充满哀怨，在她脑子里成为永久定格。

戴笠没有给她预订饭店房间，而是将她拉到一处二层楼的花园洋房里安顿下来。就在这天晚上，戴笠向陈华展开了猛烈攻势。

陈华本是出身风尘，对男女之事见得多了，戴笠想干什么，她早就看得一清二楚。倒不是因为她已从良严守妇道，也不是因为和杨虎感情多么深厚，主要还是在于她太看重戴笠。或许是同样坎坷的经历让他们有了更多的共同语言，或许是同样不屈服于命运的个性让他们更加意气相投。

总之，她很珍惜这种友谊，这种默契，这种朦胧的美好感觉。倘使一旦越过雷池，这一切的美好都将不复存在。因为她知道，凡是被戴笠白相过的女人，总是被他弃之如敝屣，就像这次同来的银行总经理夫人，原本为重温旧梦而来，却是剃头挑子一头热。她要做他一辈子的红颜知己。

当然，让她果断拒绝戴笠的，还有毛秀丛那双充满哀怨的眼睛。

女朋友的心思

其实红颜知己并不是好当的，所以陈华常常会瞬间醋意大发，很快又云开雾散，霁月光风。

小性子使过之后，陈华这才想起说说杨虎那个训练班的事。

"啸天那边摆平了，训练班马上停。不过，有一点你要晓得，这个缉私处处长不是啸天要做，是孔祥熙要他做。孔祥熙不过把他当枪使，目标就是冲着你去的，是他对你不放心。以后你要是不小心妨碍了孔家利益，他照样可以找别人把你顶下去。"

这番分析，听起来言辞尖锐，却是实情实理。

"有道理，有道理，华妹不愧是女中豪杰。"戴笠啧啧赞叹，很动情地说，"华妹，我的天下，有一半是你替我打出来的。"

这话虽不免夸张，戴笠说的却是真心话。他与陈华之间那种真诚默契，无论余淑恒还是他后来费尽心机追求的胡蝶，都完全无法相提并论，以致军统内部很多人都认为他和陈华形同夫妻。军统内一些人及"九个火车头"称陈华为"师母"，自然也是事出有因。从1932年相识到1946年戴笠殒命，两人一共交往14年，以致延续几十年，人们都认为陈华是戴笠的情妇。陈华在戴笠的女人中，实在是一个另类。

当晚回到曾家岩戴公馆，投入戴笠怀抱的仍然是女秘书兼女友余淑恒。

与陈华相比，戴笠与余淑恒在一起，总感觉有一种说不清道不明的隔膜。与其说他看中的是余淑恒的年轻美貌，不如说看中的是她的教育背景，特别是她的外语专业背景。胡宗南找太太以"师母"为标准，戴笠又何尝不是？宋美龄作为蒋介石的夫人兼得力助手，成为蒋介石的黄埔系弟子中很多人心目中衡量太太的标杆。戴笠也十分清楚，无论叶霞翟还是余淑恒，她们都成不了宋美龄，尽管叶霞翟从上海光华大学毕业后，已在1939年被他送到美国深造；对余淑恒，他也有此打算。

但是，那层隔膜是什么？

说起来，戴笠对余淑恒也算非常用心了。一进军统就让她当了局本部秘书，军统局外事训练班刚一成立，就将她送进了训练班，明摆着是在为出国留学做准备。这还不算，戴笠历来反对部下为家庭琐事分散精力，抗战爆发后甚至制定了抗战胜利前不许结婚的"铁律"，连他本人在毛秀丛生病半年多的时间内，都没有回去看望一眼。但他为余淑恒却破例了。

长沙大火之后，余淑恒的母亲和弟弟妹妹迁居乡下，借住在亲戚家中。寄人篱下就要仰人鼻息，余淑恒的母亲很不习惯，让余淑恒回去将他们接到重庆。

在局本部工作的单身男女，将父母家人接到重庆并照顾他们生活的，可以说绝无仅有。余淑恒原本没抱什么希望，当她试着向戴笠提出这个要求后，戴笠竟毫不犹豫地答应了，并很快让军统局在长沙的部属将余淑恒的母亲和弟弟妹妹送到了重庆。为了追求余淑恒，他将化名都改成了"余龙"。

那么，戴笠真的要娶余淑恒吗？起码不急在一时。在毛秀丛病逝后，两人的关系日渐明朗，余淑恒也曾旁敲侧击地问过他，他都顾左右而言他。

余淑恒真的愿意给他做续弦夫人吗？其实也未必。其原因，也并非胡宗南所说，"都能给人家当爹了"，十六七岁的年龄差距在很多人的二次婚姻中司空见惯；或许余淑恒在意的是戴笠能否感情专一，毕竟戴笠身边围着不少女人，是朋友是知己还是情人，其他人都是雾里看花，作为另一半的太太，就更难探其真相了。尽管她比毛秀丛有文化，层次高，但可以肯定的是，她永远不可能掌控戴笠，那就难免会步毛秀丛后尘。

但她现在还离不开戴笠，她的前途，她的留学梦，她需要照顾的家人，都要仰仗戴笠的关照，所以她依然千方百计迎合戴笠。当然，倘使戴笠提出娶她，她也会毫不犹豫地答应。

这个晚上，余淑恒一直等在客厅里。

一般情况下，只要戴笠不约她过来，她不会主动过来；只要戴笠不留她住下，她也不会主动留宿；只要留宿，即使戴笠彻夜不归，她也要等下去。

这晚戴笠原想留宿漱庐，陈华已经完成任务，他想留她多住些时日。尽管她身边有女伴，漱庐里也有秘书、警卫和服务人员，他还是担心她感到孤独闹着回香港。但是，早上离开的时候他被余淑恒将了一军。

"我晚上不过来了，你多陪陪师母吧。"

说这话的时候余淑恒表情平静，完全不像吃醋的样子，而"师母"二字从她嘴里说出来，显然味道就变了。

戴笠愣了一下，瞪着余淑恒说：

"你什么意思，让我娶三妻六妾吗？"

其实国民政府并不限制纳妾，妻妾成群的也大有人在，杨虎就是其中一个。唐生明虽一直不肯公开，可徐来的女秘书张素贞就是他的小妾。但戴笠不会纳妾，连蒋介石都休了原配离了小妾才正式与宋美龄结婚，是名副其实的一夫一妻制，他作为学生怎敢僭越？

"你知道我不是这个意思。"余淑恒很无辜地说，"别人都叫师母，为什么我不能叫？"

"别人起哄，你也跟着起哄吗？"

"哪里是起哄，连杨太太自己都承认。"

"你都说是杨太太了，难不成杨啸天也做过军统训练班的老师？"

"强词夺理，不跟你说了，反正晚上我不来了。"

戴笠最怕女人使小性子，虽然他脾气急躁，经常对身边人大声呵斥，但是余淑恒从未见过他对女人横眉立眼。经余淑恒这么一说，戴笠反倒非留她不可了。当然他也没想到陈华这边今日会大有斩获。

见戴笠一脸轻松地走进来，余淑恒知道他心情大好，接着早晨的话题开玩笑说：

"还以为你会留下和师母共度良宵呢。"

再次说起"师母"这个词，戴笠也就没什么大惊小怪的了。

"看来天下女人有一个共同的毛病。"

"啥毛病？"

"吃醋。"

"倒好像你见识过多少女人似的。"

"不管见识多少，杨太太，她是很独特的一个，以后你不要拿她开玩笑。"

说这话的时候，戴笠收敛了笑容。余淑恒噘了噘嘴巴，不敢再造次。戴笠接着说：

"我和啸天是兄弟，朋友妻不可欺，这是一个非常简单的做人道理。杨太太她不是团体的人，可她做的工作比我们很多同志做得要多，要重要，她是非军统的军统女特工，单凭这一点，我们就该尊重她。你知道她为什么到重庆来？"

余淑恒摇摇头。

"她来为我们处理一桩十分棘手的事。这件事不仅关系到啸天兄，也关系到孔部长，更关系到委员长，稍有不慎，就会导致我们的工作无法开展。"

戴笠给余淑恒简单介绍了一下事情的经过，然后说：

"杨太太四两拨千斤，你说她是不是给军统立了大功？"

"是，是。"

余淑恒连连点头，其实她对这些事毫无兴趣，她感兴趣的就是把戴笠哄得高高兴兴的，早点送她出国。可她从外事训练班已经毕业很长时间了，戴笠却极少主动提起这个话题，她心里十分着急，却又不便直接催问。她更担心的是，万一哪天戴笠对她厌倦了或者看上了其他女孩子，她国也没出成，高枝也没攀上，岂不鸡飞蛋打！

趁着吃宵夜的机会，余淑恒有意无意地问起了叶霞翟留学的情况。戴笠怎能不知这小女人脑子里想的是什么，只要不是逼婚，其他的眼下他都可以接受。他没谈叶霞翟的情况，而是直接说：

"军统需要外事人才，你有外语专业背景，相比叶霞翟你优势更多。可是，办这个留学手续需要赶对机会，需要有个过程。这个不用你操心，你只消好好工作，一切都会水到渠成。"

话说到这个份上，余淑恒也不便再催促。其实这件事戴笠已经在办理了，正如他说的需要有个过程，在办好之前他不愿开"空头支票"。

建"黑室"一波三折

搞定了杨虎,戴笠即刻放手大干,很快在重庆、西安、衡山开办查缉干部训练班,三地各自开办一个班,每个班连办两期,每期各约300人。学员大多从军统各特警班受训学生中调来,毕业后派到各省查缉所及分支机构担任查缉员。并在时间上与各省缉私处布建计划相配合。当然,这是后话。

其实,军统到重庆两三年间,所取得的最大成绩,当属建立了"中国黑室"。

所谓"中国黑室",即军统电讯处(第四处)所属特种技术研究室。特技室由密码研究室和无线电侦察总台两部分组成,密码研究室是专门研究破译日本电讯密码的机构。

所谓电讯密码破译,是在侦收敌方电讯之后,通过破解其密码的组成与变化方式,获知其通讯内容,这在战时,价值之大难以估量。

早在军统成立前,特务处便有了从事密码破译的人员,那时主要是针对非蒋嫡系军政系统往来密电的简单侦抄检译。军统迁移重庆后,魏大铭主持的电讯科升为电讯处,专门成立了以研究日本军事情报密码为主的"密码研究组"。

其实,最早研究破译日本密码的并不是军统的密码研究组,而是交通部上海国际电讯局的电讯专家温毓庆。温毓庆的研究始于"九一八"事变之后,是受美国一本纪实作品《美国黑室》所启示。

该书作者赫伯特·雅德利,素有美国"密码之父"之称。雅德利1889年生于美国印第安纳州,早年任美国国务院机要员,负责抄收和破译一些密码和文件。一战期间奉命主管军事情报局破译课,为美国陆军军部军事情报处破译了上万份外国电报。战后,由美国国务院和陆军军部提供经费,成立了一个由50名密码专家和机要员组成的秘密机构,专门破译情报部门获得的密码信息,这就是"美国黑室"。

"美国黑室"成立后,为美国商业贸易提供了许多有价值的经济情报,并在1921年破译了日本的外交密码,使国务院在裁剪海军军备的华盛顿会议上占据有利地位。后因涉及通讯安全,受到各方面抨击,美国政府颁布了一项"保障通讯秘密"的新法律,该机构于1929年正式关门,雅德利就此失业,返回印第安纳州,在老家著书立说,先后撰写了《美国黑室》《日本外交秘密1921—1922》《日本红日》《美貌出众的伯爵夫人》等以第一次世界大战和战后情报工作为题材的纪实作品。

尤其是1931年出版的《美国黑室》,详细叙述了该秘密机构破译密码的工作情况,引起强烈反响,一经问世,便有近20个国家改换外交密码,反应最强烈的当然是日本。但由于违反了秘密工作纪律,美国政府以危害国家安全罪对雅德利进行起诉,却因保密法原因无法提供证据,只得多次对雅德利进行警告,也曾没收他的文稿,逼得他不得不改行从事房地产投机生意。

《美国黑室》出版后，温毓庆看到了这本书的价值。当时日本已入侵东北，他料到中日间迟早会爆发一场战争，中国也应该组建一个类似"美国黑室"那样的专门破译日本密电码的机构。

温毓庆是宋子文的姨表兄弟，他将这一想法告诉宋子文，通过宋子文请示蒋介石。1934年蒋介石虽批准了这个建议，但并没有划拨专项经费。温毓庆只好在电讯局内部找了几个亲信，搜集一些日本电报底稿，进行日电密码研究。抗战爆发后，温毓庆主持的这项研究已经有了一些进展，但由于人力物力所限，只好向原下属、特务处电讯科科长魏大铭求助，请他代为培训电讯人员。

魏大铭向戴笠做了汇报，戴笠很想与温毓庆合作，共同组建日电破译机构，却遭到温毓庆的婉拒。戴笠并不死心，通过这件事得到的重要信息使他受到启发，这个重要信息就是——《美国黑室》和它的作者雅德利。

戴笠立即与军统局美国情报站站长萧勃联系，令他暗中寻找雅德利，一旦找到，不惜重金聘请到中国，为军统培训密码破译人才。

萧勃的公开身份是中国驻美大使馆副武官，这个身份为寻找雅德利提供了便利。他很快找到了正处于困境中的雅德利，双方一拍即合。经过秘密磋商，最终以年薪100万的待遇，与雅德利签订了为期一年的合同。

1938年11月，在萧勃的精心安排下，雅德利化名赫伯特·奥斯本，经香港来到重庆，住进戴笠特地为他安排的神仙洞九十二号——一幢花园别墅，人称"豁庐"。

雅德利的《美国黑室》《日本外交秘密1921—1922》等书，揭露了许多日本见不得人的内幕，他本人早已成为日本人的眼中钉。戴笠唯恐被日本间谍侦知其行踪，不得不严加防范，同时派多名保镖负责他的安全。

豁庐地处重庆乡间，地理位置偏僻，一般人极少涉足，就连日本军机空袭也不会注意到这里；加之背靠枇杷山，居高临下可俯瞰长江，环境清静幽雅，是一个既安全又适合开展秘密研究工作的场所。

这是一幢钢筋水泥结构的洋楼，楼内共有20多个房间，可以容纳上百人。这里不仅是雅德利的个人住所，也是密电研译的办公场所，同时是军统密电侦译培训班所在地。每个培训班一般30多名学员。所有人都吃住、工作、学习在这里。雅德利除了指导密码研究员研究日本电报密码外，还要给学员上课。他的教学方式理论结合实践，学员每日理论学习两小时，其余时间进行业务研究。

当时密码研究组已有40多人，下设研究、侦收、总务、统计各股，另有翻译官室、专员室，由曾留学日本、精通日文的人充任专员，担任研译业务。

军统的电讯总台设在浮图关遗爱祠，并于上饶、洛阳、西安、桂林等地建立电讯工作队，设立侦收支台，分别侦收华中、华东、华北等地日军的往来密码电报，供密电研究组研究与破译。

在1939年不到一年的时间里，雅德利在豁庐为军统培训了近200名密码研究与侦译人员。在此基础上，戴笠再次提出与温毓庆合作。尤其已与雅德利续签合同，戴笠拥有了更具诱惑力的资本。

此时的温毓庆因交通部人事纠纷，正在处境艰难之中，加上他本人对雅德利的崇拜，很快同意了戴笠的要求。两人经过协商，议定了"中国黑室"的有关事项，很快呈报蒋介石。

当时蒋介石集团的密电破译机构，除了有温毓庆主持的交通部密电检译所和军统电讯处的密电研究组外，还有蒋介石侍从室的密电研究组，组长为机要秘书毛庆祥。蒋介石将三个密电研究机构合并，于1940年年初成立了"军事委员会技术研究室"，由温毓庆兼研究室主任，毛庆祥和魏大铭分别任副主任，主持日常工作。

合并后的技术研究室设在重庆黄葛垭，编制300余人，由军事委员会正式拨款购置器材，每月拨付办公经费五万余元。

然而，军委会技术研究室成立了，戴笠却被抛到了一边，虽有魏大铭参与其中，却完全不由军统控制。换句话说，戴笠费尽心思，又聘洋专家，又培养人才，如今却把家底全部拱手让给了别人，真乃赔了夫人又折兵！

这完全有悖于戴笠的初衷，可又无可奈何。

与戴笠相比，温毓庆本身就是留洋博士、电讯专家，又是宋美龄的表兄，无论资历还是背景戴笠都不可匹敌；毛庆祥虽非电讯专家，却也曾留学法国，早在北伐前便担任了蒋介石的机要秘书，那时候戴笠还没踏上报考黄埔军校的南下之旅呢！且以侍从室机要秘书的身份，管理这个日电破译部门正是名正言顺，尤其便于蒋介石及时了解日军动态。论背景，毛庆祥不仅与蒋介石有乡党之谊，且两家为世交，渊源深厚，戴笠岂有资格、能力与之相抗衡？

戴笠尚能聊以安慰的，是还有一个军统的魏大铭参与其中，好歹能及时得到破译的日电内容。

不料，军委会技术研究室成立没几个月，突然发生变故。常言说一山不容二虎，毛庆祥虽是副主任，却主持日常工作，凡事有个人主张，且愿自作主张；温毓庆作为主任，又是资深专家，既然为日电密码破译研究多年，自然不会放弃自己的主张。两人因意见不合，闹得不可开交。

时逢温毓庆患黄疸性肝炎和钩虫病，干脆一走了之，赴港看病，一去不归。温毓庆走后，毛庆祥与魏大铭的矛盾升级。魏大铭毕竟是电讯专家，凡事有自己的想法，毛庆祥则寸步不让，两人争权夺利，相互倾轧。毛庆祥一怒之下向蒋介石密告魏大铭抓权不轨。蒋介石痛责戴笠之后，将毛庆祥与其原密电研究组人员撤回，将技术研究室交给军统管理。

这样一来，等于军统吞并了温毓庆在交通部的研究班底。这个意外的收获令戴笠乐不可支，亲自邀了魏大铭，跑到豁庐与雅德利摆酒庆贺。

军统电讯处"特种技术研究室"就此成立，这就是"中国黑室"。

侦获日军南侵情报

1940年4月的一天早上，戴笠刚刚起床，魏大铭就急匆匆闯了进来，报告说："日军准备南进了！"

"情报可靠？"戴笠吃惊地瞪大眼睛盯着魏大铭。

魏大铭递上刚刚破译的日本密电电文。

"日军南进"意味着什么，戴笠太清楚了。那将切断中国通向外部的所有通道，任何战略物资再也无法进入中国，这等于扼住了中国抗战的咽喉。

"七七"事变爆发时，尽管日方对国民政府的抗战准备不尽知虚实，但对其战略物资的来源与输入路线十分清楚，开战不久即以优势海军，迅速攻占沿海港口，封锁海上交通，使中国对外运输濒于断绝。

此前，国民政府已考虑到运输补给对军事、经济的决定性影响，在抗战以前便已未雨绸缪，设立"西南进出物资运输总经理处"，以商营身份做掩护，在越南、缅甸设立分公司，在广州设"西南运输处"总处。

武汉会战酝酿期间，进口的军用物资除由粤汉铁路输送外，多由西南运输处的汽车从广州运到长沙。

1938年10月末广州失陷，广州口岸丧失，西南运输处迁往昆明，中国战略物资的运输，只有靠滇越铁路和滇缅公路，分别接运越南海防和缅甸仰光两个港口的物资。

可是不久，日本对法越政府施压，使其宣布停止中国一切过境运输。这样，滇越铁路被切断，中国的战略物资运输就只剩下滇缅公路这一条独木桥了。

当时的滇缅公路运输，是指物资到达缅甸仰光后，由缅甸方面将物资从仰光经腊戍运到与缅甸毗邻的云南芒市和遮放，再由西南运送公司运抵昆明。

1939年冬，戴笠曾赴仰光。他看到滇缅公路上军车往来，运输繁忙，港口货物依然堆积如山，不由得皱起了眉头。因为从仰光到昆明，几乎要从南到北经过缅甸狭长国土的四分之三，尽管英国尚无过分不友好表示，但已有越南的教训，戴笠岂敢掉以轻心？

当时西南运输处仰光分处处长是军统干部陈质平，戴笠当即下令陈质平，在腊戍一带（靠近云南）选择较为隐蔽的地点，设立大规模仓库，尽速雇用商车，将进口待运货物尽快转运腊戍，并限时完成。

果然不久局势陡变，日机轰炸仰光，因货物运转及时，没有遭受什么损失。

眼下，日军南进意味着这唯一的国际运输线将被切断，届时后果不堪设想。戴笠赶紧将情报交给唐纵，要他立即呈送蒋介石。

唐纵时任侍从室第六室少将组长，专门负责情报业务。由于他原本是军统人，又是戴笠推荐去侍从室任职的，对军统的情报在不违反规定的情况下会优先处理，对这种十万火急的重要军事情报，更是一刻都不敢耽搁。

蒋介石一进办公室，就看到了这份情报。

戴笠也是刚刚来到罗家湾办公室，就接到了蒋介石的电话。

"厦门的秘密电台是否畅通？让他们派人到海边看看，海面上有没有日本军舰？有多少？具体位置在哪儿？"

军统在厦门的秘密电台设在鼓浪屿，由技术娴熟的江山籍女特工姜毅英等人负责，戴笠肯定地回答：

"厦门的电台畅通，我马上让电讯总台联络。"

可是，电话打到电讯总台，对方回答说：

"厦门的电台这两天一直联系不上。"

"继续呼叫，必须尽快接通！"

可是一直等到中午，厦门的电台仍然没有接通。戴笠急了，电话急召魏大铭，却四处找不到人，后来才得知魏大铭到豁庐看望雅德利去了。雅德利因思乡心切，又因酗酒过度，身体日渐消瘦。魏大铭特地赶过去看望并予以安慰。

魏大铭闻讯赶到戴笠的办公室的时候，戴笠已经急得火烧眉毛。

"你知不知道厦门的电台已经有两天都接不通了？"

一听是为这个事，魏大铭长吁了一口气：

"我知道，厦门的电台电力弱，收不到信号是常有的事。"

当初派姜毅英他们潜入厦门建立电台，是为了监督十九路军，监督李济深、陈铭枢等人在福建另立政府的情况。他们携带的是2.5瓦特的小型电台，拆散后藏在内衣或饼干盒里，才躲过严密搜查潜入厦门，登陆鼓浪屿。但鼓浪屿距重庆1400多公里，比距离南京更远，时常叫不通也就不足为奇了。

但魏大铭不紧不慢的态度激怒了戴笠。这件事的严重性，不仅仅在于戴笠给过蒋介石承诺：明天一早将在鼓浪屿侦知的日军动态汇报蒋介石，同时关系到滇缅运输线的安全，必须刻不容缓采取未雨绸缪之举措。

戴笠一向对军统内部高端人才十分尊重，对魏大铭这样独当一面的电讯专家更是优礼有加。但这天，他还是没能很好地控制火爆脾气，怒不可遏地对着魏大铭吼起来：

"你既然知道为什么还要离开总台？一早是你亲自送来的情报，内容你是知道的，为什么不守在总台等着接通厦门？"

这倒让魏大铭有些糊涂了，日军南进的情报和厦门电台有什么关系？其实连戴笠本人都没想到这样进行核实。

看着魏大铭一头雾水的样子，戴笠急得用手直敲桌子：

"日军南进，在厦门海面上就会有动静！"

魏大铭这才恍然大悟：

"好，我马上去总台！"

"你亲自上机，必须尽快与厦门接通，让他们马上查清厦门海面上的日舰情况，明天要向委员长报告！"

"戴先生请放心，下午要是叫不通，晚上一定能叫通，绝对误不了明天向委员长报告。"

魏大铭匆匆赶到电讯总台，当即上机，亲自呼叫。或许是他技术过硬，竟然一下就接通了厦门电台。姜毅英他们立即到海上侦察，果然发现有日舰抵达厦门，很快查清了海面上的日舰数量与到达时间。

厦门的回电，证实日军将南进的情报是准确的，戴笠在报告蒋介石之后，第二天又偕魏大铭一起去曾家岩蒋介石官邸。蒋介石对魏大铭主持的特种技术研究室十分满意，他们破译的这份情报实在太重要了，它使国民政府有充裕的时间将囤积在缅甸的抗战物资抢运出来，同时在东南亚沦陷之前做好开辟新的运输路线的准备。

蒋介石开始给戴笠布置任务：

"在东南亚沦陷之前，做好潜伏工作。"

"好！"

"马上派人去缅甸，督促抢运物资，务必赶在大战爆发前运完。"

"好！我亲自去缅甸。"

"也好，这个事情非同小可，不能有半点马虎。"

情况紧急，戴笠不敢耽搁，将局本部工作向毛人凤做过简单交代后，便带着毛宗亮（戴笠妻弟）等人出发了。

滇缅路上未雨绸缪

军统在海外的组织，自1938年建立河内直属组后，在越南已逐步发展到西贡、海防、芒街、东兴、顺化等地；并在谅山设联络站，以便策应；同时与党方协力建立"各机关驻越工作团"，以通过该团争取华侨的支持。

随后是缅甸。在首批派驻缅甸的人员中，有仰光组组长陈质平、腊戍组组长潘其武。这两人的公开身份是西南运输处仰光分处处长和副处长。1939年夏，潘其武向戴笠要求调张我佛协助工作。

张我佛曾任蒋介石的随节电台报务员，是一位技术过硬的无线电高手。临行前，他特地去找他的老师——军令部电台总台长方砚农请教。方砚农曾在浙江警校电讯班任教官，熟悉军统情况，他说："在缅甸建立电台，应具备春夏秋冬全天候的波长，才能畅通无阻。"

张我佛到腊戍后，检查通讯情况，发现无线电机的波长不适用于缅甸的炎热气候。自制电机的最短波长是36米，而缅甸因为天气太热，只能用28米。他把原电机的线圈去了一圈，电容器去了一片，再来通报，果然畅通无阻。

戴笠在上次视察缅甸后，对张我佛的工作非常满意，为鼓励他的工作热情，特地奖励他500盾"特别奖金"。

戴笠如此重视缅甸，是因为缅甸对抗战时期的中国，有着特殊的重要意义，特别在其他国际运输线被切断，仅剩下滇缅运输线的情况下！

这次再赴缅甸（1940年4月），戴笠带了十部自制小型电台。他把十部电台交给张我佛，派他为缅甸电台督察。当时仰光和腊戍已建有电台，他要求张我佛负责在八莫、密支那、曼德勒（瓦城）及仰光近郊等地增建电台，建立一个覆盖全缅通讯网络，以备战时之需。

此时，军统的总、支、分三级通讯网已经遍布全国与东南亚，分台达300多座，以当年中国通讯事业之落后，这不得不说是个奇迹。

布置完电台事宜，戴笠开始视察交通运输情况，然后就加快货运速度对陈质平、潘其武提出具体要求。

同时，戴笠还做了一件令所有人都觉得匪夷所思的事：指示张我佛运用缅商孔雀公司总经理张嘉顺的关系，向缅甸交通部门申请1000份商用车辆牌照，可以不惜重金，一定如数办到。

当时缅甸方面并未禁止中国军车通行，内运货物都用军用卡车，而中国在缅甸亦无商车，办那么多商用车牌照干什么？

尤其此事并不好办，按照缅甸的规定，必须持有海关发给的车辆入口单、引擎号码、车辆吨位等凭证，才能申请领牌照。而这些凭证张我佛一件都没有。最后经陈质平与海关交涉，将美国由海路运到的卡车引擎，原箱提出一部分，抄下号码交海关登记，然后请公路局发给牌照1000张。

按照戴笠的吩咐，张我佛将这1000张牌照交给腊戍孔雀运输公司。张嘉顺总经理拿到这1000张空头牌照后，也不知道戴先生搞的什么名堂。好在不用他拿钱，只好收下暂时保存起来。

三个月后，英国迫于日本的压力，于当年（1940年）7月16日与日本签订"封锁滇缅公路协定"，决定封锁其殖民地——缅甸通往中国的滇缅公路，规定凡属武器弹药、机件油料等军事物资，一概不准再北运中国。

回到重庆的戴笠已事先获得这一情报，于15日下令潘其武，去找孔雀运输公司总经理张嘉顺取回1000张商用卡车牌照，转发并让运输军用物资的军用卡车队，全部更换为商用车牌照，以孔雀公司商用车名义报关。挂着商用车牌照的军用卡车满载军用物资，顺利过关北运，驶入云南畹町再将此照换下，回到缅甸再挂上，如此循环往复，1000张牌照保证了滇缅公路的畅通无阻。

戴笠两次赴缅甸，两次都仿佛先知先觉，做了防患于未然的准备，避免了严重损失，令缅甸站军统工作人员无不佩服他有眼光，能掐会算。

其实，他们哪里知道，并不是戴笠先知先觉，而是"中国黑室"在发挥作用。是特技室对日本军事情报的侦破，为戴笠提供了做好一切应对准备的先机。

但当戴笠从缅甸返回重庆后，雅德利突然要求终止合同回国。他对"中国黑室"的巨大贡献是不容置疑的，戴笠怎舍得让他离开？

一年前，雅德利曾在一次日谍侦察案中暴露身份，但军统的严密保护措施足以保证他的人身安全，也就是说，迫使他离开的压力并非来自日本。

那么，压力来自哪里？

破获日方气象间谍

自1938年2月18日起，日本对重庆进行了长达五年半的狂轰滥炸。1938年10月日军攻陷武汉后，从12月开始，由日本陆、海军航空队联合对重庆进行的"无差别轰炸"，是继德国之后最先实行面对平民的惨无人道的战略轰炸。

当时"中国黑室"尚未成型，军统局电讯处对日军密电的侦译，仅仅是能够告知当局，"日本人的轰炸机要来了，赶快通知老百姓钻防空洞"而已。

1939年年初，魏大铭在报纸上得知成都打下一架日本军机，活捉了一名机组人员，即赴成都与航空委员会接洽，将这个日俘带回了重庆。

这个俘虏叫大石信三，20岁左右，是轰炸机上的机枪手兼无线电报务员，对日本空军无线电通信方面极为熟悉。魏大铭特地把他送到重庆徐家坡总台侦空组的一幢洋房工作，生活上处处给予照顾。并派两名精通日文的研究人员与他一起工作、生活，把过去许多不明白的密电拿出来，向他咨询，问题一一得到解决。

他还写了许多有关日本空军通信方面的资料，使大家明白了日本军中一般通讯所用的日文中50个字母的组成方法之概况。据此线索，加上雅德利多年对日电密码的研究成果，军统对日电密码研究在起步阶段取得突破性进展。

也就在这个时候，侦收台连续多天截获到从重庆某一个地点发出的莫尔斯码报文。这些电报发送时间很有规律，每天发送三次，早晚六点各一次，中午12点一次。

雅德利将每次报文按顺序排列，发现相似之处非常明显。而在48个日文假名中，只有十个被用到。为什么只用到十个假名？当他把这些代码转换成数字后，发现每份报文打头的数字都是027。这组打头的数字很可能代表的是重庆，从重庆发出的电报。

每份报文中的第二组数字231、248、267分别代表的是时间，早晨六点、中午12点和晚上六点；正文中的几组数字则是关于气象方面的信息，诸如能见度、云高、风向、风速、下雨、阴天等。

由于前几天连续下了几天小雨，今日刚刚放晴，这最后一封报文中的401不正是晴天的意思吗？

就在雅德利茅塞顿开之际，也忽然意识到情况紧急："晴天"，这分明就是空袭的信号！雅德利赶紧向电讯处处长魏大铭报告：

"将军，重庆今天下午会遭到空袭。"

恰在此时，悬崖下的岸边突然传来可怕的汽笛嘶鸣。这不是预警，因为预警的汽笛声是平缓单调的，而现在的汽笛声尖厉急迫，声嘶力竭，分明就是敌机迫近的航空警报！

果然，日军轰炸机很快飞临重庆上空，这一次的炸弹差不多都落在了嘉陵江里，但仍有200多人丧生。

此前日本轰炸机为避开重庆的大雾，往往经过重庆的北面去成都轰炸。随着春天的到来，天空日渐晴朗，日本轰炸机将会越来越频繁地出现在重庆上空。而那个一天三时向汉口发送气象信息的密码电报，对此起着至关重要的作用。

怎样才能找到这个日本间谍呢？

根据不断截获的无线电密码，雅德利推算出了对方的编码方式，并确定他的大概位置就在南岸。他派密电侦译培训班学员带着信号定位仪到南岸不同地点搜索，寻找日本间谍的藏身地点。他本人也带着航空定位仪去南岸查询。

为了避免引人注意，他们让军统的勤杂工充当轿夫，用轿子把他们抬到南山第一岭、第二岭不同的地点去转悠，定位仪就藏在轿子里。

范围缩小到南温泉附近。早上六点一拨搜索人员逼近了信号源，在山坡上悄悄包围了一间简陋的小木屋。

雅德利带着航空定位仪赶去，到达时正赶上中午12点发报时间，仪器读数定位直指小木屋，和学员们的信号定位仪上的读数完全一致。于是，由带来的卫兵对小木屋发起攻击，抓捕了屋内的日本间谍。

日谍一身典型的苦力打扮——脏草鞋、脏草帽、褪了色的蓝裤子和肮脏的棉袍。从他身上搜出了几千元中国纸币；在屋里发现了比雪茄盒还小的发射器和几节干电池，一套测量气候的工具——罗盘、无液气压计、空气湿度计等。

经审讯，这名日谍是随身带着发报器和其他仪器，在夜晚乘侦察机跳伞潜入重庆的。

随后，密电人员冒充日谍每天三次向汉口发报，总是说天气很差。但会在晚上六点偶尔发出适合轰炸的天气条件，因为日机若在晚上六点离开汉口，到达重庆时已是深夜了，很难在一片漆黑中实施轰炸。这样做只是为了增加可信度，避免引起对方怀疑。日谍的设备中没有接收器，汉口没法向他提问，这样反倒避免了很多麻烦。

但汉口的日本人并没有被蒙蔽多久，很快又空投了新的间谍，开始在无规律的时间段里发送加密电报。

这给确定发报者的位置带来很大困难。侦空组能截获到这些电报，却因不知道发报时间而无法把探测仪放置到位。而这些密电很快给重庆带来更大灾难。

5月3日，日本海军航空部队36架轰炸机分两批先后由汉口机场起飞，直扑重庆，对重庆市区展开大规模轰炸，并且大量使用燃烧弹。第二天，继续出动27架轰炸机袭击重庆市区，这就是重庆历史上著名的"五三""五四"大轰炸。

连续两天的轰炸，使人口稠密、工商业繁荣的重庆市区陷入一片火海。市中心商业街道被烧成废墟，1990多人在轰炸和火海中丧生，2300多人受伤，近5000幢建筑物被损毁，约20万人无家可归。

令人怀疑的是，在这两天的大轰炸中，中方为何无一架战机迎敌起飞？日机是如何躲过中方观察哨的，以致古城墙内方圆五英里一百万人没有躲进防空洞，被日机炸了个措手不及？一定是重庆内部有人叛国通敌！

也就是说，除了日军空投的发送气象情报的间谍，还有深藏在国民党军队内部、危害更大的间谍。

其实，密码研究室早就锁定一个可疑的内奸——"独臂匪"。

他是一个大炮专家，在重庆炮兵驻地负责防空炮，由于他曾经当过土匪，又是一只胳膊，密电人员称他为"独臂匪"。

他之所以被密电研究员注意并锁定，是因为他公开使用驻扎在重庆附近的四川炮兵师的一部无线电，通过密码电文与他在上海的朋友交流。由于电文难以破译，密电研究员以及魏大铭、戴笠都怀疑他是潜伏在军队中叛国投敌的间谍；也因为电文无法破译，无法对他实施抓捕。

雅德利到重庆后，戴笠首先交给他这个任务——破译"独臂匪"的电报密码。

在破译过程中，雅德利成功破译了其他隐藏军中一些将军的加密电报，侦得他们的叛国行为，政府对这批汉奸进行了清洗，可就是"独臂匪"的密码一直无法破译。

因为他发出的电文是一组组四位数字，就像1349、5727、7234及类似的组合，而且每天都在变。倘若某组四个数字的组合在一天内重复出现，说明这个组合代表常见的文字或符号。但同一个组合根本不会重复出现，这些数字每天都在变。也就是说，对方使用的密码是"无限不重复式"，即使用过的密码决不再用。

尽管这些密码一时难以破解，但雅德利对发出密码的人却早已熟识。

雅德利到重庆不久便与"独臂匪"邂逅，并成为关系不错的朋友，"独臂匪"甚至在空袭的时候带他去高炮阵地"看风景"。雅德利喜欢看轰炸机在夜空中灯光闪烁，喜欢听那些老爷防空炮一齐扯开嗓子轰鸣。

但是，高炮好像从来打不中任何东西，当他向"独臂匪"提出这个问题的时候，"独臂匪"只是诡异地笑笑。

至于"独臂匪"是否知道他的真实身份，雅德利很难猜透。毕竟他是国民党高级将领，对于军统"密码研究室"不会没有听说过，尤其他本人为敌方传递情报，对"密码研究室"应该十分敏感。尽管雅德利的公开身份是商人，可作为国民党高级将领，要弄清他的真实身份并不困难。

而他俩的相识并无特殊之处。

抓捕伪谍"独臂匪"

雅德利到重庆后，戴笠在工作、生活的各个方面给予了最大限度的优厚待遇，卫士、司机、佣人、听差一大群，仅贴身保镖、贴身翻译就各有两人，甚至特地为他"进口"了一位西餐厨师（华人），并特地为他的住所安装了浴室，这在战时的重庆几乎是绝无仅有的。

但是，雅德利对这些都不怎么在意，他在意的是出入自由，是有更多的私人空间。因此到重庆没几个月，他就坚决要求搬出了豁庐，在远离市区的郊外找到一所新落成的房屋，魏大铭只好给他租下来，并强行要求留下一间作为自己的办公室，目的就是监督他不要太过"自由"。

雅德利并不满足，他讨厌保镖、翻译寸步不离，为此曾多次甩开他们一个人偷偷跑出去，甚至为方便外出偷配了汽车钥匙。

这常常让翻译和保镖为寻找他四处奔波，也让魏大铭因多次劝说无果而苦恼不堪。魏大铭担心的是雅德利的安全，万一发生点意外他将无法向戴笠交代。同时，他单独与外国人接触，也让魏大铭担心军统情报的安全，甚至怀疑他甩开保镖是为了和敌方见面。

翻译将这些另外场合单独讨论的内容转告给雅德利的时候，雅德利对原本印象不佳的魏大铭充满憎恶。在他回国后所写的《中国黑室》一书中，用"笨驴"代替了魏大铭的名字，通篇都是"笨驴""固执又愚蠢的笨蛋"，言辞中充满了轻蔑与侮辱。

他偷偷溜出去并不是为了会见什么敌人，而是为了找女人，寻欢作乐。他对重庆的电影院、赌场、茶馆、餐馆如数家珍，即使每每轰炸过后哪家被炸坏停业、哪里又新冒出一家他都了如指掌。当然，他更愿意去外国人社区和重庆总会（俱乐部），因为在那里结识的都是外国人和会说英语的中国人。

他在这些场合结识了众多外国人和中国人，其中有一位重要女性——汪精卫的"姨太太"淑贞，并把她变成了自己的女友。

他与"独臂匪"也是在这些场合中相识的。尽管相识并不能解决破译密码的问题，但最后却因此为揭开"谜底"创造了条件。

通过对以往侦收的电文进行分析、研究、推演，雅德利得到了一些字，它们是：她、光、谷物与胯部。

根据这些文字，他发现"暗码是根据某本英文书里的不同页码上的第一行编写的"。"独臂匪"根据中国的公共电码书将他的信息转换成电报码，然后用其他数字来改变这个四位数代码。在为代码加密时，他所使用的英文书中的一页，与他为电报的编号和日期加密时使用的是同一页。为避免怀疑，这本英文书一定是本常见书。

关键是，这本"英文书"是什么书，书名是什么？

雅德利虽追求"自由"与"享乐"，他的敬业精神却十分可嘉。当他的研究有了突破性进展的时候，往往废寝忘食，通宵达旦地钻研。

终于功夫不负有心人，雅德利将破译的整篇电文中的头五个字母进行组合，发现了"她、光、谷物、胯部"以外的字——"HE SAID"（他说）。他据此推测，那本用来做关键字的英文书应该是一本小说。

但英文小说太多了，要知道是哪一本，除非去"独臂匪"的书房里翻。毫无疑问，这根本不现实！

偏偏事有凑巧，"独臂匪"的一个女朋友从香港来重庆看他，他邀请雅德利前去共进晚餐，而且可以带一个朋友去。

恰好这个时候淑贞回到了重庆，而且雅德利已经知道，淑贞其实是为戴笠工作的。至于她的真实身份，究竟是正式的军统女特工，还是军统的运用人员，雅德利不得而知，重要的是，她从事过间谍活动，又熟悉英语，这就足够了。

这个聚餐和淑贞的出现，让一切的不可能变得皆有可能。

星期二的晚上，雅德利逃脱保镖们的"保护"，驾车与淑贞会合，来到"独臂匪"在嘉陵江边成都路上的家。

"独臂匪"的女朋友是一个金发碧眼的外国女子，名叫多萝茜。看起来"独臂匪"与她打得并不火热，她只是被当作用来显摆的高档物品，以向到访的白人（雅德利）显示他的非同一般。

在干杯的时候，"独臂匪"说：

"祝我们在座的各位生意成功。"

这话在雅德利听来，似乎是警告他别管闲事。尽管他用了化名，但是他乘坐的轿车会暴露他在为谁工作，以致新结识的很多朋友包括美国人舒尔，都认为他的这项工作是在为其他事情作掩护，他暗中做的是军火生意，或者在中国搞贷款。他倒宁愿"独臂匪"也这样认为。

晚饭没有发生什么特别的事，这让雅德利非常着急，因为这样淑贞是没有机会进入书房找书的。

可就在吃完饭刚刚端上冰镇香槟时，防空警报响了，电灯暗了下来。"独臂匪"执行公务去了，淑贞借故离开溜进了书房。雅德利要做的，就是缠住吓得抖作一团的多萝茜。

淑贞很顺利地完成了任务，她在《大地》（赛珍珠的长篇小说）的第17、18、19页，找到了那几个词——她、光、谷物和胯部。

当夜，雅德利派人在全城寻找《大地》，终于在一所大学里找到。

原来，"独臂匪"的密码逻辑非常简单，将月份和日期的数字相加，再加上10就可以了。比如解密4月1日报文的密码钥匙就在第15页，即4+1+10。所有的数字密码就是根据这样的一个系统得来的。

所有报文的内容一点点真相大白，原来"独臂匪"是汪精卫在重庆的耳目，每天通过上海的联络人向汪精卫汇报工作。重庆方面的德国防空顾问威纳也是这个谍报网络中的一员，他在一份报文中指示日本的轰炸机必须在12000英尺的高度飞行，而中国的防空炮弹的爆炸高度，至少比日机飞行高度低了1000英尺。所以中国的高射炮从来没有打下过任何东西。

雅德利在《中国黑室》一书中说："报文中点到了不少中国人的名字。我很自豪只有一个白人是叛徒，而且还是个德国纳粹。"

这时已经天亮，他们赶到曾家岩戴公馆当面向戴笠做了报告。就在当天，所有叛徒全部被抓捕，"独臂匪"和德国顾问再也没有见到下一个日出。

可就在这天晚上，准备离开重庆的淑贞，在去机场的路上溺水而亡，有人弄翻了她乘坐的小船。

这个时候雅德利的身份已经暴露。一年后，一名美国驻华外交武官通知他回国，理由是作为一个用假名为中国情报部门工作的美国人，一旦被日本人抓到，一定会被处决。

这是否真的关心雅德利的安危，无从知晓。美国出版的一本密码战的书中，曾说雅德利在中国期间，发现日本陆军的密码体系主要是纵横移位表系，可能帮助委员长破译了一些日军的密电，从而提前掌握了一些日军的军事行动。

此时美国已经成功破译了日军的"红密"，倘若雅德利真的帮助中国破译了日军的高级密码，而日军又经常破译国军的密电，一旦泄密将导致日军全部更换密码，那将给美军带来很大麻烦。

1940年7月，雅德利离开重庆回国。

雅德利走后，军统的密电研究工作在此前基础上进展很快，到1941年间，不仅能侦译敌机前来空袭的时间，而且能准确掌握敌机的起飞地点、飞行路线、飞行高度和可能轰炸的目标。

日本空军以汉口基地为华中指挥中心，在派轰炸机出发之前，必派一架侦察机先行侦察，然后向基地发回沿途气象报告，才由基地根据报告派轰炸机及作为掩护的战斗机，循着侦察机的路线飞行，沿途经过的主要城市都要向基地报告，如几点几分钟通过某地，飞行高度多少。所以日本空军汉口基地每派出一批飞机及其一路行踪，军统都能及时侦译其电讯信息。

事实上，军统早已在汉口设置秘密电台，台址就选在汉口中山公园西面山坡上，这里可以直接监视到汉口机场敌机起飞、降落的情况。敌机离汉口时，电报已经发到了重庆局本部。

此外，日军各空军基地侦察机及轰炸机的电讯皆在军统特技室的监测范围之内，无论日本军机从哪个基地起飞，军统都能及时侦译其电讯内容。

由于能在敌机空袭之前准确地将空袭时间与空袭目标报告重庆防空司令部，事后证明，每次空袭预先所发空袭警报均相当准确，不仅大大降低了空袭损失，也为中方回击日军空袭创造了条件。

重庆防空指挥部决定，利用军统提供的敌机电讯情报，让中国那些性能差、速度慢的飞机，事先飞到高于敌机的云层中隐藏起来，待敌机一到，即从上向下进行袭击。

1941年9月初的一天，情报显示敌机正大批飞往重庆。空军部队按照既定方案做好袭击准备。敌机飞临重庆上空后，每三架组成品字形为一小队，三小队组成品字形为一中队，紧靠在一起。中国空军飞机两架一小队，一前一后，出其不意地斜冲下去，居高临下地对敌机给予痛击。被击中的敌机瞬间坠落下去，未被击中的敌机早已乱了阵脚，不成队形，各自仓皇逃走。

在这次战斗中，有三架敌机被击中，带着黑烟下坠，然后一声爆炸变为一团火球。

这是自敌机轰炸重庆以来，中国空军第一次有效痛击敌机。从此以后，敌机再也不敢盲目地大规模地进犯重庆。但他们始终不明白，中国的老旧飞机凭什么一反常态，大显神威？

第二十一章
区长叛变，沪一区沦陷

陈恭澍力阻下属受训

1941年的上海，形势变得异常严峻。

元月上旬，伪中央储备银行正式成立，汪伪政府财政部长周佛海兼任总裁。戴笠对沦陷区财经、金融历来非常敏感，早在陈恭澍任天津站长时，就曾下达对华北伪政权——伪中华民国临时政府财政部总长兼联合准备银行总裁汪时璟的制裁令，可惜陈恭澍未能达成任务。1939年由孙大成领导的天津抗团，终于将伪海关监督兼伪联合准备银行津行经理程锡庚击毙。

此次伪中储行在酝酿前期，戴笠即令沪一区除积极布线制裁周佛海外，对伪中储行高级人员亦一并予以制裁。

嗣后，局本部连续数次敦促沪一区，督促所属各行动大队，对即将出现的伪中储行给予破坏性打击。

结果，各行动大队所制裁的，既非伪中储行的高级人员，更非周佛海那样的大汉奸，而是伪中储行的中级人员甚至一般银行职员。陈恭澍则辩称："这是由于对该项工作的基本认识不够充分，以及缺乏上层社会关系所致。"

其实，陈恭澍为了个人安全，与各大队负责人甚至都不曾谋面，更遑论对这项工作的组织与布置。

结果可想而知，伪中储行的中下层人员死了再换，对伪中储行运营毫发无损；伪特工总部的反扑却如狼似虎，他们将矛头对准国民政府所属中央、中国、交通、农民四大国家银行以及其他发行法币的银行职员，对他们大肆枪杀、绑架，制造多起血案，最终戴笠不得不下令收手，以牺牲大批银行职员性命而告终。

与此同时，汪伪特工总部所属第一处与上海日本宪兵队所属特高课相配合，对沪一区乃至国民党在上海的所有潜伏人员展开了地毯式搜查与逮捕。

正值风声渐紧之际，1941年3月，局本部的一封调令不期而至，电令曰：

"查区助理书记刘原深同志，系临澧优秀生，在沪工作三年来，表现优异。兹特经本局保送中央军校高等教育班受训，俾予深造。文到希即转饬该员务于六月底前，径赴成都军校校本部报到，幸勿迟延，并将启程日期报备为要。"

中央军校即原来的黄埔军校，1928年迁往南京，改名中央陆军军官学校，抗战爆发后迁到成都。高等教育班，不仅仅是为入学者增加一份军校学历，更是他们晋升的阶梯。对时年24岁的刘原深来说，自然是难得的好机会。

只是陈恭澍有些搞不懂，戴笠为什么要在这个时候将刘原深调走。

军统局本部对外勤人员的工作考核，是职务升迁的一项重要依据。刘原深作为区助理书记，主管行动业务，虽工作勤勉，处事干练，深得区长陈恭澍与区书记齐庆斌赞赏，但毕竟是在区机关上班，也就是外勤单位的内勤人员，不像行动人员那样有机会操戈锄奸，一炮打响便会受到局本部与戴笠本人的关注。所以在陈恭澍并未给刘原深"报功"亦未对局本部人事部门及戴笠本人推荐的情况下，突然毫无征兆地给这个从临训班毕业来上海仅三年的年轻人来了调令，这到底为什么？

既然做的是助理书记的工作，刘原深也就在第一时间看到了这份电报，虽然感到意外，转念一想很快就明白了。

刘原深在局本部仅仅认识三个人，有两人是管人事的李肖白和周康，也仅仅是认识而已，另一人就是戴笠。

刘原深是山东人，生于1917年，1938年9月毕业于军统临澧班。在毕业生组成的赴武汉参加"反资敌大破坏"的"实习团"中，刘原深是五名"实习委员"之一。戴笠对军统各种训练班的重视程度，不亚于蒋介石之于黄埔军校，都要亲自担任班主任并时常进行考察，亲自主持毕业典礼，对刘原深这样毕业成绩名列优等的学生了如指掌，自然列入重点培养对象。

"实习团"抵达武汉在汉口旧日租界一所小学内住下的第二天上午，戴笠亲自前去点名讲话，勉励他们在武汉保卫战中发挥军统的特殊作用，中午便留下来和这些学生聚餐，并发给每人一笔置装费。

以后每逢星期一早晨，戴笠必到"实习团"主持纪念周，结束后便分别召见一些学生骨干，了解实习及生活起居等情况，刘原深总在被召见之列。

实习结束后，刘原深奉派带领17名同学赴沪参加工作，临行时正好是长沙大火即将烧起来的那天晚上，戴笠在宝南街岳云中学召见刘原深和17名同学，在送他们上火车的时候，大火已经点燃。临别，戴笠严肃而亲切地对刘原深说：

"你到上海工作，预期三年，如果表现良好，到时候我会调你回来。否则的话，你永远不要来见我！"

如今三年将到，想必戴笠对刘原深的工作是满意的，否则不会履行当年的承诺。当然，戴笠还能记得这个承诺，也从一个侧面说明他对人才、对这些青年学子的重视。

照例，这类电文都是由刘原深签拟处理意见，送区书记齐庆斌先生加签，然后转呈区长陈恭澍核示。也就是说，刘原深若自己签了服从组织调动的意见，陈恭澍根本没有理由反对。但因关乎自己的前途命运，刘原深反倒觉得不便擅作主张，便将原件送到了齐庆斌那里。

岂料，齐庆斌、陈恭澍均未签批处理意见。两天后陈恭澍找刘原深谈话，祝贺恭喜之后，却话锋一转，要求刘原深放弃这次机会。理由自然有一大堆，不外乎形势紧张，人手少，任务艰巨，等等。

刘原深大感意外，半晌回不过神来。

其实，战时的人员调动是十分频繁的，在敌占区人员流动性更大。沪一区五个情报组、八个行动大队和直属新编第一组中，基本是清一色受过专业训练的特工，区助理书记人选可以说一抓一大把，个个能直接走马上任展开工作。区助理书记一级的干部不由局本部任命，陈恭澍任命后只需报备，局本部自然会同意补缺。

见刘原深一副困惑的样子，陈恭澍又说：

"当然啦，这是局本部的人事命令，对你个人来说，也是一次难得的机会，我不想过分地勉强你；倒不是我自私，为了配合现实工作的需要，我不得不征询你意见，至于去与不去，还得由你自己做决定。"

这话说得显然冠冕堂皇。"为了配合现实工作的需要，我不得不征询你意见"，这还不是自私？明知自己对抗不了上级命令，却要逼迫当事人主动放弃这难得的深造机会，还假惺惺地表示"去与不去，还得由你自己做决定"。

这一军将得恰到好处。

相对于年长自己十岁、阅历丰富的顶头上司，涉世未深的刘原深太单纯了，尤其这位上司"情辞恳切"，"明白显示了"对这位下级的"器重"，使刘原深"越发觉得情面难却"，拒绝的话他实在说不出口。尽管内心十分不舍，踌躇了一下，他还是说：

"好吧，陈先生，我听您的。反正这受训的事，以后应该还有机会。不过，您能不能对局里说，不是我自己主动地抗命不去，而是因为此间工作需要，实在离不开。"

一番"蛊惑"产生效力，陈恭澍目的达到，立刻高兴地笑着说，

"那是自然，这我会处理的。就这样决定了，随后我就照实电复局本部。"

可是刘原深很快就后悔了，特别当有同事对他说，"陈先生明摆着是将你的军，我看你还是明白拒绝的好"，这时候他才想到，为什么当场不明确拒绝他？

当晚躺在床上，刘原深肠子都悔青了，奉调高教班深造，是多少人寤寐以求的机会，自己怎么未经大脑就张口同意推掉了呢？深造的机会哪里是那么容易就有的？即便以后再有，时过境迁，年龄渐长，这中间失去的成长历练机会岂是一个"受训"就能弥补的！他更感到不安的，是辜负了戴笠对他的栽培。

其实，刘原深的后悔过程不过就在当天和当晚，直接找陈恭澍表示服从局本部调动，一切还来得及。可在这个讲求诚信的年轻人的字典里，说出去的话如同泼出去的水，一切已无法收回。即使后悔得彻夜难眠，也只有听之任之了。

不过，陈恭澍高兴得太早了。他那点小算盘戴笠怎能不清楚？是因为更换下属麻烦，还是不愿意看到下属高升？无论什么理由，无端地阻挠正直上进的年轻人进步，这种事也只有小心眼的陈恭澍干得出来！

于是，陈恭澍的报告被驳回。

于是，并不死心的陈恭澍再次发报阻止刘原深"深造"。

于是，报告再次被驳回。局本部在回电中态度坚决地表示：

"关于刘原深同志调训一节，系戴先生亲自遴选，且与军校方面已办妥一切手续，未便更改。希遵照前电，即嘱刘员如期赴蓉为盼。"

连碰两次钉子，照理说陈恭澍该放人了。然而他不达目的决不罢休，最后使出了无限期拖延的办法，直至让刘原深掉进"七十六号"设置的陷阱，才在很久以后略表惋惜地说了句："由于我的一项措置，致使原深兄受尽委屈，也误了他的锦绣前程。"

刘原深被置险境

连续两次被驳回报告，刘原深本人是知道的。就在他为这来之不易的"深造"机会暗自庆幸的时候，陈恭澍又使出了另外一招——温水煮青蛙！要让他在不知不觉中，再也跳不出那锅渐渐滚开的沸水……

或许陈恭澍不是有意识要对刘原深怎样，但起码是有意识阻挠他的大好前程。

时间已到4月，战时从沦陷区到重庆比较麻烦，照理刘原深应该交接工作准备出发事宜了。在连续两次抗命被驳回的情况下，陈恭澍不便再公开阻挠，于是，温水煮青蛙的计划从一场冠冕堂皇的谈话中开始了。

陈恭澍对刘原深说：

"事情既然这样，你不去是不行了。现在从上海到大后方，必须首先择定一条比较安全的路线，其间无可避免地要通过敌伪的层层关卡，接受种种考验与盘查，以你的年龄、外貌和气质，想必也会特别麻烦些。这些问题，事先须作充分的准备，力保无虞。"

这一番话，让并无心计的刘原深从内心充满感激。陈恭澍又说：

"不过，你不必担心，我会替你去了解和安排。好在距离开训之期还有两个月，一切准备都来得及。"

如此，让刘原深感激之余，更多了一份对陈恭澍的信任与依赖。可直到6月底刘原深被"七十六号"抓捕，陈恭澍的"安排"仍如镜花水月，远远地吊着刘原深的胃口。当然，这是后话。

眼下，陈恭澍的谈话还在继续。他接着为刘原深准备前去深造做安排：

"这几天，你可以把你主管的业务结束一下，暂时移交某某同志接手，一些工作关系，你也得酌量情形分别予以介绍见面，以便日后好接头。"

刘原深听了非常高兴，工作交接了，那就只有等着出发了。接下来，陈恭澍话锋一转，用无可抗拒的口气说：

"在等待出发的这段日子，你也别闲着。你知道我们行动第一大队，下辖三个分队，大队长的职务不是一直由区长兼任着吗？其实我只是挂个名，根本没有时间去过问，以致各分队的人事与工作状况都隔膜了，而且很久以来都没有什么表现。我的意思，在你临走之前利用这两个月的时间，以代理行动第一大队长身份，去彻底地加以整顿。"

这番话如同当头一闷棍，将刘原深打蒙了，整顿一个下辖三个分队的行动大队，岂是一两个月的事？何况是"利用这两个月的时间"，而这两个月应该是整装和出发的，途中说不定就要一两个月！

不过，陈恭澍有句话说得是对的，他这个大队长"只是挂个名"，对这个大队根本从未过问。但"没有时间"却是强词夺理，既然有时间嫖赌怎会没时间处理公务？不久后戴笠派人秘密查账，陈恭澍到上海两年时间即因狂嫖滥赌亏损数万元公款！

说起来区长的工作千头万绪，即使忙得四脚朝天怕也干不完，可要当甩手掌柜的，地球也照样转。毕竟天高皇帝远，他是老子天下第一，想来就来，想走就走，想干就干，想不干就不干，所有文件无论上边下来的还是下边呈报的，都有书记处理，大不了签个字，或者发表个意见，做个上传下达完全可应付差事。

当然，对陈恭澍来说，最主要原因还是出于对个人安全的考虑。

行动第一大队是沪一区的精锐力量，赵理君任代区长时自任大队长。赵理君是亲自操刀的行动人员，自然格外重视这支精锐队伍，不敢假他人之手去管理。陈恭澍则不同，在敌占区最危险的就是抛头露面，这些直接与日伪短兵相接的外勤人员，说不清什么时候就会被捕，闹不好就会出卖他人。所以自从到上海，陈恭澍就没去过任何一个行动大队，即使兼任了第一大队队长，也绝不到任。

更重要的是，第一大队有隐藏的危险人物，危险到了与"七十六号"秘密勾结，区部曾多次接到举报。如今，正好由刘原深去跳这个火坑，能灭火更好，灭不了的话他本人已离开，不至于把火烧到区本部。总之，陈恭澍是安全的，所以他非常大度地放权，鼓励刘原深说：

"例如调整人事、补充武器，或如何解决他们的困难，鼓舞士气等，你都可以放手去做。最近第一、三分队各有行动制裁的腹案报来，你也就近策划一下，以促其成。"

最后，陈恭澍以征询的语气却不容置疑地说：

"我这个构想或者说是一个决定，岂不是两全其美？你考虑考虑看。"

既"是一个决定",作为下级的刘原深还有什么考虑余地呢？但在刘原深的回忆中，对陈恭澍毫无怨言，而且特别说明：

"我有理由予以婉拒。可是，一则他待我太好，我们彼此感情深厚；再则我一天没有离沪，仍然算是'上海区'的人，我不能如此现实。"

显然，"再则"是刘原深的心里话，以他的为人，自然"不能如此现实"。而"一则"，无论在刘原深的回忆中，还是在陈恭澍的回忆中，都未提及"待我太好""感情深厚"的任何具体事例。

事实上，刘原深的回忆是受陈恭澍之约，将自己的经历亲自执笔写下交给陈恭澍，由陈恭澍插入其回忆录中的。知道了这一点，刘原深对陈恭澍多有溢美之词也就不足为奇了。毕竟两人都曾落难，日后亦均处境不佳，写作此书时都已是六七十岁的桑榆晚景，"天意怜幽草，人间重晚晴"，即便有多少不愉快，也会"相逢一笑怜疏放"，庆幸"扁舟有故人"了。

刘原深一向处事麻利，谈话之后即与陈恭澍、齐庆斌及其他内勤人员告别，从此搬出了公共租界西摩路平安大厦的区本部，住进法租界霞飞路与拉都路交叉路口的一家公寓。

一周之间，刘原深便先后约见了行一大队所属三个分队队长，了解各分队情况。被举报与"七十六号"秘密勾结的就是第三分队队长周西垣。

刘原深做助理书记时，对周西垣的基本情况已有所了解。

周西垣是嘉兴人，化名冯贤，四年前由忠义救国军调沪，四年来不见有任何成绩，尸位素餐而已。周西垣与万里浪同时来自忠救军，两人一向关系不错，私下常相往来。万里浪反水后，担任伪特工总部第一处处长，与周西垣暗中联络已久。

周西垣暗中通敌的最有力证据是，作为分队长，将该队所有的武器——三支左轮、两支驳壳、一支白朗宁，以及区本部下达的各种指示文件，全部送给了万里浪。

而陆续收到的举报材料中，以周的队部书记朱敏举报为最多，这倒颇有些令人玩味。朱敏在报告中称："周西垣与'七十六号'秘密勾结，图谋不轨，务宜早加防范，或予以断然处置，以绝后患。"照理说，通敌这种事是私底下秘密进行的，起码应该回避身边人，周西垣连枪带文件都送给了万里浪，显然没有回避队部书记。那么，他就不担心被书记举报吗？不担心被制裁吗？

对周西垣的处置，在刘原深代理行一大队长之前陈恭澍已做出决定，他认为其他方面报来的材料足可佐证周西垣的叛逆事实，已由齐庆斌将本案报局本部请示，一俟奉准，即予执行。

在局本部下达执行命令之前，周西垣仍是第三分队队长。刘原深在向三个分队队长了解情况时，已做好对周西垣实施"制裁"的准备工作，决定了负责执行的人选。

但在等候命令的这段时间里，他还想多做些了解，他总觉得那些举报材料欠缺有力证据，万一枉杀，将追悔莫及。

两汉奸唱双簧

第一次约见周西垣是在第三分队队部，在场的除了周西垣还有他的书记朱敏。周西垣时年29岁，言辞笨拙，笑容中带着稚气，看上去完全是一个无主见、无担当的窝囊废，根本不可能有胆量造反，倒像一个容易被人牵着鼻子走的蠢货。至于他的叛逆之事，只能说可能性很大，必须进一步查证。

倒是他的书记朱敏，23岁左右，年轻帅气，聪明外露，像个在校大学生。在整个过程中朱敏说话不多，似有顾忌，却更引起了刘原深的注意，认为他"外貌有锋芒，行事则颇为深沉"。

在这次谈话中，周西垣说队里现有的武器（包括左轮、驳壳枪）都已老旧，要求补充武器，以免误了大事。

刘原深心里明白武器的去向，嘴上表示可以考虑，但称库存武器不多，需要向上级申请，预计可以获准。这其实是缓兵之策，是想以武器问题吊住周西垣的胃口，以便将他稳住，为等候批复制裁争取时间。

此后半个多月的时间里，刘原深在利用交通员与周西垣传达命令和讯息之外，又继续约晤了三次，可无论谈公还是说私，刘原深都没有发现对方有什么异常。

在对朱敏的考察中，刘原深也难以判定他是否与周西垣共唱双簧。

转眼到了6月，中央军校报到的时间眼看就要到了，陈恭澍仍然没有对刘原深放行的意思，原先允诺为其安排由上海到后方的交通路线及一应准备事项，也早在说过之后便随风飘散，从此再也没有提过，刘原深却仍在心急如焚地等待他的放行。

一直到6月下旬，中央军校报到时间已到，正当刘原深考虑直接向陈恭澍要求启程赴蓉的时候，陈恭澍的"指令"到了。但不是对刘原深放行的"指令"，而是准备对周西垣实施制裁的"指令"。

区部的指令称：

"查该队第三分队队长周西垣，勾结万里浪谋叛一案，因证据确凿，经已报局本部请予制裁，以免养痈遗患，相信不日当可奉准执行。务希加紧布置，待命行动。"

这指令其实等于废话！报局本部等候制裁，刘原深何曾不知？可陈恭澍这道"指令"，使刘原深失去了直接请辞的机会。

刘原深立即约见预定的对周西垣实施制裁的人选——第一分队队长刘全德，布置制裁周西垣事宜。而此时，周西垣正假借制裁汉奸许力求之名请求补充武器。

刘原深让刘全德装扮成军火仓库负责人，约周西垣在静安寺路一家咖啡馆会面，介绍两人认识，并宣布给第三分队补充左轮手枪两支、子弹60发，由他们面商武器运送与交接方法。其目的，就是让刘全德认清周西垣的相貌，等候制裁命令，嗣后或可以交接武器之名借机对其实施制裁。

可武器尚未交接，周西垣又通过交通员向刘原深报告许案进展情况、第三分队人事调整情况等，称许力求一切资料容待面呈，并有武器交接情况、其他技术问题、调整工作人员阵容，进一步提高士气等建议多项，有待当面请示。

刘原深一直认为，周西垣拿不到武器，不会采取对他不利的行动，而且以往数次会面均未发现异常，所以他料定此次会面也不会有危险。但他会多加小心，尤其在制裁行动面临收网之际，他不能功亏一篑。

这天是6月28日，凌晨天降微雨，早晨天色一片阴霾，随时会有小雨飘下来。刘原深带上雨衣，搭乘电车前往法租界霞飞路霞飞坊第三分队队部。为谨慎起见，他故意逆方向多坐了两站，然后拦"云飞"出租汽车返回，在车过霞飞坊后下车，然后往回走，一路数次观察霞飞坊周围的动静，一切未见异常之后，才走进霞飞坊某号楼。

这时是上午9点40分，周、朱两人早已在此等候。

朱敏将有关许力求的资料交给了刘原深，周西垣谈了他要谈的工作，不过都是泛泛之言，又抱怨补充武器太少。

谈话约十五分钟，刘原深起身告辞，就在他伸手去拿挂在墙上的雨衣时，周西垣也取下他的雨衣，笑着说：

"我也另有约会，跟大队长一起走吧。"

刘原深一愣，一个不祥的预感从心头闪过。但只是一瞬间，旋即便释然了。他本能地在为自己的安全佐证：外勤人员约会多很正常，今日不过凑巧了，两人同时离开也属寻常，因而也就没有太在意。

倘若此时他意识到危险已在眼前，或许还有办法逃脱。

两人并肩漫步走出霞飞坊，互相点头分手，刘向西，周往东，背道而行。

刘原深转身向西走了不到三步，就从后面蹿上两个人，一左一右挟住了他的臂膀，将他推进一辆等候在路边的黑色轿车……

刘原深原以为周西垣在等着那批武器向"七十六号"邀功请赏，根本没有想到他会放弃武器，联合"七十六号"对他实施抓捕。

一定是哪个环节出了问题，是有人走漏了风声，周西垣知道了即将对他实施制裁，还是他自己窥破了什么？

直到被带到"七十六号""高洋房"的一间大厅里等候提讯，偶然发现一张巨型写字台玻璃板下压着一张极其醒目的红色名片，上面写着"奉上名茶碧螺春两罐，敬乞里公笑纳。晚朱敏拜"，刘原深才恍然大悟：

朱敏果然早已反水，两人唱的是双簧，可惜自己一直没有识破。

那么，朱敏为什么一次次举报周西垣？既举报了周西垣，两人自然知道区部会采取相应措施——核实并予以制裁，那么他们的目的是什么呢？

万里浪为了邀功，以积极破坏沪一区为能事，而最有效的破坏办法就是抓人。

但区领导不是分队长这一级可以随便接触的，陈恭澍的兼职大队长根本就是挂名的，他连大队部都不会去，更何谈分队部。

见不到人，自然谈不到抓捕，而组织严密的交通网络又不是周西垣、朱敏这一级所能知情的，他们所能手到擒来的只有手下行动人员，但这些人阶层太低难以邀功，唯一的办法就是"引蛇出洞"。

——这应该就是朱敏一次次举报周西垣的目的。

而这些举报材料，显然缺乏具体而有力的证据。或者可以说，多是捕风捉影的猜测。当时为什么没有仔细研究一下这些举报材料呢？

答案很简单，刘原深接手代理大队长时，陈恭澍早已根据朱敏的举报材料，为周西垣定了案。由于陈恭澍压根儿就没有对此案做过切实的调查核实，理所当然地将举报人朱敏排除在怀疑对象之外，致使刘原深做出错误判断：周西垣要求补充武器是为了向"七十六号"邀功，在拿到武器之前不会有行动。

要求补充武器，正是朱、周为了迷惑和牵制刘原深放出的烟幕弹。

显然，他们最初的目标不是刘原深，毕竟刘原深只是一个小小的区部助理书记，说到底就是一个普通工作人员，但区长兼大队长不露面，他们只能退而求其次，对这个代理大队长下手。

尽管刘原深对自己的粗心大意不无自责，但他并没有看错周西垣和朱敏。说不定周就是一个被人牵着鼻子走的蠢货，而那个牵他鼻子走的人，就是他身边的朱敏以及万里浪。也正因为无法确定朱敏是否已经投敌，才导致刘原深落入虎口。

直到这时，刘原深才为失去中央军校受训的机会而惋惜。如果按时启程赴蓉，如今早已身在军校了。失事被捕，使他一生的事业前途从此改变，说不定生命也将在这里画上句号。

可是他也知道，直到现在陈恭澍仍没有给他放行。

是没有人接任行一大队长吗？当初接到调令之时，陈恭澍同样以没有人手为由，阻止刘原深深造。而行一大队长这个职务不仅比助理书记重要，且一般人难以胜任，在刘原深已经上任并开展工作之后，陈恭澍岂会放行？

可以说，陈恭澍根本没打算让刘原深离开。

千方百计对抗上级调令，也只有陈恭澍这样多年来散漫、目无组织纪律的人干得出来。而阻止刘原深赴蓉的要求，莫过于让他在希望中等待，在等待中拖延，在拖延中幻灭。直至过期，一切便木已成舟。

对陈恭澍如此费尽心机地阻挠其大好前程，尽管在后来的回忆中刘原深并无抱怨，但也只能说明他为人正直、宽容，以己善良之心度人；同时在饱受牢狱之灾、命运既已改变、当事人已无几在世、他与陈恭澍尚健在的情况下，这时的回忆已是白头宫女话天宝逸事，一切都已成为过眼烟云，即使曾经有过什么怨言，也早已烟消云散了。

但对后来陈恭澍被抓进"七十六号"迅疾落水，劝说刘原深诱捕沪一区数名同志一事，刘原深不仅断然拒绝，而且在回忆中（发于陈恭澍的《军统第一杀手回忆录》）并无回避，可见即使碍于陈恭澍情面，刘原深也还是有其底线的。

一封电报引发的担忧

刘原深被捕入狱，令戴笠深感意外。他原以为这个工作踏实、任劳任怨的年轻人，已经坐在中央军校的课堂上了，没料到陈恭澍一意孤行，白白毁了一个正直青年的大好前程，甚至性命，实在可惜！

对陈恭澍的目无组织随心所欲、不达个人目的决不罢休的行为，戴笠早有领教。这些暂且不计，戴笠更担心的是危机时刻陈恭澍如何应对。当年在石友三案中，一个小小的杂粮店管事招来同为兄弟单位的军警，便把他吓得仓皇出逃，一逃就是千里之外；如今上海形势复杂，日本人显然比兄弟单位的军警更可怕，万一哪天陈恭澍招架不住，会不会走王天木的投敌之路？

就在这个时候，戴笠收到陈恭澍的电报，竟然要求要到沪西、南市几个赌场，用威胁勒索手段弄一大笔钱，作为沪一区的补充经费。

沪西一带属于公共租界越界筑路部分，目前是汪伪的势力范围，"七十六号"伪特工总部就设在沪西地段的极司菲尔路，同时亦有日本武装宪兵（属日本沪西宪兵队）驻守。当地居民把那里称作"歹土"，唯恐避之不及，陈恭澍却要去那里实施抢劫，这不仅让戴笠大跌眼镜，更引发了戴笠对陈恭澍的两点怀疑：其一，陈恭澍靠不住；其二，沪一区经费去向有问题。

那么，沪一区巨大的经费开支去了哪里？

陈恭澍嗜赌好嫖，戴笠早有耳闻。在各种制度包括财务制度并不健全的情况下，外勤单位一把手用钱，确实无人可以控制。如同戴笠用钱，包括他自己所住公馆，全部都是公费开支，无所谓个人的还是公家的。

就这种并不健全的财务制度，陈恭澍也是极力反对的。当然，他反对的并不多，只有一点，那就是花钱记账，且保留凭证。他对记账深恶痛绝，说起理由自然是冠冕堂皇，振振有词：

"有金钱出入，总得记一笔账，这正是对特务工作本质上要求严格保密的一大讽刺。我们为了此一问题，曾伤透了脑筋，甚至发生过争执，可是又不得不向现实低头。最令人担心的就在这里，万一有一天会计部门出了事，那才是不堪设想呢。"

实际上，陈恭澍要的是，钱到沪一区，他想怎么花就怎么花，不记账，所以他多次抱怨军统的财会制度太死板：

"在敌后工作，记账实在是一个大忌。为了这个问题曾反复研商多时，但是会计作业是独立的，而且强调任何开支必须凭原始单据才能向上报销。尽管不断在改善名称、数字等的登录技巧上下功夫，可是依然抹不掉那些启人疑窦、欲盖弥彰的记号。"

启人疑窦、欲盖弥彰的记号是什么呢？军统外勤单位均使用化名，且往往一人多个化名，并时常更换化名，即使有单据落入敌手，也很难知道上面签署的名字是谁。一般经费支出亦看不出破绽，重要行动用款，又怎会在支出单据上细说该项行动？

陈恭澍想抹掉什么呢？

很有可能就是他公款私用造成的巨大亏空。如果没有猜错的话，这个亏空应该不是一个小数目。尽管只是猜测，戴笠还是毫不犹豫地下令有关人员对沪一区进行秘密查账。

随后，戴笠手谕王绍谦，三日内赴上海工作，动身前到曾家岩公馆听候召见，面示此行任务。

王绍谦是王蒲臣的堂侄，江山城关人，生于1911年，1937年6月考入军统南京译电训练班，曾任局本部译电员，也曾在武汉法租界巴黎街八号任戴笠的私人秘书，负责译电兼收发戴笠的私人信件。

戴笠布置监视汪精卫及刺汪时，王绍谦在香港参加了当时的通讯工作。也就在这个时候，戴笠的结发妻子毛秀丛患病在上海住院，王绍谦被派回上海，担任上海区译电工作，同时照顾毛秀丛。

1940年年底，军统南京区区长钱新民在上海被"七十六号"逮捕，而王绍谦与他常有联系。出于安全考虑，戴笠将王绍谦从上海撤回，先在外事训练班第二期学习，毕业后担任戴笠的随从秘书，住在杨家山戴公馆。

戴笠在重庆先后有三个公馆，即曾家岩公馆、杨家山公馆和后来的神仙洞公馆。

1940年，因重庆频繁遭到日机轰炸，军统局本部所在地罗家湾目标太大，遂在重庆郊外约20里的缫丝厂建立"乡下办事处"，将"甲室"和编制科以及各处室的文件档案全部转移到办事处。在1941年敌机轰炸最严重的一段时间，军统局本部曾全部搬到这里办公，戴笠的住所就设在缫丝厂侧面的杨家山上。

郊外的杨家山公馆和城里的曾家岩公馆，是戴笠经常下榻、办公的场所，所以在杨家山公馆也配备了相应的办事机构，王绍谦就是在这里给戴笠当秘书的。

王绍谦接到戴笠手谕的当天，即1941年9月8日下午，又接到"10日上午登机飞港"的通知，9月9日下午，王绍谦携带行李来到曾家岩公馆等候召见。

当晚戴笠喝了酒，回到公馆就睡过去了，直到半夜醒来才将王绍谦叫到会客室。在简单介绍一下陈恭澍那封电报后，戴笠说：

"我怕陈恭澍靠不住，你这次到上海必须注意他的情况，随时来电向我报告。"

也就是说，王绍谦的第一项任务是监视陈恭澍。

"另一项工作，也是这次派你重去上海的主要任务，就是与原南京区副区长尚振声秘密联系，传递情报。"

尚振声是继钱新民被捕后，在南京被捕的，不久前由李士群下令释放并委任为伪第七旅副旅长。汪伪的陆军第七旅是属于李士群伪特工总部的部队，尚振声出任伪职后，便秘密寻求与军统恢复关系，并派人到重庆局本部见戴笠，要求在上海指定专人和他保持经常联系。由于王绍谦对上海情况比较熟悉，撤出上海已半年多，危险已解除，所以戴笠决定派他返回上海。

"我已和尚派来的人约好，让他通知尚振声考虑你们二人见面的时间和地点。选定后，会有人送信到赫德路正明里，交给你姑母王蕉梅女士，通知约晤的时间、地点，你按时赴约即可。"

戴笠又特地叮嘱说：

"你到上海后，首先挑选一位灵活可靠的交通员报局备案。为策安全，你和尚振声见面仅此一次，以后由各自交通员居间联络。届时带交通员去见面，双方约好接头地点和接头方式，以便日后互递情报与指示。"

"好。平时做什么工作？"

"别急，会有你的事做。你记住，以上的任务都是秘密任务。你到上海后去沪一区报到，接替人事助理秘书工作，原人事助书桂涤非俟办好交接手续后赴港待命。此事已由局本部电令沪一区知照办理。"

最后戴笠又叮嘱王绍谦到香港后，向香港区支领600元港币，用其中500元添置行装，用另外100元选购一件礼品，代替戴笠本人带给王蕉梅。王绍谦由港赴沪的船票，已由驻港总务郭斌购买。

当夜，王绍谦就留住在戴公馆，第二天一早由戴笠的随从副官贾金南送往沙坪坝机场。

抵制、拖延，出了大事

王绍谦作为晚辈，在军统局的职务虽然不高，但由于先后在戴笠身边做秘书，又是王蒲臣的堂侄，所以深得戴笠信任。王绍谦曾在上海区工作，对上海的情况又非常熟悉，派他回上海执行秘密任务，戴笠是非常放心的。

但戴笠没有想到，无论派谁回去都已无济于事，沪一区的形势已到了千钧一发之际，比起1939年7月14日大搜捕造成的损失，这次则为塌方式沦陷。两年前的大搜捕由陈明楚引起，由王天木进一步推进。但王天木毕竟已经调离上海，他的推进显然受到限制。而两年后沪一区发生的塌方式沦陷，则是由周西垣引起，由陈恭澍推进。陈恭澍的极速落水将沪一区带进了可谓万劫不复的深渊。

王绍谦到上海不久，局本部便收到他的报备电报，选中女交通员凌丰作为他的交通员与尚振声的交通员联系。凌丰原为区本部与译电员之间的交通员，后改为译电和电台之间的专线交通员，工作踏实可靠。

随后，尚振声的情报便通过王绍谦传到局本部，局本部的指示也通过王绍谦及时传递给尚振声。

对于陈恭澍的监视则并不顺利。由于陈恭澍对王绍谦并不放心，担心他是戴笠派来的眼线，所以并没有让他住在区本部。

当时沪一区位于蒲石路荣康别业二楼，区部一共住着四个人，除桂涤非与其太太（区部与交通站联系的专线交通员）外，还有文书孙益之及女佣赵兰芳。赵兰芳住在大楼屋顶的佣人住房内。也就是说，区部办公室内住着三人，桂涤非夫妇离开后，就剩了孙益之一人，正好是接替桂涤非的王绍谦住进去。

但是陈恭澍说：

"我会派人为你另租房屋，在房屋未租妥前，你可仍住在你姑母家，每天到区部来帮助办公，熟悉情况，俟租到房屋后你再接手桂的工作。"

也就是说，不仅王绍谦不能住在区部，而且在租到房子之前工作也不能交接。

照理说陈恭澍是戴笠重视的高级干部；王绍谦只不过当过戴笠的秘书，地位并不高，对王绍谦如此严加防范，显然陈恭澍心中有鬼。

就这样，王绍谦每天上午到区部协助工作，等候租下房子办交接，但租房的事一直没有消息，王绍谦也一直不能接手工作。直到10月底沪一区出事，王绍谦与桂涤非仍未办理交接手续。

这样一种工作状态，王绍谦自然也不会发现陈恭澍有什么异常。倒是戴笠的秘密查账很快查出陈恭澍因嫖赌致沪一区账面亏损数万元。但即便如此，戴笠仍未考虑将陈恭澍调离。倘若此时调换区长，沪一区出事后新任区长不了解情况，损失会小得多。

就在这个时候，沪一区出事了。

引发沪一区发生塌方式沦陷的仍然是周西垣。

刘原深被捕后，周西垣以为为"七十六号"立了功，却不料，他的如意算盘打错了。倒不是他出卖的人没有价值，而是他碰上了一块难啃的硬骨头。

刘原深在沪工作三年，经历了无数变故，从事过情报、人事、行动等各种工作，熟识内外勤的大部分人。到被抓捕之日，可以说上自区本部，下至各大队、支队、直属组、抗团，以及内外交通站，十之五六都与他有过联系；他不但知道各单位的办公驻所，也熟识每个单位的负责人。倘若撬开刘原深的嘴，周西垣就成了"七十六号"的功臣。

然而，早在到达"七十六号"之前，刘原深便做了一件令周西垣大失所望的事。

由于抓捕刘原深的地点处于大道通衢之间，行人如鲫，青天白日发生"绑架"事件，很快观者如堵，可巧霞飞坊对面就是中国银行分行，门口携带武器的驻卫警见事有蹊跷，立刻赶过来干预。如此一来，"七十六号"的秘密抓捕失败，刘原深被带到法租界卢家湾捕房。

尽管日伪势力早已伸入租界，刘原深将很快会被引渡，被带到法捕房不过多了一道手续。但就是办这道手续的时候，刘原深说服巡捕房的华人探长，趁机打了两个电话，第一个打给沪一区内交站站长仇淑英，让她火速向区本部报告自己被捕的消息。但放下电话后，他突然想到时间来不及，因为当日内交站与区部交通员接头的时间已过，这个消息最快也得等到翌日下午才能传到区本部。于是他又打了第二个电话，这次直接打到了区部，接电话的正是沪一区"内当家"区书记齐庆斌。他简短地报告了自己被捕的消息，请区部立即采取紧急措施以策安全。

这两个电话让刘原深如释重负，引渡到"七十六号"后，面对审讯，他已无后顾之忧，可谓软硬不吃。

照理说，既已通知区部采取紧急措施，那么给区部留出搬迁时间，即一两天后再供出区部地址沪一区并不会受损失。但事实上，区部根本没采取任何应对措施！

陈恭澍对这个拿着组织当儿戏的冒险做法自鸣得意，竟然大言不惭地说："基于我们对原深兄的坚信不疑，遂作了一个有担当的决定——原深兄所知道的办公场所及联络地点概不迁动。果然，他身经百难，影响组织安全的话一句也没说。"

幸亏刘原深宁可忍受皮肉之苦也绝不走一步险棋。在一次次的审讯用刑之后，他干脆对审讯他的落水汉奸、伪特工总部第一处处长万里浪亮出底牌：

"你可以去查一查，在卢家湾捕房我打过两个电话。所以我劝你不要再费心机了，要杀要剐请随便。"

当万里浪查核两个电话属实之后，方知费尽周折捕来刘原深结果却是竹篮打水一场空。没想到刘原深做事如此决绝，当然更不会想到沪一区接此电话后竟然无动于衷。

刘原深的线索断了，周西垣等于白忙活一场。虽然他与万里浪原先都在忠救军而且关系不错，但此一时彼一时，万里浪小人得志，六亲不认，非逼着他提供对破获沪一区机构有价值的线索，否则对他本人不予接收。

在周西垣认识的人中，除了刘原深还有谁能有区部的线索呢？周西垣搜肠刮肚，终于想到一个人，这个人就是沪一区会计陈贤荣，化名李根发。

军统局在上海派有主持财务的中央会计，沪一区的经费由中央会计开出支票交给陈贤荣，由陈贤荣到中国银行分行业务股支取。负责给军统在上海地区办理经费支取业务的，是该行业务股职员姜绍诚。姜绍诚是姜绍谟的四弟，是1938年秋戴笠电请宋子文特意把他安排在上海中国银行工作的。

陈贤荣作为沪一区会计，需要向区部及各队组送发工资和经费，周西垣是行一大队第三分队队长，由此认识了陈贤荣。但也只是见面后认识，知道他的化名，并不知道他的真实姓名、联系方式和住址（陈贤荣有单独办公地址）。

听了陈贤荣的情况，万里浪觉得他比刘原深更有价值。可要在上海滩找一个只有见面才能认出的人，无异于大海捞针。

但是陈恭澍在用人方面违反了一个秘密工作的禁忌，在这么重要的岗位上，不该安排一个有鲜明特征的人。是的，陈贤荣长了一张麻皮脸！

中国银行分行和麻皮脸，让一切都变得简单起来。万里浪派人在该行门口守候，果然发现了一脸大麻子的取款人，然后秘密跟踪，一直跟踪到他在租界居住的弄堂房屋门口。为了放长线钓大鱼，万里浪并没有下令抓捕，而是派出两路人马，一路日夜监视陈贤荣的住处，一路在陈贤荣外出时分段跟踪盯梢，一直跟踪监视了三个多月，查清楚他所到的几个主要地点后，才开始对陈贤荣实施抓捕。

10月27日夜里，也就是刘原深被抓捕四个月之后，陈贤荣被抓进了"七十六号"。

28日上午八时，王绍谦刚到区部办公室，桂涤非就着急地对他说：

"绍谦兄，不好了！出事了！我在六时左右接到朱啸谷的通知，说李根发（陈贤荣）昨夜急病住院了（被捕的暗语），我们怎么办？"

朱啸谷时为沪一区在公共租界巡捕房的内线——刘绍奎、刘俊卿的专线联络员，他传递的信息自然是准确无误的。

王绍谦感到事态严重，赶紧与桂涤非向各队组负责人下发紧急通知，指示他们凡会计李根发到过的地方必须立即撤出，转移到安全地点，并与交通站保持联系；同时指示交通站留下一人值班，其他交通员隐蔽待命。

安排好下属队组，区部怎么办？王绍谦分析说：

"虽然李根发知道区部地址，但我认为在一两天内不至于供出来。我们等区长和齐书记来了再作商议。"

可是，陈、齐二位再也没有来。

送上门的"猎物"

其实，在陈贤荣被捕之前陈恭澍便得到了消息，因为日本宪兵在租界搜捕抓人，须事先知会租界巡捕房，得到消息的捕房内线都会在第一时间打电话通知陈恭澍。

10月27日当晚11点多，位于西摩路的陈恭澍家中，电话响了。

这个钟点骤然响起的电话铃声，让陈恭澍心惊肉跳。因为他的电话和住址原本就没几个人知道，而且即使知道也是私人朋友关系，一个是帮助他租房并帮助打理家里琐事的胡永荃兄弟俩，另一个就是给儿子看病的医生。他们是不会在半夜三更打电话进来的。

沪一区的人包括与陈恭澍关系最密切的齐庆斌，均无一人知道陈恭澍的住所与电话。所有工作关系中，唯有租界巡捕房的内线知道这个电话，会在有紧急情况发生时拨通这个电话。

所以这个电话只能是巡捕房打来的，这实在是一个危险信号。

拿起话筒，电话那头传来了公共租界巡捕房华探刘俊卿的声音：

"'北边'和'西边'的，前后到了十多个人，准备夜间出动抓人。到哪里、抓谁，现在还不知道。我不下班，随时会有电话，请你多保重。"

"北边"和"西边"，指的是上海日本宪兵队和伪特工总部（七十六号）。既然还不知道抓谁，陈恭澍也只能继续等待。

这一等就是三个小时，这三个小时陈恭澍急得如热锅上的蚂蚁，在屋里转来转去。三点刚过，电话铃声再次响起来。尽管声音听起来那么瘆人，陈恭澍还是迫不及待地抓起话筒。刘俊卿说：

"有一批人已经回来交差，只带来一个人，看样子不像是这边的，我一定等到结束后才下班，二爷请安心。"

"这边"，指的是沪一区。既然只抓了一个人，而且不像是这边的，陈恭澍如释重负。

然而过了没有一刻钟，刘俊卿的电话再次打了进来，这次情况突变：

"不好了！克莱登刚刚告诉我，又有好几批回来，其中十来个全是咱们的人，另外还有一些东西。"

"能不能查查都是些什么人和什么东西？"

"好，我随时报告。"

从三点半开始，每隔一刻钟左右就有一个电话进来，向陈恭澍报告最新情况。在最后一个电话中，刘俊卿说：

"有一个叫程远的，从他家里抄出好几箱东西，据说都是些租约、账目之类，具体是什么我没看见。"

程远，是陈贤荣的另一个化名。一旦陈贤荣招供，对沪一区产生的严重后果将不堪设想！

这时候的陈恭澍已经慌作一团，他想应该立即电告重庆局本部，同时赶快找齐庆斌商定应变之计。可转念一想，这两件事都不好办，因为他身边没有人可供差遣。

为安全起见，他必须找一个人去办这两件事，请他跑一趟电台先把电报发了，再去老齐家里把老齐约出来找个地方会面。

他想到的这个人是他的"铁三角"之一——张作兴。这个"铁三角"的另一位就是齐庆斌。

陈恭澍与齐、张二人同为黄埔军校第五期同学，陈恭澍任天津站站长时，这二人分别任复兴社华北办事处助理书记和河北省鸡泽县警察局局长。陈恭澍兼任滦榆游击司令部副司令后，介绍二人到滦榆游击司令部工作，分别任参谋长和政治部主任。后来滦榆游击队改编为忠义救国军北方支队，即"华北忠救军"，齐、张仍分别任参谋长和政治部主任。

1938年9、10月间，设于河北宝坻县（今天津宝坻区）之华北忠救军总部被日军攻占，所部牺牲惨重。齐、张二人突围后潜往北平参与其他工作，1940年奉调回渝途经上海，由于川资短缺，奉命在上海等候接应，没想到接应者竟是陈恭澍。

于是，陈恭澍呈报戴笠将二人留在上海，由齐庆斌任沪一区书记。戴笠考虑到他们曾在一起共事，或许更便于工作，就批准了他的要求，将原书记郑修元调到了重庆。为安置张作兴，陈恭澍特设了一个职务——电台督察。

张作兴对电讯专业一窍不通，如何督察？说白了，就是陈恭澍因人设事，为张作兴安排一个高级职务，享受督察待遇而已。实际上张作兴干的不过是普通联络的工作，负责电台之间、电台与区部之间的联络工作。

如同任用陈贤荣担任沪一区会计一样，任用张作兴担任电台督察，陈恭澍同样犯了保密工作的禁忌，那就是张作兴也是一张麻皮脸！

让同样满脸麻子的人在几个电台与区部之间跑来跑去，毫无疑问太招风惹眼。

其实就在前几天，张作兴还特意告诉陈恭澍，他感觉好像被人盯上了，可也不能确定，因为只是一种感觉，总也发现不了那个跟踪他的人的影子。为谨慎起见，陈恭澍让他暂时停止活动。

想到这一点，陈恭澍觉得还是不让张作兴出面为妙。但还是给他拨了一个电话，想核对一下电台地址。电话拨通之后没人接，陈恭澍以为他还在熟睡中，就挂断了。

陈恭澍根本不会想到，这个时候张作兴已经到了"七十六号"。

此时是凌晨4点40分许，陈恭澍不得不决定亲自去完成这两项任务。

沪一区与局本部经常保持通报的有三个电台，离陈恭澍住所最近的一个电台在新闸路，步行只需几分钟。

电台在一幢公寓的四楼，如果发生什么意外，临街的窗子上会有警示标志。陈恭澍站在楼下抬头望望窗子，是"安全标志"，说明一切正常。进屋后，草拟了一份电稿，因为通报时间在七点，陈恭澍将电稿留给台长就离开了。

这时不到五点半，陈恭澍到一家祥生车行叫了辆出租车，乘车直抵法租界兰心大戏院对面。齐庆斌的家就在兰心大剧院旁边的楼上三层。

陈恭澍下车后，特意仔细地察看了附近一带的情况，四周静悄悄的连个人影都没有。再抬头观望齐家在三楼的窗户，虽然隔着一层厚厚的窗帘布，仍然遮不住屋里的灯光。为什么这个时候开着灯？这让陈恭澍疑惑不解。

再察看摆在窗棂底下的硬纸板，刚好从灯光中可以看到折射出的一面影子，正是安全的信号。

可齐庆斌既不会天不亮就起床，也不会熬到黎明时分不睡觉。陈恭澍一边穿过马路向前走，一边满腹狐疑地观察四周，还是一点异常现象都没有。

走到楼下，正为上不上楼犹豫的时候，陈恭澍忽然眼前一亮，想到齐家有两个孩子要早起上学，家人要照顾他们穿衣服洗脸、为他们准备早点什么的，开着灯岂不是很正常？再说，齐庆斌搬到这里不过两三天，除了陈恭澍本人，没有人到过这里，连交通人员都不曾来过，无论这一夜有多少地方被搜查，都不会查到齐庆斌的新居。

但是陈恭澍忘了，齐庆斌这个刚刚搬进来的房子，是张作兴给找的，也是张作兴来看的房子。也就是说，张作兴知道这个地址！

陈恭澍不再犹豫，径直上楼。当他走上九级楼梯的第一个转角处时，赫然看到一把藤椅！难道这幢房子里还有看更守夜的？这显然不正常！如果这个时候陈恭澍下楼而去，一切还来得及，无论他待在自己家中，还是第二天去区部，暂时都不会有任何危险。

但是，一向为了个人安全谨小慎微的陈恭澍，在这个异常情况面前却疏忽了。他在回忆中说："莫非有人在此守候过？可是又不能因为得不到解答掉头就下去呵。"于是转上楼梯，经过二楼没有发现什么不对劲，再登三楼。

在距楼梯三五步的地方站住，陈恭澍依照约定按下电铃——两短一长。

随即，门缝里伸出一只纤细的手，快速地摇了两摇又缩回去了。陈恭澍猛地打个寒噤，这才意识到大事不好，立即转身跳跃下楼。可事到如今，他早已双腿发软，呼吸都快要窒息了，哪里还跑得了多快？

跑到楼下大门口的时候，楼梯上已经响起笨重的皮鞋声。就在他跑过兰心戏院门口，正准备拐进一条弄堂之际，两名日本宪兵已经追了过来。惊慌失措中陈恭澍的夹大衣被电线杆子挂了一下，日本宪兵就扑上来了。

这时候已是清晨六点，也就是说，从27日晚到28日清晨这一整夜，沪一区先后有陈贤荣、张作兴、齐庆斌、陈恭澍四名重要成员被捕。

显然，这场大抓捕是由"陈麻子""张麻子"引起的。"七十六号"在跟踪"陈麻子"的时候发现了"张麻子"，在跟踪"张麻子"的时候发现了齐庆斌的住址，如果不是在关键岗位上用两个有鲜明特征的大麻子，"七十六号"根本无从下手。

陈恭澍则是"七十六号"的意外收获。齐庆斌被抓后，日伪留下两名日本宪兵和一名中国翻译在齐的寓所守株待兔，陈恭澍的"自投罗网"给"七十六号"送去一个最大的惊喜。

当然，陈恭澍与他的好友张作兴送给"七十六号"的更大惊喜还在后边。

王绍谦善后

10月28日上午，就在王绍谦、桂涤非、孙益之等人得知陈贤荣被捕，久等陈恭澍、齐庆斌不见踪影的时候，中午，又接到张作兴被捕的电话。可是两个负责人都不来，这让王绍谦等人既着急又不知怎么办。

分析两人不来的原因，应该是因为陈贤荣被捕，担心区部不安全。于是商量决定，如果到晚上还没有陈、齐的消息，大家必须分头转移。

下午王绍谦走得比平时晚了一会儿。在区部吃过晚饭准备离去时，电话铃响了，这时是六点半，拿起话筒一听是陈恭澍。终于等来了陈恭澍的电话，王绍谦忙说：

"苏先生（陈化名苏坦），我是绍谦。"

"你是绍、绍……"陈恭澍没有说"谦"字就接下去问，"今天有几人被捕你知不知道？"

"两个'麻皮'都先后被捕了，我们等了你一天，都急死了。"

"不错，是两个'麻皮'都被捕，你叫桂来听电话。"

王绍谦赶紧把话筒交给站在旁边的桂涤非，陈恭澍在电话中对桂说：

"你九点钟到金门大戏院门口和我见面，有事商量，小心点。"

桂涤非对这个约见充满疑虑，挂上电话后向王绍谦、孙益之问：

"苏先生为什么不到区部来布置工作，反而约我到公共场所去会面？会不会出事情？"

王绍谦也是充满猜疑，本来是他接的电话，陈恭澍为什么不约他反而约见桂涤非？他倒是没想到会出事，而是认为陈恭澍因为一直对他有防范，尽管桂涤非即将离沪，还是要找他商量沪一区两个"麻皮"被捕的善后工作。

陈恭澍对王绍谦有防范是事实，甚至一直抵制和排斥王绍谦；拖延和抵制上级调令在陈恭澍也不是第一次。但这次王绍谦猜错了。

当天夜里桂涤非就带着四五个日本宪兵和"七十六号"的特务来到区部，将文书孙益之带走，将女佣赵兰芳奉王绍谦之命藏到屋里的两袋文件抄走。区部只剩了桂太太和赵兰芳，还有四个在此蹲守的日本宪兵。

毫无疑问，他们蹲守的目标就是王绍谦，因为此时区部就剩了王绍谦一人。

陈恭澍选择诱捕桂涤非自有他的道理，由于他本人不能堂而皇之地带着日本宪兵查抄区本部，只能找一个人充当"带路党"。他和桂涤非的关系更近，桂会更听他的话。倘若先诱捕王绍谦，王未必乖乖听命于他。

被捕当天就急于倒戈相向，陈恭澍的反水比当年从北京逃跑还快，立功邀宠之迫切，令所有落水汉奸汗颜。

从10月27日夜晚事发到28日夜的24小时内，沪一区先后被"七十六号"伪特工总部逮捕的有：会计陈贤荣、电台联络员张作兴、区书记齐庆斌、区长陈恭澍，以及由陈恭澍诱捕的助理书记桂涤非、文书孙益之，还有已失去自由暂时被软禁在区部的区交通员桂太太与女佣赵兰芳。

王绍谦在天刚刚亮的时候就得到了消息，送信人正是赵兰芳。赵兰芳利用佣人身份，借口买菜溜出区部，从菜市场绕到了王绍谦的姑母家。

得此消息，王绍谦当即搬到译电员周金书家暂住。因为陈恭澍知道他的住址，在区部抓不到他，很快会派人带路找到他姑母家。

这时区部能主事的人只剩了王绍谦，危急时刻无需任命，他主动承担起沪一区遭破坏后的安置工作。

首先需要有一个临时办公场所，他到福建路大江南饭店开了一个房间——四楼十六号，立即展开善后布置：指派凌丰接替桂太太负责与交通站联系，通知各组、队、电台立即转移，并确定了联系方式，转移后随即上报新地址；又与沪二区区长姜绍谟取得联系，告诉他沪一区出事的情况，请他另迁新居，以策安全；同时商借沪二区电台代为收发电报，并借沪二区译电员华念雄的译电室，作为本区译电员周金书、徐嘉禾共同译电之用。

由于沪一区和沪二区没有横向联系，除了王绍谦，沪一区没有人知道姜绍谟的联系方式。沪二区筹建时，王绍谦正在沪一区任职，沪二区与重庆局本部的电台联系等，是王绍谦帮助解决的，王与姜又是江山同乡，相互信任，工作方面一直有来往。

同日又约见会计员孙国昌，指派孙国昌接替陈贤荣的区会计职务，并陪他到中央会计处接头，领取沪一区经费，然后由孙给区下属各单位分发应急经费。同时，由孙向情一组组长毕高奎转达分工应急措施：

由毕高奎负责过渡时期的外勤领导工作，在指导各情报组、行动大队的工作，督促各组、队在搬迁新址的同时，继续进行搜集敌伪情报等工作；与局本部的通讯联系、经费领发、人事安排等内勤工作，暂由王绍谦负责。总之，两人共同负责把沪一区保护好，照常开展工作，以待后命。

也就是说，在沪一区负责人正式任命之前，由毕高奎和王绍谦暂时接任陈恭澍与齐庆斌的工作，毕任临时区长，王为临时书记。

沪一区的善后安置基本完成后，各下属单位在搬迁后均已稳定下来，恢复正常活动。王绍谦开始从报纸上查看房屋招租广告，寻找区部办公场所。

接到王绍谦的电报，戴笠十分震惊，两个负责人同时被抓竟然毫无征兆，真是骇人听闻！他哪里会想到，陈恭澍竟然公开违反保密工作禁忌，在关键岗位上用了两个"大麻子"！

值得庆幸的是，将王绍谦派回上海派对了。正因为他熟悉上海区情况，且与姜绍谟有联系，又敢于担当，所以才能在如此短的时间内安排人事，稳定局面，恢复工作。

也正因为他在上海熟人太多，继续留在上海已十分危险，戴笠立即调任新的沪一区书记派赴上海，同时给王绍谦发署名电报，首先对他在危急时刻挺身而出，做好善后工作给予肯定，传令嘉奖，同时批准他和毕高奎分工负责的建议，并叮嘱他注意安全，停止活动，等待新指派的陈浩（现已到港，十天内可抵沪）到沪后，即办好交接手续，离沪赴港待命。

同时，戴笠指派另一条工作路线——派往上海专攻李士群的原上海律师余祥琴，立即会见李士群，以保护陈恭澍等人的生命安全。

对李士群心存幻想

1941年，由于日军对重庆市区频繁轰炸，军统罗家湾局本部已无法正常办公，当年5月，局本部暂时迁移到距市区20余里的缫丝厂乡下办事处办公，罗家湾只留下一个办事处。

大约在陈恭澍、齐庆斌等人被捕两个月前，即8月31日，郊外局本部戴笠的办公室里，由罗家湾办事处处长李肖白带来一位客人，这位客人就是余祥琴。

余祥琴是安徽黟县人，是原上海纱布交易所理事长闻兰亭的继子，此前以律师为业，在上海小有名气。

早在6月中旬刘原深被捕之前，戴笠便开始物色策反李士群的人选。不仅因为李士群"放过"了刘戈青，还在于此时他在汪伪内部的倾轧中处于被动地位。

李士群挤走丁默邨，让周佛海看到了他在伪特工总部的实力。汪伪政权成立后，原先追随汪精卫的大小汉奸迅速分化为两个阵营，一方是以汪精卫为首的广东派，一方是以周佛海为首的非广东派，而双方内部又各有派系，可谓错综复杂。周佛海为了拉拢李士群为自己助威，特意将自己兼任的伪警政部部长一职让给李士群。岂料李士群一上任就一脚踢开了周佛海，由拥周转而拥护陈璧君，投靠了公馆派（汪之广东派中的嫡系），与周佛海分庭抗礼，连周推荐其亲戚到警政部任职都硬顶了回去。周佛海毕竟是汪伪组织中响当当的实权派，论资格论身份地位，李士群都差了一大截，在两人日益公开的对抗中，李士群毫无悬念地处于被动地位。

对戴笠来说这正是机会，可趁此机会将李士群拉过来为我所用。

尽管唐生明赴上海之前戴笠也曾向他交代这项任务，但唐生明原本与李士群素昧平生，取得信任并非一朝一夕之事。

可是，找到一个与李士群素有深交、对其能产生影响而又愿意担此重任的人谈何容易！为此，戴笠委托居住香港的杜月笙代为查找。杜月笙找到的这个人就是余祥琴。

其实余祥琴与李士群并无深交，但余祥琴有恩于李士群，这或许比热络的交往更有作用。1934年，李士群主办的杂志登载涉及日本天皇的文字，为此日使馆行文请工部局总巡捕房对李提起公诉，该案经余祥琴从中安排，并为李出庭辩护，使李士群获宣告无罪。李士群对余祥琴感激不尽，拿出公款予以酬谢。余祥琴坚辞不受，并说李士群遭此诉讼是出于爱国热忱，自己怎能接受酬谢。李士群深受感动，言他日定当图报。

1939年4月，李士群在组织伪特务机关"七十六号"之后，曾登门拜访余祥琴，一进门就说起他自1937年年底从南京撤退后的情况，说先是随唐生智留守南京，结果狼狈撤退，又从武汉撤到香港，这才肩负重任回到上海。

李士群所说的"重任"，就是指认贼作父组建伪特务机关。余祥琴虽是上海小有名气的律师，但当时并不知李士群就是"七十六号"掌门人。

李士群显然不是来还"人情债"的，而是觉得余祥琴在上海做执业律师十年，各方面关系都很够，对两租界警务当局及社会各阶层都很熟悉，尤以历来承办刑事案件颇负时誉。而当时日伪不能随意在租界抓人，且常常在抓捕、引渡方面受到牵制，自然想请余祥琴为其助力。

余祥琴则觉得时隔四五年，"已隔膜疏远"，"不拟再与交往，故淡然置之"。余祥琴客气地应付一下，并没打算与此人继续来往。却不料山不转水转，没过多久他竟然需要找李士群帮忙了！

当年秋，交通部在沪留守人员陈福源及孔祥熙的留守人员余新福先后被沪西极司菲尔路"七十六号"所逮捕，后经黄金荣向余祥琴打听谁与李士群熟稔，余祥琴这才知道李士群已成为"七十六号"的主持人。

余祥琴平素以道义自任，有强烈的国家观念，"八一三"淞沪会战中曾担任上海慈善团体联合会救济战区难民委员会总干事，对抢救伤兵难民出力颇多。遇此事情，自是当仁不让，立即登门往访李士群。李士群倒也顾念旧情，不久便将陈、余二人无条件释放。

于是，经杜月笙穿针引线，余祥琴由上海到了香港，又于8月30日秘密飞往重庆。其时敌机白昼空袭重庆市郊，每天须躲避警报十小时之久，直到31日傍晚，余祥琴才被李肖白送到郊外局本部。

由于事先已知余祥琴到来，所以不等介绍，戴笠就热情地向余祥琴伸出手，连说：

"余律师，久仰久仰，一路辛苦了！"

寒暄之后，戴笠亲自陪着余祥琴来到餐厅，由李肖白等人作陪，为余祥琴接风洗尘。席间推杯问盏，觥筹交错，热烈的气氛让余祥琴感到了戴笠对他的热情和重视，也让他见识了戴笠的海量。

重要的是，喝过酒后照谈工作，一谈就谈到了凌晨两点。谈上海的局势，谈租界的情况，谈"七十六号"和李士群，谈李士群没有把刘戈青交给日本人，谈游说李士群的重要性和迫切性……当然，更忘不了谈对方。

谈对方，不是恭维，却要让对方感到十分受用。其实凡是对工作有帮助的人，无论同窗、朋友或其他人引荐的陌生人，无论是将对方变为下属，还是变为运用人员，或者在某件事上给予帮助，戴笠都会个个欣赏，对个个礼遇有加。不仅要调动对方对这个工作的热情，使其信心满满，更要让对方感觉到自己被重视，被赏识，然后高高兴兴地去出力、去卖命。

这正是余祥琴当时的感受，所以他在《追击》中不仅记述了戴笠对他的热情、赏识与信任，也写了他对戴笠极好的印象，对戴笠的形容也十分准确：

"戴身材壮实、面色黝红、眉毫粗浓、眼神奕奕、不怒而威、语言激昂、酒量宏豪，至气愤不平处，辄作握拳切齿之状。"

如同当初动员唐生明去汪伪内部卧底，对余祥琴的工作布置也是先做足了"铺垫"，然后话锋一转，开始布置任务——策反李士群。

"您同李士群讲，现在是他的一个机会，把汪逆精卫杀了，我们会集中力量响应他安全撤退；或者乘汪精卫到达苏州李之势力范围内劫持汪逆来归，我向委员长保证给他更好的地位；或者由他协助我们同志完成制裁汪逆的工作，我发给奖金300万，参加行动诸同志再保送出国深造。"

当时法币13元合美金一元，300万折合20多万美金，可见数目之巨大。

即便如此，戴笠的想法也未免异想天开。李士群既费尽心机投靠日本人，即使其靠山不是汪精卫，也绝无可能对汪实施刺杀；而李身兼警政部部长、清乡委员会秘书长、清乡委员会驻苏州办事处处长等数个肥差，到处搜刮民脂民膏，连周佛海不久后为伪中储行在苏州地区推行伪中储券，都被迫留下2000万买路钱，而这笔钱几乎全部进了李的个人腰包，300万哪还有什么吸引力？

余祥琴也并不了解李士群目前的状况，就这项任务接触李士群之前，一切都不敢打保票，尤其刺汪，兹事体大，军统调动各方面力量从河内一路追杀到上海、南京，都未能阻止他当上日本人的"儿皇帝"，李士群作为一个主动投敌的汉奸，肯担当如此重大的任务吗？

当然，戴笠也强调，要把握胜利，收复失地，必先铲除伪组织。即使达不到刺汪目的，能将李士群拉过来，使伪组织为我所用，也将大大减轻渝方在上海的压力，能很好地保护军统在上海的潜伏人员的生命安全。

虽说游说李士群刺杀汪精卫余祥琴没把握，但策反李士群他还是有信心的，尤其保全军统上海潜伏人员的生命安全，这一点相信李士群能做到。余祥琴虽无特工经验，可凭借律师的口才和与李士群的特殊关系，相信达成这一任务并不困难。当场明确表示：

"参加戴先生领导的工作，正是我为国家报效的机会。为求达成任务，不惜任何牺牲。"

第二天又是从傍晚开始，谈到凌晨两点半，安排了余祥琴的化名、与戴笠本人的直接联系方式，并通知沪一区拨一部专用电台供余祥琴使用。至于与沪一区的联系，戴笠要求"以秘密方式与沪一区区书记吴维扬同志取得联系，对其他人一切保密"。

吴维扬是齐庆斌的化名。当时沪一区尚在正常运转之中，戴笠抛开区长陈恭澍要余祥琴单独联系齐庆斌，可见对陈恭澍早有防范。

余祥琴需要配备的装备与经费，戴笠已通知杜月笙及香港区区长王新衡在港代为安排。

9月2日中午，余祥琴飞往香港，9月11日由港乘轮返沪，9月15日抵达上海。

王绍谦回上海是继余祥琴之后，9月10日离渝飞港，9月18日从香港启程返沪，比余祥琴刚刚晚了一周。

接连派出两人赴上海，一是监督陈恭澍，一是策反李士群，戴笠以为如此安排可避免陈恭澍重蹈王天木覆辙——一旦拉过李士群，陈恭澍也就没有了被捕的可能。而陈恭澍主动投敌的可能自然很小。

然而，戴笠大错特错了！

余祥琴被敌利用

戴笠所错之一，既然已断定陈恭澍不可靠，却不是果断将其调离，结果导致沪一区被连窝端的严重后果。

事实上，刘原深、齐庆斌以及后来被捕的王绍谦等关键人员都顶住了"七十六号"的各种考验，即使陈贤荣、张作兴等人叛变，破坏力也不至于很大，唯陈恭澍的叛变破坏力无可挽回。

戴笠所错之二，就是启用了余祥琴，不仅于事无补，反被李士群所利用！

李士群的处境并不像戴笠想象的那样糟糕。他既敢四处树敌，公开与周佛海叫板，自然是因为有大后台。他能抢到主持清乡工作这等肥差，而让周佛海、罗君强等人甘拜下风，正是1941年3月晴气直接举荐的结果。晴气举荐，影佐祯昭不会反对；影佐提出，汪精卫想反对也不敢，何况李士群早已通过献媚陈璧君讨好汪精卫，做足了铺垫。当然周佛海也不是省油的灯，很快反戈一击，在接下来的一轮较量中，李士群势单力薄，终于在7月末被周佛海将警政部悄悄合并掉，等于让李士群白白丢了一个当时在他所有职务中最高的职务。

这之后，通过陈璧君在人事上的纵横捭阖，而汪精卫又畏忌其后台，使李士群又得了一个专为他增设的调查统计部部长之职。但李士群仍不满意，又瞄准了一个更高职位——江苏省政府主席。

余祥琴9月中旬回到上海的时候，李士群正通过晴气向影佐和汪精卫建议改组江苏省政府，提出由他出任省政府主席一职。此职最终于12月中旬尘埃落定。

9月21日，星期日，李士群从苏州回到上海。自从在苏州第一"清乡区"实施清乡，他平时便住在苏州，只有周末才返回上海，去他的"七十六号"大本营公干。

傍晚时分，余祥琴如约走进李士群位于愚园路的私宅，两人躲进李士群的寝室密谈。

余祥琴直接告诉李士群，受军统局戴笠的邀请去了一趟重庆，逗留三天，与戴笠畅谈两个深夜，并说：

"你对刘戈青的种种表示，的确感动了戴先生。戴先生说，要把握抗战胜利，收复失地，必先铲除伪组织，要我暗中与你取得联系。你对我敌视也好，扣押枪毙也好，我都无怨言。"

对于在伪组织中蒸蒸日上的李士群来说，"铲除伪组织"这样的话肯定听着不顺耳，但他不置可否，回答了另一个问题：

"如你不参与行动工作，我可负责你的安全。"

可见军统对汉奸的暗杀行动早已令李士群恨之入骨。

余祥琴接着转达戴笠的话：

"戴先生说，如能接受他的要求达成任务，可代蒋委员长向你保证，给你更好的地位和更优厚的奖励。"

"要我达成什么任务？"

"杀了汪精卫，光荣回重庆。"

倘若李士群是大大咧咧不善于隐藏感情之人，或者对余并无戒心，想必会仰天大笑，因为这对他来说不啻于天方夜谭。但他却是深藏不露，佯装仔细思索的样子，然后说：

"祥琴兄，汪先生有恩于我，从道义上我不能下手，除此之外其他事我都可以答应。请你转告戴先生，为配合以后的形势发展，我愿意与戴先生合作。"

乍一听这番话，好像李士群早就想投靠重庆了，根本用不着"策反"。对余祥琴来说，如实报告给戴笠，就足以证明他的工作迈出了可喜的第一步。

但是，李士群的"合作"不可能是戴笠所要求的为重庆方面所用。那么，是狡兔三窟为自己多留条退路，还是想在对沪一区大抓捕之前稳住对方所用的缓兵之计？

后来的事实证明，余祥琴返回上海"策反"李士群之时，正是"七十六号"秘密跟踪陈贤荣约两个月的时候，距离收网尚一月有余，显然是李士群的缓兵之计！

李士群利用戴笠伸出的"橄榄枝"，将计就计，准备在稳住对方之后从容端掉军统沪一区乃至整个国民党在上海的地下组织。

戴笠实在小看了李士群！

此后，每隔一两周余祥琴就有信息传回重庆。尽管"合作"仍然停留在口头上，但戴笠也完全没有想到，他如此重视的这条工作路线，传回的情报不仅毫无价值，而且扰乱了他对上海局势的掌控。

齐、陈被捕后，王绍谦的电报让戴笠如梦初醒，方知李士群两面三刀，为人阴险，余祥琴显然不是他的对手。此时通讯联系已断，戴笠电告杜月笙，由杜急电余祥琴遄赴重庆。

11月6日，余祥琴一日之内连接杜月笙三封电报。但赴港之前一定要见见李士群弄清情况。8日是星期六，下午，余祥琴再次来到李士群家中，一方面对上海区组织遭破坏，"合作的希望较预期目标距离更远了"表示遗憾，一方面提出见见吴维扬（齐庆斌）。

李士群却没事人似的说：

"其实在你由港返沪之前，我方便已掌握线索，又经日方协助侦察，日本顾问非常重视，所以与你晤谈之后，不便下令停止行动。请你转告戴先生，我会尽可能保全他们的生命。"

这一招无异于杀人不见血的软刀子，抓了你的人，自己还显得很无辜很不情愿，不知戴笠听到这种无赖话会不会气得七窍生烟。

对于余祥琴见见上海区书记吴维扬的要求，李士群倒是很痛快。第二天下午，余祥琴就走进了"七十六号"的高洋房，在楼下会客室里见到了吴维扬。

直到这时，他才通过经办此案的汉奸得知吴维扬的真实姓名为齐庆斌。

齐庆斌身穿长羊毛绒睡衣，面容憔悴，极似病后尚未复原。他低声对余祥琴说：

"我们全部垮了。"

"我已知道，此事我有无责任？"

余祥琴生怕自己没帮上忙，反而给添乱，对戴笠不好交代。齐庆斌说：

"与你无关，问题出在我们这里。"

"我奉命回渝，请转告各受难同志，我会请求戴先生设法安抚各受难同志家属。"

其实根本不用请求戴笠，在王绍谦负起沪一区善后工作之责的时候，就开始了对被捕同志家属的安抚与照顾。正因给陈恭澍、齐庆斌、张作兴三人家属送生活费，才发生了交通人员被跟踪陈恭澍太太的汉奸与日本宪兵逮捕的事件。

而陈恭澍、张作兴、陈贤荣等人对沪一区人员的出卖与诱捕，使沪一区如被推倒的多米诺骨牌，很快遭受塌方式破坏。

就在余祥琴看望齐庆斌的隔天，即11月11日，王绍谦外出办理租房购买办公家具事宜回到大江南饭店时，被早已等候在四一六房间的汉奸与日本宪兵抓个正着。至此，沪一区区部所有人员包括会计、交通、报务员、译电员等全部被捕，各队组情报人员、行动人员也大多被抓进"七十六号"。而受刑最残酷和被杀害最多的，正是基层工作人员与口头上答应与汪伪合作却乘机与重庆联络、转为卧底的高层干部。

也就是说，对留着有用的人，李士群一般会刀下留人。

王绍谦一次次被严刑拷打，则因他始终不肯说出姜绍谟的地址。而向李士群告发唯有他知道沪二区区长姜绍谟地址的，正是陈恭澍。

受刑后的王绍谦被押进40人一间的大牢。在这里，他遇到了刘原深和重新被抓进来的尚振声。

建立上海实验区

在军统派驻上海的潜伏组织中，除忠义救国军外，针对日伪实施暗杀行动及对日伪组织实施惊扰、袭击行动的只有沪一区。沪二区及其他运用路线如唐生明、袁殊、余祥琴等，均从事情报与策反工作。

因而，沪一区的垮台，对军统来说，等于丢了上海大半个天下。

在陈恭澍被捕之初，戴笠便已开始考虑沪一区区长人选。这个人既要像王绍谦一样熟悉上海区情况，又能担起区长的重任。

最合适的人选就是毛万里，而且戴笠将他准备在手底下已经有一段时间了。但对毛万里来说则是憋了一肚子冤屈，因为那是名副其实的坐冷板凳！

此前毛万里任军统驻上海地区总督察，负责办理刺杀汪精卫专案，未见成效，于1940年调成都中央军校高教班第11期受训。一般说来，高教班就是晋升跳板，进高教班等于镀金。毛万里从高教班毕业后，踌躇满志地回到局本部等候晋升，不料一等就是几个月。终于等来了任命，却做梦也没想到，不仅不是什么晋升，反而是降职！

戴笠任命毛万里为重庆稽查处主任秘书。

怎么说毛万里也曾任北平区书记、代理区长、上海地区总督察，如今不升也就罢了，还要降职使用，毛万里怎能接受？尤其他的上司竟是资历、军阶都比他低的沈醉！

毛万里高教班毕业后，原上校军阶应升为少将，而时任重庆稽查处督察长的沈醉军阶为上校。让毛万里去沈醉手下当秘书，他怎能接受？请求戴笠另派工作，戴笠不准，毛万里再打报告，戴笠一怒之下，在总理纪念周的讲话中说：

"我派毛万里工作，他两次违抗我的命令，万字头上有两角，我是磨角人！"

毛万里不敢再硬顶，只好硬着头皮去向沈醉报到。

戴笠用人，尤其是独当一面的外勤人员，常常是论功行赏，立功者提升或奖赏，反之则是毫不客气，挂起来晾一段时间或降级使用是常有的事，陈恭澍就饱尝过坐冷板凳的滋味。但这并不意味着以后不被重用，将毛万里送进高教班就是为了派任更重要职位，不过暂时用不到，"闲置"一时罢了。

但毛万里不服气，陈恭澍率领一帮人经过周密策划在河内行刺都未能成功；汪精卫逃到沦陷区有日本人保护，无论住宅还是出行都防守严密，而他只有一个行动人员王鲁翘且很快被捕，又如何能完成任务？为此坐冷板凳于情于理不公。

听到戴笠委任他为沪一区区长后，毛万里这才如梦方醒，意识到自己不该赌气使性子。但军统在上海的情况不容乐观，戴笠要他拿出一套确保安全的可行性方案。

就在戴笠与毛万里商量赴沪重建沪一区事宜的时候，一位不速之客秘密来到重庆。他的到来，改变了戴笠重建沪一区的设想。

这位不速之客是戴笠的多年好友，也是秘密运用人员——胡永荃。

胡永荃是浙江宁波人，身材魁伟，方脸大耳，一副南人北相。抗战前在上海经商，曾奉戴笠之命赴天津从事对日秘密情报活动。他的姨太太是殷汝耕侍妾的妹妹，胡永荃利用这一关系协助平津两站行刺殷汝耕未果，因此结识陈恭澍。

陈恭澍到上海任职，胡永荃与弟弟在其生活上给予诸多帮助。

当晚，在杨家山戴公馆，戴笠为胡永荃接风洗尘。由于胡永荃肩负的是对日秘密情报工作，与戴笠又是私人好友，所以这个接风宴无需其他人作陪，两人随意吃，随意喝，随意聊。

虽不是正式谈工作，话题却离不开工作。说到沪一区的垮台，戴笠直言不讳地说出自己对陈恭澍的猜疑。王绍谦已经被捕，戴笠无法通过正式渠道证实陈恭澍是否已经落水，但从沪一区在极短的十来天时间内整个垮台，可断定陈恭澍的"功劳"居之八九。

"沪一区的重建工作迫在眉睫。"戴笠说。

"区长人选已经确定了？"

"是的。"

"如果我没猜错的话，这个人一定是毛万里。"

"你怎么这么肯定？"

"不是我肯定，是有一个比我更熟悉沪一区的人，是他肯定的。"

"陈恭澍？"

胡永荃点点头，说：

"在陈恭澍被捕以前，有一天我们闲聊，他问我，假如他被敌人抓去，老板会派谁来上海？我说了好几个人，他都摇头，他说一定是毛万里。"

从这一点来看，陈恭澍对戴笠用人方面的了解，远胜于给戴笠当过秘书的毛万里。陈恭澍自己坐冷板凳时虽不能预知未来，但在熟悉上海区的情况下，却能推算出戴笠在沪一区的用人取向。

这个信息对戴笠来说十分重要，既然陈恭澍已料定下任区长是毛万里，那么毛万里去上海岂不等于自投罗网？

这个晚上，戴笠彻夜未眠，为重建沪一区设计了一个特殊方案——在局本部成立"上海实验区"。当他将这个决定告诉毛万里的时候，毛万里一脸茫然：

"实验区设在重庆，怎么在上海开展工作？"

"只是区部设在重庆，下属各组设在上海。各组单独与区部联系，横向无交叉，不来往，相互保密。"

"哦，这样的话，一个组出事，其他组不受牵连。"毛万里悟出了其中道理，却又不无遗憾，"区部倒是安全了，可待在重庆总觉得有劲使不上。"

"此言差矣，整天东躲西藏才是有劲使不上。"

戴笠又介绍了他的设想，上海实验区下设四个组，把所有人事、经费、电台业务都集中在实验区区部处理，在重庆分别建立情报组、行动组，然后化整为零，分别携电台潜入上海，各组直接与重庆区部联系，由重庆区部统一指挥。

除毛万里任区长外，副区长由重庆稽查处第二科科长王一心担任。王一心是上海人，也曾任军统局上海地区总督察和沪一区书记，对上海情况十分熟悉。从这个人事安排上看，毛万里不得不承认戴笠对他还是信任的，对这个安排自然也是十分满意的。

"这一个构想由你来试验，如果有成效，其他地区也可仿效，如成立北平实验区等。"

随后，上海实验区在重庆正式成立，并很快分别将情报人员和行动人员输入上海。任陈恭澍、张作兴等人如何为"七十六号"卖力，由于不了解上海实验区情况，均已无济于事。

实践证明，上海实验区的模式非常适合军统在沦陷区开展工作，既可相对保证潜伏人员的安全，又可灵活多变，进退自如，免去了过去尾大不掉、牵一发而动全身的弊端。不久，军统相继设立了华北实验区、华中实验区、海外实验区。

12月上旬日军偷袭珍珠港后，于当月12日占领九龙半岛，向香港展开攻击。戴笠料到日军既然发动太平洋战争，必谋打通中国大陆上的南北交通，为此将发动第三次长沙会战。万一长沙不守，粤汉路被敌人打通，则东南和重庆就隔断了。到那时东南的工作会加倍困难，必须事先准备，成立东南办事处，到时东南五省的工作，可由东南办事处就近处理。

这是一项比上海实验区更为重要的工作，该办事处主任，戴笠再次选定了毛万里。毛万里在结束上海地区总督察职务后，曾一度担任浙江站站长，因而在浙江建立东南办事处，毛万里当属不二人选。当毛万里率部下数人飞金华，组建起办事处后，第三次长沙会战已经打响，并最终以日寇失败而结束。虽然日寇未能打通大陆的南北交通线，东南战区与重庆方面的联系未被切断，但东南办事处仍成为军统东南地区的领导机关，辖浙江、上海、福建、江西有关军统方面的人事与业务活动，工作重点在沪杭沦陷区。

谁出卖了唐生明

就在安排毛万里建立上海实验区的同时，戴笠收到一封唐生明发来的秘密电报，这封电报让戴笠既惊异又惊喜。内容大致是日本人已发现他与重庆方面有联系，想通过他与重庆方面谈合作。

这自然也是戴笠求之不得的，知己知彼方能百战不殆，至于怎么谈，只能随机应变。那么，唐生明为什么会暴露，而且没有招致危险反倒取得了日本人的信任？

戴笠首先怀疑的是被陈恭澍出卖。

戴笠曾经考虑过唐生明与沪一区不发生横向联系，之所以没有特意这样安排，也是因为唐生明作为"速成特工"需要借助沪一区的力量，最终与沪一区设有一个秘密联络点，代为联络的是徐来的女秘书张素贞；唐生明也曾用沪一区电台给局本部发报。

问题就出在一封电报底稿上，陈恭澍似乎也脱不了干系。

当时唐生明任伪江苏省政府保安副司令，正跟随李士群在苏州搞"清乡"。陈恭澍等人被抓的当天夜里，李士群连夜赶回上海，临行前特地交代唐生明多负责任，不要离开苏州。

不料，几天后的一个晚上，李士群突然打电话让唐生明与夫人徐来速去上海。连夜去上海这太意外了，唐生明忙问什么事这么急，李士群并不正面回答，只是说"你来了就会明白"。

唐生明意识到出事了。

到上海的时候天刚亮，李士群在伪特工总部的亲信爪牙傅也文已等候在车站。傅也文在"七十六号"是有名的杀人魔王，平时对唐生明还算客气，这天却完全黑了脸。唐生明自己的汽车已来接站，他要求先回家看看。傅也文强硬拒绝，毫无商量余地。

唐生明只好与徐来上了傅也文的汽车，直接去了极司菲尔路"七十六号"。

一进李士群的办公室，蓦然发现张素贞赫然在座，正在被李士群问话，唐生明与徐来顿时有些发蒙。因为与沪一区的接头地点就设在其住所附近的一个小杂货店，一般都是张素贞去联络。既然先把她抓来了，应该是发现了她与沪一区的联系。

唐生明卧底以来经历了不少风雨，已经有所历练，虽然心里敲着小鼓，表面上仍佯作若无其事，看上去倒也轻松自然。他像往常一样与李士群开着玩笑：

"什么事这么急，连个囫囵觉都不让睡？"

李士群却不买账。他绷着脸，扭过头死盯着唐生明，单刀直入：

"军统上海区区长陈恭澍被抓了，你和他有联络为什么不告诉我？"

"我怎么会和他有联络？"

唐生明是铁了心不见棺材不落泪，任李士群怎么说就是不认账。

"我早就说过，我和戴笠是朋友，可我没有替他工作！"

"好，那就看看陈恭澍怎么说吧。"李士群立刻吩咐把陈恭澍带上来。

与陈恭澍对证，这是唐生明没有想到的。万一被陈恭澍指认，轻则他一人被拘捕，重则连徐来、张素贞一起被扣押。不过这个局面不是他能左右的，事到如今也只有听天由命了。如此一想，唐生明反倒镇定下来。

陈恭澍被带进来后，并没有直接与唐生明对证，而是由李士群问话，两人一问一答。此时陈恭澍早已投敌，而且哄骗刘原深诱捕沪一区行动人员被拒绝，按说他正竭力向李士群邀功，不会主动保护唐生明。但不知是因为当着唐生明情面上磨不开，还是有了什么良心发现，总之，他否认与唐生明有联系。

李士群又转过头来用诱劝的口吻对唐生明说：

"有联系也不要紧，一切有我负责，只要不避开我，把我当成要好的朋友，什么事都可以谈。"

李士群这句话很值得玩味。唐生明通过此次"对证"一直认为没有被陈恭澍出卖，其实也未必。陈恭澍早已落水，及至后来公开出任伪职，他在汪伪政权中都是与李士群关系最近的一个。当着唐的面否认，不代表背后不承认。

其实，就算陈恭澍承认了也拿不出证据，基层交通员的联络情况他未必清楚。

而李士群不问接头地点不问联络情况，说明与张素贞联络的交通员未被捕或未叛变。再则，唐生明极少用沪一区的电台，为他发报的电台有好几个，他与重庆联络的化名也很多，高高在上的陈恭澍难以掌握这些具体情况。所以在陈恭澍否认的情况下，唐生明就越发理直气壮，强硬地重复着那句话：

"你杀了我，我也只承认与戴笠是朋友！"

无证据，丝毫没有改变李士群对唐生明的怀疑。他已事先上报了汪精卫，陈璧君、陈公博都主张严惩唐生明。汪精卫没有明确表态，要求先将唐生明送到南京再说。

唐生明并不知道，无论他是不是承认，都将于事无补，李士群、汪精卫等人已认定他是重庆派来的卧底，从一下火车他就已经失去了自由。

第二天晚上，李士群偕夫人，亲自"护送"唐生明夫妇及张素贞一起去南京。

可是，连李士群都没想到的是，车到下关，来接站的竟然是日本人！唐生明犹如当头泼下一瓢冷水，见汪精卫兴许还有回旋余地，应该不至于掉脑袋，见日本人就很难说了！

李士群的翻译把日本军官拉到一边，一边鬼鬼祟祟交谈，一边说给李士群听，最后，李士群做出无可奈何的样子，将唐生明交给了日本军官。

眼看着徐来与张素贞一步三回头地跟着李士群夫妇走了，唐生明这时恨死了蒋介石和戴笠。如今落入虎口，生死未卜，真是呼天天不应叫地地不灵了。

身份暴露，反受优待

唐生明硬着头皮上了日本人的汽车，稀里糊涂被带到了派遣军司令部，下车后被带到参谋部，出现在面前的都是派遣军司令部中响当当的人物：都甲大佐、延原中佐、市川中佐。

令他出乎意料的是，日本人非但没有对他兴师问罪，反而张开双臂对他表示热烈欢迎。那一番热情接待、亲切握手，让他傻了一般，完全搞不清状况了。

日本人又很体贴地安慰他不要害怕。他能不害怕吗？一个和抗日政府有关的人被带到这里，不害怕鬼才信！这时候他听清了都甲说的话：

"我们很久一直找不到与蒋介石阁下有关系的人商谈，今天找到了你，我们非常高兴，所以特别请你来谈谈。"

可他还是弄不懂，日本人已经和汪精卫合作建立了伪政府，怎么还要找蒋介石商谈？

都甲又说了许多，大意是唐生明的工作应该早点让他们知道，他们一定尽力支持，并要求唐生明保留与重庆联系的电台，若没有专用电台，可尽快建立起来；还说一切由他们做主，"南京政府"绝不敢为难他。

听了这番话，唐生明终于捋出了点头绪，明白了日本人的意思。但他很清楚，李士群没盘查清楚的问题绝不能在日本人面前暴露，那可是性命攸关的事，所以一直不做正面答复。

几名日本军官无奈，又带唐生明去见总参谋长河边正三中将。这位中将说得更直接：

"我们因为想不出办法，才把汪精卫拉出来。今后希望通过你，能与重庆方面商谈合作，请你协助我们早点完成这个任务……"

他越说态度越谦和，还对蒋介石大大地恭维了一番，并说要派人和唐生明保持密切联系，负责保护唐的安全，保证其工作能顺利进行。

尽管如此，唐生明还是不敢承认与重庆有联系，因为他根本想不到日本将偷袭珍珠港，太平洋战争即将爆发，日本急于将陷在中国的几百万兵力抽出去对付英美，所以汪精卫这个傀儡早已成为摆设，只有与重庆合作，稳住国民党军队，才能达成目的。

后来河边说起唐生明曾向重庆建议不要再在沦陷区杀个别的日本人，极力称赞他这一建议，唐生明这才恍然大悟。

原来，他曾向重庆发过一份电报，建议以后不要再在上海等沦陷地区暗杀个别日军官兵，因为这种做法完全是得不偿失。电文中特别举出军统在上海愚园路附近暗杀几名日本宪兵后，日军立刻对这个区进行严密封锁，逐户搜捕可疑人员，使得成千居民遭到牵累；日军还杀死几十名无辜百姓作为报复，很长时间不准该区居民出入，居民生活受到极大影响，因此对重庆政府产生埋怨和不满。希望重庆不要零零星星地去搞这些意义不大的工作，以免失掉沦陷区的民心。

所以唐生明猜测，大概是这封电报底稿被发现了。

事实上，李士群正是从沪一区被查抄的秘密电文中发现了这封电报底稿。由于署名是化名，无法知道发报人是谁。但完全不像上海区特务的口吻，而他们早就了解唐生明与戴笠的关系，这封电报非常像唐的口气。他们一方面同意唐生明提出这样的建议，因为只要不发生暗杀日军官兵的事，汪伪政府就会减少很多麻烦；但另一方面，又极不满意唐生明与军统有往来而不老老实实地告诉他们，这是他们最忌讳的事。

也正因为此，汪精卫一伙要对唐生明兴师问罪。但他们忽略了"七十六号"内驻有一个日本便衣宪兵组，凡有搜捕行动必须有日本宪兵随行，在汪精卫得到消息的同时，日军总司令部也得到了报告，所以没等到汪精卫一伙对唐生明实施处罚，唐生明就被日本人抢走了。

直到这时，唐生明极度紧张的心情才变得轻松起来。

随后，河边陪唐生明去见了总司令畑俊六，又陪唐生明吃过午饭，才派人将他送到招待外宾的地方住下来，并说很快派人与他联络。

总之，唐生明有惊无险，不仅恢复了自由，而且有了日本人做"靠山"，汪精卫一伙再也不敢提什么处罚了。但这件事无疑打了汪精卫的脸，日本人如此想方设法与蒋介石联系，根本没把他这个傀儡当回事，这让他在一帮大小汉奸们面前面子往哪放？

汪精卫表面上倒也没难为唐生明，陈璧君则不然，逢机会便破口大骂，那架势，不将唐生明生吞活剥难解心头之恨。

对戴笠来说，唐生明打入日军内部，实在是一个意外的收获。汪伪最怕日本人，这对解救军统被捕人员大有裨益。后来的事实证明，这个预计没有错，唐生明不仅解救了毛森等十几个被日伪抓捕的军统干部，还成功策反了周佛海。

在军统京沪两区几近全面塌方的情况下，唐生明的成功"逆袭"，加上毛万里主持的上海实验区的成功，让哀鸿遍野的沦陷区总算有了些活气。紧接着，1942年春节来临，为打击汪伪汉奸的嚣张气焰，戴笠下令忠义救国军阮清源部在上海实施破坏行动。

阮清源组织了一系列针对日伪军及汉奸的纵火、爆破、惊扰、袭击行动，均取得成功。"七十六号"的李士群一时摸不着头脑，他不明白沪一区已经被摧毁，这些行动人员是从哪里来的，而且比原来沪一区主要针对汉奸的动静更大！

这次，他再也找不到顺藤摸瓜的线索。

第二十二章
太平洋战起，英美争合作

侦破日袭珍珠港密电

1941年12月8日，是一个令世界为之震惊，从此改变世界格局，改变整个二战力量对比，扭转整个二战进程的日子！这一天凌晨，即夏威夷时间7日清晨，日本航空母舰的舰载飞机飞临珍珠港上空，对美国在太平洋上最大的军事基地——珍珠港海军基地展开狂轰滥炸，毫无防备的美国太平洋舰队几乎全军覆没。

同一天，日军进入泰国曼谷，日本军机袭击马尼拉、新加坡、关岛、威克岛等地。

这一天，戴笠没有外出，在得知这个令人振奋的消息之前，他还在办公室里研究最近侦译的日本军事情报。据情报显示，日军近来的动向太不寻常了。看样子，日军将有大的军事行动！

就在前不久，军统特种技术研究室发现，日本方面突然全部更换了电报密码。当然，这并没有给破译工作带来什么麻烦，因为他们已经摸清了日电密码的更改规律，很快就掌握了新密码的破译方法。问题是，日方为什么突然全面更换密码？

紧接着，特技室侦知日本外务省命令中国香港、马尼拉、夏威夷、新加坡等领事馆毁掉密码机和重要密本密件，只留下一种普通密本听候命令。这又是为什么？

上述种种异动，只能说明日本将对上述各地采取非常行动！显然，英国在太平洋上的殖民地领土已成为日军的攻击目标，那么夏威夷呢？美军太平洋舰队就驻扎在夏威夷珍珠港海军基地！

这个猜想似乎有些大胆，但很快从日本海上的军事调动与空军军事部署的密电中得到证实，日本空军正拟向太平洋地区活动，有袭击美国珍珠港的迹象。

戴笠将日军一系列异动向蒋介石做了汇报，经蒋介石批准，通知军统美国站站长、中国驻美使馆副武官萧勃，让他想办法将此信息转告美国国防部。然而萧勃反馈回来的信息却令戴笠十分沮丧——

美国国防部及其他相关部门的官员们、将军们听到这个消息后，第一反应是捧腹大笑。他们既不相信中国人能破译日本的军情密码，更不相信日本敢对美国开火。这也难怪，直到珍珠港事变前一天，日本人还在与美国进行和平谈判。但是，不相信也就罢了，令戴笠不能容忍的是，美国人却反过来认为中国有意离间美日关系，真是以小人之心度君子之腹！

无论如何，日军大举南进已是不争的事实。他们究竟意在何为？除了太平洋上英国的殖民地领土，难道不会继续进犯美国的利益？

对魏大铭的特种技术研究室，戴笠自然是百分之百的信任，但美国人的反应又让他疑惑，因为美国的密码破译技术显然不在中国之下，难道在中国提醒之后他们的谍报人员仍在无忧无虑地睡大觉？

就在这个时候，毛人凤闯了进来。

自打升任局本部代主任秘书，毛人凤终日朝乾夕惕、谨言慎行，在身为上司的老同学面前，愈发谦冲自牧、行事稳重。

像今天这样风风火火地闯进来，在戴笠面前是不多见的。所以戴笠蓦然一惊：

"善馀兄，出了什么事？"

"我们的预测没有错！"

毛人凤说着，将一封译后的电文放到戴笠面前。电报是萧勃从美国发来的，在第一时间向军统局本部报告了一个天大的"喜讯"。

对于美国的不幸本应哀矜勿喜，说"喜讯"似乎有些过分，其实并无幸灾乐祸之意。美英对中日战争一向持不重视态度，对侵略国日本更是态度暧昧。正因如此，日本人一直从美国购买大批军火用于中国战场。如今，美国遭日本暗算，想必应该清醒了。对于军统来说，它说明特技室侦译的日军情报是准确的；对于独立抗日四年半之久的中国来说，终于就要有同盟军了！

"小日本的死期就要到了！"戴笠激动得一掌拍在桌子上，"轮椅上的老头子应该愤怒地站起来，发表慷慨激昂的演讲，发誓要以眼还眼以牙还牙了！"

戴笠猜得不错，就在事发当天，美国总统罗斯福通过广播向美国民众发表讲话，发誓要领导全国民众报仇雪恨。只是他并没有从轮椅上站起来，多年前那场小儿麻痹症使得这位年届花甲的总统下肢瘫痪，再也离不开轮椅了。

当天，美英对日宣战。

直到这时，美国国防部才想起中国大使馆曾提醒他们注意日本动向、日本有袭击珍珠港的迹象。虽然他们不能想象中国的密码侦译技术发展到何种程度，但仅凭能破译日本的秘密军事情报，便可推断中国在这方面取得了长足进展。于是，美国军方情报部门向中国驻美大使馆打听情报来源，得知是军统局提供后，立即与萧勃取得联系，希望能与军统局进行情报合作。

得到这个消息，戴笠的激动与兴奋不亚于当年在"人才济济"的复兴社，以黄埔六期的"小字辈"身份脱颖而出，被蒋介石任命为特务处处长！

戴笠立即回电，指示萧勃趁热打铁，抓紧时机在美国活动，以期促成与美方的合作。

出乎意料的，美国驻华大使馆武官迪帕斯上校来到了军统局本部，走进了戴笠的办公室。这让戴笠看到了美国人合作的诚意。不错，迪帕斯就是来商谈在对日作战中进行情报合作的。

为了促成合作，戴笠在"漱庐"设盛宴招待迪帕斯，同时邀请军令部二厅厅长杨宣诚、副厅长郑介民、航空委员会主任周至柔等人作陪。这次宴请，戴笠和他的军统及电讯处给迪帕斯留下了深刻印象。

其实，在迪帕斯与戴笠正式接触之前，英国人早已捷足先登，同样为军统的对日情报侦译技术而来。

对英军的情报支援

事实上，英国驻重庆的特务们在日军对重庆的轰炸中，早已目睹了重庆官方一次次发出的准确无误的空袭预警，英国谍报部门也已注意到军统在电讯方面的综合实力，希望与军统开展电讯方面的合作。

其时，英国一方面对日寇侵略中国采取中立政策；一方面又要利用中国牵制日本，阻止日本南侵步伐，以保护其在东南亚的利益；同时又想从军统获得对日军事情报，尤其想得到军统破译日军电讯密码的特种技术，因而早在1940年便开始与中方协商成立"中英特种技术合作所"。当然也要给中方一点好处，那就是与军统秘密组织中英特务合作，为军统训练武装特务，供给武器弹药和爆破器材。

充实装备，扩大特务武装，戴笠对此求之不得。但他同意的这个合作是有所保留的，那就是不可能真的将研究多年的对日密电侦译技术传授他人。这并不妨碍中英情报合作，军统会向英方提供完整的有关日本陆海空军在中国沿海及大陆的军事情报，其中着重于日本空军的情报。

早在1940年10月，军统便派陈一白、王惠民等20多人组成"香港侦空工作队"，在香港山顶缆车站旁的英国陆军营房内建立侦收台，侦收范围覆盖广州、三灶岛、汕头、福州机场，以及香港周围海面。

侦收队与英方在半山建立联络站，凡重要情报随时送至半山联络站，次要的每天汇总送一次。英方派一名陆军上尉负责与中方联络。

英国人在香港没有情报机构，对中方传递的军事情报极为重视。尤其日军轰炸珍珠港后，英军更是亟须知道日军动态，特地派一名少校到侦空工作队，要求多提供情报。

12月9日清晨六时，侦空工作队侦知广州、三灶岛等机场日机起飞，飞行目标是香港，立即通知英方发放警报。一个小时后，果然日本飞机飞临香港上空，轰炸陆军军营、香港海军船坞等重要目标。此后日方连续对香港进行轰炸，全凭军统侦收台及时提供情报，发出预警。香港沦陷后，香港侦空工作队的工作方告结束，同时应英方要求，军统又派遣了仰光侦空工作队和印度侦空工作队。

12月10日上午，军统重庆、成都两个侦空组侦收到西贡日本空军基地与从西贡起飞的侦察机的联络密电，侦察机向基地报告："新加坡北方百余海里的海面上，发现英国主力舰一艘，巡洋舰一艘，驱逐舰三艘……"

11点多，日军西贡基地有三批轰炸机起飞，向南飞行。不久侦收到日军轰炸机向西贡基地的报告："已飞临×地上空，地面无防卫火力，英军舰正向外海移动。第一批轰炸机开始轰炸主力舰'威尔斯亲王号'，舰面高射炮火力微弱，已炸中舰面，第一层甲板洞穿……"

第二批轰炸机报告："第二批轰炸机已飞临'威尔斯亲王号'上空，投弹中第二层甲板。该舰且战且走，以高速向新加坡东南30海里海面驶行……"

11时50分又侦收到："'威尔斯亲王号'锅炉被击中爆炸，引起弹药库爆炸，逐渐沉没。'却敌号'也被炸下沉……"

这两艘战舰是不久前才开赴远东的。1941年下半年，日本加快南侵步伐，东南亚局势日益危急。为威慑并遏止日军南下，保持其在远东的威望和权益，英国特地派出由战列舰、战列巡洋舰、航空母舰及驱逐舰组成的远东舰队。其中，"威尔斯亲王号"与"却敌号"是英国最新威力最大的战舰。"威尔斯亲王号"更是号称炸不沉的兵舰，曾在南美乌拉圭外海击沉德国战舰"俾斯麦号"。该舰建成于1940年，排水量3.5万吨，作战官兵1500人，时速30海里。舰上装有十门14英寸大炮、16门高射炮、32挺高射机枪，并载有飞机四架、飞机发射台一座。舰面甲板共三层，各厚六英寸，护炮装甲厚十英寸（1英寸=2.54厘米）。

英国人做梦也不会想到，他们号称炸不沉的战舰会葬身海底！

当戴笠将情况呈报蒋介石，蒋介石命人打电话通知英国驻华大使柯尔时，柯尔的第一反应与美国人听到日本将袭击珍珠港一样，认为是天方夜谭，在电话中说出一连串的"不可能"。

尽管不相信，柯尔还是立刻报告了伦敦。第二天，英国政府在发回的电报中证实，中国的情报完全准确！柯尔只得打电话向国民政府军事委员会表示感谢。

与此同时，由英方协助军统训练抗日游击武装一事亦被提上议事日程。1942年元月，军事委员会别动军司令部在重庆小龙坎成立，并在别动军司令部东南小高地上新盖一所西式平房，作为中英特务合作办公室。

别动军由两部分人马组成，除了已成型的忠义救国军外，就是各战区督导组与便衣混城队。忠义救国军以原有建制自成体系，部队番号改为"别动军忠义救国军"；各战区督导组与便衣混城队则重新组编，番号为别动军一至九纵队。

别动军司令由戴笠举荐经蒋介石批准，由忠义救国军总指挥、已在此前担任"中英特种技术合作所"所长的周伟龙担任。

戴笠与周伟龙的关系可谓渊源很深，他们既是非常铁的哥们儿，又是十分融洽的上下级。当年唐生智反蒋时周伟龙已是其总指挥部宪兵营营长，戴笠还是无名小卒，却独闯信阳城冒名前去游说周伟龙，而整个信阳城正在严查蒋军奸细。倘若游说不成，周伟龙将戴笠扣押，等待戴笠的唯有"出师未捷身先死"了。戴笠对周伟龙也是投桃报李。周伟龙任上海区长时被捕，戴笠不惜动用一切关系予以营救，这在沦陷区所有军统被捕人员中是独一无二的。

在用人方面，戴笠原本注重用其所长，本着"马不必骐骥，要之善走"的最基本原则，早年尚能知人善任；但随着摊子越来越大、人员越来越多，且形势变化无常，对干部的任用便越来越显出被动，甚至随意。虽说对高级干部的任用还算慎重，在干部的管理与沟通方面则明显不够，比如对待王天木与陈恭澍，未免疏于管理、沟通与疏导，方式方法也过于简单。对周伟龙亦是如此。

别动军司令是一个中将级高级干部职位，将这样一个重要岗位交给周伟龙，自然是出于信任。在军统的高级干部中，真正在正规部队带兵上过战场的寥寥无几，而周伟龙便是其中一个，且毕业于黄埔军校第四期，又是忠义救国军总指挥，从资历到经历都是其他人不可相提并论的。

军统局成立之后，戴笠将特务武装看得尤为重要，对别动军司令这个人选，他所寄托的厚望不仅仅局限于这个职务本身，他是作为"接班人"来确定这个人选的。在曾家岩公馆，戴笠曾对局本部前来共进工作午餐的干部表示，他每年有半年时间去西北、东南出巡，当时的公路条件恶劣，交通工具落后，干的又是特务工作，随时都有可能遭遇翻车、敌机轰炸、遇刺、中毒等等，他认为一旦他遭遇不测，只有周伟龙能接手军统这个摊子。

然而，令戴笠做梦也没有想到的是，他倚为心膂股肱的这位老兄，很快就把中英合作所搞砸了，掐指算来，从开张到关门也仅仅维持一年有余。究其原因，周伟龙负有不可推卸的责任。

周伟龙作为中英合作所所长兼别动军司令，到任后立即催促英方尽快运送武器弹药和爆破器材；英方特务则坚持先训练，然后再运送武器装备，同时要求拥有作业控制权。作业控制权不能放，却未必不能沟通。周伟龙向来清高自负，锋芒毕露，与人合作少有回旋余地；而英国特务也不是省油的灯，坚持寸步不让，双方各执己见，形成僵持局面。

事实上，谈判桌上的斡旋既不同于在部队带兵，亦不同于担任上海区长，这并不是周伟龙的强项。这一点戴笠应该清楚，周伟龙或可胜任忠救军总指挥、别动军司令，未必能干好中英合作所所长。以其个性，实在不适合与傲慢的英国人打交道。而戴笠在周伟龙上任之后，从此将中英合作全部事务推给了周伟龙，他本人既不参与协商谈判，也很少过问，甚至在发现周伟龙将中英所及别动军司令部搞成了湖南同乡会，也只是内心不满，并未与周伟龙沟通，也没有提出任何警示。

在中英双方各存私心的情况下，双方的僵局始终未能打破，硬碰硬的结果最终导致一拍两散伙，英方特务从此撤出中英特务合作办公室。

这个结局令戴笠十分失望，尽管他本人已忙于中美特种技术合作所的合作事宜，仍为中英合作所的结束遗憾不已。

在中英合作所关门后，1943年10月，戴笠下令周伟龙入重庆山洞陆军大学将官班学习，其别动军司令与忠义救国军总指挥两个职务全部由他人接任。借"学习"的名义将其免职，也算给周伟龙留足了面子。但"学业"结束后，周伟龙一直处于投闲置散之中。

终戴笠一生，再未重用周伟龙。

初会梅乐斯

1942年5月3日，军统局的一位重要客人——美国海军中校梅乐斯飞抵重庆。

梅乐斯军阶不高，肩负的特殊使命却不容忽视。他是驻美国大使馆副武官、军统美国站站长萧勃继雅德利之后，为军统请来的第二位美国"客人"。

梅乐斯生于1900年，出身于美国海军官校，曾入哥伦比亚大学研修电机工程，获硕士学位，亦为电机水雷专家。官校毕业后，供职于美国海军亚洲舰队，一度充任舰长，往来中国沿海地区达八年之久，熟悉各水域海港情况。他是接受美国海军军令部长金氏上将指派，来华执行特殊任务的。

萧勃与美国海军中几位熟悉中国情况的军官比较熟悉，其中就包括梅乐斯。美国海军中不乏有识之士，他们一直注意日军动向，认为日军迟早会发动太平洋战争，其第一步骤，就是尽速占领东南太平洋沿海陆地，驱逐西方势力。美国有与中国合作之必要。

果然，珍珠港事变爆发仅仅十几天，日军便以迅雷不及掩耳之势攻占香港、倾力攻掠东南亚及太平洋各重要岛屿，旋即横扫亚洲的英美殖民地。这对英美不啻当头棒喝，美国也开始重视海军方面的意见。

美国对日作战必须以海军为主力，适当配合空军，先歼敌于海上才可决定胜负。当时美国只有七艘航空母舰，实难大规模出击，唯有利用中国陆地。

为应付日军威胁，美国特派大西洋舰队总司令金氏上将兼任海军军令部长。金氏命令梅乐斯去中国，在中国尽可能多地建立一些气象站，为配合美国海军在太平洋作战提供气象情报；同时装备和训练一支在中国沦陷区进行侦察、爆破等作业的突击队，从事对敌破坏工作，协助海军骚扰日军；并建立适用于美国海军登陆的基地，为三四年内迎接美国海军登陆中国沿海做准备。

尽管梅乐斯熟悉中国沿海水域与港口，但到一个没有人脉关系的国度，深入敌占区建立基地，谈何容易！

为了寻找达成任务的途径，金氏上将召集梅乐斯、海军少将李威廉和中国驻美大使馆副武官萧勃，在华盛顿大饭店开了一个房间，商讨此事。

为了说服金氏等人，萧勃首先分析了合作方的可行性。既是深入敌后，与中国海军方面合作显然不现实。当时国民党海军力量薄弱，不可能潜入敌后开展活动。国民党在沦陷区有较为完整的潜伏组织的，只有军统。军统不仅有遍布沦陷区的情报单位，更有开展军事活动骚扰日军的敌后武装——忠义救国军。

萧勃很肯定地说：

"无论梅乐斯先生要去中国的任何沦陷区，戴笠将军的敌后工作人员都可以护送他安全到达；建立气象站与基地、组织武装力量骚扰敌人，都可以做到。"

萧勃说得非常干脆，金氏等人不能不信。

"戴笠将军是谁？"梅乐斯问。

"他是蒋委员长幕僚中一位极重要的人物，他可以为你安排一切。"

萧勃又介绍了有关戴笠的情况，并肯定地说：

"只有在戴将军协助之下，你的任务才能轻而易举地完成，不会有什么困难。"

为了进一步了解戴笠的情况，梅乐斯又到国务院和陆海军情报署查阅有关资料，结果却与萧勃所介绍的完全不同。这些资料记载的细节不尽相同，但结论如出一辙，说戴笠是一个出名的刺客，是一个"盖世太保"似的神秘组织头目，该组织在上海一带被称为"蓝衣社"，还成立了专门囚禁政敌的"集中营"。并说他非常不喜欢外国人，绝少有外国人能够见到他。其中有一个资料，竟说他曾杀害（未遂）自己的母亲两次之多。

对这些内容，梅乐斯不能完全相信。但当他在其中一个报告上看到在海军官校的同班同学麦克胡的签名时，他对此不再怀疑，因为麦克胡此时仍在重庆任美国驻华大使馆海军武官。

但此时戴笠已报请蒋介石并获得批准，欢迎梅乐斯来华，由军统予以安排接待，并已回告萧勃。事到如今，梅乐斯也只能走一步看一步，随机应变了。

4月上旬梅乐斯启程，途经锡兰（现为斯里兰卡）时临时决定去看望在科伦坡的老友——美国海军上校李末斯，想更多地了解一下军统及戴笠的情况，于是在科伦坡下了飞机。从李末斯那里听说美国驻华大使高思及老同学麦克胡正在印度，准备乘飞机返回重庆，梅乐斯又赶到印度与高思、麦克胡会合，然后同机飞往重庆。

戴笠早已从萧勃的电报中得知了梅乐斯的启程时间，随着行程的不断改变，其行动路线也由军统设于锡兰、印度等地的情报站，及时向戴笠做了汇报，但梅乐斯到重庆的具体时间未能及时获悉。

由于无人接机，梅乐斯当晚下榻于重庆嘉陵宾馆。

在梅乐斯刚刚离开机场之后，机场航空检查组的特务便将电话打到了戴笠的办公室。尽管迫切需要与美国合作，但戴笠一向爱面子，在外国人面前更是不能失了身份，所以并没有登门拜访梅乐斯，只是派了一辆雪佛兰小汽车去嘉陵宾馆，供梅乐斯使用。这让梅乐斯不无惊讶，也就是说，他一落地戴笠就得到了信息。

第二天下午，戴笠派员将梅乐斯与麦克胡请到了"漱庐"。一见面，又让梅乐斯吃惊不小。戴笠首先为没能派人接机表示歉意，原因却是梅乐斯中途下了飞机，又从锡兰转印度飞重庆，行程一变再变，没有把握好时间。

当翻译刘镇芳将戴笠的话讲给梅乐斯后，梅乐斯当即意识到连锡兰和印度都有戴笠的情报人员，震惊之余，开始相信萧勃的话没有错。

当天晚上，戴笠在"漱庐"设宴为梅乐斯接风洗尘，作陪的有毛人凤等数名军统高层干部。

宴席上，谈到梅乐斯的住处，戴笠问：

"中校先生喜欢住在城里，还是喜欢住在乡下？"

"住哪里都行。不过，我更喜欢到处走走。"

"这好说，什么时候去，随时都可以安排。"

见戴笠说得如此轻松，梅乐斯没有再怀疑，他相信戴笠有这个能力。

戴笠自然知道梅乐斯肩负的任务，他本人也想尽快让梅乐斯了解军统情况，早点达成合作协议。但心急吃不了热豆腐，必须做好铺垫，方能水到渠成。

"我的意见，中校先生先熟悉熟悉情况，然后再去东南沿海也不迟。"

梅乐斯点点头表示同意。

这第一次会面，梅乐斯对戴笠的观感是：说话直率，待人诚恳，目光炯炯有神，英气逼人，比在萧勃家里看到的照片要老些。并在回忆中说："麦克胡过去虽然写过对戴将军极不友善的报告，可是，今日之会，也使他对这位目光敏锐的将军观感一新。"

这个晚上，梅乐斯被接到了神仙洞的豁庐，住进了雅德利曾住过的那幢花园别墅。除司机和保卫人员、服务人员外，戴笠特地为梅乐斯派了两名翻译，英语翻译刘镇芳和粤语翻译潘景翔。

展示合作实力

为了尽快促成中美合作，戴笠给梅乐斯准备的第一个"见面礼"是军统局高级干部工作汇报会。这个会议将有助于梅乐斯了解军统情况，相信会给梅乐斯留下深刻印象。

翌日上午，戴笠邀请梅乐斯与麦克胡一同出席会议。军统局与会人员都知道这个会议的重要性，会场气氛严肃庄重而又和谐。

其实会议的气氛倒不是特意做出来给梅乐斯看的，军统局的一般会议都是庄严肃穆的，只要戴笠心情好，无论会上会下，他都能表现得很"亲民"，会议的气氛也就在严肃中不乏和谐温馨。

当然这个"亲民"也不是装出来的，而是草根出身使然。只是随着摊子的扩大，权力越来越大（官职仍是少将级副局长），难免生出些骄矜与专横，"亲民"表现也就渐渐地少了。

戴笠在这个会上的表现自然是很"亲民"的。无论是他本人讲话还是听取下属工作汇报，抑或是与下属交流互动，都表现得亲切自然，而且看得出他在下属中的威望。他给梅乐斯留下了"精明干练、刚毅果敢、轻松诚恳、和蔼可亲"的印象。应该说前三点是戴笠的本色表现，最后一点在戴笠身上也是时常出现的，比如对朋友，对亲近的下属，对军统局以外的同级别国民党官员等。

给梅乐斯留下的另一个深刻印象，是有别于大多数国民党官员的特质：既无一般中国官场的繁文缛节、卑躬屈节的礼数，也无装腔作势故作神秘的神态，性格上近似西方人。

看来梅乐斯看人还是很准的，对戴笠的初步印象，与戴笠的个性、行事风格完全吻合。戴笠出身寒门，没有受过正规教育，哪有什么繁文缛节与礼数；他讲话直来直去，做事风风火火讲求效率，与军人出身的梅乐斯倒是很投缘。

军统局的与会干部也给梅乐斯留下了良好印象，他们没有一个表现得唯唯否否。无论是汇报还是提问，都能争相发言。对梅乐斯的提议，都能专心倾听，然后充分发表个人意见。

梅乐斯所提议的问题，主要是气象情报的大量获得、无线电密码侦译的进行，以及如何骚扰日军，比如在中国沿海日军经常使用的水域中布雷等。戴笠当场表示，可暂时利用军统散布各地的秘密组织和电台配合搜集气象情报，利用军统现有的密电侦译人员与设备开展对日军事情报的侦译；至于骚扰日军，潜伏敌后的忠义救国军一直在从事此项活动。只是多数士兵没有接受过专业训练，只要加强培训，装备先进武器，很快会提升战斗力。

如此说来，各项任务都有现成的人马，只要加以扩充、补充先进设备与武器、对人员加以培训提升，一切看起来都将水到渠成。这似乎也太简单了——梅乐斯将信将疑。

不料，几天后，敌后情报如雪片般相继飞来，不仅中国大陆敌后沿海各地，连越南、缅甸、泰国、中国台湾、菲律宾、婆罗洲等地的敌情和气象报告，也都相继转交到梅乐斯手中。

如此高的效率，梅乐斯不无惊异。到重庆后短短十来天的所见所闻，彻底打消了他的疑虑，扭转了美国务院和陆海军情报署带给他的对戴笠的不良印象，他庆幸此行找对了人。

接下来是安排梅乐斯的东南沿海之行。梅乐斯要考察的闽浙沿海一带，是沦陷最久、敌人戒备最严的地区，而且此时日军正发动浙赣会战，分别由浙东、南昌进犯浙赣铁路。此时深入敌后，尤其是有美国人同行，首先需要考虑的是安全问题。

由于戴笠需要先行一步去东南沿海处理紧急事务，所以临行前做了周密安排，商定了梅乐斯启程日期、行程路线和两人相会的时间地点。

对于随行人员，梅乐斯提出带美国大使馆工作人员鲁赛同行。虽然戴笠给他派了英语翻译与粤语翻译，但鲁赛不仅可以充当翻译，而且是无线电专家，在异国他乡的一队中国人中，有这样一个同胞同行，自然心里会踏实许多。戴笠对此非常理解。

其他随行人员有海军部上尉林葆恪、总务张东生和卫士、厨师、司机等服务人员，一行共12人。

安排好梅乐斯的出行事宜，戴笠于5月18日提前离开重庆，赶赴东南沿海。

既然都是去东南沿海，因何不能同行，一定要分时分道而行？对此，麦克胡不能理解，怀疑戴笠并非真诚合作。他对梅乐斯说：

"迄今为止，外国人没有一人与中国特务机关合作成功的，戴将军对这一类的事情，表面上虽然会答应，但是决不可能当真付诸行动。"

"我看未必。"

梅乐斯有自己的看法，他认为戴笠有紧急事情需要处理，没必要与尚未正式合作的外国人解释。麦克胡却是振振有词：

"你知道英国人早就跟他们谈合作了吗？可谈了很久还是没谈成，英国派来与他们合作的代表团，已经准备返回印度了！"

"为什么没谈成？"梅乐斯疑惑地问。

"因为戴将军不肯接受他们保持作业控制权的要求。"

"这个原因啊！"梅乐斯笑了，"不接受很正常，毕竟这是在中国。如果其他国家的人到美国，提出这样的要求，我们也不会接受。"

"这怎么能一样？"

在麦克胡看来，美国人历来都是高人一等的。但是梅乐斯认为，在短短的三个月之内，英国人、荷兰人都先后在日本人手中吃了苦头，美国强大的舰队在珍珠港遭日方惨重的轰炸，英国两艘战舰被炸沉在南海海底，中国香港、新加坡、爪哇都告陷落，马尼拉也被占领，美菲军民曾浴血奋战也未守住巴丹，整个菲律宾与荷兰属东印度全部沦为敌手。唯中国人孤军奋战四年半之久，仍然屹立不屈，谁还能对这个国家再加以轻视呢？

"戴将军似乎也没有想到谁比谁更优越的问题，中国乃中国人之中国，这就够了。他认为我可以帮助中国，而他也可以对我完成任务提供帮助，怎么会没有诚意呢？"

但梅乐斯无法说服麦克胡，而与麦克胡持相同观点的，还有高思大使。

对戴笠来说，与美国合作是眼下压倒一切的任务，他把这个合作看得重于一切，却为什么在如此重要时刻抛下梅乐斯独自一人上路呢？

沿海考察"亮肌肉"

其实戴笠根本没想那么多，因为他为梅乐斯的东南行做了充分准备，对沿途各地的接应、保护、招待和协助其完成考察都精心做了安排，能否达成合作的关键是军统能否为梅乐斯提供帮助，而不是自始至终陪伴在梅乐斯身边。

正是由于梅乐斯的到来，戴笠不得不将沦陷区潜伏组织的一大堆亟待解决的事务暂时压下。而这一大堆事务中最迫切需要处理的是别动军的组建。中英合作夭折后，别动军已在组建中，戴笠自然不愿放弃这支已被批准并获得番号的特务武装。在京沪区瘫痪之后，忠义救国军发挥了震慑汪伪汉奸的巨大作用，1942年元月在上海组织的纵火、爆破、惊扰和袭击日伪军及汉奸的行动，使戴笠看到了特务武装在敌后的优势。

忠救军原本自成体系，便衣混城队则是各战区从基层抽调精干力量组成、分散于各战区，改编起来需要一定时日。戴笠早已下令东南各沦陷区的便衣混城队主要负责人4月底聚集江西上饶，研究改编别动军事宜，所以在安顿好梅乐斯的出行后，便遄赴上饶与等候在那里的各便衣混城队负责人会合。

布置完混城队改编别动军事宜，戴笠又为解决忠义救国军军费问题赶赴老家江山，先与驻扎江山附近的四十九军取得联系，然后赶往县城宴请以县长丁琮为首的头面人物，第二天赶往浦城。

梅乐斯一行12人按约定时间于5月26日启程，沿着事先约定路线，绕道湖南、广东和赣州，向福建浦城进发。一路上以卡车、滑竿、轿子为交通工具，穿越敌境时便化装成平民步行。由于每到一处都有当地军统组织人员接应与掩护，一路并无惊险，十来天后顺利抵达福建浦城。

梅乐斯赶到浦城的时候，戴笠正在那里接见来自东南各沦陷区的区、站负责人。梅乐斯发现，这些人来自南京、上海、杭州、福州、厦门等不同省份和地区，连新近沦陷的香港区潜伏干部也到了，向戴笠汇报工作，接受指示。他们化装成各种不同身份的人，悄然来去，使梅乐斯感到军统在沦陷区的潜伏组织既强大隐秘，又组织严密，是一支绝好的可资利用的力量。

其实，戴笠在江西上饶改编便衣混城队的同时，便已电令各地潜伏组织负责人到浦城汇报工作。如此安排，一方面是为了节省时间，一方面也是为了进一步向梅乐斯展示军统实力。

当梅乐斯就某一地区提出气象、情报等想知道的问题时，戴笠大都能给予满意答复，并对所了解的最新信息加以分析。有不甚了解的，再通过电台联络，皆能迅速得到答复。如此一来，梅乐斯不仅了解了军统的潜伏组织，对戴笠个人的工作魄力和在军统中的威望也有了进一步了解，增加了合作成功的信心，并开始考虑合作计划。

6月9日一早，戴笠接到情报，日机要来浦城轰炸，他立即与梅乐斯及其随行人员一同乘车到城外田间躲避。果然，不久便有11架敌机飞临浦城上空，开始对浦城狂轰滥炸。

戴笠和梅乐斯坐在田间的大树下。照理说这里并不十分安全，随时可能会有爆炸的弹片飞来。但已经习惯了炮火硝烟的两人，对此并不在意，一坐下梅乐斯就称赞说：

"你们的情报很准确！"

此时就军统的密码破译技术来说，通报敌机偷袭情报已经是十分成熟的技术，戴笠觉得提出合作意向时机已到，听完刘镇芳的翻译后，他笑着说：

"你告诉中校先生，美国希望在中国做许多事情：需要气象报告指示他们在海上的飞机和军舰，需要日军的动向和作战活动的情报，需要在我们的海峡和海港中布下水雷对付日军等。这些作业都需要支持和保护，如果他把我们最可靠的五万游击队装备起来，进行训练，他们既可保护美军作业，又可为中国工作。"

说完这番话，戴笠又直接向梅乐斯问：

"如果美国准许你接受在中国陆军中当将军的任命，我们就可以一同来运用这批训练出来的人员。"

梅乐斯听后，认为戴笠的提议完全符合美国人的利益，这是为美军日后在中国东南沿海登陆做准备，况且戴笠建议共同作业控制，于是一口答应。

尽管戴笠不懂英语，但听到"OK"这个词，他笑着伸出右手与梅乐斯握手，两人干脆而又默契地达成合作意向。

这对戴笠来说，预示着中美合作将朝着他设想的方向发展，他所主持的特务组织将迎来军统建立以后关键性的飞跃。

在他们离开浦城向海边前进的时候，戴笠接到蒋介石的催归电报，于6月13日提前返回重庆，临行前指派驻浙江的军统东南办事处负责人毛万里陪同梅乐斯到温州，勘查浙江沿海；又指派闽南站站长陈达元陪同勘查福建沿海海岸。梅乐斯沿途实地勘察地形、水文、气象，为将来设气象站、无线电台，建立海岸观察哨以及登陆地点做准备，为此实地拍了许多照片作为数据资料。

由于当时金门与厦门已被日军占领，梅乐斯一行的勘查工作非常艰辛，走遍了百余里的沿海地带，穿越厦门海湾和金门海湾大大小小的岛屿，巧妙地躲避着日军的岗哨。在抵近厦门海湾时，梅乐斯按照戴笠的叮嘱，化装成挑夫，由游击队引导，搭乘小舢板前行。但在7月4日晚上准备搭上舢板离开的时候，他们被日军发现，展开了一场短兵相接的战斗。在击退敌人之后，他们赶紧上船撤退。紧接着，有六卡车援兵赶到，与日军交战，最终日军丢下多具尸体仓皇败退，援军无一死伤。

第二天他们在海澄附近靠岸，包船从水路赶到漳州，由漳州步行到龙岩，他们来时乘坐的卡车就等候在那里。然后乘车经赣州、曲江、衡阳、芷江、贵阳，于7月19日安全返回重庆。

此次东南沿海之行，对梅乐斯来说可谓收获颇丰，不仅对军统在东南沿海的潜伏组织有了一个全面的了解，而且得到了对东南沿海实地考察的第一手资料。到重庆后，他立即向华盛顿做出详细报告。

华盛顿众多高级军官意见并不一致，他们的办公室里展示的中国地图中，大部分地区都有被日军占领的标志，沿海一带被占据更是为时已久，在那里建立据点策应美军作战，他们认为既危险又无把握。

但是，梅乐斯的第一手资料为他们提供了有力证据，军统设于东南沿海的潜伏组织为他们达成任务奠定了基础。梅乐斯在报告中用他的亲身经历、所见所闻说服了金氏上将。于是，金氏上将下令梅乐斯草拟合作协定。

很快，双方在重庆成立中美合作筹备处，草拟中美特种技术合作协定，并由蒋介石于12月16日批准为"中美特种合作协定"。

韦孝儒案与军统何干

1942年是戴笠向事业顶峰冲刺的一年，他把扩大特务武装视为增强军统实力的基础，无论中英合作还是中美合作，目的不外乎此。但别动军的组建却经历了一个比较长的时间。忠义救国军原本就是军统的武装游击队，所谓改编，只是归属别动军而已，便衣混城队则不然。由于构成成员为各战区部队中抽调的精干士兵，经军统派遣人员培训之后协助各自战区作战，对这样一支分散于各个战区的武装力量进行改编，尽管各战区进展还算顺利，到进展最慢的第五战区便衣混城队改编的别动军第六纵队成军的时候，已经到了1943年春天。

戴笠在浦城与梅乐斯分手返回重庆后，于当年8月初再次出巡，主要任务就是视察各战区便衣混城队的改编情况。首先到的是第五战区司令长官部所在地——湖北老河口。当初向各战区派遣编练专员时，第五战区是个老大难"单位"。第五战区司令长官李宗仁，连蒋介石都对他无可奈何，军统的大小干部们更是唯恐避之不及，哪个还敢往跟前凑？最后这个"苦差"落到了加入军统不久的徐志道头上。

徐志道是江苏南通人，生于1902年，毕业于黄埔军校第四期。

加入军统之前，徐志道在宪兵部队干了十年，1938年在徐州结识戴笠，被认为是难得的军事人才，当即委以军事科科长，不久被派往上海，任忠救军第三纵队指挥，后改任忠救军淞沪指挥部参谋长。1940年夏被派为第五战区便衣混城队少将编练专员，后改为督导组长。

如今第五战区便衣混城队改编为别动军第六纵队，徐志道正组织混城队中下级干部的集训。戴笠视察了集训情况，对徐志道的工作十分满意。

在随后为改编别动军开办的旨在训练第一、第五、第十等战区混城队中下级干部的"洛阳特训班"，戴笠指派徐志道为特训班副主任（主任为戴笠），主持训练。在同年（1942年）8月底到职后，徐志道做梦也没有想到，他将在洛阳目睹军统历史上最惨烈的一场"殉法"——军统著名三大杀手之一、第一战区便衣混城队督导组组长赵理君被处决。

戴笠此行最放心不下的，也正是本该一切顺利的以赵理君为督导组组长的第一战区便衣混城队与军统河南站。

前不久河南站代站长李慕林为争夺站长之职，指使该站行动大队长牛子龙暗杀了即将到任的站长崔方坪；而在上级严查之下，牛子龙为求自保而灭口，杀了李慕林及妻儿一家三口。就在凶手归案、河南站刚刚消停下来的时候，第一战区再爆冷门——河南第十二行政督察区行政督察专员兼保安司令韦孝儒失踪了！

当时，河南省政府为整理地方行政，召集全省行政督察专员到洛阳开会。韦孝儒是复旦中学董事，与该校校长郭兆曙是朋友，到洛阳后下榻复旦中学。

大会开始后一切正常，韦孝儒还作为第十二行政督察区行政督察专员，在会上作了施政报告，当晚又参加了河南省府在洛都饭店举办的宴会。宴会结束后，韦孝儒带着随行人员回到复旦中学下榻。

没想到，第二天韦孝儒就失踪了，同时失踪的有他的秘书与副官，还有复旦中学校长郭兆曙、教务主任南西光、教员丁次镛。

这天是1942年3月15日。

一个行政督察专员，到战区司令长官部所在地洛阳出席省政会议时失踪了，这实在是天下奇闻！一时间震动了整个洛阳城及全省，第一战区司令长官蒋鼎文更是怒不可遏。

尽管戴笠并不知韦案是否与军统有关，但被蒋鼎文指定破案的，正是军统在河南的三个重要人物——平汉铁路南段爆破总队队长兼河南省政府调统室主任岳烛远、河南省保安司令部谍报股长土鸿骏、第一战区便衣混城队编练专员赵理君。

指派军统特务破案，本在情理之中。令人费解的是，时隔数月，案情竟毫无进展！如此大案若不能及时侦破并一拖再拖变为悬案，将会造成恶劣影响。以戴笠对这三人的了解，侦破此类案件原本不在话下，那么，为什么迟迟不见进展呢？

韦孝儒案原本与军统无关，迟迟不见进展让戴笠不由得心里发毛，真担心再弄出个敢捅娄子的张超。而那个一向胆大妄为、做事不顾后果、行动多于智谋的赵理君，比张超更让他不放心！

迟迟不见进展的原因，恐怕只有一个：案情与三人之中的某人有关！而这个"某人"，除了赵理君还有谁有如此胆量？

正因为带着这样的担忧，离开老河口，戴笠直奔洛阳。刚到河洛图书馆住下，第一战区与河南省政府的高层相关人物便纷纷出面，请他下令洛阳的军统负责人尽快侦破韦案。河南省政府主席李培基亲自往晤戴笠，谈过案情之后，戴笠忽然问：

"韦先生会不会与共产党有联系？"

李培基一愣，然后口气坚决地说：

"不会，绝对不会与共产党有联系！"

李培基并不明白戴笠为什么会有这种疑问，在戴笠却是顺理成章的。因为韦案若真是其部下所为，那么只要韦孝儒与共产党有联系，这个案子也就很容易顺水推舟了，尽管他尚不能最后确定韦案是否与他的部下有关。

李培基告辞后，一直等候在外间的赵理君走了进来。在下属面前，戴笠用不着拐弯抹角，劈头就问：

"韦孝儒到底去了哪里？事到如今，你应该告诉我真相了！"

见戴笠口气如此肯定，赵理君迟疑了一下，最终还是摇摇头给了一个否定的答案：

"我也知道案情重大，需要尽快破案，可至今查无线索。"

戴笠死死地盯着赵理君的眼睛，直截了当地问：

"当真不是你干的？"

"不是。"赵理君躲避着戴笠的目光，摇摇头。

见赵理君否认，戴笠松了一口气：

"那就好。在光天化日之下绑架行政专员，团体中除了你，别人真做不出这种荒唐事。"

戴笠的言外之意是，只要你赵理君没干，这事就与军统无关了。目前的工作重心是训练混城队，尽快完成别动军改编，促成中美合作，在这个节骨眼上，他真担心赵理君节外生枝捅个大娄子，影响军统声誉。

但赵理君心中有鬼，戴笠的话说得他冷汗涔涔。戴笠却如释重负，口气轻松地说：

"既然这样，那就尽快研究侦破方案，查找突破口，尽快破案！"

其实只要戴笠再坚持一下，或许赵理君就会向他和盘托出。

赵理君此番前来原本就是这个目的——向戴笠"兜底"，谎报韦孝儒"通共"，将他"绳之以法"了。倘使他先于李培基来到，也根本用不着戴笠询问，他一进屋就会不打自招。但由于他晚到一步，在等候的过程中听到了戴笠与李培基的谈话，关键的一点是李培基说韦孝儒与共产党没有联系，这让他不能再以"通共"诬陷韦孝儒。

不诬告韦孝儒就不能对戴笠说出实情吗？其实未必。

众所周知，戴笠向来护犊子。挨骂自然免不了，可是关起门来挨骂算得什么？倘若这个时候告诉戴笠，或许还来得及补救。但以赵理君的狂妄不羁，根本想不到最终会丢了小命，因而一念之差矢口否认。

戴笠召集了参加破案的三个重要下属，严令他们放下手头一切工作，集中精力迅速侦破此案。

韦案与军统无关，戴笠如释重负，离开河南后，经西安返回重庆。不久，韦案果真有了进展，而且竟然告破了。但是这个告破结果却令戴笠赫然震怒！

东窗事发，护犊心切

电报是徐志道打来的。

此时，徐志道正在洛阳主持第一、第五、第十等战区联合举办的"特训班"，对韦案进展及赵理君的情况了解得比较清楚。

戴笠的猜测没错，韦案的确与赵理君有关，是赵理君的部下、被派到豫东沦陷区的混城队大队长曹银屏所为。

赵理君的下属与韦孝儒的下属之间，矛盾争斗由来已久。曹银屏的大队在豫东沦陷区及晋南中条山等地工作，经常从沦陷区回洛阳汇报，又从洛阳返回沦陷区，往返时便贩运私货，以牟取暴利。位于通许县境内的黄泛渡口，是他们往返必经的一道关卡，这个关卡是由韦孝儒的地方团队把守的。

韦孝儒的第十二区专署就设在通许县，他的地方团队驻守在通许县境的黄泛区西岸。曹银屏的人插翅也飞不过这个渡口。由于要求分肥不遂，双方相遇如仇人相见，经常大打出手，以致韦的部下打死曹银屏下属20多人，曹的人打死韦的部下十多人。

有一次，地方团队将曹的几个人押解到专署，由韦孝儒亲自审讯。本就是人赃俱获，这几人却不识相，自恃有省政府调统室（主任岳烛远）做后盾，根本没想到县官不如现管，小命已经攥在人家手里了，还耀武扬威。结果十分霸气地亮出了身份，以为能把韦孝儒镇住。

却不料，不亮身份还好，这一亮身份反倒激怒了韦孝儒。

韦孝儒是读书人出身，本属教育界人士，因在豫东（河南杞县人）有一定的声望，又掌握着一部分地方团队，被委派当了专员。或许是混迹官场时日未久，不曾沾染旧官僚的圆滑习气；或许是读书人的执拗与高傲，在当时的官场中颇有些特立独行。

特立独行的韦孝儒根本不管什么调统室，一怒之下把几个人拉出去崩了。这下双方结下了深仇大恨，部下之争上升到"长官"之争，曹银屏发誓要为部下报仇。

以后曹银屏的大队调到洛阳受训，驻扎在洛阳飞机场内，主持训练的正是赵理君。

3月15日省政府召开行政督察专员会议，韦孝儒提前一天来到洛阳。曹银屏的手下人很快得到了信息，并查清了韦孝儒的下榻地点。

会议开始的当天晚上，曹银屏特地找到赵理君，请求报复韦孝儒。考虑到韦孝儒的身份，在临时省会实施这样的行动恐怕不容易收场，所以赵理君没有答应。

在这个时候，如果赵理君能够坚持拒绝，或者在赵理君不答应的情况下曹银屏打消报复念头，韦孝儒等人的命运也就另当改写了。

问题是，曹银屏认为机会难得，此次不动手以后就没机会了。赵理君经不住他软磨硬泡，并没有深思熟虑便模棱两可地说了一句："随便你们。"

这个"随便"当然就是"批准"，曹银屏立刻带着手下多人赶到复旦中学，将韦孝儒和他的随从人员绑架。因担心事情败露，又将亮灯的屋子里的人也一起绑了，使校长郭兆曙等几位毫不相干的人遭受飞来横祸。

他们将韦孝儒等六人押到飞机场附近的一口枯井前，准备将六人推入枯井活埋。

考虑到赵理君并没有给出一个正面肯定的回答，曹银屏又去向赵理君报告情况。但此时赵理君已经睡下，曹银屏犹豫一下又原路返回。其实赵理君是否允许已经不重要了，因为当曹银屏返回枯井的时候，韦孝儒等六人已经不见踪影，枯井已经被填埋。毫无疑问，六人已经葬身井底。

第二天早上，曹银屏去向赵理君汇报。看来这个结果是赵理君意料之中的，他听了以后很平静地说：

"这几天你不要出去，躲避几天风声。"

归根到底，赵理君没把这场凶杀当回事。到底是亲自操刀的杀手，就"杀人"这件事来说，赵理君的"心理素质"远高于他的老板。当年特务处初开杀戒，尤其是杀害杨杏佛、史量才，戴笠承受着巨大压力，赵理君却是理直气壮干得干脆利落。

没当回事自然有他的理由，毕竟破案离不开军统。军统在河南的最高官员是岳烛远，但岳烛远因对河南站连环杀人案负有不可推卸的责任，已被下令调离。作为别动军的负责人，赵理君才算得上军统在河南的"老大"。

没有线索案子是破不了的，尤其他本人就是破案人之一。

但是，人算不如天算，世上没有不透风的墙。这个风不是别人透出去的，而是他们的自己人。

到了夏末秋初，赵理君的勤务兵到洛阳亨达利钟表店买手表，说是给赵专员（即赵理君，混城队培训时为编练专员）买的，要选一块最好的给他送去看看。于是，老板挑出最好的表交给一个店员，让他和来人一道去赵的办公处。不料，店员一去不归，老板派人去赵理君的办公处查问，办公处根本不承认有这回事。店里以为是店员拿了手表逃跑了，赶紧向警局报案，并开具手表样式以供查访。

如果赵理君的勤务兵自己"享用"这块名贵手表，"店员窃表"案说不定就石沉大海了。可在当时，手表是身份地位的标志，是财富与权力的象征，一个勤务兵哪里敢享用少将级军官才有资格佩戴的手表？不久，勤务兵将手表拿到一个旧货店出卖，旧货店早就接到警局的通知，一看这块表与亨达利报失的手表一模一样，老板不敢收赃，赶紧向警方报告。

勤务兵被带到警局，毫不犹豫地亮明自己的身份，以为这个身份可以吓到警局的人。警局的人追问下去，勤务兵像他的主子一样胆大包天，竟满不在乎地说：

"区区一块手表，这算什么要紧，惹起我们的脾气，把你们这班家伙和某专员一样坑埋了事！"

一听某专员，警局抓住这个线索不放，勤务兵就把赵理君、曹银屏如何活埋韦孝儒等六人的情形全部说了出来。

警局马上将其供词报告蒋鼎文。

蒋鼎文深知赵理君的能量，一旦走漏风声，再想抓住他就难了，于是打电话请赵理君来长官部议事。赵未料到案情已被侦破，悠然前往，即被扣押。曹银屏闻赵理君一去不归，料到大事不好，迅疾逃往距洛阳90里的新安县第三十六集团军司令部司令李家钰处。

李家钰也是四川人，与赵、曹是同乡，平时往来密切。曹银屏与李家钰商量劫狱，救出赵理君。但曹银屏的行踪已被发现，不等想出劫狱的方法，他本人就被抓捕归案了。

对于赵理君闯下这样的大祸又刻意隐瞒，戴笠气得七窍生烟。可气愤归气愤，重要的是怎么保他安然无恙。说来赵理君也是军统的有功之臣，为军统立下过汗马功劳，在军统也是不可替代的杀手；无论在军统的地位还是在戴笠心目中，赵理君都比被杀的张超重要得多得多，戴笠自然不能眼睁睁看着失去这员猛将。

戴笠当即电请蒋鼎文，希望将赵理君等人交给军统查办。蒋鼎文既不愿得罪戴笠，又不敢私自做主，但呈报蒋介石后迟迟不见答复，只好将案子暂时搁下耐心等待。

戴笠同时给赵理君发了一封电报，大意为：

"你在军统工作，劳苦功高，决无意外，我一定负责，你可安心等待……"

电报是徐志道转交赵理君的。赵已料到戴笠会救他出狱，而且猜测蒋介石也会对他网开一面，原本没有太大压力，如今见到戴笠的亲笔信，也就完全放心了。他既相信戴笠不会失信于他，也相信戴笠有这个能力。

然而，连戴笠都没有想到，好好的竟会平地起惊雷，从蒋介石到戴笠，都不可思议地改变了态度……

蒋介石因何下达必杀令

戴笠的主要压力来自"二陈"——陈果夫与陈立夫。

戴笠与"二陈"的矛盾由来已久。自打在上海交易所第一次见到陈果夫，戴笠就对这个鸠形鹄面的"痨病鬼"留下了深刻印象。那句充满鄙夷的"小瘪三"，在时隔20年之后每每想起，戴笠还会感到莫大的侮辱与愤慨。作为陈其美的侄子，"二陈"有太多骄傲的资本，尤其陈其美对蒋介石有提携之恩，"二陈"对蒋介石执子侄礼，深得恩宠与庇护。"革命后代"加国民党新贵，哪里会把打流出身的"小混混"戴徵兰放在眼里！

偏偏冤家路窄，本属于复兴社的特务处，在成立不久又从属于军事委员会调查统计局，为其二处。由暗处到了明处，原本可以为开展工作提供很多便利，可该局局长却是陈立夫，也就是说，陈立夫成了戴笠的顶头上司。这个留洋归来的洋硕士对戴笠更是充满鄙夷与不屑，对特务处不放过一切机会实施打压和限制，甚至连军委会的证章都不肯多发给二处，戴笠只得通过郑介民向参谋本部要了许多证章和差假证，以致大多数特工的对外活动统统都是用参谋本部第五处的名义。

陈立夫的打压没能阻止二处的发展，相反，抗战爆发后，二处摇身一变独立顶起了"军事委员会调查统计局"的牌子，将领导这个统计局的陈立夫"踢出"局外，另行成立一个从属于国民党中央党部的调查统计局——"中央组织部调查统计局"。

虽说两局平级，但"二陈"把持党务多年，让陈立夫回中央组织部组建调查统计局，等于把他"打回"了大本营，"二陈"伸向军事委员会的臂膀被斩断。在蒋介石看来，战时扩大军事特务组织势在必行，一个覆盖各战区、沦陷区乃至东南亚开展对日情报工作的特工组织是十分必要的，尽管军统的工作不仅仅是对日情报，军统的触角深入到了经济、金融、邮检、缉私等等多个领域，这也大幅度地拉开了与中统的距离。

尽管蒋介石为平物议，在职务上仅仅给了戴笠一个少将副局长，但对"二陈"来说，军统的强大就代表着中统的衰微。只要有机会，"二陈"就不会忘记对戴笠及军统的攻讦与削弱。

韦孝儒案的侦破为"二陈"提供了一个很好的报复机会。

韦孝儒是多年的国民党党务干部，"CC系"岂会善罢甘休？与韦孝儒同时遇害的教务主任南西光，其兄南西成就是中统干部，"二陈"岂能不为他们伸冤？

"二陈"毕竟是蒋介石的晚辈，又是心腹干将，他们的意见对蒋的影响不能说不大。但终归蒋介石要权衡利弊，倘若凶手换作他人，也许他不会犹豫，却偏偏是赵理君。在杨杏佛、史量才案中赵理君是出过力立过功的，这一点他不能不考虑。同时，他也要考虑戴笠的意见，戴笠的最起码请求是保赵理君不死。

其实，为韦孝儒案找个"替罪羊"，比长沙大火要容易得多，而且名正言顺得多。毕竟坑杀韦孝儒等六人，是曹银屏发起并实施的。没有曹银屏的坚持，就不会有韦案的发生。也可以说，赵理君在此案中仅负领导责任。所以赵理君被送至第一战区长官部军法执行监部组织军法会审之初，内定中赵理君并不在必杀之列，但一个人的洛阳之行改变了赵理君的命运。

这个人就是副参谋总长白崇禧。

白崇禧经西北到洛阳视察第一战区工作，在洛阳周公庙的宴会上谈及韦案。河南省政府主席李培基表示必须严惩凶犯，蒋鼎文未发表意见。当时在座的还有第三十一集团军总司令汤恩伯。汤恩伯与戴笠私交甚好，他的表态明显站在赵理君一边，强调应彻查双方交恶始末和各自应负的责任。言外之意，在这场交恶中，死的不仅仅是韦孝儒，因此双方都有责任。

但作为桂系首领的白崇禧，向来对黄埔系抱有成见，对黄埔学生更是看不顺眼。这也难怪，在众多反蒋地方军阀中，桂系是蒋介石的头号"冤家"，而蒋介石正是靠黄埔系起家的，因而对于黄埔系，只要有机会，无论李宗仁还是白崇禧，都会大加挞伐，予以严厉打击，绝不心慈手软。

这次也不例外，白崇禧一回到重庆，立即面见蒋介石，陈述案发经过，要求严惩赵理君等人。

此时蒋介石正被缅甸战场的失利所困扰。太平洋战争爆发后，蒋介石就任中国战区最高统帅，美国陆军部发表史迪威为中国战区统帅部参谋长。然而，史迪威从一开始就没把自己放在蒋介石的参谋长的位置上，对蒋介石综合中国各方面情况做出的战略计划——在曼德勒地区纵深配置兵力在防守中俟机反攻，不仅一点听不进去，而且以辞职和自己的国籍来要挟并逼迫蒋介石让步。最终史迪威完全按照自己的主张突击南进，将远征军置于进退失据的危险境地；而且在英军消极避战的情况下，多次以中国军队作为英军逃跑退却的掩护。

短短几个月时间，中国十万精锐部队损失六万，令蒋介石痛心疾首。盟军在缅甸战场的失利，直接导致日军完全控制了滇缅公路，切断了西南最大的援华通道，中国的抗战面临新的严峻困境。

这个时候，蒋介石正为开辟中印驼峰航线与英美交涉，哪里还顾得上赵理君！而且白崇禧的意见他不能不尊重，在这个节骨眼上他最怕桂系给找麻烦，于是直接电令蒋鼎文，将赵理君执行枪决。

戴笠在第一时间得知了这个变化，但这次他没有像几年前救张超时那样的冲动与冒失。或许是因为张超事件的教训，使他这次多了些冷静的分析。以白崇禧说话的分量，连蒋介石都不会轻易否定，哪里轮得到别人说话？何况"必杀令"已经下达，此案已无转圜余地，不管戴笠如何对赵理君不舍都得接受这个现实。

蒋鼎文接电后，即令军法执行监对赵理君、曹银屏及曹的部属（参与坑杀韦孝儒等六人的另一凶犯）执行死刑。

"杀头"也要走个程序，当执行监对三凶犯宣判判处死刑的时候，赵理君当即反问：

"谁敢判我死刑，蒋鼎文龟儿子吗？"

"是蒋委员长判你的死刑。"

执行监的回答让赵理君既意外又无话可说，原本寄希望于蒋介石会念及他的"功劳"对他网开一面，如今蒋介石下了"必杀令"，戴笠就更指望不上了。

赵理君的罪名是"唆使犯"，这让他感到很冤，韦案并不是他唆使，只能说他是默认，或者顺水推舟。但什么罪名并不重要，重要的是，蒋介石要他死他就得死。

尽管赵理君作为重刑犯被判处死刑，但在军统内部，以军统的"家法"而论，他依然像其他为抗日牺牲的特工一样，享有同等"哀荣"。如被日伪杀害的、曾领导抗日锄奸团的原天津站的王文、曾澈，从南京回到天津的陈国瑞及天津区的其他同志，被"七十六号"处死的钱新民、尚振声等，均在每年"四一大会"被祭奠，赵理君亦如此。

对赵理君的家属，军统同样给予厚恤，不仅资助赵理君的弟弟赵泽伦到四川大学读书，而且在抗战胜利后将其送到美国深造。在军统遴派的40名赴美学习人员中，赵泽伦是唯一的非军统人员。

太张狂，林世良找死

事实上，赵理君由第一战区予以制裁未必不是好事，由于赵理君案发后对军统造成了恶劣影响，倘若戴笠如愿救下赵理君，势必遭到一些人的攻击。

要知道戴笠自主持特务处开始，便树敌不在少数。开始时是贺衷寒等复兴社"元老"对这个黄埔"晚辈"的不服气；建立军统后，由于触角伸及各战区及缉私、货运、水陆交通检查等多个领域，直接触及一些人的利益或与一些人产生利益之争，在蒋介石耳边就有了诸多不同的声音；而"二陈"及其"CC系"、中统始终是戴笠的死对头，赵案已成为他们对军统诟病的口实。所以赵理君被严惩，无疑让戴笠的"死对头"们出了口气，这其实在一定程度缓解了对戴笠的压力。

对内而言，随着摊子越来越大，外勤人员自由散漫甚至违纪违法事件不断，赵理君犯的事毕竟与张超不同，确实应该杀一儆百震慑一下，因而这样的结果未必不是好事。

但赵理君毕竟是特务处草创时期的"有功之臣"，他与王天木、陈恭澍同时在南北大开杀戒，为戴笠赢得蒋介石倚重立下汗马功劳。如今这三人要么犯罪被杀，要么叛变投敌，尽管戴笠已拥有了约十万人的队伍，可想到这三人，他还是不胜唏嘘。

就在赵理君刚刚进了鬼门关的时候，又一个棘手的意外事件摆到了戴笠的面前。为此，戴笠特地找来毛人凤，商量如何处理这个事件。

这个事件的核心人物是中央信托局运输处经理林世良。

有传言说林世良是孔祥熙的准女婿、孔二小姐的未婚夫，其实不然。以孔二小姐的个性，没有哪个男人愿意攀这门亲事，何况孔二小姐素以男装示人，对异性压根不感兴趣。林世良经常出入孔家，孔家上下都不把他当外人，这里有他独特的身份原因——孔祥熙的义子，更是孔祥熙的敛财工具。

因出任缉私署长一职与孔祥熙发生过不愉快，戴笠对孔祥熙的人唯恐避之不及，对有着如此强大靠山的林世良，哪里还敢招惹？可林世良有恃无恐，根本没把戴笠这个运输统制局监察处处长放在眼里，直接往军统枪口上撞。

最初事发于3月，运输统制局监察处昆明检查所侦知大成企业公司兼利通商行经理章德武为走私盈利，以150万元法币贿赂中央信托局运输处经理林世良，将该公司35卡车价值3000万元的货物，以中央信托局公车公货名义由缅甸仰光经昆明运往重庆。

此时正值仰光陷落前夕，战事吃紧，滇缅公路是中国接受美国租借物资的唯一国际交通线，军火物资运输之迫切可想而知，不法商人竟勾结官方人员公然走私35卡车物资，实在是骇人听闻！

监察处昆明检查所不敢耽搁，经与中央信托局昆明稽查总段段长稽沉核查，情况属实，立即将35卡车货物扣押。这天是3月4日，与韦孝儒案发生几乎同时。

林世良是走私老手，又有孔祥熙做靠山，根本没把监察处放在眼里。货物被扣后，他正式以中信局运输处名义出函证明该批货物为公物，请予放行；同时勾结中信局购料处经理许性初，补办押汇手续，诬称此批货物确为大成公司所有。但因其无力运入国内，曾向中信局押汇1000万元，由中信局运输处派公车35辆装运来渝。中信局为了收回押汇的本利，故称其为公物，所以不能扣留，而应交由中信局处理。

当戴笠看到昆明检查所就此案发来的电报时，气得拍了桌子：

"官商勾结走私，竟然如此冠冕堂皇、理直气壮，真乃咄咄怪事！"

戴笠并不愿招惹林世良，可他实在胆大妄为，而且嚣张至极。戴笠原本对这事忍无可忍，林世良的做法等于火上浇油。被激怒的戴笠哪里还管他什么背景、靠山，坚决一查到底。

3月12日，监察处派员持公函到中信局购料处查询，经理许性初的回答与林世良相同。但按中信局规定，押汇100万元以上应呈请理事长（财政部部长孔祥熙兼任）批准，林、许既称押汇1000万元，却又拿不出孔部长批准押汇的原件。

3月13日，林、许又以中信局名义，正式给监察处发公函，称依银行惯例，这批货物的抵押权属于中央信托局，要求昆明检查所放行。

没有理事长批准押汇的文件，显然就是许、林狼狈为奸！戴笠下令昆明检查所，在本案彻底查清之前不得放行。3月28日，监察处将全案呈报运输统制局主任何应钦（兼任）。

这时货物被扣押已经20多天，林世良以孔门红人和官方名义走私一向顺风顺水，从来没想到会遇到这么大麻烦。3月30日，他直接以财政部孔兼部长的名义代电运输统制局监察处，饬令放行，交财政部处置。

常言说打狗看主人，既然当初就得罪了主人，那么林世良这个时候搬出孔祥熙对戴笠已无震慑作用；况且此案已上报何应钦，放不放行已不是戴笠一人说了算的。

与此同时，监察处派出的调查人员在中信局内部有关人员的协助下，已经查证明白三点：

一、运货的35辆卡车并非中信局公车，而是七名商人的货车，与林世良所说系中信局公车完全不符；

二、确无孔兼理事长的批准，显然许性初和林世良所说押汇1000万元系伪造；

三、中信局昆明稽查总段段长稽沉证实，以前查扣走私货物呈报中信局的，均因林世良受贿，伪称押汇，予以放行。

这三点结论将此案的侦查画上了句号，随后监察处将案件呈报蒋介石。至此，戴笠作为监察处处长工作已经完成，至于对林世良是杀是剐，抑或不了了之，与他已无关系。但蒋介石的批复却来得异常之快，蒋下令扣押林世良，全案移送军法执行总监部。

直到这时，林世良才意识到情况有些不妙。但他的狂妄态度并不亚于赵理君，毕竟有一个"皇亲国戚"的强大靠山，是草根出身的赵理君无法相提并论的，尽管被关在四川军人监狱失去了自由，享受的待遇却是独一无二的。他有理由相信，孔祥熙不会坐视不管。

孔祥熙不仅会管，而且使出了浑身解数，想到了所有能想到的办法，甚至放下身段亲自宴请军法执行总监何成濬，目的就是为了保林世良一条命。

当时媒体已经炒得沸沸扬扬，林世良极有掉脑袋的可能，谁都能看出这个趋势，除了被蒙在鼓里的林世良。可何成濬不过是前台的木偶，他能有多大能力影响到幕后的"牵线人"？在蒋介石那里，没有人相信他说话的分量会超过孔祥熙。只是不到万不得已，孔祥熙不能亲自出马。蒋介石尚在气头上，他若出马极有可能会激怒蒋介石，结果将适得其反。

蒋介石召见何成濬，询问林案办理情况，明确指出："诸事可依法裁处，勿顾及其他。"这个"其他"再明白不过了，明摆着就是"请托"之人。

尽管如此，军法执行总监部仍于12月12日判处林世良无期徒刑，许性初有期徒刑两年，缓刑三年。这个结果正中孔祥熙下怀。

但蒋介石并没有默认这个结果，在判决当天深夜，蒋介石的批令便下到了军法执行总监部：林世良应即枪决，许性初亦应加重刑期，不得缓刑！

孔祥熙脸上的笑容还没消退，就结结实实挨了当头一棒，他不得不亲自出马了。得到的答复是：来不及了。

12月22日，林世良被执行枪决。

蒋介石之所以一定要严惩林世良，皆因抗战物资匮乏，形势严峻，却有贪官污吏与奸商勾结，大发国难财。尤其1940年春成都抢米风潮后，蒋介石已意识到治理贪腐的紧迫性，所以缉私署成立时，断然拒绝孔祥熙推荐杨虎任缉私署署长。杨虎在上海警备司令任上大肆敛财，中饱私囊，不仅一掷千金连讨三房姨太太，而且在西湖之滨建造豪华别墅，因引起物议被黜丢官数年。蒋介石怎敢把负责缉私这样一个油水很大的肥差，交给一个有贪腐"前科"的人？

如果说与杨虎争夺缉私署署长时戴笠已得罪孔祥熙，那么在林世良被处决后，戴笠已成为孔祥熙不共戴天的仇人。在这种情况下，作为财政部下属的缉私署署长，戴笠的工作已很难开展。

而林案余波未了，它强烈地冲击了孔祥熙，最终使他因此案被迫去职，从此退出官场。

第二十三章
送走女友，迎来准夫人

两个女人的"战术"

匈奴未灭，何以家为？在抗战爆发之初，戴笠为军统立下了一条规矩：抗战期间不准结婚！对这样一条规定，梅乐斯感到很奇怪，他问戴笠：

"为什么要定这样一条规矩？对一个拥有数万人的团体来说，不结婚不会发生问题吗？"

"战时物价飞涨，唯恐同志背上家庭包袱，形成拖累，小之影响个人精神，大之妨碍团体工作。"戴笠如是回答，又补充说，"特务工作性质特殊，很难要求每个人的结婚对象都是团体中人，无形中会给保密工作带来很大麻烦，甚至会造成无谓牺牲。"

至于会不会出问题，戴笠没有正面回答。抗战时间长达八年，除了戴笠特批的极少数几人公开结婚外，偷偷结婚并受到处分者近200人。戴笠也曾一度想撤销此条禁令，却又固执地认为，很多人为抗战掉了脑袋，不结婚又算得了什么？所以坚持将此命令贯彻到抗战胜利。

当然，梅乐斯感到好奇的还有戴笠本人。

梅乐斯没有见过余淑恒，并不知戴笠的生活中有一个准备作为填房的准夫人。但这时的戴笠，正遭遇了"被抛弃"的尴尬。

一年多前，还是在1941年春天，戴笠已开始为余淑恒安排出国留学事宜。一方面是军统需要外交人才，而余淑恒毕业于南京中央大学外文系，在军统有着得天独厚的优势；另一方面，他也希望未来夫人成为自己事业上的贤内助，即使不能像"师母"一样出类拔萃，起码也要见多识广，任何大场合都不会给自己丢份。

但是余淑恒却有些等不及了。在出国迟迟不能落实的情况下，眼看着局本部几个漂亮女特工整天围着戴笠转，其中有个叫周志英的，更是直接到曾家岩公馆纠缠。偏偏有一天，余淑恒与她在公馆门口狭路相逢。

"你来找余先生？"

余淑恒的问话明显带着宣示"主权"的意味。戴笠化名余龙，无论在外勤单位还是局本部，大家都称他为"余先生"。看着余淑恒，周志英充满敌意，谁都知道这个"余龙"的化名不是随便取的。

但是，只要"老板夫人"这个位子空一天，梦想坐上这个位子的就大有人在。周志英就是其中一个，她在被戴笠公开斥责的情况下，仍主动上门。余淑恒猜测，一定是戴笠招惹了她，否则任何一个黄花大姑娘都不可能主动纠缠一个中年男人。

今天也不例外，如果不是余淑恒上门，公馆大门是不会为周志英打开的。

现在，周志英跟着余淑恒进到了公馆，这让戴笠十分吃惊。当着余淑恒的面，戴笠不便发作，只好让余淑恒先去阳台上看风景，他自己劝周志英离开。

可是，屋里有一个余淑恒，周志英哪里肯走？戴笠又气又急，又不敢大声斥责，只好耐着性子好言相劝，总算把这位"姑奶奶"请了出去。

余淑恒与周志英不同的是，明白自己的身份，不会死缠烂打，懂得迂回，而且懂得另辟蹊径，不会一棵树上吊死。但必须有所斩获，无论出国留学还是当"老板娘"，二者必居其一。所以在出国没落实的情况下，面对竞争者，她决定向戴笠"逼婚"。与周志英在这里相遇，为她提供了很好的机会。

当戴笠来到阳台上，余淑恒回过头，直接说：

"我们结婚吧。"

余淑恒从来没有这样直接地提过结婚或者留学，戴笠显然有些意外：

"为什么？"

"这样拖延下去，我担心有一天你被别人抢走。"

"小傻瓜。"戴笠哈哈笑起来，伸手搂住余淑恒的肩膀，看着她的眼睛，认真地说，"以后不要再说这种傻话。"

"为什么一提结婚你就转移话题？"

"原因你还不清楚吗？我总得带头遵守规矩。"

"可是，毛人凤不是结婚了吗，毛森也结婚了。"

"情况不一样嘛。"

"有什么不一样？"

毛人凤与毛森都是1939年结婚的，与1943年3月魏大铭的结婚不同，他们的开禁是戴笠特批的，而魏大铭属于强行结婚，鉴于他的特殊身份，戴笠只好默认。但戴笠不能为自己开禁，当然他并没有想结婚的意思。

"毛森结婚是工作需要，沦陷区条件恶劣，有个家庭可以做掩护。善馀兄再不结婚就耽误传宗接代了。"

戴笠这句话实在是说者无意听者有心，余淑恒当即就噘起嘴巴，使起小性子。

虽然她没明说，戴笠还是很快明白说错话了。那意思明摆着就是自己有儿子了，不怕耽误，这怎么听都有点自私。于是他又补充一句：

"你还这么年轻，还没留学呢，怎么能先结婚？"

"留学？这么久也没消息，谁知道要等到什么时候。"

"很快就办好了。"

"真的吗？"余淑恒将信将疑。

由于戴笠从不轻易给她承诺，余淑恒很快转忧为喜。能出国留学，结不结婚就不重要了。何况她根本猜不透，戴笠是否真的会娶她。

当年（1941年）6月，戴笠终于为余淑恒办好赴美国芝加哥大学深造的手续，亲自将她送到了香港，送上了开往美国的邮轮。

可是这次他失算了。余淑恒赴美刚刚一年，1942年夏，竟然有了新的男朋友！

消息是驻美大使馆副武官萧勃发回来的，作为军统局美国情报站站长，余淑恒的留学手续是他代办的，余淑恒留学的一切费用是他代为转交的，余淑恒的留学生活也是他代为照顾的，对余淑恒的一切情况他了如指掌。

看着萧勃发回的电报，戴笠的心情极为复杂。

他真想与余淑恒结婚吗？其实连他自己都说不清楚。自从余淑恒离开，或许是因为忙，他并没有怎么想到过她。如果他没想清楚一定要结婚，那么她等他越久，他越难以收场。甚至他在看到电报的一瞬间有种解脱的感觉。

但是，戴笠是极要面子的，被女人甩了，或被女人利用了，这对他来说实在有失脸面，尤其周围人都知道他为余淑恒所做的一切。

报复的方法很简单，用不着采取什么措施，直接停掉她的生活费、学费，停掉对她母亲、弟弟妹妹的供养，她不乖乖回来才怪！

可作为一个男人，这样的报复结果会体面吗？

正是基于面子的考虑，戴笠最终决定，一切照旧，权当什么事情都没有发生。这倒令萧勃有些看不懂了，自己的女人跟别的男人跑了，却还要供她读书，供养她的家人，未免也太窝囊了。

不过说到底，余淑恒毕竟跟了戴笠好几年，感情终归还是有的。

对待周志英，戴笠则采取了完全相反的办法。余淑恒出国后，周志英以为她的机会来了，三天两头往戴笠的曾家岩公馆跑，不让进门就在门口坐堵戴笠，被斥责后也不示弱，又哭又闹，非要嫁给戴笠不可。

人们有理由认为，戴笠起码与周志英上过床，让周志英产生了误解，以为戴笠看上了她。考虑到影响，戴笠担心有损自己的声誉，派人将周志英送到息烽监狱软禁起来，这一软禁就是一年多。却不料，一年多后周志英回到重庆，竟然以为戴笠回心转意了，仍然纠缠不休。戴笠一气之下，命令已经升任总务处长的沈醉将她再次软禁起来，直到戴笠殒命岱山，再也没有将她开释。

关于戴笠身边的女人，各种说法五花八门，细究起来，除陈华在回忆录中所记述的，其他大多属于望风捕影，出于史料记载者无几。这大概源自两方面原因：一是与他"特务头子"的身份不无关系，由于国民党内部对特工的偏见，人们便有了这样或那样的意淫；二是特务工作的隐秘性，容易让局外人产生无尽猜想。

而无论军统局本部还是外勤单位，都少不了女特工，这对于"团体即家庭，同志如手足"且"家规"多而严的军统来说，一些持有偏见的人更津津乐道于戴笠这个"大家长""大老板"的各色花边新闻。同时由于戴笠对蒋介石的绝对效忠，反蒋派以及戴笠的对手们也会有意无意地给戴笠与其军统大泼脏水。

戴笠终其一生，有过婚姻关系或者谈婚论嫁的女人，除了他的原配夫人毛秀丛，就是余淑恒和后来的胡蝶。其他的女性朋友，除了因工作关系往来的，就是关系暧昧的红颜知己陈华、曾经关系不错的王映霞，以及有恩于他的王蒲臣的姐姐王蕉梅。

至于说戴笠进出皆左拥右抱数名女特工，遍翻史籍与当事人回忆录，并无确切记载，所见皆为戴笠出行带着男性副官或警卫或总务以及机要秘书，甚至临时抓差到渝的外勤人员。

当然，这并不是说戴笠的私生活如何检点。在那个笑贫不笑娼的年代，黄赌毒充斥着京沪平津等各大城市，许多达官贵人纷纷纳娼为妾，一些大家闺秀名曰抵制封建礼教，却走上另一个极端——广泛社交乃至随意结交或更换男友。

在这样的时代背景下，戴笠与什么人有染，显然不足为奇。陈华在回忆录中提到的罗二小姐——一个待字闺中的多情湘女，就是戴笠在南京金屋藏娇的名门闺秀。而非要跟随陈华去重庆看望戴笠的某银行总经理夫人，更是毫不掩饰曾与戴笠有过床第之欢。

了解戴笠私生活的人，非陈华这个无话不谈的红颜知己，绝无他人。

尽管如此，我们仍不能以今天的道德标准衡量20世纪三四十年代人们的私德。

行李被劫，诬陷他人

在余淑恒赴美读书一年半以后，戴笠一生中最钟情的女人出现了，这个女人就是著名影星胡蝶。

戴笠与胡蝶，一个特务头子，一个电影明星，完全不可能有什么交集的两个人，因为一件失窃案走到了一起。

还是在1942年深秋时节，有一天杜月笙给戴笠打电话，约他到刘航琛的汪山别墅，说有重要事情商量。

刘航琛曾为已故四川省政府主席兼省保安司令刘湘的"财神爷"，也是杜月笙的好友。太平洋战争爆发后杜月笙的家眷从香港辗转来渝，杜月笙就从交通银行招待所搬到了刘航琛的汪山别墅。这里环境清幽，是一个策划秘密活动或者谈论保密事情的最佳场所。

杜月笙要谈的事情无须保密，是一桩亟待破获的"公案"。他对戴笠说：

"胡蝶被洗劫了，连同她本人的行李一共30多箱，全部被抢走了。"

"什么时候？在哪儿被抢的？"

戴笠是胡蝶的铁杆粉丝，从20年代在上海打流期间，随着胡蝶在沪上影坛名声鹊起，他就迷上了胡蝶的电影。到30年代胡蝶红遍大江南北，他对胡蝶的电影几乎一部不落，每逢有新片上映他都会抽时间去一睹为快。听说胡蝶被抢，他的第一反应就像老朋友遭遇了什么不测一样。

"是陈志皋托人带信过来说的，让我们想办法看看能不能把行李追回来。"

陈志皋是杜月笙的"学生子"。抗战爆发后杜月笙撤退香港，由负责中央赈济委员会的许世英提名、经蒋介石批准任命为该委员会常务委员，兼港澳救济区特派员，分管第九救济区事务。第九救济区辖广东、广西、福建三省。杜月笙又将该救济区分为第七、第九两个区，第七区指派时为中央赈济委员会特派委员兼广东省政府委员的陈志皋为主任，常驻曲江，成立了"难民救助站"，负责抢运香港沦陷后滞留的重要人士及其他难民。

珍珠港事变后，滞留香港的一大批政界要人诸如陈济棠、陶希圣等，众多军统干部如王新衡、文强、连谋等，以及各界名流，皆通过杜月笙的第九救济区逃离香港，返回内地。这条解救众多重要人物的"地下交通线"，是由杜月笙与戴笠共同组建的"人民行动委员会"开辟的。

抗战爆发后，戴笠见杜月笙的帮会弟子无论在苏浙别动队掩护国民党军队撤退，还是在上海军统锄奸行动中，都发挥了巨大的作用，便想把海内外的青帮、洪帮、四川袍哥等帮会组织起来，这个组织就是"人民行动委员会"。该委员会以杜月笙为"总龙头"，以军统干部赵世瑞（时任重庆卫戍司令部稽察处处长）为秘书长，由军统干部徐亮、金玉波（也是杜月笙的学生）及杜月笙的学生于松乔担任联络员。

珍珠港事变时杜月笙正在重庆，他与戴笠连夜商量救援方案，于是利用"人动会"所属帮会人员与其他杜氏门人、军统人员，多管齐下组织救援。

胡蝶原没有撤退的打算，但由于日本军方主管电影戏剧等艺术活动的部门要求她与日本电影公司合作，到日本拍摄《胡蝶游东京》纪录片，她因此决定逃离香港。

与胡蝶联系离港事宜的是曲江陈志皋的"难民救助站"工作人员杨惠敏，她一直在香港从事秘密营救各界爱国人士的工作。此次她要营救两位演艺界名人，他们一位是京剧大师梅兰芳，一位是电影"皇后"胡蝶。在梅兰芳不愿逃离（不久通过另外渠道回到上海）的情况下，胡蝶的迫切逃离令她十分高兴。

杨惠敏是拿着杜月笙打给胡蝶（杜与胡是朋友）的电报，化装成小鱼贩找到胡蝶家的。但她没有想到，胡蝶的行李竟有30箱之多。为了保证人员和货物的安全，她决定把人与行李分开走。不料人是平安抵达曲江了，行李却因太显眼被土匪抢走了。

而在胡蝶他们登船之后，杨惠敏仍留在香港联系下一批营救人员，并不知行李被抢之事。陈志皋在听取护送人员的汇报后，立即发电报要求有关人员在沿途设法追查。

胡蝶发现行李丢失后，找到难民救助站，要求陈志皋赔偿损失。

胡蝶的30多件行李中，其实只有几件是她自己的行李，绝大部分是帮会头子的阔太太们和国民党高官的小老婆们托胡蝶捎带的高级走私物资，诸如后方紧缺的昂贵的进口西药、化妆品等。这些东西在香港购买并不贵，运到重庆出售可以从中大获暴利。

胡蝶因代人捎带的货物被劫，担心在那些阔太太面前丢了面子，硬逼着陈志皋赔偿。陈志皋只好请杜月笙出面。

说到这些情况，杜月笙对陈志皋不无抱怨：

"这个陈志皋真是误事，要不是胡蝶逼牢，他还自个儿在那硬扛着呢！就凭他手底下那几个虾兵蟹将，有什么本事对付劫匪？就算查到线索又能怎么样？"

戴笠分析说：

"行李被劫不到一个月，赃物还来不及脱手，查找线索还来得及。"

话虽如此，戴笠也知道，猫走猫道狗走狗道，劫匪的套路军统特工未必能轻易解开，只能试试看。其实他主要在意的不是行李，而是丢失行李的人。他对杜月笙说：

"这样，我先安排将他们一家接到重庆，了解一下具体情况。"

"对，还是向当事人了解最直接。胡蝶一个弱女子，丢失了一家子活命的财物，不知道怎么着急呢！"

于是，戴笠亲自发函邀请胡蝶一家赴重庆，在胡蝶欣然接受后，为胡蝶一家提供了机票。11月24日，胡蝶一家三口飞抵重庆，住进军统的"豪华宾馆"——漱庐。

漱庐的装修按当时的标准是比较上档次的，也有必要的生活设施，这对一路逃亡身心疲惫的胡蝶来说，的确是一个休养的好处所。

几天后，戴笠从罗家湾军统局本部来到漱庐，向胡蝶夫妇了解行李丢失的情况。本来这种事是用不着他亲自出面的，但客人来了主人总该慰问一下，看看生活上有什么困难；同时，戴笠也确实想亲自了解一下情况，以便向广东方面布置侦破任务。

没想到，胡蝶一开口大出戴笠所料。她一口咬定是杨惠敏伙同他人盗劫了她的行李。

"有什么根据吗？"

胡蝶拿不出直接的证据，却有自己的推理逻辑：

"是杨惠敏主动找上门来提出帮助逃亡的，也是她要把人和行李分开的。如果人和行李在一起，怎么会发生这种事？"

尽管胡蝶是戴笠心中的偶像，戴笠对胡蝶既崇拜敬重，又充满爱慕，但他还是觉得这个分析未免片面。杨惠敏做的就是营救工作，首先要营救像胡蝶这样的大名人，怎能不主动找上门去？而30多件行李，显然占了抢运难民的位置，好船好位置自然要留给难民而不是行李。

更重要的一点，杨惠敏不是普通人。她是"八一三"淞沪会战中泅渡苏州河为坚守四行仓库的"八百壮士"献旗的女"童军"。

杨惠敏是江苏镇江人，生于1915年，自幼在上海读书，淞沪会战爆发时参加了童子军战地服务团。在"八百壮士"坚守四行仓库的时候，他们40名童子军在夜间冒着生命危险，将上海各界捐赠的慰问品沿苏州河北岸用卡车送到西藏路桥北堍东侧，用绳子将一麻袋一麻袋的物品送进四行仓库的侧门。

"八百孤军"战斗到最残酷的时候，杨惠敏"渡河献旗"，一夜成名。此后，她作为中国青年代表到美国出席"世界青年和平第二届大会"，并"周游世界"，"谒见"过多位外国政要，包括罗斯福、荷兰女王、甘地、尼赫鲁等人。

回国后，杨惠敏曾数次拜见宋美龄。也是在这一时期，戴笠曾在军统局本部特别召见杨惠敏。说她伙同他人劫财，戴笠无论如何也不能相信。

而杨惠敏参加救助工作之前，正在前往美国的途中。她在赴美出席"世界青年和平第二届大会"时，结识了美籍华裔工商巨子李国钦，李为她在哥伦比亚大学申请了奖学金。可她的赴美旅途刚刚从重庆启程抵达香港，还没来得及登船，珍珠港事变爆发了，紧接着香港沦陷，她随着一大批难民逃到惠州，从惠州转往曲江（时广东省政府所在地），被赈济委员会收容，受陈志皋邀请参加了赈济会的救援工作。

这样一个不计个人得失的女孩，说她密谋抢劫，谁会相信？但最后戴笠竟然"信"了。

财物"失而复得"

正如戴笠所料，军统广东有关外勤单位接到命令后，经过一番秘密走访侦察，一直没有找到胡蝶行李被劫的准确线索。很快，1943年的春节到了。

照例，除夕这天中午局本部聚餐，晚上是一场游艺会。游艺会上戴笠开了"小差"。

在除夕这个中国最为重要的传统节日，戴笠自然忘不了漱庐的重要客人，他邀请了回国述职的萧勃和刚刚加入军统的外交人才黄天迈及妻子作陪，与胡蝶　家二口共度除夕。

黄天迈是河北安次人，生于1907年，父亲是连续供职于前清、北洋、国民政府"三朝"的外交界元老。受父亲影响，黄天迈大学毕业后进入外交界，一路顺风顺水。然而在驻法国巴黎领事馆总领事任上，他因经济问题奉调回国，被军法执行总监部拘捕，关进土桥看守所。

此时军统与美国海军的合作正在紧锣密鼓进行中，急需外交人才，军法局长徐业道（军统干部）向戴笠推荐了黄天迈。戴笠亲自到监狱做过考察后，向蒋介石保释并请求留用黄天迈。正是天不绝人，已贫病交加的黄天迈否极泰来，不仅有了住房、有了军统局总务处送钱送物的多方接济，而且一跃而成为戴笠身边的"红人"。

这顿年夜饭不仅是为胡蝶一家接风，也是为黄天迈夫妇压惊。此时的黄天迈在军统还是"客卿"身份，不久便被任命为处理英美等国合作业务的海外区长兼机要秘书。

请来这样两个人作陪，还有另外一层重要含义。胡蝶作为著名影星，见多识广，其生活品位及追求洋派生活方式定然不亚于陈华，戴笠自然要装点门面，不能给人留下一介武人之印象。两名驻欧美大使馆外交人员为我所用，给戴笠撑足了面子。

由于胡蝶夫妇与黄天迈夫妇都带着孩子，这顿年夜饭既充满传统节日的喜庆气氛，又不乏家庭生活中的其乐融融。两位外交人员口才极佳，绝不会让宴席上出现片刻的冷场。倒是习惯了发号施令、在军统各种场合都是中心人物的戴笠，这会儿心甘情愿当起了绿叶，给胡蝶夫妇留下了亲和儒雅的印象。

对自己倾心的女人，戴笠一向有足够的耐心与细心，所以在推杯问盏、谈笑风生中，他还是捕捉到了胡蝶内心深处郁结的不快与无奈，他能理解一个受尽追捧的女人丢失财物、沦为难民、饱受颠沛流离之苦的种种不适。当然，还有寄人篱下对自尊心的伤害。也就在这一刻，他决定不惜一切手段，为胡蝶"找回"财物。

说到伤害自尊，或许用在胡蝶的丈夫潘有声身上更为确切。尽管戴笠并没有怎么注意潘有声，但他觉得，一个男人跟着太太寄人篱下，这其实是非常有伤自尊的。倘若这种日子延续下去，那岂不成了吃软饭的男人？

也是在这一刻，他决定在适当的时候为潘有声找个差事，最低限度能养活自己。或许这个打算的背后还有一个不可告人的目的。从见到胡蝶的那一刻起，那个高高在上、遥不可及的"女神"已然跌落凡间，变得近在咫尺，触手可及，这让他不能等闲视之。

但他很清楚，这个目的能否达到并不取决于他，因为胡蝶既不是周志英，也不是余淑恒。只能是姜太公钓鱼，上不上钩就看"缘分"了。总之不能伤害双方感情，大不了像陈华、王映霞，再收获一个红颜知己。

春节后不久，在萧勃返回美国的时候，戴笠开具了一份为胡蝶购置丢失物品的清单。他知道找回那些行李的希望十分渺茫，不如为她购置一些，一方面讨其欢心，另一方面也算是对行李被劫案做个了结。

因为胡蝶行李被劫地点的情况十分复杂，当时香港和珠江三角洲已经沦陷，在沦陷区与广东后方地区交界的三岔路口，经常有日军前来侵扰，更有形形色色的土匪歹徒专门在这一带抢劫难民的钱财，很多难民的行李在这个三岔路口被抢劫，包括胡蝶的行李。

在这样一个众多强人出没的地带，要弄清是哪一伙人抢了胡蝶的行李并非易事。在军统广东相关外勤单位侦察无果的情况下，倒是广西方面在桂林的市场上发现了走私的西药等货物。显然，除了胡蝶的那些阔太太朋友们走私这些洋货，一般难民是没有能力大批购置这些东西的。无奈这些东西的主人是谁却无法辨认，倒是一件貂皮大衣被认出是胡蝶的衣物，但销赃歹徒拿到钱后早就溜了，线索就此中断。

所以戴笠认为，与其花费人力物力盲目寻找行李，不如购置一些了事。当然这些东西不能太多也不能太贵重，否则被拒收反而会弄巧成拙，哪个女人不认识自己的心爱之物呢？

戴笠开具的购置清单，都是不太贵重而又是胡蝶喜欢且急需的物品，诸如法国香水、意大利皮鞋、丝绸睡衣等。与陈华接触多年，戴笠对这些洋派女人的喜好了如指掌。

3月2日，戴笠与梅乐斯乘飞机自重庆飞往桂林，然后赴湖南衡阳、福建建瓯、建阳等地中美合作所办事处巡视。这些物品运到重庆时，戴笠尚未返回重庆，他指派亲信秘书王汉光送到漱庐，交到胡蝶手中。

王汉光只说是寻找回来的物品，其他并不多说。胡蝶打开一看，这些东西虽然与自己被抢劫的大致相同，但都是全新的，并贴有美国商标，显然是新购置的。

胡蝶十几岁进入影艺界，风月场中男男女女那点事她比戴笠见识得多。军统不是警察局，不是破案单位，戴笠也不是赈济会成员，即使看杜月笙的面子，他也有大把的理由予以推脱。他既然应承下来，破案也就罢了，对她的种种照顾，她怎能不心领神会？她肯接受他的帮助，心甘情愿住进漱庐，自然有自己的想法。

可戴笠不在眼前，她连一份感激之情都无法表达。

"女神"跌落凡间

离开福建，戴笠前往湖北老河口视察缉私署豫鄂办事处，然后去洛阳视察，再启程赴西安，下榻西安玄风桥十四号。不料事情没办完突然咳嗽、发烧，全身无力，经诊断为肺病。

戴笠一向身体强健，根本不相信自己会得肺病，硬说是水土不服所致，但是全身无力，只好卧床治疗。

消息传到重庆，蒋介石发来手书慰问函，云："贵羔如何，甚念，希珍重为盼。中正三月二十八日。"

这封慰问函让戴笠感慨万千。当时戴笠身兼多职，位高权重，将达到他一生中权力的顶峰。但他明显地感到与蒋介石之间有了隔膜，感觉到蒋介石对他的态度有了说不清道不明的变化，这变化的缘由是多方面的：

首先是来自蒋介石身边人的影响。他与宋子文关系密切，宋子文却总是与蒋介石不合拍；他不想得罪孔祥熙，但军统涉足缉私、邮检、水陆交通检查等多个领域，想回避也回避不了。而宋美龄与孔家的关系远胜于宋家，蒋介石的耳边风里就有了对戴笠的诸多不利信息。正所谓"积羽沉舟，积毁销骨"，同样的声音听多了，不怕你不相信，何况是来自枕边的声音，尽管蒋介石对孔祥熙的贪腐心中有数。

何况，蒋介石身边还有一个分量足够重的毛庆祥。当初毛庆祥兼管军事委员会技术研究室，一直不肯放手军统电讯人才，至今仍巴不得一口吞并军统特技室，对戴笠自然不会有好看法。

何况，还有"二陈"。韦孝儒案成为"二陈"及中统对军统诟病的口实，加剧了双方的矛盾与争斗。

何况，军统的触角伸及各战区及经济、交通、货运等多个领域与部门，触及的不仅仅是孔门的利益，还与一些相关派系、团体、部门产生利益之争，蒋介石的耳边也就有了诸多不同的声音。

更何况，继平津特务组织大规模沦陷后，京沪特工组织全面塌方，尽管戴笠做了多方面补救，蒋介石的不满却是不争的事实。

所以这封慰问函对戴笠来说十分重要，不待病体痊愈，他便启程赴甘肃，部署在兰州建立机场航空检查所事宜。

而就在此间，胡蝶又收到一件重要礼物——一枚重1.1克拉、价值5000元的钻戒。

这件礼物并非戴笠所购，而是胡蝶自己的物品。在戴笠交给广东特务组织的寻找丢失物品清单中，这枚戒指被列在首位——这是胡蝶最钟爱的物品。凑巧，广东特工在江东一家寄卖店里发现了这枚戒指。得到这个消息的时候，戴笠正在西安卧病在床，他立即指令购买那枚钻戒并秘密监视那家商店，以便顺藤摸瓜，挖出盗匪。

不料戒指买到后线索就断了，原来那家商店正是盗匪的销赃黑店，幕后老板正是盗匪本人。如此贵重物品这么快就卖出去了，引起了盗匪的怀疑。于是关门大吉，唯一的线索就此被切断。

当然，戴笠醉翁之意不在酒，紧要东西找到就好，破不破案并不重要。

拿到这枚珍贵的钻戒，胡蝶喜出望外。不用看，用手摸她都能知道这是自己的东西。可戴笠不在重庆，她实在无法表达自己的感激之情。

4月初，戴笠回到重庆。由于没有得到很好的治疗与休息，一进家门（曾家岩公馆）就像泄了气的皮球，一下子瘫倒在了床上。发烧、咳嗽，只得一边打针吃药，一边在病床上指挥军统局的工作。

没有通知胡蝶，尽管他心里一直在想着她。但是，不通知不等于隐瞒，有人说这是欲擒先纵，其实更重要的原因，是他对于心中的"女神"不敢轻易去碰触，就像桌上的花瓶，万一不小心碰掉摔碎，岂不鸡飞蛋打？

但是，胡蝶一直在打听戴笠的归期，一到重庆就病倒的消息怎能瞒得过她？有天中午戴笠刚刚睡着，胡蝶悄然登门，一直负责照顾戴笠的副官贾金南悄声告诉她：

"戴先生刚刚打过针，现在睡着了。"

贾金南是戴笠最早跑单帮时配备的勤务兵，多年来一直跟在戴笠身边，后来升为副官，仍然负责照顾戴笠的饮食起居，对戴笠的性格爱好了如指掌。戴笠对胡蝶

1944年年初，公馆竣工，戴笠将胡蝶移居神仙洞公馆，成为名副其实的金屋藏娇。

为保密和安全起见，戴笠特地从老家招来男女青年多名，男青年负责警卫，女青年负责照顾胡蝶的饮食起居，并请他在老家保安村的朋友柴鹿鸣做总管。

当年戴笠南下报考军校，柴鹿鸣协助他骗过母亲蓝月喜，在村头相送，鼓励他"扛面红旗回来"，对戴笠是一种很大的激励。

戴笠发迹后，特地将柴鹿鸣接到南京，做了特务处总务股股长。到重庆后，柴鹿鸣已年届花甲，做事情手脚已不是很灵便，况且戴笠也不会让他做粗活，特地安排他在公馆做内务管理，管管日常开支，指点一下女佣。如今，柴鹿鸣又跟随胡蝶来到神仙洞公馆做总管。

这些被带出来的江山老乡，从偏远的农村来到陪都重庆，既解决了温饱问题，又能得到薪水，他们都视戴笠为恩人，对戴笠忠心耿耿，对他的私生活都守口如瓶。加上四周设有岗哨，外人难以靠近，戴笠与胡蝶在重庆同居几年，也只有戴笠的少数心腹知道此事，大多数军统人员都不详其情。

照理说胡蝶丢失的东西得到了补偿，与戴笠也已同居，行李被劫案也该不了了之了，而实际并非如此。

尽管戴笠不相信杨惠敏是劫匪，却为了照顾胡蝶的感受，在无任何证据证明杨惠敏与江东抢劫案有关的情况下，命令下属将杨惠敏及其未婚夫赵乐逮捕并押解到重庆，关押在重庆石灰市看守所。

这个抗日女英雄，这个集骄傲与荣誉于一身的女孩，一生的命运从此被改写！

阴差阳错的赶上珍珠港事变，让这个前程一片光明的女孩留学梦碎；一片热心参加赈济会，不辞辛劳地抢救难民，又带来一场牢狱之灾。这个一向坚强的女孩，面对人格的巨大侮辱和人生的强烈反差，再也无法坚强，在大牢里终日以泪洗面。

虽然查无对证，虽然一次次审理均无线索显示杨惠敏与胡蝶行李被劫有关，但有戴笠压着，杨惠敏的案子一直不能结案，她本人也由石灰市看守所转解息烽，又从息烽押往重庆渣滓洞，直到戴笠殒命军统换了掌门人，她才得以释放。

1949年杨惠敏移居台湾，在学校当了一名体育老师。自蒙冤入狱，原本前程似锦的爱国女英雄从此默默无闻。

谈及自己的冤屈，杨惠敏说："胡蝶把我毁了，她毁了我一生灿烂的前程！她杀死了一颗赤忱火热的爱国心，她侮辱了我冒险献旗给八百壮士的壮举，她以小人之心伤害了正人君子的自尊……我恨死这无知的演戏的女人！"

而胡蝶在回忆录中，却只字未提丢失行李之事，更无只言片语涉及戴笠，甚至将赴渝时间延后一年之久，其用意不言而喻。毕竟，昔日的"权贵"早已灰飞烟灭，何况戴笠又是一个极富争议的人物。

与虎谋皮抢运棉纱

松涛、鸟语、泉吟、风啸，是汪山别墅优美环境的写照。戴笠说这是个密谋什么活动的地方，杜月笙却坚称这里更适合"一赌为快"，是寄情樗蒲之人聚集的最佳场所。

同样的别墅有两栋，杜月笙作为客居之人，自然不能抢了主人的风头；刘航琛的别墅里座上客常满，杯中酒不空，反正近在咫尺，只要得闲，杜月笙总要过去凑个热闹。如此一来，自家的别墅中倒真成了"密谋"的场所了。

偶尔来此"密谋"的人就是戴笠。

戴笠与杜月笙，就像与唐生明的关系，在军统中上层无人不知。但杜月笙从不去军统局机关，甚至连戴笠的公馆也极少光顾。原因两人从来不说，却都心知肚明。

杜月笙黑道出身，自从"四一二"政变追随蒋介石，就千方百计想洗白自己的身份；戴笠与杜月笙结拜多年，尽管关系密切，且介绍多名下属加入杜月笙的"恒社"，与杜月笙真正往来频繁和相互合作却是从"八一三"淞沪会战开始的。

此次，仍然是杜月笙电话邀约，戴笠轻车简从，将随从人员留在一楼大厅里，自己进入楼上杜月笙的会客室。

这之前杜月笙曾做了为期三个月的川陕考察，亲眼看到西南西北大后方由于棉产不丰，亿万军民穿衣问题空前严重。在西北作战的军队，几年不曾发过新军装。严冬季节缺乏冬衣，有司到处搜购罗掘，却是杯水车薪，与实际需求相距十万八千里。而此时市面棉布价格已经暴涨多倍，各地民众无不叫苦连天。

其实不仅是棉纱，五金、橡胶、油脂、汽油、药品以及机械零件等都是后方十分紧缺的物资。货运管理局成立后，戴笠制定出一系列鼓励和奖励商民从沦陷区抢购抢运物资的方针，并于界首、龙泉、南平、韶关、柳州、三斗坪等多地设立货运管理处，派得力干员负责，除协助商民外，还分别向沦陷区较大城市进行搜购，组织运输队随购随运。然而，对这些地区的秘密搜购无异于杯水车薪，因为最大的市场在上海。

戴笠兼任货运局局长之初便开始与杜月笙探讨从上海抢购物资的问题，看来杜月笙有了成熟的想法或可行性方案。他对戴笠说：

"办法倒是有一个，虽说有一定的风险，可也不妨一试。"

"什么办法？"

"与虎谋皮。"

杜月笙所说"与虎谋皮"，就是在一定程度上得到日伪允许或默认，公开或半公开地在上海购买棉纱，这听起来有点荒诞不经。

多年来日本千方百计对中国实施经济掠夺，以补充其本国资源之匮乏；

"七七"事变后更是实施"以战养战"的经济侵略，在其占领地区大量利用中国的人力、物力、财力搜刮物资，从森林煤矿以迄老百姓家里的五金用品，一口破锅一根铁钉，都在强迫征收暴敛之列。所以恶狼嘴里夺食，谈何容易！但秘密收购显然难解燃眉之急。

"月笙哥，说说你的点子，有多大风险，我们合计合计。"

"谈不上什么点子，是徐采丞那边有消息了。"

"哦，他怎么说？"

"基本可行，搜购6000件棉纱和布匹没问题，关键是运输，那就看你的了。"

"月笙哥，你手下真是能人辈出啊！"

徐采丞原本是追随史量才的，史量才遇刺后成为杜氏门人，渐次成为杜月笙的心腹。

徐采丞商人出身，一直跟东洋人打交道、做生意。他和日本财阀三井、三菱都有关系；与日本驻沪特务机关长川本大作也很熟；上海沦陷后，他又与日本"兴亚院"的人搭上了关系，并通过兴亚院结识了日本海军、陆军、宪兵队及特务机关中不少重要人物。

徐采丞是杜月笙的驻沪代表。

他这次的工作对象是"松机关"，他首先向"松机关"的头脑下说词：

"重庆方面本来抗战意志坚强，现在愿意和日方做生意，就表明有缓和的意愿。日方应该就此做出让步。也就是说，第一笔生意日应该吃亏一点，以表诚意。所以第一次应该允许重庆方面以钞票购买。"

当时日本方面急于与重庆讲和，徐采丞提出的条件虽说有些过分，但日本人为了动摇蒋介石集团的抗战意志，并非没有商量余地。徐采丞又加紧攻势，暗示"松机关"首脑：

"倘使你们不搭我这条线，重庆方面自会有另外的门路。"

言外之意，还有别的什么机关正在和重庆方面联络此项事宜。

由于日本海军、陆军、外务省等部门对侵华的具体细节主张不同，往往通过各自的途径与国民党接触，对蒋介石实行诱降政策。而那些特务机关，什么"梅机关""松机关""竹机关"等等，不但派系林立，而且相互嫉视，个个都想表演两手耍耍噱头。徐采丞正是抓住了日本人的这种心理，将"松机关"的人一记套牢。

谈判结果，日本人不但同意重庆方面在沦陷区采购棉纱，同时愿意提供车辆和军队，将货物送出沦陷区，在双方交界地交货。

"真是太好了！"戴笠兴奋地翘起大拇指说，"6000件棉纱要是运到重庆，你老兄可就立大功了！"

不料，杜月笙却收敛了笑容，抱怨地说：

"立不立功也就罢了，只要别被人说三道四就好。"

杜月笙说这话自然有他的道理，大后方物资匮乏，官商勾结囤积居奇大发国难财的大有人在。棉纱、纱布价格一涨再涨，6000件棉纱若运到重庆高价出售，无论杜月笙还是戴笠的军统都能大捞一笔。但是，一直千方百计洗白自己黑道身份的杜月笙，绝不会在这种招风惹眼的事情上算计钱，戴笠亦然。可犯红眼病者大有人在，无论你算不算计，都不可能避免别人说三道四，所以戴笠说：

"看到一块肥肉，大家都想分一杯羹，分不到就变成疯狗咬人，这个风气实在可怕。我们只管把这块肥肉买来运来，至于怎么做羹怎么分羹那不是我们的事。6000件棉纱、纱布，我们保证不开封，不私自拿一匹布，不私自做一件棉衣，原封交给花纱布管制局。别人怎么说随他们去，嘴巴长在人家身上我们管不了。"

虽说是安慰杜月笙，此话又何尝不是戴笠的牢骚。

在国民政府内部，利益之争早已司空见惯，一个油水丰厚的部门可使一伙人暴富，一个肥差可使一个人或者一群相关之人受益。而军统所把持的许多部门，诸如缉私署、运输统制局监察处、特检处（邮检处）、水陆交通统一检查处、货运管理局等，都是油水丰厚的部门，很多人瞪大了眼珠子盯着这些部门，巴不得一下子据为己有。戴笠得罪的不仅仅是一个孔祥熙，犯红眼病的也大有人在。

但作为抗战后迅速扩充的军统，在经费严重短缺的情况下，从上到下尚有大批编外特工与运用人员，这些人的薪水从哪儿出？活动经费从哪儿来？说到这一点戴笠不能不感激杜月笙，杜月笙任董事长的通商银行一直是军统的挪借大户，而且不计利息；军统上海的秘密单位也多次向通商银行挪借划拨经费。但借钱终归是要还的，能堵一些资金缺口的，还是掌控的这些油水丰厚的部门。因而不仅有利益之争者对戴笠严重不满，戴笠本人也为筹措经费不无牢骚。

其实根子还是在国民政府。政府的四分五裂是滋生这些乱象的土壤，尽管蒋介石痛恨贪腐，也曾决心治理贪腐，但仅仅一个孔祥熙就足以让他头痛欲裂，还何谈治理？

发过牢骚之后，戴笠与杜月笙开始商量具体运作事宜。由于戴笠得罪了孔祥熙，货运管理局成立后处处受财政部掣肘，各种预算内款项均难以到位，所以戴笠需要提前直接向蒋介石打报告审批。

6000件棉纱和布匹需要分两批发运，在第一批3000件落实的时候，几百万美金也已到位，运作这笔生意的公司也在重庆宣告成立。公司定名为"通济公司"，取"通达接济"之义。

与其他公司不同的是，通济公司不设股东，不收股本；只有转运开销，没有盈利收入；公司职员一律不拿薪水。

收购棉布的资金由中央、中国、交通、农民四大国家银行共同负担，因此四大国家银行分别派员参加通济公司的工作。

第一批棉纱运输较为顺利，由于徐采丞买通了日本人，货物由日本兵用卡车押运到日伪占领的亳州城交땅。盘踞亳州城的伪军郝鹏举部已被军统策反，任由通济公司总经理杨管北等人组织大批人力，用架子车将3000件棉纱从亳州经过真空地带

运到界首。3000件棉纱在界首装上卡车，首尾相衔驶向洛阳，然后调拨车皮经西安运抵重庆。

第二批3000件棉纱的运输则没有这么顺利。此时洛阳失陷，只好改走浙江淳安。没想到从上海到淳安这段水陆中，由于中途改道，不仅有敌伪哨卡拦截、有土匪强盗揩油，更有不明身份的游杂部队想雁过拔毛，从中分肥，甚至实施扣押、绑架，险些让杜月笙手下的两员干将丢了性命。好在有货运局人员及时照应，总算有惊无险，时经七个月才将这3000件棉纱运抵重庆，这一批3000件棉纱也全部成了国军的军装。

神秘的南京来客

还是在1943年3月戴笠外出巡视、大病归来之前，一个来自南京的重要人物走进了设于漱庐的军统局对外联络处，求见军统局负责人。

除了戴笠，他在局本部不认识任何人。这说明他既非黄埔军校出身，亦非"浙警"出身。他叫程克祥，是军统运用人员。

程克祥是江西浮梁人，生于1907年，出身书香门第，有深厚的旧学功底，毕业于上海大学，曾供职于上海东亚同文书院。

东亚同文书院是日本创办于南京（后迁往上海）的以中国为研究对象的高等学府，在日本对中国的渗透、掠夺和侵略中，它毫无疑问起到了积极的推动作用。在这样一个机构中工作的中国人，被视为"汉奸"是必然的。

在"八一三"淞沪战役爆发、戴笠急组苏浙别动队之际，"七君子"之一的章乃器将程克祥与他的上海大学同窗兼东亚同文书院同事彭寿介绍给了戴笠，二人表示愿凭借与日本人的关系做些反间工作。

从某个角度来说，这未尝不是他们供职于汉奸机构的一种自我救赎。而对戴笠来说，又不能不谨防反间之计，所以这两人最初是作为运用人员为军统服务的。"八一三"沪战期间成立于上海的"文友社"，就是由程克祥主持、军统暗中掌控的对付日谍的反间谍平台。上海沦陷后，程、彭二人为军统正式接纳，被派到南京利用与日谍的联系开展情报工作。

在军统南京区，成立了以程克祥为组长的直属情报组，副组长除彭寿外，还有曾为东亚同文书院教授的台湾籍彭盛木。

直属情报组直接与戴笠联系。正是受戴笠指示，程克祥设法与周佛海及其妻弟杨惺华认识，藉此打入汪伪内部。他的公开身份是伪社会运动指导委员会总务处处长，彭寿是伪中央党部干部，彭盛木名义上为伪财政部参事，实际是周佛海的日文翻译。

在汪伪内部的派系中，这三人都是周佛海一派，与周佛海、杨惺华往来密切。

由于南京区区长钱新民落水，导致程克祥等三人身份暴露先后被抓捕，至1942年1月5日，直属通讯组所有组员全部被抓进了"七十六号"。

将三人及整个直属组成员先后救出"七十六号"的，是周佛海和杨惺华。程克祥来重庆，特地带了周佛海托他转交戴笠的亲笔信。

与程克祥一起来重庆的，还有他的侄子、直属情报组书记程士大。

虽无人认识程克祥，但人事处档案中能查到他的信息，对比照片确系一人，局本部"内当家"毛人凤指派熟悉京沪情况的王一心（时任上海实验区区长）接待并安排程克祥在旅馆住下。

4月上旬戴笠回到重庆后，在肺病尚未完全康复的情况下，在公馆设宴招待程克祥。当天下午六时，人事处处长龚仙舫亲自驾车将程克祥和他的侄子程士大接到曾家岩戴公馆。

见到程克祥，戴笠像见到久别的亲人，与他亲切握手，嘘寒问暖，频频嘉勉。

两人从吃饭前开始谈、六点半开饭后边吃边谈到饭后长谈，一直谈到夜里12点多。

戴笠首先关心的是程克祥及整个直属情报组是怎么获救出狱的。程克祥说：

"直属组掌握着汪伪组织的所有秘密，汪精卫与李士群是要置我于死地的。幸有周佛海、杨惺华营救于内，海上闻人徐朗西先生奔走于外，情况才有所缓解。"

周佛海首先保释出狱的是彭盛木。一则彭盛木的身份没有完全暴露，程克祥应讯时坚称他没有加入军统组织，只是偶然被利用而已；再则彭盛木作为周佛海的秘书兼日语翻译，周佛海许多地方都离不开他。他早日获释，对营救程克祥的工作也会有所帮助。

彭盛木被关押一个月零三天，程克祥与彭寿均被囚禁半年之久，经过周佛海在外一番运作，最终由杨惺华和徐朗西保释。其他组员程士大等五人也在程克祥获释后一月之内恢复自由。

周佛海作为汪伪集团重要头目之一，为何要对欺骗他的军统人员"以德报怨"实施救援呢？在程克祥看来并不难理解：

"一来大家相处不错，彭盛木又是他的得力助手；再则日本在二战战场形势不容乐观，他总得给自己找条退路；当然，人也会有良心发现的。"

恢复自由的第二天，程克祥由杨惺华陪同去见周佛海，当面向周佛海表示谢意。周佛海为营救程克祥等人，向汪精卫做出过承诺，所以要求程克祥"不要再做反对汪先生的工作"，让他们安心住在上海。

程克祥也表示除了谋生，绝不做有关政治的工作。可当他与全组人员在上海住了三个月后，就再也无法忍受这种苟且偷生的日子，他决定冒险一试：策反周佛海！

策反周佛海

"策反周佛海?"

戴笠反问一句,微微一笑,没有说什么。其实他心里最清楚,周佛海为何对军统潜伏人员网开一面。

还是在唐生明到上海不久,有一天闲聊,周佛海向他打听从湖南到上海的最佳路线,说准备派人去湖南老家将母亲、妹妹和岳父母等亲属接到上海。

得知这一情况,唐生明立刻向戴笠做了汇报,建议抓住机会,从周佛海的母亲和岳父(其岳母是其妻的继母)身上做文章,以期策反周佛海。

经蒋介石同意,戴笠于1941年5月,派人在湖南湘潭和沅陵等处找到周佛海的母亲、妹妹、妹夫及岳父等人,把他们接到贵州息烽县软禁起来。

周佛海很快接到亲友来信,知家人已被抓走,不知送到何处去了。周佛海能猜出是军统所为,但当一些报社记者向他采访求证时,他却委婉地表达:"我相信这不是重庆当局所为,一定是地方无知者干的,相信不久即可脱险。"

不知是出于对家人的保护,还是对重庆方面有藕断丝连的怀旧之情,当唐生明跑去安慰他时,他表现出的只是伤感和对母亲的愧疚。

这一消息反馈到重庆,戴笠决定趁热打铁,命王一心以周佛海母亲的口吻给周佛海写了一封信,内容为:自己已由政府招待在四川,盼望周佛海早早归来,以慰余年。最后,写了四句寓意双关的诗:"忠奸不两立,生死莫相违。知否渝中母,倚间望子归。"

既然母亲告知已在四川被政府"招待",盼他归来,那么对方是谁已不言而喻。要求他反正,这意思再明白不过了。

这封信送到息烽,由看守人员征得周佛海母亲的同意,由其岳父誊抄后带回重庆备案,再由重庆发到香港军统办事处,由办事处转到沪二区,区长姜绍谟派弟弟姜绍诚送到湖南路周佛海公馆。

这之后,周佛海对重庆人员开始手下留情,并酌情关照。

程克祥不明就里,出狱后萌生了策反周佛海的想法,却又不知周佛海内心究竟是怎么想的,一时不知从哪里入手。

戴笠反问道:

"你想过他会翻脸不认人吗?"

"想到过。在向组里同志说出这个决定时,大家都有这个担心,说钱区长和尚副区长都是释放后又被抓起来处死了……"

程克祥所说的钱区长就是原南京区区长钱新民。钱新民第一次被捕后叛变,株连多人,被释放或许是良心发现,派员赴渝请示,得上级允许恢复工作关系,以伪特工总部所任命的上海虹口区区长身份为掩护，将与重庆通报之电台暗设于内，终致密码等件被查抄，成为第二次被捕后最终被杀的铁证。

至于原副区长尚振声，应该说从被捕到被杀，都是沾了钱新民的"光"。

第一次因钱新民出卖而被捕，又因钱新民获释而出狱，随即与组织恢复关系，并准予相机打入敌人内部，遂利用个人关系取得"清乡部队"某部第七旅参谋长一职，却因沪一区沦陷被与其联系的通讯员出卖，再次入狱。

与钱新民不同的是，尚振声虽然再次被捕，却并无证据证明他与重庆方面有联系。但是敌伪始终认为他与钱新民是同伙。

两人第二次被捕，自知难逃死劫，已抱定必死决心，因而在狱中开朗乐观，只等最后一刻！

1941年12月13日，钱新民被杀害。

1942年1月8日，尚振声与第三战区行政督察员平祖仁被伪特工总部执行枪杀。

说到尚振声与平祖仁的被杀害，程克祥眼含热泪，声音哽咽：

"据说那天尚区长是有预感的，早晨洗脸后，用放风时捡的一块破镜子照脸，随手抚眉，眉毛随之脱落。他回头对难友说'真倒霉'。话音刚落，就听警卫在门口喊：'尚振声、平祖仁！'料到'时辰已到'，他遂将衣物分送同室难友，从容道别。在监室外被捆绑时，两人高声大骂汉奸汪精卫、李士群，被押赴沪西刑场就义。事后据刑者透露，两人临刑不肯下跪，并高呼口号痛骂汪、李。刽子手连发多枪，将两人胸腹射得如蜂巢。"

程克祥这番话，让戴笠对李士群更加恨之入骨。当初还对他抱有幻想，没料到他效忠日本人死不回头！倒是在汪伪组织内比李士群地位更高的周佛海，被歪打正着。

"好，说说策反周佛海的情况吧。"戴笠急于想知道这个策反过程。

"说实话，做这个事是捏着一把汗的，可心里也还是有些底气的。周佛海是孝子，他老母亲在我们手里，他要亲手把我们的人交给'七十六号'处死，首先要掂量掂量后果；他既然亲自向汪精卫打保票保我出狱，我也按他的要求老老实实待了好几个月，他总不能因为我和他'商量'个什么事就把我抓起来处死吧？再说，他和李士群矛盾很深，没必要把我抓起来交给李士群。"

这个分析有一定的道理，但程克祥仍然没想到谈话竟出奇的顺利。仍是由杨惺华陪同去见周佛海，寒暄过后当他试探着提出"想回重庆"后，周佛海竟然像早有预料一样，平静地说：

"也好。"

程克祥做梦也没想到周佛海回答得这样痛快。他还没缓过神来，周佛海又接着问：

"你打算几时走？"

"周先生既同意，早点动身比较好。"程克祥抑制着内心的激动情绪，尽量做出平静的样子。

"你准备几时动身，先叫惺华替你办好通行证。"

"谢谢您，周先生，承您不杀之恩，又蒙照料。"程克祥停了一下，又说，"回到重庆，我要将这一切详细报告戴先生，希望将来能有机会报答您的恩情。"

话说到这，周佛海让杨惺华吩咐下去，三点以前不见客，开始与程克祥坦诚相见：

"我们相处这么久，可以无话不谈。我和雨农兄也是好朋友，请代我转告雨农兄，感谢他对我母亲和岳父的照顾与保护，今后如果有需要我的地方，只要我力之所及，我会尽力而为。"

"好朋友"三个字周佛海说得十分自然，这的确是他的心里话。尽管戴笠将他的母亲等家人作为"人质"，但何尝不是好事呢？何况待遇优厚！

其时周佛海已深知"和平运动必将告败"，并在日记中剖析进行"和平运动"的原因——基于两种错误认识，一是认为日军必将攻占重庆及西安、昆明等地；二是认为日美或日俄不会爆发战争。没想到，日本真的就不自量力地进攻英美了。

正愁回头无岸，军统对其母亲的"看护"，正好为他搭起一架通往彼岸的浮桥，他自然会利用好这个机会。

周佛海特地请程克祥转达一个口信，他说：

"我这次离开重庆，最大的错误就是没有事先报告委员长。我是委员长一手提拔起来的，请雨农兄代我向委员长请罪，只要委员长有所指示，我仍然奉命行事。"

这话程克祥听后无比激动，在戴笠听来却未免堂皇。当初若不是周佛海与陈璧君力劝汪精卫"出走"，在汪的心腹股肱陈公博的反对下，汪精卫的"和平运动"或许不会走得这么远。如今见大势不好，又想起了"委员长"！

周佛海又当场给戴笠写了一封信，信很短，表示愿意悔悟前非，立功赎罪，听候驱策。虽然寥寥数语，传递的信息却十分重要。而程克祥的到来也已说明，周佛海是真心要与重庆合作的。

程克祥离开重庆时，戴笠给周佛海写了复信，命他努力报国，戴罪立功，并要求从速建立通讯联系；任命程克祥为京沪区长，选派文书、报务员、译电员及负责策反伪军的特工携带专用密码本与电台，与程克祥一起返沪。

5月底，秘密电台架设在杨惺华的上海住所。当年10月，日军发现该处有不明电波讯号，开始在周围地区侦察，程克祥将电台直接迁入周佛海的住宅。周佛海以与重庆交涉全面和平为由，与上海日军陆军部长川本芳太郎交涉，获准设立电台，指定周佛海的愚园路一一三六弄五十九号原宅三楼为电台地址。

从此，周佛海与戴笠直接建立了热线联系。

周佛海除了向戴笠转达日本有关"全面和平"的情况，报告南京、上海的日军及伪政府的动态外，更多传递的是江南新四军及共产党地下组织的活动情报，同时接受各项指令，其中一个指令是——除掉李士群。

烟榻上的谋划

在对李士群下达必杀令之前，戴笠先向唐生明征询良策。

表面上看，唐生明与李士群、周佛海都相处得不错。对这两位桌子上面敬酒桌子下面使绊子、恨不能置对方于死地的汪伪大员，唐生明了解得还算透彻。他向戴笠提出上中下三策。

下策，由军统行动人员直接执行狙击。尽管李士群向来防范严密，可他的行踪从不对唐生明隐瞒。但唐生明认为，一旦狙击成功，其部下必然对军统实施报复，彼此杀来杀去会造成无谓牺牲。

其实此一时彼一时，在形势已逐渐明朗的情况下，李士群的部下未必会为他报仇；何况树倒猢狲散，忙着找新主子还来不及呢，哪里还顾得上给前主子报仇！对唐生明本人不利倒是真的。作为渝方代表，他的身份已经公开，必然会有人怀疑到他。最重要的一点唐生明没有说，作为私交甚好的朋友，他肯定不愿让李士群死在自己手上。

正是基于对唐生明的安全考虑，戴笠直接放弃了这一条。

中策，利用他与汉奸之间的内讧除掉他。

李士群从傍上晴气庆胤就有恃无恐，不把任何人放在眼里，为索官索财，不仅直接打压周佛海，借伪中储券在其辖区（江苏）推行之际向周大敲竹杠、无限制地索款，令周佛海一派对他恨之入骨；而且在清乡中与许多伪军头子争功争宠，结怨很深；不仅如此，李士群还通过"七十六号"，尤其利用行动队长吴世宝四处敲诈勒索、杀人越货，竟狂妄到直接抢劫其主子——日本人的黄金。为掩盖丑闻、取悦日本人，李士群将吴世宝保释后，于1942年2月4日将其毒杀，令其心腹打手人心浮动。

唐生明虽然与李士群的打手们搭不上话，与周佛海确实关系密切，与那些清乡的伪军头子都谈得来，挑动这些人去对付他，除掉他还是有把握的。

上策，是利用日军与李士群的矛盾杀掉他。

唐生明认为这是上上策，因为事成之后可以不留痕迹，不会有任何人敢找麻烦。同时可以杀鸡给猴看，给那些死心塌地追随日本人的汉奸一个教训，对以后的策反工作有利。只是这个上策执行起来难度要大一些。

戴笠也认为上策最好，可以做得干净利索不留后患。至于能不能做到，那就要看周佛海的了。

在戴笠看来，无论执行哪一条计策，周佛海的胜算几率都要大于唐生明，同时为了保护唐生明，他决定既不让唐生明参与，也没必要告诉他。于是，在下达对李士群的必杀令的同时，将这三条计策直接转给了周佛海。

然而，周佛海与唐生明已是无话不谈的朋友，尤其事关渝方，他都会与唐生明交换意见。他虽然对李士群恨之入骨，可无论怎么除掉他，以他一己之力对付有一帮打手的特务头子，都觉得心里没底。万一走漏风声，恐怕不等他动手就早已成了李士群的刀下之鬼。

周佛海将唐生明请到家中，在他抽鸦片烟的小房内，关好门，准备问计唐生明。可性命攸关，多一个人知道就多一份风险，所以又犹豫不决。躺在烟榻上吞云吐雾半晌，还在犹豫着要不要说、怎么说。唐生明却忍不住了，直截了当地问：

"是不是为了木子（两人背后对李士群的代称）的事？"

周佛海吃了一惊，端着烟枪就愣在了那里。唐生明接着说：

"上中下三策，上策为佳。"

周佛海扔了烟枪，"腾"地从烟榻上跳下来，神色惊慌地问：

"你怎么知道的？"

"猜的。"

"猜的，怎么会这么准？"

周佛海瞪着唐生明，眼神既惊异又惊恐。显然，如此机密之事刚刚接到指令便已被泄露，意味着风险系数骤增。

唐生明只好和盘托出，并一再表示绝不会泄密，周佛海这才放下心来。

事实上，此时除掉李士群有一个极为重要的有利条件，那就是李士群的靠山没了，晴气庆胤已于一年前（1942年夏）调往北平！

而日本人对李士群早已有了尾大不掉之感。当初取消警政部让李士群丢了警政部部长之职，就是影佐祯昭的主张。当时周佛海往访影佐，商量机构改革及人事安排问题，影佐提出"不可使某一人权太大"，称汪伪组织中有两大势力如同癌症，必须除掉，"一为李士群，一为任援道。任为害小，李为祸大，如不及早防止，将来必有人患，故主取消警政部"。而李士群恃其特务力量强大，以辞职相要挟。对此，影佐主张予以制裁，此主张正中周佛海下怀。却不料汪精卫出面袒护（畏惧其后台晴气庆胤，又不敢违背陈璧君的主张），影佐最终做出让步，以致丢了警政部部长的李士群，又得了个调查统计部部长。

这之后李士群仍不肯收敛，倚仗有晴气做靠山，出任伪江苏省省长后继续扩张，权力愈发膨胀，已成了日本人的心腹之患。在其失去靠山的情况下，由日本人出手顺理成章。

至于由谁出手，具体怎么操作，唐生明再无良策。

后来周佛海与日本宪兵司令大木繁少将密谋，决定由日本宪兵队特高课课长冈村适三中佐出面，以调解李士群与税警总团副团长熊剑东的矛盾为名，将两人请到寓所，对李士群实施毒杀。

熊剑东毕业于日本士官学校，"八一三"淞沪会战时参加了戴笠组织的苏浙别动队，上海沦陷后任忠义救国军淞沪特遣分队长，留在敌后打游击，1939年3月被日军逮捕，1940年8月由周佛海保释，旋送日本"考察"，后赴武汉组织伪军（黄卫军），自任总司令。后在周佛海的要求下，日本宪兵队于1942年11月将熊剑东及其伪军调入上海，与周佛海的税警总团合并，被编为第二税警总团，熊任总团长，成为周佛海的亲信。

周佛海调入熊部的目的，就是为了扩大实力对付李士群。李士群早就想把税警总团据为己有，而周佛海及其心腹罗君强把这支武装部队看作自己的命根子，死活不肯放手。熊部调来后，对李士群来说无异于火上浇油，对熊剑东本人也充满嫉恨。而此时晴气庆胤已调离，李士群与日本宪兵队一向有矛盾，一时对熊剑东也奈何不得。

熊剑东在日本宪兵队却有一个十分可靠的靠山，这个靠山就是冈村适三。

熊剑东与冈村是"陆士"同学，熊在武汉时冈村也在武汉，任日本宪兵驻汉口分队队长，两人来往密切。熊调上海后，冈村也调到了上海。

熊剑东因原忠义救国军部曹炳生父子被李士群所杀，对李士群早有宿怨。而李士群任江苏省省长后，愈发骄横傲慢，又与宪兵队有矛盾，对冈村也就有了几分不恭，相处自然不睦。

熊剑东按周佛海的部署游说冈村，很容易就达到了目的。

然而，胜算几率有多大仍是未知数，因为李士群不仅对同是汉奸的对手们警惕性极高，对日本宪兵队也早有防范。

谁毒杀了李士群

1943年9月6日，冈村适三得知李士群已由苏州返回上海，即约熊剑东和李士群到其住所谈话。下午三时，李士群与其翻译、伪调查统计部上海办事处主任夏仲明一同前往。

两人到达百老汇大厦七层冈村的住所时，熊剑东已经在座。

冈村在调解中说：

"两位为部下的事发生误会是很不幸的，这件事据李阁下说是别人的主张，据我知道也是这样的。这根本就是受人挑拨，更不是什么深仇宿怨……所以我本着和两位的友谊，邀请两位来替你们拉场，把误会解释明白……希望两位通过今天我们的友好会见，能尽释前嫌，成为好朋友，向大的方向进行合作……"

冈村的一番话带有很重的感情色彩，李士群看上去很受感动，表示愿意与熊剑东消除误会，摒弃前嫌，重结友谊。他首先向熊剑东解释曹炳生父子被杀并非他的责任，而是丁默邨的主张，并详细讲述了当时的情况。但他没有劝阻，对此表示十分抱歉。

熊剑东也表示了谅解，他说：

"我们都应该感谢冈村课长，没有他的邀请，我就不可能听到李先生这番话，也不可能知道当时的真实情况，我们之间的误会也就消除不了。我是一个军人，是个粗坯。唯其是个粗坯，自诩也是一个爽直的人。我们既已一言释嫌，化敌为友，我也就把佛海他们和我的关系，以及导致我和李先生今天以前的这种情况来谈一谈。"

熊剑东这番话，听起来皆肺腑之言。接下来开始讲述他与李士群结怨的前因后果，让李士群渐渐放松了警惕。

"曹炳生父子的事，此前我确实误会很深，佛海他们利用我们之间的误会，为他们做马前卒。我明知道他们在利用我，也乐于为他们利用。换句话说，我只把周佛海当跳板而已。我有自己的打算，这打算还没向别人吐露过。"

听语气，熊剑东已经不把李士群当外人。李士群也觉得，熊与周本无什么渊源，以他为跳板也在情理之中。良禽择木，凤栖梧桐，相比周佛海，他李士群更具优势。尽管他自知开罪了很多人，却也认为自己比周佛海风头更劲，手中把控的肥差更不在周佛海之下。尽管周佛海当着伪财政部部长，可论手中银子，周佛海不一定是他的对手。一向多疑的李士群也敞开心扉说：

"我们既做了朋友，你的事就是我的事，你的打算是否可说来一听？"

"我环顾我们的和平地区，只有浙东尚属软档。我的意愿是开辟浙东，再图发展。在政治上无论是盟方（日方）还是中方，都不成问题，最大的困难是经济。"

李士群一听，原来熊剑东缺钱。而他优势之一就是有钱，于是问：

"需要多少？"

"500万。"

这在熊剑东眼里是一个巨额数字，不料李士群轻松地说：

"我送你1000万。"

此话一出仿佛平地滚春雷，熊剑东与冈村都惊得一下子弹跳起来。熊剑东紧紧握着李士群的手，感激与激动的心情无以言表：

"李先生，我一生没看到过像你这样豪爽之人，要不是冈村先生为我们安排了这个会见，我不但与一个好朋友失之交臂，而且……唉！不说了，惭愧！惭愧！"

"一星期后，你到苏州向黄敬斋（伪江苏省政府秘书长）拿钱。"

两人越谈越融洽，一直谈到了五点多仍意犹未尽。冈村提议大家共进晚餐，说难得有机会聚在一起，可以边吃边谈。

两人谈兴正浓，冈村作为"东道主"这个提议合情合理。

可李士群一向戒备心很重，来之前已与夏仲明约好，决不在冈村这里吃东西、喝茶、抽烟；甚至关照保镖，过两个钟点没下去，他们就冲上来。后来谈得投机，也就渐渐放开了，彼此敬烟、喝汽水，并由夏仲明下去关照保镖不必冲上来了。但留下吃饭，还是有些不放心。

为了消除李士群的担忧，冈村说："楼下有大菜。"大菜，就是很多人一起吃的大餐。吃的人多，自然不会有什么风险。李士群不再反对，而是坐下来继续谈。

六点多的时候，一个日本女子把小桌和餐具推了进来。李士群顿生疑窦，立刻向冈村问：

"这是什么人？"

"请你吃饭，楼上比楼下安全。"

听冈村这么一说，李士群也就释然了。晚饭开始后，起初没有什么异常，吃鱼、喝汤、喝啤酒，大家边吃边聊。吃到牛肉饼时，李士群觉得不对劲，吃到一半就不吃了。冈村催他再吃，李士群又吃了一些，还是觉得牛肉饼有问题，准备到卫生间抠喉咙，将食物吐出来。

冈村见状，紧跟在李士群身后进了卫生间。有冈村跟着，李士群无法将食物吐出来，只好回去继续吃饭。这样又持续了20多分钟，才起身告辞。

一回到家，李士群立刻抠喉咙，把吃的东西全都吐了出来。

其实他本人并不能断定牛肉饼是否有毒，在返回的车上他也曾向夏仲明求证："今天的牛肉饼很难吃，你觉得怎样？"又问，"你看今天宴会有没有什么问题？"

原本以为即使食物有毒，吐出来也就没事了，第二天也没感到哪里不舒服，李士群按原计划赶回了苏州任所。

这一天，平安无事。

第三天（9月8日），李士群突然上吐下泻，病情来势汹汹，身体很快消瘦下去，只剩下一把骨头。

第四天（9月9日），李士群暴毙，死后身体缩成了一团，像一只猴子那么大。

冈村所投并非一般化学毒药，而是一种生物病毒——阿米巴菌，是日本人专门研究的残害中国人的生化武器（细菌武器）之一，没想到用在了为他们卖命的汉奸身上。这种病毒是从患霍乱的老鼠粪便中培养出来的，一旦吃进去，就会迅速繁殖，但要36个小时之后才会出现症状，即上吐下泻，直至死亡，没有解药。

成功毒杀了李士群，总算为"七十六号"杀害的军统特工报了一箭之仇，也是为京沪地区军统潜伏人员除掉了一个巨大威胁，最高兴的莫过于戴笠。

通过这件事，周佛海彻底取得了戴笠的信任，也拉近了两人的关系，军统对周佛海家人的待遇也愈发优厚。1945年3月周佛海的母亲患病，戴笠"用英国最新最贵之药医治"，而且详细向周佛海电告治疗过程和病情变化，并称"周母即余母"，请放心。6月25日周母病情恶化，不治而亡，戴笠一边电告周佛海，一边遄赴息烽为周母料理后事，并的确将周母作为了自己的母亲，披麻戴孝为周母守灵，令周佛海大为感动，从此将戴笠视为知己。

当然，这时候大局已定，所有落水汉奸都忙着寻找退路，戴笠显然已成为周佛海的救命稻草。

而日本人毒杀李士群，无论有意无意，都起到了杀鸡给猴看的效果，恐怕除了深知内情的周佛海与熊剑东，其他大小汉奸都会有种物伤其类的伤感与担忧；头号汉奸汪精卫则更是兔死狐悲，不仅派伪行政院秘书长陈春圃赴苏州参加葬礼，拨治丧费五万元，而且亲自为李士群书写了"墓志铭"。

随着李士群的死去，汪伪政府的丧钟已经敲响。仅仅过了半年，即1944年3月，汪精卫便已病入膏肓，被送往日本治疗，于当年11月一命呜呼。汪精卫一死，伪政府愈发四分五裂，紧接着在一片混乱不堪中迎来了末日。

第二十四章
巡视东南，驻扎淳安

病中母亲的心愿

1943年对戴笠有着特殊的意义：其一，金屋藏娇；其二，在军统成立11年纪念日这天，即4月1日，中美双方就成立中美特种技术合作所在华盛顿正式签字。中方签字的是外交部部长宋子文、驻美副武官萧勃，戴笠于7月4日在重庆补签；美方签字的是海军部部长诺克斯、战略局局长杜诺万和梅乐斯。

在协议签订的同时，中美双方在情报、电讯、气象、人员培训等方面的合作已全面展开，各类特种技术训练班相继在安徽、湖南、河南、绥远、广西、福建、浙江、重庆、贵州、广东等地相继成立；美方人员及资金、武器弹药、电讯器材等装备亦飞越"驼峰"源源不断地运到中国。困扰戴笠多年的经费不足问题迎刃而解，五万多没有接受过专业训练的游击队开始接受由中美双方教官共同执教的正规军事训练。

尽管此时戴笠已金屋藏娇，在重庆的时间却越来越少。在梅乐斯返回美国办理中美合作所签字的时候，戴笠再次出行，经江西赴安徽歙县，视察中美所雄村训练班，听取训练班少将副主任郭履洲（主任为戴笠）汇报学员训练情况；随后赴安徽广德，视察忠义救国军总部，调总指挥阮清源到重庆受训，任命马志超为忠义救国军中将总指挥。

随后，戴笠返回江山保安——这是他抗战爆发后第二次回乡探母，也是此行的一项重要"任务"。

1939年毛秀丛去世时，戴笠曾想回家为发妻料理后事，但当时军统刚成立不久，事务纷杂，一时脱不开身。

1941年长孙出世（戴笠之子戴藏宜1940年结婚），戴笠闻讯非常高兴，抽空回了一次家。那是他发达之后第一次回家，在家中大宴乡邻。

1942年为忠义救国军筹集军费，戴笠回了一趟江山，由于与梅乐斯约定了会合时间，未来得及回家探母。当时日寇正大举进攻浙赣，就在戴笠离开江山没几天，6月10日日寇侵占江山县城，占领江山县城达75天之久。江山境内惨遭荼毒，到处是被日寇军机轰炸的断壁残垣，保安戴家老宅、仙霞关关帝庙及大批民宅被炸毁。

戴笠的母亲蓝月喜已年近古稀，受此惊吓加之关帝庙被毁无处求神拜佛，心情极度悲伤，一时病卧在床。第74军军长王耀武闻讯后，特地向戴母赠送三万元作为修复关帝庙的费用。戴笠在重庆得知此讯，立即派人通知母亲将三万元如数退还王耀武。钱是还了，但戴母心中不悦，以致病情时好时坏。

戴笠此次回乡，就是为了将母亲接到重庆照顾。

尽管有思想准备，一进家门看到的景象还是让他深感意外。被轰炸过的老屋已破败不堪，屋里透风撒气，难以挡风遮雨。老母亲双目紧闭躺在床上，弟弟戴春榜正守在病床边。

忽然见哥哥回来了，戴春榜刚要说话就被戴笠制止了。其实戴母并没有睡着，听到脚步声就睁开了双眼，见到戴笠高兴得不得了，立刻就要坐起来，戴春榜赶紧扶住母亲。戴母患的是咳疾，这一动就引发了一阵剧烈的咳嗽，直咳得五脏六腑都快抛出来了。

看到母亲这么痛苦自己却无能为力，戴笠不无自责地告诉母亲：

"都是我不好，我早就该接您到重庆疗养。"

戴母连连摆手，待咳嗽稍定，才喘息着说：

"哪儿都不去，兵荒马乱的，这把老骨头丢在外边就回不来了。"

无论戴笠怎么劝说，母亲都坚持留在保安。见无法说服母亲，戴笠决定为母亲盖一幢新宅。戴家四世同堂，除戴笠一人在外，其他人都在老家。戴春榜一妻一妾，生一女二子；戴笠无妻妾，只有戴藏宜一根独苗，这根独苗已经开枝散叶，生有一儿一女。

此时，戴笠的孙子已满两周岁，孙女未满周岁。即便母亲去重庆，这一大家子人也要留在保安，这个残破的老宅已经没法住了，新宅是一定要建的。说到盖房，戴母有话要说：

"春风，这些年你在外边顺风顺水，你可知这是为什么？"

这话问得戴笠一头雾水，或许他早就忘了自己"双凤朝阳格"的命相，但戴母这个年纪的老人还是很相信命相的，也相信鬼神，所以她说：

"你的命相就不说了，这些年烧香拜佛拜关公，保佑你顺风顺水，保佑一家老小平平安安，这都是很灵验的。"

戴笠恍然明白，原来那三万元退回后关帝庙没修缮，母亲一直耿耿于怀。

"好，我拨款，先修关帝庙。"

戴母这才眉开眼笑。

不争气的叔侄

母亲躺下休息后，戴笠与戴春榜到另一个房间商量建造新宅子的事。见戴笠心情好，戴春榜乘机说：

"哥，建完新宅你能不能在重庆给我安排个事干？那么多人跟着你出人头地，自家两个大男人窝在乡里守着一亩三分地，有点太窝囊了！"

不提这事还好，一提这事戴笠就气不打一处来。多年来戴笠对戴春榜屡次提携，可就是癞狗扶不上墙。

由于戴春榜曾在戴笠入黄埔军校后投身军旅，戴笠任特务处处长后，曾送戴春榜去庐山军官训练班受训，取得了校级军衔。西安事变前马志超任陕西站站长，介绍戴春榜出任西安花捐所所长。

照理说有戴笠这棵大树，戴春榜混出点名堂不成问题，可他自幼生性散漫，不学无术，好逸恶劳，这一点倒是像极了其父戴士富。戴笠生怕他在外面打着自己的旗号招惹是非，多次致信马志超称："春榜务请兄痛责，不准其对外活动，尤望考察其生活，严稽其出入交往之人。他若不安分守己，尽忠尽职，即请撤职。否则兄非爱弟，实害弟也……"

抗战爆发后马志超任甘肃站站长，又推荐戴春榜出任甘肃省景泰县县长。一县之长，说起来也是老百姓的父母官了。戴笠觉得这个职位责任重大，戴春榜根本不具备独当一面的能力，便令马志超将其撤职，请胡宗南将他保送到中央军校高教班受训。戴笠以为，严格的军事训练或许能改变他懒惰散漫的习性，却不料，戴春榜仍然我行我素，屡犯校规，竟然很快被开除了。

戴笠一气之下，下令将戴春榜关了禁闭。这次总算起了点作用，解禁之后老实了许多，再次由胡宗南保送到中央军校受训，总算顺利毕业。可当他留在胡宗南的辖区工作后，仍然旧习不改，以为有戴笠做靠山有胡宗南庇护，四处招摇跋扈。戴笠担心他给自己败坏名声，也怕他得罪人给自己惹麻烦，便给他一个忠义救国军少将参议的头衔和军统局少将专员的身份，让他回家照顾母亲。

戴春榜回到江山，以为自己有了官职，又不受任何约束，一时逍遥自在，到处招摇过市，趾高气扬。可时日一久，又觉得在这偏僻乡村实在乏味，空有两个不小的头衔，根本派不上用场，所以还是想找个"用武之地"。

"用武之地？"这话让戴笠大跌眼镜，"你有何'武'，'武'在何处？你以为给你个头衔你就真有本事了？"

"你带出去了那么多人，有几个有真本事的？毛钟诗有什么本事？你让他当副官，当甲室秘书；还有你那两个小舅子，他们都有什么本事？"

此话刚一出口，戴春榜立马意识到说走嘴了——提谁也不该提与戴笠发妻相关之人。毛秀丛病逝后，戴笠常常为亏欠她而自责，而且时间愈久自责愈深。倘若毛秀丛不死，他对她的态度或许依然如故，可当她不在了他才总是念起她的好。

果然不出所料，戴笠的脸色瞬间变得铁青，怒目圆睁瞪着戴春榜：

"你有什么资格和宗亮、宗鳌比？撒泡尿照照你自己，烂泥糊不上墙！"

说完，戴笠拂袖而去。

戴春榜沮丧地看着他的背影，懊恼自己口不择言，但他并不认为自己比别人差。

其实戴笠的两个妻弟尤其是毛宗亮，曾任仰光站长，如今在中美合作所任经理组长，虽说没有什么大的本事，可也是能独当一面的人才。毛钟诗作为晚辈，尤其在戴笠身边工作，更是勤勉有加，丝毫不敢怠惰。他们有一个共同特点，就是守规矩，为人低调，踏踏实实做事，绝不会倚仗与戴笠的亲戚关系四处招摇。这正是戴春榜所欠缺的。

呵斥完弟弟，戴笠又找到儿子。在戴笠迈进家门之时，戴藏宜就闻讯躲起来了，躲藏的原因就是怕挨骂。

从品行习性上说，戴藏宜与其叔戴春榜一脉相承，自幼不爱读书，只读到小学毕业，后来戴笠将他送进上海私立大同大学，也未能拿到毕业证，最终落个肄业。回乡后，在戴笠的关照下曾先后任私立保安树德小学校长、仙霞乡乡长、江山县兵役协会委员、军统局京沪杭铁路警务处少将专员，但说到底与其叔一样，徒有虚名。

1942年6月日寇进攻江山时，戴笠曾致电江山县县长，建议各乡发展自卫队，由县、区直接领导，每乡发展队员20人，由军统派员组织训练。保安自卫队以戴藏宜为主任（另有队长），经费由戴笠负责。然而在日寇撤出江山后，戴藏宜不仅未按规定解散自卫队，反而趁机收编临县散匪和零星部队，擅自组织武装力量。

同年9月，戴笠连发三封电报，一封给福建建阳第三战区"奋勇队"指挥官郭履洲，一封给军统局东南办事处主任毛万里，另一封是由毛万里转交戴藏宜的。三封电报都是同一个内容——解散戴藏宜的自卫队与自卫队人员去向问题。

在由毛万里转交戴藏宜的电报中，戴笠严词斥责：

"你非军统局之工作人员，究竟受何人命令，擅自收编部队？你应立即将部队完全交出，愿即刻开往广德编入忠义救国军者，希立即点交郭履洲先生接收，不愿即刻开往广德者，应即令解甲归田，否则我必与你脱离父子关系，并断绝一切接济！"

在给毛万里的电报中，戴笠更是严词命令："奉化县政府之枪支，吾人断不可接收，善武（戴藏宜谱名）胡为，必须予以制止。如已集有壮丁，应立即予以解散，此事兄必须负责也！"

原来戴藏宜不仅擅自保留扩充武装队伍，更擅自接受他人馈赠的武器，这让戴笠忍无可忍。虽然自卫队最终被解散，戴笠却不能谅解戴藏宜，一见面就直接怒斥道：

"三番五次让你解散自卫队，你为什么就是不听？还接受别人的武器，这明摆着就是授人以柄，你为什么就是不明白？"

"你当年不也组织过自卫团吗？"戴藏宜嘟囔着说。

"那是为了保家护院，现在鬼子都退了你还要队伍干吗？擅自拉队伍就是土匪！"

戴藏宜自知理亏，不敢再还嘴。这时儿媳郑锡英领着孙子抱着孙女来了。不常回家的戴笠难得享受天伦之乐，看着两个可爱的孩子，听着长孙戴以宽用稚嫩的声音喊"爷爷"，满脸怒气随之消失。

这正是戴藏宜导演的一出"夫人救驾"。但他并不服气，一扭头就对着老婆发了一句牢骚：

"小题大做，拉队伍怎么了，别人想拉还拉不起来呢！武器是别人给的，又不是偷的抢的。"

戴藏宜只知家有大树好乘凉，哪知树大招风，大树也并非不可撼动。他既不知老爹树敌之多少，更不知月满则亏、物极必反之道理。1943年戴笠一生的权势达到顶峰，戴藏宜看到的只是老爹站在巅峰之风光荣耀，根本看不到这是老爹走下坡路的开始。

此时，戴笠手中的武装力量，已成为蒋介石的眼中钉。

十年庆典"玩大了"

蒋介石对戴笠萌生尾大不掉之担忧，始于一年前的"四一大会"。

一年前（1942年）的4月1日是军统局成立十周年纪念日，继1940年4月1日首次举行军统成立八周年纪念大会后，1942年的"四一大会"是军统历史上规模最大，也是最隆重的一次纪念活动。会场设在罗家湾局本部大礼堂正前面的露天大会场，与会者数千人，除重庆城乡各单位全体特工和军统掌握的各公开组织的特务，以及重庆城乡各特训班受训人员外，还有来自国内外军统秘密组织包括区、站、直属组的代表，与历年死去的"烈士"家属。

当时各地回渝代表住在"漱庐"，"烈士"家属住在原军统局招待所。

这天上午，戴笠亲自驾车将蒋介石接到大会会场，开车绕场一周后停在主席台前。蒋介石走上主席台，主持祭悼军统局"先烈"仪式并训话。

这是蒋介石首次参加军统的"四一"纪念大会。站在主席台上，放眼望去，数千名军统人在露天大会场上黑压压一片，一眼望不到边，场面之壮观，令他不无震惊。

展示军统实力，是戴笠有意向蒋介石做出的十年"工作汇报"，目的自然是向"领袖"表衷心。"秉承领袖旨意，体念领袖苦心"，这句曾经让戴笠感触至深的话，就贴在大会主席台旁边。

如果说在1940年抗战进入最艰苦时期、军统在沦陷区的组织不断遭到破坏的情况下，召开"四一大会"是为了祭奠"烈士"，检讨工作，激发斗志，振奋人心；

那么两年后的"四一大会"显然不仅仅因为"逢十"而如此隆重。

　　摊子越来越大，权势范围越来越广，与美国海军的合作已在酝酿启动之中，这"大好形势"让戴笠变得飘飘然了。倘若他像特务处时期那样朝夕戒惧，凡事不敢懈怠，或许会听听大家的意见，或许会深思熟虑之后有所警醒；但如今在军统局这个独立王国里，他是老子天下第一，说一不二，又天生好排场，好面子，好打肿脸充胖子，也就有了这个浩大的阵仗。

　　看得出，蒋介石的心情很好，除了主持祭悼时面容严肃，走下主席台与"烈士"家属及军统局人员见面时始终面带微笑。但在检阅军统特务武装队列表演时，蒋介石明显收敛了笑容，脸上多了一份深沉与凝重。

　　一向善于揣摩蒋介石心思的戴笠，此时并没有多想。在他并未深思熟虑的意识里，其权势扩张的每一步都是蒋介石"钦点"的，理应拿一张成绩单给"领袖"看。

　　尽管只是就近调动了区区数百人参加军事表演，这个表演还是让蒋介石暗暗吃了一惊。想当初为配合"八一三"淞沪会战，苏浙别动队草率成军，不过是几个三教九流、虾兵蟹将；如今军统不仅拥有自己的忠义救国军和别动军，还有税警、缉私部队和交通警察部队，而且装备的大多是美式武器；再加上军统组织严密，号令迅捷严明，又调动灵活迅速，这实在是一支不可低估的"生力军"，其实力不亚于任何一支正规部队，这不能不使蒋介石多了份疑虑和戒备。

　　4月4日，蒋介石召见戴笠，告知拟调唐纵兼任军统局帮办。直到这时戴笠才意识到，军统十年庆典"玩大了"。

　　唐纵最初是追随戴笠的"十人团"成员，也是戴笠将他推荐到侍从室的，如今早已成为蒋介石侍从室第六组组长。第六组负责情报工作，唐纵等于代表蒋介石统辖各情报机关业务，所有部门情报都要经唐纵之手才能转呈蒋介石。其责任之重大，作用之关键，令戴笠对这个主管部门的"老弟"不敢再以部下相待。

　　派他来当帮办，以侍六组组长身份兼军统副手，明显是对戴笠个人权力加以遏制。而这只是第一步，蒋介石要削弱的不仅仅是戴笠的权力，更重要的在于拿掉军统的武装力量。

　　但这需要有个过程，毕竟在很多方面蒋介石还离不开军统，离不开戴笠，比如战时货运管理局，尽管拖了两年之久，这个机构仍不得不由军统组建（建立于1943年4月）并委派戴笠负责。也就是说，蒋介石在遏制戴笠权力的同时，又不可避免地使之扩大权势范围。

　　戴笠很清楚，即使他像出任特务处处长之初那样提着脑袋追随蒋介石，也寻不回当年蒋介石对他的信任。随着中美合作所合同的签订，军统的情报系统、武装部队已开始了从设备到人员素质的全面升级——戴笠知道，军统的武装力量越提升，蒋介石的心病越重。

　　这成为笼罩在戴笠心头的一片阴影，也是他不得不严格约束家人的主要原因。

　　离开江山后，戴笠又去福建建阳中美合作所东南办事处指导工作。如此一来二去，返回重庆已到6月下旬。

6月23日，也就是戴笠回渝的第二天，蒋介石交代侍一处主任兼军统局局长林蔚，告知戴笠交出忠义救国军、别动军及缉私部队等武装力量。

林蔚与前军统局局长贺耀祖一样，也是挂名不主事，且上任不久，不便直接出面，就将这个得罪人的差事交给了唐纵。唐纵是军统局帮办，由他去说也是顺理成章。但他深知戴笠对武装队伍的重视，那简直就是他的命根子，要他交出武装部队，他实在张不开这个口。

就在唐纵为难的时候，6月25日，蒋介石亲自出马了，他的第一步是削弱戴笠的职权。戴笠巡视归来例行汇报，蒋介石趁机提出一个思考已久的决定：

"缉私署和财政部之间的矛盾，已经严重影响到工作的开展。戴科长，你有什么想法？"

早年合并南昌行营调查科，是特务处的第一次飞跃，南昌行营调查科科长也成为戴笠的第一个公开身份，蒋介石从此称戴笠为"戴科长"，以示亲近。

但蒋介石这番话，戴笠听着怎么也亲近不起来，明摆着就是让他辞去缉私署署长。

戴笠早就预料到，在他和孔祥熙这个天平上，蒋介石的砝码最终会放到孔祥熙的一边，尤其林世良案，损害了孔祥熙的利益就等于伤害了宋美龄。尽管蒋介石早已厌恶了孔祥熙的贪腐，但搬开孔祥熙显然不能操之过急。

从林世良案开始，戴笠就已经预料到了这个结局。

"我想，缉私署署长和货运局局长还是请校长另派他人为好。"

连货运局局长一并辞掉，这倒让蒋介石有点出乎意料。平心而论，货运局正式成立刚刚两个多月，各地工作很快开展起来，换了任何人都不可能有这个效率。

戴笠主动请辞货运管理局局长，一方面是考虑到该局与缉私署同属财政部，与其等着别人开刀，不如自己拿掉；同时也是想做做样子，货运管理局的工作尚未全面展开，经蒋介石同意的他与杜月笙联合抢运沦陷区物资的工作也刚刚启动，他不相信蒋介石会在这个时候拿掉他这个局长。

殊不料，蒋介石竟毫无挽留之意，甚至连一句客气话都没说就痛快答应了。

戴笠既意外又失望，更多的是茫然、失落与恐慌。照此推理，蒋介石要拿掉他这个军统局副局长，也不过一句话的事。

7月1日，中美特种技术合作所在重庆磁器口钟家山正式成立，根据协议规定，蒋介石任命戴笠为中美所中将主任（仅仅是个头衔，其官阶仍为少将）；美国总统任命梅乐斯为中美所副主任。梅乐斯不久后晋升为美国海军准将。

照理说，军统此时要钱有钱，要枪有枪，要人有人，是戴笠主持这个团体以来最"富有"的时期。在外人眼里，戴笠财大气粗，踌躇满志。而事实上，戴笠内心却深感危机四伏。

中美所正式成立几天后，蒋介石再次催促林蔚，让戴笠交出部队。缉私署有20

个团的兵力，要他直接交给接任缉私署署长及货运局局长的宣铁吾；忠救军与别动军亦要整顿，准备移交。

这次，唐纵在林蔚的要求下找到戴笠摊牌。

从草创苏浙别动队到组建忠义救国军，仅筹措经费一项，戴笠就费尽了心机。而忠救军在配合大部队作战、骚扰偷袭日伪军、破坏日伪铁路桥梁等军事设施方面，都发挥了大部队难以发挥的作用，怎么能说拿走就拿走呢？美方正在装备和培训忠义救国军，将这支部队交给别人，不在军统掌控之中，如何配合美方完成相关任务？

都说兔死狗烹，鸟尽弓藏，如今只是二战形势出现好转，在远未到兔死鸟尽的时候，就忙着烹狗藏弓，未免太操之过急了！戴笠请出何应钦向蒋介石缓颊。

何应钦毕竟是军事委员会参谋总长，他的意见蒋介石不能不考虑；何况，拿走军统的武装部队，必将会影响中美合作。最终，军统的武装游击队总算暂时平安无事了。

龙门阙下三尊佛

暂时保住了武装部队，戴笠松了一口气。1944年春节前夕，指挥别动军第五纵队成功炸毁沦陷区焦作煤矿及其桥梁，让戴笠对军统武装部队更加重视。

此时，整个二战形势已发生翻天覆地的变化，欧洲与太平洋两大反法西斯战场同时转入了战略反攻阶段，中国战场也开始由战略防御转向战略反攻。为配合美国海军在东南沿海登陆，1944年年初，戴笠将全部工作重心转移到中美合作所。

除夕一过，戴笠立即启程，开始了新一轮的巡视——巡视中美所设在各地的办事处、情报所、气象站、各种培训班以及别动军和忠义救国军。第一站是西安，到西安自然要见胡宗南。

在胡宗南的下马陵公馆，两人见面后的第一个话题是原陕西省主席熊斌。

熊斌比胡宗南年长两岁，毕业于陆军大学第四期，先入冯玉祥幕府，后在中原大战中投靠蒋介石，颇得蒋介石重视。作为军界前辈，他不仅对胡宗南不买账，而且多次抵制胡宗南插手地方行政。胡宗南一直想搬开这个绊脚石安插自己的亲信，如今熊斌终于被调离，所以戴笠一见面就恭喜胡宗南：

"你这次成了名副其实的'西北王'，集党政军大权于一身，在各省军政大员中无出其右者。"

"还得说你的点子好，不然搬开这头熊还真不容易。"

熊斌1941年6月继蒋鼎文任陕西省主席，胡宗南一直想搬开他都未能如愿，跟戴笠商量后，由陕西省参议会出面，于1943年6月掀起一个针对以熊为首的陕西省政府的政潮，攻讦省府贪污……

尽管熊电请中央派员检查，并以私信向蒋介石说明情况。但在熊与胡之间，蒋介石必然选择他最信任的学生。结果，熊被调回了重庆。

说起新任陕西省主席，中间还有个小插曲。

眼见熊斌调离已成定局，胡宗南保举与其关系密切的浙江同乡祝绍周继任省主席。祝绍周时任汉中警备司令，戴笠对他也很欣赏。不料两人在商量的时候，不慎被来西安见戴笠的军统特务左明听到了。

左明是戴笠黄埔六期的同学，时任汉中警备司令部稽查处处长，正是祝绍周的直接下级。为讨好祝绍周，返回汉中后，左明就将这个消息告诉了祝绍周。由汉中警备司令升任陕西省省长，祝绍周兴奋不已，当即许诺上任之后提拔左明，并随后将这个喜讯告诉了他的老婆。岂料他老婆的嘴上没把门的，一高兴到处显摆。这一显摆不要紧，三传两传就传到了熊斌耳朵里。

熊斌也是恋栈之人，又不能直接去问胡宗南，只好向戴笠打听。戴笠矢口否认，并立即调查泄密之人，最后查到是左明。戴笠不仅将左明免职调回重庆察看，而且公开将这件事作为警示部下的教材。

如今，祝绍周已走马上任，左明的高升却早已化为了泡影。同时提升的有新任省府秘书长林树恩和民政厅厅长蒋坚忍，他们都是胡宗南的亲信。

说起这次人事调整，胡宗南一脸的兴奋，唯一遗憾的就是戴笠对左明的处分太重了。

"要不是祝老兄的夫人太张扬，这事也传不到那头熊耳朵里。"

胡宗南想为左明开脱，戴笠并不买账：

"其他人泄密我无话可说，军统的人不行，把不住自己这张嘴还干什么特工？"

话虽如此，其实戴笠本人就很难做到"守口如瓶"。由于本性大大咧咧，好张扬，好面子，早年奋斗阶段尚能戒慎戒惧、谨言慎行，得势后难免放任，一不留神就会露出庐山真面目。虽说事关机密还是能把握分寸的，但平时在下属面前则多了一些任性与随意。

对戴笠的脾气秉性，胡宗南了解得最透彻。所以当戴笠说"把不住自己这张嘴还干什么特工"时，胡宗南忍不住哈哈大笑，不无诙谐地说：

"你不是干得很好吗？"

"老兄，我也只是对你不保密，涉及机密我什么时候对外说过？"

"这倒也是。我不过为左明惋惜罢了，好不容易碰到个晋升机会，这下好了，白送个空头人情。"

"只能怨他拍错了马屁。"戴笠说完也呵呵笑起来。

胡宗南是戴笠有生以来相得默契到不分彼此的朋友。胡宗南每次到重庆，必住戴笠的曾家岩公馆，后来也曾下榻过神仙洞公馆。无论戴笠在不在重庆，戴笠的家就是胡宗南的家，公馆里的秘书、副官、警卫、厨师等都任由胡宗南使唤。戴笠不在的时候，胡宗南曾在曾家岩公馆接连数日宴请各路朋友，并有总务处处长沈醉送上门专供差遣。

不仅胡宗南本人，胡的亲信范汉杰、盛文等人，无论在重庆还是在成都、兰州等戴笠设有专门住所的地方，都能享受到同等待遇。

胡宗南与戴笠见面谈得最多的，自然是"老头子"（蒋介石）。胡每次晋见蒋介石，总要先与戴笠研究对策，研究蒋可能会提出什么问题，如何应对；还有蒋介石的心情如何，这是至关重要的。遇到蒋介石心情不好，一定不能去，以免碰钉子。

而对于涉及胡宗南及其部下的所有情报，毛人凤都要先送戴笠亲自过目；必须呈报蒋介石的，也都是大事化小，小事化了。同时，戴笠也要求唐纵，对其他方面送到侍六组的检举胡及部下的情报，尽可能先批交军统复查，然后连同军统复查的情况一同呈报蒋介石。唐纵处事一向谨慎，但这样处理也合乎手续，只好照办。如此一来，蒋介石听到的看到的，都是对胡宗南有益的情报，以至于有人直接向蒋反映胡宗南的问题，蒋根本不予理睬。

仅凭这一点，就足见戴、胡关系之深。

当天晚上胡宗南大摆筵席，参加宴席的有第34集团军副总司令范汉杰、参谋长盛文和原军统特务梁干乔。

梁干乔跟随戴笠多年，深受戴笠器重。他早年曾加入共产党，投靠国民党后以研究反共政策而著名，一贯反共积极；又与胡宗南是黄埔一期同窗，被胡宗南挖走，任陕西第二区行政督察专员兼保安司令，专门从事反共、对延安实施封锁的活动。

而戴笠也曾对范汉杰动过心。由于军统武装队伍中没有正规军出身的将领，戴笠一度想把范汉杰挖走任税警总团团长，后又想让他任忠义救国军总指挥。

但这次，胡宗南不舍割爱。

作为集团军副总司令，范汉杰是胡宗南的最得力干将之一，而且两个月后（1944年4月）随着胡宗南晋升第八战区副司令长官，范汉杰升任胡部第38集团军总司令。

这样一位高级军事将领，哪里是军统小庙里供得起的神仙！

晚宴后范汉杰偶然谈到研读《孙子十三篇注》心得，胡宗南、梁干乔也都谈了自己的看法，胡让戴笠谈谈。

正是二句话不离本行，干情报出身的戴笠　张嘴，就与其他人的看法迥然不同。他认为最重要的一篇是《用间》，"无所不用间"这句话是孙子悟出来的。他说：

"'用间'就是运用军事间谍，或称军事情报。没有情报，又怎能知己知彼，百战不殆；又怎能运筹帷幄，决胜千里；又怎能决胜于庙堂之上！攻心为上，攻城为下，两者比较起来，不战而胜当然是上策。但是，如果没有情报，不明敌情，攻心攻城岂不是一句空话，等于打瞎子仗。"

说起情报的重要性，戴笠又搬出诸葛孔明为证：

"刘备有了诸葛，才借到荆州，有了荆州才有蜀汉大业。魏、蜀、吴三分天下，刘备就是以情报取胜的。刘备取得情报靠的是他的军师，军师其实就是特务头子，诸葛亮就是特务头子中的佼佼者。他将他的兄弟诸葛恪、诸葛瑾，一置于东吴，一置于曹营，还有庞统、徐庶等为助，所以能运筹帷幄，决胜千里。"

戴笠这番高谈阔论说得大家面面相觑，却也不好反驳，因为谁都清楚情报对于战争的决定性作用。只是大家不知戴笠因何反应如此强烈，只有他自己清楚，看上去风光无限的他，已经开始走上盛极而衰之路。一旦战争结束，他费尽心机拉起来的武装队伍将很快被夺走，即使情报机构和他本人，也很难预知未来。

正因为如此，戴笠将全部希望寄托于中美所，寄托于美国海军登陆，希冀能借助美国人的力量在战后为军统争得一席之地，说到底就是保住自己的权势，保住军统十万人的庞大队伍。

所以1944年一年，戴笠不仅忙着四处巡视中美所设于各地的外勤单位及各种特训班，也忙着与军方有关方面接触，为战后做准备。

2月，戴笠到洛阳视察，与第一战区司令长官蒋鼎文谈妥，派乔家才任第一战区晋冀豫边党政军工作队总队队长。

3月，至安徽界首，会见第一战区副司令长官汤恩伯。其实在1943年秋，戴笠就曾与胡宗南、汤恩伯相会于洛阳，三人在洛阳城南25里的龙门石窟合作《七绝》一首以明志。诗曰：

> 龙门阙下三尊佛，眼底烟云理乱丝。
>
> 但愿乾坤能人掌，危身此日共扶持。

重返故乡，弟子归来

离开界首，戴笠马不停蹄赶回江山老家，为迎接梅乐斯巡视江山做准备。

这次却是近乡情更怯，因为不知下次还能否如此风光地衣锦还乡。只是他做梦都不会想到，此行将是他与家乡、与家人的永诀。

这次家中气氛与上次大不相同，由于关帝庙经过修葺，戴母恢复祭拜，随着心情好转，身体也渐渐康复。加上新房竣工，全家迁入新居，到处洋溢着欢乐气氛。

拜见母亲之后，戴笠由弟弟陪同查看新房。

新房位于保安村主要街道的东南侧，占地面积近1000平方米，是一座三进院落。进大门后的第一个院子，两厢是警卫人员居住的房间；二门内两厢是客房和账房；第三道门内的下房是一幢较低的二层楼房，是厨房及佣人的住所。宅院的正房是一幢依地势高低而建的前两层后三层的楼房。

楼内一层分别设有前后客厅和书房、餐室；二三层是全家居住和活动区域，有卧室、起居室、小客厅。

整个宅院是戴笠亲自设计的，在正房的设计上颇费了一番心思。作为军统特务头子，戴笠考虑的不仅要建成一个安全舒适的家居场所，同时要在特殊情况下成为军统局的秘密机关，或者说，是他们全家及他本人的最后避难所和秘密逃生通道。

为此，他在楼内设计了明、暗两道楼梯。明楼梯与一般楼房的楼梯无异，设在前厅右侧；暗梯则设在前后厅之间的夹墙内，是一个仅能容一人通过的螺旋形楼梯，由铁板焊接而成，从三楼直通地下室。楼梯出入口在三楼，一扇紧闭的小门将出入口封闭，除了戴家老小，其他任何人都不知楼内隐藏着一个秘密楼梯。

这个秘密楼梯由三楼出入口进入，下到地下室，可在地下室秘密隐藏，也可通过地下室通向村外的秘密通道，直接逃到仙霞岭大山中。

从眼下看，这里不可能成为军统的秘密机关，倒有可能成为全家的逃生通道。由于日伪军在东南一带活动猖獗，再次进犯江山不无可能，有了这个秘密通道，一家老小坐在家里便可安全转移。

戴笠对房子的质量非常满意，这是他多年来第一次对戴春榜表示认可。接着，又由戴春榜带路来到保安仙霞关二关左侧新建造的小别墅里。

该别墅是戴笠特地为梅乐斯建造的，既作为梅乐斯来江山视察的下榻之所，也作为美国海军登陆之后梅乐斯在浙江的一处办公和住宿地点。

戴笠为别墅取名为"率性斋"，并亲笔手书此三字，由石匠镌刻在石板上，贴金装饰，镶嵌在门楣上方。

别墅砖木结构，设计精巧，庭院里种植着红花绿草，环境幽雅。

看完别墅返回家中的时候，两位江山籍军统下属已经恭候多时。他们一位是军统东南办事处主任兼浙江站站长毛万里，一位是原上海行动总队队长毛森。

日寇退出江山后，东南办事处迁至江山峡口，毛万里闻讯赶来本在意料之中；但毛森已被"七十六号"抓捕，所以见到毛森，戴笠愣住了。

毛森，江山界牌乡和仁村人，生于1908年，谱名毛鸿猷，由于报考师范时借用了同乡"毛善森"的文凭，改名"毛善森"。1932年考入浙江警官学校，毕业后被戴笠送到特训班学习，从此加入特务处。

军统有"三毛"，"大毛""二毛"是毛人凤、毛万里，两人谱名为毛善余、毛善高，是名副其实的亲兄弟；"毛善森"听起来就像他们的兄弟，为了避免别人误会，也觉得总用别人的名字不是长久之计，于是，毛森将名字中去掉一个"善"字，改名毛森。

与蒋介石将黄埔生作为自己的学生一样，浙警毕业生与各种特训班的学员也都是戴笠的学生。在所有学生中，戴笠最重视的是浙警第一批毕业生，毛森、阮清源、姜毅英等，都是其中佼佼者。

抗战爆发后，毛森留在浙江沦陷区组织游击活动，曾出任杭州站站长，被叛徒出卖逮捕，在戴笠的指示下，军统地下人员多方营救，很快被保释出狱，潜至金华筹组浙西行动队。

1942年，毛森奉命出任上海行动总队队长，与日寇汉奸展开军事斗争，同年被日本宪兵逮捕。至于怎么逃出来的，毛森说：

"多亏了唐先生和太太帮忙。"

原来，毛森的妻子胡德珍住院产子，唐生明和徐来帮助毛森托病住进了医院，两人趁机一起逃出上海，辗转回到江山。

听完毛森的讲述，戴笠非常高兴，紧紧握住毛森的双手说：

"你能逃出来真是太好了！你策反了陈恭澍的侍卫，除掉了李开峰，为军统立了大功！"

戴笠所说的李开峰，可以说是军统的噩梦！

李开峰是军统东南区电讯督察，也是军统局仅次于魏大铭的电讯专家。军统的报务员多是他的部属或学生，大多数报务员的发报手法、腔调他都熟悉，一听即知是谁与谁通报。而且所有通报的惯用方法他都清楚，甚至由他所规定。

这样一个电讯专家叛变投敌，对军统造成的危害之大可想而知。正如毛森所说："一般军政机关所用密码，对他来说就像明码一样，即使军统局特编密码，他也能凭经验技术予以破译。"

李开峰叛变后化名余玠，出任汪伪特工总部电讯处处长，专驻杭州粮道山，接收军统往来密电，破译后交给"七十六号"。军统在沦陷区各秘密电台依次被他破获，以致不敢再使用无线电报，无法正常开展工作。戴笠数次下令将他除掉，也曾令毛森对他实施制裁，均未成功。

说来不可思议，毛森被捕后，在失去自由完全没有机会接触叛徒陈恭澍与其侍卫的情况下，却假陈恭澍的侍卫之手除掉了李开峰！

这得益于毛森的妻子胡德珍。

胡德珍也是军统特工，未暴露身份。毛森被捕后了解了军统叛徒陈恭澍等人的活动情况，利用胡德珍探监之机往来传递信息，秘密策反了陈恭澍的侍卫刘全德。

1944年大年初二（元月26日）晚上，李开峰与一群汉奸头目去给陈恭澍拜年，酒足饭饱后赌博到午夜，刘全德假装热情地用陈恭澍的小汽车送李开峰回家。车到杜美路时，刘全德连发两枪，结束了李开峰的生命，他本人潜逃到浙江峡口，暂住岳母家里。

毛森夫妇也紧随其后，于元月底成功逃脱，潜往峡口投奔毛万里。

寻访，并非杞人忧天

当晚，戴笠在家中设宴为毛森接风洗尘。席间，谈到姜绍谟从上海回江山探亲正遇日军攻陷江山，被砍伤头部险些丧命的情况，戴笠不胜唏嘘。想到众多江山子弟在沦陷区出生入死，万一自己将来失势，他们将何去何从？何况更多的江山子弟是在军统基层工作，他们的命运与自己紧密相连，这让戴笠的心情愈发沉重。

其实对戴笠来说，更重要的是塌不起这个台。当初将这些贫困中的江山子弟带出去，给他们找到了饭碗，找到了出路，他们的家人对他是多么的感恩戴德；可要是把他们带进了死胡同，让他的面子往哪儿搁！

由此，他想到了江山县在明清两朝出现的两位大人物——一位是石门的毛恺，明隆庆初年任刑部尚书，被穆宗皇帝革职，直至神宗登基才得以翻案；另一位是长台镇的柴大纪，在台湾总兵任内，因林爽文造反镇压不力，又得罪皇族，于乾隆五十三年被斩首。这两人都曾风云一时，都未得善终，戴笠每每想到他们都难免心里发堵，在眼下这个节骨眼儿上，更觉得冥冥中仿佛预示着什么。

于是，他对两位下属说：

"明天你们去趟石门和长台，了解下当地人对毛尚书和柴总兵怎么看，再找个风水先生算算，江山人杰地灵，为什么能出人才，却又得不到善终？"

一听这话，两位下属如坠五里云雾，戴笠的事业正干得风生水起，内有蒋介石宠信，外有美国人器重，怎会突然变得杞人忧天了？但作为下属，他们也不便多问。

当晚，两人留宿戴家，翌日一早骑马出发，先到长台再到石门，却怎么也找不到风水先生。两人索性在石门游玩起来。

爬上石门的山顶，眺望蜿蜒起伏的仙霞山脉，以及缠绕山间的若隐若现的须江水，毛万里忽然一拍脑门说：

"我明白了！"

"明白啥？"毛森一头雾水。

"你看啊！"毛万里用手指着蜿蜒起伏的山脉说，"江山的山脉，从仙霞岭向北延伸，气势雄伟，但到了石门，却戛然而止了；须江水发源于仙霞，每逢下雨便从仙霞岭上一泻千里，全都流走了。结果江中没有多少水，水全在嶙峋乱石中流淌。如此穷山涸水，如何养得住大鱼？这大概就是出生此地的大人物难得善终的原因吧？"

毛万里虽不会看风水，这番话说起来倒蛮像风水先生的架势。

返回保安，他将自己的分析向戴笠详述一遍。戴笠明知不是风水先生之言，可看他那副凝神静听细细咀嚼的样子，毛万里和毛森都松了一口气：任务完成了！

两人还没来得及高兴，戴笠的表现就让他们有了另一种担心。戴笠沉思着说：

"此话不无道理，很早以前就有个占卜先生说过，我的命中缺水……"

毛万里与毛森面面相觑，这才明白戴笠的初衷。毛万里赶紧说：

"戴先生，这些都是我瞎猜的。再说，戴先生不是测过八字吗，算命先生说的才算数。"

经毛万里一提醒，戴笠又想到了他的八字干支，算命先生说他日后必飞黄腾达，这不都应验了么？说起来也奇怪，戴笠只有在混得不好的时候或遇到什么挫折才想起这些，得意的时候很少想到他"双凤朝阳格"的命相。其实他自己最清楚，他的发达是提着脑袋干出来的。

但吊诡的是，戴笠当初将"戴春风"改为"戴笠"时，正是因为命中缺水，特意改为字"雨农"，结果他最后专机失事，却是撞机岱山，暴尸"困雨沟"！

离开江山前，戴笠委任毛森为军统局东南少将特派员、中美合作所东南地区指挥官，治所设在于潜县，刺杀了李开峰的刘全德也到于潜归队，成了毛森的下属。

随后，戴笠马不停蹄地赶到湖南，与梅乐斯一起视察南岳衡山中美所第二训练班，参加毕业典礼。5月，一行人赶赴福建建瓯东峰，接见海上游击队首领张逸之、张为邦的私人代表。张逸之部约4000人，总部设于马祖；张为邦部约2000人，总部设于崇明岛，两部均归属忠救军指挥。同月，戴笠与梅乐斯又返回江山，参加肇和中学校庆活动。6月到福建建阳，设立中美前进指挥所。

此间，两人曾赴于潜，协助毛森开设爆破人员训练班，并派毛森组织忠义救国军温台地区指挥部和东南挺进军，以配合美国海军登陆。

到抗战胜利，毛森在领导这支队伍深入敌占区狙杀日寇汉奸、炸毁桥梁等设施的同时，还令上海国际情报站人员和直属情报员打入日军内部，获取了大量军事情报，在歼灭日本菲律宾洋面的大和舰和冲绳岛等地的八万日军、迫使牛岛中将自杀等方面发挥了重要作用。中美对日作战期间，美国海军司令部海尔赛及米尼兹将领，曾先后为他颁发六枚勋章和奖状。

中美所源源不断的情报

就在戴笠与梅乐斯此轮巡视尚未结束时，1944年10月下旬，从菲律宾莱特岛传来了美国海军大败日军的消息。梅乐斯由衷地感叹：

"中美合作所又立了一大功！"

"你可知道这次的情报是谁提供的？"戴笠不无得意地告诉梅乐斯，"是在沦陷区的卧底。"

这个卧底就是唐生明。

唐生明赴上海后，结识了日本海军省的嘱托（帮办一类的职务）古川。

1928年唐生智下野后，从汉口乘坐日本兵舰去上海换船赴日本，请古川的兄弟（当时在汉口的日本海军方面工作）当翻译，陪同他在日本度过了一个时期。由于唐生智对古川的兄弟很好，古川在听说唐生明是唐生智的弟弟后，便通过熟人找到了唐生明。正是由于这层关系，唐生明与古川很快热络起来。

1944年10月的一天，古川邀唐生明去他的家中吃饭，两人边吃边谈，谈到日本海军与美国海军作战的问题时，带着几分醉意的古川夸口说：

"日本海军在这次战争中虽然有些损失，但我非常有信心，相信不久必能突破美国海军主力，给对方以沉重打击，可以扭转当前战局。"

古川所说的"这次战争"是指美国在菲律宾夺取莱特岛的战争，当时日本海军已受重创，在连续损失三艘重巡洋舰的情况下，引为自豪的巨舰"武藏"号亦带着1100多名海军官兵沉入海底，栗田舰队也已在撤退逃跑之中。在这种情况下，日本如何扭转战局？

"有几分把握？"唐生明用怀疑的口气追问。

这口气对自负的古川无疑是一种激将法，带着醉意的古川仿佛受了侮辱一般，将他刚从日本海军某要员那里得来的消息，一股脑儿地说了出来：

"日本海军正在紧急调集力量，将所有能作战的舰队集中整编成为一个新的舰队，准备出其不意，对美军实施突然袭击，给其致命打击，就像在珍珠港和雷伊泰湾一样！"

古川所说的，正是日军的"捷一号"作战计划，日本在处于劣势的情况下，决定调集陆海空兵力，乘对方不备反戈一击，与美军展开决战。

在唐生明的情报传到重庆时，军统通过破译日本海军密电，已掌握日本栗田部队的行踪。这些情报由中美所转达美国海军，使美国海军在莱特湾附近海域先发制人，与日军展开大规模海战，以较小代价取得了重大胜利。

其实，从中美所成立开始，各地传来的军事情报、气象情报，便逐日送交中美所情报组，由情报组转交美国军方。

还是在1943年年初，军统上海区从台湾籍海军译电员处得悉，日海军大将山本五十六拟定，日本海空军联合作战对抗美军进攻，企图在菲律宾海峡附近歼灭美国海军。与此同时，军统从侦测和破译的电报中，了解到山本五十六为给菲律宾日军修建秘密机场，将亲自乘飞机前往菲律宾侦察各岛屿地形，布置相关事宜。在掌握了山本五十六行踪的情况下，美国海军派飞机潜至菲律宾上空，将山本五十六的座机击落，使其坠海身亡，他新的作战计划就此泡汤。

应该说，中美所的成立，使军统在特种技术方面的业务从规模到设备、技术已有长足发展，电讯总台拥有中程发报机十多部，3000瓦远程发报机两部，各地分支电台80多部，仅气象站在全国就建了150多个，海岸监视哨数十个，在华东华南设有工作站20多个；与旧金山、珍珠港、关岛、菲律宾等地的美国海军基地都有电台联系；在东南亚以至世界各个角落设有情报联络点，几乎所有被日军占领的地区，如安南、缅甸、巴黎、菲律宾、中国台湾等，都有情报传到重庆军统局本部。

如此强大的情报网络，仅1944年9月至1945年8月，就截获日军密电11万多件，破译多种密码；从1944年到1945年抗战胜利前，共为美方提供军事情报四万多件。

而戴笠及梅乐斯的常年出巡，一是巡视各特种技术训练班；二是建立和扩大气象站及各种情报站、工作站，同时视察和指导特务武装。

返回重庆之前，戴笠对忠义救国军第二纵队下达了"炸毁钱塘江大桥"的命令。

钱塘大桥是我国自行设计、建造的第一座现代钢铁大桥，也是第一座双层铁路、公路两用桥，历时三年零一个月，于1937年9月26日下层单线铁路桥率先通车，

11月17日大桥全面通车。但为了阻止日军南下，12月23日，大桥的设计、建造主持者茅以升不得不奉命亲自炸毁大桥。

日军占领杭州后，为打通与宁波方面的路线，于1940年开始重修此桥，目前大桥已修复通车，成为日军在江浙一带的重要交通枢纽。

考虑到一旦美军在杭州湾登陆，日军即可通过大桥，将分布在宁波、镇海、定海、温州等地的部队运到杭州，严重威胁美军的安全，戴笠因此做出炸桥的决定。

然而，元旦前夕戴笠刚刚返回重庆，负责炸桥任务的忠救军第二纵队副队长周荣的电报便接踵而至，电报中详述了特训班的美国爆破专家现场侦察后给出的意见：建议撤销炸桥任务。

美国爆破专家认为，像钱塘江大桥这样坚固的桥梁，没有上千磅烈性炸药集中在桥墩引爆，难以对大桥起到关键性破坏作用。而日军在大桥上戒备森严，不仅有碉堡和密集的岗哨、流动哨，还有一个挨一个的探照灯将大桥、桥墩和下面的江水照得清清楚楚，莫说把上千磅炸药运到桥墩附近，就是只身一人也很难靠近大桥。

当初茅以升炸桥，是在"七七"事变当天忍痛做出了一个原设计中没有的重大改变——在大桥南二号桥墩上留下一个长方形大洞，为炸桥做准备。11月16日接到南京政府命令：如杭州不保，即炸毁钱塘江大桥。当晚，茅以升将大桥所有的致命点标示出来，将100多根引线从各个引爆点连接到南岸一所房子里。在11月17日大桥全面通车当天，过桥民众达十多万人，包括此后每天过桥的人，都是在炸药上面走过的，火车也同样在炸药上风驰电掣。12月23日炸桥时，日军的先头部队已隐约可见。当所有引线被点燃，随着一声巨响，钱塘江大桥的两座桥墩被毁坏，五孔钢梁折断落入江中。

而眼下，在日军严密把控大桥的情况下，如此精准炸桥，可谓天方夜谭。

戴笠自然知道炸桥的难度，他与梅乐斯商量，两人仍一致认为，此桥非炸不可。因为这座桥对江浙一带日军太重要了，它不仅直接影响到美国海军能否安全登陆，同时直接关系到戴笠和军统的未来命运。

再辞中委，已是今非昔比

在刚返回重庆的时候，有天晚上中美合作所聚餐，梅乐斯带给戴笠一个好消息：美国海军部对中美特种技术合作所的工作非常满意，海军部的将军们准备在战后中美所的工作结束后，与军统局再进行一项新的合作。

听说继续合作，戴笠一下子来了精神：

"怎么合作？"

"将配合美军登陆的忠义救国军和别动军，培训改编为中国的海军陆战队，推荐戴将军出任中国海军总司令。"

梅乐斯这个回答，对戴笠来说犹如濒死病人注射了强心剂，不仅给他本人找到了出路，也为军统武装部队找到了安身立命之所。如此一来，蒋介石再无理由剥夺军统武装部队。

"谢谢！实在太感谢了！"

这是戴笠的肺腑之言，他知道这里面有梅乐斯的功劳。尽管各为其主，可戴笠与梅乐斯一直配合默契，相处融洽。

正因为有了这个继续合作的目标，两人一致认为，必须再接再厉，不遗余力保证美国海军顺利登陆。因此，钱塘江大桥能炸得炸，不能炸也得炸！

戴笠给周荣写了一封信，信中称：

"……盟军为提前结束战争，才决定在中国登陆。为使登陆顺利，才决定破坏钱塘江大桥。打倒日本军阀，雪耻救国，乃吾人分内责任，故仍应排除万难，完成任务。希望以不成功则成仁之决心，完成此项神圣使命。"

周荣接到信后，知道桥是非炸不可了，既然美国爆破专家认为无法将炸药运到靠近桥墩的地方，那只有另想办法，最后想到一个破釜沉舟的爆破方法，就是直接用船装上炸药炸桥。他们先在船底凿三个银元大的洞，用木塞堵上，然后装上1200磅TNT烈性炸药和雷管，再用稻草盖起来，然后在钱塘江上游等待时机。

他们要等的时机是大雾弥漫或大雪纷飞的天气。因为只有在能见度低的天气，这艘装了炸药的船才能躲过探照灯的照射。

这一天终于来到了，1945年2月4日，大雪纷飞，大地银装素裹。入夜，探照灯所照之处，都是白茫茫一片，漫天飞舞的雪花缩短了探照灯的射程。周荣带爆破队将装好炸药的大木船推入水中，后边系上一艘小船，以备执行任务后逃生之用。

木船顺流而下，直驶大桥桥底。他们用绳索将大木船系在桥墩上，拔掉三个木塞，在船体徐徐下沉之际，点燃雷管，人员迅速转移到小船上撤离现场。

随着"轰隆隆"一声巨响，大桥的第六、第七桥墩被炸毁，日军的火车再也无法从大桥上通过了。

戴笠闻讯，欣喜若狂。美国爆破专家认为不可能办到的事，忠义救国军办到了，而且无一伤亡，他怎能不兴奋！同样兴奋的还有梅乐斯，这不仅是中美所的功劳，也是他本人的功劳。

为了达成与美国海军第二次合作的目的，戴笠又于初春专程飞往昆明，继何应钦宴请美在华政要的翌日，大宴盟军中国战区参谋长、驻中国美军指挥官魏德迈等数十名军政要人，特意邀请一批名媛闺秀作陪，连贵州省主席杨森的女儿也被请来做招待。宴席场面之阔绰，招待规格之高，甚至在何应钦的宴席之上。戴笠因此得到美军方当面允诺，保荐他战后出任中国海军总司令，援助军统组建海军陆战队，除援助武器装备和人员训练外，并商定军统分批选派高级特务赴美考察与见习。

此时，国民党第六次全国代表大会已在紧锣密鼓酝酿之中，出乎意料的是，蒋介石提名戴笠为中央执行委员候选人。

其实早在几年前，蒋介石就因戴笠升任军统局局长资历不够，曾圈定他为中央委员，并交代二陈（陈果夫、陈立夫）办理。但当他找戴笠谈话时，戴笠却说：

"校长，我连国民党的党员都不是，怎么能当中央委员呢？"

这倒让蒋介石感到意外了。

"你既是黄埔学生，又是复兴社会员，在我身边工作这么多年，为何还不是党员？"

"以往一心追随校长，不怕衣食有缺、前途无望，入党不入党，不是学生要注意的事，高官厚禄，也非学生所求。"

戴笠说的是实话，以他的资历受到蒋介石如此重视已经心满意足了，复兴社那些黄埔老大哥对他的排斥早有领教，不想再刺激他们。

蒋介石听了非常高兴，当场写了一张字条交给戴笠。戴笠以为是发给的特别经费，接过来一看，只见上面写着"蒋中正介绍戴笠为中国国民党党员"几个字。戴笠将字条捧在手里，坚决请求不当中央委员，愿终身做校长的无名学生，将中委高位让给其他老大哥，并表示：

"只要校长信得过我，就是莫大的光荣了。"

如今旧事重提，已是时过境迁，不仅戴笠不能食言，蒋介石也未必真心提携，怕是抑制军统势力还来不及呢！戴笠庆幸已找到退路，为了能顺利实施与美国海军的第二次合作，他必须收敛锋芒，保持低调。眼下唐纵在蒋介石面前越来越得宠，而给军统的名额只有两个，一个是局长戴笠（1944年由副局长升任局长）；一个是副局长郑介民（1944年由主任秘书升任副局长），何不做个顺水人情将名额让给军统局帮办唐纵呢？

于是，戴笠再次坚辞，举荐唐纵作为中执委员候选人。当时军统掌握着几千张选票，总务处处长沈醉被指定充当军统特别党部总干事，戴笠特地关照他要全部选郑、唐二人。

沈醉作为总务处处长，被指派对唐纵生活方面多给予关照，因而常到唐家走动，便借机将戴笠的举荐告诉了唐纵。不料唐纵并不买账，说：

"最后没有委员长说话，谁也帮不了忙。"

看着沈醉一脸惊愕的表情，唐纵赶紧补充一句：

"当然，没有戴先生提出来的话，委员长有意栽培也有不便，总不能凭空下条子，因为这不是派工作。"

唐纵又叮嘱沈醉，不要向别人讲这些。但沈醉回到局本部就将唐纵的话一五一十告诉了戴笠。戴笠的态度同样令他出乎意料：

"你以后不要管这些事，我不要听这些！"

完全是训斥的口气，让沈醉愣了半晌不知所以然。沈醉后来分析，从这件事可以看出戴笠与唐纵之间已有矛盾，只是戴笠不愿意让他了解内情而已。

其实未必。

戴笠是粗线条个性，不拘小节；唐纵一向谨慎心细，做事周全，对各方不得罪，并尽力讨好"CC系"等派头子，联络宪兵，巴结政学系，为他日后升迁打基础。但只要不违反规定、不被看出他是站在戴笠一边的，他还是会维护军统利益的。

至于两人之间龃龉的原因，戴笠未必比沈醉更清楚。比如唐纵在兼任军统帮办之前，想要一辆小汽车，戴笠却一个劲让沈醉给他送钱，他心中不满却不肯明说；比如他对戴笠大肆铺张宴请美方人员有意见，表面不说总是在背后发牢骚；而此次对沈醉说的话，不知戴笠究竟作何感想。

5月上旬，第六次全代会正式开幕，结果令唐纵与戴笠都出乎意料——郑介民如愿当选中央执行委员，唐纵却只被选为候补中央执行委员。他在日记中沮丧地说：

"上午宣布中委名单，我名列候补执行委员，听到唱名时感觉难过。"

郑介民却在当选中执委后对人说：

"雨农的鬼把戏，总是讨得老头子的欢心。"

这话怎么听都有点站着说话不腰疼的味道。

对这两位名义上的副手，戴笠已经顾不上他们的情绪了，二战形势发展之快令他有种时不我待之感。如果说春节前后西欧战场继北非战场取得胜利，已决定同盟国胜利在望，那么年初胜利的曙光已在欧洲战场和太平洋战场同时出现，春夏之际美军在太平洋上由逐岛进攻改为越岛进攻并取得节节胜利，则证明最后的胜利即将到来。

也就是说，美军在东南沿海登陆已近在眼前。因而在唐纵、郑介民还在中执委选举的余音中饶舌的时候，戴笠已经在布置配合美军登陆和接收事宜了。

对戴笠来说，若想在战后抢在共产党之前顺利接收上海、南京、杭州等大城市，有一支力量是必不可少的，那就是帮会的力量。为此，他特地联系杜月笙，商量筹备接收事宜。不料，电话那头传来的声音却让他吃了一惊。杜月笙说：

"老弟呀，为兄我摊上大事了！"

舞弊案中保出盟兄

一听杜月笙愁苦的声音，戴笠心里"咯噔"一下，认识杜月笙多年，从来没见他在人前显露过有什么难处，只要他"闲话一句"，天大的事没有摆不平的，如今这是怎么了？赶紧向杜月笙询问原因，杜月笙说：

"都是为兄一时糊涂，得到消息还很庆幸，谁知道会摊上大事！"

戴笠明白了，杜月笙被卷进了"黄金储蓄案"！

抗战后期，国民政府为缓和通货膨胀，稳定物价，开始向市场抛售黄金。购买者以法币按中央银行黄金牌价购买黄金储蓄券，到期兑取黄金。1945年3月下旬，行政院代院长宋子文召集财政部与中央银行官员讨论黄金提价问题，决定自第二天即3

月29日，将黄金牌价由原来的每两2万元提到3.5万元。

不料消息不胫而走，自28日下午一直到深夜，中央银行及各分支行，一反常态通宵达旦地营业，蜂拥而来抢购黄金的除了达官贵人，还有银行职员，一天时间即售出黄金万余两。29日报纸披露黄金提价75%的消息后，旁观者这才恍然大悟，一时舆论大哗，强烈要求彻查泄密者与抢购者，公开予以处理。

可是，抢购黄金时间如此之短，杜月笙既非财政部高官，又非国家行局内部人士，可以说是一个完全的局外人，怎么会这么快就得到了消息？

"王绍斋你知道吧？"

杜月笙提到这个名字，戴笠恍然大悟。王绍斋是杜月笙的得意门生，在香港时曾被杜月笙派往吴铁城的"荣记行"当总务处处长，作为吴、杜之间的桥梁，时任财政部总司务长。这样轻松发财的好消息，他自然不会忘记了"老头子"，当天中午便驱车前往林森路通济公司，来到杜月笙的办公室，首先问杜月笙手中有多少黄金储蓄券。杜月笙回答：

"不多，有限得很。"

"黄金储蓄券是保值债券，先生何不多买进些？或许会发一笔小财。"

"黄金牌价一直是两万，不会涨价吧？"

杜月笙不愧经商多年，果然一语中的，王绍斋凑近杜月笙说：

"先生你说对了，黄金就是要涨价。"

"什么时候涨？"

"明天。"

这可是重磅消息，杜月笙同时想到，王绍斋作为公职人员一旦因泄密被问责，后果将十分严重，所以他紧接着问：

"这话你对别人讲过吗？"

王绍斋一愣，见杜月笙一脸的严肃，这才意识到问题的严重性。刚刚在一个饭局中，这个消息已在酒劲的作用下从他的嘴边溜出去了，但他最终还是摇了摇头。

当天下午，杜月笙从通商银行开出1000万元法币支票，赶到中央信托局，买进黄金储蓄券500两，当场交割清楚。

这是杜月笙从事金融工商事业以来，第一次没有和心腹智囊商量，自己做主做的一票不大不小的生意。究其原因，一是时间紧来不及，二是担心走漏风声大家一窝蜂购进，闹出事端。

不曾想，结果真如他所料，泄密者远不止王绍斋一人，抢购者更是成群结队，甚至银行为此破例通宵营业，如此大的阵仗，不闹出事端才是意外。

更让他胆战心惊而又后悔莫及的是，购买黄金储蓄券采用的是实名制，他本该想到规避风险，用其门生弟子甚至门房司机的名字购买，可他偏偏就疏忽了。如果他事先与心腹智囊商量由他们出面购买，也定然不会忘记用其他人的名字！若真那样，这一桩公案就是吵下大天来，又与他杜月笙有何关系！

偏偏，很简单的一件事他给做砸了！一旦名单公布，他杜月笙的大名赫然在列，让他还有何脸面站到人前！更可怕的是，说不定还会被送上公堂，甚至会被送进大牢，这比要了他的老命更可怕！

他向来爱惜羽毛，自1927年追随蒋介石，就千方百计洗白自己的黑道身份，从"一·二八"淞沪抗战到"八一三"事变，他一直以爱国人士的面目出现，先后组织抗日救国会、抗敌后援会，以实际行动支持抗战，毫不吝惜钱财为抗战捐款，如今为这区区200余两尚未到手的黄金抹一脸黑，他肠子都悔青了。

但是戴笠认为，事情或许没有那么严重，他分析说：

"据我所知，抢购者大多是财政部和国家行局的人，这些人都有通天背景，这个名单估计不会……"

"曝光"两字还没说出，当天的报纸就送到了戴笠的案头，黄金舞弊案购买者名单赫然在目，稍稍扫了一眼，就看到了"杜月笙"三字。再细看一遍，他所知的购买黄金的大人物均不在名单之列。

"真是岂有此理！"

戴笠一怒之下拍案而起，忘了电话那头的杜月笙。

杜月笙早已在媒体的轮番"轰炸"中，变得如惊弓之鸟，戴笠这一反常的声音，让他立马想起当天的报纸该到了：

"发生了什么事？是不是报纸上有什么不好的消息？"

戴笠赶紧安慰说：

"月笙哥，报纸上有什么消息我们不用管它，我今天有一件重要事情找你……"

戴笠简单介绍一下赴东南沿海的任务，然后说：

"顺利接收上海，离不开你手下那帮弟兄。我马上去见老头子，我们择日动身，黄金舞弊案就是闹上天大来，也与你老兄无关了。"

话虽如此，杜月笙看到报纸上公布的名单后，还是惊出一身冷汗。他很清楚，那些高官的名字要么被隐去了，要么就是没有人傻到像他一样，用自己的名字做这种投机生意。他担心的是，蒋介石会不会放他一马，让他离开重庆，毕竟他是名单中的"一条大鱼"。

还是戴笠预测得准确，在蒋介石的天平上，接收上海远比宰他这条"大鱼"重要得多，何况制裁了他也起不到杀鸡给猴看的作用。

国民政府的腐败已积重难返，尤其金融界贪腐弊案层出不穷，而真正始作俑者非孔家莫属。但有宋美龄给孔家做挡箭牌，蒋介石有心治理也是心有余而力不足，仅孔祥熙辞去财政部部长一职就已弄得自家后院鸡飞狗跳，哪还敢有什么大动作！迫于舆论压力，此案不能不查，其实不过走走过场。

最终，在财政部的送案名单中，杜月笙的名字被抹掉，只有其大弟子杨管北名列其中，王绍斋作为泄密者和抢购者也被送上法庭。

其实未必是蒋介石对杜月笙网开一面，在提起公诉的九人中，头头脸脸的人物大多被排除在外，像中国银行、交通银行（杜为交行常务董事）及私营银行、企业负责人等，绝大多数暂免或从缓处理。

为使杜月笙走得体面风光，戴笠以事关国民政府占领京沪杭的大事，理应由国家征调以示重视为由，呈请蒋介石亲自接见杜月笙。这次接见，让杜月笙的精神为之一振，多日积聚在心头的阴霾一扫而光，满面春风地开始了准备工作。

在黄金舞弊案炒得沸沸扬扬、九人被移送重庆地方法院的时候，杜月笙已带着他的老兄弟顾嘉棠、叶焯山和亲信弟子陆京士等奔赴浙江淳安了。

浩浩荡荡奔东南

6月下旬的重庆已经暑热难当，一大早，军统局的漱庐里就热闹起来，局本部身居要职的"高干"们——毛人凤、何芝园、潘其武、叶翔之、沈醉以及将与戴笠同行的龚仙舫等人先后赶到，参加早晨的聚餐。

以往聚餐多是在中午或者晚上，利用吃饭时间谈论工作，选在早晨实属罕见。

其实，这些人是来为戴笠送行的。戴笠出行历来是来去无踪，一般只有极少的一两位心腹亲信知晓。此次出行大张旗鼓，兴师动众，有一个非常重要的原因，那就是他出任海军司令的事已经敲定！

按合同，战后中美特种技术合作所将结束合作。美国海军司令部为继续合作，令梅乐斯晋见蒋介石，由蒋致函美总统杜鲁门，建议开展新的合作项目。与此同时，美海军部向杜鲁门提出同样的建议，并明确表示新的合作将由蒋介石亲自主持，由戴笠出任海军总司令，由美国海军将军统武装培训改编为海军陆战队。

对蒋介石来说，能够继续与美军合作求之不得，相比之下，谁出任海军总司令就显得无足轻重了。

这个天大的喜讯，让戴笠曾经的担忧与怅惘一廓而空，尽管不能马上公布于众，但私底下并未刻意隐瞒，对这些亲信也已是公开的秘密。正因为心情好，才有了此次的高调出行，并公开宣布此行目的——组织力量迎接美军登陆，接收南京、上海等大城市，为军统抢地盘拔得头筹。

整个早餐席上戴笠意气风发，侃侃而谈，其他人也都跟着助兴，气氛十分热烈。

同样，戴笠一改轻车简从、独往独来的习惯，带了一支称得上浩浩荡荡的随行队伍，仅随员、警卫就一百多人，大小汽车、卡车十余辆。同时携带盖有军事委员会印章的空白委任令100多张、军统局关防空白文纸500多张。这是准备以军委会名义对反正汉奸委以重任，由他们带队归顺并就地维护治安。

在戴笠与梅乐斯出发之前，杜月笙的人马已先行一步，第一批18人于6月26日下午从重庆直飞湖南芷江。18人中除两名临时调来的军统人员外，其他均为杜门弟子，以陆京士、曹沛滋为首。

陆京士、曹沛滋是工运出身，抗战前都在上海从事工运工作。

此次出行东南沿海地区，陆京士的公开身份是军委会少将工运特派员，任务是将京沪一带的工运人员接到安徽歙县雄村分批训练，然后送回沦陷区，待盟军登陆，即刻奋起响应，共同打击敌伪，收复失地。

陆京士率领的18人飞抵芷江后，又辗转抵达福建建阳，等候与杜月笙、戴笠、梅乐斯会合，然后继续往东飞。

杜月笙随后启程，带随从人员六名，由追随他多年的老兄弟顾嘉棠、叶焯山担任保镖，机要秘书胡叙五代为译电；由于他在一次乘坐飞机时遇险落下气喘病，特地带了医生和为他捶背敲腿的贴身随从，一行人乘坐专车由重庆一路南下，直抵贵阳。

戴笠与梅乐斯抵达贵阳的时候，杜月笙一行人已在此等候两天。双方会合当晚，在贵阳机场登机，搭乘美军C46型运输机抵达芷江。在芷江等了三天，才搭上飞往福建长汀的飞机。

由芷江飞长汀这条航线，必过衡阳。衡阳于1943年8月陷落，日军在此设置了威力强大的高射炮网，中方过往飞机必会遭到猛烈的炮火袭击。戴笠与梅乐斯常来常往，早已把日军的炮火不当一回事了，为了让杜月笙有个心理准备，上飞机后戴笠特地提醒他说：

"月笙哥，一会儿过衡阳，东洋人说不定要放礼炮，向我们致敬。"

杜月笙愣了一下，尽管心里有些敲小鼓，考虑到不能影响身边人的情绪，还是耸肩一笑说：

"那就可惜了，我们坐的是运输机，没炸弹回敬他们。"

待到衡阳上空，日军的"礼炮"并没有响。杜月笙总算松了一口气。可是衡阳还没过去，梅乐斯的一个决定顿时吓得他脸色煞白，连他身边的顾嘉棠、叶焯山也都面面相觑，惶恐不安。

梅乐斯要求飞机师在衡阳上空低飞盘旋三圈！

要知道，为了躲避日军的高射炮，飞机过衡阳都是在一两万米的高度飞行的，下降到低空飞行，那不是自找吃炮弹吗！

但是梅乐斯说：

"难得有今天这样的好天气，正好拍摄衡阳地面的照片。"

梅乐斯拍照是为轰炸日军在华中区的这一重要军事据点做准备，杜月笙再害怕也只能听天由命。他和顾嘉棠等人只能咬紧牙关，眼睛一闭等着日军高射炮轰隆隆的巨响。在他们看来，高飞或可侥幸"过关"；低飞三圈，哪有不被发现的道理！

然而，日本人的高射炮仿佛变成了哑巴，令人心惊胆战的轰鸣竟然没有响！直到宣布已飞越敌区，杜月笙才相信这一切都是真的。

霎时，满飞机的人都爆发出热烈的欢呼声，看来担心的不仅仅是杜月笙和他的门人。这些军统的人以及梅乐斯包括其侍从人员整天提着脑袋飞来飞去，令杜月笙心生敬佩。

到长汀后，众人改乘汽车前行。由于从福建长汀到安徽屯溪、浙江淳安，沿途多有军统站点、忠义救国军驻地及中美所的单位，一路上戴笠与梅乐斯都要视察督导。

从长汀出发后，经南平到建瓯到东峰屯训练班，杜月笙等人都是走走停停，等候戴、梅，终于在7月11日抵达建阳，与陆京士一行人会合；然后经江西铅山第三战区司令长官顾祝同的大本营，于7月15日抵达目的地——浙江淳安。

淳安是忠义救国军总部、军统淳安站所在地，办公地就设在淳安市郊西庙。戴笠、梅乐斯每到淳安，吃住办公都在西庙。

西庙殿宇重重，庭院幽深，院中杂植花木，清幽僻静。尽管庙大房多，可杜月笙的弟子们住进来，还是让这个偌大的空间顿时爆满。最终，陆京士与曹沛滋借宿遂安东门天主堂，联络与办公仍在淳安西庙。

戴笠与梅乐斯每天早出晚归，或者两三日方归，甚至数日不归，忙着调兵遣将，为忠义救国军及中美所各单位、各特训班布置任务，准备截断京沪、浙赣等交通要道，配合盟军登陆及阻击日军；忠救军总部及淳安站的工作人员，也都被戴笠指挥得像停不下来的陀螺，早出晚归忙得不亦乐乎。

坐镇西庙的杜月笙，俨然成了军统各方面的联络负责人，既要接听电话，又要接待各方面前来汇报、请示工作或通报情况、传递信息的军统人员，同时，杜月笙还要处理自己的工作。

他利用军统电台，与他的驻沪代表徐采丞及留沪管家万墨林联系，通过他们联络组织两部分人，一部分是留沪的曾与他一起打天下的老弟兄及门生弟子，由他们以现有班底为基础，迅速联络青帮弟兄，扩大队伍；一部分是当了汉奸的杜氏门徒，其中有的已经在伪军中掌握了一定的兵权，策动他们弃暗投明争取立功赎罪。

同时，指导和协助陆京士、曹沛滋联络和组织上海工运干部，分批到雄村接受军事训练，第一期400人已有150人抵达雄村。陆、曹也于7月25日带领工作人员北上安徽歙县雄村，筹备成立训练班事宜。筹备期间常往返淳安，向戴笠、杜月笙请示汇报。戴、杜从上海抢购棉纱参加运输的杜门弟子，也先后来到淳安，听候杜月笙差遣。

就在这个时候，传来了中美英三国联合发表《波茨坦公告》的消息。公告敦促日本无条件投降。如果日本不投降，将遭到彻底覆灭。这个消息让西庙所有人欢欣鼓舞，戴笠与杜月笙更是抓紧了迎接美军登陆、战后接收的准备工作。

可没几天，风云突变。8月上旬，杭州、富阳一线的日伪军突然大举南侵。日本鬼子面临灭亡，为什么又疯狂反扑？

还是在江西铅山第三战区司令长官部的时候，杜月笙听顾祝同亲口所说，近日美军出动1000多架轰炸机空袭日本本土，日本与中国、南洋一带的联系已被切断。自1944年11月下旬美军首度轰炸东京，至目前美机已持续不断地轰炸日本本土八个月，日本的工业生产已全部瘫痪；在5月8日德国继意大利宣告投降后，日本这个法西斯小弟早已独木难支，且日本海空军在太平洋上已遭受毁灭性打击，不投降只有遭到彻底灭亡！

显然，日本在做垂死挣扎，借着临死前的回光返照，在中国战场大举进攻。不几日，富春江上连失重镇，眼看敌军顺流而下，离淳安越来越近，在昌化县河桥镇活动的戴笠与梅乐斯已经数日未归，急得杜月笙与他的弟子们如热锅上的蚂蚁。

西庙中一夕数惊

一开始，杜月笙还强作镇定，以稳住弟子们惊慌的情绪。8月6日桐庐失守后，杜月笙再也坐不住了，眼看日伪军逼近淳安，淳安既无守军亦无忠义救国军，杜月笙的一众人均手无寸铁，只有任人宰割。

这时候陆京士正在雄村，曹沛滋担心杜月笙的安全已闻讯赶回护卫。

8月7日，风声越来越紧，西庙中众人一夕数惊。可戴笠与梅乐斯杳无音讯，杜月笙无法与他们取得联系，却又不能擅自率弟子撤退。

下午，陆京士的电话打了进来，杜月笙正在见客，接电话的是参加抢运棉纱的其门人朱品三。朱品三将淳安的情况告诉了陆京士，陆京士越发替杜月笙担心，决定马上返回淳安。在通话即将结束的时候，就听大庙里一阵欢呼：

"戴先生回来了！"

戴笠并未带回一兵一卒，与他一同返回的只有他的几名随行人员，却仿佛带回了千军万马，让等候在大庙中的所有人精神振奋，好像有了安全保障。

但是，戴笠压根儿没把日伪军是否会打到淳安当回事，抗战爆发后他几乎马不停蹄地各地奔走，或乘车或乘船或乘坐运输机甚至步行，与敌军遭遇已是家常便饭，且数次化装成难民逃脱，因而在他看来，就算日伪军打进来，大家也能化装成老百姓撤退。

当天晚上，戴笠与大家共进晚餐。

庙宇里原本浓荫蔽日，即使中午也没有北方的燥热与重庆的溽热，即将立秋的晚上更是清爽宜人。大家把餐桌搬到院落里，围在一起边吃边聊。

话题依旧离不开日伪军会不会打到淳安。自打戴笠进门，这个问题已经被不同的人问过多次。可他一夫多日都在忙着部署迎接盟军配合盟军作战事宜，在几天前召开的军事会议上，虽然也下令从淳安到严东关前线沿江各线忠救军严加部署，紧急应变，一面遏止敌人的攻势，一面注意各地军民和物资的疏散，但他没到前线，不能做出准确判断。

想到没去前线，戴笠放下了饭碗，准备马上去前线视察。

见戴笠又要走，杜月笙着急了。大庙里这帮人刚刚稳定下来，他一走又没主心骨了。杜月笙到底多吃了九年咸盐，心里着急表面上还是沉稳得很。他拉一把戴笠，让他坐下，然后说：

"视察也不差这一个晚上，小鬼子也不会黑更半夜打过来，要视察也得先歇歇天亮了再走。"

戴笠一想也对，在他重新拿起筷子的时候，杜月笙又说：

"论年轻力壮能跑能颠你比不上沛滋，论能说会道他比你也差不到哪儿去，我看就让沛滋跑一趟，你要说的他会给你传过去，你要看的他也能看清楚。在这种情况下，你应该坐镇总部通盘指挥，跑腿的事让别人去干。"

这番话说得头头是道，把戴笠说得一边点头一边笑。他的确应该坐镇总部指挥，他也知道杜月笙他们被日伪军这个阵仗吓到了。他主要是担心马志超等部的安全，怕他们不能随机应变造成伤亡。中美所成立后，忠救军已全部装备了美新式武器，这支武装部队是他的命根子，是他出任海军总司令的资本，他可不舍得让他们跟小鬼子硬碰硬。

向曹沛滋交代了任务，曹沛滋又找了一个年富力强的杜门弟子陆惠林同行，这件事就定下来了。

为了给大家吃颗定心丸，戴笠通过从各方面得到的情报，分析说：

"小鬼子突然发动突袭，目的只有一个：掩护撤退。如此看来，大局会在四日之内发生重大变化。"

听了戴笠笃定的判断，满桌子的人忍不住面面相觑。这无疑是一个令人振奋的消息，但经历了八年全面抗战的漫长岁月，突然在四日之内发生变化，没有人敢相信。

果然，8月9日晚上，一封密电打进了忠义救国军总部。

当时曹、陆二人刚刚视察归来，正在戴笠的办公室汇报情况，杜月笙、顾嘉棠等人也坐在旁边，译电员悄然走进来，将一封密电递到戴笠手上。戴笠打眼一看，立刻开怀大笑：

"哈哈！我的预料果然没有错！"

戴笠将密电递了杜月笙。杜月笙一看，是一则电讯，说8月6日美国空军将最新研发的原子弹投放到日本广岛，对日本造成毁灭性打击；8月9日又将第二颗原子弹投放到了日本长崎。

看完电报，杜月笙笑了：

"这样看来，东洋人的兔子尾巴真的是长不了啦！"

"岂止是长不了！"戴笠兴奋地说，"我敢保证，不出三天，小鬼子就会无条件投降！"

果然不到三天，8月10日，日本御前会议决定"接受波茨坦公告"。消息传来，全国上下一片欢腾。

可是，戴笠却有些茫然若失。

美军还没登陆，小鬼子就投降了。也就是说，中美合作所正式成立两年以来，为迎接美军登陆所作出的一切努力都白费了！更重要的是，失去了这个与美国海军协同作战的机会，会不会影响到下一步的合作——这才是戴笠最担心的。

紧急部署，接收京沪杭

茫然也罢，担心也罢，毕竟这突然的变化不是戴笠个人能左右的。好在，他为战后接收京沪等大城市所做的准备没有白费。

就在日本表示投降尚未正式投降之际，蒋介石为阻止共产党领导的人民武装力量收复失地，于8月12日以军事委员会的名义发出三道命令：一道令人民武装"应就原地驻防待命"，"勿再擅自行动"；一道令其嫡系部队"加紧推进"，"勿稍松懈"；一道令日伪军维持现状，并维护地方治安。

蒋介石对军统的命令尚未下达，戴笠便已开始行动起来。

他当即与杜月笙商量，由杜月笙下令在上海的杜氏门人，立即通知已联系好的杜门落水汉奸及伪军头目，掌握部队，把控局势，等候中央军队接收；通知帮会兄弟协助稳定局面；同时由陆京士下令已抵达雄村的150名上海工运干部，尽速返回上海，与其他工运干部一起，带领工人保护工厂及公用设施，协助维持社会治安。

杜月笙指派身边部分弟子先行启程，赴沪部署；陆京士也分派部分下属同行。杜、陆两人暂留淳安，等候戴笠的命令。

戴笠连夜赶到浙西行署驻地昌化县汤家湾，就近调度部署接收事宜。为了赶在共产党的部队之前接收长江下游沦陷区，他一面下令潜伏在江浙一带及上海周边的各路忠义救国军，立即分头向上海、南京、杭州、宁波等大城市进发，抢在第一时间接防，一面与日伪方相关人员联系。

常言说擒贼先擒王，"抓住"了侵华日军总司令冈村宁次，就等于扼住了贼首，让他乖乖向国民党投降。虽然戴笠本人与冈村宁次以及他身边的人皆不相识，但他手中有一张王牌，这张王牌就是忠义救国军调查室主任刘方雄。

刘方雄也是江山人，与毛人凤、毛万里兄弟同属一个乡——吴村乡，生于1909年，毕业于江山县师范讲习所第三期，又当了几年小学校长。在既无军校背景又无"浙警"背景，亦无同乡"二毛"提携的情况下，于1935年由军统汉口站周伟龙介绍加入汉口站，成了周伟龙的手下。

1939年刘方雄任香港区副区长期间，曾参与一场"谋略"战，就是所谓"桐工作"。"桐工作"的另一头是冈村宁次的副参谋长今井武夫。今井深得冈村器重，虽官阶悬殊，但私人关系密切，情同手足。

也就是说，"抓住"了今井武夫，就等于"抓住"了冈村宁次。

在"桐工作"的一次次"谈判"中，刘方雄与今井各为其主，却未伤和气，如今正好打出刘方雄这张牌。

刘方雄此时就在昌化县河桥镇。戴笠打电话通知刘方雄，即刻赶赴南京见今井武夫，联系受降事宜，要今井武夫将京沪杭保护完整，等候移交国民党中央。

他又任命周佛海为军统上海行动总队队长，令其指挥伪中央税警总团、伪保安部及所有警察与伪军，维护上海及沪杭沿线治安，阻止中共地下党在上海进行活动，抵制共产党及新四军接收，保护好伪中央储备银行的全部财产。

他同时联络伪浙江省长、省党部主任委员、省保安司令丁默邨。此前丁默邨为谋后路，曾主动与戴笠联系，通过戴笠向蒋介石保证，以原样的浙江归还国民党中央，决不让共产党的队伍在浙江活动。戴笠向他下达了保护浙江、立功赎罪的命令。

8月15日，日本天皇正式宣布无条件投降。

蒋介石的命令旋即抵达：责令戴笠全力接收上海并维持京沪杭等地区治安，整肃汉奸，处理伪军，等候中央军队到来。

戴笠十分清楚，此时蒋介石的嫡系部队大都集中在西南、西北一带，很难在短时间内赶到东南地区；而新四军、游击队在东南地区已具有一定的实力，眼下日伪军已成了死老虎，就算冈村下令拒绝向新四军缴械，士兵们有没有士气出来挡枪子也未可知。

只有以最快速度全面发动接收京沪，才能保证顺利完成任务。

他首先急电忠义救国军淞沪地区指挥阮清源，令其率部队连夜启程赶赴上海。当时阮清源部驻扎在浙江曹娥江一带，早就在等候抢夺上海的命令；戴笠又电令忠义救国军温台地区指挥郭履洲，率部驰赴上海，会合军统海上行动总队，进占崇明岛、浦东；电令军统京沪行动总队等向南京近郊挺进……

下达一系列命令后，戴笠来到安徽歙县雄村中美所第九训练班，挑选800名官兵，改编为中美所教导营，配发美式装备，连夜乘船驰赴杭州，接收抗战胜利果实。

随后，戴笠返回淳安，指派中美所淳安办事处中将处长张性白，三日内赶制500套军装，发给各路聚拢而来的军统人员，每人配发左轮手枪一支，赴沪杭监守汉奸和日伪财产。

调兵遣将之后，戴笠下令将带来的100多张空白委任令填上职务姓名，发放给包括京沪杭在内的各地被策反汉奸、伪军头目。别小看这张看似填写随意的"委任令"，由于有军事委员会的大印，对大势已去的汉奸们无异于救命稻草。

至此，一场由军统特务、日伪汉奸、帮会成员组成的接收"大军"，率先在京沪杭拉开了抢夺抗战成果、联合反共的序幕。

第二十五章
接收京沪，军统捷足先登

军统各路人马到沪

戴笠在8月12日给周佛海发出电令的时候，完全没想到周佛海对他的任命十分不满。

"上海市行动总队队长"，这个职务与原先的伪财政部部长，伪行政院副院长、代理院长等职务显然极不相称。当然，周佛海并不是因为这个职务太低，而是这个职务不便发号施令。

看过电报后，他打电话叫来了亲信罗君强、徐肇明（军统潜伏人员）。

几人都觉得这个职务确实太低，毕竟事关重大，名不正言不顺。可直接问又显得斤斤计较，一个过渡职务而已。最后徐肇明提议将错就错，将"上海市行动总队"扩大为"上海市行动总指挥部"，让戴笠报告军委会。

当时戴笠还在昌化县，看到回电中这个小小的改动，也觉得原先的任命欠妥，就按周的意思报请军委会备案，同时给周佛海复电，特意说明上海市水陆军警由上海市行动总指挥部指挥。

接到申报的当晚，周佛海便到上海无线电台发表公告，称受军事委员会电令，成立上海市行动总指挥部，维持上海临时治安。同时在全市张贴布告，严禁聚众集会游行和散发传单。布告落款上海市行动总指挥部，署名总指挥周佛海，附署秘书长程克祥。

虽然普通市民不清楚程克祥的身份，对大汉奸周佛海的名讳却是如雷贯耳，所以布告一经贴出，便有不少被市民撕毁或吐口水。但周佛海的一些措施对国民党抢夺胜利果实，却是起到了不可低估的作用。

上海行动总指挥部成立后，周佛海在日军的配合下，调集由他指挥的所有伪军，加强上海周边及上海至杭州地区的警卫，抵制共产党领导的人民军队对京沪杭等地的接收；并将伪中央税警团及警察编成六个总队，驻守上海各军事要地，作为重点防护，以确保万无一失。

15日上午，周佛海由上海赶往南京，于16日下午与陈公博召开伪政府临终前最后一次会议，宣布伪政府解散。

出发前，周佛海指派其妻的堂弟杨佐华扩编上海市行动总指挥部特务大队，并开赴南京，交由南京区行动总队总队长周镐指挥。

周镐是老牌军统特务，是戴笠在策反周佛海后于1943年夏派到南京的，由周佛海安插在伪军委会，以便联络并策反伪军。他所带领的行动总队共800人，是伪财政部警卫队的武装。

杨佐华带领的特务大队15日抵达南京后，即归周镐统一指挥，其中一部直接冲入伪中央警官学校，与周镐的部分人马对该校学生实施镇压。该校学生正在酝酿向人民武装投诚，被冲击后，学生总队长刘纯铮在混乱中离开，其他学生大部分逃离现场，一些没有走掉的学生被逮捕。

特务大队的另一伙人将同情这些学生的伪陆军部部长肖叔萱从其住宅中拉出，说他要逃往苏北投奔新四军，在其大腿上打了一枪。由于流血过多，肖叔萱最终死于医院。伪内政部部长陈群听到这个消息后，惊吓过度，在家中服毒自杀。

周镐随即在南京接收伪党政机关，逮捕伪政府要员，将他们送到指挥部所在地中央储备银行，甚至准备对陈公博实施逮捕。陈公博闻讯，调伪中央军校千余人，准备进攻中央储备银行和周佛海位于南京西流湾八号的住宅。一时间，双方剑拔弩张，南京陷入极度紧张之中。

周佛海担心南京一旦混乱，会受重庆方面责问，只好电令周镐停止行动，同时与陈公博约好，亲自登门解释，火并事件始得平息，周佛海才得以返回上海。

在依靠汉奸维持秩序的同时，军统的各路人马开始进入上海，第一支到沪的忠救军是8月15日抵达上海近郊的阮清源部。

阮清源在得知距上海市西15公里的七宝镇驻有新四军的一个支队后，立即联合伪税警总团熊剑东部，连夜赶到七宝镇，偷袭新四军顾复生部。新四军支队只有二三百人，阮清源带去了2000多兵力，双方力量悬殊，新四军支队被迫突围后撤离。

由于日本人不同意阮部进入市区，而上海市行动总指挥部都佩戴着"卫"字臂章，周佛海赶紧为他们准备臂章，同时慷慨解囊，为阮部赠送十亿伪钞解决给养。

接踵而来的是忠救军郭履洲部。郭部奉戴笠之命首进占崇明岛。当时岛上驻有新四军几个团的兵力，双方激战三四天，郭部始终拿不下崇明岛。后来军统海上行动总队赶到，内外夹击，才得以占领崇明岛。之后留一部分人驻守岛上，其他人马开到了浦东。

8月18日，周佛海在上海霞飞路盛老五（盛宣怀第五子）府上设宴，为先期抵达的军统各头目接风洗尘。这些人除阮清源、郭履洲外，还有刘方雄、徐展等人，另有抵达上海的汪伪集团外围人员罗教植、孙家良、申屠鸿等。作陪的除了周佛海的心腹罗君强、杨惺华、熊剑东等人外，其余主要是军统潜伏人员，如唐生明、程克祥、彭寿、徐肇明等。另有一人尤为引人注目，他就是落水汉奸陈恭澍。

陈恭澍是军统在上海被捕特工中投敌最快、出卖沪一区最彻底的一个。也是由于其身份特殊，所知军统内幕颇多，仅仅一个月就写出《蓝衣社内幕》在伪政府报纸上连载，成为他此后千方百计粉饰投敌事实却无法抹掉的铁证所在。

与这些原先的同事尤其论资历论职位原先远不如他的军统干部坐在一起，不知陈恭澍心中作何感受。

在这个接风宴中，唐生明提出一个建议，他说：

"各路人马陆续汇集上海，为便于相互之间互通情况，应该成立一个汇报机构。"

"这个点子不错。"罗教植首先表示赞同，并对唐生明说，"我看在你家碰头就行，不过需要点费用，看怎么筹措。"

罗教植所说的费用，是指碰头时需要的用餐与烟酒糖茶咖啡之类的费用。徐肇明是上海行动总指挥部参谋长，他随即表态说没问题，可由总指挥部拨一笔特别费用。唐生明随即对他耳语说：

"说老实话，明天零用钱都没有了。"

徐肇明心领神会，第二天一早就派人将一亿元伪储备票送到了唐生明手中。

对于这个汇报机构，罗君强和熊剑东都带头表示赞同，周佛海也就无话可说，毕竟他的总指挥部不能指挥到沪的军统部队与人员。

8月19日，军统上海特务工作汇报会在金神父路唐生明的公馆举行。

两天后，军统局东南少将特派员、中美特种技术合作所东南地区指挥官毛森也率部抵达上海；中美所参谋长李崇诗、军统及中美所东南办事处部分人员（包括一些美国人）及一个支队也相继赶到。

随着到唐生明公馆参加特工汇报或碰头的人数增多，唐生明与程克祥等人商量，让周佛海从上海市总指挥部划拨300亿元伪储备票作为活动经费。

作为掌管着汪伪政府钱袋子的"大管家"周佛海，时至今日，袋子里的钱一分都不能再进入他本人的腰包，早晚都是要移交，交给谁对他来说都一样，交给某人还能落个顺水人情，所以周佛海识趣地乖乖奉上300亿。

300亿元伪储备票由程克祥交给唐生明，由唐生明交给太太徐来，由徐来和张素贞保管。拿到这笔钱后，唐公馆更是门庭若市。军统大小头目到上海后，都要到唐公馆汇报工作，了解情况，更少不了吃喝玩乐。

戴笠是否了解这300亿不得而知，戴笠坠机身亡后，军统局面临重新洗牌，上层忙着争权夺势，下层忙着各寻出路，再无人提起或者追查这笔巨款。

欢聚上海，盟兄出状况

安排好京沪杭的接收工作，戴笠返回重庆汇报，布置国共谈判期间的警卫工作。

9月2日，戴笠在抗战胜利后第一次飞往上海。

前来接机的除了汇集而来的各路军统头目，还有一个重要人物——唐生明。戴笠的赴沪电报就是直接发给唐生明的。一下飞机，戴笠就一把抱住了唐生明，那个亲热劲堪比久别重逢的同胞兄弟。

几位军统头目已为戴笠准备了几处豪华住所，当询问他愿意住在哪里时，他兴奋地拍着唐生明的肩膀说：

"还能住哪里？当然是住唐公馆！"

一上车，戴笠就一个劲地说唐生明辛苦了，称赞他配合得好，为军统做了不少工作。唐生明一直乐得合不上嘴，他虽然有过几次遇险经历，可相比在重庆，他这几年过得实在太舒服了。连他自己都觉得，自己是命中注定的"福将"，不仅能处处逢凶化吉，而且总能过上花天酒地的生活。但他并不想留在军统，赶紧抓住机会交差：

"我的任务已经完成，接收与逮捕汉奸等等的工作，我就不参加了。"

"没问题，你这段时间好好休息一下。"

可过了没几天，戴笠就要求唐生明帮忙整编忠义救国军。唐生明很不情愿，早在重庆的时候他就声明不搞特务工作，不给戴笠当下属，这个卧底只是帮忙，是"友情出演"。如今"演出"结束了，为什么又要帮忙？他担心的是弄假成真，真的被拉入特务行列。

戴笠则兴奋地大笑起来：

"放心吧，只要是军统的特务武装，就不会让你参加。"

"好，一言为定！"

"问题是，整编后的忠义救国军就不是军统的特务武装了。"

"不是特务武装是什么武装？"唐生明显然不相信，"你总不会把自己的队伍拱手让人吧？"

"当然不会。"

戴笠并不是卖关子，与美国海军合作组建海军陆战队的事截至目前并没有发生变化，而组建海军陆战队首先要改编现有军统武装，统领这个改编任务的人选非唐生明莫属。在海军陆战队中任职，对战后的唐生明也是一个不错的去向，其实戴笠早就想把这个消息告诉唐生明了，他说：

"是将特务武装改编成海军陆战队。"

"哦？"唐生明盯着戴笠，边笑边说，"几年不见，雨农兄的道行越来越大了！"

"这叫什么道行？战争结束了，这些人总要有个去向吧。"

戴笠嘴上这么说，心里对唐生明的话还是很受用的。他将中美所结束后与美国海军合作组建海军陆战队的事对唐生明大体说了一下，然后问：

"你来出任海军参谋长，怎么样？"

"这个嘛，倒是可以干一干。"

见唐生明答应了，戴笠开怀大笑：

"你一直都不想当我的部下，这么一来，你可就不能不当了！"

"你这个家伙，绕来绕去就把我绕进去了，千方百计要高出我一头。"

后来蒋介石到上海，戴笠陪唐生明去贾尔业爱路九号蒋介石的寓所晋见，蒋介石称赞唐生明与戴笠配合得很好，完成任务很好，又特地叮嘱他，以后多多帮助戴笠做些更重要的工作。

这个更重要的工作，就是组建海军陆战队。当时无论蒋介石还是戴笠，都没想到美国人会出尔反尔，使援建海军陆战队之事泡汤。当然，这是后话。

抵达上海第二天，戴笠到湖南路周佛海家中，打电话叫来徐肇明，询问上海伪军的情况，问点验这些部队需要多少时间。徐肇明说：

"现在部队都在上海市区内，连同海军大概四五天可以点验完毕。"

戴笠又拨了两个电话，叫来了中美所参谋长李崇诗和别动军参谋长尚望，指派这两人组织点验组，与徐肇明接洽，从次日开始点验上海市行动总指挥部所属部队。

同时，戴笠指示军统人员在杜美路七十号筹建中美所驻上海办事处、军统局上海办事处与军统上海区区部。

杜美路七十号是杜月笙的一幢大洋房，此前被汪伪财政部占为上海办事处，戴笠到上海后，从周佛海手中接过这幢房子，本打算归还杜月笙，杜月笙却表示无偿借给军统使用。

杜月笙也是8月29日离开淳安的。8月20日，他的得意门生陆京士与从重庆赶来的另一名杜氏学生子吴绍澍等人先一步启程，从淳安乘船返沪。在得知陆、吴等人安全抵达后，杜月笙乘坐新下水的交通船"健飞十七号"启程，同行者30人，除杜氏门人朋友外，还有军统人员八名和武装卫队。

然而，本应先于戴笠回到上海的杜月笙，却在戴笠抵达上海后还停留在杭州。杜月笙与丁默邨是老朋友，停下来宴饮游玩也在情理之中，戴笠并未多想。可当他离开周公馆返回唐生明的寓所时，杜月笙的电话打了进来，告知他已抵达上海，住在爱义义路顾嘉棠家中。

戴笠觉得不对劲，照理说杜月笙应该去蒲石路十八层楼公寓四太太姚玉兰的寓所居住，或者回杜氏的大宅——华格臬路杜公馆。杜家有好几处宅子，没有理由住到别人家去。

"为什么住在顾公馆？"戴笠当即追问，"发生了什么事？"

"没事，就是告诉你一声。"

放下电话，戴笠越想越觉得不对劲，立刻驱车前往顾公馆。一进门，就觉得气氛不对，客厅里坐满了杜氏门人，个个脸上挂着霜。杜月笙倒是和平时一样，笑着对戴笠说：

"我这儿真没什么事，你现在正忙，忙过这一阵我们再叙。"

"都让人家给打倒了，还没什么事？"顾嘉棠在一旁反驳说。

"给谁打倒了？"戴笠听得一头雾水，回过头去问杜月笙。

"是杜门出了叛逆，说起来也是杜门不幸。"杜月笙尽量说得轻描淡写，他不想这个时候打扰戴笠。

杜月笙与学生子的事，戴笠的确没必要过问。可连家都不敢回了，可见这个弟子的能量非同一般。

说起来，杜月笙虽是一介平头百姓，但八年全面抗战中为国民政府做了不少事，从参与组织苏浙别动队、杜门弟子参加淞沪会战，到受命出任"中央赈济委员会"常务委员兼港澳救济区特派员，将日本人圈定的"汉奸对象"解救到香港；从杜门留沪弟子协助军统在上海锄奸，将高宗武、陶希圣及其家属从上海秘密接出，使《汪日密约》得以曝光，到太平洋战争爆发营救陷落香港的重要人物；从与虎谋皮在上海为重庆方面抢运棉纱，到组织杜门弟子协助军统接收上海，杜月笙所做的工作有目共睹。如今荣归故里，哪个敢把他打倒？

顾嘉棠是个直脾气，火暴性子，一肚子的怒火根本控制不住，他对戴笠说：

"还能有哪个？还不是头上长着反骨的吴绍澍！"

吴绍澍？戴笠对此人不是很熟，却印象深刻。早在淳安时他就提醒过杜月笙，这个人"不可小觑"！

小弟子的下马威

吴绍澍字雨生，江苏松江（今属上海）人，生于1905年，肄业于上海法科大学。

顾嘉棠说他头上长反骨，是指他数次"背主求荣"。他早年加入共产主义青年团，国民党在上海"清党"时被通缉，旋即投靠陈果夫、陈立夫，却又与改组派暗通款曲。为打开工作局面，请吴开先、陆京士居间介绍，拜在杜月笙门下，成为杜月笙的恒社弟子。

吴绍澍被派往汉口后，在1935年汉口市党部改组中落选。由于他曾与改组派有往来，转而返回南京投到周佛海门下，任民众训练委员会民训处处长。抗战后该委员会撤销，吴绍澍被派往军事委员会第六部工作，第六部部长为陈立夫，吴绍澍又回到老上司身边。

1938年陈立夫改任教育部部长，吴绍澍谋教育部工作而不得，与陈反目。

1939年三青团上海支团成立，吴绍澍因缘结识康泽，通过康泽推介给张治中，被任命为三青团上海支团书记。

直到这时，吴绍澍又想起了他的"先生"杜月笙。杜门在上海留有潜伏人员，且与军统潜伏人员往来密切，吴绍澍要潜伏上海，离不开杜门的帮助与掩护，于是前往拜见师门。又通过在汉口时认识的军统干部王新衡，由王新衡介绍拜见戴笠。

听说杜月笙的一个学生子要到上海从事地下工作，戴笠热情地接待了吴绍澍，请他到曾家岩公馆吃饭，邀王新衡作陪，为他饯行。并特地告诉他，已通知忠义救国军淞沪地区指挥阮清源，有什么事可直接找阮清源帮忙。

再见师门就到了1945年8月。

8月初，吴绍澍突然来到淳安，戴笠当时就有种预感，他非拜见师门而来，而为刺探"情报"而来。国民党派系纷杂，眼看日本战败在即，各派都想在上海分一杯羹，因而吴绍澍赶到淳安，戴笠一点都不意外。

此时戴笠、梅乐斯、杜月笙齐聚淳安，不仅杜月笙热情款待吴绍澍，戴笠对他想知道的上海方面的情况、接收准备情况也毫无保留。但戴笠还是提醒杜月笙，对此人当防范。

遗憾的是，杜月笙并未防范。

杜月笙一行是9月1日在杭州登陆的，从上海赶来迎接的杜门弟子徐采丞等人已经在此等候。为迎接杜月笙荣归故里，杜的门生弟子与亲朋好友在上海北站附近的通衢大道搭建起一座座七彩牌楼，准备发动上海民众9月2日聚集北站，举办盛大欢迎仪式。

尽管对这个盛大欢迎非常期待，杜月笙还是不能无所顾忌。他很清楚，以前能在上海滩呼风唤雨，全是凭借法租界势力，各派各界到上海都要拜他的码头。如今租界没了，上海滩成了国民政府的天下，他没有官方正式任命的头衔，以什么名义把场面搞那么大？将来中央大员陆续到来，该怎么欢迎呢？

所以他决定延迟一天赴沪，正好与老朋友丁默邨叙叙旧。但他也不想悄无声息地回上海，七彩牌楼已经搭起来了，欢迎仪式当然还是要有的，只不过动静小点而已。

不料，还没到上海就听到一个令人震惊的消息：吴绍澍已被任命为上海市副市长兼社会局局长。作为"先生"，弟子高升本应高兴，可这个弟子近来的表现让他不无担忧。吴绍澍自返回上海便音讯全无，与所有杜门弟子断绝了联系，这绝不是一个好兆头。

更坏的消息还在后边。

当杜月笙乘坐的专车驶入上海市，抵达梅陇镇后，忽然减速停车。杜月笙正在狐疑之际，两名恒社弟子上来对他一阵耳语。

原来，有人在北站周围散发传单，同时贴出不少大字标语，上面赫然写着："打倒恶势力！""杜月笙是恶势力的代表！""打倒杜月笙！"搭好的牌楼也被全部拆掉。

这个幕后指使人就是吴绍澍。

为避免尴尬，杜月笙只好按照恒社弟子的安排，改为西站下车。

随行的人不晓得发生了什么事，杜月笙不说，大家也不便问，一个个惊诧错愕，面面相觑。

西站站台上冷冷清清，只有临时赶来的几个杜门弟子接站。杜月笙已顾不上在乎这些，只想尽快躲进顾嘉棠家中，以免被吴绍澍暗算当众出丑。与随行人员住到顾公馆之后，杜月笙与众人闭门数日，研究吴绍澍究竟居心何在，接下来还会有什么行动。可吴绍澍初晋新贵，大权在握，呼风唤雨，杜月笙怎么防范都只有挨打的份。

戴笠奇怪的是，与吴绍澍同时被任命的还有上海市市长钱大钧、警察局局长宣铁吾，而要打倒杜月笙的为什么偏偏是吴绍澍？

虽说上海没有了租界，可杜门势力、帮会势力短时间内不会消减，尤其帮会的头面人物都与当局政要有千丝万缕的联系，吴绍澍本应借助师门力量站稳脚跟，却为什么急不可待地要打倒杜月笙？

戴笠决心为杜月笙出这口恶气：

"月笙哥，你放心，对付这种人我自有办法。这阵子你先忍耐一下。"

话虽如此，要想报复吴绍澍，必须抓住他的把柄，而且要快，趁他立足未稳，一举将他从"政治暴发户"的位子上拉下来。

离开顾公馆，戴笠来到杜美路大厦。上海办事处已搭起一个初具规模的架子，包括总务组、人事组、情报组、行动组、司机组、特务队等，上海区也已在这里安营扎寨。

此时，各战区长官司令部及中心城市（属于沦陷区的）的肃奸委员会，也在戴笠的遥控指挥下相继建立。上海肃奸委员会就设在杜美路大厦军统办事处，肃奸委员会主任委员由李崇诗兼任，他与上海区区长王新衡等负责人及一些工作人员都吃住在办事处。戴笠也从唐生明府上搬出，住进了杜美路大厦。

戴笠召集相关下属，安排情报人员和正在接收日伪资产的特工，秘密调查吴绍澍的情况，只等他往枪口上撞了。

而杜月笙一心想在上海滩暂时销声匿迹，以免再受吴绍澍打击。但他既然回到了上海，又怎能瞒得过以往的亲朋好友？他们千方百计打听他的下落，很快都涌向了顾公馆。结果爱文义路车水马龙，冠盖云集。白天各界友好川流不息，夜晚有落过水当过汉奸的悄悄登门。他们都知道杜月笙与戴笠关系密切，恳求杜月笙为他们出出主意，说说好话。于是顾家门庭日日爆满，杜月笙整天忙得不亦乐乎，不得不命几位得力门生代为迎宾送客。

顾家门庭若市，更激怒了吴绍澍。他散发传单、张贴标语攻击杜月笙犹嫌不够，更利用创办的《正言报》，发表以"打倒恶势力"为主题的社论，有计划地逐日发表攻击杜月笙的文章。

为缓和关系，杜月笙也曾亲自到市政府拜会吴绍澍副市长，吴绍澍避而不见，过后来到顾公馆，杜月笙还以为是回拜，却不料吴绍澍完全一副小人得志的模样，态度倨傲，居高临下，下令杜月笙一众闲杂人等不得再去他的机关衙门。

吴绍澍"光临"顾公馆，显然是公然挑战，杜门中人个个义愤填膺，大骂吴绍澍欺师灭祖，要求按帮规给予处罚。但当杜月笙打开保存拜师帖的保险箱后，却独独少了吴绍澍的拜师帖。原来他早已买通内线，偷走了那张拜师帖！

就在杜月笙与一众门人弟子怒不可遏的时候，杜美路七十号传来了好消息：吴绍澍的狐狸尾巴露出来了！

吴绍澍撞到枪口上

吴绍澍要打倒杜月笙，说到底还是担心杜月笙抢了他的风头。

上海滩是一个帮派林立五方杂处的混乱地界，杜月笙与这个混乱地界早已血脉相连。多年来杜月笙长袖善舞，不仅在工商界、金融界呼风唤雨，在军政界也结交广泛，朋友众多。尤其抗战八年，杜月笙所做的工作有目共睹。尽管租界没了，可杜月笙的势力早已渗透到上海滩的角角落落，不是走马灯似的政府官员可一时匹敌的。

吴绍澍也是一朝得志被冲昏了头脑，以为只要把杜月笙打得在上海滩不敢露面，杜门势力就会消失，连站在杜月笙背后的戴笠都不屑一顾。眼见着军统的办事机构全部住进了杜月笙的杜美路大厦，竟然没想到戴笠会为杜月笙出气，依旧整日开着保险汽车，前呼后拥，招摇过市。

说起来令人匪夷所思，既然打定主意拿杜月笙开刀，吴绍澍却在抵沪之初向杜门总管万墨林借用了一辆保险汽车。杜月笙被打压之后，万墨林气得跳脚大骂。吴绍澍在沪潜伏期间，万墨林作为上海统一委员会的总交通，对他多有关照，没想到他竟过河拆桥，恩将仇报！

在杜门上上下下噤若寒蝉的时候，终于等来了出口恶气的日子。

在上海的所有汉奸中，最富有的汉奸有两个，其中一个是担任敌伪统税局局长多年的邵式军。抗战胜利之后，邵式军弃家出逃，从爱棠路的豪宅中神秘消失。爱棠路那幢美轮美奂豪华无比的邵家大厦，则成为国民党上海市特别执行委员会的办公处所。

国民党上海市执委会主任委员，正是吴绍澍所兼任。

将敌伪资产作为办公场所无可厚非，问题是，邵式军仓皇出逃，他的亿万家财绝无可能随身携带。那么，他的家财哪里去了？

抗战胜利之初，吴绍澍率先进入上海。他既然一眼看中上海最大的汉奸并接收了他的豪宅，又因何让他在自己的眼皮底下逃走呢？

戴笠下令李崇诗，无论如何要找到邵式军的家人！

功夫不负有心人。李崇诗与王新衡发动各路人马，查找各种线索，终于找到了邵式军的发妻。向她查询邵家财产去向，邵夫人有所顾忌，担心走漏风声受到生命威胁。在调查人员的一再保证下，邵夫人才说：

"家里的古董字画、名贵家具、奇珍异玩和皮毛衣饰，全部是吴绍澍先生一手接收的。这些暂且不算，光装满金银财宝和各种钞票的巨型保险箱便有四只，也都悉数被吴绍澍先生接收了。"

邵夫人开出一张家财清单，特地写明四只保险箱里装的品类和数目：第一只保险箱，黄金若干条……第二只保险箱，美钞数百万……第三只保险箱，钻石珠宝各若干，价值数亿……第四只保险箱，日本老头票及为数极巨的日本国家债券。

财产有了去向，邵式军是怎么逃走的呢？邵夫人说：

"吴先生和我家先生讲好，送我家先生到安全的地方，保他活命，家里财产全部由他接收，不得泄露。"

戴笠获报后决定速战速决，当夜便派出大批忠义救国军封锁爱棠路八十号，命令毛森等人进入邵氏豪宅，彻查上海市党部。果然搜出四只巨型保险箱，其中三只已被破坏，里面的金条、美钞、钻石珠宝全部不翼而飞。只有第四只保险箱箱门紧锁，没有被破坏。

毛森命人接通电流，炸开了第四只保险箱的箱门，将里面一沓沓日本老头票和日本国家债券一一清点，与邵夫人开出的清单数额分文不差。而这些东西如今已成为废纸一堆，吴绍澍自然不会费力打开这只保险箱。

由此可见，前三只巨型保险箱里的亿万资财，全部被吴绍澍悉数取走，据为己有。

这天夜里，吴绍澍就睡在这幢豪宅的一间卧房里。当他被楼上的动静惊醒时，连声招呼警卫人员，却没有人回答，但他分明听到走廊里有脚步声。他壮着胆子爬起来从窗户里向楼下看去，顿时吓得魂飞魄散——楼下暗影里，尽是持枪走来走去的人。

他认定这些人是军统特务，除此之外没有任何人敢侵入他的地盘。好在戴笠还没想要他的脑袋，否则他早已在睡梦中成了军统的刀下鬼。

他吓出一身冷汗，躲在墙角里再也不敢出声。既已猜出是军统，那么军统的目的已是显而易见。被戴笠抓住把柄，哪还会有他吴绍澍的好日子过？

仿佛一个跟头从云端里栽下来，吴绍澍被摔醒了，他不得不承认，自己太小看了戴笠和他的军统。倘若戴笠一个报告打到蒋介石那里，他的辉煌前途岂不成了一场黄粱美梦！

他纡尊降贵，乘坐保险汽车亲自到杜美路七十号杜氏大厦求见戴笠。戴笠抓住了他的把柄，自然要让他好好品尝一下受打击的滋味。

多次求见都吃了闭门羹，吴绍澍也使出一招：放言去重庆走关系。戴笠这才允许他进入杜氏大厦。

戴笠见他，不过要借势压压他的嚣张气焰，给杜月笙出一口恶气。他喊来众多军统重要人员助威，在一楼大厅里摆出阵势，使吴绍澍一进门就清楚地意识到："谈和"绝无可能。但他还是东拉西扯了一些理由，要求戴笠免予究办。戴笠则毫无情面地说：

"像你这种贪赃枉法、欺师灭祖之人，留着你继续害人么？"

"既然这样，我只有飞重庆向上峰自行请罪了。"

话虽如此，吴绍澍本人也不能断定重庆之行会否有效，毕竟他不是蒋介石的嫡系，见蒋一面恐怕都很难。戴笠也担心他到重庆给自己添乱，使出更绝的一招：

"你可以试试，看能不能出得了上海市，恐怕没有航空公司会卖给你机票。"

吴绍澍不得不承认，军统的势力远在他这个副市长之上。

与此同时，杜月笙的爱徒也抓紧了倒吴活动，主要干将就是陆京士。

陆京士，名少镐，字京士，江苏太仓人，生于1907年，上海法学院毕业后考入上海邮政局，先后任全国邮务总工会常务委员、上海总工会常务委员、国民党上海特别市党部执行委员、中国劳工协会主席、国民党社会部组训处处长等职，是从上海工人堆里摸爬滚打出来的工运干部。

吴绍澍投靠杜门是由其本家吴开先介绍给陆京士，由陆京士引荐的。吴开先是杜月笙的密友，但非杜门中人，素有上海"党皇帝"之称。当初吴绍澍想借助杜门势力打开工作局面，却因利益之争很快与吴开先、陆京士反目成仇。

因而在打击杜月笙的同时，吴绍澍千方百计抵制陆京士担任社会局副局长。但陆京士掌握着大批工运干部，他以军委会工运特派员的身份，仿照军统忠义救国军的名称，吸收大量工人骨干，拉起了一支"工人忠义救国军"，随后又拉起一支"护工队"，其成员遍布全市各工厂，使吴绍澍派去担任市总工会筹备委员会的人无法开展工作。陆京士还组织大批失业工人和要求涨薪的工人，成群结队到社会局请愿，给吴绍澍制造麻烦，施加压力。上海市工商金融界的许多老板，也在杜月笙及其门生弟子的授意下，拒绝与吴绍澍合作。

在此情况下，吴绍澍的工作处处受阻，难以打开局面，一开始的万丈气焰渐渐被熄灭，索性很少再到社会局上班，一应事体全部交给副局长葛克信处理。

为摆脱困境，他秘密乘火车到南京，在南京乘飞机飞往重庆，拜见朱家骅和蒋经国，想通过二人安排晋见蒋介石，却碰了个大钉子，不仅未能如愿谒蒋，反而受到斥责。

事实上，在戴笠关于吴绍澍侵吞邵式军巨额家财的报告打上去后，原本无多少根基的吴绍澍已在蒋介石面前失去信任。

蒋介石最痛恨贪腐，抗战胜利后国民党各路人马相继涌入上海，各派各系都想分一杯羹，或为本集团利益或为一己私利劫收敌伪资产者大有人在，蒋介石巴不得抓住一二人杀鸡给猴看，吴绍澍却不失时机地送上门来，不拿他开刀更待何人？

何况还有人"敲边鼓"，这个人就是已经辞去本兼各职的孔祥熙。

正是瘦死的骆驼比马大，尽管已经失势，孔祥熙的话仍非无足轻重，毕竟孔某人背后有一个坚强后盾——宋美龄。

尽管戴笠与孔祥熙"不对付"，杜月笙与孔祥熙却是无话不谈的朋友，他为杜月笙解围的边鼓正敲在点上。

自1945年年底开始，吴绍澍先后被免去上海市副市长、社会局局长、国民党上海市党部主任委员、三青团上海支团部主任等职务。

吴绍澍下台后，陆京士主办的《立报》立刻对吴绍澍展开全面攻击，杜氏门徒也大搞暗杀，企图置吴绍澍于死地。戴笠担心事情闹大，杜月笙才下令弟子们就此打住。

周佛海结束使命

在军统利用日伪汉奸维持京沪杭治安并接收日伪资产的同时，美军开始为国民党向华东地区空运部队。9月2日，汤恩伯部被运抵南京、上海，月末已完成对该地区的军事部署及建立政治机构。

与此同时，重庆方面成立了由陆军总司令部负责，由陆军总长何应钦兼主任的接收计划委员会，该会下设党团、经济、内政、财政、金融、外交六个接收小组。各小组接收特派员及各省市接收委员会委员纷纷飞抵各沦陷区。

9月25日，周佛海奉命结束上海市行动总指挥部的工作，按照戴笠的指令，将所有伪警察与军队移交军统，同时将该指挥部、伪税警团、伪中央储备银行的资产包括黄金、白银、美元等等，移交中央接收大员。

上海市行动总指挥部结束后，军统潜伏人员程克祥、彭寿调军统上海办事处汉奸财产清理委员会任副主任，加紧了清理和移交敌伪资产的工作。

在先后进入上海的国民党各派系各机构及各部门中，无疑是军统抢到的资产最多。军统接收的敌产中有家日本人办的东方渔业公司，该公司拥有40艘轮机渔船，这些渔船后来被毛人凤弄到了台湾；日本海军在江湾新建的俱乐部被军统接收后，不久在此办起了中美上海警察训练班；早年德国人在上海开办的宝隆医院被军统接收后，安置了中美所美方提供的一千张床位的医疗设备。为讨好蒋介石，戴笠将医院名称改为"中美医院"，并称，这一方面是纪念中美合作，另一方面也是为了表示对校长（蒋"中"正）和夫人（宋"美"龄）的尊敬。

军统接收的最大的一笔资产是极司菲尔路汪伪特工总部的全部不动产，及大批汽车和附设的监狱、大型锯木厂、三夹板工厂、东方经济研究所及其附属东方图书馆。

除此之外，军统接收的十多个仓库的物资及大量建筑材料，尽管其中很大一批做了移交，所剩物资仍十分可观。

军统是特务组织，抢收这些物资有何用途？

从1932年4月1日成立（特务处）之日起，军统过的就是经费严重短缺、四处找米下锅的日子。随着机构与人员的直线上升，经费问题更成为戴笠最为棘手的问题之一。到抗战期间军统的顶峰时期，已有内勤人员五万左右，直接在军统局编制内领薪水的，后方有1.7万多人，沦陷区有6000人，海外各地有2000多人。另外2.5万人是派到各公开单位的，如各战区调查室、军法执行分监部调查室、外事处、混城队、各地卫戍司令部稽查处、警备司令部稽查处，有关省份的行营第四科与保安处第四科，及内政部警政司、铁道警备司令部的军统人员，他们的薪水由对方支付。

尽管如此，军统还有大批编外运用人员，包括各外勤单位自行聘用的人员，这些人的薪水需要局本部或外勤单位自己解决；而迅速发展壮大直至五万人之众的军统武装队伍，庞大的开支更是入不敷出，戴笠每每外出都要为忠救军筹措经费及武器弹药。

解决庞大的资金缺口的来源，主要出自军统把控的各个油水丰厚的部门，诸如军委会邮航检查处，水陆交通统一检查处、财政部缉私署、税务署、盐务署、货运管理局、兵工署警卫稽查处、航空检查所缉私署、运输统制局监察处等等；并从事经营活动，如在重庆开办裕民米店（五家连锁），储藏军统积存的军米，粮荒时抛售，既可防饥民发生抢米暴动，又可趁机赢利。同时在重庆珊瑚坝飞机场对面开设飞虹照相馆、支持并参与杜月笙创办港济公司，在重庆、香港设立分支机构，从事经济与情报活动；此外，为扰乱汪伪政府金融，戴笠曾进口美国设备，大量印制沦陷区假钞，秘密运往沦陷区使用，一定程度上弥补了军统经费缺口。而外勤单位的"创收"更是五花八门，甚至走私贩毒。

戴笠很清楚，军统的各种牟利机构与特权将随着战争的结束而消失，使军统一夜暴富的中美特种技术合作所也将宣告结束。抢收这些物资、工厂，正是为了以后开展经营活动，弥补经费缺口，维持十万之众的团体正常运行。

对日伪资产接收工作基本结束后，9月26日，抓捕汉奸的工作正式展开。

为配合军统顺利抓捕汉奸，周佛海奉命给沪宁地区大小汉奸发信，让他们到军统上海肃奸委员会投案自首。由于汉奸们大多在上海安家，一时间，军统接收的和抓捕的汉奸使"七十六号"的监狱爆满，不得不在南市再设立一个新的看守所。

对于像周佛海、丁默邨等这些在特殊情况下为国民党出过力的大汉奸怎么处置，平心而论，戴笠是不希望对他们实施制裁的，尤其是周佛海，抗战后期给予军统工作极大支持，也曾为中国军方与美军提供军事情报。但是，抓不抓这些人不是戴笠说了算，即便是蒋介石，恐怕也抵不住舆论的压力。

显然，抓捕这些罪大恶极的汉奸是大势所趋。

为防意外，周佛海曾致电蒋介石，"请求赴渝报到或筑庐墓"。"筑"为贵阳的简称，周佛海的母亲病逝后葬在贵阳，他因此请求去为母亲守墓。

为达成周佛海的心愿，戴笠特地飞回重庆，当面向蒋介石请示，结果"赴筑"被否，而是"赴渝报到"。戴笠很清楚，所谓"报到"，不过将周佛海等人暂时送到重庆软禁，是否交法庭审判，只能看形势发展。

但是，怎样传达蒋介石的意思，才能使周佛海等人心甘情愿飞重庆，而又不致因"食言"招致骂名？对戴笠来说的确是一件难事。

返回上海当天，戴笠再次来到周佛海家中。

从抗战胜利后戴笠来到上海，就成了周佛海家的常客。对戴笠来说，是接收与肃奸的需要；对周佛海来说，戴笠是他确保平安的一根救命稻草。从私人感情上来说，抗战后期军统对周佛海母亲的照顾，以及周母病逝后戴笠代替周佛海披麻戴孝守灵，都无疑拉近了两人的关系，以致戴笠在周公馆留部下用餐时，说"周先生和我是同庚兄弟"，及与周的亲密互动，让在场军统特工都觉得他们胜过同胞兄弟。

对此次戴笠的到来，周佛海是充满期待的，期待蒋介石对他的未来有一个好的安排。

戴笠进门，仍像往常一样亲热，看不出任何不祥征兆。他清楚周佛海急于想知道蒋介石的态度，在楼上客厅里坐下后，就直接说：

"佛海兄，眼下京沪地区流言很多，说我们翻手为云覆手为雨。这些流言既无法阻塞，就不能不防。委员长考虑你继续住在上海和南京都不好，想请你和罗君强他们一起去重庆避避风头，休养一段时间。"

尽管戴笠说得很轻松，周佛海却是非常敏感，急不可待地问：

"是不是委员长顶不住舆论压力了？"

"话不能这么说，三十六计走为上，何必要硬碰硬呢？迂回一下总归有好处。"

"贵阳可否去？"

"舆论汹汹，还是不要单独行动的好。"见周佛海仍不放心，戴笠进一步说，"去贵阳不在这一时，休养一段时间也不迟。到重庆你可以亲自向委员长请示。"

听说可以晋见蒋介石，周佛海不再说什么。

戴笠离开后，周佛海电话叫来了他的几个亲信罗君强、杨惺华、丁默邨三人，向他们转达了戴笠的意思。为了稳定大家的情绪，特意强调这是蒋介石与戴笠为保护他们的权宜之计，眼下京沪乃是非之地，也只有暂时离开一段时间。

想到京沪大汉奸除陈公博逃亡日本暂时未被抓回外，其他人差不多都被送进了监狱，三人很痛快地同意了这个决定。

戴笠点名与周佛海同去的就是这三人，但事后马骥良（汪伪政府中央储备银行总务处处长）知道了也要求同去，周佛海与戴笠商量，戴笠表示同意。

但周佛海心里还是不踏实，说是去"休养""避风头"，可去了就身不由己了，会不会被软禁呢？会不会最终被送回南京公审？事到如今只能听天由命，但他相信即使最坏的结果也不至于掉脑袋，起码戴笠与军统的人会为他作证。

也就是说，必须抓住戴笠这根救命稻草。

当天晚上，周佛海让罗君强等人筹集了一些黄金、美钞，装进保险箱，派人抬到杜美路军统办事处，送进戴笠的办公室，说是要求代为保管重要文件。以周佛海的想法，收人钱财为人消灾，吃人的嘴短拿人的手短，戴笠受此重贿，必然会千方百计保护他们。

可他哪里知道，戴笠刚刚惩治了吴绍澍，对这大笔的黄金美钞，他就是有这个贼心也没这个贼胆。

戴笠打眼一看，就明白了周佛海葫芦里卖的什么药。他当众让人把保险箱打开，清点里面黄金、美钞的数目，准备上交中央银行。

这对周佛海来说，无异于一瓢冷水兜头浇下，原本放下的心倏然又提到了嗓子眼。尽管如此，他面前也只剩了这一条路。

"保护"五汉奸

沪宁的大小汉奸差不多都被抓进了监狱，远在广东的陈璧君与褚民谊也未能幸免。

原来在1944年11月汪精卫病死日本后，陈璧君料理完后事不久，就带着一群亲信回了原籍广东。伪广东省省长兼伪保安司令正是她的妹夫褚民谊。

褚民谊在汪精卫死后，因与代理国民政府主席陈公博发生激烈冲突，经周佛海斡旋调和后调到广东出任伪职。

戴笠在主持京沪肃奸的同时，也在遥控指挥广东方面的肃奸工作。考虑到陈璧君在广东的势力，决定以诱捕的方式对陈、褚实施抓捕。

他以蒋介石的名义给褚民谊写了一封信，请他邀陈璧君一同到重庆，共商广东善后事宜。褚民谊看过信后，不敢相信蒋介石会既往不咎，就与陈璧君分析此信是否有诈。陈璧君倒是没有怀疑，毕竟昔日曾一致反共，她知道蒋介石反共态度坚决，在蒋介石眼里，惩治汉奸不过做做样子，只要对反共有利，什么罪名都可以被洗白。而她不仅掌控着广东的财政大权，还有三个师的"铁杆"伪军做后盾，这自然是可资利用的资本。

褚民谊在回信中表示愿意赴渝，戴笠立即派专人赴广州见褚民谊，称奉委员长之命前来接洽，只要他们愿意合作，共同磋商广东善后事宜，中央即派专机来广州迎接他们赴渝。

其时广州城内到处都在抓捕汉奸，汉奸伪军们都惶惶不可终日。陈璧君十分清楚，她那三个师的伪军自身都是泥菩萨过海，哪里还顾得上保护她？既然蒋介石伸出了橄榄枝，她哪有不接的道理？

然而，当他们跟随护送的特工乘车前往机场的时候，广州的潜伏特务早已埋伏在珠江桥两边。汽车一到，特务们一拥而上，将陈、褚两人当场逮捕，押上早已停靠在桥下的小船，顺流而下，躲过广东伪军的视线之后，才用军用飞机将他们押往南京。

随着两名汉奸巨头的被捕，广东境内其他大小汉奸及伪军纷纷缴械投降。

陈璧君、褚民谊被诱捕的这天是9月12日。

截至9月下旬，汪伪政权中的大汉奸除了周佛海等五人外，只有一人仍未到案，这个人就是汪伪政权的二号人物陈公博。伪南京政府宣布解散后，陈公博于8月25日逃亡日本，但躲过了初一躲不过十五，抓捕归案是早晚的事。

这些情况，周佛海十分清楚。尽管有疑虑有担忧，他仍然认为自己的命运与那些被关进大牢的汉奸不可同日而语。

9月29日晚，戴笠收到蒋介石"秘密来渝"电报，即通知周佛海等人，次日起飞。

9月30日上午，戴笠亲自护送周佛海等五人（另有周的两名副官与看护小姐）飞往重庆。

抵达重庆后，军统的小汽车早已等候在机场。按照事先安排，戴笠将周佛海等人送到了缫丝厂附近的杨家山戴公馆。

这是一栋一排五间的平房，中间一间是堂屋，左手边第一间是会客室，第二间是戴笠的办公室兼寝室。右手边第一间是休息室，第二间是浴室。戴笠有每天洗澡的习惯，浴室必不可少。

这栋房子右侧，通过走廊有一间餐室，是平时戴笠用餐的地方。

餐室后面有一排五间的平房，住着佣人、警卫、勤务兵。

在日军对重庆轰炸最严重时期，杨家山公馆成为戴笠日常居住与办公的场所，胡蝶在搬到神仙洞之前也曾在这里居住。但同时住进五个大男人，即使会客室、休息室都用上，也还是不够一人一间，所以一进屋戴笠就说：

"佛海兄，战时的重庆条件有限，无法和上海相比，好在一般的生活用品还不算少，接下来有什么需要尽管说。"

周佛海哪里顾得上考虑临时住所的条件，他担心的是未来命运。

罗君强、杨惺华、马骥良则不同，他们完全相信周佛海的话，是来避风头和休养的，因而很注意地看了一下屋里的设施，虽说不是很满意，可门卫、保镖、厨师、佣人都是现成的，餐室、卫生设备也有，每个房间里都放上了床，除了周佛海之外，其他四人要住双人房间，总之还算说得过去。

晚餐摆了一桌酒席，算是戴笠为周佛海等人接风洗尘。周佛海却是忧心忡忡，晚餐后就向戴笠提出晋见蒋介石。当时蒋介石在西昌，戴笠表示：

"我明日飞西昌晋谒，可以代为转达。"

周佛海想的是，只要蒋介石肯接见他，他这一伙人的未来就有了保障，牢狱之灾也基本可以免了。为了急于知道这个结果，他特地修书一封，托戴笠专呈，信中称：

"职于昨日偕同丁默邨、罗君强、杨惺华、马骥良谨来渝投案，静候处分。此次回渝一似堕落子弟回家，实无颜以见家长，辱承钧座宽大为怀，特予爱护，虽粉身碎骨，亦无以报宏恩于万一。惟共党策动一部外国记者时发异论，职决不愿为职等之事，使钧座难以应付，其余一切由雨兄转呈，专此敬叩钧安。"

尽管周佛海以"堕落弟子"自称与蒋介石套近乎，又以"家长"尊称蒋介石，但即使蒋介石有恻隐之心，也不可能冒激起众怒之险予以庇护。因而蒋介石根本不可能在这个时候接见周佛海，更不会给他什么承诺，这一点戴笠十分清楚，只是周佛海还寄希望于曾将功抵过。

第二天是10月1日，戴笠从西昌返回重庆后，直接来到杨家山公馆，告诉周佛海说：

"委员长得知你已到重庆很高兴，叮嘱你在这里安心休养，不要有其他顾虑。"

周佛海想要知道的是什么时候接见，戴笠只得推说需要蒋回渝后才能安排。当时周佛海胃病复发，戴笠顺势说：

"我明日去上海，要不要接嫂夫人来照顾你？"

周佛海也希望夫人在身边，就点头同意了。

10月2日，戴笠飞往上海。这一天，周佛海被送进军统的"四一"医院。

听说周佛海病了，周的太太杨淑慧立刻答应去重庆。10月4日，戴笠将杨淑慧及其儿子周幼海、女佣文蕴及马骥良的妻子，一起送到重庆。

为了便于照顾周佛海，也便于几人"休养"，戴笠安排杨淑慧等人住在"四一"医院后山松林坡白公馆，并将丁默邨等四人搬了过来。10月23日周佛海出院后，直接住进了白公馆。

白公馆是四川军阀白驹的别墅，位于歌乐山松林坡山腰处，左有瀑布，右有高峰，前可远眺嘉陵江，后可漫步松林，环境优美，景色宜人。公馆是一幢明三暗六的二层楼房，有一个不大的庭院，掩映在茂林深处。与杨家山公馆一样，这里也是警卫、厨师、佣人配备齐全；每餐六菜一汤，餐餐佳肴美味，比勤杂服务人员伙食要好得多，生活待遇上无可挑剔；所有工作人员对他们都是恭敬有加，小心服侍。

美中不足的是，他们的自由仅限于白公馆内，或者到山间散步有时任其自便，超出这个范围是不允许的。特别是有30多名宪兵与军官看守，名曰保护，所有人都明白所谓的保护其实就是看管。

死刑犯等来特赦令

周佛海历来在紧要关头不忘脚踏两只船，见风使舵，千方百计为自己留后路，最初脱离共产党投靠国民党如此，背叛蒋介石投靠汪精卫一道叛国投敌如此，眼见小日本及汪伪穷途末路再次投蒋亦如此，如今见蒋介石迟迟不肯接见，自然就想到另辟蹊径。

周佛海投日前与陈布雷关系密切，考虑到陈布雷在蒋介石面前的分量，遂向戴笠提出与陈布雷见面。

这个要求显然让戴笠出乎意料，从指挥周佛海等人协助接收，到护送五人飞渝软禁，每一步都是奉蒋介石之命，没有蒋介石允许怎能让他与他人见面？

戴笠委婉拒绝说：

"陈先生因侍从室取消，所有业务为吴鼎昌吸收，此时心情不佳；再者陈果夫兄弟高唱严办汉奸，若布雷先生与渠兄接近，恐有不利。"

对戴笠的拒绝，周佛海十分不满，后来在日记中说，这不过是戴笠的一种托词，实际上是不愿别人插手，而要一手独揽。

其实，将来能救周佛海的唯有戴笠，只有戴笠有证据证明他被策反后所做之事。开始时戴笠只要在渝，每天必去白公馆与周佛海聊天，但随着时间的推延，戴笠在重庆的时间越来越少。

1946年1月戴笠回重庆时，曾到白公馆与周佛海晤谈五个小时，对周佛海担心的未来命运，戴笠答复说：

"你不必担心，委员长到相当时期必有办法，预计须到九、十月份。"

由于此前戴笠曾安慰周佛海，"时机一到，主座（蒋介石）必有办法"，而几个月过去迟迟不见动静，周佛海认为此乃戴笠的托词，所以对"九、十月份"持怀疑态度。后来周佛海等人果然在9月被送到南京，10月份公审。

作为犯人被关进看守所送上法庭公审，这个结果周佛海不是没想过，但他理所当然地认为落不到那一步，毕竟他为重庆方面做了不少工作，尤其为上海、南京的顺利接收立了大功，理应将功折罪。因而在重庆被"保护"期间，无论他本人还是家人，都对戴笠的种种做法表示不满。

当时，由于发现来往信件被检查，周佛海开始怀疑戴笠对他的"诚意"，并怀疑戴笠接杨淑慧到重庆并非为照顾他，而是为了调虎离山，便于调查他的家产。他在日记中说："余一向不治家，家中一切均淑慧主持，雨农知之，以为余家财产均在淑慧手中，恐其在沪分散藏匿，故接其至渝。"

这一点周佛海猜得不错，戴笠调开杨淑慧，正是为了调查其财产并防止藏匿，以便日后查收。如此第三大汉奸不可能因为他在穷途末路之际协助国民党做了些事情，就会让他保全汉奸逆产。戴笠允诺要"保护"他，这个"保护"与周佛海的理解显然有很大出入。

1946年3月中旬戴笠坠机身亡，周佛海闻讯后悲伤不已。无论如何，戴笠是唯一全部掌握他为国民政府所做一切的证人，特别是戴笠对他有"保护"的承诺，也是唯一能保护他们安全的人。

戴笠在年初便知九、十月份是周佛海等人的"相当时期"，对他们最终被送上法庭显然也是心中有数。至于他们的最后结局，显然也与戴笠在世与否有着直接关系，尤其对周佛海本人。

从4月初开始，陈公博、陈璧君、梅思平、林柏生、褚民谊等大汉奸陆续受审、判刑，继陈璧君于4月下旬被判处无期徒刑后，从5月到10月间，缪斌、陈公博、褚民谊、梅思平、林柏生等先后被枪决……

周佛海等人在重庆享受的是贵宾级待遇，除了行动受限制，其他一切自由，看报纸听广播必不可少，这些消息对他们来说无异于噩耗频传，对周佛海来说更是一日三惊。

9月16日五人被送往南京时，为防止发生意外，军统人员特地说明，由于军统局已改组为保密局迁往南京，周佛海等人也曾要求在国民政府还都后将他们迁往江南乡间，所以在南京附近乡下布置了住所，现在就将他们接到南京乡下。

起初周佛海半信半疑，但见服侍他们的勤杂人员全部同行，也就信以为真。当飞机降落在明故宫机场，周佛海在机舱门口看到多名武装警察列队站在机舱门两旁，机场周围亦布满岗哨，霎时如五雷轰顶。

他担忧的不仅仅是被公审，更有判决结果。他也曾想过最严重的后果，可他不相信，戴笠说过蒋介石"必有办法"，所以11月7日上午在南京高等法院，当他亲耳听到法庭以通谋敌国、图谋反抗本国罪对他宣判死刑时，登时吓得魂飞魄散。

倘若戴笠为周佛海出庭作证，后果应该大不相同，起码可直接免死，周也将最终明白戴笠所谓"保护"的真正含义。但是戴笠死了，周佛海以及其他一些被策反的汉奸所做的工作已无从查证，即使程克祥等潜伏特工愿意出庭作证，也难以构成完整的证据链，且人微言轻。

蹊跷的是，虽然杨淑慧的上诉、抗诉被先后驳回，已必死无疑的周佛海却迟迟未被执行死刑。事实上，周佛海到南京后，说起来是真正下了大狱，但他仍然享受着不同于其他犯人的优待，从这一点看他或许不会死。

虽说戴笠不在了，可时机一到，蒋介石还是有办法的，这个办法就是"特赦"。周佛海最终被减为无期徒刑。

从"鬼门关"走了一圈的周佛海又"还阳"了，欣喜若狂之际，甚至希望有朝一日东山再起，对赠诗庆贺的同案犯汉奸口吐狂言称：

"苟能恢复自由，誓必于余生中竭尽全力，对国家为人民为刍荛之贡献，以为朋侪出一口气，扬一扬眉也。"

只可惜，他并不知自己早已一只脚踏进了"鬼门关"，被"特赦"将满一年的时候，1948年2月28日他因心脏病瘐死狱中。

送走胡蝶，准备北飞

1945年9月22日，是梅乐斯回国的日子，也是戴笠深感失落的一天。

戴笠的失落，不仅因为与梅乐斯相处三年多彼此配合默契不舍对方离开，更由于与美国海军的新合作尚未有具体进展。而中美所结束在即，梅乐斯却因种种原因先行回国，这让他顿觉失去了倚靠，合作之事似乎也变得不确定起来。尽管梅乐斯曾就此事与美国海军第七舰队司令柯克接洽，并将戴笠介绍给柯克认识，然而柯克与梅乐斯不同，同样是美国人，梅乐斯对中国人起码对戴笠是一种平视、平等的态度，柯克则完全是一副居高临下的姿态，戴笠从心里感到很不舒服。

戴笠亲自前往机场为梅乐斯送行，亲眼看着他登上飞机舷梯。梅乐斯在机舱门口回过头挥手的镜头，永远定格在了戴笠的脑海里。

这天戴笠没有去白公馆，在周佛海最初到渝的这段日子里，这天是个例外。

他直接回了神仙洞公馆，那里有等候他的准太太——胡蝶。

胡蝶不喜欢这种名不正言不顺的关系，以往戴笠推说军统有家法，抗战不胜利不能结婚，不能带头坏了规矩；现在抗战胜利了，戴笠还是顾不上给她一个名分，所以一见面胡蝶就不无幽怨地问：

"以前，你一走就是几个月，现在胜利了，交通比以前方便了，你走得更频繁了，我们的事你到底怎么打算的？"

"很快就办，现在就安排你回上海。"戴笠赶紧赔着笑脸，安慰胡蝶说，"先送你回去，过段时间平津的事处理完了，就请月笙哥和季澧兄出面，帮你办理离婚手续，然后我们就可以名正言顺地结婚了。"

与胡蝶结婚，是戴笠梦寐以求、期盼已久的事情，如今一切将水到渠成，他却怎么也高兴不起来。什么原因呢？

在事业的顶峰时期他得到了胡蝶，他以为他会更上一层楼，以自己最好的状态迎娶胡蝶，让她过得光鲜体面，让她的后半生风风光光。不料计划不如变化快，美方援建海军陆战队之事尚未落到实处梅乐斯就被迫奉命离开，让他顿觉前景变得扑朔迷离，一旦失去美国这个后盾，他的未来显然不容乐观。可在事业的低谷迎娶胡蝶，他觉得委屈了胡蝶心有不甘，还要最后一搏，为自己为胡蝶搏一个最好的结局。

胡蝶并不知戴笠的工作状况，对戴笠让她自己回上海不无意外。

"你是说，让我自己回去？"

"是啊。你放心吧，一切我都安排好了。季澧夫妇会去机场接你，你暂时先住在他们家。"

胡蝶与徐来都是旧上海大名鼎鼎的电影明星，两人关系一向很好。让胡蝶暂住唐生明府上，一来不至于寂寞，二来戴笠也需要时间为胡蝶准备一个属于自己的家。

军统在上海抢占了不少日伪资产包括地产房产，戴笠可任意选择什么地方安家。但他深知蒋介石向来痛恨贪腐，那么容易就将吴绍澍拉下马也正因如此。收复区贪腐已呈不可控趋势，他可不想这个时候往枪口上撞。军统局抢占的资产再多，大不了"吐"出一些；作为他个人，确实需要考虑怎样才能避免授人以柄。

胡蝶倒是不在意暂时住哪里，但她希望能与戴笠同行。

"你三天两头飞上海，不能陪我一起去吗？"

"这边还有一些事要处理，现在上海的肃奸工作已经告一段落，广东和河北还毫无进展，那边的情况要复杂得多，不像上海南京完全在掌控之中……"工作上的事，戴笠不愿多说，他拉起胡蝶，话锋一转，"不说这些了，我陪你出去走走，难得今天天气这么好。"

"是难得你心情这么好。"胡蝶娇嗔地看着戴笠说。

"心情好？哈哈！"戴笠的笑声里不无自嘲。

胡蝶挽着戴笠的胳膊，两人一起走出了房间。

环顾院中景色，戴笠不无感慨：

"说是神仙洞里住神仙，真是可惜了，我们这俩神仙一起住在洞里的日子并不多，更多的时候，是你这一个神仙孤苦伶仃地打发时光。"

"别说得这么可怜。"

话虽如此，胡蝶眼里已经有了泪光，戴笠的细心让她很是感动。

其实胡蝶在重庆朋友并不少，只是她不愿以这种尴尬身份与友人相聚，戴笠也不想她这个时候抛头露面，这个昔日红极一时的影星，只能在重庆过着与世隔绝的隐居生活。好在没人打扰，寂寞中倒也自由自在。戴笠对她的家人也是照顾有加，比照顾余淑恒的母亲和弟弟妹妹更为周到，让胡蝶深感安慰。

几天后，戴笠将胡蝶送上了飞往上海的飞机。

10月初，戴笠也开始了抗战胜利后的第一次北飞。

北飞的最终目的地是北平，戴笠计划将平津两地汉奸聚集到北平，采取突然袭击行动一网打尽。但这个计划实施起来并不容易，华北作为日伪汉奸的老巢，情况更为复杂。

早在1944年前后，戴笠曾亲自指挥平津潜伏特务策反伪军头目，又在日本投降后第一时间，以蒋介石的名义致电并发表伪华北绥靖军总司令门致中为国民党华北先遣军总司令。但门致中显然不像周佛海那样横跨军政两界，在日伪汉奸中也没有那么高的地位，充其量只能对所辖伪军发号施令。

戴笠同时以蒋介石的名义发表伪华北绥靖军第八集团军司令王铁相为山东先遣军总指挥，但当伪华北绥靖军总部电台转发对王铁相的任命时，王部电台已无法接通。原来王铁相部已被八路军胶东部队全歼。

宋子文也曾通过军统电台致电北平伪华北政委会委员长王荫泰协助维持秩序，保护物资；军统平津特务组织也掌握一些被策反的及主动投靠的汉奸，但这些人中没有一个像周佛海那样有能力统领平津两地汉奸。也就是说，迄今为止，军统在平津没有找到一个可以作为内应的人。

由于平津情况复杂，两地汉奸、伪军并不甘心俯首就擒，仍以观望者居多，甚至不乏伺机抵抗蠢蠢欲动者。而且平津外围绥西冀东的八路军声势浩大，苏联红军也曾一度进到张北。这不能不令戴笠对平津地区肃奸工作小心翼翼。

在戴笠赴北平之前的9月下旬，国民党第九十二军（军长侯镜如）与第九十四军（军长牟廷芳）先后运抵北平、天津，门致中部改为华北先遣军第九路军，门任第九路军总司令，仍驻原地。美军亦于9月30日在天津登陆，并于10月上旬进驻北平。

但是戴笠北飞的第一站既非北平亦非天津，而是青岛。

第二十六章
平津肃奸，生命倒计时

一路奔波到天津

飞青岛既是戴笠本意也是受蒋介石指派，主要目的是会见柯克。

10月上旬，美海军第七舰队已在青岛登陆，第七舰队司令柯克也抵达青岛。为了促成与美国海军的合作，戴笠一到青岛便开始宴请柯克等人，一连数日亲自陪着吃喝游玩。

刚到任不久的军统青岛办事处主任梁若节，是以军统局军事专员名义派到青岛负责肃奸工作的，戴笠指定他负责与柯克及其他美国海军人员联络。柯克每周三（为避免与下属相遇特意避开周末）到青岛市里游乐，各种活动由梁若节安排。

柯克因此对戴笠极为赏识，傲慢之气也有所收敛，常在梁若节面前称赞戴笠为人爽快，做事有魄力。

在青岛，戴笠听取了青岛特别站关于华北大汉奸之间相互联系的报告。

青岛特别站站长刘承烈，抗战期间在天津参加华北人民自卫委员会，对平津两地大汉奸及相互关系较为了解。他的报告使戴笠对平津肃奸工作捋出一个清晰的脉络。

10月18日戴笠飞往天津。

平津保三角地带特务组织的头头脑脑都已聚集此地，全体到机场恭迎戴笠。戴笠站在机舱门口向下望去，在这一大群部属中，他第一眼看到的是结拜兄弟吴泰勋。

此时的吴泰勋亦可说是军统一分子，只是性质类似唐生明，属于"友情客串"；却又不同于唐生明被指派打入汪伪内部卧底，吴泰勋出任伪职却是另有原因。

"九一八"事变后，吴泰勋寄希望于张学良调动部队收复东北，却迟迟不见张学良有所行动，最终愤而辞职，并介绍曾给其父吴俊升当过副官的李万正、裴级三、吴安之等人加入特务处（军统前身）天津站，准备选择时机潜入东北建立情报站。

1939年，李万正、裴级三被捕叛变，成了日本人的高级特务，正在天津当寓公的吴泰勋被迫避居香港。

在香港住了一年多，吴泰勋见日本人并没有查抄他在平津两地的家产，就决定返回内地，不料刚到上海就被日本宪兵队逮捕了。好在被关押时间不长，汪伪特务头子李士群出面将他放了出来。无论被抓还是被放，吴泰勋都不清楚究竟为什么，或许因为他的特殊身份对东北军还有影响吧。

吴泰勋回到天津后，萌生了曲线救东北的念头。太平洋战争爆发后，他开始与汪伪政权频繁联系，并同时将情况报告戴笠。为掌握军队，他主动要求去河南的国统区策动其父旧部，尽管没有成功，汪伪政府还是在1944年6月任命他为少将参赞武官。有了官方身份，在建军不成的情况下，吴泰勋干脆在平津开设"交易所"，做起了投机生意，也算大捞了一把。

抗战胜利后，戴笠任命吴泰勋为军统局少将额外参议。虽然在平津没有找到像周佛海那样的内应，但以吴泰勋在平津两地的社交网络和社会关系，游说一个能将所有汉奸聚到一起的人物应该不成问题。

这个被游说对象，戴笠选定的是华北第一号经济汉奸、伪中国联合准备银行总裁汪时璟。

当天，戴笠住进吴泰勋在马场道七号的家中，开始向吴泰勋了解华北大汉奸的情况以及他本人与汪时璟的关系。

由于吴泰勋曾出任伪职并从事经济活动，与汪时璟也算有共同语言，加上平时关系不错，在与戴笠的密谈中，吴泰勋表示：

"这些人都在急着找出路，汪老头子求之不得呢！"

戴笠的想法是由汪时璟出面请客，将平津汉奸聚集到汪公馆，一网打尽。见吴泰勋说得如此轻松，戴笠说：

"现在这些人正在敏感时期，人心浮动，草木皆兵，就算汪老头子愿意配合，也未必能百分之百请到。"

吴泰勋这才觉得事情并不像他想得那么简单：

"怎么才能百分之百请到？"

"关键是不能走漏风声，从你本人到汪时璟，不得向任何人透漏你和他有过接触！你和他的接触更要秘密进行。"

"好！"吴泰勋想了一下，又问，"那么，把那些人请到之后呢？"

戴笠有点愕然地看看吴泰勋，然后笑了。

军统特工执行保密任务是不得刨根问底的，该你知道的必然会告诉你，多问则违反纪律。吴泰勋的任务只是游说汪时璟，将所有大汉奸请到汪府，接下来的事他和汪时璟都没必要知道。戴笠的笑，是自嘲的笑，因为吴泰勋不是军统特工，不懂军统规矩也在情理之中。

见戴笠笑，吴泰勋也笑了，他在笑自己的愚钝，因为"接下来的事"用脚趾头想想也能掰扯清楚。

戴笠白天并不在吴泰勋府上办公，而是借用睦南道六十一号张学铭的住宅会客和开会。在接下来的几天里以及到北平之后，都有吴泰勋陪同视察、走访，吴泰勋俨然成了戴笠的副官。

陪同戴笠北飞的随行人员，有军统局人事处处长龚仙舫，海外区区长兼英文秘书黄天迈，新任随从秘书程克祥，机要秘书楼兆蠡、毛钟新、金玉波（人民动员委员会负责人、杜月笙的门徒）以及警卫、电台人员等20余人。

戴笠在天津停留期间，首先注意考察渤海湾海口，能否在美国陆战队和九十四军配合下，确保天津稳定；其次部属特务网络，撤销了原军统潜伏组织，建立军统局天津站，统辖天津市各机关团体的军统特务，任命陈仙洲为天津站站长；与天津驻军第九十四军军长兼天津警备司令牟廷芳商量，任命陈仙洲为天津警备司令部稽查处处长；与天津党政军首脑协商，联合组成"天津区汉奸财产清查委员会"，实际由军统独揽大权。

当然，最主要最紧迫的任务，就是了解华北汉奸情况确定抓捕名单，掌握天津汉奸的行踪，采取措施防止他们外逃，同时部署驱策他们集中北平，一网打尽。

一周后，戴笠带领随从人员及聚集天津的平津保三地的军统干部，乘坐火车来到北平。

在北平，戴笠由派驻第十一战区任调查室主任的张家铨陪同，前往拜访第十一战区司令长官孙连仲与北平行营主任李宗仁，成立隶属于北平行营的平津肃奸委员会，任命北平办事处主任马汉三为肃奸委员会主任委员。

也就是说，平津肃奸工作由军统负全责，而由于戴笠亲自制订并实施抓捕方案，马汉三这个主任委员也就成了戴笠的小当差。

随着戴笠的到来，一张抓捕华北大汉奸的大网随即铺开。

北平宴客，一网打尽

1945年12月6日，冷清了好几个月的北平西单粉子胡同汪时璟的公馆前突然热闹起来，从下午开始便有小汽车陆续到来，至傍晚时分已是络绎不绝。只是与以前车水马龙冠盖如云的盛况不同，这些小汽车都不敢在汪公馆门前久停，都像做贼一样稍作停留，待主人一下车便仓皇开走躲到别处去了。

这些车的主人就是应汪时璟之约前来赴宴的各路大汉奸。

由于事先工作细致周密，汪时璟为立功赎罪积极配合，假戏真做未露丝毫破绽，那些汉奸们都相信汪时璟设宴是为了共商大计，毕竟汪时璟作为老牌汉奸还是值得他们信赖的。眼下大家都在急着寻求出路，都想聚在一起商讨一下对策，连久病未愈的伪中华民国临时政府首脑王克敏也硬撑着赶来了。

汪时璟面带微笑地招呼着每一位走进客厅的客人，看上去心情轻松，大家都以为有好消息。

晚宴在客厅里举行，丰盛的菜肴摆了十几桌。酒过三巡，气氛活跃起来，大家彼此敬酒，觥筹交错，有说有笑。

就在大家等着汪时璟宣布好消息的时候，戴笠身着戎装走进来。不用发话，早有眼尖的看到了他。尽管这些人大多与他素不相识，可戴笠这身戎装在这些便装大汉奸中实在太刺眼了。

他穿的并不是国民党将官军装，而是正宗美式军服，佩戴中将肩章。这是自1932年特务处成立至今，戴笠第一次穿军装，平时正规场合一律是中山服。

尽管最初看到戴笠的不过两三个人，可突然的噤若寒蝉立刻发生了连锁反应，所有人都把目光齐刷刷投向了门口，偌大的客厅里霎时变得鸦雀无声。

对这些汉奸来说，任何的风吹草动都会让他们变得如惊弓之鸟。在刹那间的惊愕之后，他们很快明白大事不好。再看客厅内外，不知何时已站满了荷枪实弹的便衣。

戴笠直接宣布：

"在座各位已经被捕了！你们的生活，我已奉命做好了安排。希望你们安心守法，听候国法之审理，家属不受株连……"

戴笠话音未落，只见客厅里一阵骚乱，原来久病难以支撑的王克敏受到惊吓，当场瘫倒晕了过去，一刻钟后才慢慢苏醒过来。王克敏入狱后病情加重，多次病危，狱方曾多次觅购特效药实施抢救，延至12月15日一命呜呼。外间有传王克敏系服毒自杀，据时在北平的军统"高干"文强回忆，"确知并无此事"。

与王克敏同时被捕的大汉奸还有王荫泰、齐燮元、王揖唐、曹汝霖、周作人等。汪时璟显然要受到不同于他人的优待。

按照汪本人的要求，戴笠将他与其他汉奸一起押往北平炮局子监狱，以免除出卖他人之嫌。12月16日，少将参议周济奉命将汪时璟与伪蒙疆联合自治政府首脑德王（德穆楚克栋鲁普）、李守信乘飞机送往重庆。

晋见蒋介石后，德王被送到兰州五泉山成吉思汗陵寝暂住，以备发动内战后相机送回内蒙古。李守信则被送往锦州，交给东北行营主任熊式辉，先后被任命为东北民众自卫军总司令、国民党第十路军总司令等职；内战爆发后，即受命到内蒙古东部地区招纳旧部，组织武装，配合国民党军队进攻解放区。

汪时璟则没有那么幸运，由于对打内战并无利用价值，他所能享受的待遇也只能与周佛海等人相同，生活上得到优厚照顾，最终仍逃脱不了被押往南京受审的命运。与周佛海相同的是，他同样逃脱了必死的命运，被判处无期徒刑；也同样很快病死狱中，只不过比周佛海多活了三年半而已。

除以上三人外，曹汝霖于2月15日被保释，理由是自五四运动之后，曹已有悔罪之心，长期在天津做愚公，不曾出任伪职。

受到特殊关照的还有吴泰勋的好友黄顺柏。黄是日本侵华派遣军总司令松井石根的翻译官，"八一三"淞沪会战期间随日军进入京沪，借日本人烧杀抢掠之机参与抢劫金银财宝，大发横财。然后悄然溜回天津，隐居租界干起了房地产生意。对这样的汉奸本应严惩，但在吴泰勋的劝说下，戴笠竟然将他放了。交换条件是由黄顺柏出钱，与杜月笙共建军统北洋保商银行。戴笠将金玉波带在身边，正是为军统与杜月笙开展经济方面的合作寻找机会。

戴笠到北平的另一个重要目的，则是护卫蒋介石。

蒋介石将视察北平，"驻跸"八天。这八天，将是对戴笠和军统的一个严峻考验。

就安全防卫来说，北平既不同于京沪，更不同于重庆。重庆的特务网层层铺设，对蒋介石的防护如铁桶一般；上海虽不能与重庆相比，却在战后很快部署了实力强大的特务网络，上海办事处机构之庞大甚至可以和重庆局本部相媲美，而且上海及周边都有军统的武装部队驻扎。

北平则不同，特务组织是刚刚恢复和建立起来的，可供驱使的主要干将都是刚刚调来或随从戴笠北飞而来，尤其让戴笠担心的是北平周边的局势。11月上旬刚刚结束的邯郸战役，国民党第十一战区正副司令长官马法五、高树勋（兼新编第八军军长）率三个军4.5万余人从新乡沿平汉线北进，进攻解放区，企图占领邯郸，打通平汉铁路，结果全军覆没，马法五被俘，高树勋率新八军火线起义，令北平城内国民党驻军一夕数惊，戴笠更是忧心忡忡。

不久，胡宗南的嫡系将领第三十四集团军总司令李文率部进据华北，控制了石保及平绥线，与天津呼应；兼之傅作义部迫近包头，阎锡山部攻占大同，北平外围方渐趋稳定。戴笠总算稍稍松了一口气，但仍不敢掉以轻心。

为了加强警卫力量，戴笠首先对北平警察局及所属刑警大队、北平警备司令部稽查处做了人事调整，然后秘密组建贴身警卫大队。其保密程度，连亲信干将都不得过问。

该大队共200多人，大队长是戴笠的黄埔六期同窗、老牌特务严家诰；学员均为受过美特教官训练的中美所所属重庆特警班学员。戴笠密调专机将他们运抵北平，与宪警配合，在绝密情况下进行特种技术演练。他本人更是亲自出马对学员进行警卫技术考核和思想考察，以避免从内部发生问题。

一切准备工作就绪，只等蒋介石登场了。

太和殿站岗

12月11日，蒋介石偕宋美龄从重庆飞抵北平，下榻交道口圆恩寺。随行的高级人员有国民政府参军长商震、军务局局长俞济时、总务局长陈希曾等人。

自打蒋介石一下飞机，贴身警卫大队便开始了贴身护卫，形影不离，戴笠更是时时在侧，一方面随时待命，一方面随时检查警卫工作。

在进驻圆恩寺尚未安排就绪之时，蒋介石忽然向俞济时问：

"戴科长在何处？"

不等俞济时答话，戴笠应声而出：

"报告校长，学生在此，一切都已安排妥当，请校长放心！"

蒋介石微笑着点点头，对戴笠的警卫工作表示满意。随后，戴笠将圆恩寺内外岗哨巡视一遍，便返回临时办公地点什锦花园（前吴佩孚公馆），开始通宵布置蒋介石在北平八天的警卫工作。

蒋介石一到北平，俞济时就将蒋介石在北平八天的活动日程表交给了戴笠。但是，八天的警卫工作怎么安排，他不能与任何人商量。在这个事情上，他不敢相信任何人。不仅仅是可靠不可靠的问题，还有说漏嘴的风险。即使对警卫大队长严家诰，他也是前一天晚上告诉他第二天的活动安排，并将自己的事先策划与他做一番探讨，然后让他去布置警戒。至于其他警宪头目，只能随时听候戴笠的调遣。

前三天的警卫比较好安排，蒋介石没有离开圆恩寺，只是发表了官样文章，"准许人民告密，陈疾苦，并设告密箱"；接见国民党高级官员李宗仁、孙连仲、熊式辉等。14日、15日分别在怀仁堂与北平党政军、社会各界人士及中外人士、久居天津的东北军在野将领、新闻记者等举行盛大茶话会。

让戴笠最头疼最紧张的是16日，这天蒋介石要在故宫太和殿召见全市大中学生并讲话。为了保证不出问题，戴笠和俞济时商量了一个晚上，决定从天安门到三大殿，布置三道警卫网。

第一道是外围网，由北平驻军中挑选一个营的兵力，担任最外围的警卫；

第二道是机动防护网，从北平警察局刑警大队挑选几十名身怀绝技的刑警，个个飞檐走壁轻功了得。他们着便装，隐藏在三大殿的楼顶墙头，秘密侦察，以防不测；

第三道是贴身警卫网，由严家诰率领的警卫大队分布在蒋介石周围，贴身警卫。对这200多名队员的指挥，理应由蒋介石的侍卫长石祖德负责，但是俞济时有些担心，他对戴笠说：

"石祖德忠勇有余，个人条件不理想。"

"此话怎讲？"戴笠一时没有明白俞济时的意思。

"体态臃肿，必然反应迟钝，万一有突发事件，说不定就误了大事。"

"这倒是，换谁合适呢？"说过之后，戴笠看一眼俞济时，"看来只有我自己顶上了？"

俞济时笑了，并不忘恭维说：

"有诸葛亮亲自挂帅，老头子一看便胆壮心安，万无一失了。"

但是，戴笠还有一点不放心，召集全市的大中学生，自然也少不了有市民夹杂其中，到时候太和殿肯定人头爆满，人多易生事，三道警卫网都在人群外，真闹事或许都来不及控制场面。

"不行，学生队伍中也需要有我们的人。"

"再加一道警卫？"

"对。"

最后决定，由军统北平办事处主任马汉三组织北平的全体特务，化装后混在学生和人群之中，三五一组，暗中联系，同时身藏暗器，以防不测。

12月16日，天气寒冷，北平的学生与民众却是热情高涨。被日伪统治了八年，值此抗战胜利之际，他们抱着对和平的憧憬涌进故宫太和殿广场……

站在昔日皇帝接受满朝文武跪拜的金銮殿前的平台上，俯瞰殿前广场上密密麻麻的学生与民众，蒋介石神采飞扬，操着浓重的江浙口音开始了演讲。

戴笠就站在台下不远的地方。自打到北平，从未穿过军装的他天天一身美式军服，唯独这天改穿中山服，外套呢大衣头戴黑灰色大礼帽，两手插进衣袋，各握一支马牌左轮手枪，警觉地注视着涌动的人群。俞济时就站在他的一旁。

蒋介石站在平台上，一眼就能看到他们。戴笠那顶灰黑色大礼帽，就像一个鲜明的标志，吸引着蒋介石的目光时不时在他头顶上停留。

正如俞济时所言，有戴笠现场指挥，蒋介石仿佛吃了定心丸，整个演讲过程轻松自如。演讲结束后，蒋介石对警卫工作十分满意，对所有参加警卫工作的特务传令有赏。

12月18日上午，终于送走了蒋介石和宋美龄一行，戴笠这才松了一口气。

彻夜未归，陈恭澍去了哪里

戴笠北飞的第三件事，是建立"东北新天地"。

在东北建立特务组织，是戴笠多年来的夙愿。自1932年特务处成立之后，他派遣过多批特务潜入东北，均被日本特高课破获。抗战胜利后，他的这一愿望更为紧迫。所谓"东北新天地"，就是要建立起覆盖整个东北的特务网络，配合国民党军队占领东北全境。

早在飞北平策划肃奸方案时，戴笠就有了一个派往东北组建办事处的人选，这个人就是落水汉奸陈恭澍。

抗战胜利后，被日伪关押在监狱里的沪一区书记齐庆斌、代理行动第一大队长刘原深等军统特工全部被释放。齐庆斌被派往北平任北平市警备司令部稽查处处长，后改任天津警察局副局长；刘原深被任命为淞沪警备总部稽查处浦东区稽查大队长。

落水的军统叛徒除王天木望风而逃外，其余大都被抓捕，1946年有26人被同日枪决。唯独一人例外，既没逃跑也没被抓，这个人就是陈恭澍！

陈恭澍不但没逃，而且堂而皇之地与唐生明等人来往！

戴笠对陈恭澍的任用从一开始就与众不同，历届特训班学员无一不是从情报员、行动员或者局本部内勤干起，唯独陈恭澍，从洪公祠特训班一毕业就被提到了北平站站长的职位，等于一步跨入了军统"高干"的行列；

尽管陈恭澍在北平曾弃职逃跑，可一年半后归来，戴笠也只是象征性地惩罚了一下就让他官复原职了，也仅仅是从北平换到了天津；

河内刺汪失败后，尽管将陈恭澍晾了一段时间，尽管对他已不够信任，戴笠最终还是派他出任沪一区区长，结果将整个沪一区赔了进去；

陈恭澍叛变后在伪政府报纸上连载《蓝衣社内幕》，曾让戴笠恨得咬牙切齿，可抓捕军统叛徒时，仍将陈恭澍排除在外。

戴笠一次次对陈恭澍宽容、忍让，一次次对他手下留情，重新重用，在军统所有下属中绝无仅有。

在上海指挥肃奸时，戴笠有一次去唐生明家中，与陈恭澍不期而遇。

对戴笠来说，去唐生明家跟进自己家差不多，既不用事先打招呼也不用通报，一步就迈进了客厅，一眼就看到了正与徐来和张素贞聊天的陈恭澍。

唐生明赴汪伪集团卧底之前，与陈恭澍并无交集；陈恭澍叛变后，两人成了伪政府中的同事；抗战胜利后，陈恭澍开始出入唐公馆，企图粉饰自己落水投敌的真面目。

在这种情况下偶遇戴笠，陈恭澍难免尴尬，适才还谈笑风生，霎时噤若寒蝉，客厅里的气氛一下子凝固了。

平心而论，他巴不得与戴笠握手寒暄，毕竟对方主宰着他的未来命运。但他自知已不够资格，从戴笠见到他之后鄙夷的神态看，即便他伸出手也是自讨没趣。

其实戴笠根本没有正眼看他，当时正忙着肃奸接收，还没来得及考虑怎么处置这个在他心中不同于其他人的军统叛徒。

仅仅是片刻的冷场，徐来与张素贞便都争相与戴笠寒暄起来，以避免陈恭澍过分尴尬。陈恭澍赶紧知趣地站起来告辞：

"戴先生，我先回去了。"

他并没有指望戴笠回应，戴笠却意外开口了：

"听说你已经人财两得了！"

虽然言语中带着讽刺，却也说明戴笠对陈恭澍一直是关注的，而此话也并非空穴来风。陈恭澍在汪伪集团中属于李士群派系，也就顺理成章地成了李家常客。李士群被毒杀后，陈恭澍出入李家比以往更加频繁，与李士群的太太叶吉卿往来密切。

后来陈恭澍再去唐家，徐来对他说：

"你们老板说你人财两得，你知道指的是谁吗？"

陈恭澍却揣着明白装糊涂，倒打一耙说：

"不知道他从什么地方听来的小报告，不谈正经事，专从这些小地方找毛病！"

对这种落水汉奸来说，有什么正经事可谈？而戴笠绝不是"从小地方找毛病"，他还不至于闲到关心陈恭澍的私生活，他关心的是李士群搜刮的万贯家财去了哪里！

陈恭澍却故意向徐来问：

"你倒是说说看，他指的到底是谁？"

"当然是叶吉卿啊！"徐来呵呵笑起来。

陈恭澍在回忆录中提到此事时说："如果说叶吉卿善意地帮我排忧解难，事实俱在，当然不容我否认。"只是会说的不如会听的，李士群已经去世，叶吉卿有什么能力帮他排忧解难？至于钱财，他只承认"李士群在世的时候，曾有形无形地资助过我"。

事实上戴笠不过敲打他几句，两天之后就给他下达了手令，指派他担任上海区第三站站长。虽然职务由区长降为了站长，显然他已躲过了蹲大牢的命运。

也就是说，戴笠并没有打算以汉奸罪对陈恭澍实施制裁，可见军统肃奸的权力之大，除了像周佛海、汪时璟、王克敏这样的大汉奸需要呈报蒋介石外，一般小汉奸的命运全凭戴笠定夺。不仅吴泰勋因与戴笠的结拜关系可以掩护好友，杜月笙也因此掩护了多名落水的杜门弟子。

而无论是出任伪职或依靠日伪从事经济活动的杜门弟子，还是军统、中统叛徒乃至其他投靠汪伪的汉奸，很多人都是脚踩两只船，一边为汪伪出力一边与重庆暗通款曲。军统被捕人员叛变后一旦恢复自由即与军统联络者也是大有人在，如被"七十六号"处死的南京区区长钱新民。钱是真叛变真投降，给军统造成了严重损失，被释放后又想将功折罪；王天木、陈恭澍则属于叛变后一条道走到黑。但相比王天木，陈恭澍更善于交游，抗战胜利后与原下属多有联系，粉饰自己为假投降，在回忆录中更是千方百计为自己脸上贴金，只是漏洞百出，难以自圆其说。

归根到底，陈恭澍的粉饰不过是为了给自己争一点面子，免得在昔日同僚下属面前过于尴尬。虽说特务工作是保密工作，可即使像钱新民真投降后真悔罪，也只有与重庆方面取得联系为重庆方面工作才可将功折罪。而陈恭澍从未与重庆方面有过联络，又何来假投降之说？何况《蓝衣社内幕》的发表已将他的真投降昭告天下。

不可否认的是，戴笠对陈恭澍的"偏爱"的确超过了一般部属，不治罪也就罢了，且又重新启用，虽说降了一级，却在组建东北办事处时又想到了陈恭澍，看来非给他恢复军统高层身份不可。

在北平肃奸过程中，戴笠曾在12月初回渝汇报平津抓捕汉奸方案及名单，遄返北平途中，在上海停留一日，特地指示上海区区长王新衡，通知陈恭澍即刻准备行装，翌日与他一起北上。

这次，陈恭澍让戴笠彻底对他失去信心。

陈恭澍已将家眷送回北平，就任站长后就住在站部——忆定盘路九十九号，即使临时有事外出，夜里也应回来睡觉。而这天不仅白天无人知其去向，晚上也是彻夜不归！

陈恭澍在回忆录中提到这件事，并未说明这天去了哪里。夜不归宿，可见非赌即嫖，甚或真的得到了好友李士群的太太叶吉卿。

直到第二天上飞机仍无陈恭澍的消息，戴笠被彻底激怒。

北平肃奸和护卫蒋介石，对戴笠来说是两场硬仗，直到送走蒋介石，他才腾出手来处理陈恭澍。

1946年1月下旬，戴笠下令上海区，以汉奸罪将陈恭澍送进了监狱。随后陈被判处有期徒刑12年。但因戴笠意外离世，陈恭澍在提篮桥监狱仅服刑一年半，就被郑介民与毛人凤释放，在中央训练团励志班培训一个月，即以上校大队长身份被送上了华北战场。

对陈恭澍彻底死心后，戴笠在北平宣布文强、陈旭东为军统东北办事处正副主任，对外则以东北行营督察处兼东北保安司令长官部督察处做掩护。东北办事处辖东北各省及热河，并首先在南满、北满、承德设立了情报站。

招待"当朝一品"

1946年1月下旬，戴笠再次飞往北平，部署对宋子文的警卫工作。

宋子文的北平之行，是为接收敌伪资产而来。

北平的接收工作较京沪杭的接收要混乱得多，在接收计划委员会派出接收大员进驻北平之前，率先进入北平的拥有交通工具的军事机关与前线部队包括北平行营、十一战区司令部等，便开始了大肆抢收，抢夺了大量现金、物资、设备、仓库和房产。军统虽未公开组织接收，却有特务捷足先登，勾结汉奸伪军抢夺敌伪资产据为己有。

而隶属于行政院的许多部门，则要求将一切涉及行政院范围内的接收划归行政院负责，不愿意受陆军总部接收计划委员会辖制。

于是，行政院院长宋子文呈请蒋介石批准，将行政院范围内的接收和处理工作划归行政院负责，即由行政院负责接收政治、经济等方面的日伪资产；陆军总部负责接收军事方面的日伪资产。

随后，行政院成立了"全国性事业接收委员会"，将全国划分为四个区，每区设立敌伪产业处理局，河北平津区的敌伪产业处理局设在北平，宋子文亲临北平，正是为了处理北平的接收事宜。

元月末，宋子文飞抵北平。戴笠派出警卫蒋介石的原班人马对宋子文实施暗中保护。

相比保护蒋介石，对宋子文的警卫工作轻松了许多，毕竟宋子文不参加公开活动，更不会到民众中去，所接触的都是北平党政军头头脑脑。戴笠所做的主要是对他生活方面的安排。

宋子文的行政院院长临时办事处设在海关，下榻何处戴笠颇费了一番心思。宋子文是洋派人物，下榻之所既要中西合璧，又要有休闲娱乐功能。考虑再三，戴笠选择了吴泰勋在北平的公馆。

吴公馆不仅场面气派，风格中西合璧，而且有中西餐厨师、豪华舞厅和舒适的客房，还有吴泰勋的年轻漂亮、善于应酬的小老婆。经常出入吴公馆的权贵名流皆称吴公馆为"香巢""安乐窝"。

为让宋子文住着舒心，玩着开心，吃着满意，戴笠又派英文秘书黄天迈陪宋子文住在吴公馆，以便有什么需要随时沟通。

宋子文在北平公干一周，正赶上1946年春节，戴笠在吴公馆举行盛大除夕舞会，到场者非富即贵，还特地请来不少名媛佳丽伴舞。

这一晚戴笠和宋子文玩得十分开心。舞会间隙，两人品着红酒，开怀畅谈。谈到军统的未来，戴笠不无感慨：

"多亏了你老兄拔刀相助，不然军统的半壁江山已经被撬了。"

所谓"军统的半壁江山"，即指军统的别动军。

抗战胜利后，从国共和平谈判到政治协商会议召开，"取消特务机关"的呼声从未停止，《双十协定》签订时，国民党已同意取缔特务机关。就在国共和谈结束不久，11月初，陈诚率先提出取消别动军的要求。他知道蒋介石蓄意发动内战，不会取消特务组织；但是他也知道，蒋介石对军统的五万多武装部队耿耿于怀，尤其这些部队都接受过美军严格训练，配备了最精良的美式装备。陈诚的要求正中蒋介石下怀。

11月7日，戴笠上呈一份报告，要求撤销交通巡察处，成立交通警察总局，统驭全国铁路、公路的警务系统，将军统的武装部队除留一部分改编为海军陆战队外，其余会同军统所属交通巡察总队、交通警备司令部所属各团等，合并改编为交通警察部队。

但是，戴笠的报告不能直接交到蒋介石手中，需要"走程序"——递交到侍从室第二处第六组，由第六组签批，然后递交军政部，由军政部酌情核呈。

侍二处六组负责情报工作，组长唐纵，所有部门情报都要经唐纵之手才能转呈。唐纵由戴笠举荐到侍从室工作，又是军统局帮办，照理应对军统的情报"网开

"一面"，起码在排序上向前提一下，其实非也。

正如沈醉所说，"唐担任六组组长后，在处理军统和其他特务机关的问题上是相当公正的"，绝不会偏袒军统。"当时唐是想尽量利用他的职位在各方面拉拢，绝不愿意露出他是站在戴笠方面的，并尽力讨好CC等派的头子，联络宪兵，巴结政学系……"

也就是说，戴笠的报告需要按部就班地向前走。

就报告内容而言，唐纵看后说，"彼能了解委员长之心理与适合委员长之需要"。显然，蒋介石发动内战，离不开交通运输的畅通与安全，戴笠的报告将使蒋介石面临的难题迎刃而解。

但即使到了军政部，还面临一道关卡——此时军政部部长正是陈诚！

时间不等人。与此同时，宋子文呈请调用别动军至秦皇岛、开滦之间护路。毕竟宋子贵为"当朝一品"（戴笠常在熟人或下属面前戏称宋子文为"当朝一品"），且理由充分，不仅蒋介石照准，陈诚也不得不就此闭嘴。

戴笠的危机又一次解除，但形势仍不容乐观，宋子文说：

"你那个合作要是不落到实处，这半壁江山还是很难保住。"

宋子文说的"那个合作"，就是美国海军援建海军陆战队的新合作。

"我正在督促柯克抓紧办。"

"对了，透漏你个秘密。"宋子文忽然压低声音说，"这是绝密，眼下还在秘而未宣阶段。"

见宋子文一脸的严肃，戴笠赶紧凑过去洗耳恭听。

"何敬之将被派往联合国任职。"

"到联合国任什么职？"戴笠一脸的惊愕。

"联合国安理会军事参谋团中国代表团团长兼中国驻美军事代表团团长。"

这个消息令戴笠目瞪口呆。

何应钦是蒋介石打天下时期的"第一功臣"，虽曾配合桂系逼宫，也曾是西安事变中的主战派，但此后多年追随蒋介石兢兢业业，也算"将功补过"了。而刚刚胜利就将其逐出权力中心，显然太过于小肚鸡肠，睚眦必报！

"参谋总长兼陆军总司令去联合国做一份闲职，可战争并没有停止，只不过换了对手！"

戴笠对蒋介石此举颇有些愤愤不平。他知道共产党军队的厉害，认为蒋介石将何应钦撤职外派无异于自挖墙脚。

后来的事实证明，蒋介石不仅搬开了何应钦，诸如白崇禧等反对过他的非嫡系将领，似乎均被任命一个位高无权的职位而投闲置散。

"这下陈辞修满意了。"戴笠的语气里不无揶揄。

"陈辞修想扳倒的远不止一个何敬之。"

"这倒是，本人早有领教。"

其实，陈诚的对手不仅有何应钦、戴笠，还有胡宗南、汤恩伯，甚至宋子文。陈诚联合孔祥熙倒宋，宋子文心知肚明。

"任命公布之后，你早点去见何敬之，请他在美国协助斡旋。"

"好！"

无论如何，何应钦"被逐"都让戴笠有种兔死狐悲之感，看来蒋介石要急不可待地卸磨杀驴了！倘若不是有中美所的成功先例，有与美国海军新的合作项目在洽谈，军统的武装部队恐怕早已不复存在了。

送别洋大人，后院起波澜

2月3日是大年初二，从下午开始，北平东四弓弦胡同十四号便人来车往，络绎不绝。戴笠也早早出现在大厅里，为迎接一位重要客人做准备。

这位重要客人就是美国海军第七舰队司令柯克上将。

早在戴笠到青岛见柯克时，柯克就曾告诉他，自己不久将回国述职，定为援建海军陆战队一事尽力说项。为此，趁春节休假之际，戴笠特地邀柯克到北平游玩。

对这位洋大人，戴笠的招待方式既不同于招待普通客人的中式宴席，亦不同于招待洋派宋子文的除夕舞会，而是举办洋人所热衷的鸡尾酒会。

为讨这位洋大人欢心，戴笠不仅自己身着美式戎装，还要求部属们一律换上美式军服，佩戴军阶、勋标。按戴笠的设想，一旦海军陆战队正式组建，将全部着美式军装，配备最新美式装备。

有洋人做依靠，蒋介石对戴笠自然会手下留情，毕竟海军是国军的短板；而蒋介石挑起内战的依靠，就是美国人的军事援助。从柯克本人来说，则想利用戴笠控制中国海军大权，使中国海军成为美国的附庸。

鸡尾酒会由戴笠的得力干将马汉三、黄天迈等人亲自监督操办。原定下午六时开始，军统方面人员与所请客人、舞伴等均在五点半之前已经到场。

六时许，酒会主宾仍未出现。

按照鸡尾酒会的仪节，被邀请的客人可以随到随吃，但中方除了军统人员外，其他客人皆为作陪而来，自然不能抢了主宾的风头，只好在宴会厅里恭候这位洋大人。

这时等候在门外的副官进来通报，戴笠立即带着一大群部属迎出门外。待轿车停稳，戴笠正要亲自上前迎接，不料车门打开，下来的却是一位挂着金闪闪绶带的上尉副官！

洋副官神气活现地告知戴笠等人，他要去接柯克上将。

过了一个小时，柯克终于来了，宴会厅里顿时响起一片热烈的掌声。做过介绍之后，戴笠举杯为柯克敬酒，并致欢迎词，酒会正式开始。在悠扬的音乐声中，戴笠端着酒杯，与柯克随走随吃随聊。黄天迈跟在两人身后，不时为两人充当着中英文翻译。

接着，柯克又跳了两圈舞，然后说另有约会，匆匆告辞，一共待了不到一个小时。

为筹备这个酒会，马汉三等人春节前便开始忙活了，准备酒品、食品，布置宴会厅，挑选前来捧场的客人和舞伴等等，结果主角倒像是来客串一般。虽说北平亦有美军驻扎，又值春节，柯克另有约会可以理解，可为这个酒会戴笠早就和他定了这个时间！

将柯克送出大门外，看着他上车离去，戴笠才不满地嘟哝一句：

"来得迟，去得快，是什么作风！"

牢骚归牢骚，第二天，戴笠仍照原计划陪着柯克畅游北平，当然少不了名媛佳丽陪游，这一陪就是一周，游遍了北平的名胜古迹。

一周后送走柯克，戴笠返回重庆。他心里盘算着时间，待柯克回国述职之后，何应钦也该启程去美国了，两人里应外合，援建海军陆战队一事应该就敲定了。

不过，戴笠高兴得太早了。在一个月之后（1946年3月）美国总统杜鲁门向国会正式提出"战后海军助华法案"时，国会认为抗战已经结束，没必要再与中国开展新的合作，仅同意以少量护航舰、驱逐舰（包括已登陆中国的军舰）协助中国。

也就是说，美国海军对军统援建海军陆战队一事，被国会否决了。

即使戴笠至死都没有得到这个消息，形势对他来说也已经十分紧迫。随着1月31日政治协商会议的闭幕，戴笠的死对头三陈（陈果夫、陈立夫、陈诚）为"取消特务机关"的呼声推波助澜，加大对军统的攻击力度；而戴笠信任的军统局帮办唐纵，也凭借多年在蒋介石身边工作的便利，干起了挖墙脚的勾当，使戴笠本人的去向也变得微妙起来。

戴笠刚一回到重庆，毛人凤便来到了曾家岩公馆。

自从1944年戴笠升为军统局局长、郑介民由主任秘书升为副局长，毛人凤这个代主任秘书就从此去掉了"代"字，成为军统名副其实的内当家。

毛人凤一向沉得住气，如此急如星火地赶来，一定有什么大事。尽管有思想准备，毛人凤说出的话还是超出了戴笠的想象范围。

"唐乃键将出任内政部次长。"

话音未落，戴笠手里的杯子已经掉到地上，"砰"的一声碎了，热水洒了一地。他本人也颓然地跌坐在椅子上，重重地说了一句：

"真是人心隔肚皮！"

原来早在1月18日，蒋介石便在黄山官邸召见戴笠，要求他本人拿出一套具体方案，即在取消军统局后，挂靠其他系统另设一机关，他不负责，但实际控制该机关。说到底，就是名义上取消军统局，实际是改头换面之后冠以其他名目出现，仍履行军统局职责。第二天，戴笠便约来毛人凤、潘其武、李肖白等军统局"高干"和军统局帮办唐纵，商谈改组方案。

由于在《双十协定》签订后，蒋介石就秘密指示戴笠，将军统局撤销后化整为零，让他早作部署。戴笠提出成立交通警察总署的设想，只是解决军统武装部队除海军陆战队以外的另一个去向；而军统局本部及遍布各地及海外的军统组织将如何安排，戴笠考虑了几个出路。

第一，改组国防部二厅谍参系统，将军统局所属军事情报业务单位包括派在国民党军队中的谍报参谋，全部划归该系统，借机合法化地控制该系统。

第二，将内政部警政司扩编为全国性的警察总署，这是合法化安置人员最多的一个去向，除安排军统局原主管的警察行政业务方面人员外，可以最大限度安置军统内勤人员，以便全部控制警察方面的行政、人事乃至教育。

将这两个设想说出后，大家都认为可行，可以作为军统化整为零的去向。

由于内政部警察总署是主要分流去向，戴笠需要亲自在内政部任职才可掌控该机构。经过商量，大家认为戴笠应出任内政部次长。这其实正是戴笠的想法，而且他已经想好了内政部警察署长人选，直接宣布："警察署长就劳烦乃键兄兼任吧。"在大家无异议的情况下，该方案很快形成文字呈报。

其实戴笠保荐唐纵也是为了买好唐纵本人，这将是唐纵首次出任某一方面主管官，对他来说远比内政部次长重要，可他为什么偏偏看上了内政部次长？既如此，何必当面一套背后一套呢？与戴笠相比，他毕竟是近水楼台！

"这个内政部次长当不当倒不重要。"戴笠显然非常生气，"重要的是，唐乃键不该背后挖墙脚！"

毛人凤对戴笠的脾气秉性了如指掌，的确，这个次长他可以不干，面子却不能不要。偏偏唐纵作为下属直接打了他的脸，让他吃了个烧鸡大窝脖。如此爱面子的一个人，接下来让他如何面对这个多年的下属？

事已至此，毛人凤只好婉言相劝：

"唐乃键正在蹿红，各方面关系都摆得四平八稳，这事就算了吧。"

"不算了怎么办？"戴笠无可奈何地摇摇头。

这倒让毛人凤有些意外，这么大的事戴笠竟然这么快就接受了。在军统的下属中，也只有唐纵像软棉花团，戴笠就像一把斧子，砸上去完全没有脾气。

接着谈起军统首脑机关的去向，戴笠说：

"我有个初步想法，就是在司法行政院之下设立一个调查室，以此为掩护，作为军统局机关首脑部分，统领军统各部。"

两人就此事商量了一些细节问题，然后由毛人凤起草报告呈报蒋介石。

后来因中统局争夺，该计划未能落实。戴笠离世后，军统局机关改为了国防部保密局。

其他化整为零方案，除海军陆战队因美国国会未通过此方案而搁浅，其他均按戴笠的设想得以落实。

上海"诀别"华妹

继国共和谈与政治协商会议之后，3月1日，国民党六届二中全会将在重庆召开，并预定该会议闭幕后，于3月下旬召开国民参政会四届二次会议，以贯彻六届二中全会的决议。毫无疑问，接连召开的两大会议将与军统命运直接相关，那就是加速军统局的分化解体。

即将召开的会议仿佛成了戴笠的催命符，他已不愿在重庆多做停留。当然这些会议本身与他并无关系，继1月中美特种技术合作所关闭之后，军统局本部的工作也面临结束，戴笠的工作重心早已转向华东、华北乃至东北等地。

2月20日，戴笠飞往上海，仍下榻唐生明公馆。翌日，蒋介石也来到上海。也就是在这天，戴笠觉得应该由蒋介石给唐生明一个说法。于是当着唐生明的面，亲笔写了一份报告，请求蒋介石接见唐生明。还好，蒋介石总算给面子，当即批准，第二天晚上便由戴笠陪同去了蒋介石在上海的寓所。为奖励唐生明在沦陷区抗日有功，蒋介石发给唐生明特别经费200万元。

要知道，周佛海一次就划拨300亿伪储备票给唐生明，名曰碰头会经费，可在戴笠赴沪前的短短几天内碰头会能开几次？相比之下这区区200万，实在是九牛一毛！难怪唐生明说蒋介石的奖赏，让他感到"啼笑皆非"，"只能买到几两黄金。不过从他当时给上海市警察局100万元的犒赏费来看，这还是很大的手笔"。

这一天是2月22日，戴笠已经开始了生命的倒计时，他本人也仿佛在不知不觉中料理着"后事"。尽管只有200万元奖赏和一些貌似关心的客套话，戴笠对邀请唐生明卧底一事总算有了交代。

此时胡蝶就住在唐生明家中，尽管戴笠心事重重，在胡蝶面前却从不谈自己面临的困境，正如在唐生明面前总是展现他春风得意的一面一样。

金屋藏娇近三年，他的确也该给胡蝶一个交代了。离沪前，他与杜月笙商量好，下次回来即为胡蝶办理离婚手续。但离沪前的最后一天晚上他没回唐公馆，而是去了陈华的住所。

其实胜利后第一次到上海，戴笠就首先去见了陈华。香港沦陷后，陈华因戴笠的关系被捕入狱。戴笠虽有耳闻却不知详情，急着想听到陈华亲口讲述那段经历。

珍珠港事变后，正是陈华在香港协助杜月笙的夫人姚玉兰营救与杜门相关的所有人的。她陪伴姚玉兰死守柯士甸道住所，使之成为杜氏门人危难时刻的联络中心，直到徐采丞的专轮驶来，将杜氏门人与相关的各界知名人士陆续送离香港，辗转抵达重庆。

但陈华没打算离开，最后送走姚玉兰后，她正想喘口气休息几天，会会朋友搓搓麻将，不料日本宪兵找上门来，劈头就问：

"你叫陈华？"

"不错！"

陈华的回答十分干脆，她虽然帮戴笠做过不少事，与军统很多人熟悉，可她毕竟不是军统的人，没有接受过特工训练，只是凭着本来直率的个性甚至带点女侠的豪气，直接回答日本人的问话。接着她被推上汽车，押进了香港日本宪兵队。在宪兵队的回答也是十分干脆：

"你是不是蓝衣社的人？"

"不是。"

"蓝衣社有多少人在香港？"

"不知道。"

"你认不认识蓝衣社的人？"

"认得一个。"

"谁？"

"戴笠。"

事实上，军统从没有"蓝衣社"这一名称。"九一八"事变之后戴笠创建特务组织，最初称"密查组"，即为"十人团"；1932年4月正式成立复兴社"特务处"，时为秘密组织；同年军事委员会调查统计局成立，特务处有了公开身份——调查统计局"第二处"；1938年特务处扩大并晋升为军事委员会调查统计局，简称"军统局"。

由于特务处早期的神秘性，亦主要开展对日军情报活动，在上海一带被称为"蓝衣社"，也成为日伪组织对军统的专用称谓。

陈华据实回答，却回答得非常明智，因为戴笠是日本宪兵恨得咬牙切齿而又看不到抓不住的人。但为这四句回答，她挨了那个日本宪兵四记耳光，每一记都打得她眼冒金星嘴角流血。接着再换一个日本宪兵，问完再换。直到所有宪兵都问过，她回答的仍是那几句话，也因此挨遍宪兵队所有人的耳光。

尽管问不出什么，日本人仍将她作为要犯，用专机押到广州。

在广州，负责陈华一案的是一位叫花田的日本中尉。花田的招数更绝，连问案都省略了，直接一通拳打脚踢，直打得陈华遍体鳞伤。他以为这个下马威会让陈华开口，不料陈华反而闭口"绝食"了！

当时日本宪兵以为凭陈华与戴笠的关系，可以将沦陷区的蓝衣社组织一网打尽。所以花田担心陈华绝食身亡，只得逼迫她吃饭，逼迫的方法仍然是拳脚，一边打一边问："吃不吃？招不招？"

陈华被打得死去活来，加上连日来粒米未进，虚弱得连哭喊的力气都没有了，更遑论回答花田的拷问，只是随着他的拳打脚踢在地上滚来滚去。

从中午断断续续打到下午四五点，花田打累了，一把抓住陈华的头发将她从地上拎起来，再次喝问：

"我最后问你一句，你到底吃不吃？招不招？"

这次陈华终于开口了，她也斜着眼看一下花田，有气无力地挤出一句：

"你打得累不累呀？"

不料，花田竟"扑哧"一声笑了。这一笑，陈华的待遇从此改变——花田由暴力改用"怀柔"了！

陈华被带进军官餐厅，大鱼大肉摆了一桌子。花田还在担心陈华会不会继续绝食的时候，陈华早已狼吞虎咽吃起来。她哪里是绝食？黑乎乎脏兮兮的囚食，她看一眼都想吐，哪里咽得下！后来陈华在回忆录中说：

"至今想想当年的日本宪兵也真笨，偏偏想不透我是养尊处优，天天山珍海味吃惯了。我不是不吃东西，而是味道不好宁可不吃。"

吃完饭，陈华提出买几件换洗衣服和生活用品。花田自掏腰包，七拼八凑凑了一百港纸，带陈华上街。见他如此寒酸，陈华告诉他说：

"在香港，在上海，我的钱都大大的有，只要你们把我放出去，我马上还你。"

买了大包小包的东西后，手头还有不少钱，当时荔枝刚刚上市，陈华把剩下的钱全部买了荔枝。花田搞不明白了：

"买这么多荔枝做什么？你想光吃荔枝呀？"

"不是，到你们队好几天了，队上的人打也打熟了，买点荔枝请请他们，做个顺水人情，以后下手可以轻一点。"

但是，花田的"怀柔政策"仍然没有收获，日本宪兵队决定将陈华押解上海。上海是陈华的"老巢"，蓝衣社在上海的潜伏人员她不会不知道。

到上海后，陈华仍被关在日本宪兵队。正是由于上海是陈华的"老巢"，各方面亲朋好友实在太多，日本人又实行"怀柔政策"，陈华被关押在宪兵队的消息不胫而走，结果前来探监的访客川流不息，囚室里整日都是欢声笑语，各种吃的穿的源源不断地送进来，陈华自己吃用不完，就都送了难友，反倒在狱中成了大善人。

到1942年年底，日本宪兵队已摸清陈华的底细，不过前有一个杨虎，后有一个戴笠，这两人都远在重庆。而军统在上海的地下组织早已被汪伪破坏，日本宪兵队便"宽宏大量"，让陈华交保，然后开释，不久又撤了监视网，陈华最终恢复了自由。

陈华在回忆中说："两年多来平静的心里只有两件事，其一是抗战早日胜利，其二是戴笠翩然归来。"可见她对戴笠的感情有多深，尽管名义上她仍是杨虎的太太。

戴笠对陈华的感情亦是非同一般，或许是长期的默契使他们彼此成为亲人，亲近到可以在对方面前原形毕露，可以随心所欲，可以将对方变为不良情绪的发泄对象。而戴笠对胡蝶却总是展示光鲜靓丽的一面，从不把工作中的烦恼向她倾诉。

戴笠此次来到陈华的寓所，正是为了排解心中压力。在将自己的处境告诉陈华后，他又郑重地说：

"华妹，老头子（蒋介石）若不要我，我就去死。"

正是这句话，让陈华在戴笠离开后一直惴惴不安。

蒋介石的"催命符"

戴笠这次北飞有两项重要任务：一是查处军统人员在肃奸与接收中的贪腐行为；二是完善华北、东北特务组织并督导对中共的情报工作。正如许多人所说，戴笠能揣摩蒋介石的心思；戴笠要做的这两项工作，正是蒋介石所需。

战后国民党在各沦陷区的接收已达历年来贪腐之最，深受舆论诟病，蒋介石既然无力惩治腐败，总要抓几个倒霉蛋出来应对舆论压力。戴笠既要取悦于蒋介石，首先就要管好自己的人。对军统立有大功的魏大铭到上海后，私自接收了敌伪房屋，戴笠接到举报后经查证属实，将魏大铭扣押。直到戴笠死后魏大铭才被释放。对于平津特务私自接收敌伪资产，戴笠也早有耳闻，只是一时没有腾出手来采取措施。

同时，戴笠也清楚，虽然经"三人军事小组"调停，国共于1月10日签订停战协议，于1月13日夜12时停止军事行动，但蒋介石正是借此机会调动军队，抢占战略要地，准备向解放区发动全面进攻。而"用兵必须审其虚实而趋其危"，情报是决定战争胜负的关键，布置一张强大的军事情报网络，就等于吊住了蒋介石的胃口。

总之，戴笠的策略就是在新形势下增强实力，使蒋介石不至于卸磨杀驴，起码看到他拉的这盘磨还大有用场。

然而，尽管他一到北平便马不停蹄地召见马汉三、文强、陈旭东等北平及东北办事处负责人，听取工作汇报，安排下一步工作，但局势的变化还是让他措手不及，再也无法全身心地投入到原计划的工作中。

首先是3月1日传来一个好消息，中国交通警察总局宣布成立，辖18个交警总队6.4万人，以吉章简为总局长，戴笠保荐的原忠义救国军总指挥马志超、原别动军司令兼中美所参谋长徐志道为副总局长。也就是说，军统的大部武装部队去向已落实；接下来，只要军统的首脑机关能够操控这些部队便可万事大吉！

不料，接踵而来的却是当头一棒：蒋介石电令戴笠立即返回重庆，参加八人小组会议，讨论军统局的改组问题。

在军统化整为零去向尚未完全落实的情况下开会，明摆着是让戴笠措手不及！再看八人小组名单和排列顺序，更让戴笠火冒三丈：宣铁吾、陈焯、李士珍、黄珍吾、叶秀峰、戴笠、郑介民、唐纵——明明是军统改组，却把戴笠放在了局外人的后面！

在这八人中，有四人来自特务组织，除军统三人外，另一人是来自中统的叶秀峰。中统是戴笠多年的劲敌，眼下也在被"取消"之列，叶秀峰在八人小组中势单力薄，对戴笠暂时构不成威胁。

戴笠的威胁来自前四位，前四位都是警界大亨，其中主要是与戴笠争夺警政大权十多年的李士珍。

李士珍也是浙江（浙江宁海）人，出生于1896年，虽仅比戴笠年长一岁，资格却远在戴笠之上，不仅是黄埔二期的老大哥，而且曾赴日本警察大学深造，并赴欧美考察警政。正因这个经历，1936年4月就任高等警官学校校长后，很想大干一场，即向蒋介石建议，将高等警官学校改为中央警官学校。

时隔不到半年，1936年9月中央警官学校正式成立，蒋介石亲任校长，李士珍任教育长，同时宣布兼并浙江警官学校。

浙江警校是戴笠的天下，在其兼任警校政治特派员最初的一两年中，便将从校长、教务主任，到训练处主任、各队队长、政治指导员等，全部调换或吸收为特务处人员，将浙江警校变为了特务处的特工培训学校。如今合并到中央警校，戴笠又喜又忧，喜的是特务处的特工培训学校升了一个档次，忧的是中央警校的半壁江山已被李士珍坐定，而他还不曾有一个名分！

当然，他要的不仅仅是名分，更重要的是实权。

他呈请蒋介石在中央警校设立"校务委员会"，作为校长蒋介石特派的上层机构。当时戴笠正得蒋介石宠信，这个建议很快被批准。而蒋介石之下的校委会，显然是凌驾于教育长之上的。尽管教育长李士珍也是委员会成员之一，但戴笠在浙江警校的主要干将赵龙文、郦裕坤等人都在其中，这个委员会的负责人也正是戴笠——主任委员！

如此一来，戴笠成了凌驾于教育长之上的实权人物。他利用校务委员会，很快将特务处的人分派到政训处长、总队长等重要岗位上。李士珍手下无干将，空有资格、资历，只能眼睁睁看着戴笠将中央警校把控手中。

戴笠还指使赵龙文、郦裕坤召集对警察学理论有研究的人，成立了一个"中国警察学会"，在全国警界网罗人才，让李士珍这个有着警政教育背景的专业人才恨得牙根疼，也只能打掉牙齿往肚子里咽，谁让他势单力薄呢！

有道是君子报仇十年不晚，也是十年河东十年河西。十年后，如日中天的戴笠盛极而衰，隐忍十年的李士珍也建立了自己的人脉网络。他要借助这张网络将全国警界收入囊中！

在数日前唐纵打来的电报中，戴笠已得知李士珍通过其后台老板戴季陶，将一份"战后建警计划"递到蒋介石手中，并由戴季陶力荐，由李士珍执掌战后建警大权。戴笠与戴季陶虽早在上海交易所时期便有往来，但在追随蒋介石之后，因戴季陶一度失宠于蒋，戴笠便与戴季陶渐行渐远；且戴季陶一直任考试院院长，与军统素无工作交集，两人便断了往来。

李士珍这一举措令戴笠倍感惶恐，在他看来，这已经不是在抢军统的饭碗，而是要吃掉军统，砸掉他的饭碗！

当然，仅凭戴季陶的举荐尚不能对戴笠构成威胁，关键是李士珍的"盟友"宣铁吾乃至黄珍吾！

宣铁吾是黄埔一期老大哥，不仅两度出任蒋介石的侍卫长，而且与蒋经国称兄道弟多年，是名副其实的莫逆之交，又时任上海警察局局长，风头正劲。

黄珍吾也是黄埔一期老大哥，且是郑介民的同乡，原先与戴笠关系也不错，戴笠曾在抗战爆发后保荐他担任别动队副总队长。但后来黄珍吾走了陈仪的路子，先后任福建省保安副司令兼保安处处长、福建"剿匪"司令官；又走了蒋经国的路子，任职三民主义青年团，后任青年军二〇八师中将师长。抗战胜利后，青年军整编复员，黄珍吾由宣铁吾、李士珍联手保荐，蒋经国暗中施以援手，夺得首都警察厅厅长之职。至此，黄珍吾完全成了宣铁吾、李士珍一派的人。

如此三位警界重量级人物纠集在一起，其来势汹汹可想而知！

蒋介石十万火急的催归电报是由毛人凤转发的，在电报后面，毛人凤特别标注称："李、宣等在捣鬼，谨防端锅。"

李、宣、黄等人的确是戴笠的强硬对手，可是仅凭他们几人"捣鬼"，真的能将军统端锅吗？

他们强得过三陈（陈果夫、陈立夫、陈诚）吗？强得过皇亲国戚孔祥熙吗？"三陈"加"一孔"都没有扳倒戴笠，更何况早已成为戴笠手下败将的李士珍，尽管他与宣铁吾、黄珍吾结盟！

那么，戴笠怕他们什么？

归根到底，是怕他们身后站着的那个人，那个以往一直站在戴笠身后的人。

倘若没有蒋介石的默许，李、宣、黄三人是捣不了什么鬼的，即使捣鬼也难以得逞。怕的是蒋介石醉翁之意不在酒，蒋介石若假三人之手卸磨杀驴，戴笠的好日子就到头了！

这封电报让戴笠心急如焚，寝食难安。

他也曾想过效法蒋介石，蒋先后两次下野（第三次下野在1949年元月），每一次都使他摆脱困境，甩掉一批"政敌"，归来之后神清气爽，面对全新的局面。可以退为进这个想法萌生多时，不到万不得已他实在不愿走这条路。

毕竟，他的处境不同于蒋介石，他一旦离开，辛辛苦苦带出来的十余万人的队伍等于拱手让人！就算归来，庞大的军统局已被肢解各有归属，他还能得到统领这支队伍的权力吗？

可事到如今，除了退出，他还有其他路可走吗？

都说退一步海阔天空，即使没有海阔天空，与其等着被人下套勒住脖子，也不如自己早点把脑袋收回来。

何况，他手里有两张王牌！

第一张，反共坚决的戴笠最能理解蒋介石，双十协定和停战协定不过是缓兵之计，内战打起来，特务工作的重要性便即刻凸显出来，放眼整个国民党从事过特务情报工作的，无一人可与戴笠相提并论。

第二张，蒋介石要打内战，就要依靠美国的军事援助，与美国有过成功合作经验的军事团体唯有军统，虽然美国海军援建军统组建海军陆战队一事杳无音讯，其他军援同样可以谈。毕竟戴笠在美国海军方面威望很高，甚至连前美国总统罗斯福都在开罗会议期间，向蒋介石提出见一下这位被传得神乎其神的军统掌门人。

凭借这两张王牌，戴笠决定以出国考察为由，自请赴美国一游，一方面避开风头，一方面借机与美国海军拉拉关系，纵使蒋介石电召，也绝不轻易回国，一定要借机抬高身价，不在这场较量中大获全胜绝不归来。

复电：讵料煮豆燃萁

做好了赴美考察的思想准备，戴笠开始安排"后事"，以便归来接手时能最大限度保持军统局原有队伍的完整。

首先要做的是给蒋介石回电，推延返渝时间。

当时东北办事处主任文强从锦州返回北平，戴笠命随行的人事处处长龚仙舫打电话召文强到什锦花园密谈。当时已是晚上，文强直接来到戴笠办公的房间。

戴笠如此信任文强，主要在于文强丰富的工作经历。文强虽然比戴笠年轻了整整十岁，却毕业于黄埔第四期，比戴笠早了两期，在校期间加入中国共产党，入党介绍人是周恩来，而他不仅当过林彪的班长，还追随朱德参加过南昌起义。后来他因受到上司不公正对待愤而出走，去找周恩来反映情况，结果不仅没找到周恩来，反而造成他本人自动脱党。在种种机缘巧合之下，他加入了特务处。

戴笠向来反共，却欣赏共产党人的工作作风，对加入特务处的文强特别赏识，抗战中曾先后委任他为忠义救国军政治部主任、上海统一委员会策反委员会主任委员、军统局华北办事处少将处长、中美所第三特训班副主任、北方区区长等。抗战胜利后，又将打入东北的重任交给文强，每次到北平都会电召文强，一同研究东北地区的工作，在北平遇到什么问题，也习惯听听他的意见。

见文强如约而至，戴笠就将那封亲译的加密电报交给他。看过电报，文强知道形势对军统对戴笠都十分严峻，唯有以退为进，耐心等待，方能挽回败局。

文强的想法与戴笠不谋而合，戴笠无可奈何地表示：

"看来也只有暂时隐退了。观涛兄，你为我拟定一封复电，说我在平津沪宁的肃奸案件尚未结束，事关重大，不能耽搁，请容我延缓半月再回渝报到。"

说完，他忽然情绪有些激动，回过头问文强：

"观涛兄，曹植被曹丕逼迫七步成诗，那首诗你还记得吗？"

"记得。"文强随即背诵了曹植的七步诗，"煮豆燃豆萁，豆在釜中泣。本是同根生，相煎何太急。"

"好！"戴笠双手一拍从沙发上站起来，"你在电文中写上最后两句，要让他们知道，我在外辛苦奔波，一心为校长解忧，他们却在背后算计我，要端我的锅。大战在即，还要同室操戈，实在欺人太甚！"

其实，戴笠真正想要说的，是要蒋介石念他在接收、肃奸中所做的贡献，放他一马；是要蒋介石知道，大战在即，不可自毁长城。但他不能说出口，不能流露出对蒋介石有任何的不满。

即便如此，文强仍感到十分为难。如若真写上七步诗的最后两句，激怒的不仅仅是宣、李、黄，说不定还有蒋介石，戴笠也考虑到这一点，所以又退一步说：

"可以变换一下措辞，尽量写得委婉些。"他特地叮嘱文强，"此事除仙舫外，不得让任何人知道，包括马汉三！"

听到最后一句，文强愣住了。要瞒住马汉三，这让他深感意外。在文强看来，戴笠对马汉三的宠信绝不亚于对他本人的倚重，这正是他及许多军统高层干部的不解之谜。而这重要信息却要瞒住马汉三，文强百思不得其解。

"有什么地方不对吗？"见文强发愣，戴笠问。

"戴先生一向器重马汉三……"

照军统纪律文强不该多问，他说了半句就停住了。下半句不用说，戴笠已经明白：

"很多人看不上马汉三，认为不该重用他，你也是这个看法吧？"

文强点点头。

"马汉三天生斜眼，五官眸子不正，命相学上称此类人心术不正，我不是不相信命相，但我是更注重现实。"

现实是怎样的呢？

马汉三原名马士杰，河北大兴（后为北京大兴）人，生于1906年，早年弃文从武，投奔正在北平南苑当"陆军检阅使"的冯玉祥的部队，当了一名学生兵，1930年中原大战后投蒋，其后加入戴笠的特务组织。

也就是说，马汉三是杂牌军出身！

戴笠一贯重用黄埔同学，关照同乡旧友，对杂牌部队出身的人多有提防，即使一时利用，也很快弃之如敝屣，更遑论反蒋阵营出身且沾了"倒戈将军"门风之人！唯马汉三例外！这当然也是"注重现实"的结果。

"军统局百分之九十的成员来自南方，北方人能独当一面者没有几个，而北方自古是外患边乱之源，用熟悉情况的北方人远胜于用南方人。马汉三不仅熟悉反蒋的西北军将领情况，也由于长期在口外活动，对蒙疆伪政权了如指掌，这样的人弃之不用岂不是舍近求远？"

正因为如此，西安事变后北平站升格为北平区，下辖三个站，除了北平范围内的两个站外，另一个是察绥站，戴笠任命马汉三为察绥站长。抗战爆发不久，又晋升马汉三为北平区区长，嗣后又先后任命他为军统五原办事处主任、军统局布置处处长、华北实验区区长，直至北平办事处主任。马汉三成为名副其实的军统高级干部！

戴笠对马汉三如此委以重任，还有更重要的原因，那就是他的实力。

"马汉三为本局提供的华北汉奸媚日卖国的情报，特别是'九一八'事变前后日本人在华北、东北、内蒙古、外蒙古的侵略阴谋活动的情报，都是很详尽很有价值的。他的社会活动能力较强，派员打入冯玉祥在张家口的抗日同盟军，冯部竟无察觉；派员打入以殷汝耕为首的冀东伪政权，亦未为日本宪兵和汉奸所发现。他不但对内外蒙古的内情很了解，而且与内蒙王公德王及其干将李守信、王英等等交情深厚，还通过内蒙古打进外蒙古，搜集了许多蒙藏委员会所搜集不到的情报。"

戴笠又举了一些马汉三所做"贡献"的实例，均为文强闻所未闻，也让他不得不对马汉三刮目相看。

尽管如此，戴笠对马汉三仍不能放心，可以说是既重用又多有防范，何况机密事件本应有保密范围，与对某人信任与否无关。

说完马汉三，文强按照戴笠的要求草拟了一封复电，与龚仙舫研究修改一番，翌日一早交到戴笠手中。电文云：

校座钧鉴：

　　电谕敬悉。本当遵谕返渝，因平津沪宁巨案，尚待亲理，本月中旬始能面聆教诲，敬乞示遵。生云天在望，唯命是从。讵料煮豆燃萁，相煎何急。生效忠钧座，敢云无一念之私。不得已而晋忠言，冒死陈词，伏乞明察。

生：戴笠

戴笠审阅后将复电发给了毛人凤，由毛人凤转呈。

与此同时，龚仙舫经与文强商量，悄悄另发一电致毛人凤，要他注意情况，相机转呈。毛人凤一向谨慎，一旦情况不妙定会设法补救，甚至会扣下电文请戴笠重发。

布局，马汉三死于谁手

申请延期南归后，戴笠安下心来按计划料理"后事"，首先打电话叫来了王蒲臣。

王蒲臣抗战胜利后被任命为胶济铁路警务处处长，尚席未暇暖，又被派往北平任军统驻平津总督察。这个任职的主要任务之一，就是暗中监视马汉三并调查其贪腐行为。因为马汉三任北平办事处主任不久，戴笠就发现他趁肃奸接收之机大肆敛财，遂决定暗中调查，一旦抓住证据，绝不姑息。

同样是在晚上，王蒲臣接到电话后，来到戴笠下榻的弓弦胡同十四号。戴笠首先询问对马汉三贪腐行为的调查情况。王蒲臣说：

"马汉三利用肃奸委员会主任委员的身份，不仅暗中向汉奸们收受钱款及各种珠宝首饰和文物，公开接收的一些钱财也都进了他个人的腰包。他一到北平就盯上汪时璟，和他的秘书刘玉珠劫收了伪银行的大宗钱款。"

"有证据吗？"

"很多人可以证明。"

"捉贼捉赃，最好能查到物证与这些钱财的去向，弄到行贿人的口供。"

"就算都查到了，制裁他也不容易。"王蒲臣说，"马汉三是只老狐狸，既然敢侵吞敌伪资产，就会拉上保驾的。他整天四处烧香拜佛，该进的庙门都进过了，到时候会有很多人为他说话。"

这一点戴笠没想到，既然没给他本人"烧香"，那么在军统给谁烧的呢？只能是郑介民。郑介民时任北平军事调查处执行部国民党代表，正在北平。而北平的最高军事长官是北平行营主任李宗仁，难不成也烧到了李宗仁的庙门上？

如此一来，戴笠只能暂时放马汉三一马，因为他没有时间了。他叮嘱王蒲臣继续调查，包括马汉三都拜了哪家的庙门，务必一一查清，终究有一天会用得着。

最终，王蒲臣成了马汉三的掘墓人，他的调查成了压死马汉三的最后一根稻草。遗憾的是，这个结果戴笠没有看到；而真正致其死命的原因也并非贪腐，而是军统改组后保密局的内斗。

正如王蒲臣所说，马汉三与刘玉珠贪污最大的一宗来自汪时璟。戴笠死后不久，马、刘用这笔钱在前门开设了一家金店。即便如此，由于他把所贪财产很大一部分分给了郑介民，又行贿李宗仁，政治上有了靠山，不仅没人敢动他，而且野心勃勃，暗地里搞起了小组织，连军统老资格的乔家才也被他拉了过去。

乔家才是山西交城人，与戴笠是黄埔六期同窗，毕业于警宪班，作为外勤中的骨干多年来活跃在山西、陕西、北平等地，抗战胜利后主持山西肃奸工作，后调任保密局北平站站长。这一调任，又与马汉三在北平相遇，为此险被连累招致杀身之祸。

马汉三的小组织最初以华北特务为主，后发展到其他省份，已达50多人，主要目的是在郑介民与毛人凤的争权夺利中拥郑反毛。王蒲臣与毛人凤是同乡，自然站在毛人凤一边。他亲自到南京，将搜集的马汉三的小组织名单交给毛人凤。

恰逢李宗仁与孙科竞选副总统，蒋介石下令全力支持孙科，所有军统中的国大代表都接到正式命令，不仅要投孙科的票，还要为孙科拉票。但有一人违反了此命令，这个人就是马汉三。马汉三不仅投了李宗仁的票、公开为李宗仁拉票，而且出资帮助李宗仁竞选。

这一条最为重要，毛人凤立即将签请严办马汉三的报告面呈蒋介石。投李即反蒋，对蒋介石来说是可忍孰不可忍。可马汉三是国大代表，蒋介石不得不慎重，考虑再三最终没有照例批上"准予枪决"，而是批了"准予扣押讯办"。

讯办就讯办，先扣起来再说。毛人凤亲自赶赴北平，扣押了马汉三、刘玉珠、乔家才，抄没马、刘金店和家产，并勒令马的小组织成员写悔过书，检举马汉三的不法活动。

马汉三等人被押解南京后，根据王蒲臣搜集的大量罪证与其口供，毛人凤再次签报蒋介石处决马汉三。

贪腐证据确凿，正是借口，这次蒋介石没有犹豫，大笔一挥，批准处决马汉三、刘玉珠。乔家才虽是马的小组织成员，因未参与劫收日伪财产，亦未在副总统竞选中与蒋介石对抗，因此逃过一劫。

后来马汉三之所以闻名遐迩，皆因有人无来由地将他与戴笠坠机联系在了一起；对于马汉三最终翘辫子，也是言之凿凿，说是毛人凤为戴笠报仇所致。当然，这些都是后话。

送别，一语成谶

当晚谈完工作，戴笠又十分鲜见地与王蒲臣拉起了家常。关于王的家庭情况、王的姐姐王蕉梅的情况，甚至于一些生活琐事，他都问得非常仔细，一一叮嘱，让王蒲臣既感到亲切温暖，又有些意外。戴笠最后对他说：

"你跟我十多年来，也够苦了。一个人是没有几个45岁的，时间是丝毫不会放松我们的啊，你要留心！"

这一年王蒲臣44岁（虚岁45），戴笠49岁。王蒲臣在回忆中说："'时间是不会放松我们的'，这句话我永远不会忘记。他对部属的关心，十分感人。"但在当时他并不理解戴笠为什么会发出这些感慨。

也是在这段短暂的时间里，戴笠对每个下属的报告以及一文一电，都批得非常详细，甚至对每一件事情的办法，也不厌其详地逐条指示。只有他自己知道，他在默默做着离去的安排。

3月10日上午，戴笠在中南海怀仁堂亲自主持总理纪念周，参加者数百人皆军统在北平的工作人员。他在讲话中强调，军统以效忠国家、效忠领袖、服膺三民主义为共同纲领，"我们个人无主张，一切唯有秉承领袖蒋委员长的旨意，埋头去做，国家有出路，个人才有前途"。

他并不回避军统将被改组，但"团体工作是少不了的。因为我担当领导任务，因此必须告诉各位干部同志，不是人家打倒我们，是我们如何才不被人家打倒"。他指出军统存在许多问题，诸如"精神颓靡，生活腐化，意志容易动摇"等，要求"干部同志们觉悟，担负起责任"。

最后对华北工作作出详细指示，"华北必须掌握几个都市，如北平、天津、沧州、济南、保定、石家庄"；要求他们针对共产党开展活动，保证道路畅通，交通安全；"必须在同志中选择思想能力优良者，将他们安置进去"。

这是戴笠最后一次发表长篇讲话。

3月12日晚，戴笠赶到吉兆胡同郑介民的住所，与郑介民做最后"诀别"。在商讨解决东北方面的问题后，特意将军统局本部及各外勤单位的家底——从人员到资产以及军统改组进展等，一一向郑介民做了详细交代。

郑介民一向不愿介入军统内务，一听戴笠谈这些就连连摆手：

"我对这些不感兴趣。"

"不管你感不感兴趣，都要掌握军统情况。"

以往戴笠从未对郑介民谈过军统内务，也不希望他介入，今天的反常表现，让郑介民一头雾水。

"军统内务有你掌管就行了，没必要跟我说。"

见他执意不听，戴笠只好说出实情：

"我早就想过出国考察，现在时机到了。杰夫兄，军统这个摊子只能交给你了。"

"啥叫时机到了？"郑介民似信非信，疑惑地看着戴笠说，"就算你出国了，我也未必担得起这个责任。"

"担得起担不起你都得担。"

戴笠执意将军统家底细说一遍，最后交代了一件在他看来至关重要的事：

"这些年，为解决抗战中死难同志遗属的生活问题，我们想尽办法，拆东墙补西墙，现在好了，我们有足够的财产和资金解决这些遗属的生活问题了。这件事你一定要想着，按时为他们发放生活费用……"

戴笠所说的"足够的财产和资金"，就是军统在接收中截留的日伪资产。

或许是由这些死难者联想到了自己，说这话的时候，戴笠表情凝重，语调沉痛。

郑介民一边听，一边不时看看戴笠的脸。他觉得戴笠太反常了，就像临终之人在做最后的交代。

第二天是戴笠离开北平的日子，临行前，戴笠最后一次在什锦花园召开工作会议。散会后，他准备去机场，王蒲臣等与会者要为他送行，戴笠不肯，大家再三坚持，戴笠最终妥协，说：

"下不为例，这是最后一次。"

"好，最后一次。"王蒲臣随口应着，却一路上莫名其妙地想着"最后一次"这四个字。

不料一语成谶，此次送行果真成为最后一次。

暴雨中专机误撞岱山

3月13日是戴笠最后一次到天津，随从人员有龚仙舫、金玉波及副官、卫士等。戴笠仍下榻吴泰勋家中，仍借用睦南道张学铭住宅办公。

戴笠此行有两项任务：一是布置调查天津军统特务在肃奸中的贪污行为；二是处理国民党第九十四军副军长杨文泉在津纳妾一事。

忙到15日，接到文强从东北发来的急电，称东北保安司令杜聿明已入住北平白塔寺中和医院，准备做手术割去左肾，建议他前去探视，以利于东北办事处工作的开展。戴笠当即遄返北平，到中和医院看望杜聿明。

杜聿明是黄埔一期老大哥，虽比戴笠年轻几岁资格却远在戴笠之上，两人相识多年并无工作交集与私人交往，戴笠的突然造访让杜聿明既意外又不无惊恐。

戴笠是蒋介石治下首屈一指的大特务，贸然造访，杜聿明以为他衔蒋命而来，打听自己病情，以决定东北是否换将。戴笠自知冒失，经过一番解释，杜聿明才放下心来。

询问病情之后，戴笠言归正传，希望杜聿明支持军统工作，推荐文强为东北保安司令长官部中将督察处处长，并决定调两个交通警察总队到东北，担任北宁路及中长路的警备和检查任务等。杜聿明见戴笠说得诚恳，当即表示感谢，并表示全力支持军统在东北的工作。

3月16日，戴笠一行人飞往青岛。在召见青岛办事处主任梁若节后，当晚宴请柯克，商量借用驻青岛美国海军军舰协助国民党向东北运送军队及给养事宜。晚宴后，戴笠下榻青岛警察局局长王志超提供的龙口路二十六号行馆。

17日上午，青岛大雾。由于临时召见军统鲁南站站长杨可僧与素有临沂王之称、时任临沂行政督察专员的王洪九，戴笠将启程时间推延了几个小时。

11点30左右，戴笠一行人来到青岛沧口机场。此时云低雾重，浓雾夹着雨丝，青岛笼罩在烟雨迷蒙之中。这样的天气实在不适合飞机起飞，梁若节等送行人员都劝戴笠改日再走。

但是，戴笠18日必须赶回重庆，回重庆之前要去南京见何应钦，商量何赴美之后敦促美国海军援助之事，并请何在自己出国考察一事上施以援手。同时，他还要回上海与胡蝶见面，与唐牛明、杜月笙落实一下胡蝶离婚事宜。也就是说，17日他必须赶到上海或者南京。

当机场工作人员报告"上海天气恶劣""南京天气尚好"时，戴笠告诉飞机师多给飞机加油，以备上海不能降落时转飞南京。他乘坐的这架飞机是航空委员会派拨的DC-47型222号专机，是美国提供的导航设备最完善、可以全天候飞行的军用运输机，在40年代堪称世界一流，性能安全可靠，戴笠也因此没有在意天气问题。

11点45分，飞机起飞。飞到上海上空，正逢大雨滂沱，机场无法降落，只好按预定计划改飞南京。不料，这时南京上空也是雷雨交加。飞行员与南京机场联系，一再请求降落，机场只好勉强同意。

可是，南京机场同样不具备降落条件，不仅雷阵雨下得猛烈，而且云层极低，能见度极差，飞机穿云下降时，已经越过机场上空，飞到了江宁县，先是撞到板桥镇南的一棵大树上，接着紧急攀升，却又撞上高不过200米的岱山。

随着一声巨响，机毁人亡。

机上13人，除戴笠外，还有军统局本部人事处长龚仙舫，帮会工作专家金玉波，英文秘书马佩衡，副官徐焱，卫士曹纪华、何启义，通讯员李齐，译电员周在鸿，飞行员冯振忠、张远仁、熊冲，机工长李开慈，还有戴笠的一位重要客人黄顺柏。由吴泰勋说情免了牢狱之灾的黄顺柏，没想到在背靠大树好乘凉的美梦中驾鹤成仙了。

就在戴笠等人撞机身亡的时候，上海办事处及上海区的军统负责人李崇诗、王新衡、邓葆光、王一心等人还等候在上海龙华机场。

这个时候，陈华也在等着为戴笠接风。

戴笠在16日已电告李崇诗，17日中午到机场接机。王新衡在17日上午打电话给陈华，说戴笠正从青岛飞往上海，邀她一起吃午饭，为戴笠接风。

陈华在中午之前赶到王新衡家，可是，去机场接机的王新衡却迟迟未归。后来，王新衡终于回来了，一进门就说："飞机没接到。"

陈华未假思索，脱口而出："飞机摔掉了？"在场的人都大吃一惊。陈华无可奈何地摇摇头，勉强支撑着走出王家大门，乘车离去。

谁去寻找老板

下午四时，上海方面仍未接到戴笠的专机，赶紧与南京、重庆联系，询问是否因为上海大雨戴笠的专机已转飞他处；又联系北平、天津、青岛，并请美军飞机沿途搜寻，均无结果。

在局本部，毛人凤已陷入极度恐慌之中。以往戴笠每到一个地方，动身之前与抵达之后都要最先与他联系，告知行踪。可这次，从上午接到他即将启程的电报，从此便石沉大海。中午一点的时候，毛人凤就询问有无"老板"的消息，电讯台说未收到"老板"的联系呼叫，当时毛人凤心里就"咯噔"一下。由于以往戴笠也曾在抵达目的地超过两三个小时才联系，当时毛人凤还没有太在意。

到下午四点仍无音讯，加上上海、南京等地来电询问，毛人凤慌了，亲自跑到电讯总台，让电讯人员与沿途各地军统外勤单位联络，呼叫了整整一夜，也没打听到戴笠的下落。

这个夜晚，毛人凤在办公室等了一夜消息。

山城雾重，黑夜愈发漫长，直到早上七点浓雾依然遮盖着初升的太阳，毛人凤等不及了，急匆匆驱车赶往蒋介石的黄山官邸。

对毛人凤这么早赶来，蒋介石显然有些吃惊，料定有什么急事，可怎么也没想到竟然是戴笠乘坐的专机失联了！

蒋介石虽想借改组军统之机削弱戴笠的实力，却并不想置戴笠于死地。毕竟戴笠多年来对他的效忠是毋庸置疑的；更重要的是，戴笠与美国海军的关系无人可以取代，而争取美援是蒋介石向中共开战的重要保障；同时，一旦开战，戴笠在谍报方面的作用也是他人不可替代的。

蒋介石什么都没说，伸手抓过电话，拨通了航空委员会，询问222号飞机的情况。航委会称，222号飞机曾先后到达上海、南京上空，因两地都在下大雨，无法降落，但飞机坚持在南京降落，让机场做好准备。飞机在13点06分与地面最后一次联络，此后便再无讯息……

这个结果令蒋介石愈发紧张，他当即下令航委会主任周至柔，马上派几架飞机沿途搜索，弄清222号专机降落地点，随时报告。放下电话，对六神无主的毛人凤说：

"你回去派一名将级干部，带上电台、报务员、医生，乘飞机到一些可能降落的共区上空寻找，发现这架飞机后，如不能降落，要跳伞下去，一定要想尽一切办法找到戴局长！"

显然，相比戴笠坠机身亡而言，降落共区更令蒋介石紧张。虽然在反共这一点上戴笠与蒋介石高度一致，也多次迫害共产党人及进步人士、制造与共产党的摩擦，但截至目前，多年来以中共为主要工作对象的是中统而非军统。也就是说，戴笠为共产党利用也不无可能，那将使蒋介石陷入极其被动的局面。

毛人凤回到局本部，立即召开将级干部紧急会议，通报戴笠专机失联情况。

这个消息无异于重磅炸弹，在这些军统"高干"的头上炸响。多年来，他们视戴笠为军统的灵魂，视个人命运与戴笠息息相关。他们虽然有时也会因某种不公或戴笠的暴躁脾气背后发牢骚，但已经习惯了以戴笠的意志为意志。戴笠那句"团体即家庭，同志如手足"的口号，也确实让他们心甘情愿服从于戴笠这个"家长"的权威，而从未想过离开了戴笠军统将会怎样。

然而，当毛人凤传达蒋介石的命令，派一名将级干部前往共区寻找，必要时在共区跳伞时，会场上顿时鸦雀无声，与会20多名高级干部，竟无一人站出来表态。

这是毛人凤始料未及的，这些追随戴笠多年、被戴笠视为心腹亲信加以重用的军统高级干部，表面个个对戴笠忠诚无比，怎会一转脸就人走茶凉呢？

本来戴笠失踪已让毛人凤悲痛不已，这些人的畏缩更让他感到心寒，他含着泪带着哭腔几乎是声泪俱下地说：

"委员长特别强调派一个将级干部去，如果大家都不肯去，岂不显得我们军统的干部都太胆小怕死了吗？如果我能走开，我一定亲自去找老板，绝不麻烦大家！"

这一次毛人凤没有失望，少将总务处处长沈醉站了出来：

"我去！"

沈醉这两个字一出口，毛人凤顿时如释重负，几步跨到他面前，紧紧握住他的手，激动地说：

"养兵千日，用兵一时。这么多人只有你站出来，老板没有看错人……"

说完，毛人凤即刻拉着沈醉去见蒋介石。蒋介石要求沈醉带着报务员与医生练习一下跳伞，然后拿出一张印有"国民政府军事委员会委员长手令"的空白信笺，在上面写了几句话：

"无论何人，不许伤害戴笠。各军政机关、地方政府，如发现戴笠，应负责妥为护送出境，此令。蒋中正。"

蒋介石特别吩咐沈醉：

"如果发现失踪飞机不是停在机场，你们就立刻跳下去，见到当地不管是什么单位的负责人，先出示我的手令。找到戴局长，立即和我联系，一切都不成问题。"

蒋介石这番话表明，他已肯定戴笠的飞机迫降在共区，否则根本用不着手令，在国民党的任何区域都不会有人敢扣留戴笠。

然而，当沈醉等人刚刚练习了跳伞还没来得及出发，19日晚上222号飞机便有了下落。南京办事处主任刘启瑞打电话给毛人凤，说发现一架军用飞机在南京郊区坠毁。

困雨沟的"黑炭棒"

由于222号专机失联前是准备在南京降落的，南京办事处主任刘启瑞和陆军总部调查室主任李人士商量后，分京杭、京芜两路向郊区深山处寻找可能已经坠毁的专机，当时他们还抱有老板可能生还的希望。

刘启瑞一脚微跛，不便于远行，但他不愿假手于人，只得由太太陪他外出寻找。跟随戴笠多年的副官贾金南此次因故滞留南京未与戴笠同行，听说专机失踪后急得像热锅上的蚂蚁，立即陪同刘启瑞从南京出发，前往郊区寻找。

由于连日降雨，道路泥泞，加上山路崎岖，很多地方需要下车查看，找到江宁板桥镇的时候已近黄昏，加上一路奔波劳累，刘启瑞已疲惫不堪，一行人便下车到区公所暂作休息。

偏偏事有凑巧，当几人说明来意后，区公所工作人员说，两天前确实有一架飞机在附近的岱山撞山爆炸，并拿出在现场捡到的一支手枪和一枚图章。贾金南打眼一看便失声痛哭，边哭边说：

"是老板的手枪。"

刘启瑞不认识谁的手枪，但图章上有字，拿起一看，是龚仙舫的，最后的一线希望破灭了，刘启瑞顿时泪如雨下。

这时天色已晚，刘启瑞坚持让区公所的人带他们去岱山。区公所人员只好点上火把带路。由于都是山间小路不能乘车，又天黑路滑，一出门刘启瑞就摔倒好几次。贾金南和刘太太知道他是一定要去现场的，只好一边一个搀着他往前走。板桥镇距离岱山约五公里，他们走了约两个钟头。

爬到半山腰，举着火把一看，到处是七零八落的飞机残骸和残缺不全的尸体，贾金南与刘启瑞夫妇当即放声大哭，带路的人也都跟着哭起来。

当晚，刘启瑞赶回南京向局本部报告，贾金南不肯离去，区公所人员只好陪他在现场守了一夜。清晨天一放亮，贾金南就开始寻找戴笠的尸体。由于装了足够的油，飞机撞山后爆炸，引起大火，所有人全被烧成了黑炭，肢体四分五裂，根本无法辨认。

戴笠左臼齿上镶有六颗金牙，贾金南将所有尸体的嘴掰开查看，最后在山腰上一条叫"困雨沟"的山沟里找到了戴笠的遗体。其实这具遗体只是一截烧缩了的"黑炭棒"，右手和两条小腿已不知去向。能证明这截"黑炭棒"就是戴笠的证据，除了六颗金牙，还有左臂腋下尚存的衣服残片。

跟随戴笠多年，贾金南对戴笠的生活习惯、个性特点甚至身体特征，比其家人了解得还清楚。戴笠之死给贾金南带来的悲痛，并不亚于他的家人。

上午，刘启瑞带来了白绫。贾金南将戴笠的残骸用白绫仔细地一层层裹好，抱在怀中，在当天下午乘坐卡车返回南京。

当天，南京的军统特务均赶往岱山收尸，沈醉也在这天飞抵南京料理后事。

当晚，李崇诗等人从上海买了一具楠木棺材运抵南京。在装殓时，因戴笠的面部已经烧毁，由殡仪馆技师按照他生前的照片做了一副面具戴在头上。

追赠中将，尽享哀荣

专机失事半个月后，军统迎来了一年一度的"四一"纪念大会，蒋介石亲临会场主持对戴笠的悼念活动。

6月11日，国民政府对戴笠颁布褒扬令，"追赠陆军中将，准照集团军总司令阵亡例公葬"。戴笠生前是中将军统局局长，但其中将只是头衔，是任职官阶，任官官阶为少将，故追赠中将。

次日，蒋介石在南京为戴笠举行公祭。

这天淫雨霏霏，蒋介石偕白崇禧、邵力子、宋子文、陈诚、陈立夫等官员，由中山路军统办事处护送戴笠的灵柩到紫金山灵谷寺暂厝。送葬队伍万余人，在凄风苦雨中缓缓行进。

蒋介石亲自题赠"碧血千秋"挽额，并致赠挽联：

> 雄才冠群英，山河澄清仗汝绩。
>
> 奇祸从天降，风云变幻痛予心。

公祭开始后，蒋介石又以高度评价戴笠的功绩、充满亲切和哀痛的祭文悼念戴笠，讲到伤心处，甚至痛彻心扉地直呼：

"胡期一朝，殒此英贤；心伤天丧，五内俱煎……眷念时艰，深哀吾党，惟君之死，不可补偿。忠勇足式，益以谦光，以此策勋，宜垂史章……"

何应钦、汤恩伯、孔祥熙、谷正纲、陈立夫、黄杰等文武官员皆致赠挽联。

胡宗南的挽联为：

> 祖帐舞鸡鸣，浩浩黄流，更谁奋击渡江楫；
> 春风生野草，滔滔天下，如君足惧乱臣心。

应该说，在一片"歌功颂德"的声浪中，唯章士钊所题挽联颇令人玩味：

> 生为国家，死为国家，平生具侠义风，功罪盖棺犹未定；
> 誉满天下，谤满天下，乱世行春秋事，是非留待后人评。

同年8月初的一天下午，蒋介石偕宋美龄由毛人凤、沈醉等人陪同来到紫金山灵谷寺。进入戴笠的灵堂后，蒋介石摘下草帽拿在手上，站在戴笠的遗照前久久凝视，一言不发。

从灵谷寺出来，他扶着宋美龄向后面的山上走去，准备亲自为戴笠选一块墓地。由于宋美龄穿着高跟凉鞋，走在崎岖的山间小路上实在吃力，走到半山腰便再也走不动了，蒋介石只好作罢。

几天后，蒋介石单独由毛人凤、沈醉等人陪同，再次登上灵谷寺的后山。他挂着拐杖边走边察看，一直走到山顶，又转到烈士公墓的山头，然后顺着公墓山道向下走，停在一个小水塘的附近，察看一番后对毛人凤说：

"我看这块地方很好，前后左右都不错，安葬时要取子午向。"

原来这位虔诚的基督徒还是一个迷信风水的"阴阳先生"。当时天气炎热，蒋介石能头顶烈日、耐心细致地为戴笠挑选墓地，令在场的军统特务无不为之感动。

倘若戴笠不死，蒋介石会对他这般爱护吗？或许人没了才会想到他的好，失去了才会觉得珍贵；抑或用人之际才会想到此人的重要。

1947年3月，戴笠被安葬在灵谷寺的后山上。

戴笠死后，军统很快化整为零，由于军事委员会被撤销，军统首脑机关——军事委员会调查统计局局本部，缩编后改为国防部保密局；除各地情报组织外，特务武装与所辖各公开单位分为了四大块：

——交通部警察总局，由军统掌握的武装部队别动军、忠义救国军、交通巡察纵队及三个支队以及各公路运输处警卫稽查组、水陆交通统一检查所等组成。

——内政部警察总署，由军统掌握的内政部警察司扩编而成。原军统局在各省市掌握的警察局及警察教练所，皆由该总署接收指挥。唐纵最终成为警察署署长。

——国防部第二厅，军统掌握的军委会邮电检查处中一部分划归国防部第二厅，另建邮检组，负责邮电检查工作。第二厅厅长为郑介民。

——兵工署稽查处，仍由军统局掌握的兵工署警卫稽查处原班人马组成。

表面看来，军统局已被分为几大块，但实际不过将军统局换为了保密局，将上层领导机构军事委员会换成了国防部，分出去的几部分亦如军统时代掌控的各种深入到军队、警察、邮电、缉私等等的业务，除忠救军、别动军由直属局本部挂到了别处，其他并无差别。总之，这些分出去的机构，仍由保密局统领。

戴笠在世时，蒋介石担心尾大不掉；戴笠不在了，蒋介石最担心的是没有人能全盘统领这个庞大的摊子。

尽管只是变换了一下名称与形式，却正如蒋介石所担心的，军统无一人可统领全局。

军统很快分裂为三大派——郑介民的广东派，毛人凤的浙江派，唐纵的湖南派。蒋介石先是任命郑介民为军统局局长。但郑介民志不在此，不愿介入军统事务，只想以军统为跳板升官发财。

副局长唐纵一向小心谨慎，没有大刀阔斧主掌全局的魄力，且蒋介石最终按戴笠的举荐，任命他为内政部警察总署署长。他关心的只是如何从军统多捞些财产，尤其戴笠死后，军统接收的财产和中美合作所遗留的资产怎么分配，全凭他与郑介民、毛人凤做主。

副局长兼主任秘书毛人凤，一直是戴笠的内务总管，戴笠也曾向蒋介石特别推荐毛人凤，但他黄埔军校辍学，论资历无法与郑、唐相比。但只有他最熟悉军统事务，一心想继承戴笠留下的家业。

三人同床异梦，除毛人凤想保全军统家业，郑、唐巴不得立即将军统家业瓜分，即使分解的几个机构，郑、唐巴不得让他们各自归属名义上所属的各政府部门，不再作为局本部的外延机构。

与此同时，局本部及各地情报组织缩编也成为无法扭转的趋势。

缩编就要裁汰一些人，裁汰、保留的标准为，保留"核心人员"和"基本人员"，裁汰"一般人员"。

"核心人员"，指特务处时期加入团体的资深军统分子；

"基本人员"，指抗战期间加入军统并在内勤机构工作的，或军统各特训班毕业的，或由军统保送中央训练团、中央军校毕业的军统分子；

"一般人员"，指公开吸收和私人介绍参加军统的特务，与一直在公开机关工作的特务。

最终将"一般人员"两万多人裁汰，送往重庆、西安、江西、湖南、湖北等地军官总队，等待机会予以转业或抽调。

尽管戴笠生前特地交代郑介民，要好好照顾军统上千名"因公殉职"的特务遗属，郑介民仍在改组中与毛人凤、唐纵达成一致，对这些人来了个一次性处理，甩掉了这个沉重的经济包袱。

同年秋，又将军统所属商业机构移交给毛庆祥所主持的"三友公司"。

最终，毛人凤接过了戴笠的衣钵，于1947年年底就任保密局局长。此时的原军统家业仅相当于抗战爆发前特务处时期的规模。

戴笠死后，胡蝶又回到丈夫潘有声身边，移居香港，终老加拿大。

陈华也在戴笠死后不久赴香港定居，开了一家理发店谋生，最终老死香港。

考虑到戴笠的母亲蓝月喜年事已高，毛人凤和戴笠的晚辈对她隐瞒了戴笠的死讯，谎称戴笠已出使英国，并由交警总局副局长马志超派一个大队到江山护卫戴家。为避免戴母生疑，毛人凤每月伪造两封戴笠的电报向戴母问安。1948年5月戴母73岁寿辰之际，毛人凤又以戴笠的名义为其举办了隆重的祝寿活动。

蓝月喜直到1949年5月逝世，不知儿子已先她而去。

戴笠的弟弟戴春榜与儿子戴藏宜，因处理戴母丧事未及时逃走，被人民政府镇压。

1953年年初，蒋介石下令毛人凤将戴笠的后人从大陆接到台湾。毛人凤派人潜回上海，与潜伏特务联系，于1954年年初将戴藏宜的妻子郑锡英和长子、次子接到台湾定居。

主要参考资料

1. 申元《江山戴笠》
   中国文史出版社 1991年

2. 江山市政协文史委《江山籍军统将领传略》
   江山市政协文史资料第10辑 1994年

3. （台）"国防部"情报局《戴雨农先生年谱》
   （台）"国防部"情报局 1966年

4. （台）"国防部"情报局《戴雨农先生全集》（上、下）
   （台）"国防部"情报局 1979年

5. 乔家才《铁血精忠传——戴笠史事汇编》
   （台）中外图书出版社 1979年

6. 良雄《戴笠传》（上、下）
   （台）传记文学出版社 1985年

7. 万墨林《沪上往事》（1~4）
   （台）中外图书出版社 1973年

8. 王蒲臣《一代奇人戴笠将军》
   （台）东大图书股份有限公司 2003年

9. 乔家才《戴笠将军和他的同志》

（台）中外图书出版社 1977年

10. 章君榖《杜月笙传》

（台）传记文学出版社 1986年

11. ［美］魏斐德著 梁禾译《间谍王：戴笠与中国特工》

团结出版社 2004年

12. 王舜祁《蒋氏故里述闻》

上海书店出版社 1998年

13. 沈醉《我所知道的戴笠》

群众出版社 1979年

14. 沈醉《沈醉日记》

群众出版社 1991年

15. 文强《戴笠其人》

文史资料出版社 1984年

16. 康泽《复兴社的缘起》

陈楚君 俞兴茂编《特工秘闻——军统活动纪实》 中国文史出版社 1990年

17. 王云五主编《民国胡上将宗南年谱》

（台）商务印书馆 1980年

18. 叶苹（叶霞翟）《天地悠悠》

（台）华欣文化事业中心 1976年

19. 胡家麟《先父胡抱一事略》

淮阴文史资料第8辑 1989年

20. 胡明《胡抱一事迹纪略》

《钟山风雨》 2005年

21. 陈恭澍《军统第一杀手回忆录》（1、2）
    中国友谊出版社 2010年

22. 陈恭澍《军统第一杀手回忆录》（3、4）
    华文出版社 2012年

23. 钱芝生《史量才被暗杀案真相》
    陈楚君 俞兴茂编《特工秘闻——军统活动纪实》 中国文史出版社 1990年

24. 舒季衡《军统在天津的特务活动》
    陈楚君 俞兴茂编《特工秘闻——军统活动纪实》 中国文史出版社 1990年

25. 高树勋《石友三酝酿投敌和被捕杀的经过》
    文史资料选辑第40辑 文史资料出版社 1963年

26. 中国第二历史档案馆周晓选辑《有关藏本事件史料一组》
    《民国档案》 2010年

27. 钟铭《藏本事件真相》
    《文史资料存稿选编 特工组织 下》 中国文史出版社 2002年

28. 林成基《军统闽北站始末》
    陈楚君 俞兴茂编《特工秘闻——军统活动纪实》 中国文史出版社 1990年

29. 刘浑生《军统闽南站概括》
    陈楚君 俞兴茂编《特工秘闻——军统活动纪实》 中国文史出版社 1990年

30. 王述樵 郭超《王亚樵生平活动纪略》
    江苏文史资料选辑第13辑 江苏人民出版社 1983年

31. 郭超《神秘的王亚樵》
    文史资料选辑第119辑 中国文史出版社 1983年

32. 麦朝枢《军统刺杀王亚樵经过》
    《文史资料存稿选编 特工组织 下》 中国文史出版社 2002年

33. 邓文仪《从军报国记》

　　（台）正中书局 1979年

34. 何崇校《华南：群魔乱舞》

　　曹英编《军统实录》 团结出版社 1995年

35. 舒季衡《天津：杀机四伏》

　　曹英编《军统实录》 团结出版社 1995年

36. 张严佛《西北：魔影重重》

　　曹英编《军统实录》 团结出版社 1995年

37. 张严佛《抗战前后军统特务在西北的活动》

　　陈楚君 俞兴茂编《特工秘闻——军统活动纪实》 中国文史出版社 1990年

38. 蒋中正 宋美龄《西安事变半月记》

　　正中书局 1937年

39. 刘维开《蒋中正〈西安半月记〉之研究》

　　（台）政治大学历史学报第20期 2003年

40. 远方编《张学良在一九三六——西安事变内幕纪实》

　　光明日报出版社 1992年

41. 杨奎松《西安事变新探——张学良与中共关系之谜》

　　山西人民出版社 2012年

42. 孙铭九《西安事变的真相——张学良卫队营长孙铭九自述》

　　江苏文艺出版社 1993年

43. 西安事变领导小组《西安事变简史》

　　中国文史出版社 1986年

44. 中国第二历史档案馆 云南省档案馆 陕西省档案馆《西安事变史料选编》

　　档案出版社 1986年

45. 蒋永敬《抗战史论》
   （台）东大图书公司 1995年

46. 山东政协文史委《一代枭雄韩复榘》
   中国文史出版社 1988年

47. 广西政协文史委《李宗仁回忆录》
   内部发行 1980年

48. 王根僧《杨虎城被拘禁经过》
   文史资料选辑编辑部《政治暗杀秘闻》 中国文史出版社 1998年

49. 沈醉《杨虎城被囚禁和被惨杀的经过》
   文史资料选辑编辑部《政治暗杀秘闻》 中国文史出版社 1998年

50. 王映霞《王映霞自传》
   安徽文艺出版社 1991年

51. 王方南《河内谋刺汪精卫行动》
   文史资料选辑编辑部《政治暗杀秘闻》 中国文史出版社 1998年

52. 郭旭《杜月笙与戴笠及军统的关系》
   《旧上海的帮会》 上海文史资料选辑第54辑

53. 艾经武《暗杀唐绍仪经过》
   陈楚君 俞兴茂编《特工秘闻——军统活动纪实》 中国文史出版社 1990年

54. 戴笠《军事学校战时政治教程 政治侦探》
   国民政府军事委员会政治部编印

55. 黄康永《我所知道的军统兴衰》
   中国文史出版社 2005年

56. 沈醉《军统内幕》
   文史资料出版社 1985年

57. 程一鸣《军统组织大透视》
   曹英编《军统实录》 团结出版社 1995年

58. 黄康永《军统家规"六不准"内幕》
   曹英编《军统实录》 团结出版社 1995年

59. 程一鸣《军统特务组织的真相》《军统局在西北区》《美蒋特务的特种技术合作》
   陈楚君 俞兴茂编《特工秘闻——军统活动纪实》 中国文史出版社 1990年

60. 邓葆光《军统领导中心局本部各时期的组织及活动情况》《中美合作所成立始末》
   陈楚君 俞兴茂编《特工秘闻——军统活动纪实》 中国文史出版社 1990年

61. 王方南《我在军统十四年的亲历和见闻》
   陈楚君 俞兴茂编《特工秘闻——军统活动纪实》 中国文史出版社 1990年

62. 刘非《军统的特务训练》
   文闻编《我所知道的军统》 中国文史出版社 2004年

63. 吴淑凤 许瑞浩等《戴笠先生与抗战史料汇编：军情战报》
   （台）"国史馆" 2011年

64. 泰丰川《军统的经济情报机构》
   《文史资料存稿选编 特工组织 上》 中国文史出版社 2002年

65. 张成信《军统特务电讯机构内幕》
   《文史资料存稿选编 特工组织 上》 中国文史出版社 2002年

66. 李世荣《在军统重庆无线电通信总台的经历》《军统特技室的密码战》
   《文史资料存稿选编 特工组织 上》 中国文史出版社 2002年

67. 徐晋元《军统临黔息兰四个特训班的概况》
   《文史资料存稿选编 特工组织 上》 中国文史出版社 2002年

68. 徐晋元《军统局每年举行的"四一大会"概述》
   文闻编《我所知道的军统》 中国文史出版社 2004年

69. 沈醉《郑介民是靠什么起家的？》
    陈楚君 俞兴茂编《特工秘闻——军统活动纪实》 中国文史出版社 1990年

70. 刘植根《我所知道的周伟龙》
    湘乡文史资料第3辑 1988年

71. 程一鸣《程一鸣回忆录》
    群众出版社 1979年

72. 文强《戴笠领导的抗日别动队和反间谍斗争》
    《中华文史资料文库》第4卷 1996年

73. 公安部档案馆编著《在蒋介石身边八年——侍从室高级幕僚唐纵日记》
    群众出版社 1991年

74. 张成信《戴笠与重庆豁庐》
    文史资料选辑第24辑 总124辑 中国文史出版社1992年

75. 潘云根据谭正龙口述整理《一个军团勤杂人员的回顾》
    湘潭文史资料第7辑 1989年

76. 王绍谦《"假戏真做"——军统局内幕之一》
    江山文史资料第1辑 1982年

77. 王绍谦《心狠手辣 残忍嗜杀——军统局内幕之二》
    江山文史资料第3辑 1984年

78. 王绍谦《军统沪一区遭汪伪特工总部破坏的内幕》
    江山文史资料第10辑 1994年

79. 吴淑凤 许瑞浩等《戴笠先生与抗战史料汇编：忠义救国军》
    （台）"国史馆" 2011年

80. 高宗武《高宗武回忆录》
    中国大百科全书出版社 2008年

81. 罗君强《伪廷幽影录——对汪伪政权的回忆纪实》

《伪廷幽影录——对汪伪政权的回忆纪实》 中国文史出版社 1991年

82. 陈春圃《汪精卫集团投敌内幕》

《伪廷幽影录——对汪伪政权的回忆纪实》 中国文史出版社 1991年

83. 周佛海《周佛海回忆录》

（台）龙文出版社股份有限公司 1993年

84. 周佛海著 蔡德金编注《周佛海日记全编》（上、下）

中国文联出版社 2003年

85. ［日］晴气庆胤著 朱阿根等译《沪西"七十六号"特工内幕》

上海译文出版社 1985年

86. 马啸天、汪曼云遗稿 黄美真整理《汪伪特工内幕——知情人谈知情事》

河南人民出版社 1986年

87. 马啸天、汪曼云《李士群之死》

文史资料选辑第4辑 总104辑 中国文史出版社 1985年

88. 陈恭澍《蓝衣社内幕》

国民新闻图书印刷公司 1942年

89. 江苏政协文史委《汪伪政权内幕》

江苏文史资料第29辑 江苏文史资料编辑部 1989年

90. ［美］魏斐德《上海歹土》

上海古籍出版社 2003年

91. 王安之《军统局"策反"汉奸周佛海的经过》

陈楚君 俞兴茂编《特工秘闻——军统活动纪实》 中国文史出版社 1990年

92. 徐肇明《汉奸周佛海勾结军统及下场》

陈楚君 俞兴茂编《特工秘闻——军统活动纪实》 中国文史出版社 1990年

93. 沈醉《"福将"唐生明》
   文史资料选辑第24辑 总124辑 中国文史出版社 1992年

94. 唐生明《奉蒋介石之命"潜伏"》
   中国文史出版社 2012年

95. 张令澳《戴笠的走私与"官倒"》
   上海虹口区政协文史委《文史苑》四 1989年

96. 寿充一编《孔祥熙其人其事》
   中国文史出版社 1987年

97. 杨天石《宋子文与戴笠之间——宋子文档案管窥之三》
   中国人民大学出版社 2007年

98. 吴淑凤 许瑞浩等《戴笠先生与抗战史料汇编：经济作战》
   （台）"国史馆" 2011年

99. 池步洲、霍实子《密码战》
   中国文史出版社 2012年

100. 雅德利《民国密码战：美国破译之父在华历险记》
   广西师范大学出版社 2009年

101. ［美］梅乐斯《神龙·飞虎·间谍战——戴笠和看不见的中美合作战争》（上、
    中、下）
    （台）台湾新生报社 1981年

102. ［美］沈愚著 许茵编译《史实与评说：中美合作所功罪之争》
    《民国档案》2002年

103. 潘嘉钊等编《戴笠 梅乐斯与中美合作所》
    群众出版社 1993年

104. 乔家才《中美合作所功不可没》

《中美合作所与戴笠 特辑》 书目文献出版社 1987年

105. 费云文《中美合作抗日秘录》《戴笠的几个战场》《戴雨农轶事》
《中美合作所与戴笠 特辑》 书目文献出版社 1987年

106. 裴可权《抗战胜利忠义救国军挺进京沪杭纪实》
《中美合作所与戴笠 特辑》 书目文献出版社 1987年

107. 沈醉《杀人魔窟：中美特种技术合作所内幕》
曹英编《军统实录》 团结出版社 1995年

108. 郭旭《美蒋特合流及戴笠和杜诺迈、赫尔利、柯克的勾结》
陈楚君 俞兴茂编《特工秘闻——军统活动纪实》 中国文史出版社 1990年

109. 吴淑凤 许瑞浩等《戴笠先生与抗战史料汇编：中美合作所的成立》
（台）"国史馆" 2011年

110. 章君毅《陈华女士回忆录》（上、下）
（台）独家出版社 1989年

111. 陈兰森 王仁德《胡蝶与杨惠敏纠葛的内幕》
《文史资料存稿选编 特工组织 下》 中国文史出版社 2002年

112. 胡蝶口述 刘慧琴整理《胡蝶回忆录》
文化艺术出版社 1988年

113. 吴绍澍《记上海统一委员会》
文史资料选辑第29辑 文史资料出版社 1981年

114. 徐铸成《吴绍澍在解放前后》
文史资料选辑第5辑 总第27辑 1979年

115. 徐铸成《吴绍澍在上海》
《报人六十年》 学林出版社 1999年

116. 毛森《抗战敌后工作追忆——毛森回忆录》
（台）《传记文学》第118～454期 1999～2000年

117. 文强《日本投降后戴笠来平情况琐记》

《中华文史资料文库》第8卷 1996年

118. 王子晨、舒季衡《戴笠三次到天津的活动情况》

陈楚君 俞兴茂编《特工秘闻——军统活动纪实》中国文史出版社 1990年

119. 乔家才《乔家才入狱记》引自李敖《我最难忘的一个"国特"》

《李敖五十年唯一自选集 我最难忘的人和事》时代文艺出版社 2013年